한국사

31

조선 중기의 사회와 문화

史 국사편찬위원회

한국사 간행취지

우리 겨레가 앞으로 어떻게 살아갈 것인가 하는 문제는 우리들은 물론 우리와 더불어 살아가는 세계인들의 관심사일 것이다. 이에 대한 해답은 과거에 어떻게 살아왔는가 하는 우리 역사에 대한 인식을 통해 찾을 수 있을 것이라고 생각된다.

본 위원회에서는 이미 1970년대에 『한국사』 25권을 간행하여 해방 이후 한국사의 연구성과를 집대성함으로써 한국사에 대한 인식을 새롭게 한 바 있다. 그 이후 한국사회는 놀라운 성장과 발전을 이루었고 역사학계도 상당한 연구성과를 축적하였다. 이러한 변화에 발맞추어 한국사학계는 새로운 『한국사』 편찬의 필요를 느끼게 되었다.

이에 본 위원회는 일차적으로 한국사 연구지원비를 마련하여 역사학계로 하여금 1980년대 중반까지 연구성과가 미진하다고 생각되는 분야를 연구할 수 있도록 하였다. 이어서 1989년부터 1990년까지의 준비를 거쳐 1991년에는 '신편 한국사 편찬위원회'를 따로 구성하고 총 60권에 달하는 새로운 『한국사』를 편찬하기로 하였다. 그리고 다음과 같은 『한국사』 편찬의 목표를 세웠다.

① 한국의 역사와 문화에 대한 객관적 인식의 토대를 제공할 수 있는 한국사를 편찬한다.

② 민족의 창조적 문화활동과 민족사의 내재적 발전을 드러내는 한국사를 편찬한다.

③ 최근까지의 연구성과를 체계화하고 새로운 영역을 개척함으로써 한국사 연구의 지평을 넓힌다.

④ 한국사 연구와 관련하여 고고학·인류학·사회학·경제학 등 인접학문의 연구성과를 수용하여 한국사 인식의 폭을 넓히는 데 기여한다.

새로운 『한국사』를 펴내면서 우리 모두가 바라는 바는, 민족의 통일에 대비해야 하고 급격히 변화하는 시대상황 속에서, 한국사 연구자의 깊이 있는 연구를 도와주고 독자들의 역사인식을 드높일 수 있는 길잡이 구실을 할 수 있었으면 하는 것이다.

국사편찬위원회 위원장

목 차

개 요 1

Ⅰ. 사족의 향촌지배체제

1. 16세기 사족의 향촌지배 13
   1) 사족지배체제의 형성과 그 의미 13
   2) 재지세력의 변화 15
   3) 사족지배체제와 수령권 21
   4) 향촌기구의 여러 양상 23
2. 향촌자치조직의 발달 30
   1) 향촌자치조직의 발달 배경 30
   2) 향촌자치조직의 내용과 성격 34
   3) 향촌자치조직의 변질 47

Ⅱ. 사족 중심 향촌지배체제의 재확립

1. 사족의 향촌지배조직 정비 51
   1) 난후의 향촌실정 51
   2) 향촌지배조직의 복구와 정비 56
2. 사족의 향촌지배와 서원의 발달 74

1) 사족 중심의 향촌운영 74
2) 서원의 증설과 역할의 증대 83
3) 서원정책의 추이 99

3. 사족의 향권과 수령권 112

1) 조선 중기 향권의 의미 112
2) 사족의 향권의 내용 117
3) 수령권 강화와 사족의 향권 상실 122
4) 조선 후기 향권의 추이 130

4. 사족지배체제하의 신분질서 132

1) 사족 중심 신분질서의 확립 132
2) 양란중의 신분 혼효와 정리 142
3) 각 신분의 존재 양상 154

Ⅲ. 예학의 발달과 유교적 예속의 보급

1. 예학의 발달 171

1) 가례의 연구와 집성 171
2) 고전 예서의 연구 190
3) 예학의 경향과 전례 논쟁 195

2. 종법제의 보급과 가족제도의 변화 207

1) 종법제의 원리 207
2) 종법과 가족제 213
3) 제사와 상속 222

4) 족보의 보급과 동성마을의 형성 226

3. 유교문화와 농민사회 231

1) 유교문화 원리의 보급 231
2) 교육기구의 운용과 의례의 수용 234
3) 의례변화의 제양상 242
4) 농민사회의 예속 변화의 몇 문제 251

4. 순국·순절자의 포정 252

1) 사림의 정표운동 252
2) 국가의 정표정책 255

Ⅳ. 학문과 종교

1. 성리학의 발달 267

1) 학파의 분화 267
2) 이기철학의 발달과 전승 271
3) 17세기 성리학의 추세 278
4) 존주론과 명분주의 291

2. 양명학의 전래와 연구 294

1) 양명학의 전래와 초기 수용형태 294
2) 양명학의 비판과 수용의 문제 296
3) 초기 양명학 수용자들의 현실 인식 298

3. 서양문물의 전래와 반응 303

1) 서양문물 도입의 주역 303
2) 17세기 서양문물의 도입 309
3) 조선사회의 서양문물에 대한 반응 316
4) 서양문물의 실용적 채용 328
5) 17세기 서양문물 전래의 역사성 333

4. 실학의 태동 335

1) 실학의 성립과 그 개념 335
2) 초기 실학의 계보와 성격 344

5. 국문 보급과 국어 연구 357

1) 시대적 특성과 경향 357
2) 국문 보급과 언문자모 359
3) 음운학 연구의 전개 363
4) 어휘 정리와 고증적 해석 366

6. 역사학 370

1) 역사학의 사상적 배경 370
2) 고려 이전의 역사에 대한 서술 372
3) 당대사의 편찬 378
4) 역사학과 사학사상의 특징 385

7. 불교계의 동향 386

1) 산중승단 387
2) 산승의 법통 391
3) 불교신앙의 제형태 394
4) 의승군의 조직과 활동 397

8. 도교와 민간신앙 401

1) 도 교 401
2) 민간신앙 415

V. 문학과 예술

1. 문 학 421

1) 시가문학 421
2) 소설과 판소리 427
3) 한문학 439

2. 미 술 446

1) 회 화 446
2) 서 예 488
3) 조 각 503
4) 공 예 511
5) 건 축 520

3. 음 악 544

1) 궁정음악의 전승과 변화 544
2) 단가의 발생과 전개 555
3) 기악풍류의 성립과 발달 562
4) 향악조 566
5) 음악유산 569

4. 민 속 570

5. 무용 · 체육 581

1) 무　용 581
2) 체　육 597

6. 의식주 생활 604

1) 의생활 604
2) 식생활 620
3) 주생활 631

개 요

I

조선왕조는 16세기에 들어오면서 새로운 변화를 맞이하게 된다. 사림이라 불리는 이념집단으로서의 사회세력이 대두하게 된 것이다. 성종 때 金宗直이 임금의 총애를 받게 되면서 그 문인들이 정계로 진출, 세상사람들로부터 士類로 지목된 데서 그 존재를 처음 확인하게 되는 이들 사림세력은 본래 그 뿌리를 향촌사족에 두고 있었다.

독서인을 의미하는 士와 관료인 大夫를 합해 士大夫라 하고 그 족속을 士族이라 부르기 때문에 사족이란 용어는 조선시대 이전부터 나타나지만, 역사적인 존재로서의 재지사족은 고려 말에 이르러 지방의 유력자이던 향리세력 중의 일부가 신분을 상승시켜 품관이 되는 데서부터 그 출발점을 잡고 있다. 조선 초기에 들어오면서 이들 품관층이 향촌사회를 주도하는 세력으로 성장하는 데에는 우선 극복해야 할 두 가지 과제가 있었다. 하나는 고려 말 이래 향촌사회를 실질적으로 장악하고 있던 토호적인 향리세력과 상대하며 우위권을 확보하는 일이었고, 다른 하나는 조선 건국 이래 중앙정부가 지속적으로 추진했던 지방통제정책에 대응하여 자신들의 자율적 지위를 확립하는 것이었다. 첫째의 과제는 성리학의 보급, 정착과정이나 중앙정부의 향리 억제 정책과 같은 지원을 받으면서 비교적 수월하게 추진되었지만, 두번째 것은 수령을 통해 집행되는 官權과 관련되기 때문에 애로가 적지 않았다. 선초 이래 그들의 재지적 기반이었던 留鄕所가 15세기의 기간 동안에 몇 차례 혁파되는 우여곡절을 겪는 것은 수령권과의 마찰과 충돌을 우려한 중앙정부의 강경한 향촌통제책의 결과였으며, 이에 대응해 그들은 자신들을 주축으로 하는 향촌의 자치조직을 형성하고, 이를 통해 관권과의 일정한 타협하에 자신들의 향촌지배권을 확보하는 자율책을 추구하게 된다. 그것은 때로 향약이나 鄕規·鄕案과 같이 一鄕을 망라하는 조직 형태로 구체화하기도 하고, 그보다는 좀더 하부체계로서 親隣·同志的 성격을 가지는 결사형태인 洞契조직으로 성립하기도 하였다.

그런데 이러한 과정에서 품관층 내부에서는, 훈구파와 사림파라는 중앙정치세력간 충돌의 여파와 이 시기부터 확산되기 시작하는 名分論·義理論 중심의 朱子學 및 科擧와의 일정한 연계성, 그리고 사회경제적 처지의 차이에 따라 사족과 비사족으로의 분화가 나타나게 된다. 말할 것도 없이 사족이 된 세력은 영남출신의 중앙관료이던 초기의 사림파와 일정한 연계를 가지면서 朱子性理學을 수용하고 그것의 실천에 힘쓰며 중소규모의 토지와 노비를 소유한 경제력을 가진 지주층이었다. 사족의 범위가 보다 분명하게 되는 것은 16세기 중엽 徙邊律의 적용을 통해서였다. 이 때에 결정된 바에 의하면 "자신이 생원·진사이거나 아니면 친가나 외가가 東西班 正職 5品이든지 監察·6曹郞官·部將·宣傳官·현감과 같은 顯官에 있거나 문무과 급제자의 후손"이어야만 사족의 범위에 포함되는 것으로 한정되었다. 여기에 들지 못하는 품관층은 점차 사족과 분리되면서 후일 유향소를 중심으로 하는 鄕族의 선구를 이루게 된다. 이제 사족은 향촌재지세력의 대표적 존재로서 그 위상을 확립하게 된 것이다.

사족의 향촌지배는 그 이전부터 그들이 마련하여 온 留鄕所·鄕約·鄕規·洞約·洞契 등의 자치조직을 통해 구현되었다. 15세기 초부터 모습이 확인되는 유향소는 애초부터 人吏와 향촌민을 장악하려는 재지세력의 향촌통제기구였다. 그러므로 수령권과의 마찰이 불가피하였고 몇 차례의 치폐과정을 겪기도 하였으나, 수령권과의 타협 위에서 재지세력이 부세운영에 관여할 수 있는 기구로서 기능을 수행해 왔다. 그러는 중에 성종 때 사림파에 의해 鄕射禮·鄕飮酒禮와 같은 주자적 이념을 실천하는 교화장소로서 주목되었고, 후일 서원이 발흥함으로써 사림의 관심에서 멀어지게 되었으나 적어도 17세기 중반까지는 사족의 향촌지배기구로서 활용되고 있었다.

한편 군현단위의 향촌자치조직에는 향약과 향규가 있었다. 향약은 성리학의 수용과정에서 알려진 중국의 향촌제도로서 중종년간 趙光祖 등의 사림이 교화의 방안으로서 전국적인 보급운동을 벌였으나 기묘사화로 실패한 후, 지방사족에 의하여 구휼위주로 성격이 바뀌어 향촌별로 점차 시행을 보았다. 향규란 한 고을 사족만의 명단인 鄕案에 실린 鄕員 사이의 규약을 말한다. 따라서 향촌민 전체를 대상으로 하는 향약보다는 결속력이 강하였으며 대개 16세기 중엽 이후 지역공동체적 성격을 지닌 향약이 지방별로 조직되면서 그 운영주체인 사족간의 규약으로서 성립하였다. 사족들은 이 향규에 의해 鄕中의 제반사를 처리할 座首와 別監 등의 鄕任을 선정하였고 이를 통해 향촌지배를 구현할 수 있었던 것이다.

유향소와 향약·향규가 군현난위의 조직이었다면 보다 축소된 지역단위로서 동계(동약, 契와 約은 같은 뜻임)가 있었다. 동계의 출발은 자연촌의 형성에서부터였겠지만, 16세기에 이르면 하나의 촌락 혹은 지연·혈연적으로 긴밀한 관계를 유지하는 몇 개의 촌락에 거주하는 사족 사이의 결사적 성향을 농후히 하게 된다. 동계의 구성원들은 이를 바탕으로 향안에 입록될 수 있었고, 향약·향규 등의 군현단위 자치조직에 참여, 사족의 향촌지배에 가담할 수 있었다. 이를테면 16세기 중엽 이후의 사족 중심 향촌지배체제에 있어서 그 하부구조로서 평민에 대한 사족의 신분제 우위를 실현하고 실질적인 사족의 향촌지배를 실천하는 말단조직이 동계였다고 할 것이다.

16세기 중반 이후 출현하는 서원은 사족의 향촌지배측면에서 볼 때 분명히 새로운 기구였다. 그것은 講學과 藏修를 표방하는 학교였기 때문에 유향소에서처럼 수령권을 침해할 수도 있다는 의심에서 벗어날 수 있었고 따라서 그들이 개별적으로 추진해오던 향약이나 향음주례 등을 현실에 적용할 수 있는 장소로서 고려될 수 있었다. 그러나 이 때만하여도 서원이 발흥한 초창기이기도 하려니와 아직까지는 서원이 사족내의 선비집단인 사림을 양성하는 학교적 성격을 강하게 지니고 있어서 향촌기구로서의 기능은 그리 두드러지지 않았다. 그것은 17세기 이후에 가서 점차 분명해진다.

16세기 중반 이후 확실하게 드러난다는 사족의 향촌지배체제는 이상과 같이 여러 가지 향촌기구를 통해 향촌민 지배의 독자적 영역을 구축하여 온 사족세력의 부단한 노력의 산물이었다. 거기에는 물론 지방지배의 동반자로서 향리 대신 사족을 선택한 중앙정부의 입장이나, 성리학이념의 정착이라든가 15세기 이후의 농법의 발달과 그에 수반한 경지의 확대에 따른 사족경제력의 상승 등이 배경이 되었을 것임은 말할 것도 없다.

사족의 향촌지배에 큰 전기를 마련한 계기는 임진왜란이었다. 임란은 조선조의 지배질서를 전면적으로 재편하지 않을 수 없게 하였으며, 향촌에서의 사족지배구조에도 마찬가지 영향을 미쳤다. 임란 후 재건된 향촌사회를 어떻게 볼 것이냐에 대해서는 논자에 따라 견해가 각기 다르다. 그러나 일반적으로는 난중의 의병활동을 기반으로 사족은 난후의 수습과정에서 진주지방의 里坊편성에서 보듯이 그들 중심으로 향촌사회를 재건하였으며, 이런 과정에서 황폐화된 토지의 개간과 유향소·향약·향규·동계·서원 등의 향촌조직이 복구되었다고 설명되고 있다. 향중의 공론에 용납되지 않는 행위를 한 집안에 대해서 마을에서 몰아내는 毁家黜鄕이나, 風憲有司가 향중사족의 圈點에 의해 공권력과 맞먹는 정도의 향권을 행사한다는 지적은 난전과 마찬가지로 사족의 향촌지배가 계속되고 있음을 뒷받침해주는 대표적 사례로 손꼽힌다.

사족 중심의 향촌운영은 그러나 얼마가지 않은 17세기 후반에 이르러 더 이상 추진되기 어려운 난관에 직면하게 된다. 그것은 우선 국가의 對鄕村政策이 재지사족을 매개로 하던 간접적인 방식에서 소농민에 대한 직접적인 지배형태로 전환된 것과 관련된다. 먼저 경재소의 혁파로 향임의 선임권을 수령이 장악하게 됨으로써 유향소는 명칭마저 향청으로 바뀌어 수령의 보좌기구가 되어버렸다. 나아가 국가는 〈五家統事目〉과 里定法의 시행을 통해 부세행정실무를 面里任과 향리의 연결조직을 이용해 수령에게 귀속시킴으로써 사족의 부세운영권 참여를 무력화하여 小民에 대한 지배를 약화시켰다.

이러한 외부의 견제와 함께 사족세력 내부에서도 분열이 심화되어 더 이상 결집된 힘을 발휘할 수 없는 상황에 이르게 된다. 家禮의 보급에 따른 가족 및 상속제도의 변화는 異姓雜居의 同族村에서 同姓同本의 同姓村으로의 전환을 가져오게 하였는데 그에 따라 종래의 共有財産에 대한 이해갈등과 대립이 일어나면서 결국은 향촌사족이 분열, 각자가 동성촌에 기반한 族的結束과 門中勢의 확산에 주력하게 만든 것이다.

향촌사족의 이런 분열에는 중앙정계의 붕당간 대립의 심화도 크게 작용하였다. 黨論의 세습성은 향촌사족에까지 여파를 미쳐 향론의 분열을 조장했으며 여기에 향권장악을 둘러싼 대립까지 가세함으로써 사족 내부의 분열을 촉진하였던 것이다. 이 시기에 빈발하는 당색과 연결된 사족간의 鄕戰, 특히 서원제향자를 둘러싼 향전의 빈발이 그것의 단적인 예였다.

이와 같이 사족의 향촌지배권이 약화되는 속에 사족 내부의 분열까지 겹치게 되면서 18세기 이후 사족 중심의 향촌지배는 후퇴하고, 새로이 드러나는 동성촌락을 중심으로 한 족적결속과 문중조직에 관심이 집중되면서 향촌사회의 운영도 그런 방향으로 가게 된다.

Ⅱ

사림의 정치활동이 본격하하고 그 사림의 母集團인 사족에 의한 향촌지배가 본궤도에 오르면서, 그들의 활동을 뒷받침해 주는 이론적 근거였던 朱子性理學에 대한 관심이 고조되는 것은 당연하였다. 그리하여 16세기 후반 이후 理氣心性說에 관한 심도 깊은 연구와 함께, 특히 17세기에 들어가면 사림과 사족의 행동규범과 생활의례로서 朱子家禮를 중심으로 한 예학이 크게 발달하고, 왕실의 典禮문제와 관련해 禮說논쟁이 주요 정치쟁점화하여 정권의 향배를 결정할 정도가 되며, 유교적 예속의 전파에 따른 宗法制의 보급과 정착으로 전통적인 가족제는 물론 향촌사회의 촌락구성마저 달라지는 변화가 오게 된다.

그 중에서 예학의 발달부터 보면 무엇보다도 《주자가례》가 본격적으로 연구되었다. 주자가례는 國初부터 그 중요성이 인식되어 왔으나 명종대에 들어와 徐敬德·金麟厚·李滉·曺植 등의 유학자들이 《國朝五禮儀》와 漢唐禮를 비판하면서 古禮와 함께 학문적인 검토의 대상으로 새삼 주목된 것이다. 처음에는 祭禮가 주로 다루어졌으나 선조대 이후 그들의 문인들에게로 연구가 계승되면서 복잡한 喪禮까지 고증하게 되고, 특히 전란을 겪은 후 사회질서를 회복하기 위해 禮가 강조됨으로써 家禮 이외에도 三禮 즉《儀禮》·《禮記》·《周禮》에까지 관심의 영역이 확대되는 등 예학에 관한 논의가 크게 성행하였다. 그것의 구체적 성과는 金長生의《家禮輯覽》과 鄭逑의《五先生禮說分類》로 대표되는 각종 주석서의 편찬과 언해의 간행으로 드러난다. 뿐만 아니라 예학에 관한 이해가 심화되면서 주자가례와 3례, 또 3례 중에서도《예기》와《의례》중 어느 것을 더 중시하고 기준으로 삼을 것인가 하는 문제를 놓고 학파와 당색에 따른 차이가 드러나면서, 마침 인조대의 元宗추숭 논의나 현종 때의 服制 논쟁과 같은 왕실의 전례에 대한 예법의 적용문제로 비화, 정치세력간에 커다란 분쟁을 일으키기도 하였다.

종법은 周나라 초기부터 형성된 것으로 長子를 중심으로 家系를 계승하며 제사를 지냄으로써 父系 위주의 가족질서를 제도화한 것이었다. 조선 초부터 위정자들은 이런 종법제의 수용과 시행을 추진하였지만 그것이 사회에 실제로 적용되는 것은, 사림이 사회전반을 주도하며 주자가례에 의한 예학이 발달하여 종법제가 정착될 수 있는 여건이 조성된 17세기 이후였다. 그 결과 家廟가 널리 보급되어 사족집안의 가옥구조까지 달라지며 男歸女家婚에 대신하여 迎親禮가 본격화하고 立後制가 확립되는 등 종전의 兩系的 특성이 부계적 가족제로 변하게 되었다. 특히 주자가례의 勵行은 外孫奉祀·輪回奉祀 대신에 적장자에 의한 四代奉祀制의 실현을 보게 하였으며 그에 따라 자녀균분상속제 역시 적장자 상속으로 전환되었다. 이런 종법적 가족질서의 확립은 족보에도 영향을 미쳐 16세기까지의 외손까지 포함되는 子孫譜 형태에서 父系親만 수록하며, 기록도 先男後女로 하는 방식을 정착시켰다. 뿐만 아니라 촌락의 구성에서도 조선 전기까지의 몇 세대의 내외손이 함께 거주하는 異姓雜居의 동족촌락에서 부계친 중심의 동성촌락으로 바뀌는 변화까지 일으켰던 것이다.

위와 같은 유교적 예속의 발달과 정착은 대개 사림이나 사족의 주도에 의해 이루어진 것이었다. 그러나 그것은 국가의 적극적인 지원이 뒤따랐기에 가능하고 또 용이하였다. 그런 국가의 지원 중에 가장 대표적인 것이 효자·충신·열녀에 대한 旌表정책이었다. 유교적 윤리관이 기층사회에까지 침투하면서 부계친 중심의 가문에 의한 문벌의식이 대두하던 이 시기에서 유교적 윤리의 실천에 뛰어났다고 하여 포정을 받은 先祖를 가졌다는 사실은 자기 가문의 사회적 위신과 지위를 높여주는 것이었다.

예학에 대한 이해의 심화나 유교적 예속의 보급은 실상 성리학의 철학적 이론 체계에 대한 본격적인 연구를 기초로 한 위에서 전개되었다. 그런 만큼 성리학의 탐구는 주자학 이해의 입문이었던 것이다. 李彦迪이 理를, 서경덕이 氣의 이론을 궁구하면서 본 궤도에 오른 이기설은 이황·조식·김인후·奇大升·盧守愼·李珥·成渾 등의 저명한 유학자들에 의해 理氣心性說의 연구로 발전되었으며, 이것은 16세기가 끝나는 시점에서 퇴계와 율곡에 의해 정리되어 각기 主理·主氣라는 조선성리학의 양대 조류를 형성하였고 그 문인 및 계승자에 의해 학파로 성립하며 붕당정치하에서 각 정파의 정치이념이 되었다. 그러므로 각기 자기파 학설의 보강을 위한 연구가 계속되면서 동시에 상대학파의 논리에 대한 비판으로 논쟁이 벌어지며, 또 달리 張顯光·許穆과 같이 주리·주기설을 절충하려는 이론도 제기되는 등 학계의 활성화를 가져왔다. 그러나 한편으로는 주자성리학 이외의 다른 학문, 예컨대 陽明學이나 불교·도교 등을 이단으로 배격하는 교조적인 성향이 강화되어서, 尹鑴나 朴世堂과 같은 탈주자학적인 시도는 용납되지 못하였다.

다만 17세기 후반에 들어가 사림정치나 사족지배체제 및 사회경제적 여건의 변동에 따라 현실과 이상의 괴리현상이 두드러지면서 이런 모순의 해결방안으로 양명학이 일부에서 주목되고, 기존의 제도에 대한 변통책의 모색과 관련하여 실학적 사고와 주장이 대두하기는 하지만, 使行을 통해 전래된 서양문화가 주자학 일변도의 사상계에서 적극적으로 수용될 수 없었던 시대적 한계에서 보듯이, 아직까지는 활성화될 단계에 이르지는 못하고 있었다.

역사학에 있어서도 국가의 관료 중심적 역사편찬 대신에 주자의 정통론과 綱目論을 수용한 사림의 개인 단위 역사편찬이 이루어지는데, 史略型 역사서의 유행, 도표와 연표에 의한 서술, 箕子에 대한 관심, 강목형 사서의 출현, 역사 지리학 연구의 심화, 樂府體의 발전, 當代史를 다룬 야사형 사시의 편찬 등이 특징으로 지적된다.

한편 불교와 도교는 주자학이 갖는 이단배척의 특징에다가 조선주자학이 점차 교조적 성향을 더해감으로 인해 더욱 위축될 수밖에 없었다. 그러나 불교는 현실에서 떨어진 은둔화의 경향 속에서도 山中僧團의 조직을 형성하고, 이를 통해 山僧의 법통을 계승함으로써 명맥을 이어 나갈 수 있었다. 불교의 존재를 크게 드러내었던 임진왜란시의 승군활동은 이런 법통과 승단조직을 밑받침으로 하여 일어날 수 있었다.

Ⅲ

사림의 사회 주도와 사족지배체제의 운영은 문학과 예술, 그리고 민속과 일상의 衣食住생활에도 일정한 영향을 미쳤다. 그것은 모든 분야에서 반드시 그랬다고는 할 수 없겠으나, 대체로 조선 전기적인 전통을 계승하면서도 사림의 취향에 맞추어 변형되거나 새로운 모습을 보였으며 이를 18세기 이후의 후기 사회에 전달해 주고 있었다.

우선 문학의 면에서는 자연 속에서 심성을 수양하는 사림의 삶과 대민교화의 내용을 담은 작품들이 많은데, 임진왜란과 병자호란의 전란을 거친 후에 한편으로는 〈홍길동전〉에서 보듯이 전쟁의 황폐에서 드러나는 현실의 모순을 고발하고 이상국가의 건설을 추구하는 사회소설이 나오는가 하면, 전쟁의 패배를 치유하고자 역설적으로 전쟁의 승리와 그것을 가져오게 한 민족영웅의 형상을 그린 軍談소설이 한때 유행했으며, 17세기 후반에 가면 현실적인 사회체제의 동요 속에서 이를 관념적으로 보상받고자 사대부의 出將入相과 가문창달의 실현을 기본 골격으로 하는 〈구운몽〉 등의 한글소설이 나와 18세기 이후 성행하는 고전소설의 선구를 이루었다. 반면 미술에서는 이 시기를 특징짓는 사대부들의 은둔사상이 크게 반영되었는데 漁村問答·濯足·觀瀑·釣魚 등이 화폭에 자주 등장하고, 선비의 절의를 상징하는 대나무·매화가 많이 그려진 것이라던가 隱者的인 정취를 자아내는 墨法이 어느 시기보다도 높은 수준으로 발달하였던 사실이 그런 설명을 뒷받침해 주고 있다. 사대부들의 기본 교양이라고 할 書體에서 굳센 의지를 표현한다는 王羲之體가 부활하는 가운데, 거기에 토대해 자신의 독특한 필법을 가미했다는

石峰體가 널리 유행하고, 金生·李喦을 비롯한 우리 나라 역대 명필들의 筆跡과 碑文을 摹刻·탁본하여 연습교재로 사용하기 위해 刻帖이 만들어지면서 〈大東金石帖〉이 나왔던 것 역시 이 시기의 특성을 반영한 것이었다. 조각의 양식은 유일하게 불상에서 찾아볼 수 있는데 佛身에 비해 머리부분이 크며 기법도 떨어져 전반적인 불교쇠퇴상의 일면을 보여주고 있다. 도자기 공예에서는 분청자가 소멸하고 굵은 모래받침의 회백자 제작이 성행하며, 새로이 관영사기공장으로서 경기도 광주의 分院이 중심지가 된다. 특히 鐵畵백자의 제작과 明器類에 보이는 다양한 남녀인물상·銅畵백자 및 乳白色의 백자 출현은 조선 후기 백자의 시작을 알려주는 이 시기 도자공예의 특징이었다.

한편 조선 중기의 음악은 궁중 안에서의 祭享樂과 宴享樂이 앞 시대에 비해 규모면에서는 축소되지만 향악곡이 발달하고 관악곡으로 변질되는 새로운 변화를 보이며, 궁중 밖에서는 北殿·中大葉·數大葉같은 관현반주의 새로운 노래와 거문고 중심의 기악합주인 풍류음악이 생겨나 선비들의 애호를 받으면서 조선적인 고유색이 강하게 드러나고 있었다.

종법제의 정착과 유교적 예속의 보급에 따라 큰 변화를 겪은 분야는 민속과 사대부의 주거공간이었다. 민속의 경우 고려시대 이래의 巫俗 중심의 축제풍속이 점차 유교의례적 형식으로 전환되면서 새로운 이념인 주자학의 영향으로 關王廟와 서원·時祭 등에서 보듯이 친족집단의 조상숭배와 인물숭배 풍속이 등장하였다. 주거공간의 변화가 아마도 조선 중기 사족생활에서 가장 큰 변화였을 것이다. 무엇보다도 가례에 의한 4대봉사제가 정착되면서 신주를 모시고 제사를 지낼 공간으로서 家廟가 班家에 자리잡게 된 것이 큰 특징이라 하겠으며, 內外와 長幼의 구별을 위해 안채·별당의 구성과 주인양반의 修身과 학문연마, 손님접대를 위한 사랑채, 그리고 사역과 隨行을 위한 노복 및 婢子의 거처인 행랑채·비자방 등이 별도로 배치되는 구조를 갖는 사대부 가옥의 형태가 자리잡게 된 것이다.

〈鄭萬祚〉

Ⅰ. 사족의 향촌지배체제

1. 16세기 사족의 향촌지배

2. 향촌자치조직의 발달

Ⅰ. 사족의 향촌지배체제

1. 16세기 사족의 향촌지배

1) 사족지배체제의 형성과 그 의미

16세기는 조선 초기에 완성된 국가질서가 이완된 시기라고 이해되고 있다. 그러나 다른 한편으로는 조선 초기의 혁명적 권력을 토대로 정립된 강고한 국가권력과 국가의 지배층을 이루는 사족들이 지배권력을 공유하는 방향으로 이행한다고 할 수 있다. 이른바 '사족지배체제'란 그러한 국가체제를 염두에 두고 붙여진 이름이라고 이해된다.

사족지배체제란 사족이 지배하는 사회체제라는 의미이다. 사족지배체제에 대해서 "관권과의 일정한 타협 위에서 군현 단위 및 촌락사회에서 그들의 향권을 관철시킬 수 있는 지배기구를 장악하고, 사족들이 관권과의 타협 위에서 吏民을 통제하고 있었던 향촌지배구조"라는 정의가 있다.[1] 이러한 구도를 조선 말기까지 발전시켜서, 수령의 향촌지배를 의식하는 입장에서는 사족지배체제를 '守令－士族主導 鄕村支配'라고 바꾸어 표현하기도 하였다.[2] 그러나 '사족지배체제'라는 말을 향촌사회에 국한하지 않고 조선 중기의 지배체제 일반으로 정의한다면, 사족지배체제를 "조선시대 사족지배를 위한 법률, 제도 및 이데올로기의 총체"라고 규정할 수 있을 것이다.[3] 물론 사족지배체제에 대한 개념 규정이 간단히 처리될 수 있는 것은 아니지만, 단순히 향촌

1) 金仁杰, 《朝鮮後期 鄕村社會의 變動에 관한 硏究－18·19세기 '鄕權' 擔當層의 變化를 중심으로－》(서울大 博士學位論文, 1991).

2) 高錫珪, 《19세기 鄕村支配勢力의 變動과 農民抗爭의 樣相》(서울大 博士學位論文, 1991).

3) 金炫榮, 《朝鮮後期 南原地方 士族의 鄕村支配에 관한 硏究》(서울大 博士學位論文, 1993).

사회에서 국가권력(수령권)과 사족지배권과의 대립과 갈등이라는 문제에만 국한하지 않고—물론 그러한 점을 부각시킨 공로는 있지만—사림파의 성리학적 향촌지배 이데올로기의 관철과 그러한 이념에 의한 체제 구축이라는 점 등을 감안하여 이러한 제도, 관행 및 이데올로기의 총체가 무엇인가에 대한 포괄적인 개념정의가 이루어져야 할 것이다.

여기에서는 사족지배체제가 가장 전형적으로 나타난 시기라고 알려진 16세기 사족의 향촌지배의 여러 양상을 정리하고자 한다. 이 시기는 사림파에 의한 향촌지배가 전개되어 이른바 사족지배체제가 정착되는 시기이므로 사족의 향촌지배의 여러 양상을 살펴보는 것은 사족지배체제의 구체적인 의미를 천착하는 것이 될 것이다.

고려 말 재지지배집단이었던 향리층이 조선 초기에 在地士族과 吏族으로 분화되고 이러한 가운데 재지세력은 향리층이 이탈되고 品官層을 중심으로 운영된다. 품관층은 사족층의 모집단이면서 향촌사회의 지배층이기도 하다. 이러한 품관층은 16세기 이후 관직과 일정한 연계를 가지는 사족과 그렇지 못한 비사족으로 구분되어 간다.4)

이렇게 계층분화가 꾸준히 진전되는 가운데, 사족이나 품관향족이나 모두 유향소를 구심점으로 향촌사회의 지배층으로서 수령을 보좌하면서 자신들의 지방지배를 관철시켜 나갔다. 유향소 이외에도 이들은 군현 단위에서는 司馬所, 鄕校 등 향촌기구에 참여함으로써 향론을 형성하였고, 면리 단위에서는 향약의 시행을 통하여 향촌지배를 실현하여 갔다. 한편 이 시기에 이들 재지세력들이 향촌사회를 지배할 수 있었던 체통과 위신을 가질 수 있는 것은 성리학적 교양과 그를 유지할 수 있는 중소규모의 토지와 노비를 소유한 중소지주로서의 경제력에 의하여 가능하였다.

16세기 사림파의 등장과 함께 중앙 정계는 갈등구조를 이루고 있었으며, 사림파들은 자신들의 기반인 향촌사회를 장악함으로써 그들의 권력을 강화하려 하였다. 그들은 지배이데올로기로서 성리학적 지방지배의 이념을 들고 나왔으며, 그 구체적인 방법으로 제시된 것이 유향소의 복립을 통한 향권의

4) 李樹健, 《嶺南士林派의 形成》(嶺南大 出版部, 1979).

장악과 향약을 통한 지배이데올로기의 실천이었다.5)

조선 초기 군현제의 정비와 수령권의 확립을 통하여 안정된 지방지배질서 위에 사림파들에 의한 새로운 지방지배의 구상이 전개된 것이다. 사림파들은 재지사족을 그들의 지방지배 실현의 파트너로 끌어들인 것이다. 국가에서도 군현제와 수령만으로는 지방을 효율적으로 지배할 수 없다고 생각하여 향촌사회에서 그들의 영향력을 어느 정도 인정하지 않을 수 없게 된 것이다.

2) 재지세력의 변화

이제 16세기에 들어와서 어떠한 세력이 어떠한 기구를 장악하여 어떻게 지방을 지배하였는가, 이들과 국가권력의 대행자인 수령과의 관계는 어떠하였는가를 검토해 보기로 하자. 조선 초기 이래 국가의 지방지배와 관련된 여러 가지 법적 조치들을 살펴보면 다음과 같다. 다음의 〈표〉에서 보듯이 조선 초기 국가의 지방지배정책은 일관되게 지방세력이 성장하지 못하도록 억제하는 것이었다. 즉 고려시대의 귀족세력인 사심관과 연관되어 있는 유향소를 혁파하여 재지세력의 성장 가능성을 제거하고 나아가 〈鄕愿推覈法〉과 〈部民告訴禁止法〉을 만들어 재지세력의 발호를 억제하였다.

조선왕조의 개국과 함께 새 왕조의 지배층은 고려시대의 재지지배층이었던 향리층을 사족층과 이족층으로 구분하여 향리를 단순히 행정사역계층으로 격하시키고 품관사족층을 국가의 지방지배의 동반자로 인식하여 왔다. 즉 〈元惡鄕吏處罰法〉과 같은 조선 초기 향리층을 억제하는 일련의 정책은 향리층의 지위격하를 가져오게 하였다. 이에 대비하여 고려 말 添設職·檢校職 등을 통한 광범위한 품관사족층이 형성되었지만, 국가로서는 이들에 대하여 특별히 일반 양민층과 구별하는 정책을 써왔던 것은 아니었다. 즉 國役의 分定

---

5) 李泰鎭, 〈士林派의 留鄕所 復立 운동－조선초기 성리학 정착의 사회적 배경－〉(《震檀學報》34·35, 1972·1973).
———, 〈朝鮮前期의 鄕村秩序－성리학적 질서의 확립을 중심으로－〉(《東亞文化》13, 서울大 東亞文化硏究所, 1976).
———, 〈士林派의 鄕約普及運動－16세기의 경제변동과 관련하여－〉(《韓國文化》4, 서울大 韓國文化硏究所, 1983).

에 있어서 이들 품관사족과 일반 상민과의 구분이 크게 지켜진 것은 아니었다.

그러나 다른 한편 재지사회에서의 향리와 품관사족의 구별은 중앙정부 차원에서보다 훨씬 늦은 것이었다. 즉 1530년대의 안동부 향안에는 사족뿐만 아니라 향리의 증손·사위·외손 등까지 입록되어 있었다. 이는 고려시대 이래 재지지배세력을 이루었던 향리층을 중앙정부 차원에서는 억제하고 견제하려고 했지만, 재지사회에서는 사족과 향리의 구별이 즉시 이루어지지 않고 서로 통혼을 하고 교류를 했던 것으로 보인다. 그러나 안동부에서도 16세기 중반 이후 점차 향리와 관련이 있는 족파를 향안에서 배제하기 시작하여 16세기 후반에 이르면 완전히 향리와 사족품관층의 구별이 일단락 된 것으로 이해된다.[6)]

향리세력의 억제에 어느 정도 성공을 거둔 중앙정부는 향리세력에 대신하여 새로이 재지품관세력이 대두되기 시작하자 이번에도 국가에서는 〈부민고소금지법〉을 시행하는 등 토호품관을 억제하는 제반 조치들을 취하였다. 즉 개국 초의 주요 억제 대상이었던 재지세력이 향리들이었다고 한다면 15세기 후반 이후에는 그러한 억제 대상이 재지품관층으로 확대되어 갔던 것이다.

〈표〉 조선 초기 지방지배에 관련된 법적 조치

시 기	내 용	전 거
태종 6년(1406)	留鄕所 혁파	《太宗實錄》 6년 大司憲 許應의 留鄕所 폐단 상소
태종 11년(1411)	鄕愿推覈法 강화	《太宗實錄》 11년 10월 을사
태종 17년	申明色 혁파	《太宗實錄》 17년 11월 무인
세종 2년(1420)	部民告訴禁止法 시행	《世宗實錄》 2년 9월 무인
세종 2년	元惡鄕吏法 강화	《世宗實錄》 2년 11월 신미
세종 5년	奸吏推覈法	《世宗實錄》 5년 5월 정미
	《經國大典》 元惡鄕吏條	
중종년간	土豪品官 兩界徙民 '品官과 사족 구별'	

6) 金炫榮, 〈1530年 安東地方의 鄕案, '(嘉靖庚寅)座目'의 分析〉(《擇窩許善道先生停年紀念 韓國史學論叢》, 一潮閣, 1992).
鄭震英, 〈조선전기 안동부 재지사족의 향촌지배〉(《조선시대향촌사회사》, 한길사, 1998).

16세기 이후 국가에서는 全家徙邊律을 정비하는 과정에서 사족과 일반 상민을 구분하게 되었다. 즉 사족과 상민을 엄격히 구분하기 시작한 것은 16세기 이후의 현상이었다. 즉 사족이 죄를 범하여 入居를 하게 되었을 때, 사족을 일반 양인이나 노비들과 똑같은 律로 적용할 수 없다는 데서 사족의 범위를 엄격하게 정하지 않을 수 없었던 것이다.

兩界의 방비를 충실하게 하기 위하여 향리·역리·공사천을 중심으로 이루어졌던 세종대의 4차례의 徙民 입거에 뒤이어 중종대에 다시 북방 사민의 문제가 제기되었다. 중종 20년(1525), 정부는 朝官을 下三道에 파견하여 豪强品官과 無斷鄕曲, 元惡鄕吏를 抄出하여 사민할 것을 결정하였다. 호강품관이란 10식 이상의 公債不納者,[7] 軍役을 피하는 양인을 1口 이상 冒占한 자를 초출하는 것이었다. 처음 하삼도를 중심으로 시행되었던 사민의 대상이 뒤에는 황해·강원·경기에까지 확대되었다. 중종 20년대의 사민입거 이후, 중종 38년에도 사민입거가 문제가 되고 여기에서 좀더 엄밀한 〈入居節目〉이 마련되었다.[8] 중종 20년의 '入居罪'는 품관이나 향리를 막론하고 비리행위자를 처벌하는 것이 목적이어서 품관에 대한 규제는 마지막 조의 品官吏民으로서 수령을 고소한 자에 대해서만 규정된 것이라면, 중종 38년의 〈입거절목〉은 주로 호강품관을 겨냥한 것이었다. 즉 제1조가 호강품관으로 무단향곡하는 자, 제 3·4·5조도 주로 호강품관이 향촌에서 자행하는 불법행위 즉 양민이나 공사천을 모점하거나 공채를 납부하지 않은 경우를 들고 있다.

이러한 〈입거절목〉에 의하여 사민의 대상을 초출하는 가운데, 晋州의 留鄕所인 진주 생원 孫蘭直이 猾吏의 배척을 받아서, 손난직이 수령을 고소하고 非理爭訟하였다고 호강품관으로 지목되어 입거되게 되었다. 그런데 진주 유생들은 손난직이 억울하게 호강품관으로 지목되었다고 정부에 호소하여 兵曹와 정부에서 의논하게 되었다. 논의 결과, 손난직은 생원이므로 전가사

7) 뒤에 15石, 정식으로 〈入居節目〉이 확정되었을 때는 25石으로 늘어났다.

8) 이 규정은 12개 조항으로 이루어졌는데, 사족과 관련된 조항은 12조의 "品官吏民이 감사, 수령을 고소하는 자"를 入居시키도록 하고 있다. 그러나 그 외에도 5, 9, 10, 11조는 豪强品官에 관련될 가능성이 많은데, 이 규정은 19년 후에 호강품관을 좀더 규제하는 방향으로 재정리되었다(《中宗實錄》 권 51, 중종 19년 7월 경인·권 100, 중종 38년 2월 정해).

변은 면하게 되었는데, 여기에서 다시 다른 사족과의 형평이 문제로 되고, 사족을 향리나 양민과 똑같이 전가사변할 것인가가 문제로 되었다. 즉 사족을 전가사변할 경우, 사족은 노비가 없으면 살아가지 못하는데, 강제로 사족을 입거시키게 되면 노비가 따라가지 않아 곧 유리하게 되므로 實邊의 의미가 없다는 것이다. 이에 따라 사족은 전가사변을 면하고 그 대신 之次律을 적용하기로 하였다. 이 때 사족이란 누구를 지칭하는지, 즉 사족의 범위가 문제가 된 것이다.

이 때 정해진 사족의 범위는 자신이 생원·진사인 자, 내외에 顯官이 있는 자와 文武科 자손(문무과 급제자 및 그 자손)으로 제한되게 되었다. 여기에서 다시 현관의 범위가 문제가 되어 동서반의 正職 5품 이상, 監察, 6曹郎官, 部將, 宣傳官, 縣監까지를 현관으로 규정하게 되었다.[9] 이 규정은 《各司受敎》에도 수록되어 있다.[10] 자신이 생원, 진사이거나 자신의 친가나 외가에 동서반 정직 5품 이상이나 감찰, 6조 낭관, 부장, 선전관, 현감 같은 현관이 있거나 문무과 급제자의 자손이 사족의 범주에 포함된다는 것이다.

이상에서 보는 것과 같이 16세기 초반에 사족의 범위를 법적으로 규정하려는 논의가 사족에 대한 징계과정에서 논의되고 있다. 즉 사족을 일반 양인과 똑같이 徙民律에 적용할 수 없음을 지적하여 사민율을 적용하지 않고 지차율을 적용할 범위를 정하는 과정에서 비로소 사족의 법제적인 범위가 확정되는 것이다. 이 규정을 보면, 주요 관직의 보유와 과거합격 여부가 사족 여부를 가리는 가장 중요한 기준임을 알 수 있다.

이러한 법제적 규정은 물론 향촌사회에서 사족인가의 여부를 가리는데 직접적인 기준이 될 수는 없었지만, 관직이나 재산, 통혼관계, 유교적 교양과 실천 등이 향촌사회에서 사족을 변별하는 여러 가지의 기준 가운데서 관직이 가장 중요한 기준이 되게 하는 근거가 될 것이다. 국가에서 파악하는 사족이란 이러한 본인이 과거에 합격하고 관직을 소지하였는가의 여부, 내외의

9) 《中宗實錄》 권 55, 중종 20년 8월 무신.
10) 《各司受敎》 刑曹 受敎, 庚戌(1550년) 2월 27일.
《各司受敎》는 명종 원년(1546)부터 선조 4년(1571)까지의 수교가 수록되어 있고, 1573년 이후의 수교가 追錄되어 있다.

선조가 현관이었는가의 여부가 가장 중요시되고 있다. 이를 그 족속에까지 확대한 것은 문과와 현관 역임자에 한정하였다. 그럼에도 불구하고 사회적으로 파악되는 사족층은 이러한 요소를 갖춘 사람과 그 족속을 의미하는 것으로 확대해석되고, 사족지배체제는 이러한 신분층이 그들의 지배적인 지위를 지속시키려는 정치·경제·사회 등 여러 제도와 이데올로기의 총체를 말한다고 하겠다.

또한 16세기 중엽, 국가에서 계속적으로 사족과 상민의 엄격한 구분을 지시하는 傳敎가 내리는 것은 이 시기가 사족과 상민의 班常制的인 구분이 실현되어 가는 시점임을 보여준다. 명종은 우리 나라에서 사족과 상인의 구분이 엄격하여 중국과는 다르다는 것을 말하고 15세기 중엽부터 사족을 능욕하거나 구타한 자에 대해서 전가사변의 律을 적용하였는데 중간에 권신들에 의해 폐지되어 朝官사족과 상인의 구분이 문란하게 되었다고 말하고, 앞으로는 사족을 능욕하거나 구타하는 상인과 천인에 대해서는 전가사변율을 적용하라고 말하고 있다.11)

물론 이러한 법제적인 신분 범위 규정이 실제로 향촌사회에서 그대로 적용이 되었는가는 의문이지만, 이러한 법제적 규정이 계층간의 通婚이라든가 사회활동 등에 영향을 미쳤을 것임은 분명한 사실이다. 즉 국가에서 사족에 대한 기준을 생원, 진사, 문무과 등 관직취임 자격과 관직취득 여부를 가지고 설정한 이후 관직취임 자격과 관직취득 여부는 향촌사회에서도 가장 유력한 계층구분의 요소가 되었다.

이렇게 보면, 15세기 조선의 개국 초부터 조선 후기까지 계속적으로 이어지는 품관층의 실체가 무엇인가가 궁금해진다. 물론 품관층의 정치적·사회적 지위는 이러한 시기적 변화에 따라 달라졌으리라고 추측되기도 한다.

'品官'은 在地품관·留鄕품관·閑良품관·受田품관 등의 용어에서 볼 수 있듯이, 科田法에서 새로운 지배층으로 인정을 받아 軍田을 受給받음으로써 조선 초기의 광범한 지배집단의 모체를 이루는 것으로, 고려 말에는 檢校職이나 添設職 등의 職事는 없고 品階만을 받은 층을 품관이라고 지칭하였

11) 《各司受敎》 刑曹 受敎, 甲寅(1554년) 4월 4일.

다.[12] 그러나 조선 중기 이후 품관이 留鄕化·在地化함으로써 그리고 유향소를 구성하고 향임층을 맡게 되면서, 이제는 관직을 가지지 않았지만 향임을 맡는 층을 품관이라고 하였고, 18세기 이후에는 향임층이 세습화되어 향족을 품관이라고 지칭한 것으로 보인다.

그럼에도 불구하고 《經國大典註解》에 "품관이란 이미 9품 정종의 품계에 들어온 자를 말한다. 바로 유품관이다. 따로 한 고을의 풍속을 맡은 자들이 있는데, 서울에 있으면 경재소이고 시골에 있으면 유향소이다"[13]라고 하여 품관에 대한 주석을 붙이고 있는 것을 보면 품관이라는 용어가 많은 사람들이 함께 동의할 수 있는 용어로 정착되지 못했다는 것을 보여 준다. 이는 《中宗實錄》에서도 북도의 풍속을 논하면서 품관이라는 용어에 대해서 다시 "鄕中의 士類를 품관이라고 한다"는 주석을 붙이고 있는데서도 알 수 있다.[14] 《경국대전주해》에서는 품관을 유품관과 재지품관으로 나누어 보고 있는데 반해서 《중종실록》의 주해는 품관을 향중사류라고 규정하였다. 이 두 해석 사이에는 많은 차이가 있지만, 실상 품계만을 받은 많은 流品官들이 향중에 사류로서 거주하고 있으므로 향중사류라고 해석하는 것도 큰 무리는 아닐 것이다.

〈部民告訴禁止法〉에서도 관찰사, 수령에 대해 고소를 할 주요 계층으로 品官吏民을 들고 있는데, 품관이 향촌사회의 가장 중요한 세력임을 말해주는 것이다.[15] 향촌사회에서 품관의 발호를 금지하는 것이 국가권력을 강화하는 요체였던 것이다.[16] 즉 《大典續錄》·《後續錄》 등에서도 품관으로서 수령과 백성을 침학하는 자에 대해서 徙邊律을 적용하여 억압하고 있는 것이다.

일반적으로 품관은 유향소의 좌수·별감을 배출하는 모집단으로 이해된다. 즉 품관 중에서 좌수·별감이 천거되어 경재소에 의하여 임명되는 것이다. 즉 좌수·별감과 함께 그 지역을 대표하는 재지세력인 것이다.

---

12) 韓永愚, 〈麗末鮮初의 閑良과 그 地位〉(《韓國史硏究》 4, 1969).
李成茂, 《朝鮮初期 兩班硏究》(一潮閣, 1980).

13) 《經國大典註解》 後集 刑典.

14) 《中宗實錄》 권 45, 중종 17년 6월 병자.

15) 《經國大典》 권 5, 刑典 訴冤.

16) 《大典後續錄》 권 5, 刑典 公賤·雜令.

이렇게 사족과 상인이 구분되어 사족지배체제가 정착되어가는 과정에서 더 나아가 이제 16세기 말~17세기 초에 들어서면 향촌사회의 지배층 안에서도 품관과 사족을 구별하는 분위기가 나타나기 시작하는 것으로 보여진다. 즉 향교에서 座次를 구별하는 문제라든가,[17] 사족과 품관층이 확연히 구분되어 나타나는 현상이 그것이다. 사족층은 중앙의 관직에 어떻게 연결되었는가 하는 것이 주요 판단 기준이고, 지배층이면서도 그러한 관직과 연결된 적이 없는 층이 유향소의 좌수·별감 등 향임으로서 향권과 일정한 관련을 가지는 층이 정립되는 것이다.[18]

3) 사족지배체제와 수령권

이들 사족에 대하여 국가권력을 대변하는 수령은 어떠한 역할을 하였는가. 물론 우리 나라 전 시기를 통하여 지역사회에서 왕권을 대행하는 수령의 절대적 우위가 부정된 적은 없었다. 특히 〈부민고소금지법〉은 15세기 말에 제정된 후 더욱 강화되어 지역사회에서 수령권을 부인할 수 있는 어떠한 힘도 존재할 수 없었다. 오히려 이러한 약점을 이용하여 수령의 탐오와 불법이 우려될 정도였다.

즉 16세기 중엽에는 국왕이 각 관의 수령들이 백성을 침학하고 불법을 저지른다고 하여 〈부민고소금지법〉의 폐지 내지 완화의 의견을 구하고 있다. 이에 대하여 朝臣들은 국가의 등급과 기강이 서지 않는다고 하여 그러한 의견에 대해 원래의 법을 준수하는 것이 옳다고 하고 있다.

이 논의과정에 보면, 원래 〈부민고소금지법〉이 元大典(《經國大典》)에는 杖 100, 徒 3년에 그치고 있으나, 그 후의 受敎(《大典後續錄》에 수록)에서는 全家徙邊으로 강화되었다. 이에 따라 억울한 일이 있거나 수령이 불법을 해도 어쩔 수 없는 경우가 나타나니 〈부민고소금지법〉의 완화 내지는 폐지를 하자는 입장이 나오게 된 것이다. 이에 대해 원래의 법제를 유지하자는 입장은 〈부민고소금지법〉 아래에서도 관찰사가 黜陟을 하고 公論이 있어 수령을

17) 李 滉, 《退溪全書》 附錄 〈言行錄〉 권 2.
18) 李文載, 《石洞遺稿》 권 6, 漫記.

견제할 수 있다는 것이다.

이러한 논의를 거친 후 좌의정 沈連源이 국왕에게 回啓하기를 "조정의 이목이 비록 원방에는 미치지 못하나 감사가 이미 출척의 책임을 지고 있고 또 조정에 이목의 관원이 있어서 불시에 어사가 나가니 수령이 범법하고 침어하는 것은 저절로 공론이 있을 것이니 어찌 이 법을 기다려(이 법이 폐지 또는 완화되기를 기다려) 민원을 구하겠는가"라 하여,[19] 아직 수령의 위상을 보호하여야 국가의 기강이 선다는 입장이었다.

여기에서 우리가 주목할 점은, 감사가 수령을 출척한다는 점은 이미 잘 알고 있는 사실이지만, 조정의 이목이 되는 관원들이 공론을 들어 수령을 견제한다는 점이다. 조정의 이목이 되는 관원이란 사헌부나 사간원의 관원을 말하는데, 공론이 어떻게 만들어져 전달되는가. 그것은 아마도 재지사족들의 향촌기구들을 통하여 중앙에 전달되리라고 생각되고, 그 대표적인 것이 경재소－유향소라고 하는 기구를 통하여 이루어졌을 것으로 짐작이 된다.

이처럼 국가에서 〈부민고소금지법〉을 제정하면서까지 수령권을 보호하려 했던 것은 어떤 면에서는 그만큼 재지세력들의 힘이 컸다는 것을 말하는 것이기도 하다.[20] 따라서 재지세력을 규제하는데 정책의 주안점이 주어지던 16세기의 《대전후속록》까지는 법전에 수령을 규제하는 조항이 따로 설정되지 않았었으나, 17세기에 들어가서 수령에 대한 통제 내용을 담은 조항이 숙종 24년(1698), 《受敎輯錄》의 吏典에 독립적으로 수령조 13개 조항이 설정되기 시작하여, 18세기 초의 《新補受敎輯錄》 단계에서는 무려 44개 조항으로 늘어나고 있다. 이는 사족지배체제가 흔들림을 반영하는 것이라고 하겠다.

이러한 점에서 보면 조선 중기 초반에는 재지세력을 억제하는 입장에서 출발하였으나 점차 수령권이 강화되어 가자 17세기에 들어와서 이제 국가에서 수령권을 제한하는 방향으로 나가게 되는 것이 아닌가 생각된다. 그러한 점에서 본다면 16세기의 사족의 향권참여가 다른 시기보다도 컸던 것으로

---

19) 《明宗實錄》 권 11, 명종 6년 7월 무술.
20) 崔異敦은 부민고소금지법에도 불구하고 실질적으로는 세조 12년부터 直告制를 허용함으로써 수령 고소의 관행이 성행하였다고 한다(崔異敦, 〈조선초기 守令告訴 관행의 형성과정〉, 《韓國史硏究》 82, 1993).

인정된다.

한편 16세기까지 각 지방에 두어졌던 교수·훈도의 역할에도 주의를 하여야 할 것이다. 조선의 유교적 이데올로기의 정착과 실천을 위하여 각 고을마다 향교가 설립되고 그러한 교육을 강화하기 위하여 각 군현마다 교수와 훈도를 두게 된 것이다. 그러나 교생들의 교육 회피와 교수·훈도에 대한 정부의 불충분한 대우 등으로 사실상 중앙의 成均館과 4學을 제외하고는 향교교육이 충분히 이루어지지 못했다. 이러한 교육정책의 불완전한 틈을 재지사족들은 사우와 서원의 설립을 통해 그 기능을 대행하게 되고, 결국 교수와 훈도의 파견은 폐지되었고, 향교의 기능 중 교육기능은 거의 유명무실화하게 되었다.

4) 향촌기구의 여러 양상

이들 지배층이 어떠한 기구를 통하여 어떻게 지방을 지배하였는가. 이들 사족들의 향촌지배기구로 우리는 유향소·향약·서원·사마소·향교·문중 등 여러 기구를 들 수 있다. 그러나 서원은 17세기 이후 재지사족의 향촌기구로 크게 증가하고 활발한 활동을 보이고 있으며, 문중은 그보다 더 늦은 18세기 이후 재지사족의 향촌조직으로 발달한다고 하겠다. 따라서 여기에서는 재지사족의 향촌기구로써 향약의 도입과 정착과정 및 그 전개과정에 대해서 검토하고, 나아가 유향소·향교와 사마소에 대해서도 약간의 언급을 하고자 한다.

(1) 향약의 도입과 정착

향약은 사림파들의 지방지배의 한 방법으로 제시되기도 하였지만, 단순히 교화적 기능만을 가지는 것이 아니고 유향소나 서원 등 지방지배기구를 통한 향약의 실시를 통하여 자신들의 이해에 따른 향촌지배를 관철시켜 나갔다.[21] 이들 향약에서는 직접적으로 혹은 간접적으로 부세의 수취, 환곡의 분

---

21) 李 珥,《栗谷全書》권 16, 雜著 3, 海州一鄉約束.

배, 군역의 차출 등에 관여하여 향권을 행사하였다.[22]

향약으로서 이른 것은 15세기에 李先齊가 전라도에서 광산향약을 실시하였다는 기록이 보이고 있으나, 향약이 사회운동으로 발전한 것은 사림파에 의한 소학실천운동의 일환이었다. 그러나 趙光祖 등 사림파들이 기묘사화에 의하여 타격을 받으면서 일시 주춤하였다. 그러나 사림세력들은 자신들의 지방지배의 한 방편으로 향약을 적극적으로 활용하고 실행하였다. 퇴계는 예안을 중심으로 〈예안향약〉을 실시하였고, 율곡도 자신이 수령을 역임한 청주에서, 외가가 있는 해주에서, 선산이 있는 파주에서 각각 향약을 실시하였다.[23] 퇴계와 율곡의 향약은 각각 주자의 향약을 모범으로 하면서도 우리 나라의 현실에 맞게 변용시킨 향약이었다.

주지하듯이 향약은 北宋末 陜西省 藍田縣人 呂氏 형제에 의해 시작되어, 주희가 그것을 증손하여 성리학의 고전인 《小學》에 수록함으로써 성리학적 향촌지배원리의 하나로 정착되게 되었다. 조선시대 유교국가를 표방한 가운데 성리학은 지배이데올로기가 되었다. 초창기에는 漢唐儒學 등이 지배원리로 활용되어, 성리학만이 지배원리로 작용한 것은 아니었다. 새 지배세력은 성종대의 鄕飮酒禮 보급운동, 중종대의 鄕約보급운동 및 소학실천운동, 선조대의 書院건립운동 등 시기에 따라 다양한 방법으로 향촌사회지배를 위한 시도를 하였으나, 그 중 가장 큰 영향을 미치고 실천을 하게 된 것은 향약보급운동이다.

향약은 사림파들에 의하여 향촌지배원리로 받아들여져서 중종대에 조광조 일파의 급진사림파에 의한 도학정치의 일환으로 경향 각지에서 향약이 실시되었으나 그들의 정치적 실패와 함께 향약에 의한 지방지배도 실패로 돌아가고 말았다.

그러나 중종 12년(1517) 경상감사 金安國에 의하여 주자증손여씨향약의 諺解本이 출간되고, 선조대에 향약의 전국적인 시행 논의를 거치면서 전국적으로 보급·확산되어 갔다. 퇴계와 율곡 단계의 향약 즉 16세기 후반의 향약은

22) 崔是翁, 《東岡遺稿》 권 2.
23) 金武鎭, 〈栗谷 鄕約의 社會的 性格〉(《學林》 5, 延世大, 1983).
———, 〈朝鮮中期 士族層의 動向과 鄕約의 性格〉(《韓國史硏究》 55, 1986).

우리의 체질에 맞는 향약으로 수용된 것이라고 하겠다. 퇴계의 향약이 사족 중심의 자율적 성격이 강하였다고 한다면, 율곡의 향약은 시기와 장소에 따라 여러 가지 형태의 향약으로 변용되었다. 즉 半官 기구인 유향소를 활용하여 관권을 활용하는 측면이 강한 〈海州一鄕約束〉과 같은 것이 있는가 하면, 〈社倉契約束〉처럼 지역적인 범위가 20리를 넘지 않는 지역공동체의 재생산 기구로서의 역할을 하는 것도 있다. 17세기 이후에 〈해주일향약속〉은 향안을 모태로 하는 향안조직으로 발전하여 이른바 군현 단위의 향촌사회를 규정하는 '鄕規'로 발전한다고 할 수 있고, 〈社倉契約束〉은 일정한 지역공동체를 단위로 생활 속에 살아서 움직이는 洞約(洞契)으로 발전하게 된다. 또한 지역적인 특성으로 본다면, 사회적·신분적 변화와 함께, 퇴계의 향약은 儒·鄕이 일치하는 嶺南型의 향규로 발전하고, 율곡의 향약은 유·향이 분기된 호남형·호서형의 향규로 계승된다. 17세기 이후 거의 대부분의 지역에서 향약이 실시되었다. 즉 각 고을마다 향규가 만들어지고, 각 촌락마다 동약이 실시되었다.[24]

(2) 유향소의 기능

여러 가지 재지사족의 향촌기구 중에서도 국가의 지방기구 속에 반공식적으로 개입되어 있는 유향소에 대하여 주목하지 않을 수 없다. 유향소는 선초부터 두어졌다가 국가의 지방지배 강화책의 일환으로 파치되었으나 16세기에 들어와 사림파들의 건의로 다시 세워지기에 이르렀다. 다시 만들어진 유향소는 읍격에 따라 부 이상의 대읍에는 좌수 1명과 별감 3명을, 군에는 좌수 1명과 별감 2명을, 현에는 좌수 1명과 별감 1명을 두었다. 이들 유향소의 임원인 좌수와 별감은 유향품관들 중에서 논의를 하여 경재소가 임명하였다. 경재소는 그 지방 출신이나 그 지방과 8향 이내의 연고가 있는 재경 관인들로 구성되었다. 유향소에서는 좌수와 별감에 임명될 수 있는 가능성이 있는 사람들의 명단을 작성하였는데, 그것이 바로 향안이다. 향안은 따라서 鄕案·留鄕座目·鄕中座目·鄕座目·鄕籍·鄕射錄 등 다양한 명칭으로 작성되

24) 최근《嶺南鄕約資料集成》(嶺南大 民族文化硏究所, 1986)을 필두로 하여 향약 관련 자료를 집대성한 자료집이 속속 간행되고 있다.

었다. 현재까지 조사된 바에 의하면, 향안은 경상도에 35개 지역으로 가장 많이 남아 있고, 전라도에 22개 지역, 충청도에 6개 지역, 강원도에 4개 지역 등 총 67개 지역이다.[25] 그러나 이는 조사가 전국적으로 충분히 되지 않은 것이어서 훨씬 더 많은 향안이 소개될 수 있을 것이다. 즉 거의 대부분의 군현에서 그 지역 사족의 명단인 향안을 작성하였으리라고 생각된다.

향안에의 입록은 엄격한 심사를 거쳐서 이루어졌는데, 가장 중요한 기준은 3향 여부에 있었다. 3향은 부향, 모향(모향은 외삼촌의 입록 여부가 기준이다), 처향을 의미하는데, 父·母·妻 3향이 모두 같은 고을의 舊鄕案에 입록되어 있으면 3향이고 그 중 2개가 입록되어 있으면 2향, 1개가 입록되어 있으면 1향이 된다. 이 가운데 3향인 경우에는 바로 입록이 되고(이를 直書라고 하였다), 2향 이하인 경우는 기존 향원들이나 향중의 원로들에 의하여 투표를 거쳐서 입록되었다(이를 圈點이라고 하였다). 이와 같이 향안에의 입록의 가장 중요한 기준은 그 지역에의 토착성 여부이고, 그 다음으로 기준이 되고 있는 것이 신분적 제한(관직 여부보다는 적서의 구별)이었다. 俛仰亭 宋純과 藥圃 鄭琢이 각각 거주지의 향안에 입록하기 위하여 향로들에게 잔치를 벌여 주었다던가 하는 고사는 향안에의 입록 기준이 관직 여부가 아니라 그 지역에의 토착성 여부가 향안 입록의 1차적 기준이었음을 말해준다. 이러한 향안 입록 기준은 17세기 이후 한결 강화되었고, 그것은 결국 18세기 이후가 되면 향안의 파치로 귀결되게 된다.

이렇게 향중에서 자치적으로 운영되고 있는 제반 운영규정은 향규로 정리되어 있다. 향규는 향중입의·입의·입법·완의 등 여러 가지 명칭으로 규정되었지만, 향규의 기본 내용은 향안에의 입록 기준(이를 권리로 표현하면 鄕籍權이라고 부를 수 있겠다), 좌수·별감 등 향임을 선출하는 규정(이를 鄕薦權이라고 할 수 있다)이 주요 내용을 이루고 있다.

유향소를 중심으로 한 재지사족들의 향권과 중앙정부 또는 중앙권력과의 관계를 검토해보면 다음과 같다. 중앙정부—(관찰사)—수령의 체계로 전달되고 수령이 향리, 군관 등 자신의 手下機構를 활용하여 지방을 통치하는 공식

---

25) 金炫榮, 〈조선시기 사족의 향촌지배 연구와 자료〉(《조선시기 사회사 연구법》, 한국정신문화연구원, 1993).

적인 지방통치기구 이외에 국가에서도 거의 공식적으로 인정하여 활용되고 있는 유향소의 운영 메카니즘이 사족지배체제의 중심으로 자리하면서 존재하고 있었다. 사림파의 지방장악의 한 방법으로 여러 차례의 복설 논의를 거치며 치폐과정을 반복하다가 16세기에 들어와 정착된 유향소는 향촌사회 내에서는 수령과 협조체제를 유지하면서 부세·군역 등 국가의 지방통치에 중요한 기여를 하고 있다.

그러나 다른 한편으로는 유향소가 수령과 대립관계에 놓이면서 그 지역 사족의 이해를 대변하기도 하였다. 그런데 유향소가 수령과 대립하면서까지 사족의 이해를 대변할 수 있는 힘을 가지는 경우는 그 지역 사족들의 재경연합체라고 할 수 있는 경재소의 힘에 의한 것이었다(물론 경재소가 지방 품관층을 통제하기 위하여 만들어졌다는 해석도 있다). 즉 중앙정부—수령으로 이어지는 공식적인 지방지배 루트와 경재소—유향소로 이어지는 비공식적인 지방지배 루트도 설정해 볼 수 있는 것이다. 이 경재소—유향소로 이어지는 지방지배 루트야말로 사족들이 그들의 의지에 따라 지방지배를 실현할 수 있는 기구였던 것이다.

지방 수령의 비행에 대한 風聞彈劾의 루트를 통해서 재지사족은 수령권의 횡포를 견제할 수 있었다. 《大典續錄》에도 留鄕色掌을 府 이상은 4인, 郡은 3인, 縣은 2인을 差定하도록 하면서 이들의 임무를 규정하여 풍속에 관계되는 것을 논죄하도록 하였는데, 경재소에 移文하여 논죄하도록 하고 있다.[26] 풍속에 관계되는 것의 범위가 명확치는 않으나 이를 보면 경재소와 유향소의 상응관계를 이해할 수가 있다. 한편 역으로 색장이 인연하여 작폐하는 경우에는 관찰사 및 사헌부가 탄핵한다고 규정하고 있다. 이렇게 지역 출신 중앙관료는 유향소를 통하여 재지사족을 지배하기도 하고 재지사족의 지방지배를 후원하기도 하였다.

다음은 16세기 지방관을 역임했던 權橃(1478~1548)과 權文海(1534~1591)의 수령 재임시의 일기를 통하여 유향소와 수령과의 관계를 검도해 보기로 하자.

권벌이 永川군수 때인 중종 9년(1514) 37세 때의 일기인 《永陽日記》에도

26) 《大典續錄》 권 3, 禮典 雜令.

수령과 가장 밀접한 관계를 가지고 있는 좌수·별감에 관한 기사가 자주 등장한다. 9월 14일에 영천군수에 제수되어 10월 13일에 辭陛를 하고, 11월 2일 현지에 부임하여 훈도와 생원들을 접견하고 바로 기관들을 감사, 병사, 수사, 수영우후 등에게 禮狀을 보냈다. 이틀 후인 4일에는 좌수를 접견하고, 다음날인 5일에 別置倉에 가서 유향소 임원들과 함께 荒租 1,880석을 監納하였고, 그 다음날인 6일에도 관채(환곡) 황조 2,189석과 太 68석, 木麥 7석 등 합계 2,214석을 감납하였다. 다음날인 7일에도 의창에 앉아 공채를 납입하는 것을 감독하였다.[27] 이와 같이 환곡을 분배하고 납입을 하는데 있어서 반드시 유향소의 임원인 좌수 또는 별감이 함께 참석한 것을 볼 수 있다.

선조 14년(1581) 권문해의 공주목사시의 일기에 의하면, 고을의 옥에 갇혀 있는 죄인들에 대한 감시의 책임도 향소가 지고 있는데, 이들이 자신들의 의견을 강력히 개진하기 위해서는 품관층들의 지원이 필요하였다.

> 9월 26일 죄인이 도망, 탈출한 일로 사유를 갖추어 감사에게 보고하다. 향소 등이 使相(관찰사) 전에 발괄[白活]하려고 품관들을 이끌고 淸河로 향하였다. 掌務 향리를 잡아서 決杖하고 돌아오게 하였다. 모두 청하 땅에 도착하였다. 향소 등이 모두 돌아왔다(權文海, 《草澗日記》, 韓國精神文化硏究院, 선조 14년, 48세시).

이와 같이 유향소는 수령과 상호 밀접한 관계를 가지면서 여러 측면에서 그를 보좌하였다. 환곡의 분배와 감납, 형옥의 관리 등 지방행정 전반에 걸쳐 수령을 보좌하면서 재지사회를 통치하고 지배해갔다.

(3) 향교와 사마소

유교국가로서 尊賢과 교육을 위한 기구로서 각 군현에 설립된 향교는 16세기에 들어서면서 교육기능을 거의 상실해 가고 있었다. 이러한 향교의 교육기능을 서원이 설립되어 대체하게 된다는 것은 잘 알려진 사실이다.[28] 16

27) 權 璣, 《永陽日記》(필사본, 영천군수시의 일기).

28) 향교의 교육기능을 대체하여 서원이 설립되는 과정과 退溪 李滉의 서원설립운동에 대해서는 鄭萬祚, 《朝鮮時代 書院硏究》(集文堂, 1997) 참조.

세기의 향교나 서원은 조선 후기에서 보는 것처럼 재지사족들의 향권기구로서의 역할은 하지 못하지만, 유향소와 함께 재지사족들의 향촌기구로서의 역할은 했을 것으로 생각된다. 또한 향교는 원래 국가에서 설립한 것이고 수령의 관할하에 있는 것이어서 수령권과 사족권의 대립이라는 점에서는 논의 대상에서 멀다. 그러나 향교 교생이 대다수 재지사족의 자제들로 구성되어 있고 집단화되어 있으며, 考講 등을 통한 사족에의 한 기준이 된다는 점에서 재지사족의 간과될 수 없는 향촌기구라고 하겠다. 향촌기구로서의 향교에 대한 연구는 그다지 많지 않다. 다만 조선 초기 향교의 교육적 기능과 교생에 대한 연구가 약간 있을 뿐이다.[29]

향교와 관련하여 司馬所를 언급하지 않을 수 없는데, 향교와 같이 정부로부터 인정된 공식기구는 아니지만 재지사족세력의 의사대변기구로 존속하고 있었다. 사림파에 의해 건립된 사마소가 훈구세력에 의해 장악된 유향소와 대립적인 것으로 파악한 견해도 있지만,[30] 사마소가 조선 초기부터 전국의 각지에 설립되어 유향소와 협조 관계를 유지하며 재지사족의 향촌기구로 존속하였을 것으로 생각된다.[31] 사마소는 유향소와 대립하는 시기도 있지만 협조하는 관계가 기본적이었을 것이고 지역에 따라 많은 편차가 있을 것이다.

이러한 사례를 우리는 영천의 사마소에 대한 치죄 사건에서 볼 수 있다. 경상감사 李湛은 영천 향교 묘정의 오동나무를 베어낸 수령에 대해 항의하고 욕보인 품관·교생 등과 사마소의 생원을 처벌할 것을 주장하였다. 이는 수령과 재지사족의 대립, 국가와 사족간의 대립사건으로 볼 수 있다. 이러한 국면에서 사마소와 유향소는 오히려 협조관계에 있다고 보아도 좋을 것이다. 경상감사 이담은 재지사족들의 횡포를 규탄하며 다음과 같이 말하고 있다.

---

29) 李成茂, 〈朝鮮初期의 鄕校〉(《漢坡李相玉博士回甲記念論文集》, 1969).
李範稷, 〈朝鮮前期의 校生身分〉(《韓國史論》 3, 서울大, 1976).
———, 〈朝鮮前期 儒敎政策과 鄕校의 機能〉(《歷史敎育》 20, 1976).

30) 李泰鎭, 앞의 글(1972·1973).

31) 윤희면은 사마소를 지방의 생원·진사들의 교육장소로 파악하였는데, 그것은 무리라고 생각된다. 물론 사마소에 생원·진사들이 모여 서로 시를 짓고 강마하는 기능도 하였을 것이나, 그것을 성균관에 대체되는 교육기관으로 파악하는 것은 잘못이라고 생각된다(尹熙勉, 〈慶州 司馬所에 대한 一考察〉, 《歷史敎育》 37·38, 1985).

> 요즈음 습속이 날로 그릇되어 留鄕所 외에 별도로 司馬所라는 것을 두어 하나의 官府로 만들고, 한 지역에서 제일 어른 노릇을 하면서, 논의를 주장하여 公私間에 폐를 끼치고 있으며, 수령을 헐뜯고 칭찬하는 일도 그 손에서 나오고 있으니 현재의 폐풍 가운데 이보다 심한 것은 없습니다(《明宗實錄》 권 26, 명종 15년 2월 계묘).

즉 유향소 이외에 사마소가 또 하나의 향촌기구로서 역할을 하고 있음을 볼 수 있다. 이에 대해 국왕은 승정원에 전교하여 "유향소와 사마소는 지방의 큰 걱정거리이다. 제멋대로 행동하여 폐를 끼치고 지나치게 무례하니, 마땅히 엄히 다스려야 할 것이다"고 하여 엄히 치죄할 것을 명하였다. 그러나 이 기사에 대한 史臣의 史評은 중앙정부의 입장과는 달리 오히려 성묘의 뜰의 나무를 벤 죄가 더 크다는 입장이었다. 이는 국가의 입장과 재지사족의 입장에 선 사관의 견해가 크게 달랐다는 것을 보여준다.

〈金炫榮〉

2. 향촌자치조직의 발달

1) 향촌자치조직의 발달 배경

조선시대의 사회성격은 흔히 '양반관료제'라거나, '사족지배체제'라고 한다. 만약 그같은 성격 정의에 동의한다면, 특히 조선 중기 사회는 그 중에서도 사족 중심의 자율적인 향촌지배가 이루어졌다는 특징이 부각되는 시기라 할 수 있을 것이다.

그렇다면 과연 양반, 혹은 사족들은 어떠한 과정을 거치면서 성장하여 왔을까. 또 그들은 어떠한 지배구조와 운영원리 속에서 향촌사회 지배세력으로 존속할 수 있었을까. 바로 이러한 문제들을 올바로 살피려면, 그들이 어떠한 과정을 거쳐 그러한 재지지배력을 확보할 수 있느냐의 문제와, 향촌사회의 사족들이 가지고 있는 자율적인 조직문화를 규명하여야 할 것이다.

조선 초기에 재지사족들이 향촌사회에서의 지배권을 장악하기 위해서는 우선적으로 극복해야할 두 가지의 커다란 과제가 있었다. 그 하나는 고려말 이래 향촌사회를 실질적으로 장악하고 있던 토호적인 향리세력과 상대하여 우위권을 확보하는 것이었고, 다른 하나는 조선건국 이래 중앙정부가 지속적으로 추진했던 지방통제정책에 맞서서 어떻게 자신들의 자율적 지위를 확보하느냐가 바로 그것이었다. 첫째의 과제는 성리학의 정착, 보급과정이나 중앙정부의 제도적 지원을 받으면서 진행되었지만, 둘째의 과제 측면에서 본다면 이는 오히려 수령이나 국가(중앙)권력에 의하여 사족들이 동원되는 형태였기 때문에 또다른 문제를 야기시키고 있었다. 더구나 개국 이후 잦은 정변과 중앙권력의 재편이 어느 정도 완수되면서는 새롭게 특권을 지닌 공신과 훈척들의 간섭과 견제를 배제하는 일까지 새롭게 부가된다. 그것은 훈척들이 지방에 토지기반을 가지게 되면서 재지사족과 농민지배와 관련한 갈등이 야기되었기 때문이었다.[1]

조선 중기 향촌자치조직은 어떤 의미에서 조선시대 사족의 향촌지배라는 기본적 성격을 특징지우는 요소라고도 할 수 있다. 조선 전기의 향촌사회는 조선 초 정립된 군현체제 아래에서 중앙정부에 의해 추진되는 수령 중심의 행정조직체계와, 이에 일정하게 대립·갈등하면서 재지세력들이 추구했던 자율적 향촌지배, 그리고 이러한 지배층들과는 다르게 자연촌적인 체계 속에서 생활공동체의 일부로 존재하던 기층민들이 서로 다른 이해관계를 가지면서 공존하고 있었던 것이다.

조선 초 지방제도의 개편은 태종 13년(1413) 이후 단행되기 시작하여,[2] 세조 2년(1456)에는 〈郡縣竝合事目〉의 반포로 郡縣의 통·폐합, 郡縣治所의 新定 등[3] 군현정비가 마무리되었다. 그 결과 세종 말까지는 군현의 수가 300여 개로 통폐합되었으며, 중앙정부는 궁극적으로 이들 지방군현을 직접 지배하고자 하였다. 이 시기 외관의 품계격상(태종대), 수령구임법과 부민고소금지법 실시(세종대) 등등은 바로 이같은 향촌에서의 수령권 강화를 위한 조치였다.

1) 李海濬, 〈朝鮮前期의 鄕村自治制〉(《國史館論叢》 9, 1989).
2) 《太宗實錄》 권 26, 태종 13년 10월 신유.
3) 《世祖實錄》 권 5, 세조 2년 11월 기축.

그리하여 선초의 수령에게는 행정·사법·군사권 등 입법권을 제외한 담당 고을에서의 절대권이 부여되었다. 그러나 이러한 중앙집권적이며 수령 중심적인 향촌통치책은 기존 향촌세력의 심한 반발을 불러 일으켰다. 당시의 향촌세력의 두 계열은 고려시대 이래의 토호적 성격을 계승한 吏族세력과, 새롭게 성장한 士族세력으로 구분할 수 있다.[4] 그런데 이들 두 세력의 사회적 이해관계나 성장배경은 달랐지만, 조선 초기의 중앙집권 강화나 수령을 통한 관권 위주의 지방통제정책에 대하여는 모두가 비판적이었다. 다만 선초의 강화된 수령권에 대한 이족세력(향리)의 반발이 주로 수령능욕·구타·무고·모살 등의 불법적 방법으로 이루어졌다면, 재지사족들은 보다 조직적이고 구체적인 방법으로 향촌사회에서의 우위를 확보하고자 노력하였다.

그런데 이같이 중앙정부가 기도했던 수령체제 혹은 수령권의 강화로 대변되는 지방통제 정책은 기득권을 확보하고 있던 재지세력(토호·이족)들과 고려말 이래 재지기반 위에서 새롭게 성장하고 있던 사족들에게 심각한 위협이 아닐 수 없었다. 이같은 지방통제정책에 대응하여 향촌사회세력들은 다양한 자기 방어와 적응의 모습을 보여주고 있었으며, 사족들은 바로 그 과정에서 나름대로 사림(사족)을 주축으로 하는 향촌자치 조직들을 형성하고, 이를 통해 향촌의 자율을 추구하게 된다.

유향소를 중심으로 한 향촌지배세력의 수령권에 대한 반발이나, 수령 혹은 경재소를 통한 중앙정부의 재지세력 통제 욕구는 바로 이 시기 향촌사회가 갖는 복잡한 구조를 대변한다. 여기에 향촌사회 내부에서의 사족과 이족간의 갈등, 그리고 지주적 특권을 가진 사족과 기층농민 사이의 문제가 혼재되면서 조선 전기의 향촌사회는 중앙권력과 재지사족 양자간의 타협이 전제되는 '16세기의 사족지배체제'를 완성하였다고 할 수 있다. 물론 이렇게 되어가는 과정상에서 훈구파와 사림파라는 서로 대립적인 정치세력의 상충이 있었고, 그들이 함께 추진하지 않으면 안되었던 성리학이라는 이념적 사회운영원리가 작용되기도 하였으며, 그 과정에서 향약시행을 둘러싼 논의나 향촌지배권을 선점·확보하기 위한 대립도 발생하였다.

---

4) 李成茂, 〈朝鮮初期의 鄕吏〉(《韓國史硏究》 5, 1970).
李樹健, 〈高麗後期「土姓」硏究〉(《東洋文化》 20·21, 嶺南大, 1981).

그러나 이같은 정치·사상적인 변화상과 함께 향촌사회 내부에서는 지주층으로 성장하는 사족들이 자신들의 향촌지배권을 중앙권력(수령권)으로부터 지키려는 자발적인 노력을 경주하고 있었다. 때로 그것은 향약이나 향규·향안과 같이 一鄕을 망라하는 조직형태로 구체화되기도 하였고, 그보다는 좀더 하부체계로서 親隣·同志的 성격을 가지는 사족들의 결사체인 洞契 조직으로 성립되기도 했다. 이들 조직은 부언할 필요도 없이 성리학적 사족지배질서를 향촌사회에 이식시키려는 목적을 가진 것이었다. 동계조직과 향약·향안·향규조직은 서로 기반과 배경이 되면서 이들 사족들의 이해를 대변·반영하는 향촌지배구조를 성립시켰으며, 적어도 16세기 중반경에 이르면 이들 조직의 결속력을 기반으로 사족들은 일향의 지배를 실현할 수 있었다고 보여진다.

16~17세기의 사족지배체제는 바로 이러한 복잡한 과제의 극복과정에서 나타난 결과물이라고 할 수 있으며, 사족들에 의하여 추진된 일련의 이 시기 향촌활동들이 모두 이러한 재지사족의 지위유지와 그 성장수단으로 모색되고 추진되었다고 할 수 있다.[5] 따라서 그 내용은 대체로 자율적인 재지지배권 확보와 결속력 의지를 반영하게 마련이었고, 그 모습은 유향소나 경재소의 조직과 운용, 향약과 사창제의 시행, 동계의 조직 등으로 나타났다. 그 결과 16세기 이래 재지사족들은 부세운영과 향임층에 대한 인사에 적극적으로 참여하여 자율권을 행사하기도 하고, 향규·향약·동계를 만들어 향리와 일반민들을 그들의 지배하에 수렴할 수 있었다.

이같은 사족들의 향촌지배구조를 우리는 鄕案秩序라고 부르는데 향안이 바로 이들 주도적인 향촌사족들의 대표적인 조직이자 그 名案이었기 때문이다. 향안에 입록된 사족들은 '鄕會'로 대표되는 그들 중심의 합의체적 향촌권력기구를 통해 留鄕所(鄕所)의 좌수·별감 등 鄕任을 선출·통제하였고 '鄕規'를 만들어 吏胥와 하층민들을 통제하고 위로는 관권과 일정하게 타협하면서 자신들의 특권을 유지할 수 있었다. 이렇게 사족이 매개가 되는 지방통치의 방식은 봉건정부의 당시 입장에서 보면 상보적인 타협의 소산이기도 하

5) 李泰鎭, 〈士林派의 留鄕所 復立運動〉(《韓國社會史硏究》, 지식산업사, 1986).

였다. 즉 국가권력으로서도 지방지배에 있어 고려 이래의 토착적 기반을 가지고 있던 향리집단들을 제어하는 동반자로서 사족을 선택하여야 했던 현실, 그리고 향촌사회의 공동체적 질서와 물적 토대가 확고했던 재지사족의 존재를 무시할 수 없었기 때문이었다

물론 이같은 향촌사회의 지배구조가 가능했던 기본 배경에는 이 시기 지배이념과 사족들의 위상강화가 연결되어 있었고, 그와 함께 사족들의 결사체적인 조직들이 발달할 만한 사회·경제·문화적 기반이 마련되어 있었다. 성리학 이념의 정착과정, 15세기 이후 농법의 발달과 그에 수반한 경지의 확대과정은 사족들의 경제력 상승에 크게 기여하였다.[6] 더구나 아직은 사족들의 경제적 성장이 기층민과 마찰을 야기할 상황에 이르지는 않았으므로 자율성과 성리학 교화이념을 앞세운 사족들의 향촌지배는 자연스럽게 진행되었으며, 이해를 같이하는 사족들의 공동이해를 반영하는 洞契와 같은 결사체적인 조직들도 활발하게 이루어졌을 뿐만 아니라, 이를 통한 기층민 지배도 가능하였던 것이다.[7]

이러한 향촌의 자치와 자율추구 경향은 중앙권력의 통제와 지배층(사림·사족)의 공조적인 타협으로 일시 변형되기도 하고, 일정하게는 조선 전기 향촌사회가 구조적으로 지니고 있던 한계 속에서 본래 목적했던 기능을 충실히 수행하지 못한 면도 있었으나 꾸준히 그 자율추구의 성향을 지속시켰다.

2) 향촌자치조직의 내용과 성격

(1) 유향소와 경재소

조선 전기 사족의 향촌자치조직을 대표하는 것이 바로 유향소와 경재소이다. 앞에서 살핀 바처럼 조선 초기 관권 위주의 향촌정책은 선초부터 재지세력의 거센 반발에 부딪쳤다. 이들 재지세력들은 중앙의 집권적인 정책에 반

6) 李泰鎭, 〈15~6세기 新儒學 定着의 社會經濟的 背景〉(《奎章閣》 5, 1981).
———, 〈16세기의 川防(洑) 灌漑의 發達〉(《韓沽劤博士停年記念史學論叢》, 1981).
7) 이해준, 〈조선후기 동계·동약과 촌락공동체조직의 성격〉(《조선후기향약연구》, 민음사, 1990).

발하면서 자신들이 주축이 되는 향촌질서를 도모하기 위해 자신들의 이해를 반영하는 자율조직을 만들었는데, 그것이 바로 유향소 조직이었다. 이 시기 사족들은 유향소 조직을 통해 향론을 창출하여 자기들의 세력기반을 유지하고 향촌의 자율권을 확보하고자 하였던 것이다.

유향소란 유향품관이 모이는 장소라는 소박한 의미이지만, 실제로는 그 인적 조직 자체를 의미하는 경우가 많았다. 이 유향소가 언제부터 생겼는지 정확히 알 수 없으나, 조선건국 초부터 재지세력에 의하여 임의로 성립되어 人吏와 官奴婢의 所犯을 규정하고[8] 있었던 듯하다.

조선 초기의 유향소의 모습은 태종 6년(1406) 6월에 "수령을 저훼하고 인물을 진퇴시키며 백성을 침어한다"는 반중앙집권적인 성향 때문에 혁파당하였던 것을 미루어 재지세력의 합좌기구로서 존재하고 있었음을 알 수 있다. 물론 이 혁파조치로 중앙정부가 향촌세력에 대한 통제를 가할 수는 있었겠지만, 유향소가 재지사족에 의해 장악되거나 적어도 긴밀한 관계에 있었음은 분명하다. 그러나 조선 초기 중앙의 이러한 지방세력 통제 의지와 달리 유향소의 성립·운영은 재지품관세력의 성쇠라는 향촌의 개별적인 조건에 의해 이루어지는 것이었다. 따라서 중앙의 단속이 완화되면 언제든지 재등장할 소지를 지니고 있었다.

중앙정부는 유향소를 혁파한 뒤 9년 만인 태종 15년(1415) 성격이 비슷한 申明色을 설치하였다.[9] 신명색은 관찰사가 임명하고 수령보좌의 임무를 맡기는 등 유향소에 비해 관의 주도적 성격이 좀더 강화된 것이었다. 이는 재지품관들을 반관제화시키면서 한편에서는 그들의 향촌에서의 지위를 인정하려는 구상으로 보인다. 따라서 이 신명색은 명칭만 바뀐 것 뿐이지 재지품관에 의해 이루어지는 조직이라는 점에서 유향소의 후신이라고도 할 수 있는 것이었다. 그러나 이렇게 관제적 성격이 강했던 신명색마저도 국초의 유향소와 마찬가지로 토호적 성향 때문에 태종 17년 11월에는 혁파되기에 이르렀다.[10]

---

8) 《成宗實錄》 권 216, 성종 19년 5월 을해.
9) 《太宗實錄》 권 29, 태종 15년 4월 병술.
10) 《太宗實錄》 권 34, 태종 17년 11월 무인.

세종대에 이르면 이러한 지방통제책은 더욱 강화되어 부민고소금지법·수령구임법에 뒤이어 수령을 고소하는 군현의 강등조치(세종 11년 ; 1429)[11]가 마련됨으로써 수령권 강화정책은 더욱 강력하게 추진된다. 더구나 세종 17년에는 경재소 제도의 정비를 통해 연고지의 유향소를 장악하도록 함으로써,[12] 유향품관으로 대표되는 재지사족의 지위와 지배력을 위축시켰고, 그 결과 재지사족들은 점차 자기보호의 수단으로 수령권과 타협하거나 결탁하는 경향도 보이게 된다. 세조 말에 행하여진 2차 유향소 혁파 이유가 국초의 수령능멸과는 반대로 수령과 유향소의 결탁에 의한 부민침학에 있었던 것은 바로 그러한 현상을 반증하는 것이었다.

한편 지방 각 고을의 유향소를 감독하는 조직인 경재소도 유향소와 마찬가지로 언제 설치되었는지는 기록상 확인할 수가 없다.[13] 경재소제도가 확립되는 것은 세종 17년 9월이었는데, 각 고을의 경재소에서 좌수 1員, 참상별감 2원, 참외별감 2원을 두어 향중의 공무를 관장하도록 하되 본향의 수령정치에는 관여할 수 없도록 하였던 것이다.[14] 아울러 이러한 경재소 임원의 정원을 확보하기 위한 조치로 경재소 겸임의 범위를 확대하여 2품 이상은 父의 內·外鄕, 祖의 외향, 曾祖의 외향, 母의 내·외향, 妻의 내·외향 등 8향을 겸하도록 하고, 6품 이상은 처향을 제외한 6향, 참외는 조와 증조의 외향을 제외한 4향, 무직의 의관자제는 부모외향을 제외한 2향(부모내향)의 연고지 경재소를 겸임하도록 하였다. 이처럼 고려의 사심관이 1~3향만을 겸임한 데 비해 경재소가 2~8향을 겸임하게 한 것도 중앙집권화 정책의 일종으로, 경재소 조직을 정비·강화함으로써 유향품관의 발호를 중앙에서 통제하려고 하였던 것이다.

그러나 이러한 일련의 중앙집권화 정책은 자체결속력을 강화해 가는 재지세력의 반발에 의해 한계성을 노정하게 된다. 특히 향촌질서에 새로운 변화가 초래된 성종대 이후에는, 경재소마저 설치의 원래 의도와는 달리 유향소

---

11) 《世宗實錄》 권 44, 세종 11년 5월 병진.
12) 《世宗實錄》 권 69, 세종 17년 9월 기사.
13) 《太宗實錄》 권 33, 태종 17년 2월 경진.
14) 《世宗實錄》 권 69, 세종 17년 9월 기사.

와 결탁하여 관권을 침해하고 人吏를 침학하는 등 작폐를 자행하게 된다. 이는 성종 19년(1488)에 유향소가 복립되면서 경재소에서 유향소 품관을 택정하고, 만일 유향소가 작폐하는 경우에는 수령과 함께 경재소에서 이를 규제하도록 한 조치와 연관되는 것으로 보인다. 즉 유향소의 인사권이 경재소에 주어짐으로써 훈구세력이 경재소를 장악, 복립된 유향소를 지배할 수 있는 길이 마련되었기 때문이다.

성종 23년에 편집된《大典續錄》에서 확인되는 복립된 유향소의 조직은 다소 축소되어 있다.《대전속록》을 보면 유향소 색장의 인원은 府 이상이 4인, 郡은 3인, 縣은 2인으로 나타나고 있다.[15] 또한 이 시기의 유향소 청사는 흔히 鄕射堂이라고 불리고 있는데, 이 시기에 향사당이라는 용어가 일반화된 것은 성종대에 복립된 유향소가 사림세력들에 의해 이곳에서 향사례·향음주례를 주관·실시토록 장려되었던 때문으로 여겨진다. 이것은 전통적인 향촌지배조직이었던 유향소에 주자학적 이념이 강하게 반영되어 있음을 나타낸다. 당시의 사림세력은 주례의 향사례·향음주례 속에서 재지세력 중심의 향촌지배논리를 발견하고, 이를 통해 자신의 위치를 합리화시키고자 했던 것이다.

성종대에 사림세력이 유향소를 통해 실시하고자 했던 향사례·향음주례 보급운동은 중종대에 이르면 향약보급운동으로 바뀌게 된다. 그런데 사림파에 의하여 주장된 여씨향약 보급운동은 본질적으로 경재소·유향소 체제 아래 빚어지고 있는 지방사회의 여러 가지 모순을 지양하는 방안으로 제시된 것이었으므로, 그 시행의 논의과정에서 자연히 경재소·유향소의 혁파 문제가 함께 논의될 수밖에 없었다.[16] 성종대에 복립된 유향소의 주도권을 훈구세력에 빼앗긴 사림파들은 향약으로써 유향소의 기능을 대신하고자 했던 것이다.

이와 같이 유향소가 그 전래의 권한을 통제받고 경재소에 의해 장악되자 유향품관들은 자기 보호를 위해서 점차 관권에 타협·순종하지 않을 수 없었고, 이는 결과적으로 수령의 불법을 조장하는 부작용을 낳았다. 그리하여

15)《大典續錄》권 3, 禮典 雜令.
16)《中宗實錄》권 31, 중종 12년 12월 무오·권 36, 중종 14년 6월 을해.

유향소는 2차의 혁파를 당하게 되는데 충주 유향소의 사례가 그 대표적이다. 부민들의 수령에 대한 고소가 사실상 허용되었는데도 불구하고 세조 말에 충주민이 그 고을 수령의 비행을 고소하자 충주 유향소는 수령과 결탁하여 그 백성들을 침학하였다. 이 일이 빌미가 되어 유향소는 이 때에 성종대와는 달리 전면적으로 혁파되었다.[17]

한편 중종대에 사림파에 의해 경재소·유향소의 혁파 건의가 있었음에도 이것이 받아들여지지 않음으로써 경재소의 폐단은 이후 여전히 확대되었다. 즉 경재소는 원래의 설치의도인 향풍의 糾正과 유향소의 작폐 감독을 소홀히 하고 향촌에서의 경제적 이권을 노려 人吏를 침학하기에 급급하였다. 이에 선조 원년(1568) 5월에 장령 李憲國은 경연에서 이러한 경재소의 폐단을 지적하면서 혁파를 청하기도 하였다. 그러나 경재소의 혁파는 그 폐단이 인정되고 있었음에도 유향소와의 관계 등 상황논리에 의하여 지연되고, 한편으로는 유향소와 경재소에 대한 감찰을 강화하여 그 폐단을 보완하면서 유지하는 것이 적절하다는 견해도 제시되었다.[18] 경재소는 그 후 왜란을 거치면서 그 불법부패로 유해무익함이 거론되다가 선조 36년 정월에 혁파되었다.[19] 이와 함께 유향소의 임원을 수령이 택정하게 됨으로써 조선 초기에 수령까지 규제하던 유향소가 이제 조선 후기에는 수령의 보좌역으로까지 격하되게 되었다.[20]

(2) 향약과 향규

향약과 향규는 조선 중기 사족의 향촌자치조직으로서 주목된다. 향약은 어의상 '一鄕의 約束' 또는 '鄕人間의 약속'이란 의미이지만, 향민 중에서도 특히 사족들이 주축이 되는 조선시대 향약의 성격은 외형상으로는 중국의 〈여씨향약〉 혹은 〈주자증손여씨향약〉과 내용상 차이가 있다. 조선 중기에 조선적인 특성을 가지며 성립되는 향약은 두 가지의 서로 다른 기원과 전통을

17) 李泰鎭, 앞의 글(1986).
18) 《眉巖日記抄》 무진 5월 11일.
19) 《宣祖實錄》 권 158, 선조 36년 정월 갑신.
20) 金龍德, 〈京在所論〉(《韓國制度史研究》, 一潮閣, 1983).

가지고 있다. 우선 그 첫째는 중국으로부터 성리학의 수용과 함께 알려진 향약의 성격을 이어받은 것이고, 둘째는 사족들에 의해 마련된 향규가 향약의 명칭을 빌어 외형적 논리를 갖추는 경우이다. 조선 중기에는 흔히 양자가 착종되는 형태로 나타나고 있는데, 양자를 좀더 분명하게 구분한다면 전자의 성격이 강하면 '鄕約', 후자의 성격이 강하면 '鄕規'라 불러야 할 것이다.

성리학자들에 의하여 향촌사회의 안정원리로 주목받기 시작한 〈주자증손여씨향약〉은 중종대부터 그 보급운동이 추진되었다. 즉 중종 12년(1517) 6월 조정에서는 향약보급문제가 논의되고, 7월에는 적극적인 실시가 결정되게 되었다. 특히 경상도 관찰사 金安國에 의해 《주자증손여씨향약언해본》이 간행되어 반포됨에 따라 향약은 급속도로 보급되었는데, 이 시기의 향약보급운동은 감사를 중심으로 하여 위로부터 강력하게 추진되었다. 그러나 이 당시의 향약은 《주자향약언해본》을 대본으로 한 획일적인 내용으로 백성들의 성리학 교화에 초점이 두어졌을 뿐 조선적인 변형은 아직 이루어지지 않은 상태였다.

그리고 중종대의 향약보급운동은 훈구파에 의해 장악된 유향소·경재소가 존속된 상태에서, 사림파에 의해 별도로 이루어졌고, 또 중종 14년의 기묘사화로 사림세력이 축출되었으므로 기묘사화 이후에는 훈구세력에 의해 전면적으로 부정될 수밖에 없었다.

그 후 향약실시는 명종·선조대에 이르러서야 각 지방의 현실적인 여건을 참작한 개별적인 시행으로 나타나게 된다. 명종대에는 개별적인 향약시행이 용인되고 趙光祖 당시의 향약과 달리 구휼적 성격이 강조되는 형태였다. 명종대에 개별적으로 실시된 향약의 실례로는 명종 11년(1556)에 李滉의 주도하에 만들어진 〈(예안)鄕立約條〉(실은 鄕規의 성격이 강함)와 명종 14년에 李珥가 서문을 쓴 〈坡州鄕約〉 등이 있다.

사림이 정권을 장악하는 선조 초에 이르면 예조와 사간원을 중심으로 전국적인 향약실시논의가 다시 제기된다. 그러나 당시의 향약논의는 중종대의 강력한 향약시행 노력과 달리, 주자향약의 단순한 모방에서 벗어나 주자학에 대한 심화된 이해를 바탕으로 주자향약을 수정, 변용하는 응용단계였다고 할 수 있다. 이 시기 향약시행논의에서는 동계·향도조직의 활용방안까지 제기되기도 하였다. 선조 6년(1573) 9월에는 예조에서 주자향약을 우리 나라 실정에 맞게 간추려 정하여 올렸는데 그 내용의 대강을 보면 다음과 같다.[21]

① 매월마다 개최하는 강신회는 몇 개월에 1회로 전환할 것.
② 강신회 때는 술 한 동이와 밥 한 그릇으로 한정할 것.
③ 강신회 집회장소는 향교로 한정하지 말고 부근에서 각자 상회할 것.
④ 유소자가 존장자에게 6차 예견하던 것은 세배시에만 예견할 것.
⑤ 善惡籍은 善籍만 기록하고 惡籍은 폐기할 것.
⑥ 외방으로 사족이 적은 곳은 수령이 약정을 겸하게 할 것.

이 중 ①~④는 조선사회의 실정을 고려하여 번잡함을 덜기 위한 조치로 이후에 실시되는 개별 향약들에 반영되고 있다. 특히 ③은 앞서 동계나 향도 조직의 활용을 제기했던 재상들의 의견이 반영된 것으로 보이는데, 이후의 향약실시가 군현 단위에서 면·리 수준으로 현실화되어 갈 것을 암시해 주고 있기도 하다. ⑤는 약법을 위반하는 자에 대하여 향약기구가 행사하는 처벌권을 약화시키는 것으로 이는 중종대에 시행되었던 향약이 善惡籍의 운영을 엄격히 하고 수령권을 능가할 정도로 형벌이 마구잡이로 사용된 데서 야기되었던 폐단을 의식한 것으로 보인다. 즉 전국적으로 실시된 당시 향약은 중종대 기묘사림의 향약에 비하여 사회개혁적인 성격이 약하였다. 또한 수령을 대표로 하는 중앙정부의 통제력이 향약에 깊숙히 침투하기 시작하였으며, 향약의 성격도 주자학적 교화를 의미하는 권선징악적인 성격이 강하였다. 이와 같은 향약시행은 선조 7년 2월 西原(청주)향약의 실시 경험이 있는 이이가 '先養民後敎化'를 내세워 '鄕約實施太早論'을 주장하여 정지될 때까지 전국적으로 이루어졌다. 이이의 이 향약정지론 이후에는 더 이상 전국의 일률적인 향약정책은 추진되지 않고 향촌마다의 특수성이 반영된 개별적인 향약이 시행되었다.

그런데 이상과 같은 국가의 정책적인 여씨향약 보급운동 이전에도 이미 지역에 따라서는 개별적인 향약의 실시가 이루어지고 있었다. 지금까지 발견된 자료에 의하면 향약이 가장 일찍 실시된 지역은 광주였다. 세종대(15세기

21) 《宣祖實錄》 권 7, 선조 6년 9월 갑진.

중엽)에 金文發에 의해서 이루어진 광주지역의 향약은 문종 원년(1451)에 李先齊와 현감 安哲石에 의해 마련되었고, 그 후 성종 원년(1470)에는 丁克仁이 태인에서 향약을 실시하였음이 《古縣洞約誌》에서 확인된다. 또 《師友名行錄》에 의하면 姜應貞도 성종 9년 이전에 향약을 만들었음을 알 수 있다. 《新增東國輿地勝覽》 전라도 용안현조에는 향음주례 기사와 함께 향약의 4대 조목과 5가지 출향규정이 기록되어 있고, 安鼎福의 《順庵集》에서도 鄭汝昌이 안음에서 향약을 시행한 사실을 언급하고 있다. 이와 같은 기록들은 단편적이긴 하지만 중종대의 전국적인 향약보급운동 이전에도 개별적인 실시 움직임들이 있었음을 보여준다.

여기서 우리가 고려해 볼 수 있는 것은 향약의 시행이 반드시 여씨향약의 영향 속에서만 이루어진 것은 아니었다는 사실이다. 오히려 전통적으로 내려오던 향촌지배층의 향음주례나 사족계열의 족계형태, 그리고 기층민 중심의 향도 등 향촌공동체조직과 연맥되었을 가능성이 크다. 이런 점에서 조선 중기의 향약 가운데 향규와 구별되는 진정한 의미의 향약으로 이이의 〈서원향약〉과 〈해주향약〉은 매우 주목되는 자료이다.

향규는 향안에 오른 향원들간의 약속으로 유향소의 조직 즉 座首의 선임, 소관업무, 鄕案入錄자격 및 절차, 향계의 영수인 鄕先生 및 그 서무인 鄕有司의 업무, 호장·이방 등의 선임에 관한 규약이었다.[22] 이들 규약의 형태는 조선 초기부터 있었을 것으로 추정되나 현전하는 실제의 자료는 없다.[23] 이러한 향규는 성종대 이후 유향소가 훈구세력들에 의해 장악되고, 향촌의 사림세력들이 이에 대해 별도의 향촌지배질서를 도모하게 되면서 그 성격이 변질되기 시작했다. 즉 성종대에 향사례·향음주례가 부분적으로 실시되고, 중종대에 향약보급운동이 중앙으로부터 시도되자 향촌의 사족들은 향권장악

22) 金龍德, 〈鄕規硏究〉(《韓國史硏究》 54, 1986).

23) 이 조선 초기의 유향소들이 각 지역 유향품관의 자발적인 조직으로 이루어졌다고 추측한다면, 처음 단계의 규약들은 번잡하고 세밀한 것이었다기보다는 오히려 아주 기본적이고 간략한 골격만을 가졌을 것으로 보인다. 세조 4년(1458)에 성안되었을 것으로 추정되는 〈璿鄕憲目序〉와 〈孝寧大君鄕憲〉은 바로 이 시기 유향소의 성격을 이해하는 귀중한 자료라 할 수 있을 것이다. 이 자료는 성종 19년(1488) 유향소가 복립될 때 중앙에서 일률적으로 제시되었다고 생각되는 〈留鄕所復立事目〉과 비교될 수 있는 성질의 것이라 보여진다.

과 향촌통제의 이념을 향약으로부터 도출해 내고자 하였다.

특히 중종대의 전국적인 향약보급운동이 실패한 이후, 명종대부터 지역별로 개별적인 향약의 보급이 추진되자 하층민에 대한 교화보다도 향촌지배에 더 큰 관심을 지녔던 지배사족들이 새로운 시도를 강구하게 되며, 그 결과가 바로 향규로 나타났다고 보여진다. 부연하면 이 시기 재지사족들은 종전의 지역적·신분적 성격이 반영된 결사체로서의 '유향소' 조직과 공동체조직의 성격이 본질이었던 향약 본연의 성격을 가미하여 사족들간의 향촌공동체로서 '향약'을 만들어 냈고, 그 운영주체들의 결사체적 규약이 바로 '향규'였던 것이다.

이 시기 향규가 실제 운영되는 사례 중에 鄕約·鄕規·鄕憲들이 명칭상 혼효되는 것도 이같은 시대적 성격이 반영된 결과이며, 조선 전기의 향규 중에서 '향규'라고 불려져 기록된 것도 안동부의 鄕規舊條 23조가 유일한 예이다. 향규에 참여하는 고을 유력 인사의 명단은 향안에 등재되어 있었다. 이러한 향안에 새로 들어가기 위해서는 흔히 6조(부·조부·증조·고조·외조·처부) 중에서 3명(지역에 따라서는 4명 혹은 2명)이 이미 舊案에 기록되어 있어야 가능하였으니, 이를 三鄕(四鄕·二鄕)이라고 하였다. 삼향 미달인 경우에는 대읍에서는 유사를 정하여, 소읍에서는 향회에서 각각 圈點 또는 가부를 통문하여 一不, 二不 혹은 三不이하면 향안입록을 허락하였다.

향안에 등재되어 있는 향원들은 유향소에서 향규를 운용하여 향중의 제반사를 처리할 행정사무원에 해당하는 향임을 택정하였다. 그러나 이 유향소가 향원조직인 향계의 최고기구는 아니다. 이 향임들을 감독하는 향계의 최고기구는 鄕先生이고 그 아래에 향유사 등이 있어서 일향 여론을 좌우하였으니 이들을 보통 鄕執綱이라고 하였다. 그러나 이러한 조직은 일률적인 것이 아니고 지역에 따라 차이가 많다.

향규는 향촌의 현족들인 향원을 대상으로 하는 것이 원칙이지만, 향규 자체가 일향의 지배권 즉 향권을 장악하는 것이 주된 목적이었으므로 향규에 담겨있는 내용이 반드시 사족들에만 한정되고 있는 것은 아니었다. 그들은 향권의 장악에 관련되는 범위 내에서 향원 외라도 규제할 수 있었다. 더군다나 당시의 사회가 주자학적 명분에 입각한 향촌질서를 추구하고 있었으므로,

하층민에 대한 주자학적 교화가 가미될 수밖에 없었다.[24] 이것이 바로 향약과 향규의 구분을 모호하게 하는 점으로 생각된다. 그 후 신분질서의 혼동이 극심해지는 왜란 이후에는 사족들의 향촌에서의 지위가 흔들리게 되자 상하 민간의 守分儀式이 강조되면서 교화가 주목적인 향약이 성행하게 되었다. 나아가 경재소의 혁파와 영장사목의 반포는 유향소(향청)의 변질을 초래하였으며 향규도 쇠퇴의 길로 접어들도록 하였다.

(3) 동계와 동약

이상에서 살펴본 유향소나 향약·향규로 대표되는 사족들의 자치조직들은 군현 단위의 규모로서 신분적 위상을 엄격히 하는 지배층의 것이었다고 할 수 있다. 그리고 이들 조직은 수령으로 대변되는 중앙권력 즉 관권에 대항하는 조직으로서 일정하게 향촌자치를 추구하고 있었다. 그러나 이와 다르게 군현 단위는 아니지만 지배신분층인 사족들의 좀더 축소된 범위를 가지는 조직으로 洞契·洞約조직도 있었다.

동계는 一洞 구성원간의 조직으로 族契·洞憲·洞規·洞約 등으로 불리워지기도 하였다.[25] 동계가 언제부터 성립되었는지는 정확히 알 수 없으나, 여말선초 자연촌의 성장과 함께 이미 동계의 시원적인 형태는 이루어졌을 것이다. 15세기 후반에 이르면 이미 사족이 중심이 되었던 촌락 단위 동계의 존재가 여러 자료를 통하여 확인된다.

고려시대부터 토착적 기반을 가졌던 이족들과는 달리 조선 초기 향촌재지 사족들은 대부분의 경우 새롭게 성장하거나, 그들의 터전을 부식하면서 족적인 기반을 축적시켜 간 부류들이었다. 따라서 의식과 목표를 같이 하는 유사한 성격의 사족계열 인사들은 자신들의 재지기반을 토대로 동계 형태의 결사체를 만들어 그들의 지위를 공고히 하고자 하였던 것이다.

동계조직이 가장 발달했던 시기는 대체로 사족 중심의 신분제적 질서가 강화되고 지주제가 발전을 보이기 시작하던 16세기였다. 동계조직은 우신 이

---

24) 韓相權, 〈16~17세기 鄕約의 機構와 性格〉(《震檀學報》 58, 1984).
25) 鄭震英, 〈16世紀 安東地方의 洞契〉(《嶠南史學》 1, 嶺南大, 1985).
金龍德, 〈洞契考〉(《斗溪李丙燾博士九旬記念韓國史學論叢》, 지식산업사, 1987).

념이나 구성원의 신분적 권위를 과시하는 형태로 조직되며, 따라서 구성원의 자격과 入契의 규정·절차도 엄격하였다. 동계조직의 출현은 재지사족들의 자체 결속을 목적한 것이었고, 그러한 결사체적 조직력으로 향촌사회의 대표자임을 자임하면서 관권과 대립할 수 있는 힘을 길러가려는 것이었다. 그리하여 실제로 향규조직의 하부구조로서 동계가 구체적 기능을 담당하는 사례도 볼 수 있으며, 또 동계 조직은 일향의 사족지배를 가능케 한 배경으로서도 역사적 의미를 지닌다.

대체로 16세기의 동계조직들은 새롭게 재지기반을 마련하여 가는 사족층의 결사적인 성격이 강하여 ① 친린적인 유대, ② 학문적인 성향이나 동문의식, ③ 연령이나 지역적인 연결을 도모하고 있었고, 공통적으로 성리학적 사회질서와 이념을 향촌사회에 이식시키는 것에 공감하거나 앞장선 부류들이었다. 따라서 이들 동계의 창립 주역들은 향약이나 향안·향규 등 군현 단위 향촌자치조직의 핵심 성원으로 진출하거나 그에 동원되면서 사족의 일향지배에 크게 기여하였다.[26]

이 시기 사족 중심의 동계(동약)조직들은 하나의 촌락, 혹은 지연·혈연적으로 긴밀한 관계를 유지한 수개의 자연촌락에 거주하는 유력 姓氏나 사족집단의 결사체적 성향이 강하였다. 사족들은 동계조직들을 통해서 하층민을 통제하려 하였고, 또한 이를 매개로 수령권·관권과 유대를 긴밀히 하거나 타협하고자 하였다, 이같은 대표성의 존속은 일정하게나마 향촌사회에서 그들의 권위를 유지시키는 방편도 되었을 것이다.

동계조직은 사족들의 결사체로서 조직구성원의 신분적인 제한규정이나 가입의 절차, 운영규정 등에 강한 규제들이 마련되고 있었으며 조직 내부에서는 구성원간의 평등성이 전제되지만 조직 외적으로 매우 폐쇄적이고 권위적인 형태를 보일 수밖에 없었다. 또한 이들 결사체로서의 동계·동약들은 하나의 독립된 촌락공동체만을 기반으로 하지는 않았다. 사회경제적으로 연결되는 인접 수개의 촌락을 그 지배 아래 운용하면서 대외적인 대표성과 권위도 지향하고 있었던 것이다.

---

26) 李海濬, 앞의 글(1990).

주지하듯이 '향약－동계·동약'으로 이어지는 사족 중심의 결사체들은 조선 전기 사림세력이 그들의 성리학적 지배질서를 향촌사회에 확산시켜 가는 과정에서 보편화된 것이었다. 그리고 이러한 이념의 확산과 사족의 정치적 입장 변화에 따라 이들 조직들은 대상범위와 조직구성원의 폭을 변모시켜 왔을 뿐이었다. 예컨대 조선 초기 지연과 혈연을 바탕으로 族契나 門人契, 同甲契 등등의 형태로 단초를 연 사족결사체조직들이 보다 넓은 범위의 '향규나 향약류로 성장'하기도 하고, 수령 중심 혹은 관권에 의해 강제되던 군현 단위의 향약이 유명무실화되면서는 하나 혹은 수개의 인접한 촌락을 연계시키는 동계·동약형태로 변용되기도 하였다.

16~17세기 상·하합계는 사족층과 그들의 사회경제 기반이었던 촌락민사회를 하나로 묶은 조직이었다. 매우 관념적이기는 하지만 이황의 〈溫溪洞規〉(1568년) 중 洞令에서 보여진 매우 고압적이고 권위적인 사족(지주)층의 입장들[27]은 이 시기가 되면 "同胞幷生 不計貴賤"[28]이라는 표현이나 "하인이나 노비들도 비록 명분은 다르나 天命之性을 함께 받았다"[29]거나, 또 "士夫·平人·庶孼·庶民·僕隷는 모두가 一類"[30]라는 등의 표현에서 보는 것처럼 강력한 통제나 지배의지가 무의미해졌다고 할 만큼 완화되고 회유적인 것으로 바뀐 상황을 보여주고 있다.

이는 앞에서도 지적했던 바와 같이 이 시기 동계·동약조직들이 점차 사족들에게서 유리·이탈되어 가는 하민들을 포용하려고 노력하고 있었음을 보여준다. 더욱이 대부분의 이 시기 동계·동약들이 촌락내의 제반사, 예컨대 교량이나 도로의 보수·산림의 보호 등에 직접 관여하고 洞事에 태만한 사람들을 '黜契'가 아닌 '黜洞'으로 처벌하고 있는 것이 보이는데, 이 역시 당시의 동계조직이 촌락공동체적 기능에 일편 주력하면서 결속력을 강화하고

---

27) 예컨대, "本主이건 地主이건 무례불손한 자, 무리지어 술을 마시고 난동을 부리는 자, 川防에서 벌목하는 자, 밭에 모래 흙을 흘려 보내는 자" 등에서 보는 바처럼 下民(奴婢)에 대한 통제적 성격을 확인할 수 있다(李 滉,《退溪集》, 溫溪洞規 洞令).

28) 徐思遠,《樂齋集》 권 6, 河東里社契序(1592년).

29) 琴蘭秀,《省齋集》 권 2, 洞中約條小識(1598년).

30) 朴 絪,《无民堂集》, 三里鄕約立議(1611년).

있다는 증거가 될 것이다.

16~17세기의 동계조직들은 이같은 일련의 사족지배체제 변동과 연결되면서 특유의 성격을 갖게 된다. 대체로 그것은 기존 촌락사회의 운영원리를 기조로 하면서 여기에 상·하 洞民을 결속시켜 사족적 신분질서를 재강화하려는 목적을 가진 것이었다.[31] 이러한 시대적 성격을 반영하는 동계의 형태가 바로 상·하합계였던 것이고 이를 통해 사족들은 기층의 민중조직을 포용·흡수코자 하였다고 생각한다. 그 성격을 대변하는 이 시기의 대표적 동계조직으로는 다음과 같은 것들이 있다.

1565년, 靈岩 鳩林里 西湖洞憲
1584년, 安東 河回洞契
1601년, 任實 洞中修契(吳天民)
1618년, 安東 河回洞契(重設立議)
1666년, 泰仁 古縣洞約
1688년, 沙村里約(南夢賚)
17세기 후반, 靈岩 花樹亭洞約
1692년, 宜寧 鄕約行規(李崇逸)

내용상 이 16~17세기의 동계, 동약조직은 역시 본질적으로는 사족 중심의 지배체제를 강화하려는 목적을 가진 것이었다. 다시 말하면 동계는 향촌사회에서 사족 중심의 지배질서가 정착되면서 그 기능의 폭이 증대되어 간 조직이었으며, 일정하게 그에 기여하였다. 따라서 운영상 여러 형태의 하층민의 도전에 직면하게 되며 미구에 새로운 성격변화를 자초하게 되었다. 즉 사회변화가 급속해지는 18세기 이후가 되면 재지사족을 매개로 하던 기존의 수취체계가 점차 사족을 배제하는 형태로 바뀌어지고, 동계조직 역시 수령향약의 하부구조로서 共同納 체제 속에 포함되면서 그 본질적 성격은 변모되기에 이르는 것이다.

---

31) 金仁杰, 〈조선후기 鄕村社會統制策의 위기—洞契의 성격변화 중심으로—〉(《震檀學報》 58, 1984).
韓相權, 앞의 글.
朴京夏, 〈倭亂直後의 鄕約에 대한 硏究—高坪洞 同系를 중심으로—〉(《中央史論》 5, 中央大, 1987).

3) 향촌자치조직의 변질

이같은 조선 중기의 향촌 자치조직은 16세기 말~17세기 초반의 양란을 거치면서 기본 구조와 틀을 점차 변모시켜 갔다. 그렇다고 당시의 모습이 이러한 사족의 기본적인 향촌사회 지배력과 구조를 모두 잃어버린 채 해체되었다고 보기는 어렵다.

그렇지만 변화라는 측면에서 보면 지배력의 내용이나 적용의 범위 등에서는 적지 않은 차이가 나타나고 있었다. 양란 이후 사회경제적 불안과 함께 신분혼효로 인한 양반신분층의 증가와 양반권위의 축소는 사족들의 사체 분열현상을 불러와 종래와 같은 사족들의 전일적인 향촌지배는 불가능해진다. 17세기 중반 이후의 향촌사회구조를 특징지우는 향안질서 해이의 모습은 향촌자치조직의 성격에도 그대로 연계되어 나타나고 있었다.

주지하듯이 임진왜란으로 인한 사회경제적인 피해는 전국적인 농촌·농민층의 피폐를 가져왔고, 재지사족들의 경우는 많은 세력들이 양란의 과정에서 기반을 상실하였을 뿐만 아니라, 그 복구의 과정에서 기득권을 지키려는 이들 성씨들간의 이해 대립으로 인한 갈등이 표출되는 경우도 적지 않았다. 여기에 더하여 양란 이후의 사회변화과정에서 새롭게 성장하여온 신흥 향촌세력의 대두로 사족들의 지위가 도전을 받게 되자 사족들은 이전과는 다른 형태로 자신들의 지위와 기득권을 유지하려 하였다.

이제 사족들은 과거의 향안·향규·향약 등을 통한 일향의 지배보다는 혈연적인 족계를 만들어 문중의 결속력을 확보하기도 하고, 혹은 지연과 혈연(동족)적인 촌락을 중심으로 자기방어를 모색하게 된다. 이 시기에 하층민과의 유대가 강조되는 상하합계 형태의 동계(동약)가 일반화하면서 발전되는 것은 그 대표적인 변화의 모습이라 할 것이다. 이 시기 사족조직의 특징적인 형태였던 상하합계 형태의 동계가 일반화되는 현상은, 양란 이후의 사회경제적 변화와 함께 사족지배체제가 동요됨에 따라 대응 형태로 나타난 것이었다. 상하합계는 향촌사회구조의 이같은 변화를 반영하면서, 한편으로는 후속될 더욱 큰 변화를 예고한 것이나 마찬가지였다. 상하합계는 사족층들이 촌락사회 내에서의 상하민질서를 재확립하려는 의도를 표출한 것인 동시에, 한편으로 보면 하층민을 기반으로 하는 그들의 사회경제적 지위가 도전받고 있음을 노중한 것이기도 하였기 때문이었다.

나아가 좀더 후대에 이르면 재지사족들은 각 문중별로 족적인 기반과 유대, 조직의 강화, 이를 토대로 동족촌락의 형성·발달, 또 그것을 기반으로 문중권위의 상징으로서 서원·사우를 건립하는 양상이 만연되기에 이르렀다.[32] 즉 18세기 이후 사족 중심의 동계·동약조직은 향권과 관련된 측면에서도 수령권이나 향리세력과 갈등을 노정하고 있었다. 이는 이 시기 사족들의 한계성을 반증하는 일면으로, 점차 사족들은 촌락과 동족적 기반을 모체로 자체결속력을 다지는 방향으로 현실 대응의 방식을 달리하게 되었다. 그리하여 문중적인 서원·사우의 건립이나 성씨별 상징물의 과시적 표출과 일정하게 연결되기도 하였다. 그런데 특정 가문 중심의 권위과시나 결속력 확보는 타 성씨와 관련될 때 상대적인 폐쇄성과 대립의식을 조장하게 마련이었다.[33] 따라서 이러한 일련의 움직임들은 향촌사회 구조변화와 상당 부분 관련되거나 영향을 줄 수 있는 또 다른 요인이 되기도 하였다. 다시 말하면 과거와 같은 통일된 사족들의 입장이나 이해가 존속하기 어렵게 되면서 鄕案秩序마저 무너져 갔던 것이다.[34]

〈李海濬〉

---

32) 李海濬, 〈조선후기 촌락구조 변화의 배경〉(《韓國文化》 14, 서울大, 1993).

33) 李海濬, 〈조선후기 문중활동의 사회사적 배경〉(《東洋學》 23, 檀國大 東洋學硏究所, 1993).

34) 李海濬, 〈조선후기 사회사연구의 성과와 전망〉(《韓國史論》 24, 國史編纂委員會, 1994).

Ⅱ. 사족 중심 향촌지배체제의 재확립

1. 사족의 향촌지배조직 정비
2. 사족의 향촌지배와 서원의 발달
3. 사족의 향권과 수령권
4. 사족지배체제하의 신분질서

Ⅱ. 사족 중심 향촌지배체제의 재확립

1. 사족의 향촌지배조직 정비

1) 난후의 향촌실정

임진왜란은 승패에 관계없이 조선왕조에 엄청난 피해를 주었다. 그것은 다름아닌 막대한 인명과 재산의 손실로 요약될 수 있다. 왜적은 주요 거점을 장악하여 북상하면서 주위의 지역을 분탕하고 인명을 살상하고 창고를 약탈하며 관아와 각종 시설물을 불태워 막대한 피해를 주었다. 더욱이 전황이 교착되면서는 그들이 상악하고 있던 거점을 중심으로 번 지역에 이르기까지 노략질하여 그 피해는 전라도 지역을 제외하고는 거의 전국적인 현상이었다.

이러한 사정에서 오는 인명의 손실은 실로 막대한 것이었다. 그러나 인명의 손실은 왜적의 침략에 의한 직접적인 피해 못지않게 굶주림과 전염병으로 인한 것이기도 하였다. 난초부터 계속된 흉년으로 인한 기근과 선조 26년(1593) 초부터 크게 번진 전염병에 의해 영남의 경우 문경 이하부터 밀양에 이르기까지 수백 리가 텅비었다고 표현되기도 하였다.[1)]

여기에 明軍의 주둔과 이에 따른 군량미의 공급, 그리고 이들의 침탈은 이러한 사정을 더욱 악화시켜 당시의 향촌사회를 극도로 피폐하게 하였다.[2)] 이러한 사정에서 왜적의 직접적인 침략을 당하였던 지역뿐만 아니라 직접적인 피해를 입지 않았던 곳에서조차 난리를 당한 지역과 마찬가지 모습이었다.

이러한 사정에서 생존의 문제는 사족에 있어서도 마찬가지였지만, 하층민

1) 柳成龍, 《懲毖錄》, 辰巳錄.
2) 趙 靖, 《壬亂日記》 권 3, 계사 7월 28일·8월 23일.

에게 있어서는 더욱 심각한 문제였다. 하층민은 생존을 위하여 倭賊化하거나, 土賊이 되었다. 하층민은 난초부터 적의 嚮徒가 되거나 왜적화하여 지배층에 저항하고 있었다. 의병의 조직은 한편에서는 바로 이들에 대한 방어이기도 하였다. 토적은 왜적화한 백성들과는 달리 왜적이 물러가고 명군이 진주한 이후에 주로 그들의 생활거주지를 중심으로 활동하고 있었다. 이것은 명군의 침학과 이들에 대한 군량공급 문제의 심각성을 보여주는 것이며, 또한 이에 대한 민중적 저항이기도 하였다.

명군의 침학과 그들에 대한 군량공급 문제는 심각하여 굶주려 죽는 자가 속출하게 되었고, 이에 따라 의병 역시 지탱할 수 없는 상황이 되었다.[3] 의병에 가담하고 있던 많은 사람들은 이제 그들의 생계를 개별적인 차원에서 해결해야만 했다. 그러나 하층민의 경우에는 이것이 사실상 불가능한 것이었다. 이러한 사정에서 의병에 참여하였던 많은 하층민은 토적으로 재편성되기도 하였다. 곧, "군량미가 없어서 군사가 한 번 흩어지면 강자는 敵中에 투신하고, 약자는 구렁에서 죽거나 아니면 흩어져 토적이 된다"[4] 거나, "토적은 의병활동을 하던 자가 기근을 이기지 못해서 된 것이다"[5]라는 것은 그 구체적인 예가 된다. 이러한 토적은 곳곳에서 봉기하였는데, 그 중에서도 충청도와 전라도 지역이 극심하였다.

조정에서는 토적의 괴수를 잡는 자에게는 堂上·守令이면 嘉善을, 士人이면 6品敍用을, 雜人私賤에게도 禁軍을 제수하는 勦捕事目을 반포하는 등[6] 적극적인 대책을 마련하였으나, 토적은 날마다 끊이지 않아 감옥에 가득하여 백성들은 결국 왜적에 죽고, 질병에 죽고, 감옥에서 죽는 처참한 상황이었다. 柳成龍은 이러한 사정을 다음과 같이 표현하였다.

> 서울과 지방을 막론하고 굶주림이 심하고 군량을 운반하는데 피곤하여 늙은 이는 쓰러져 죽고, 장정들은 도적이 되었으며, 더욱이 거듭되는 전염병으로 인하여 거의 다 죽어 없어졌다. 심지어 사람이 서로 잡아먹는 지경에 이르렀다

---

3) 鄭震英, 〈壬亂前後 尙州地方 士族의 動向〉(《民族文化論叢》 8, 嶺南大, 1987).
4) 《宣祖實錄》 권 59, 선조 28년 정월 정유.
5) 《宣祖實錄》 권 59, 선조 28년 정월 을해.
6) 《宣祖實錄》 권 58, 선조 27년 12월 을사.

(柳成龍, 《懲毖錄》 1593년 10월 車駕還都).

이러한 임란 중의 사정은 말할 것도 없이 난 이후의 인구감소라는 현상을 필연적으로 초래할 수밖에 없었다. 난 직후에 편찬된 《咸州誌》의 편찬자는 함안지역의 경우를 예로 들면서 "우리 고을은 비록 바다 모퉁이에 치우쳐져 있기는 하지만 인물이 풍성하였다. 우리 山翼 한 마을을 예로 들어 말하면 당시 호구에 등재된 자가 850여 명이나 되었는데 지금 한 사람도 돌아오는 자가 없다. 한 모퉁이가 이러니 전국을 알만하다"[7]라 하여 난 이후 인구이산의 실상을 설명하고 있다. 이러한 사정에서 난 이후의 인구가 전국적인 규모에서는 난전의 6, 7분의 1에도 미치지 못한다고도 하였다.[8]

이런 상황에서 전답 또한 제대로 경작될 리 없었다. 이것은 전쟁이 끝난 10여 년 뒤 조사된 전국의 田結數에서도 확인된다. 곧 임란전 전결수는 1,608,000결이었던 것이 광해군 3년(1611)에는 541,000결에 불과하여 6, 70%나 감소하였다. 그 중에서도 경상도가 가장 극심하여 난전의 43만 결에서 7만 결로 격감하였고, 전란의 직접적인 피해를 입지 않았던 전라도 또한 75%나 감소하였다.[9] 전라도의 경우는 전란의 직접적인 피해는 입지 않았지만 募兵과 군량의 독촉이 상대적으로 심하였기 때문이다. 그래서 당시 수백 명의 노비를 소유하였던 사족의 경우에도 난후 피난에서 돌아왔을 때는 집터에는 쑥대만 무성하고 노복은 모두 죽어 겨우 몇 명만이 살아남아 있을 뿐이었다.[10]

수백 명의 노비 중 몇 명만이 남게 된 것은 물론 전란으로 인한 노비의 사망 때문이기도 하였지만, 한편에서는 노비의 도망에서 오는 것이었다. 16세기에 있어서도 노비들은 도망을 통해 소극적으로 저항하고 있었지만, 임란을 통해서 그들의 저항은 보다 적극적이고 광범한 것이어서 재지사족에게 심각한 경제적인 손실을 주고 있었다.

재지사족은 이제 노비를 不忠·不勤한 존재로 표현하거나, 또는 믿을 수 없는 존재로 인식하기도 하였다. 토지 경영을 주로 노비노동에 의존하고 있

7) 《咸州誌》.
8) 《仁祖實錄》 권 13, 인조 4년 윤6월 정미.
9) 《增補文獻備考》 권 148, 田賦考 8 (광해군 3년).
10) 趙 靖, 《壬亂日記》 권 3, 계사 8월 22일.

던 재지사족에 있어서 노비의 사망·도망은 그들 소유의 토지에 대한 파악마져 어렵게 하였다. 이러한 사정은 임란 후에 작성된 사족가문의 分財記에 여실히 반영되고 있었다.

난후 막대한 인명의 상실과 전답의 황폐화는 사족 또는 사족 개인적인 차원의 문제만은 아니었다. 이것은 결국 국가적인 문제였으나, 촌락을 단위로 한 공동체적인 삶을 오랫동안 영위하여 왔던 향촌사회에는 보다 심각한 문제가 아닐 수 없었다. 그것은 공동체적인 삶 자체가 위협받는 것이었다.

> 辰巳(1592~1593) 이후 인물이 소진하여 한 고을의 사람이 수 십 명도 채 되지 않으며, 한 마을의 사람 또한 2, 3인에 불과하여 외롭고 쓸쓸하기 그지 없다. 族親 중에 재력이 있다 하여도 이웃의 도움을 받지 않을 사람이 몇 명이나 되겠는가. 만약 疎遠함을 친밀하게 하고 마을을 합하여 한 洞으로 하여 서로 돕지 않는다면 외롭고 쓸쓸하여 살아서는 누구와 더불어 노래하며 죽어서는 어느 누가 곡하리오(徐思遠, 《樂齋先生文集》 권 7, 河東里社契約序).

이러한 사정에서 洞里간의 合洞이 자연스럽게 진행되었고, 경우에 따라서는 군현이 통폐합되기도 하였다. 가령 진주의 경우에는 난전 112개 里坊이 난후에 53개 리방으로 통폐합되었으며,11) 단성현의 경우에는 산청에 합속되기도 하였다.

임란은 이렇듯 인구의 감소와 전답의 황폐화뿐만 아니라 향촌지배세력인 재지사족에게는 또다른 문제를 안겨주었다. 즉, 향촌사회의 피폐와 함께 그들의 향촌지배 근간이었던 留鄕所(鄕廳)와 鄕案이 임란의 와중에 소실되었던 것이다. 여기에 사족 역시 생명의 보존조차 어려웠던 상황은 그들의 향촌지배의 기반을 일시에 와해시킬 수 있는 것이었다.

그러나 한편에서는 임란의 극복은 도리어 재지사족의 영향력을 향촌사회에서 증대시키는 과정이기도 하였다. 임란으로 인한 피폐는 전국적인 현상이었고, 재지사족 또한 그 참화를 모면할 수는 없었다. 그러나 보다 결정적인 타격을 입은 것은 전국적인 범위에 토지와 노비를 소유하고 있던 중앙관료였다. 토지의 황폐화와 노비의 사망 또는 도망에서 오는 경제적인 몰락은 더

---

11) 李海濬, 〈17世紀初 晉州地方 里坊再編과 士族〉(《奎章閣》 6, 1982).

이상 그들을 정치주도세력으로 존재할 수 없게 하였다. 재지사족 역시 이러한 사정은 마찬가지였지만, 난중에는 의병활동을 난후에는 신속한 복구작업을 통하여 그 피해를 최소화할 수 있었다.

임란 의병의 활동은 거의 전국적인 것이었고, 의병을 주도하였던 것은 다름 아닌 재지사족이었다. 의병은 재지사족이 그들의 난전 향촌지배조직과 상호간의 혈연적·지연적 연대를 바탕으로 官兵과 일반농민, 弓手 등 하층민과 연합함으로써 가능한 것이었다. 재지사족은 의병활동을 통하여 그들의 경제적 기반을 어느 정도 보호할 수 있었으며, 나아가서는 향촌사회 하층민을 직접 지배함과 아울러 중앙권력에 대한 영향력을 확대시킬 수 있었다. 재지사족의 이러한 영향력의 확대는 곧바로 관직의 제수라는 형태로 현실화하고 있었다.

의병의 활동이 활발하던 시기인 선조 25년(1592) 10월에는 군공이 많아서 軍器寺正 30, 副正 50, 司正·判官·主簿 각 80, 禮賓寺直長·奉事·參奉 각 100 등 일거에 620여 職窠이 가설되고 있었고,[12] 난후의 宣武原從功臣錄의 9,000여 명에 달하는 숫자 중 상당수는 재지사족에 대한 논공이었던 것이다. 이러한 구체적인 내용은 이후에 작성되는 각 읍지의 인물조를 통해서 확인할 수 있다. 아무튼 임란을 통해 지방 사족은 자기성장의 계기를 마련할 수 있었던 것이며, 이것은 결국 난후의 향촌질서를 그들 중심으로 재확립할 수 있게 한 배경이 되었다.[13]

임란을 경과한 향촌사회는 막대한 인명의 손실, 전답의 상실, 토적의 봉기, 노비의 도망 등에서 온 사회·경제적 혼란에 대한 전후 복구와 향촌질서의 재확립이 절실한 문제였고, 그리고 새로운 향촌질서의 확립은 향촌지배라는 차원에서 재지사족이 해결해야 할 문제였다. 이러한 구체적인 움직임은 향사당·향안의 중수, 동계·동약의 실시 등 난전 재지사족의 향촌지배조직의 정비와 서원의 건립 등으로 나타나고 있었다.

12) 《宣祖實錄》 권 32, 선조 25년 11월 경신.
13) 정진영, 〈16, 17세기 재지사족의 향촌지배와 그 성격〉(《역사와 현실》 3, 1990).

2) 향촌지배조직의 복구와 정비

(1) 경재소의 혁파와 향촌지배조직의 정비

난전 재지사족의 향촌지배에 있어서 핵심적인 기구는 향청 또는 향사당이라고 불리던 留鄕所였다. 유향소는 고려시대의 事審官제도가 여말선초에 경재소와 분화되어 발전되어 온 것으로 선진지역의 경우에는 일찍부터 구성되어 치폐를 거듭하고 있었다.[14] 유향소는 위로는 표리관계를 이루던 경재소의 견제와 보호를 받으면서, 자체적으로는 향리의 壇案에 대신하여 향안을 작성하였고, 향안의 입록과 운영 등 향촌지배의 전반적인 운영원리를 규정한 향규를 마련하여 향촌지배의 기능을 수행하였다.

> 향규란 무엇인가. 그것은 바로 유향소를 규제하는 것이다. 향규가 향규를 규제하는 것이 아니라 그것이 규제하는 주체는 바로 유향소이다. 고을의 풍속이 아름다운가 아름답지 못한가는 향규가 행해지느냐 행해지지 못하느냐에 달려 있고, 향규가 행해지느냐 행해지지 못하느냐는 유향소 임원이 현명한가 현명하지 못한가에 달려 있다(李民宬, 〈題鄕規後〉, 《영남향약자료집성》, 87쪽).

> 고을에 향안이 있는 것은 무엇 때문인가. 世族을 변별하기 위함이다. 세족을 변별하여 무엇에 쓸 것인가. 장차 그로 하여금 한 고을에 기강을 세우고 민속을 바르게 하기 위함이다(鄭經世, 《愚伏集》 권 15, 尙州鄕射堂題名錄序).

이러한 인식은 유향소·향안·향규의 관계와 나아가 이것이 재지사족 향촌지배의 핵심적인 조직과 규약임을 잘 보여준다. 그리고 향안을 작성하고 향규를 제정하여 유향소를 실질적으로 운영하던 주체는 일향 사족의 모임인 鄕會였다. 향회가 재지사족의 향촌지배의 핵심이 될 수 있는 것은 여기에서 鄕中公論이 형성되었고 이를 바탕으로 향촌지배가 구체화되었기 때문이다. 공론의 형성은 재지사족의 향촌지배 여부를 가늠하는 근거가 되었다.

이러한 조직과 규약은 사족의 존재를 전제로 한 것인데, 특히 향안은 지

14) 이태진, 〈士林派 유향소 복립운동〉(상, 하)(《震檀學報》 34·35, 1972·1973).

배집단으로서의 사족의 실체를 확인하게 해 준다. 따라서 향안의 존재는 재지사족의 향촌지배를 의미하는 상징성을 가지는 것이라 할 수 있다. 향안은 지역적인 차이는 있으나 그 기본적인 성격은 재지사족의 공론에 따라 작성된 사족의 명단이며, 부·모·처족에 신분적 하자가 없어야 입록될 수 있었던 신분적 패쇄성을 가지고 있었다.[15] 이러한 향안은 사족세력이 일찍부터 형성된 지역을 중심으로 작성되어 오다가 대체로 17세기 초에는 각 군현마다 보편적으로 작성되었던 것으로 보인다. 지금까지 향안이 작성되었음을 확인할 수 있는 경우는 영남이 35개 지역, 전라도가 22개 지역, 충청도가 6개 지역, 강원도 4개 지역, 황해도·평안도·함경도가 각 3개 지역 등 76개 지역이다.[16] 그리고 인조 5년(1627)에 작성된 안동의 《鄕錄草案》에 기재되어 있는 父·妻鄕의 향안 참여 여부를 통해서 볼 때 오늘날 경북 대부분의 지역에 향안이 작성되었음을 확인할 수 있다. 현존하는 향안의 대부분은 17세기에 작성된 것이고, 17세기에 작성된 향안의 대부분은 임란 이후 불타거나 훼손된 난전 향안의 중수를 표방하고 있어서 17세기 향안을 중심으로 한 사족의 향촌지배는 16세기의 유향소 체제를 계승·발전시킨 것으로 보아야 할 것이다.

임란 후 향안의 중수와 작성은 곧 재지사족이 그들 중심의 향촌지배질서를 복구해 가고 있었음을 의미하는 것이다. 향안의 작성이 지배집단으로서의 사족의 결집과 이를 통해 유향소의 운영이 가능함을 의미하는 것이기 때문이다. 향안의 중수를 통한 임란 후 재지사족의 향촌지배질서의 복구는 각 지역의 사정에 따라 시기적으로 다양하게 전개되고 있었지만, 대체로 영남과 호남 등지에서 임란 직후인 17세기 초에 이루어지고 있음을 확인할 수 있다.

그러나 임란 후 향안의 중수를 통한 재지사족의 향촌지배조직의 복구는 단순히 난전 지배조직의 복구라는 차원을 넘어 사실상의 재지사족 중심의 향촌지배를 확립해감을 의미하는 것이다. 그것은 이제까지 유향소를 보호·

15) 金仁杰, 〈조선후기 鄕案의 성격변화와 在地士族〉(《金哲埈博士華甲紀念史學論叢》, 1983).

16) 金炫榮, 《朝鮮後期 南原地方士族의 鄕村支配에 관한 硏究》(서울大 博士學位論文, 1993).

견제하고 있던 경재소의 혁파에서 오는 것이다. 재지사족의 향촌지배는 우선은 왕조교체에 따른 신분의 재편과정에서, 그리고 향촌사회에서 유향소가 조직되면서부터 실현되었다고 할 수 있다. 그러나 재지사족의 향촌지배는 안으로는 사족 자신의 결속과 지주적 기반의 안정·강화를 꾀하는 한편 밖으로는 기존의 향촌사회를 실질적으로 장악하고 있던 향리세력과 경재소의 보호·견제를 배제하여 하층민을 그들의 통제하에 둠으로써 가능한 것이었다.[17)]

재지사족과 마찬가지로 여말선초 토착세력의 후예이며, 같은 土姓의 姓貫에서 분화되어 호장층을 세습해 온 在地吏族은 비록 군현지배자의 지위에서 지방관아의 행정사역인으로 전락하였지만, 여전히 지방의 행정실무를 매개로 수령과 사족 사이에서 독자적인 영역을 확보하고 있었다. 이들은 吏族案인 壇案과 집무소인 府·郡司를 중심으로 독자적이고도 엄격한 조직과 체계를 형성하고 있었다. 이들 향리들은 전체적으로는 조선왕조의 신분체제가 확립되어 가면서, 향촌의 개별 단위에서는 사족안인 향안이 작성되고, 그리고 사족이 중앙의 경재소의 힘을 빌려 이들을 억압함으로써 16세기 중반 이후에는 점차 향촌사회에서 지배력을 상실해 가고 있었다. 그러나 아직 사족의 세력이 형성되지 못한 지역에서는 향리가 여전히 향촌사회를 장악하고 있었다.

한편 경재소는 여말선초 군현의 사족이 在京官人과 留鄕品官으로 분화되는 과정에서 재경세력이 각기 경재소를 설치, 운영하였던 것으로 보인다. 국가는 재경관인으로 하여금 제각기 연고지별로 경재소를 조직하여 각 지방의 유향소를 지배하게 함으로써 보다 효과적으로 지방을 통제하려 하였다. 이로써 군현토성에서 상경종사한 재경관료는 관품에 따라 최고 8개 鄕에서 최하 2개 향의 경재소를 맡게 되었다. 이러한 경재소와 유향소의 사정을 "주·부·군·현에는 각기 토성이 있는데, 그들 중 在京從仕하는 자를 경재소라 하고, 경재소가 다시 居鄕土姓 가운데 강명한 品官을 선정하여 유향소 유사를 삼는다"[18)]고 하였다. 이렇듯 경재소는 각기 소관 군현의 유향소와 긴밀한 종적 유대를 가지고 유향소 임원의 임면권, 향리규찰, 향중인사의 천거와 보증, 향풍교화, 貢賦·진상의 독촉, 경저리 사역, 공물방납 및 소관 군현의 요

17) 鄭震英, 〈朝鮮前期 安東府 在地士族의 鄕村支配〉(《大丘史學》 27, 1987).
18) 《成宗實錄》 권 137, 성종 13년 정월 신유.

구사항의 건의 등 실로 광범한 활동을 하였다.[19]

경재소는 관주도 향촌지배체제를 수립하려는 중앙정부의 입장에서나 유향소를 통한 재지사족의 향촌지배에 있어서도 중요한 존재였다. 그러나 왕조의 집권체제가 일단락된 뒤, 그리고 재지사족 중심의 향촌지배질서가 어느 정도 틀이 잡혀가던 16세기부터는 그 폐단이 많았다. 재지사족의 세력이 미약하던 초기에는 사족의 향촌지배에 힘이 될 수 있었지만, 16세기 이후 재지사족이 성장하면서, 그리고 중앙정계에 등장하여 훈척세력과 대립하면서부터는 도리어 재지사족의 향촌지배를 크게 제약하고 있었다. 훈척세력은 경재소를 장악하고 수령권과 결탁하여 유향소를 견제하고 향촌사회에 그들 자신의 경제적 기반을 확대하고 있었다. 이 과정에서 불법적이고 수탈적인 농민지배가 행해지고 있었다. 경재소는 유향소와 함께 향리규찰과 향풍규정에 1차적인 목표가 있었으나, 오히려 경재소가 경저리와 읍리를 침학하고 田民을 影占하거나 공물을 방납하는 등 민폐를 유발하는 사례가 문제되어 그것의 혁파를 주장하는 사람이 많았다. 따라서 재지사족은 중앙정계의 진출과 더불어 사창법·유향소·향약 등의 실시 건의와 아울러 이 시기 심각한 사회문제로 대두된 향촌피폐를 훈척세력의 견제라는 차원에서 제기하고 있었다.[20] 경재소의 혁파 주장 또한 이 같은 맥락에서 이해된다.

여기에 임란으로 인해 향촌사회가 피폐하고 경중의 경재소가 오랜 전란으로 인원과 시설이 모두 유산되고 분탕되었기 때문에 그 기능이 일시 정지되고 말았다. 그러다가 선조 36년(1603)에 일체 혁파되고,[21] 광해군 3년(1611)과 4년에 그 복설논의가 활발히 전개되었으나 끝내 복설되지 못하였다.[22] 이렇듯 경재소의 혁파는 한편에서는 전란으로 인하여 없어져 버리고 파괴되어 버렸기 때문에, 다른 한편에서는 이 시기에 이르러 재지사족의 향촌지배가 일정하게 정착되었고, 또 원악향리와 같은 향리들의 횡포도 크게 문제되지 않았기 때문이었다.

---

19) 李樹健, 〈地方自治的인 諸機構와 鄕村統制體制〉(《朝鮮時代 地方行政史》, 민음사, 1989).
20) 정진영, 〈16세기 향촌문제와 재지사족의 동향〉(《민족문화논총》 7, 1986).
21) 《宣祖實錄》 권 158, 선조 36년 정월 갑신.
22) 《光海君日記》 권 58, 광해군 4년 10월 경인.

경재소의 혁파는 재지사족의 성장을 반영한 것이었고, 그것의 구체적인 표현은 임란으로 소실되거나 탕폐된 향안의 중수를 통한 난전 향촌지배조직의 복구로 나타나고 있었다. 그러나 17세기 초의 향안 중수는 시기적으로나 그 구체적인 과정에 있어서 다양한 형태를 보이고 있다. 대체로 일향의 사족이 유향소 운영에 적극 참여하여 기존의 향안에 새로운 인원만을 추록함으로써 경재소의 혁파에도 불구하고 재지사족의 향촌지배가 보다 확고하게 정착될 수 있었지만, 경우에 따라서는 경재소 혁파 후 재지사족이 유향소 운영을 기피함으로써 일정 시기 기존 구성원의 직접적인 개입없이 향안이 작성되는 경우도 있었다. 후자의 경우에는 향안을 둘러싼 신구 향원간의 쟁단이 야기될 수 밖에 없었고, 이로 말미암은 향론의 분열은 사족 중심의 향촌지배를 사실상 불가능하게 하였다. 다음의 호남 남원에서 향안을 둘러싼 쟁단은 이 같은 사정을 잘 보여준다.

> 난을 겪고난 후에 경재소가 폐지되므로 사대부가 향권을 잡는 것을 천하게 여겨 꺼리게 되고, 모든 논의가 가부를 정할 수 없게 된 까닭에, 무식하고 염치를 모르는 자들이 방자하게 행동하며 鄕籍을 개인이 발신하는 사사로운 쪽지로 알고 향임이 되면 집안을 일으킬 수 있는 돈방석에 앉게 될 줄로 알아 온갖 쟁단이 극에 달하였다(《龍城誌》 권 3, 完議).

남원과 같은 상황은 호남의 여타 읍에서도 비슷하였다. 즉 17세기 전반 광주를 제외한 3대 읍인 전주·나주·영광에서도 향론이 분열되고 향적이 파치되는 등 일읍이 마치 전장터와 같았다고 한다. 이같은 사정에서 鄕先生이 아닌 사대부가 향론을 주도할 것을 주장하기도 하였다.[23]

그러나 이같은 경우에서 주목해야 할 것은 향론의 분열을 일단 사족이 중심이 되어 수습하고자 한 것이었다. 위의 남원의 사정은 순천·창평·장성 등과 같이 광주의 약조를 모범으로 하여 향회를 운영하고 파치된 기존의 향안을 사족이 주도하여 복구하고자 한 것이었다. 인조 17년(1639)에 마련된 〈約束條目〉은 그것의 구체적인 노력의 일단이었다. 남원의 〈약속조목〉은 향중의 모든 권한 즉, 향안입록, 향임의 선출과 규찰 등을 사족인 主論之員(鄕老

---

23) 《龍城誌》 권 3, 完議 1639년.

·鄕長·鄕有司)에게 집중시키는 것이었다. 그리고 이 주론지원은 스스로 향임이 될 수 없게 되어 있었다. 다시 말해 사족이 유향소를 그들의 지배하에 두어 일향의 모든 일들을 장악하고자 하였다. 이로써 유향소의 직임인 향임층과 사족 사이의 괴리현상이 심화되어 나갔다. 이러한 현상은 儒鄕分岐로 인식되기도 하였는데, 여기서 유향의 의미는 사족과 성장하는 새로운 계층과의 관계가 아니라 사족 내부의 前朝官을 중심으로 한 사족과 향임층을 주로 담당하였던 토착세력으로 구분된다.[24] 이같은 체제는 율곡의 〈海州一鄕約束〉에서의 구조와 비슷한 것으로 유향의 분기가 보이는 지역에서 실시되기에 적당한 것이었다. 이들 주론지원은 향안의 복구뿐만 아니라 향약도 그들 중심으로 실시하고자 하였고 이들을 중심으로 한 향촌지배는 17세기에 있어서 일정한 영향력을 행사하고 있었다.[25]

경재소 혁파 후에도 사족이 유향소에 적극 참여한 경우에는 그들의 향촌지배체제를 보다 용이하게 정비할 수 있었던 것으로 보인다. 그러나 여기에도 전혀 문제가 없었던 것은 아니었다.

> 己丑年(1589) 향안이 병화로 더러워지고 혹은 파열낙장되어 후세에 전할 수 없게 되었다. 前鄕所 등이 비록 改書해야 한다고 말했고, 또 기록된 것을 보니 前案에 따르지 않고 사사로운 뜻이 개재되어 本案에 기록되지 않았던 사람이 엄연히 쓰여져서 鄕議가 격발하였다. 그런 까닭에 전인이 쓴 안을 파기하고, 본안에 의거하여 改錄한다(《安東鄕錄》, 1604).

위의 내용은 임란 후 안동향안의 상태와 향중쟁단을 보여주는데, 이것은 다시 쓰여짐으로써 수습되고 있었다. 향안이 다시 쓰여진 것은 선조 37년(1604)이었다. 여기서 '본안에 기록되지 않았던 사람'이란 구체적으로 어떠한 사람을 지칭하는지 알 수 없으나 남원의 '무식하고 염치를 모르는 자들'과 대비된다. 남원의 경우가 향임층을 주로 담당하였던 토착세력을 지칭하는 것이라면, 안동의 경우에는 이와는 다른 사정을 보여준다. 안동의 경우에는 좌

24) 김현영, 〈조선후기 남원의 사회구조-사족지배구조의 변화와 그 성격-〉(《역사와 현실》 2, 1989).
25) 金仁杰, 앞의 글.

수·별감 등 향임층과 前朝官 등의 사족이 구분되지 않았고, 따라서 전조관이라도 향임을 역임하는데 하등의 문제가 없었다.[26] 향안과 향규는 불가분의 관계를 가진다. 따라서 임란 후 안동향안이 다시 쓰여진 문제를 향규와 관련하여 검토할 필요가 있다.

안동의 향규는 〈舊規〉와 〈新定十條〉가 있다. 전자는 선조 21년(1588)에 좌수가 경재소에, 후자는 경재소 혁파 뒤인 선조 38년에 향선생에게 여쭈어서 작성한 것이다. 여기서 향안과 향규가 경재소 혁파에 뒤이어 비슷한 시기에 다시 쓰여지고 재작성되고 있음이 주목된다. 이것은 향안이 병화로 더러워지고 본안에 입록되지 않았던 자가 등재되어 있었고, 또 〈구규〉의 미비 때문이기도 하였지만, 근본적으로는 경재소의 혁파와 무관하지 않을 것으로 생각된다. 향규가 향안의 입록과 운영 등 향촌지배의 전반적인 운영원리를 규정한 것임을 염두에 둔다면, 결국 향안의 개록과 향규의 재작성은 경재소를 통한 중앙권력의 간섭에서 재지사족의 독자적인 향촌지배를 확인하는 과정으로 이해된다. 따라서 안동에서의 쟁단이란 경재소와 연결된 향원을 삭적시키는 과정에서 발생한 것이 아닌가 생각된다.[27]

남원과 안동의 사정에서 알 수 있듯이 임란 후의 향촌질서를 누가 어떻게 확립해 가는가는 지역에 따라 상당한 편차가 있었다. 이것은 재지사족층의 존재형태의 차이에서 오는 것이었다. 선초 향촌사회의 지배세력은 대체로 고려말에 첨설직·동정직·군공·과거 등을 통하여 土姓吏族에서 사족화한 계층으로, 이들 土姓士族은 또한 중앙정계에 진출하여 타읍 출신의 사족과 통혼관계를 맺었다가 왕조교체기와 이후 수차의 정변에 本鄕 또는 妻鄕·外鄕을 따라 낙향하여 재지적 기반을 확보하고 있던 재지사족이었다. 영남에서는 이러한 토성사족과 이주사족이 상호 구별되지 않았지만, 호남의 경우에는 여말 이래 재지세력의 토착적 기반이 미약하였던 관계로 대부분이 새롭게 이주해온 가문들을 중심으로 사족적인 기반이 마련되었다.[28] 따라서 호남에서는 토착사족세력과 이주사족세력 사이에 일정한 간격이 보인다. 율곡의 〈해

26) 金龍德, 〈安東座首考〉(《震檀學報》 46·47, 1979).
27) 鄭震英, 앞의 글(1987).
28) 李海濬, 〈朝鮮後期 靈巖地方 洞契의 成立背景과 性格〉(《全南史學》 2, 1988).

주일향약속〉에서 보이는 儒鄕은 바로 이들을 지칭한 것으로 생각된다. 호남의 이같은 사정은 이들 지역이 여말선초 왜구의 창궐로 말미암은 사회적 혼란을 경험하였다는 것과 무관하지 않을 것이다. 이러한 지역적인 차이는 유향소의 운영과 임란 후 향안의 작성에 있어서 서로 다른 모습을 보인 것으로 생각된다.

임란 후 재지사족의 향촌지배조직은 그 구체적인 시기와 내용에 있어서 지역적인 차이는 있었지만 난전의 조직이 복구·정비되고 있었다. 이것은 한편으로는 난전의 향촌지배를 계승한 것이기도 하였지만, 다른 한편에서는 경재소의 혁파에 따른 조직과 규약의 재정비였던 것이다. 물론 지역에 따라서는 이 시기에 이르러서 재지사족의 향촌지배조직이 비로소 마련되기도 하였다. 이제 향규의 내용을 통해 재지사족의 향촌지배의 구체적인 내용을 살펴보기로 한다.

재지사족의 향촌지배에 있어서 향리에 대한 통제는 엄격하였다. 그것은 이들이 행정실무를 담당하고 있었고, 이들에 대한 통제 여하에 따라 재지사족의 향촌지배의 성패가 달린 것이었기 때문이다. 향리에 대한 규제는 '元惡鄕吏'라는 포괄적인 것에서부터 공물징수 등을 통한 구체적인 작폐에 이르기까지 명시되고 있었다.

> 鄕所가 吏民의 풍속을 도맡아서 살핀다. 鄕吏·書員 등이 品官을 능욕하면 향소에 알려 죄를 다스린다. 향리 중에서 청렴하고 부지런한 자를 택해서 上戶長·吏房으로 임명한다(李珥,《栗谷全書》권 16, 海州一鄕約束).

> 治吏胥는 민간에 출입하면서 마구 거두어 들이는 자. 각 色吏와 결탁해서 폐단을 일으키는 자. 관을 속여서 政令을 어지럽게 하는자. 공물을 받을 때 함부로 더 많이 거두는 자. 향중에서 무례하여 풍속을 손상시키는 자. 冒占한 良民을 숨겨서 부리는 자. 권력에 아부하여 本役을 피하고자 하는 자. 양민의 여자나 관비를 첩으로 삼는 자. 書員으로 권력을 남용하여 폐단을 일으키는 자(《永嘉誌》권 5, 新定十條).

이상은 사족이 군현의 행정실무를 담당하고 있던 향리의 임면권과 활동 전반을 장악·통제하고 있음을 보여준다. 그리고 향리에 대한 통제는 다름아닌 향리 자체에 대한 통제이기도 하였지만, 이것은 결국 재지사족의 민에 대한 지배와 수령에 대한 간접적인 견제이기도 하였다.

재지사족의 향촌지배에 있어서 중요한 내용의 하나는 부세운영이다. 이를 17세기 초반 안동의 〈신정십조〉와 현풍의 〈향규〉에서 찾아보면 다음과 같다.

> 均徭役는 府의 戶口와 토지는 별도의 한 책으로 만들어 賦役 마련시에 향소에서 다과와 허실을 참고할 것. 모든 잡역 등은 八結法에 따르고 그것의 경중을 비교하여 각 면에 돌아가면서 담당하게 할 것. 豪悍함을 믿고 토지를 모점하여 세금(租賦)을 등한시하는 자와 토지를 숨기거나 누락하여 요역에 응하지 않는 자가 있으면 관청에 보고하여 죄를 다스릴 것(《永嘉誌》 권 5, 新定十條).

> 모든 貢賦徭役을 分定할 때에는 향소가 온 고을에 알려 여럿이 의논하여 定奪하고, 힘들고 헐한 것을 분간하여 균일하게 할 것. 人吏民夫 등의 戶役은 옛 규약에 따르고, 모든 대소 民瘼은 향소가 수소문하여 온 고을의 회의에 붙여 모두 없앨 것(《鄕案設立初定規謄草》 1621년, 玄風).

이것은 유향소가 부세운영의 실질적인 책임을 지고 있음을 보여준다. 부세운영의 대원칙은 균등한 부담에 기초하고 있으나, 한편에서는 적극적으로 민막까지도 혁파할 수 있음을 보여주고 있다.

재지사족의 향촌지배에 있어서 가장 주목되는 현상은 사족 자신에 대한 규정이다. 이것의 내용은 가족·향당 구성원간의 윤리규범과 사족 상호간의 상부상조를 솔선수범함으로써 농민을 교화하고 동시에 농민에 대한 침학을 엄격히 규제하는 것이었다. 이것은 향규가 다름아닌 사족 자신들의 규약이었음을 염두에 둘 필요가 있다. 사족의 자기규제 가운데서도 특히 주목되는 내용은 농민에 대한 직접적 또는 공권력을 통한 침탈이나, 환곡을 갚지 않고, 부역에 임하지 않는 무단토호적인 행위를 엄격히 규제하고 있다는 것이다. 이러한 사족의 자기규제는 농민의 저항과 국가권력과의 이중적인 대립관계를 가질 수밖에 없었던 사정에서 오는 것이었다. 자기규제라는 점에서 재지사족의 향촌지배는 역사적으로 일정한 의의를 가진다. 그러나 여기서의 자기규제란 일차적으로 사족의 신분적·경제적인 이해를 바탕한 위에서의 하층민에 대한 양보였다.

재지사족의 향촌지배는 원칙적으로 향촌사회에 신분적으로나 경제적으로 그들의 이익을 최대한 보장하고자 한 것이었지만, 이것은 개개 사족의 사적인 이해에서가 아니라 일향 단위에서의 사족 공동의 이익을 추구한 것이었다.

(2) 동계·동약의 중수와 상하합계

임란 후 일향 범위에서의 향사당·향안 등의 재건과는 별도로 사족의 거주 촌락을 단위로 한 동계·동약이 적극 중수되거나 실시되고 있었다. 임란 전후에 실시되었음을 확인할 수 있는 동계·동약에 관한 자료는 다음 〈표 1〉과 같다.[29)]

〈표 1〉 임란 전후 동계·동약의 실시

제 목	연 도	지역	출 전	비 고
洞約	16~19세기	봉화	李弘準《訥齋集》	
溫溪洞規	1548	예안	고문서	
西湖契案	1565	영암	고문서	임란 후 및 1646년 중
永保亭洞契	16~18세기	영암	고문서	수族契(1550)를 1649년 에동계로 중수
社倉契約束	1580	해주	李 珥《栗谷集》	
洞中鄕約契序	1590	합천	李 霙《雲園逸稿》上	
族契立議後識	1565	예안	琴灤秀《惺齋集》2	
洞中約條小識	1599	예안	琴蘭秀《惺齋集》2	임란 후 중수
洞規後識	1598(?)	예안	金富倫《雪月堂集》3	임란 후 중수
洛社合契序	1599	상주	鄭經世《愚伏集》15	임란 후 합계
缶契洞憲序	1600	군위	孫起陽《鰲漢集》3	
正明里社立議	1601	평해	黃中允《東溟集》5	合洞, 임란 후 중수
高坪洞契更定約文序	1601	예천	鄭 琢《藥圃集》3	임란 후 중수
洞中約規	1601	나주	鄭 詳《金鞍洞誌》	
三隱洞約	1601	임실	吳天民《養靜集》1	上下人 참여
族契重修序	1601	인동	張顯光《旅軒集》	임란 전의 족계중수
白也洞案跋	1603	진주	金大鳴《白巖集》1	1552년의 洞憲 중수
龜齡洞案	1604	밀양	고문서(연세대)	
洞約序	1605	진주	河受一《松亭文集》4	임란 전 동약 중수
洞契更定約文	1610	영주	朴善長《水西集》3	인란 후 중수
元塘洞約文	1613(?)	진주	李 靜《茅村集》3	

29) 이 표는 박경하, 〈朝鮮時代 鄕村社會史 資料目錄〉(《역사민속학》1, 1991)을 참고하여 작성하였다.

제 목	연 도	지역	출 전	비 고
洞中修契序	1615(?)		張經世《沙村集》 3	古契 重修
河東里社契約序	1615	달성	徐思遠《樂齋集》 7	賤隷까지 포함
沙村洞契序	1619	성주	鄭 逑《寒岡集》 10	
愚巷洞契約文	1616(?)		鄭四震《守庵集》 5	流傳之古例 중수
琴山洞約序	1616	진주	成汝信《晉陽誌》 上	
洛社契條約序	1618(?)	상주	宋 亮《愚谷集》 1	
洞約序	1618	상주	金 蕙《松巒逸稿》 1	
洞中立約序	1619	예안	金 涌《雲川集》 3	
洞中立議	1625	영해	고문서	
內外子孫及洞里人條約	1628	달성	金忠善《慕夏堂集》 3	
龜齡洞案序	1628(?)	밀양	金守訒《九峰集》 1	임란 후 중수
洞案跋	1629	거창	林眞怤《林谷集》 5	1599년에 동안 완성
洞中約文	1635	나주	《金鞍洞誌》	
鳴山洞案跋	1636		鄭好仁《暘溪集》 2	
洞約序	1637		鄭 栻《愚川集》 7	
洞契後序	1638	나주	羅海鳳《南磵集》 1	
洞中立議序	1638	선산	郭 鋐《三安堂集》 1	
上枝鄕約序	1638	칠곡	李道長《洛村集》	1602년에 修契한것을중수
洞內立議	1641	목천	黃宗海《朽淺集》 8	

비고 1) 연도는 동계·동약의 실시 또는 그 序·跋文이 작성된 연도이다.
2) 연도(?)는 실시연도를 확인할 수 없는 경우로 자료가 수록된 문집의 저자 몰년을 기록한 것이다.

위의 〈표 1〉에서도 확인할 수 있듯이 임란 후의 동계·동약은 대부분 난 이전의 것을 중수라는 형태로 복구한 것이다. 따라서 임란 후의 동계·동약은 난 이전 것의 검토를 통해서 구체적인 내용을 살필 수 있다.

임란 전 즉 16세기 동계·동약은 지역에 따라 다양한 모습을 보여주고 있는데, 주로 族契로 표현되듯이 촌락내 양반들의 족적인 기반 위에서 실시되고 있었다. 따라서 대부분의 경우 촌락 하층민의 참여는 배제되고 있었다. 그러나 16세기의 동계가 족적인 기반 위에서 성립되었다 하더라도 그것은 후기의 동성동본의 동성과는 다른 다양한 성씨가 참여하고 있었다. 각 족계·동계의 다양한 성씨는 특정 양반가문과 이들의 여서·외손 등이었다. 족계·동계의 지역적인 범위는 몇 개의 자연촌락을 하나의 동으로 결합한 사족 중심의 인위적인 동 또는 이들의 생활영역권을 단위로 하여 실시되고 있었다. 이러한 족계·동계는 각 지역의 인적 구성과 이들이 처해 있는 사회경제

적 조건에 따라서 다양한 편차를 보이고 있다.30)

동계의 기능은 촌락내 또는 사족 상호간 吉凶에의 상부상조가 주된 것이었다. 동계에서의 부조 내용을 경북 예안의 〈溫溪洞契〉의 예를 통해서 보면 다음의 〈표 2〉와 같다.

〈표 2〉 〈온계동계〉의 길흉사 부조 내용

연 도	구 분	부 조 내 용
1554	길 사	쌀 5되, 꿩・닭 중 1마리씩 수합
	흉 사	쌀・콩 각 5되, 종이 1권 수합, 장정 각 2명 2일 부역, 가마니 3장, 새끼[藁索] 40발, 이엉 20발씩 수합
1615 (更定)	길 사	쌀 10말 지급(不收合), 꿩・닭 중 1마리 수합
	흉 사	쌀 10말, 콩 5말, 종이값 10말, 새끼 40발, 초석 5장, 포 3필 가마니 2장, 새끼 20발, 이엉 10발 役奴 : 각 장노 2명 1일 부역 회굽기(燔灰) : 洞員 각기 사람과 소를 내어 운반

위의 〈표 2〉에서 볼 수 있듯이 상부상조 가운데서도 흉사, 즉 喪事에 대한 부조가 가장 중요시되었고, 부조의 내용은 곡물과 노동력의 제공이었다. 부조를 위한 곡물은 洞員(契員)으로부터 유사시에 수합하였으나 점차 동중의 公穀에서 지급되고 있었다. 동중의 공곡은 일정한 곡물을 수합하여 이를 取息하여 마련된 것이었다. 취식으로 마련된 공곡은 18, 19세기와 같이 公稅의 대납이나 洞內補役을 충당하려는데 있었던 것이 아니라 오로지 동계원의 길흉사에 대한 부조에 국한하여 사용되고 있었다.

동계에서의 상호부조는 동계의 구성원이 대체로 사족에 국한되었듯이 사족 상호간의 부조였고, 하층민이 참여하는 경우에는 상하민 간에 차등이 있었다. 사족은 이러한 상호부조를 통하여 촌락사회에서 그들 상호간의 결속력을 더욱 공고히 할 수 있었다. 따라서 동계의 또다른 기능은 이러한 사족층의 결속력을 비탕한 하층민의 통제에 있었던 것이다. 이것은 동약의 규약 속에 다양한 형태로 표현되고 있었다. 가령 앞의 〈온계동계〉의 '洞令'은 동민의

30) 金仁杰, 〈조선후기 鄉村社會統制策의 위기－洞契의 성격변화를 중심으로－〉(《震檀學報》 58, 1984).

대부분을 차지하는 家門奴婢를 통제하기 위한 것[31]으로 이러한 내용을 구체적으로 잘 보여준다. 그 내용은 다음과 같다.

〈洞 令〉

1. 本主와 他主에게 무례불손한 자는 笞 50에 倍까지 더한다.
1. 부모에게 순종하지 아니하는 자도 위와 같다.
1. 형제간에 서로 싸우는 자는 태 50에 3을 더한다.
1. 간음한 자, 도적질한 자는 위와 같다.
1. 구타하여 서로 상처를 입힌 자는 태 50에 2를 더한다.
1. 친척과 이웃간에 화목하지 못한 자는 위와 같다.
1. 墓山에 방화한 자와 개간한 자는 위와 같다.
1. 먼 곳에 거주하는 자를 끌어들인 자는 위와 같다.
1. 경작지를 빼앗은 자, 천방을 굽게 한 자, 곡식을 베어서 취한 자는 위와 같다.
1. 묘산에 벌목한 자, 근거가 불명확한 자를 머무르게 한 자는 태 50에 1을 더한다.
1. 무리를 지어 술마시고 취해서 난동을 부린 자, 천방에 벌목한 자, 토지에 모래를 흘려보낸 자는 태 50에 처한다.
1. 牛馬를 방목한 자는 태 30에 처한다.

위의 내용은 가족간 또는 촌락 내에서 지켜야 할 윤리규범과 함께 농촌사회에서 일어날 수 있는 다양한 내용을 포함하고 있음을 알 수 있다. 여기서 주목되는 것은 노비의 주인에 대한 무례불손을 가장 엄하게 다스린다는 점이다. 이것은 자기 上典뿐만 아니라 다른 주인을 포함한 것으로 사족과 노비의 상하신분적 지배예속관계를 규정하고 있는 것이다. 그리고 이러한 신분적인 상하관계를 유교적 윤리규범에 있어서 가장 중요시 하는 부모와 자식과의 관계로 등치시킴으로써 노비의 奴主에 대한 절대적이고 무조건적인 복종을 요구하였다. 또한 이 시기에 노비는 노주와 신분적으로 상하관계뿐만 아니라 경제적으로 地主·佃戶관계를 가지는 것이었다.

당시의 재지사족은 많은 노비를 소유하고 있었다. 이들 노비는 조상전래의 노비도 많았지만, 良賤交婚을 통하거나 몰락농민을 전호로 편입함으로써 형성된 것이었다. 양천교혼은 재지사족이 소유노비를 양민층과 결혼시키는

---

31) 《溫溪洞契》, 洞令, 1560년(정진영 외, 《영남향약자료집성》).

것으로, 사족층이 노비 증식을 위해 가장 보편적으로 사용하던 방법이었다. 또한 당시의 농민은 각종 부세와 공물 등 봉건수탈로 말미암아 몰락함으로써 결국 "부자는 날로 兼併이 늘고 貧者는 立錐의 땅도 없게"[32]되어 지주가의 전호로 편입되고 있었다. 양민의 전호로의 편성은 노비신분을 매개로 하여 성립되고 있었는데, 이것은 노비의 수적 증가와 더불어 한편에서는 상하 신분질서를 이완시키고 있었다.[33] 따라서 재지사족은 이들 전호노비에 대한 신분적·경제적 지배예속관계를 강화할 필요가 있었다. 더욱이 당시 사족거주 마을은 대부분 노비호로 구성되었고, 사족은 농업경영뿐만 아니라 가사노동의 대부분을 노비에게 의존하고 있었다. 말하자면 사족은 노비와 함께 그리고 이들에 의지해서 생활하는 셈이다. 따라서 노비에 대한 통제의 필요성은 더욱 절실하였을 것이다. 동계·동약은 바로 이같은 절실함을 반영하고 있다.

동계·동약은 상하 신분질서의 확립을 위해 情으로는 가히 용서할 수 있는 것이라도 개별적인 통제가 아닌 동계·동약의 공론으로 처리하고 있었다.[34] 또한 노비가 통제의 직접적인 대상이었다 하더라도 촌락내 여타의 농민들이 이같은 통제에서 제외되었던 것은 아니었다.

그러나 재지사족층은 일방적으로 그들의 계급적인 이해만을 강요할 수는 없었다. 그것은 양반지주층의 경제적, 경제외적 착취에서 하층민의 소농경제는 극히 불안정하였고, 여기에 따른 저항 또한 심상치 않았기 때문이다. 따라서 여기에 대한 대책으로 재지사족은 그들 자신의 무단행위를 스스로 금지함으로써 하층민을 보호하고자 하였다. 하층민의 소농경제는 양반층의 봉건적 수탈에서 뿐만 아니라 각종 자연재해로부터도 위협당하고 있었다. 따라서 상하인을 막론하고 질병이나 水火 등의 재앙을 당했을 때 인력과 물자를 동원하여 부조하거나, 경작과 제초를 도움으로써 失農에 이르지 않게 하였다.[35]

32) 《成宗實錄》 권 130, 성종 12년 6월 임자.
33) 李景植, 〈16世紀 地主層의 動向〉(《歷史教育》 19, 1974).
34) 《溫溪洞契》, 洞令(1560년).
《河回洞契》, 契約.
35) 《河回洞契》, 患難相救.

재지사족의 동계·동약의 실시는 기본적으로 상호부조를 통하여 그들의 결속력을 강화하고 이를 바탕으로 하여 하층민을 통제하고자 한 것이었는데, 하층민의 통제는 향촌사회에서 양반 중심의 경제적·신분적인 질서의 일방적인 강요만이 아닌 하층민의 안정 즉, 소농경제의 보호라는 양반층의 최소한의 양보가 모색되고 있었다.[36)]

이러한 사족의 동계·동약과는 그 기원과 계통을 달리하고 있던 하층민의 생활공동체 조직이 있었다. 이런 조직은 주로 香徒와 契로 표현되고 있었다. 향도와 계는 별개의 것이 아닌 동일의 것으로도 이해되거나 향도계라는 결합된 모습으로도 나타난다. 향도는 오랜 기원을 가지는 것으로 고려시대에는 주로 군현을 단위로 한 佛敎信仰結社體로서 이해되고 있다. 이러한 향도는 여말선초에 이르러 한편에서는 지배층과 지배이념의 교체, 지방제도의 정비 등에 따라 기존의 존립기반이 위협당하면서 크게 변질되거나 억제되었을 것이지만, 다른 한편으로는 유불의 교체라는 과도기로 지배이념의 강요가 아직 불철저하였고, 농업경제의 발달에 따른 촌락공동체의 성장 등 새로운 형태로 발전할 수 있는 계기를 맞이하기도 하였을 것이다. 이러한 사정에서 여말선초의 향도는 그 규모가 군현 단위가 아닌 촌락 단위로 축소되면서 관권이나 이념 또는 신분적인 규제에서 벗어나 촌락사회의 민중적 가치를 구현할 수 있는 기회를 가질 수 있었고, 이것이 이 시기 향도의 다양한 모습으로 나타나고 있는 것으로 보인다. 즉, 불교신앙결사체로서 뿐만 아니라 자연촌 단위에서 거행되던 소위 淫祀와 祀神의 주체로서 또는 상호부조적인 洞隣契로서, 그리고 일정한 정착처가 없이 公役과 雜務에 동원되고 사역되는 有閑輩들의 조직 등으로 나타난다.[37)] 그러면서도 변화의 주된 양상은 불교적인 이념의 퇴색과 상호부조적인 촌락공동체 조직으로의 발전이었다. 이에 따라 향도의 구성원에 있어서도 변화가 있었다. 여말선초에는 향리·농민·부녀자 등 다양하게 나타나는데 이것은 향도의 다양한 성격과 일치하는 것으로 보인다. 그러나 점차 향도가 촌락공동체로 발전해 가고, 아울러 향촌사회에서도 신분

金忠善, 《慕夏堂集》〈內外子孫及同里人約條〉.

36) 鄭震英, 〈16世紀 安東地方의 洞契〉(《嶠南史學》 1, 1985).

37) 李海濬, 〈朝鮮時代 香徒와 村契類 村落組織〉(《역사민속학》 1, 1991).

분화가 진행됨에 따라 사족층은 이탈하고 촌락내의 자영농민층이 주된 구성원이 되었을 것이다. 이러한 향도계는 당시의 빈발하던 자연재해와 질병에 대한 농민의 대응 조직이었으며, 마을 수호신에 대한 신앙으로 결집되고 喪葬의 일을 중요 소관사로 하며, 그 자체가 공동 노동조직의 단위가 되거나 그 테두리 속에 몇 개가 조직될 수 있는 것으로 파악된다.[38]

농민의 공동체 조직인 향도계는 "안으로는 都下로부터 밖으로는 鄕曲에 이르기까지 동린계나 香徒會가 있다"[39]거나, 또는 "中外의 방방곡곡에 모두 계를 만들어 서로 糾儉"[40]한다는 것처럼 사족의 동계와 병존하고 있었다.

동계와 향도계와의 병존은 사족 중심의 향촌지배질서가 정착되어 가는 과정과 자영농민층의 광범위한 몰락에 따라 크게 변화하지 않을 수 없었다. 사족 중심의 향촌지배질서는 다름아닌 농민에 대한 신분과 경제적인 지배인데, 이것은 구체적으로 양반과 상천민으로서의 상하신분질서의 확립과 지주제의 안정적인 유지였다. 이것은 사족이 한편에서는 병존하고 있던 농민조직의 억제를 통해서, 다른 한편에서는 기존의 농민조직을 통해서 이루어지고 있던 소농경영의 안정을 계속적으로 확보하는 것에서 가능한 것이었다. 다시 말해 농민의 조직은 억제되어야 할 것이었지만 농민조직을 통해서 일정하게 확보하고 있던 재생산 기반은 여전히 필요한 것이었다. 지주제의 안정은 소농경영의 안정 위에서 확보될 수 있는 것이었다.

16세기 이후 사족 중심이 향촌지배질서가 확립되어 가는 과정에서 사족의 족계는 점차 농민조직인 향도계를 해체 또는 흡수하여 나갔던 것으로 보인다. 그러나 촌락사회에는 여전히 사족의 족계류와 하층민의 향도계가 병존하고 있었는데, 이것은 사족 자신의 결속만으로도 하층민의 지배가 가능하였음을 의미한다.

그러나 임란을 거친 이후에 '舊規' 또는 '流傳之古例'의 준수를 통해서 실시되는 동계·동약은 난 이전의 것을 단순히 복구하는 차원은 아니었다. 여기에는 상당한 변화가 수반되고 있있다. 변화의 내용은 첫째, 족의 혈연적인

38) 李泰鎭, 〈17·18세기 香徒組織의 分化와 두레 발생〉(《震檀學報》 67, 1989).

39) 《宣祖實錄》 권 7, 선조 6년 8월 갑자.

40) 李睟光, 《芝峰類說》 권 2, 風俗.

범위에서 동이라는 지연적인 범위로의 전환이고, 둘째는 사족의 족계와 하층민의 향도계가 상하합계의 형태로 결합한 것이었다.[41)]

임란 후 상하합계로서의 동계·동약의 보편화는 우선은 난의 와중에서 많은 인명과 재산의 상실로 인한 향촌사회의 파폐에서 난 이전과 같이 사족만의 상호부조는 현실적으로 불가능한 것이었고, 이와 더불어 전후 복구를 위해서도 하층민의 적극적인 협조가 절실하였기 때문이었다. 난 이후 동약을 실시하기 위해 몇 개의 촌락을 合村할 수밖에 없었던 것은 이러한 사정을 잘 보여준다.

> 琴山과 代如村을 합한 것은 병화 후에 人烟이 肅瑟하여 10집에 9는 빈 까닭에 두 마을을 합하여 하나로 하였다. 月牙 한 모퉁이는 경계가 서로 연해 있어서 또 하나로 합하여 모두 금산이라 하였다(《晉陽誌》 권 상, 琴山洞約序, 1616).

그러나 상하합계로의 전환은 한편에서는 하층민의 동향 때문이기도 하였다. 난 이전 강력한 재지적 기반을 구축하고 있었던 재지사족조차 그들의 소유노비에 대한 통제의 어려움을 토로하고 있었다. 하층민의 저항은 임란을 겪으면서 토적 등의 활동으로 더욱 적극화되고 있었고, 이러한 토적을 방어하기 위한 義軍이 조직될 정도였다. 이러한 하층민의 동향을 염두에 둘 때 상하합계로의 전환은 전란의 피해에서 오는 단순한 문제만은 아님을 알 수 있다. 임란 후에 하층민을 포함하는 동계를 실시하였던 다음의 경우는 이러한 사정을 잘 보여준다.

> (퇴계의) 鄕立約條와 洞中族契가 모두 좋은 법이나 변란 이후 인심이 날로 사나워져서 刑杖笞罰로는 勸懲하기가 불가능하다. 그런 까닭에 내가 夫浦洞에서 별도로 약조를 세워 인정으로 인도하고자 한다. 下人賤隷가 명분은 비록 다르나 천명을 함께 받았으니 어찌 비천한 무리라 하여 권유하여 至善의 경지로 함께 돌아가지 않을 수 있겠는가(琴蘭秀, 《惺齋先生文集》, 洞中約條立議小職).

---

41) 鄭震英, 앞의 글(1985).
朴京夏, 〈壬亂直後의 鄕約에 대한 硏究－高坪洞洞契를 중심으로－〉(《中央史論》 5, 1987).

병화의 혹심함 속에서 또는 난후 인심의 변화에서 이제 사족들만의 족계는 더 이상 의미를 가질 수 없었고, 또한 농민을 촌락의 구성원으로 적극적으로 포섭할 필요가 있었다. 이러한 사정에서 사족은 몇 개의 마을을 합하여 하나의 동으로 만들고, 귀천을 가리지 않고 상계와 하계를 하나로 합하였던 것이다.42) 이러한 경향은 임란의 피해가 혹심하였던 곳에서 보편적으로 행해지고 있었던 것으로 보인다.

이로써 사족의 족계와 하층민의 향도계는 이제 상하합계의 형태로 발전하게 되었는데, 이것은 혈연적인 것이 아니라 동리가 실시의 주체가 됨으로써 족계가 아닌 동약으로 전환됨을 의미하는 것이었다. 이러한 동약은 점차 성리학의 명분으로 수식되거나, 군현 단위의 향규와 결합하여 향약의 기초가 되기도 하였다. 동계·동약을 향약으로 인식하거나, 약조를 주자향약의 四綱目 체제에 맞추어 작성하였던 것이 전자의 예라면, 17세기 초반 예안에서 작성된 〈金圻鄕約〉은 후자의 좋은 예가 된다. 金圻는 향약 조문의 제정을 다음과 같이 말하고 있다.

> (퇴계 향약의) 法令이 아름답지 못해서가 아니라 근래에 행하지 않음이 애석하지 않는가. 다만 古今이 같지 않고 상세하고 소략함이 다르니 비열함을 생각지 않고 망령되어 덧붙이고 빼고 하였는데, 四約은 대략 呂氏鄕約을 모방하였고, 罰條는 퇴계선생의 향약을 오로지 사용하였다. … 기타 길흉에 부조하고 환난에 서로 구함과 춘추의 모임은 우리 나라 인민의 풍속에 통행되던 것이니 常人을 경계하고 상하인이 함께 약속하여 실로 風敎를 먼저하는 바인데, 아울러 加參定하는 본뜻은 인심을 바르게 하고 풍속을 두터이 하고자 함이다(金圻, 《北厓集》, 鄕約).

즉, 인심을 바르게 하고 풍속을 두터이 하고자 향약조목을 제정하였는데 여기서 비로소 17세기 이후 일반적인 추세이던 주자의 4강목을 기초로 하여 퇴계의 〈禮安鄕立約條〉 過罰條와 고유 동계·동약의 吉凶弔慶·患難相救·春秋講信이 결합된 향약을 보게 된다. 國俗의 동계와 주자향약과의 결합의 노력은 임란 이후에 비로소 나타난 것은 아니었다. 선조대의 좌의정 朴淳이

42) 徐思遠, 《樂齋集》 권 7, 河東里社契約序.

당시 널리 행해지고 있던 洞隣契와 香徒會를 기초 조직으로 활용하여 향약을 실시하고자 하였던 것은 잘 알려진 사실이다.[43]

상하계의 합계나 이를 바탕으로 한 향약의 출현은 임란 이후의 특징적인 현상이었다. 이것은 임란 후 변화된 인심 속에서 사족의 결속만으로는 하층민을 일방적으로 통제할 수 없었음을 의미하는 것이었고, 이에 따라 하층민을 향촌사회의 구성원으로 인정하지 않을 수 없었던 것이다. 그리고 동계·동약을 기초로 하여 성립된 향약은 군현 단위에서 뿐만 아니라 동 단위의 동약으로도 그대로 이용되었다. 이로써 17세기 이후의 동약은 그 내용에 있어서 향약과 동일한 형태를 취하기도 하였다. 임란 후 사족에 의해서 난 이전의 동계·동약이 중수되고 정비되어 갔다는 것은 다름아닌 임란 후에도 여전히 사족의 향촌지배가 복구되어 관철되고 있었음을 보여주는 것이다.

〈鄭震英〉

2. 사족의 향촌지배와 서원의 발달

1) 사족 중심의 향촌운영

선조대 이후 士林勢力의 중앙정치무대에서의 우세확립은 향촌사회에서도 커다란 영향을 미쳤다. 지금까지 훈척세력과 연결되어 사림활동을 방해하고 갈등을 일으키던 品官層(世族)이 우세하던 지역에서 사림세가 보다 강화되었기 때문이다.

향촌에서 품관층이나 사림과의 대립은 훈척계의 장악하에 복설된 유향소에 대항해 사림세력이 세운 司馬所의 혁파를 요구한 연산군 4년(1498)의 柳子光의 상소[1]를 통해 드러나고 있지만, 특히 서원문제와 관련해서는 명종 11년(1556)에 일어났던 소수서원에서의 퇴계 이황 문인들과 有司 金仲文을

43) 《宣祖實錄》 권 7, 선조 6년 8월 갑자.

1) 《燕山君日記》 권 31, 연산군 4년 8월 계유.

앞세운 順興安氏 一門과의 갈등과 空院事,[2] 그리고 역시 명종 13~14년경의 星州 迎鳳書院 건립을 둘러싼 이황 문인과 星州李氏 집안과의 분쟁[3]에서 그 구체적인 實例를 찾아볼 수 있다. 이러한 품관층과 사림과의 대립은 위의 소수서원 공원사와 영봉서원 문제가 결국 사림측의 주장대로 결말이 난 데서 보듯이 이미 선조 이전부터 사림측에게 유리한 방향으로 마무리되어 가고 있었지만, 선조 이후 명실상부한 사림출신 관료인 사류의 집권이 실현됨으로써 이제 확실해지게 된 것이다 그리하여 유향소와 경재소의 연결 조직을 통해 훈척세력을 등에 업고 사림의 향촌주도를 방해해오던 품관층 내지 세족들은 쇠퇴할 수밖에 없었다.

그 중에 안동지역 같은 곳은 세족과 신흥 사림계가 처음부터 상호 인척관계를 맺고 있어 큰 분쟁 없이 사림측에게로 주도권이 넘어가고 세족들은 사림에 용해·흡수되었거나 사림으로 전환됨에 의해 종전의 지위를 유지할 수 있었으나,[4] 같은 경상도라도 진주지역의 경우는 판이한 양상을 나타내고 있었다. 17세기 초에 편찬된《晋陽誌》에는 선조대에 들어와 사림계 인사들에 의해 세족의 근거지이던 유향소가 크게 약화되고 그 소속의 전지 100여 결이 屬公되었으며, 세족계 인물들이 사림계 관료에 의해 토호로서 박해를 받고 있는 모습이 그려져 있다.[5] 그리고 진주지역 세족의 하나이던 晋陽河氏

2) 順興安氏一族은 고려 말에 安珦을 배출한 名門으로서 안향의 在京從仕로 그 직계 후손은 開城과 서울에 거주하였지만, 순흥에 世居하던 安氏들은 이들과 계속적인 연결을 맺고 그들을 배경으로 순흥 일대에 世族으로서 위세를 누리고 있었다. 주세붕의 백운동서원 창건시 그들이 여기에 깊이 관여했음은 물론이고 당시 경상도 관찰사이던 安玹이 서원의 재정적 기초를 마련하는 물질적 지원을 아끼지 않은 것이나 서울로부터 안향의 영정을 가져와 奉安케 한 것 등은 在京관료세력인 安珦 후손들과 순흥에 세거하던 안씨 일문의 밀접한 관계를 잘 말해준다(鄭萬祚, 〈朝鮮朝 書院의 政治·社會的 역할〉,《韓國史學》 10, 韓國精神文化硏究院, 1989, 92~93쪽).

3) 처음 영봉서원 건립 때는 목사 盧景麟과 星州李氏 一門이 힘을 합쳐 성주 이씨의 顯祖인 李兆年과 李仁復을 제향하려 했으나 뒤에 金宏弼의 入享이 논의되면서 퇴계 문인들과 갈등을 일으켰고 끝내 程子를 主享으로, 김굉필만 配享하며 명칭도 川谷書院으로 고치는 것으로 낙착되자 성주 이씨 집안은 따로 安峰影堂을 세워 이조년·이인복을 제향하였다(鄭萬祚, 위의 글, 94쪽).

4) 李樹健, 〈17~18세기 安東地方 儒林의 政治社會的 機能〉(《嶺南學派의 形成과 展開》, 一潮閣, 1995), 558~565쪽.

5) 成汝信,《晋陽誌》 권 4, 叢談. 이 시기 진주지역 사족간의 이러한 동향에 대해

一門은 재빨리 사림계의 유현이던 曺植의 문하에 인연을 맺음에 의해 사림세력으로 전환하여 그 사회적 지위와 기반을 상실하지 않고 있었음도 아울러 서술되어 있다. 위와 같은 사실은 선조대 이후에 향촌에서도 사림계의 우위가 점차 확립되어 가는 양상의 일단을 반증하여 주는 것이라고 할 수 있다.

사족의 향촌지배에 있어 큰 전기를 마련하였던 것은 임진왜란이었다. 임란은 조선왕조의 지배질서를 전면적으로 재편하지 않을 수 없게 만들었고, 그것은 향촌에서의 사족지배구조에도 마찬가지 영향을 미쳤다.

이러한 변화는 우선 郡縣의 하부조직인 面里制의 재편으로 나타난다. 경상도 진주지방의 里坊재편의 예로 보건대 전란으로 인한 人的·物的자원의 감소와 경작지의 황폐로 종전의 면리는 일부가 복구·존속되는 외에 대부분 통·폐합되어 재편되는 과정을 거치고 있다. 그것은 대개 면리 숫자의 대폭적인 축소와 里예하의 평균 屬坊數의 증가로 특징지워지는데, 여기서 주목되는 것은 各里가 존속·폐합·복구되는 기준으로서 종전과 같은 戶口·田地의 많고 적음보다도 해당되는 里에 사족이 존재하는가의 여부가 크게 상관되고 있다는 사실이었다. 그것은 사족세가 강한 지역을 중심으로 인근의 경제력이 양호한 平民集居지역을 흡수·편입하여 그들의 관할로 삼는다던가, 한때 다른 리에 폐합되었다가 일정한 기간이 경과한 후 다시 독립적인 리로 복구되는 경우도 대부분이 사족의 거주지였으며, 재편된 후 각 里坊의 경제적 여건 역시 사족거주의 이방이 평민거주 이방에 비해 압도적으로 우세한 상황을 보인다는 분석결과로 확인된다.[6] 이는 전란 후의 이방편성이 사족의 주도하에, 그들에 유리하도록 수행되었다는 것을 의미한다.

이런 경우 당연히 지방관인 진주목사의 반응이 문제가 되겠는데, 보기에 따라서는 수령권에 대한 침해로 비칠 수도 있는 이런 미묘한 事案에 대해 목사는 이를 방관하거나 오히려 이들의 활동을 지원하였다. 당시의 쇠약해진 행정력으로서는 어차피 전란피해의 수습에 큰 힘을 미치기는 어려울 터이므로 사족이 주동이 된 향촌 재건에 의존할 수밖에 없기는 하였겠지만, 한편으

서는 李海濬, 〈17世紀初 晋州地方의 里坊編成과 士族〉(《奎章閣》 5, 1982)에 자세하게 언급되어 있다.

6) 李海濬, 위의 글, 100~103쪽.

로는 전란 전의 향촌지배력을 바탕으로 난중에 의병활동을 벌임으로써 자신들의 세력기반을 어느 정도 보호함은 물론, 하층민의 동요를 제어하여 민심을 안정시키고 이를 바탕으로 국가로부터 在地세력으로서의 입장을 강화할 수 있었다는, 당시 사족들의 일반적 성향에 비추어 보더라도[7] 진주목사로서는 사족을 협조집단으로 인정하여 회유하지 않을 수 없기도 했을 것이다.

향촌에서의 사족 주도력은 비단 里坊편성을 그들 위주로 관철시킨데서 그치지는 않았다. 사족 거주지역 위주의 이방편성은 곧 그렇게 편성된 이방 단위의 향촌사회가 사족의 주도하에 운영될 것임을 전제로 한 것이었다. 그러므로 진주지방의 경우 이방 재편성이 이루어지면서 뒤이어 鄕射堂이 중건되고 鄕校가 수리되는 외에도 德川書院 사액, 大覺書院 창건, 上寺里約 중수, 琴山洞約 증보, 南·北面書齋 중창 등의 사족 사이의 결속과 그들에 의한 향촌지배를 가능하게 하는 제반 향촌조직이 속속 재건되었다.

임진왜란 후 진주지방에서 보이는 이러한 사족세력의 성장과 향촌지배력의 행사는 安東과 尙州, 그리고 南原에서도 비슷한 사례가 보고되고 있는 것으로 보아,[8] 난후의 향촌질서가 난전과 마찬가지로 사족 위주로 일단 복구되고 있으며, 단순한 복구에만 그치지 않고 보다 강화된 사족권의 성장을 수반하고 있었음을 알려주고 있다. 전란이 끝난 지 몇 년 되지 않은 선조 36년(1603)에 단행된 京在所의 혁파도 이런 상황과 관련지워 이해되어야 할 것이다. 즉 경재소의 혁파를 단순한 하나의 제도의 소멸로서보다는, 그 동안 사림세력이 계속적으로 추구해 왔던, 수령 내지 이와 밀착된 官人주도형의 향촌통제나 경재소를 통한 훈척세력의 향촌관여의 배격과, 사족 위주의 향촌질서 수립운동의 구체적인 성과라고 볼 수 있다는 뜻이다.

이제 사족은 완전한 향촌지배세력으로서 지위를 확보하여 종전부터 그들이 마련해 시행해 왔던, 留鄕所·鄕案·鄕規·鄕約·洞契·洞約·族契·鄕會

7) 鄭震英, 〈壬亂전후 尙州지방 사족의 동향〉(《民族文化論叢》 8, 嶺南大, 1988).
8) 鄭震英, 위의 글.
———, 〈朝鮮前期 安東府 在地士族의 鄕村支配〉(《大丘史學》 27, 1985).
金炫榮, 《朝鮮後期 南原地方 士族의 鄕村支配에 관한 硏究》(서울大 博士學位論文, 1993).
金仁杰, 〈朝鮮後期 鄕權의 추이와 지배층 동향〉(《韓國文化》 2, 서울大, 1981).

·鄕校·書院 등의 각종 향촌조직을 통해 향촌사회를 그들 중심으로 운영해 나갈 수 있게 되었다. 이들 각종의 향촌조직에 대해서는 다른 곳에서 상세히 설명되어 있으므로 여기서 다시 말할 필요는 없겠다. 다만 향회의 존재가 사족의 향촌운영에서 주체였음만 지적하고자 한다. 재지사족의 공동 관심사가 여기에서 논의되어 이른바 鄕中公論이 형성되었고 鄕中大小事의 결정 역시 여기서 이루어졌기 때문이다. 그래서 향회는 향촌조직의 상부구조로서 하나만 있었던 것이 아니고 논의될 事案과 개최되는 장소에 따라 다양하였다. 예컨대 賦稅 문제와 관련된 향중대소사는 대개 유향소에서, 그리고 문묘종사나 服制論議와 같은 斯文과 관련된 문제는 향교나 서원에서, 그리고 서원의 신설이나 제향인물의 추가 선정 문제 또한 서원에서 개최되었다. 그러나 이렇게 다양한 향회가 있다고 하더라도 향중공론의 주체는 동일하였으며, 각각 기능을 달리하며 존재하였던 것이다.[9] 公論의 형성은 곧 재지사족의 향촌지배 여부를 가늠하는 근거가 되며 17세기 후반부터 현저해지는 이른바 鄕戰이란 바로 이 鄕論의 분열에서 비롯된다.

이러한 사족지배하의 향촌운영에서 무엇보다 중요하게 고려되어야 할 것은 관권 특히 수령권과의 관계였다. 사족간의 결속으로 인해 향촌에서 사족의 자율성과 재량권이 아무리 강화되었다고 하여도 임금을 대신해 백성을 다스리는 수령권에 대한 도전이나 침해는 용납될 수 없었다. 따라서 사족 중심의 향촌운영은 관권과의 일정한 양보와 타협을 통해 이루어질 수밖에 없었다.

물론 율곡의 〈海州一鄕約束〉에 鄕員(鄕案入籍者인 사족)이 억울하게 죄를 입었을 때 사족들이 함께 수령에게 나아가 억울함을 호소하며 변호할 수 있는 집단적인 행동권은 규정되어 있으나,[10] 일반적으로 수령의 통치에 대한 시비는 처벌조항을 두어 엄격히 금지하였으며 바로 이것이 "분수를 지켜 몸

9) 정진영, 〈16, 17세기 재지사족의 향촌지배와 그 성격〉(《조선시대 향촌사회사》, 한길사, 1998).

10) 정진영은 이를 수령의 부당한 조처에 대한 한정적인 저항권의 명시로 보고 있으나(정진영, 위의 책, 245쪽), 原文이 "鄕員以非罪 將受刑戮者 僉議立庭 呈單子救解之 如有民寃關重者 亦僉議立庭"으로 되어 있어 '저항권'으로까지 인정할 수 있을지는 의문이다. 이하의 서술은 이 논문에 주로 의거하였음을 밝힌다.

을 보존하는"(守分保身) 사족의 도리라고 규정되고 있었다. 이것은 사족이 관권 또는 수령권과의 관계를 원활히 하고 나아가 상호 이해를 일치시킴으로써 향촌지배의 일익을 담당할 수 있게 하는 중요한 계제였다.

이와 아울러 재지사족들은 향리층에 대한 통제를 강화해 나갔다. 행정실무를 담당하는 향리층의 통제 여하에 따라 사족의 향촌지배의 성패가 달려 있었기 때문이었다. 李珥가 작성한 〈해주일향약속〉에는 향리에 관한 규제가 '元惡鄕吏'라는 포괄적인 것에서부터 공물징수 등을 통한 구체적인 작폐에 이르기까지 명시되어 있다. 나아가 上戶房·吏房 등의 차정과 같은 향리의 천거나 作弊鄕吏에 대한 처벌까지 鄕所가 담당하게 함으로써 향리에 대한 사족의 장악력을 보상하고 있다. 사속에 의한 향리장악과 이러한 통제는 그들이 농민과 수령 사이를 연결해주는 존재였기 때문이며, 이는 결국 사족의 농민에 대한 지배와 수령에 대한 간접적인 견제를 의도한 것이었다.

양민과 노비로 구성된 농민층은 재지사족의 직접적인 교화와 지배의 대상이었다. 사족의 향촌지배는 교화를 통한 간접 지배와 통제에 의한 직접 지배를 통해 이루어지고 있었다. 그러나 사족의 일차적인 관심은 소유노비의 통제였는데, 이는 主와 奴의 개별적인 관계가 아니라 동족 또는 촌락구성원간의 '공동체적'인 관계를 통해 해결하려는 것이었다. 결국 재지사족은 촌락과 그 확대로서의 一鄕의 범위에서 농민을 공동체적인 규제의 틀 속에 묶어두고자 했던 것이다.

한편 재지사족이 理想으로 생각하였던 '공동체적'인 일향 지배를 담보하고, 보완해준 실질적인 내용은 교화와 부세운영이었다. 교화에 대한 구체적인 내용은 가족·향당 구성원 상호간에 있어서의 윤리규범과 길흉부조의 강조뿐만 아니라 향촌사회의 질서를 어지럽히는 모든 행위가 규제의 대상이 되고 있다. 특히 자타에 관계없이 상전(本主·地主)에 대해 무례 불손한 노비는 유교적 윤리규범에 있어서 가장 중요시되는 '부모-자식'의 관계로 병치시켜 엄하게 다스리고 있었다.

재지사족의, 교화라는 명분론적인 지배를 보완하면서 농민을 지배 대상으로 묶어 둘 수 있었던 것은, 부세운영에 있어서의 일정한 참여였다. 즉 부세운영은 교화의 물적 토대라 할 수 있다. 이시기 농민 몰락의 원인을 중앙권력의 과도한 부세수탈에서 찾고 있던 사족은 부세운영에 관여함으로써 소농경제의 안정을 추구하고자 하였다. 이러한 부세운영의 실질적인 책임은 유향소가 담당하고 있었으며, 부세운영의 원칙은 균등한 부담에 기초하였고 나아가 적극적으로 농민의 民瘼까지도 혁파하는 모습을 띠기도 하였다. 그러나 사족의 향촌지배의 구체적인 내용으로서 교화와 부세운영은 별개로서 기능을 갖는 것이 아니라 상호 통일적으로 기능하고 있었다.

한편 사족들에 의한 부세운영은 단순히 농민의 부담을 균등히 한다는 의미도 있지만 보다 근본적으로는 이를 통해 사족 자신의 부세문제를 해결하는 데에 있었다. 국가의 모든 부세에서 사족이 원칙적으로 면제되었던 것은 아니었기 때문에 사족은 이렇듯 부세운영에 참여함으로써 점차 양반층으로서의 신분적 특권을 관철시켜갔던 것이다.

이상에서 본대로 난중의 의병활동을 기반으로 전란 후의 향촌사회를 재건하는 과정에서 강화된 사족권은 관권과의 일정한 협력하에 그들 위주의 지배체제를 구축하였으며, 유향소·향약·향회 등의 각종 향촌조직을 통하여 그들 중심으로 향촌사회를 운영해 갈 수 있었다. 이 시기 향촌사회의 이런 실상은 인조 2년(1624) 사헌부에서 올린 글에 잘 나타나 있다.

> 영남의 습속에 마을에서 죄를 지은 자가 있으면 임의로 毁家黜鄕 하였습니다. 이 습속은 曺植이 악을 지나치게 미워한데서 말미암았는데 그 폐단이 지금에 와서는 더욱 널리 퍼져서 심지어 다른 道에서도 이를 본받아 꺼리는 바가 없습니다(《仁祖實錄》 권 6, 인조 2년 5월 병진).

향촌에서 가하는 형벌 중 가장 무겁다는 훼가출향은 선조 초 진주에서 사족부녀의 음행이 문제되었을 때 조식이 문인을 시켜 음행한 여자의 집을 헐고 가족을 동네에서 몰아내면서 처음으로 표면화되었다. 중앙관인의 입장에서 본다면 이것은 弊風일지 모르나 사족이 풍기단속을 앞세워 士族家까지 규제하고 있는 사족 중심 향촌지배의 한 단면을 보여주는 사건이었다. 따라서 그러한 훼가출향이 이제는 영남만이 아닌 다른 지역에까지 확산되고 있다는 사헌부의 지적은 이 시기의 향촌사회가 사족에 의해 통제되며 사실상 운영되어 나가고 있음을 反證하여 주는 사례라고 할 것이다.

그러나 사족 중심의 향촌운영은 얼마가지 않은 17세기 후반[11]에 이르러 더 이상 추진되기 어려운 난관에 직면하게 된다. 그것은 외부로부터의 견제와 사족 내부의 여건변화로 인한 분열 때문이었다.

외부로부터의 견제란 국가의 對鄕村정책이 재지사족을 매개로 하던 간접적인 방식에서 소농민에 대한 직접적인 지배형태로 전환된 것을 말한다.[12] 경재소의 혁파로 유향소의 座首에 대한 選任權이 일단 향회의 추천을 받는 형식을 취하기는 했으나 守令에게 귀속되었고, 수령권이 서서히 강화되는 속에 좌수가 수령의 보좌역으로 격하되고 유향소마저 향청으로 바뀌어 수령 예하에 놓이게 되자 결국 사족의 手中에서 벗어나게 되었다. 사족의 향촌지배를 실현하는 가상 중요한 향촌기구 하나가 떨어져 나간 것이며 그만큼 그 영향력은 위축되고, 반면 향리를 장악한 수령의 직접적 농민지배가 강화된 것이다.

나아가 국가는 〈五家統事目〉과 里定法의 시행을 통해 賦稅 행정실무를 面里任과 향리의 연결 조직을 이용해 수령에게 귀속시키고 사족에게는 교화의 책무만 맡게 함으로써, 종래 사족세력이 유향소를 통해 지녔던 부세운영권을 무력화하여 小民에 대한 지배권을 약화시켰던 것이다.

사족의 향촌지배에 대한 견제는 신향으로 불리는 새로이 성장한 향촌세력의 도전으로부터도 주어졌다. 효종 5년(1654)의 〈營將事目〉 반포로 향청의 鄕任職을 세습하는 鄕族層이 등장, 鄕案의 入錄을 요구하며, 鄕權을 놓고 기존의 사족세력(舊鄕)과 갈등을 빚고 있었다. 小民에 대한 직접적인 지배를 추구하는 국가의 향촌정책과 신향의 도전은 사족세력의 향촌운영을 크게 위협하는 요소였고, 결국 18세기 이후 향안의 작성이 중단되고 끝내 罷置되는 데서 보듯이 사족영향력의 감소와 유명무실을 초래하였던 것이다.

11) 李海濬은 임진·병자의 두 차례 전란을 거치면서 농민과 토지를 중심으로 한 사족의 물질적 토대가 붕괴되는 반면 새로운 이향세력이 등장하여 국가－수령－사족의 연결구도가 국가－수령－이향으로 바뀌어가면서 사족지배체제가 동요된다고 하여 시기를 좀더 앞당기고 있다(李海濬, 〈조선후기 書院硏究와 鄕村社會史〉, 《韓國史論》 21, 國史編纂委員會, 10～13쪽).

12) 이하의 서술은 朴京夏, 〈朝鮮中期 鄕村支配組織에 관한 硏究－鄕規·洞契를 中心으로－〉(《國史館論叢》 59, 1994), 197～199쪽의 서술을 주로 참고하였다.

위와 같은 외부의 견제와 함께 17세기 후반에 이르게 되면 사족세력의 내부분열이 심화되어 더 이상 결집된 힘을 발휘할 수 없게 되는 상황이 일어난다. 그것은 우선 촌락형태의 변화에서부터 비롯한다. 男歸女家婚·子女均分制·輪回奉祀를 특징으로 하는 조선 초 이래의 가족 및 상속제도가 17세기에 이르러 가례의 보급에 따라 親迎禮와 長子相續制·長子奉祀制로 바뀌면서 종래의 父·母·妻系의 異姓三族이 동거하던 同族村 형태로부터, 父系親 중심의 동성동본의 친족이 한 마을에 집단적으로 거주하는 同姓村이 형성되어 발달한다. 그런데 이런 촌락형태의 변화는 촌락 안에 있던 家舍·家垈·田畓·墓山을 둘러싸고 옛날에는 같은 동족으로 간주하던 씨족·문중·촌민들 사이에 이해관계의 충돌을 불러일으키게 하였다. 17세기부터 점차 심각한 양상을 띠고 전개되는 향촌사족간의 山訟과 재산분쟁은 여기서 비롯된 것이며, 이런 과정에서 일향 사족 전체의 공동 관심사보다는 동성촌락을 단위로 한 족적 결속과 門中勢의 확산에 주력하게 된다.[13)]

이 시기에 사족간의 분열을 불러온 요인에는 중앙정계에서의 붕당간 대립의 심화도 포함된다. 아니 어떻게 보면 이것이 더 본질적일 수 있다. 조선붕당의 특징 가운데 하나는 당론의 세습성에 있었다. 그러기 때문에 先代의 정치적 갈등과 대립은 그 후손들에게 그대로 계승되었다. 그것은 중앙에서는 정쟁으로 나타나지만 향촌에서는 중앙의 정치문제나 향촌사회의 주도권 문제를 놓고 당해 후손간에는 물론, 각기 이들과 학연 및 혼인관계로 연결되는 사족간의 지지와 상호 배척으로 인해, 심지어는 一道가 휩쓸리고 여러 개의 문중이 총동원되다시피 하는 향전이 벌어졌다. 효종 6년(1655) 전라도 나주의 景賢書院 운영을 놓고 벌어진 서인계 및 북인계 지지 사족간의 대립과, 숙종년간 전라도 무안의 紫山書院의 훼철과 복구를 놓고 노론과 남인계 사족간에 벌어진 서원향전은[14)] 그것의 저명한 사례에 불과할 뿐이었다.

이와 같이 사족의 향촌지배권이 약화되는 속에 사족 내부의 분열까지 겹

---

13) 이상의 서술에서는 李樹健, 〈嶺南學派의 鄕村支配體制〉(앞의 책), 435~444쪽을 주로 참고하였다.

14) 金文澤, 〈16~17세기 羅州地方의 士族動向과 書院鄕戰〉(《淸溪史學》 11, 韓國精神文化硏究院, 1994).
金東洙, 〈16~17세기 湖南士林의 존재형태〉(《歷史學硏究》 7, 全南大, 1977).

치게 되면서 18세기 이후 사족 중심의 향촌지배는 점차 후퇴하고, 새로이 형성되는 동성촌락을 중심으로 한 족적 결속과 문중조직에 관심이 집중되면서 향촌사회의 운영도 그런 방향으로 흘러가게 된다.

2) 서원의 증설과 역할의 증대

중종 38년(1543) 주세붕에 의해 백운동서원이 창건되면서 처음 출현하였고, 명종 4년(1549) 이황에 의해 소수서원으로 사액을 받으면서 국가로부터 그 존재를 공인받아 사림의 양성을 위한 학교로서 정착되며, 다시 그와 그 문인들의 적극적인 노력에 의해 보급되었던 서원은, 사림 출신 관료의 정국주도가 실현되고 이를 배경으로 하여 앞에서 살펴 본 바와 같이 향촌에서의 士林勢가 강화되어 향권주도가 가능하게 되자, 향안·향규·향약·동계 등 사족세력이 마련해 왔던 기존 향촌조직과 함께, 사족 내에서도 古道를 익히며 그것의 실천을 통해 三代至治의 재현을 추구하는 儒子집단인 사림만의 장수처이며 동시에 향촌에서의 그 활동기반으로서 본격적 발전을 보게 된다.

그 발전의 구체적 양상은 양적·질적의 두 가지 측면에서 모두 찾아볼 수 있다. 우선 양적인 측면으로서 선조 이후 경종 때까지를 중심으로 서원과, 뒤에 가면 서원과 구별이 없어져 같이 섞어 부르게 되는 사우의 건립상황을 통계로 표시하면 다음의 〈표 1〉, 〈표 2〉와 같다.

〈표 1〉에서 보듯이 서원은 선조대에 들어와 전국적으로 63개소가 건립되어 앞선 시기와는 비교가 되지 않을 정도로 증가하는 양상을 보이고 있다. 그리고 〈표 2〉에서 알 수 있듯이 지역적으로도 명종대의 경상도 일변도에서 벗어나 강원도를 제외한 전국으로 확산되며 특히 충청·전라·경기·황해에는 각기 6개소 이상의 서원 설립을 보이고 있다. 인조 22년 경상감사 林墰이 도내의 서원 실정을 보고하면서 "萬曆 이후 서원을 세우는 것이 해가 갈수록 많아져서 고을마다 서로 잇다을 정도가 되었다"[15]고 하여 선조 이후 서원이 증설되었다고 한 말이 정확한 지적임을 알 수 있다.

---

15) 《仁祖實錄》 권 45, 인조 22년 8월 기미.

〈표 1〉 조선 중기 서원(사우)의 시대별 건립 수

시 대	서원(사우)	연평균 건립 수(사우 포함)	누 계
명종 이전	19(1)	0.83(0.04)	19(1)
선조	63(22)	1.58(2.1)	82(23)
광해군	29(9)	2.23(2.9)	111(32)
인조	28(25)	1.08(2.0)	139(57)
효종	27(10)	3.00(4.1)	166(67)
현종	46(23)	3.29(4.9)	212(90)
숙종	166(174)	3.69(7.6)	378(264)
경종	8(20)	2.67(9.3)	386(284)
영조	18(145)	0.35(3.2)	404(429)*
정조 이후	3(8)**		
미상	7(43)		

* 이 속에는 영조 17년의 서원훼철시 철거된 19개소의 서원과 154개소의 사우가 포함되어 있다.

** 정조 이후는 이른바 門中書院(祠宇)이 곳곳에 건립되었으나 국가에서 파악한 통계에는 들어가 있지 않으므로 통계가 갖는 의미가 적다.

〈표 2〉 조선 중기 서원(사우)의 시대별·지역별 건립 수

	경 상	전 라	충 청	경 기	황 해	강 원	평 안	함 경	계
선조	25(3)	13(9)	7(3)	6	8(1)		3(4)	1(2)	63(22)
광해군	12(3)	5(4)	6(1)	2	1	2		1(1)	29(9)
인조	11(9)	6(7)	5(1)	2(2)	(1)	2(2)	1(2)	1(1)	28(25)
효종	10(2)	5(3)	2(1)	4	3	2(3)	1	1(1)	27(10)
현종	14(6)	8(4)	8(3)	5(2)	2	(4)	4(1)	5(3)	46(23)
숙종	76(61)	27(40)	27(25)	19(8)	5(8)	4(8)	6(15)	2(9)	166(174)
경종	2(5)	3(4)	3(2)		(1)	(2)	(4)	(2)	8(20)
계	150(89)	67(71)	58(36)	38(12)	19(11)	10(19)	15(26)	10(19)	367(283)

* 鄭萬祚, 〈17~18세기 書院·祠宇에 대한 試論〉(《韓國史論》 2, 서울大, 1975), 263쪽에 의거하여 작성함.

선조년간의 이러한 서원 증설은 말할 것도 없이 중앙정치 무대에서 사림계 관료가 정치적 우세를 확립하여 정국을 주도하게 된 정세변화의 결과라 할 것이다. 훈척세력 및 선조 초의 舊臣세력과의 오랜 기간에 걸친 정치적 투쟁에서 승리한 사림계는, 舊弊의 혁신과 함께 새로운 정치질서의 수립을 위한 방법 중의 하나로 道統說을 앞세워 사림계의 대표적 유학자들을 孔子를 제향하는 文廟에 入享시키고자 하였다. 이를 문묘종사운동이라 하거니와 이는 도학의 계승자로서 사림의 집권 명분을 확보하려는 정치적 목적과 함께 내외에 사림의 존재를 인정받으려는 의도를 가진 것이었다.[16] 이러한 경우 사림계 유학자를 제향하는 서원 건립 역시 문묘종사운동의 지방적 호응이라고 할 수 있다. 중앙에서의 정치적 우세를 배경으로 삼아 향촌의 사림들은 서원을 건립, 사림계 유학자를 제향함으로써 향촌사회에서 사림의 존재를 확립하는 한편, 이곳을 터전으로 講學과 藏修의 활동을 활발히 벌여 새로운 사림세력을 계속 양성, 배출함으로써 사림세의 확산을 꾀하였던 것이다. 율곡 李珥가 海州의 石潭에 은거하며 조광조와 이황을 제향하는 靜退書院(石潭서원)을 세워 사림을 양성한 데서부터[17] 황해도 일대에 선조년간에만 8개소의 서원 건립을 보게 했던 것이 그 하나의 예라 하겠다.

선조년간 서원의 역할은 위와 같이 강학과 장수를 통한 사림의 양성소로서 사림세력의 지방적 확산을 위한 거점이었다는데만 그치지 않았다.[18] 이 시기 사림의 東人·西人으로의 분열은 어떤 형태로든 서원에 영향을 미치지 않을 수 없었다. 임진왜란 후 북인 鄭仁弘이 남인으로서 영의정이던 유성룡을 主和誤國으로 탄핵할 때 그 영향력하에 있는 경상우도의 서원조직을 통해 士論을 규합했다는 혐의를 받는 것이 그 사례가 된다. 그러나 아직까지는 후대에서 보듯이 서원이 향촌사림의 여론을 수렴해 중앙정치의 갈등과 대립에 참여할 정도나, 더 나아가 아예 黨論의 소굴이 될 만큼 역할하지는 않았다.

마찬가지로 향촌사회에서의 서원 역할 역시 사림의 취회소라는데 머물 뿐

16) 金鎔坤, 《朝鮮前期 道學政治思想 硏究》(서울大 博士學位論文, 1994), 217~254쪽.

17) 鄭萬祚, 〈17~18세기의 書院·祠宇에 대한 試論〉(《韓國史論》 2, 서울大, 1975), 270쪽.

18) 이하의 서술은 鄭萬祚, 앞의 글(1989)에 주로 의거하였다.

사족의 향촌사회운영을 위한 조직으로까지 나아간 것 같지는 않다. 물론 율곡 이이가 서원을 향약 시행과 운영의 기반으로 삼아서 적극적으로 향촌기구로 활용하려는 구상을 한 적은 있다. 즉 율곡은 〈海州鄕約〉에서 향약의 立案, 임원의 선출, 향약의 조직, 의식의 거행, 慶弔자금의 운영·관리 등을 모두 서원의 인적 자원과 시설을 활용하는 방안으로 구성하였다. 한마디로 향약으로 대변되고 있는 향촌 사림의 사회적 활동을 모두 서원을 기반으로 수행한다는 뜻이다. 그러나 위와 같이 율곡이 서원으로 하여금 단순한 사림 양성소로서의 학교에만 머물지 않고 留鄕所나 鄕會所·公會堂과 같은 사림의 향촌자치기구로서의 역할을 하도록 제안하였다고 해서 막상 그것이 실현에 옮겨졌다거나 널리 보급되었다고는 확실하게 답변할 수 없다.[19] 기본적으로 학교적 성격을 지닌 서원에 사림은 물론 鄕民까지 취합하여 鄕射·飮禮나 讀會를 개최하여 주위 환경을 소란스럽게 하는 것이 서원의 본질인 士子藏修에 크게 방해가 된 터임은 분명하므로 그 자체가 논란이 될 수 있고, 또 굳이 서원조직이나 건물을 활용하지 않아도 아직은 향사당이나 유향소·향안·향회 등의 자치조직이 제 기능를 발휘하고 있어 서원까지 전용해야 할 필요성이 적었기 때문이다.[20] 이는 율곡 자신조차 〈坡州鄕約〉이나 〈西原鄕約〉 등에서 서원과의 연관을 맺고 있지 않았던 데서도 확인된다. 생각건대 율곡은 같은 교화적 성격을 지니고 있다는 점에서, 취합을 위한 향사당 등의 기존 건물이 미비한 해주에 있어서, 이미 설립되어 있던 文憲書院의 건물과 인적 조직을 활용할 수 있으리라 생각하여 그 하나의 시안으로써 해주향약의 내용을 제시한 것이 아닌가 한다. 이는 16세기 말의 선조일대는 물론 이후의 17세기에서도 서원과 향약조직과의 직접적인 긴밀한 연관관계가 쉽게 찾아지지 않기 때문이다. 그러나 비록 그렇다고는 해도 향촌사회에서의 사림

19) 渡部學 역시 서원에서의 향약실시를 규정한 해주향약이 汎身分的인 Community school의 건설을 목표로 하는 율곡의 이상론에서 나왔을 뿐 다른 곳에서는 그 예를 찾아볼 수는 없고 또 그의 학통을 잇는 서원에서도 보이지 않는다고 하였다(渡部學, 〈16세기 朝鮮朝 書院의 三類型〉, 《제1회 한국학국제학술회의 논문집》, 한국정신문화연구원, 1979, 1337쪽).

20) 鄭震英에 의하면 선조 36년의 경재소 혁파 후에도 안동에 있어서 사족의 향촌지배 중심 기구는 여전히 유향소였다고 한다(鄭震英, 앞의 글, 1985, 87~88쪽).

우세 속에 서원이 그 활동의 기반과 구심체적 존재가 될 수 있는 가능성은 율곡의 〈해주향약〉을 통하여 충분히 엿볼 수 있는 바라 하겠다.

서원의 발전은 17세기에 들어와 현저해진다. 우선 양적으로 볼 때 〈표 1〉에서 찾아지듯이, 광해군~경종 때까지 무려 304개소를 헤아릴 수 있는데 조선시대에 건립되었다고 통계에 잡히는 서원이 417개소였음을 감안한다면, 거의 대부분(73%)이 이 시기에 세워졌다고 할만큼 엄청나게 증가하고 있다. 그리고 이 시기 후반기인 숙종 때 가면 서원 건립에 대한 禁令 때문에 규모나 운영을 서원과 꼭 같이 하면서도 명칭만 祠宇라고 해서 사실상 서원과 사우와의 구별이 없어졌다고 하는 만큼 사우까지 서원에 합해 본다면 그 숫자는 565개소에 이른다. 광해군에서 경종까지가 116년이므로 연평균 2.6개(사우포함 4.8개)가 새로 세워지는 셈이다.

뿐만 아니라 이 시기에 이르면 사림의 뿌리가 깊고 그 숫자가 많다는 三南지역은 물론 강원도·함경도 등 평소 사림의 활동이 별로 눈에 띄지 않는 지역에까지 서원의 숫자가 늘고 있어 전국적인 분포를 보이고 있으며, 《서원등록》에 보면 숙종 때 영남지방에는 하나의 고을에 서원이 7~8개처나 된다는 지적까지 나오고 있다.[21] 17세기 말에 해당하는 숙종년간에 서원의 남설이 큰 폐단으로 사회문제화 되었던 사정은 위의 통계로서 확인되는 것이다. 남설이 문제가 될 정도의 이러한 서원의 수적 증가는 이 시기를 특징짓는 붕당정치와 특히 사족 중심의 향촌운영 및 同姓村落의 성장과 밀접히 연관되어 있다.

선조대의 동인·서인의 분당에서 비롯된 붕당정치가 17세기에 들어와 점차 본 궤도에 오르면서 성리학적 이념과 밀접히 연관되는 명분과 의리 중심의 논쟁으로 전개되자, 향촌사림의 여론이 정치의 향방에 큰 영향을 미치게 된다. 따라서 각 정파는 이런 여론을 자기 당에 유리하게 이끌어 정치적 입장을 강화할 필요가 있었다. 이를 위해 각 정파는 자기 파를 지지하는 사림세력을 지방별로 획보해야 하였고, 이런 경우 향촌 사림의 聚會所이며 특징인물을 제향하는 서원이 그런 목적에 알맞는 매개체였다. 여기서 각 정파는

---

21) 《書院謄錄》 권 5, 숙종 43년 11월 9일.

자파계의 유학자를 제향하는 서원을 지방별로 직접 건립, 사림을 불러들여 이곳을 중심으로 자기파 지지세력의 거점을 구축하려 하였던 것이다. 광해군 때 북인정권이 지지세력을 심기 위해 그 학문적 연원인 南冥 曺植을 제향하는 서원을 서울 삼각산 아래와 전라도 강진에 세우려다가 물의를 일으킨 것이나, 숙종 20년 이후 불과 26년 사이에 노론의 영수인 송시열을 제향하는 서원이 30여 개소를 넘을 정도로 도처에 세워지고, 이를 놓고 당시의 예조판서 閔鎭厚가 "하물며 논의가 갈라진 후에는 각기 존경하는 인물을 높이기 위해 경쟁적으로 서원을 세우고 있다"[22]고 말한 것이 그런 예라고 할 것이다.

향촌 사림의 지지를 획득하려는 각 정파의 시도는 직접적인 서원 건립으로만 나타나지 않았다. 특히 집권세력은 자기파 집권의 명분 합리화와 주장에 대한 공감대의 확산을 기하기 위해 기존의 서원을 향해 물질적·행정적 지원을 아끼지 않았다. 그 지원의 형태는 여러 가지로 나타날 수 있지만 가장 대표적인 것이 賜額이었다. 사액은 단순히 懸板과 함께 노비와 서적 약간을 지급하는 정도의 의미만 가진 것이 아니다. 사액을 받은 서원으로 볼 때 그것은 향촌에서의 그 존재에 대한 국가적 공인이었으며, 동시에 그 서원을 기반으로 하는 향촌 사림의 활동에 대한 보장책이기도 하였다. 향안·향약·동계·향회 등의 사족세력의 향촌지배를 가능하게 하는 수단이 있기는 하였지만, 농민 통제를 비롯한 제반 향촌 문제를 놓고 아무래도 수령권으로부터 견제를 받고 갈등 관계에 들게 마련인 사족들에게 그들이 세웠고 운영하는 서원이 임금으로부터 공인을 받았다는 사실은 그 활동에 큰 힘을 실어주었다. 그러기에 모든 서원마다 사액을 열망하였으며 때로는 막대한 경비를 쓰면서까지 이를 관철하려 하였다.[23] 따라서 집권세력의 의도에 좌우되기 마련인 사액은 향촌사림의 지지를 획득하는 유력한 수단이 될 수 있었던 것이다.

서원과 중앙정파와의 관련이 이와 같이 밀접하게 된 결과 본래 山林學者가 하게 마련인 서원 院長職을 중앙의 고관이 역임하게 되며, 또 서원의 유

22) 《書院謄錄》 권 5, 숙종 43년 11월 3일.

23) 숙종년간 건립된 울산의 鷗江書院의 경우 사액을 받기 위해 5만여 냥의 경비를 사용하였다고 한다(李樹煥, 〈蔚山 鷗江書院의 설립과 賜額과정〉, 《大丘史學》 49, 1995).

생이 하기 마련인 有司職에 鄕有司와 搢紳有司의 구별을 따로 두어 향유사는 유생이 하고 진신유사는 중앙의 堂上 이상의 고급 관료에게 위촉되었다.[24] 이러한 경우 해당 서원으로서는 서원유지에 따른 행정적·물질적 지원을 관료들로부터 기대할 수 있고, 또 이러한 조직이 향촌사림과 중앙관료의 연결을 맺게 해주어 그들의 정치적 진출에 階梯를 마련해 주는 이점이 있으며,[25] 중앙관인의 입장에서는 서원을 통하여 자파의 정론에 대한 향촌사림의 지지를 획득할 수 있었던 것이다.

그런데 서원과 중앙관인과의 연결조직을 반드시 당론적 상관관계에서만 파악할 필요는 없다. 오히려 그것은 향촌사림의 公論과 특정 사안에 대한 여론을 서원을 통하여 집약, 중앙관인에게 전달함으로써 사림공론을 수렴하는 창구적인 역할을 서원이 수행하였다고 보는 면이 보다 합리적인 해석이라고 할 수 있다. 그러한 대표적인 예는 현종 때의 服制論爭을 통하여 찾을 수 있다. 주지하듯이 복제논쟁은 孝宗喪에 慈懿大妃의 복제를 宋時烈은 朞年說, 尹鑴는 삼년설을 주장함으로써 비롯되었는데 처음의 논란은 國制時王之制를 좇아 현종이 기년설을 결정함으로써 일단락되었었다.

그런데 이 기간 이후 安東을 중심으로 한 영남의 유림세력은 의례에 대한 상세한 변정과 고증작업을 진행시키고, 거기서 나온 결론을 상호 검토하였으며 列邑에 通文을 돌려 禮說에 관한 의견을 수렴·조정하여 드디어 현종 7년(1666) 柳世哲을 疏首로 한 영남유생 천여 명의 聯疏를 올렸다.[26] 현종 15년의 甲寅禮訟 때 남인설이 승리하고 이로 인해 송시열계의 서인이 실각, 남인이 집권할 수 있는 토대는 바로 이 유세철 등 영남유생 천여 명의 연소에 있었던 것이다. 여기서 주목되는 것은 바로 嶺儒의 禮論 자체가 영남내의 향교와 서원조직을 통하여 연구되고 상호간의 의견교환과 논란을 거쳤으며, 書院通文에 의하여 도내 유림의 여론을 계도·수렴함으로써 연소가 작성될 수 있었다는 사실이다. 이렇게 볼 때 이 연소를 올리게 되는 취회소는 향교가

24) 鄭萬祚, 〈朝鮮後期의 對書院施策〉(《第3回 韓國學國際學術會議論文集》, 韓國精神文化硏究院, 1984), 262쪽 참조.

25) 《書院謄錄》 권 6, 경종 4년 4월 28일, 全羅右道暗行御史李眞淳書啓.

26) 이에 관해서는 주로 李樹健, 〈正祖朝의 嶺南萬人疏〉(《嶠南史學》 1, 1985), 10~12쪽 참조.

되지만 처음 논의가 이루어지고 의견이 발의·수렴되며, 통문이 오고 가는 거점은 바로 서원이었다. 다시 말해 향내에 있는 각각의 서원마다 개별적으로 일차 여론이 수렴·조정된 후 향교로 다시 취합되며 이것이 한 곳에 개설된 疏廳에 전달되어 도내의 통일된 의논으로 결정되는 것이니 이를테면 여론수렴 과정이 개별유생→서원→향교→소청(도)의 단계를 밟았다고 할 것이다. 서원은 바로 향촌여론의 발의와 수렴의 일차 거점이었으니 조선시대의 정치, 특히 명분론과 학설 위주의 붕당정치에 있어서 서원이 갖는 정치적 역할이 여기서 드러나는 것이다.

물론 향촌유림이 중앙정치의 모든 면에 대하여 이와 같이 의논을 나타내는 것은 아니었고, 또 설사 의논을 모은다고 하여서 반드시 서원조직을 활용하였다고 만은 할 수 없다. 향촌에는 서원 이외에도 향사당·향교같은 공공건물이나 정자 등이 있어 취회하는 장소 마련은 어렵지 않았다. 그러므로 유생의 藏修處라는 서원에서 조정의 일반 정사를 논란하는 것은 바람직하지 못하였다. 따라서 적어도 서원에서 논의할 수 있으려면 사안이 국가의 운명과 직결되던가 아니면 斯文이나 聖門 및 국가통치이념 등 사림과 직결되는 것이어야 하였다. 상기한 예론은 국가의 통치이념이나 사문에 바로 연결되는 문제였다. 이렇게 본다면 서원이 향촌여론 수렴의 거점이라는 것은 상기한 범위에 포함되는 사안에 한정된다고 할 것이다. 다만 효종 이후 붕당정치가 성리학이나 통치이념과 보다 깊이 관련되는 명분과 의리론 위주로 진행되었기 때문에 그만큼 서원이 여론의 거점이 될 수 있는 기회가 잦았던 것이라고 하겠다.

명분론 위주의 붕당정치는 자칫 열기가 더해지면 과격한 방향으로 흐르게 마련이었다. 숙종 초부터 그런 기미는 벌써 나타나고 있었지만 庚申大黜陟으로 재집권한 서인이 남인관료를 逆으로 몰아 대거 살육하게 되면서부터, 그리고 다시 己巳換局 당시 남인의 서인에 대한 보복, 甲戌換局으로 서인이 남인에게 다시 보복하는 악순환이 되풀이되었다. 이러한 보복의 악순환 속에서 사림의 공론이란 사실상 노론·소론·남인 삼당을 지지하는 鄕村士子의 당론적 성격을 크게 벗어나지 못하게 되며, 따라서 이 시기 이후 서원은 겉으로는 사림공론의 수렴처를 표방하면서도 실제로는 私黨政治의 소굴, 곧 당론의 연수라는 한계를 벗어나지 못하게 되었다. 그리고 이러한 상황은 서원으로 하여금 당인 피차간의 혈전의 쟁투장으로 화하게끔 이끌어 갔다. 영조 14년(1738) 안동에 노론 감사와 부사의 지원을 받은 安宅駿 등 일부 노론계 인물이 金尙憲書院을 세우고 이를 발판으로 안동향권을 장악하며, 안동내 노론세력 진출의 발판으로 삼으려 하다가, 남인 사족의 맹렬한 반대와 훼철하는 실력저지로 한때 一道가 떠들석하고, 조정에서마저 노론계와 남인측을 각기 변호하고 공척하는 노·소론 사이의 치열한 공방전이 전개되어 정국이 불안하였던 사례는,[27] 서원이 이제 향권장악의 기반이 될 뿐 아니라 당인의 집결지요, 당론의 소굴로 변모하였음을 단적으로 나타내어 주는 것이었다.

17세기에 들어오면서 향촌사회의 당면한 일차적 과제는 임진왜란으로 붕괴된 향촌사회의 재건과 경제력의 복구에 있었다. 그것은 재향사족세력과 농민의 노력에 의해 수행되었으며 그러는 과정에서 향안·향규·향약·향회 등 난전에 사족세력이 마련하였던 향촌조직이 복구되었고, 그 결과 사족 중심의 향촌운영이 가능하게 되었음은 이미 앞에서 언급한 바 있다.

서원 또한 다른 향촌조직과 마찬가지로 임진왜란에서 입은 피해로부터 이 시기에 대개 복구되었고, 또 앞의 통계표에서 보듯이 신설된 곳도 점차 늘어났다. 그러나 서원이 중건되거나 신설된 것은 사실이지만 여타의 향안·향약 등의 향촌조직과 마찬가지로 사족세력의 향촌지배에 직접적으로 활용되었다거나 중요한 역할을 담당하고 있었다는 사례는 쉽게 찾아지지 않는다. 앞서 선조년간 율곡 이이가 〈海州鄕約〉에서 서원을 향약의 조직과 운영의 토대로 삼고자 하였던 구상은 아직껏 구체화하지는 못하고 있었다.

물론 이 시기의 서원에서 〈朱子鄕約〉의 讀約이 행하여졌다는 예는 적지 않게 나타난다. 그러나 이 독약은 그것이 주자의 교화관을 담고 있다는 면에서 白鹿洞學規와 마찬가지로 유생이면 누구나 다 알고 있어야 하며, 그 유생이 서원을 떠나 향촌사족으로 있을 때 향약의 내용을 스스로 실천함으로써 凡民의 모범을 보여야 한다는 뜻에서, 유생의 자기수련의 한 과정으로 서원의 유생이 함께 모여 강독한다는 뜻이지 향약의 제반 절차가 鄕中諸人의 모

27) 鄭萬祚, 〈英祖 14年의 安東金尙憲書院 建立是非〉(《韓國學硏究》 1, 同德女大, 1982) 참조.

인 속에 서원에서 진행되었음을 뜻하지는 않는다. 만약 향약이 서원을 구심점이나 거점으로 하여 행하여졌다면 율곡이 규정한 바와 같은 서원의 인적 조직의 활용이나 향약이 서원에서 행하여지기 위한 구체적인 절차가 명시되어 있어야 한다. 그러나 지금까지의 알려진 바로는 향약의 시행은 유향소의 조직이나 향회소와 같이 서원과 관계없는 별도의 기구와 장소를 터전으로 삼고 있었다.[28)]

따라서 이 시기의 서원은 향약과는 별반 큰 관계를 갖지 않았다고 하겠으며 서원의 사회적 역할은 다른 면으로 찾아야 할 것이다. 이 시기의 서원의 사회적 역할과 관련하여 주목되는 사건은 인조 4년(1626) 5월에 발생한 陶山書院 院長 李有道(李滉의 형 李瀣의 손자)의 杖斃로 인한 안동유림들의 경상감사 배척운동이었다.[29)] 즉 경상감사 元鐸이 詞訟을 처리하는 도중에 사건에 관련된 이유도를 소환 심문하다가, 이유도의 답변이 공손하지 못함으로 道主를 능멸한다고 하여 곤장을 가한 것이 바로 치사함으로써 사건이 발생하였다. 이에 이유도의 아들 對·岩 등이 그의 부친의 억울함을 호소하며 族人들에게 도움을 요청하였고 도산서원에서는 각 고을에 통문을 보내어 감사가 함부로 사족을 죽였다 하여 감사배척운동을 전개하였다. 이에 조정에서는 지방민이 王人(감사)을 함부로 몰아내려는 것은 있을 수 없다 하여 통문발송을 주장한 李弘重 등을 체포하였다. 그러자 鄭經世 등의 在京 남인관료들은 집권 서인세력의 이러한 유생탄압에 반대하여 그들을 옹호함으로서 이 문제는 서·남인간의 정치논쟁화할 조짐까지 보였다. 결국은 남인의 의견을 받아들인 인조의 온건수습책으로 首唱儒生들은 용서되고 元鐸은 파직되었다. 이상의 서술로 볼 때 적어도 도산서원의 경우 서원에 관계하는 인물의 보호에 서원조직이 총력을 기울이고 있음을 알 수 있다. 앞서 선조년간 율곡 이이가 유향소 중심으로 실시하려 했던 〈海州一鄕約束〉에서 鄕員(鄕案入錄者)의 억울한 죄에 대해서 향원들이 함께 구한다고 한 규정이,[30)] 여기서 실제로 행하여

28) 金仁杰, 〈朝鮮後期 鄕權의 추이와 支配層의 動向〉(《韓國文化》 2, 1981), 175쪽.
29) 《仁祖實錄》 권 12, 인조 4년 5월 무신·기사 및 권 13, 인조 4년 윤6월 병오·기유·경술.
30) 李 珥, 《栗谷全書》 권 16, 雜著 3, 海州一鄕約束.

지고 있음을 확인할 수 있다. 이는 서원이 16세기 무렵까지 유향소가 수행하던 역할을 이 시기에 이르러 대신하고 있는 예를 보여주는 것이다.

그러나 이 시기에 서원의 이러한 역할이 보편화되었다고는 생각되지 않는다. 위의 이유도 사건은 퇴계의 종손이며 도산서원의 원장을 지낸 인물이었기에 크게 문제가 되었을 뿐이었다. 위에서 말한 서원의 사회적 역할이 보편화되게 되는 것은 宗法制의 정착에 의한 상속제·가족제의 변화에 따라, 종래의 同姓異姓雜居 형태의 同族村落이 同姓同本이 한 마을에 집단적으로 거주하는 同姓村落으로 변모하고, 또 그런 동성촌락이 발전하게 되는 17세기 후반 이후였다.[31)]

그런데 동성촌락이 형성될 수 있는 속적 기반의 바탕은 族契에 있었다. 족계란 혈연적 유대가 강한 개인끼리 거주지인 동리를 중심으로 친족간의 상호부조와 祖先奉祀를 목적으로 조직된 契會인데 친족내의 인간관계 유지를 위하여 향약의 윤리조항을 원용하고 또 향약의 자치조직을 도입함으로써 이를테면 동성촌락내에서의 향약의 시행과 같은 성격을 지녔다.[32)] 그러므로 흔히 거주지를 같이 하는 동성간의 자치를 위한 약속이라 하여 洞約이라고도 불린다. 이러한 족계는 이미 16세기의 퇴계나 그 문인 黃俊良·琴蘭秀 등의 동족촌에서부터 찾아지고 있다. 그러나 역시 족계가 성행한 것은 임란 후 향촌의 재건이 이루어지는 과정에서였다.

이 족계는 단순히 친족 사이의 친목이나 상부상조·조선봉사만 목적으로 한 것은 아니었다. 진주의 晋陽鄭氏 족계인 上寺里洞約을 보자.

> 제군들에게 바라노라. 부질없이 친구들과 만나서 술마시고 이야기하며 풍류찾기를 일삼지는 말라. 자제를 가르칠 때는 小學을 근본으로 삼도록 하되 詩·書·子·史를 가르쳐 立身揚名의 바탕으로 삼도록 하라. 우리 동네의 인재가 예전에는 부족하지 않았으니 지금이라고 하여 어찌 그렇지 않으랴. 아! 우리 후학들은 더욱 힘쓰도록 하라(成汝信 編, 《晋陽誌》 권 1, 各里 東面 上寺里).

이처럼 상사리동약은 孝悌를 중심으로 한 자제교육을 강조하였다. 이러한

31) 李樹健, 앞의 책(1995), 435~442쪽.
32) 金武鎭, 〈조선중기 士族層의 동향과 鄕約의 성격〉(《韓國史硏究》 55, 1986), 19쪽.

자제교육의 강조는 향촌내의 다른 구성원에 대한 배타성을 갖는 족적 결합임을 의미함과 동시에 契員이 향촌지배층으로서의 위치를 재생산할 수 있는 방법이기도 하여서 대부분의 족계는 자제교육을 강조하고 있다. 그리하여 동성촌락 안에서는 대개 족계의 기금으로 운영되는 서당을 갖게 마련이었으니 17세기 이후 서당이 성행하게 되는 하나의 배경이 되기도 하였다.[33] 조상제사를 목적으로 하는 족계가 이와 같이 자제교육을 위한 교육기구로서 서당을 가졌다는 사실은 이 시기의 향촌사회에서 서원이 수행하던 역할과 관련하여 대단히 주목된다. 특정 유학자를 제향하여 사림의 본보기로 삼고 겸하여 사림의 藏修·講學處로서의 기능을 가진 서원이 이러한 경우 비록 그 본래의 제도에서는 벗어났다고 하더라도, 족적 기반 내에서 위의 조상제사와 자제교육을 겸하여 수행할 수 있는 적절한 기구로 변모할 가능성이 보이기 때문이다. 이러한 가능성은 17세기 후반에 들어가 현실로 나타난다.

붕당정치의 名分論爭이 격화되고 정쟁희생자에 대한 신원의 의미를 지닌 서원의 건립이 성행하여 서원의 성격이 講學·藏修 중심에서 제향 위주로 전환되면서, 제향인물의 선정기준이 또한 반드시 道學者나 儒賢이 아니라도, 예컨대 鄕賢이나 高官, 심지어는 行誼있는 士子나 효자까지도 포함될 수 있다는 선으로까지 확대되자,[34] 각 동성집단들은 자기집단의 顯祖나 入鄕祖를 제향하는 祠廟를 세우고 여기에 자제교육을 위한 童蒙齋나 養正齋 따위의 건물이나 아예 서당을 함께 부설하였다가 기회를 보아 서원으로 확장시키는 경향이 점차 두드러지게 된다. 이와 같이 붕당정치의 당론격화의 결과로 빚어진 서원의 남설은 향촌사회에 있어서 족계에 바탕을 둔 동성집단으로 하여금 그 족적 기반의 중심기구로서 족적 성격을 강하게 지니는 서원의 건립을 유발하였다. 이러한 경향은 鄕案·鄕約·鄕射堂 등의 향촌자치조직이 붕괴되기 시작하는 18세기에 들어가 그에 대신하여, 族譜와 같은 예에서 보듯이, 족적 결속에 의한 보장을 도모하는 방식으로 변모하면서 더욱 노골화하게 된다. 그러면 이와 같이 동성촌락에 세워진 서원이 갖는 역할은 실제적으

---

33) 渡部學, 〈鄕村書堂成立의 樣相〉(《近世朝鮮敎育史硏究》, 東京, 雄山閣, 1969). 丁淳佑, 《18世紀 書堂硏究》(韓國精神文化硏究院 博士學位論文, 1985) 참조.

34) 《書院謄錄》 권 4, 숙종 26년 11월 5일.

로 어떠하였을까. 우선 일차적으로 생각될 수 있는 것은 이들 서원이 동성촌락 구성원들의 사회적 지위를 높이고 유지하게 하는데 기반 역할을 하였다는 점이다. 그것의 건립은 후손들 중에서도 주로 문중 중추세력들의 발의와 주도에 의하였던 만큼 활동도 주로 이들이 하였다. 이들은 서원을 발판으로 鄕中의 다른 문중 집단과 지속적인 유대관계를 맺을 수 있었다. 이런 경우 일족을 대표한 문중 중추세력이 다른 문중과 유대관계를 맺고 유지하는 계기를 마련하여 주는 것이 바로 서원이었다. 물론 서원 외에도 향교·향사당·향청 등이 있었지만 그 대부분은 17세기 후반 이래 점차 사족의 관심 밖으로 밀려나고, 樓亭이 있었지만, 이는 그야말로 풍류를 통해 지면을 익히는 곳이지, 사림의 世誼를 나눌 곳은 아니어서 오직 서원 밖에는 다른 것이 없었다. 따라서 일문의 중추세력들은 자기 문중을 대표하여 다른 문중의 서원에 참여, 문중간의 연결을 도모할 수 있었다.[35]

뿐만 아니라 이렇게 하여 유대의 범위를 확대시켜 나가게 되면 자연적으로 향촌의 사족이 주도하는 향권 대열에 참여할 수 있게 되는 것이다. 그러므로 문중 중추세력들의 서원을 기반으로 한 향촌활동은 결과적으로 자신이 소속된 문중내 구성원들의 사회적 지위를 격상시키는 데 중개 역할을 하는 셈이었다. 그런데 이 시기의 향촌에서는 班格이라는 것이 있어 같은 양반가문이라도 벼슬관계나 학적 기반·경제력 등 여러 가지 요소에 의하여 그 사회적 지위에 차등이 있었다.[36] 예컨대 이황의 후손들은 이황 문인들의 후손에 대하여 그 선대의 사제관계에 영향을 받아 향촌에서 보다 우위를 차지하고 있었다. 그리하여 향촌마다 그 향촌 나름대로의 각 문중 사이에 어느 정도의 반격의 질서가 있게 마련인데 이 질서가 동요되는 과정에서 발생하는 것이 이른바 鄕戰이었다. 향전의 계기나 그 나타난 양상은 다양한 것으로 말해지지만,[37] 17세기 말 18세기 초에 들어오면서는 서원의 건립·配享·追享 및 位次 문제를 둘러싸고 벌어지는 씨족·문중·학파간의 대립과 선조의 학통과 師友淵源문제·文字是非를 두고 후학·후손 사이에 생겨나는 분쟁이

35) 鄭勝謨, 〈書院·祠宇 및 鄉校組織과 地域社會體系〉(上)(《泰東古典硏究》 3, 1987).
36) 江守五夫·崔龍基編, 《韓國兩班同族制의 研究》(第一書房, 1982), 119~122쪽 참조.
37) 李樹健, 앞의 책(1995), 576쪽.

중심이 된다고 한다. 이러한 분쟁을 놓고 흔히 서원향전으로 불렸던 만큼 이 시기는 서원을 중심으로 향전이 전개되었던 것이요, 그 만큼 서원이 향촌사회에서 갖는 사회적 역할의 비중이 높았음을 알려주는 것이다.

일반적으로 동성촌락은 대개 그 入鄕祖가 처음으로 자리잡게 되면서부터 3~4대를 지나야 인원수도 늘고 경제력도 집적할 수 있어 집단으로서의 형태를 갖추게 된다고 할 수 있다. 조선 후기의 동성촌락이 대체로 임란을 전후한 시기에 入鄕하는 경향을 보이므로[38] 여기서부터 3~4대를 따진다면 대략 17세기 말이나 18세기 전반에 해당하는바 후손에 의한 문중서원의 簇出이나 부계 중심의 족보 출현[39]과 거의 일치하고 있음을 알 수 있다. 이제 18세기 이후 서원은 점차 族黨基盤으로서의 역할을 수행하게 되는 것이다.

위에서 살핀 서원의 발전에 덧붙여 이 시기 서원의 재정기반에 관해 간단히 언급하고자 한다.

서원의 유지와 존립에는 상당한 규모의 재정이 필요하였다. 서원에 머물며 講學藏修하는 유생에게 숙식을 제공하는 供饋비용과, 봄 가을로 지내는 享祀에 드는 비용 등의 기본 경비 외에도, 서원을 찾는 외부 인사에 대한 접대, 다른 서원의 건립이나 斯文과 관련된 행사에의 扶助, 서원건물의 관리와 수리에 필요한 경비 등이 있으며, 기타 서원 유지에 드는 소소한 비용도 적지 않았다.

이러한 소요경비를 충당하려면 서원재정이 반드시 확보되어야만 하였다. 그래서 마련된 것이 토지로서의 書院田과, 인적 자원 내지 稅源인 奴婢·院屬·額外院生·除役村이며, 이외에 지방관으로부터의 현물지원이 별도로 있었다.[40]

그 중 서원전은 말할 것도 없이 서원재정의 가장 기본이 되는 토지였다.

---

38) 일제시대에 행하여진 전국의 集姓村(同族部落으로 표시) 분포조사에 따르면 저명한 동족부락 1,685개소에서 정착연대 미상 458개소를 제외한 1,227개 가운데 500년 전에 자리잡은 것이 207개소, 300년 정도의 것, 즉 임진왜란을 전후한 시기의 것이 646개소, 300년 미만이 74개소라 한다(朝鮮總督府, 《朝鮮의 聚落》 후편, 1935, 217쪽).

39) 崔在錫, 〈朝鮮時代의 族譜와 同族組織〉(《歷史學報》 81, 1979).

40) 閔丙河, 〈조선서원의 경제구조〉(《大東文化硏究》 5, 성균관대, 1968).

현존하는 서원의 고문서를 보면 이 서원전에는 屬公田·寺社位田·免役田·願納田·買得田 등의 명목이 보이고 이외에도 免稅田이 나오고 있다.[41] 속공전이란 여러 가지 사정으로 지방관청에 귀속된 토지를 말하는데 이것을 서원에 획급해 준 것이다. 그러나 소유권의 완전한 양여가 아니어서 수령에 따라서는 전임자가 획급해 준 것을 환수하는 경우도 있었다. 그리고 면역전은 力役의 면제를 원하는 자가 投屬한 토지이며, 원납전은 외부로부터 기증된 토지이고 매득전은 서원의 재력으로 직접 사들인 토지이다. 한편 사사위전은 사찰소유의 토지인데 抑佛策 속에서 여러 곳으로부터 침해를 받는 사찰에서는 아예 유력한 서원의 屬寺로 편입되어 이를 피하고자 했으며, 이런 경우 사사위전의 수세권을 서원에서 행사하게 된다. 끝으로 면세전은 서원소유의 토지에 대한 면세를 말하는데 후일 경종 때 3結에 한해 면세되도록 법제화되었다. 이렇게 볼 때 완전한 서원소유의 토지라면 면역전·원납전·매득전이라 할 수 있고 그 중에서도 매득전이 서원전의 주된 요소라고 할 수 있다. 대체로 보아 서원이 보급되던 초창기는 지방관의 관심도 크고 지원도 많아서 속공전·사사위전이 서원전에서 높은 비중을 지녔으나, 서원의 수적 증가가 심화되어 한 고을에 7~8개소가 될 지경에 이르게 되면 이는 줄어들고, 점차 서원 자체의 경비로 마련하는 매득전이 주류가 되다가 門中서원이 발달하는 18세기 이후는 문중재산인 族産의 성격을 지녀가면서 문중인사에 의한 원납전이 크게 늘게된다.

다음 인적 자원으로서 노비는 서원 내의 사역이나 서원전의 경작에 부려지는 경우도 있으나 대부분은 身貢노비로서 서원전과 함께 서원재산의 근간을 이루었다.[42] 서원 관련 고문서의 상당수가 도망간 노비의 추쇄를 요청하는 내용으로 되어 있다던가, 노비의 저항이 심해지는 후기로 가면서 아예 노비를 팔아 서원전을 사들이고 있는 것에서 노비가 재산으로 간주되고 있음을 확인할 수 있다.

반면에 院直人·保率 등으로 불리기도 하는 원속은 본래 서원 부근에 실

41) 崔元奎, 〈조선후기 書院田의 구조와 경영〉(《孫寶基博士停年紀念 韓國史學論叢》, 1988).

42) 尹熙勉, 〈朝鮮後期 書院의 經濟基盤〉(《東亞硏究》 2, 西江大, 1983).

고 있는 良民으로서 잡역을 면제받는 대신 서원에 예속되어 서원 내의 제반 잡사를 맡아 처리하는 존재였고, 액외원생은 정원 이외의 서원 소속 유생을 말하는데 실은 軍役을 피하기 위해 양민 자제가 일정한 대가를 내고 원생을 모칭하는 것이므로 혹은 納物院生이라고도 한다.43) 이들로 인해 서원에 출입하는 실제의 유생까지 원생이란 칭호를 기피하게 되자 마침내 원생은 모두 피역자로 채워지게 되며, 이것이 군역폐의 하나의 요인으로 손꼽히면서 마침내 숙종 37년(1711) 大賢書院 30명, 사액서원 20명, 미사액 서원 15명으로 숫자를 제한하는 조처가 법제화된다.

한편 書院村이란 숙종 후반기인 18세기 초부터 성행한 것인데 유력한 서원이 소재지 인근의 大村을 지정하여 서원에 예속시키고 烟戶잡역과 군역징발로부터 보호해 주면서 그 대신 서원에서 필요한 제반 물자나 비용을 징수하는 것인데 募入洞 또는 除役村이라고도 부른다.44)

세번째의 현물지원이란 지방관이 서원에 대하여 祭需나 柴炭, 饌品 및 기타 雜物들을 증여하는 것을 말하는데 초창기는 지방관의 선심에 의해 자발적으로 이루어졌으나, 숙종년간부터 이른바 求請이라 하여 高官의 지위에 있는 京院長의 명의로 인근 수령들에게 반강제적으로 부조를 요구하는 폐단을 일으킴으로써 비난의 표적이 되기도 하였다.

이상이 서원재정의 기초가 되는 재원이었는데 서원 초창기인 16세기까지는 숫자가 얼마 되지도 않고 또 興學의 차원에서 서원 보급에 의욕을 보인 뜻 있는 수령들의 대폭적인 지원이 뒤따라서 속공전이나 屯田의 획급, 屬寺의 배정, 海稅 등의 현물공여 및 원속의 배정 등이 서원재정의 주류였다.

17세기의 서원재정도 기본적으로는 16세기와 동일하지만 단 전란의 뒤끝이라서 물력이 부족한데다가 서원 수의 증가로 한 고을에 3~4개의 서원이 들어선 상황에서는 지방관의 지원이 부실할 수밖에 없었다. 그래서 일부 집권세력과 연결된 서원을 제외하고는 속공전의 지급이나 현물지원은 현저히 감소하고 범위도 축소되었다. 관의 지원이 줄었다는 것은 서원 운영자인 사림의 재정부담이 늘었다는 것을 의미한다. 그리하여 사림들은 개인적인 희사

43) 위와 같음.
44) 위와 같음.

나 공동기금을 조성하여 서원재정을 확보하려 하였고 부족한 재원 충당을 위해 양민을 원속·원생 등으로 끌어들이(冒入)게 됨으로써 서원재정에서 이들이 차지하는 비중은 높아지게 되나 이른바 서원의 폐가 일어나게 되는 것이다.

서원의 수가 격증하고 남설이 문제가 되던 숙종 이후 즉 17세기말~18세기초에 이르게 되면 서원의 전반적인 재정상태는 크게 악화되었다. 서원 명목만으로도 400여 개소가 넘고 더욱이 이 시기에는 서원보다 더 많은 사우까지 서원과 구별이 없어지게 되어 거의 천 개소에 육박하게 됨으로써 집권세력의 비호를 받는 유력한 서원이나 陶山書院 같이 大賢을 제향하여 온 저명한 서원을 제외하고는 더 이상 관의 지원은 기대할 수 없게 되었다. 더구나 서원의 폐단이 사회문제화되면서 국가가 서원 건립을 위시한 운영에 통제를 가하게 되는 분위기는 그 재원 확보를 갈수록 어렵게 만들었다. 특히 앞에서 본 바대로 이 시기에 들어오면 사족의 향촌주도가 사실상 무너지고 사족마저 분열함으로써, 사족의 공동체적 향촌조직으로서 서원의 효능 역시 크게 저하됨에 따라 향촌사족들의 관심에서 멀어지게 된 것도 재정악화의 큰 요인이 되었다. 이러한 난관의 탈출로는 그 당시 향촌조직에 대신하여 족적 결속의 강화를 도모하는 문중조직이 성장하면서 확산되기 시작하는 문중서원의[45] 예에 따라 서원재정을 제향자의 후손에게로 넘기는데서 마련되었다. 신설이나 기존의 곳을 막론하고 서원의 문중적 성향은 강화되었으며 이런 과정에서 후손이나 문중의 族産的 성격으로서 기증(願納)에 의한 서원전과 서원노비의 확보가 가능하게 된다. 따라서 문중서원이 발달하게 되는 18세기 이후 서원의 경제기반은 華陽洞서원이나 도산서원 같은 유력서원을 제외하고는 대부분이 서원전과 서원노비를 주력으로 하게 되는 것이다.

3) 서원정책의 추이

서원은 기본적으로 향촌사림에 의해 건립되고 운영되는 사설학교 내지 향

45) 李海濬, 〈조선후기 門中書院 발달의 추이〉(《擇窩許善道先生停年紀念 韓國史學論叢》, 一潮閣, 1992).

촌기구였다. 따라서 조선 중기에 서원이 수적으로 크게 늘어나고, 그 역할 역시 단순한 학교에만 머물지 않으면서 붕당정치와 향촌운영의 기반으로까지 확대된 것은 일차적으로 사림활동이 그만큼 활발했던 결과라고 할 수 있다. 그러나 이런 서원 발전의 이면에는 그것을 가능하게 해준 국가의 서원 지원책이 있었음도 사실이다. 후기의 영조 때 대대적인 훼철을 수반한 국가의 서원억제책이 이후의 서원 쇠퇴를 가져왔던 데서 보듯이 서원의 발전이나 침체 여부는 국가 정책에 좌우되는 측면도 컸다. 그러므로 서원의 주체인 사림 내지 사족의 입장이나 활동과 함께 국가의 서원시책까지 살피는 것이 조선 중기 서원 발전의 실상을 바르게 이해하는 길이 되겠다. 여기서는 이런 면에 유의하면서 서원의 발생과정에서 파생되는 제반 문제점에 대한 대책론을 중심으로 다루기로 한다.[46]

서원이 본래 사림의 사설학교로 출발하였기 때문에, 서원과 관련된 제반사는 오로지 향촌사림의 자율에 맡겨져 있었다. 따라서 국가는 인재 양성과 右文政治라는 측면에서 혹은 사액하여 사림을 격려하고, 때로는 약간의 물질적 지원을 하는 소극적 장려책 이외에는 불관여의 입장을 고수하였다.

서원에 대한 국가의 관여가 처음으로 논의되기는 17세기 중반인 인조 22년 慶尙監司 林墰의 서원폐 상소를 계기로 하여서였다. 여기서 임담은 서원 제향자의 자격기준이 모호함에서 오는 濫享의 경향을 지적하고 良丁의 冒占으로 인한 良役弊의 유발을 서원폐단으로 거론, 적어도 그 건립에 관해서만은 국가가 파악해야 옳다(創建以聞)는 견해를 피력하였다. 그의 이러한 주장은 예조판서 李植의 찬동을 얻어 일단 서원 건립 때 조정에 알려야 한다는 형태로 정책화하였다. 서원건립에 대한 국가의 간섭이 시작된 것이다. 그러나 創建以聞이란 이 규정은 그 이후 제대로 지켜지지 않았고 국가에서도 크게 이를 문제삼지 않았다.

효종은 즉위한 직후 金集을 영수로 한 山林세력을 조정에 불러들였으며, 金堉을 필두로 한 일반관료[47]에게 정권을 맡기면서도 이들 산림을 언관직에

46) 이하의 서술은 鄭萬祚, 앞의 글(1984)에 주로 의거하였다.
47) 여기서 일반관료란 말은 명분을 중시하는 산림세력(山黨)에 비해 집권자로서 현실의 정책을 중시하는 漢黨系나 그들과 정치적 입장을 같이하는 인물을 가리

포진시켜 상호 견제를 유지하도록 하는 권력구조를 취하였다. 따라서 효종대의 정책은 이들 관료세력과 산림계 사이의 절충에 의해 결정되었던 것이며 서원시책도 사정은 마찬가지였다. 즉 산림이 처음 벼슬길에 나오던 효종 초 그들은 李珥·成渾의 文廟從祀를 청하는 한편 趙光祖·이이·성혼·金長生의 4인을 제향하는 각처의 서원에 대한 사액을 요청, 이를 실현시켰다.[48] 이는 산림계의 學的 淵源과 조광조→이이·성혼→김장생으로 연결지은 이른바 기호학통의 천명을 통해 일반관료에 대한 도덕적 우월성과, 특히 영남학파에 대항하여 도학적 정통성의 확립을 목적으로 한 것이었다.

그러나 일반관료의 반발 또한 만만치 않았다. 후일 현종 때 송시열의 義理無實을 비난했다가 큰 物議를 빚었던 徐必遠은, 충청감사로 있던 효종 8년(1657) 도내 서원의 실상을 상소하면서 濫設의 경향을 우려하고, 그 폐단을 鄕校衰退·保奴(良丁冒占)·傷風敗俗·官給祭需라는 4가지 측면에서 신랄하게 공격했으며, 이어 서원에 대한 정리의 필요성을 역설, 특히 疊設에 대해서는 훼철까지 요구하며 앞으로의 서원건립은 반드시 국가의 사전 승인을 받도록 하는 등의 통제책의 실시를 청하였다. 도학을 내세워 첩설에도 불구하고 사액을 요구한 산림계의 주장을 정면으로 부정하고 있는 것이었다. 서필원의 이러한 요청은 역시 관료계의 인물이었던 예조판서 蔡裕後의 적극적인 지지를 받아 한때는 정책으로 결정되기까지 하였으나 뒤이어 玉堂에 있던 산림계 李正英·閔鼎重의 맹렬한 반대에 직면하게 된다. 이때 산림계의 서원 통제 반대는 퇴계 이황의 유명한 서원론에 기초한 것으로, 서원은 사림의 藏修處로서 존재할 뿐이지 祀賢의 기능은 부차적인 것이므로 애초부터 첩설이 문제될 것은 아니며, 또 첩설 자체가 그 제향 인물에 대한 후학의 존경이 성함을 의미하는 것으로 폐단시할 필요는 전혀 없고 不合祭享者는 黜享하면 될 것이지 굳이 良民冒占과 같은 사소한 폐를 같이 들먹여 毁院하라는 것은 斯文을 망하게 하려는 저의 때문이라고 극론하여 서필원과 그에 동조한 채유후의 파직을 요구하였다. 민생문제를 앞세우는 현실론적 입장과 大義名分의 토대인 도학 진흥을 우선하는 이상론적 정치자세 사이의 현실을 보는 시

킨다.

48) 《書院謄錄》 권 1, 효종 원년 5월 30일.

각의 차이가, 서원정책 결정을 놓고 날카롭게 대립을 보이고 있는 것이다. 하지만 서필원의 서원통제론을 둘러싼 일반관료와 산림세력의 이러한 논쟁은 결과적으로 서원의 존재를 朝紳 사이에 재인식시키고 향후 서원정책이 보호와 장려의 측면에서 적극적으로 추진되도록 하는 계기를 만들어 주었다. 그 영향으로 현종대에 들어와 향촌사림의 請額운동을 촉발시켜 請額疏가 폭주하였다. 따라서 사액이 남발될까 우려한 현종은 스스로 첩설처에 대한 사액의 제한을 예조에 신칙하였으며,49) 이에 따라 예조는 지방에서 올라오는 청액소에 대해 일률적으로 勿施라는 부정적 품의와 防啓로 일관, 적어도 사액에 관한한 외면상으로는 통제를 가하는 정책을 취하였다. 그러나 현종 대에는 청액하였다가 거부된 경우는 모두 26개소이지만 그보다도 사액된 숫자는 훨씬 많은 42개소(서원명 31, 사우명 11)였다. 4개(인조) 내지 11개소(효종)에 그쳤던 전대에 비하여 엄청난 증가라고 할 수 있다. 결국 현종대의 서원시책은 사액에 신중을 기한다는 뜻에서 약간의 제한 조항을 둔 것일 뿐 기본적으로 서원 통제가 아닌 장려의 성격을 지닌 것이었다고 할 수 있다.

그러나 효종과 현종대의 서원장려책은 산림이 애초부터 그렇게 할 것을 의도한 것은 아니었다고 하더라도 다분히 서인 편향적인 것이었다. 그것은 효종대에도 그러하지만 특히 현종대에 들어와 왕으로부터 사액을 받은 서원을 당색별로 구분할 때 서인계 서원이 남인계에 비해 4배에 이르는 압도적 다수(12개소 : 3개소, 나머지 16개소는 당색 무관)를 점하고 있는 통계가 이를 말해주고 있다. 이는 비록 갈등을 보이고 있기는 하더라도 집권세력인 漢黨系나 산림계가 당색에 있어 근본적으로는 서인에 속하였으며, 그렇기 때문에 첩설처라 하여 일단 거부된 사액요구가 서인계 서원의 경우는 바로 이들 서인관료의 特請에 의하여 대부분 특례로 사액내리게 되는 구제의 기회를 가졌기 때문이었다. 영남학파에 대항하여 기호학통을 수립하고자 서원건립과 사액 실현에 주력하던 서인계 산림들로부터 남인의 학통천명을 강화해 줄 남인계 서원에 어떤 도움을 기대하기란 사실상 불가능한 일이었다.

사액과정에서 보이는, 한편으로는 통제하라는 왕명에 좇아 防啓를 하면서

49) 《書院謄錄》 권 1, 현종 원년 2월 19일.

도 자기당파 계통에는 서원장려의 필요성을 들어 사액을 종용하는, 이러한 당파적 편파성의 요소는 이후 서원정책이 집권세력의 이해관계에 따라 좌우되게 하는 선례를 남겼다. 숙종대에 보이는 첩설금지령의 잦은 신칙 속에서도 서원의 엄청난 수적 증가가 올 수 있었던 첩설의 단초는 이미 여기서 마련되고 있었던 것이다. 뿐만 아니라 이와 같은 제향인물 위주의 사액경향은 서원으로 하여금 특정 인물을 드러내기 위한 제향 중심으로 변모하게 하는 계기를 만들었다고 할 수 있다.

숙종대에 들어와 서원문제가 논의되기는 원년 9월에 호조판서 吳挺緯가 국가의 승인을 받지 아니한 채 서원의 私建이 성행하고 있음과 院屬 및 保奴의 폐단을 들어, 이에 대한 대책의 강구를 요구함에서 비롯되었다.[50] 이때 그는 각 지역의 서원에 대한 조사를 거쳐 필요한 경우 훼철까지 수반된 강력한 통제책의 수립을 희망하였으나, 비변사의 보고는 기왕의 것은 불문에 붙이고 앞서 효종 8년(1657) 서필원의 요청으로 결정되었던 丁酉成命, 즉 "서원건립 때는 반드시 조정의 허락을 받아야 한다"는 조항을 착실히 시행케 하자는 정도에 그치고 있었다. 당시의 집권세력인 남인으로서도 훼철에 따른 사림의 반발을 감당할 자신이 없다고 판단되었기 때문인 것 같다. 그러나 이때에도 현종대의 서인정권에서와 마찬가지로 沮喪된 士氣를 높이고 사림의 나아갈 바를 바로잡게 해야 한다는 許穆 등 儒臣系의 주장으로 特爲賜額의 형태로 사액이 빈번하였다.

특히 이 시기에 첩설에도 불구하고 사액의 특전을 받았던 대표적 서원은 이황과 鄭逑를 제향하는 곳이었다. 이황의 도학자적 공덕은 자타가 인정하는 바이지만 특히 정구의 경우는 숙종 초 집권파였던 기호남인의 학적 연원을 이루고 있었기 때문에 기호남인의 집권명분을 위한 도학적 정통성 수립이란 측면에서 그 존재의 顯揚이 필요하였던 것이다.[51] 즉 서원정책이 국가적 차원의 공정성과 객관적 기준 위에서 집행되지 못하고 점차 당파적 이해관계에 의해 좌우되는 현상을 보이고 있는 것이다.

50) 《書院謄錄》 권 1, 숙종 원년 9월 28일.
51) 이는 마치 효종, 현종대의 서인정권하에서 서인학통의 연원으로서 이이·성혼이, 집권세력의 학파로서 김장생이 추존되었던 것과 같은 양상이다.

이러한 경향은 경신출척과 기사환국, 그리고 다시 갑술환국으로 이어지는 잦은 정변 속에 더욱 심화되게 마련이었다. 우선 경신출척으로 다시 정계에 복귀한 서인은, 서원이 너무 과다한데다 장수의 실효는 없고 오히려 수령권을 위협하며 유생들이 群居遊談하거나 酒食餔餟하여 폐단만 낳는 장소로 전락되었다는 大司成 金萬重의 서원폐 상소[52]를 계기로 서원 신설금지와 일체의 사액을 불허한다는 정책을 수립하였다. 그러나 이 기간 동안에 서인계는 금령에 저촉되지 않으면서도 실제적인 건립의 효과를 얻을 수 있는 기존 서원에 대한 추향에 주력하였다. 즉 이이가 황해도 지역에 다수 분포한 서원에, 송준길이 김장생이나 宋麟壽의 서원에 추향되는 것이 그 예이다. 그리고 서원건립금지령도 철저히 시행되지는 않았다. 《俎豆錄》의 통계는 이 기간 모두 23개처의 서원이 건립되고 있음을 보여준다. 서원금지령과 관련하여 주목되는 것은 이 시기에 사우의 수가 현저하게 증가하고 있다는 사실이다. 그 숫자는 모두 21개소로서 서원의 그것에 육박하고 있다. 이는 금령을 피하여 비슷한 효과를 거둘 수 있는 사우를 건립한데서 온 현상이었다. 따라서 건원금지령은 사실상 효력을 상실한 것이나 다름없었다. 뿐만 아니라 사액도 열군데 정도가 거부되었지만 그것은 첩설처의 경우였고 李恒福·黃愼·尹煌·李恒·朴尙衷·李之菡·李穡 등 서인계 내지 서인이 존봉하는 인물에 대해서는 첩설처가 아니라 하여 사액이 내려지고 있어서 그 숫자는 모두 19개소(사우 포함)에 달하였다. 첩설불허의 정책으로 인하여 점차 사액을 받는 서원제향자의 범위가 확대되는 것이 새로운 현상으로 지적될 수 있겠다.

숙종 15년(1689) 기사환국 후 남인정권하에서의 서원정책도 이러한 면에서는 이전과 다를 바가 없어지만, 단 앞서 경신출척 때 서인의 공격으로 적지 않은 被禍者를 내었기 때문에 이제 그들을 신원하고 표창한다는 뜻에서 서원건립이 이루어지고, 또 서인에 의해 거부되었던 남인계 서원에 대한 사액이 첩설불허라는 금령과 관계없이 다시 주어지고 있다는 점이 주목된다. 남인계의 산림으로 일컬어지며 경신년에 관작이 박탈되었던 허목을 제향하는 서원이 2~3년 사이에 4개처나 건립과 동시에 사액되고 尹善道나 洪宇遠과

52) 《肅宗實錄》 권 11, 숙종 7년 6월 계미.

같이 유학자라고 보기는 어려운 인물이 禮訟 때 죄를 입었다는 사실로 입향되고 있다. 이러한 현상은 첩설처 사액불허라는 금령에 저촉되지 않기 위해 제향 대상의 범위를 확대시킨 데서 초래된 것이지만, 결과적으로 도학자여야 한다는 제향기준을 무너뜨려 후일 서원의 질적 저하를 유발하고 사우와의 구별을 모호하게 만드는 요인으로 작용하였다.

남인세력의 몰락과 서인 장기집권의 기반이 되었던 숙종 20년(1694) 갑술환국 이후의 조정의 대서원시책도 역시 마찬가지로, 환국에 따르는 집권명분 확립과 피화자의 신원이란 면에서 한편으로는 서원장려책이 진행되면서, 다른 한편으로는 첩설과 남설, 그리고 서원폐에 대한 통제책의 마련이라는 일련 상반된 과정을 밟고 있었다. 전대 이래의 첩설금지책이 여전히 발효중임에도 불구하고 노론의 영수이고 학자이던 송시열을 제향하는 서원이 환국후 1~2년 사이에 이미 4개소나 창건되고 추향은 9여개소에 이르고 있으며, 숙종 말년까지는 26년간에 걸쳐 무려 20개소, 14개소가 각기 건립, 추배되고 있었다.[53] 송시열에 대한 제향이 이렇게 성행한 것은 물론 그 자신의 유학자로서의 위치도 있겠지만, 노론의 영수로서 기사년에 피화된 사실이 이 때 와서 신원의 의미를 지니고 나타난 것이 아닌가 하며, 물론 그 자체가 노론정권의 집권명분을 강화해주고 있었음은 두말할 필요가 없을 것이다.

기본적으로 집권당의 정치적 이해를 반영한 조정의 이와 같은 특정 인물이나 執權黨系 피화인의 서원에 대한 우대와 장려책은 결과적으로 국가의 서원사건금령이나 첩설처 사액불허라는 통제책을 국가 스스로 무효화하고 동일 인물에 대한 첩설과 자격부족자까지도 입향케하는 남설(猥享) 현상을 유발, 결국 숙종 일대에 사액처만 131개소(사우 포함, 서원 명칭은 105개소), 창건처는 300여 개소(사우 포함, 숙종 45년에 상당수가 훼철되었으나 분명한 숫자를 알 수 없기에 개략적으로 표시함)라는 비정상적인 서원의 격증현상을 초래했다.

한편 향촌 사림은 점차 벌열성과 폐쇄적 경향을 보이고[54] 있는 중앙의 권

53) 《俎豆錄》 및 《列邑院宇事蹟》에서 摘出.

54) 이는 숙종 초 이후 외척세의 대두가 현저하고 송시열 등의 산림이 이들과 결합해가는 과정에서 빚어진 현상이었다고 생각되며 특히 이에 대한 비판에서 少論黨의 성립이 비롯되는 것이라 할 수 있다(鄭萬祚, 〈영조대 초반의 蕩平策과 蕩平波의 활동〉, 《震檀學報》 56, 1983, 29·50쪽 참조).

력구조와 연관을 맺어 출세와 향촌사회에서의 특전을 부여받고 사회적 지위의 향상을 꾀하고자 하였다. 이를테면 중앙관인의 정치적 욕구와 향촌 사림의 현실적 이익추구라는 이해관계가 서원이란 매개체를 통하여 일치하고 실현될 수 있었던 것이고 바로 그것이 첩설과 남설, 그리고 사액의 남발을 가져오게 하였던 것이다.

이와 같이 사적 이해관계에 의해 건립·운영되는 서원이 그 본래의 士子藏修라는 기능을 제대로 발휘하리라는 것은 기대할 수 없었다. 이제 서원은 祀賢의 기능만 남게 되었고 따라서 처음부터 향사를 목적으로 하였던 사우와 별다른 구별이 주어지지 않게 되었다. 숙종 20년(1694) 이후 서원장려책이 추진되면서도 전례 없이 조정에서의 서원대책 논의가 활발해지게 되는 것은 이제 서원문제가 더 이상 방치할 수만은 없는 심각한 단계에 접어들고 있었기 때문이었다. 갑술환국 직후 좌의정 朴世采는 文廟從祀人과 大名賢을 제외하고는 일체 첩설을 불허할 것을 건의하였고, 이듬해 논의에서는 좌의정 柳尙運과 영의정 南九萬의 건의에 따라 조정의 허락을 받지 않은 私建書院에 대해서는 훼철할 것과, 이를 어기는 지방관은 논죄하기로 방침을 정하고 첩설처는 사액치 말 것을 정책으로 결정하였다.55) 이후에도 때때로 첩설금령은 계속 신칙되었으나 종국적으로 유교를 폐기할 수 없는 한 서원 자체를 부정할 수 없다는 명분론을 앞세운 노론측의 송시열 서원건립운동 앞에 毁院까지 포함된 금령의 강력한 집행은 유명무실화할 수밖에 없었다.

그러다가 지금까지 장려책을 주장하던 노론계 일각에서 이에 동조하게 되는 숙종 29년 이후 비로소 적극성을 띠게 되었다. 즉 戚族으로 명망이 있던 閔鎭遠이 서원폐를 들어 私建時의 지방관에 대한 논죄와 수창유생에 대한 停擧를 요청했고 뒤이어 그의 형인 閔鎭厚가 예조판서가 됨에 첩설폐를 극론하고 請額疏를 받지 말 것을 건의하였다. 이어 숙종 33년 사헌부가 서원폐 근절 방법의 하나로 제시한 一處合享事를 논의하는 과정에서, 이는 난점이 많다고 하여 폐기하면서 그 대신 금지령을 어기고 사사로이 세운 곳에 대한 훼철을 다시 결정하고 말썽많은 피역문제와 관련, 院生에 대한 정례적인 考

---

55) 《書院謄錄》 권 3, 숙종 21년 6월 3일.

講을 시행토록 하였다. 그러나 이 때 결정된 훼철책이 실제로 집행되기 시작한 것은 7, 8년 지난 숙종 39년에 왕이 스스로 一切之法이 없기 때문에 첩설이 온다고 첩설금지를 하명(이를 癸巳受敎라 한다)하고 예조판서 민진후가 서원문제를 전담하면서부터였다. 이 때 그는 서원의 私建時의 논죄사항에 대해 이를 막지 못한 감사는 推考, 수령은 파직하며 수창유생은 3년간 과거에 응시하지 못하게 하고, 일단 앞서 민진원이 사건에 대한 통제를 요구했던 숙종 29년(癸未)을 기준연도로 하여 이 해 이후의 不禀朝廷 私自創建한 곳의 조사를 각 도 감사에게 하명토록 건의,[56] 왕이 이를 따름으로써 비로소 서원정리의 첫발을 내딛게 되었다. 그리하여 이듬해인 숙종 40년 평안도의 조사보고서가 올라 왔을때, 처음 민진후는 유보하자는 입장이었으나 좌의정 金昌集 등의 毁院 찬성에 따라 하나하나 심의, 金昌集과 민진후가 재고를 요청한 箕子書院 등 3개소만 남기고 일체 훼철케 하였다[57](이를 甲午定式이라 하며 영조 17년의 훼철시 기준연도가 됨). 이후 丙申處分으로 조정이 혼란함으로 인해 조사는 한때 중단되었다가 숙종 43년(1717) 역시 예조판서 민진후의 재촉[58]으로 甲午定式이 재천명되면서 각 도의 私建書院의 명단이 보고되고, 주로 왕과 민진후 사이의 심의에 따라 毁置가 결정되었다. 이 때 훼철이 결정된 수가 얼마나 되는지 분명치는 않으나 慶尙左道暗行御史別單에 보고된 것만 80여개이고 그 중 일부인 16개소에 대한 심의 결과, 민진후의 특청에 따라 거제와 長鬐의 송시열 서원 등 7개처는 남겨두고 나머지 안동의 金涌·權宇 등의 서원 등 9개소는 훼철토록 판정된 것을 보면 전국적으로 상당수에 달하였을 것으로 짐작된다.

그러나 이 때 毁置의 심사기준이 첩설에 있는 것이 아니라 제향자의 인물여하에 있었고, 그것도 공개적이 아닌 왕과 민진후 사이에서만 이루어졌던 관계상 객관적이고 공정하였다고 말하기 어려웠다. 수십 개소에 달하는 송시열을 제향하는 서원이 여전히 훼철대상에서 제외되고 있는 것은 이 때의 훼철책이 당파적 색채를 완진히 배제할 수 없었던 한계를 보여주는 것이었다.

---

56) 《承政院日記》 479책, 숙종 39년 7월 30일 을해.
57) 《肅宗實錄》 권 55, 숙종 40년 7월 경술·을묘.
58) 《書院謄錄》 권 6, 숙종 43년 10월 10일.

경종대에 들어와 취하여진 서원정책은 辛丑獄으로 정권이 소론에게로 넘어가자 서원건립과 청액운동이 다시 고개를 들게 되어 국가의 毁院 대책은 원점으로 돌아가는 듯 하였다. 즉 우선 숙종 때 훼철되었던 李惟泰 서원의 재건과 사액을 요구하는 상소가 처음 나온 이래 崔錫鼎·李景奭·尹宣擧·尹拯·李世龜 등 소론계 인물을 제향하는 서원의 건립 허용과 사액을 청하는 향촌 유생의 상소가 산적하고 또 소론 내에서도 이들 인물을 포증해야 한다는 소리가 높아지게 된 것이다. 소론계 서원에 대한 장려가 있기에 앞서 당시의 소론 당로자들은 미결인채 남아 있는 숙종 때의 甲午定式에 대해 정리할 필요가 있었다. 그 때 훼철이 결정되고서 아직 그 집행을 못한 곳도 있고, 또 禁令年度에 저촉되면서도 송시열 서원같이 제외되고 있는가 하면, 윤선거·윤증과 같이 소론계에서 존봉하는 인물의 서원은 훼철의 대상에 포함되고 있어, 소론으로서는 승복 못할 점이 있었기 때문이다. 그리하여 일부 소론계에서는 차라리 훼철령의 보다 철저한 시행을 통해 금령을 어겼음에도 불구하고 특별한 예외조치로 제외되었던 노론계 서원까지 이 기회에 모두 훼철시키는 것이 낫지 않느냐는 방향으로 논의를 전개시켜 나가게 된다.

이 시기의 대표적인 서원통제론자는 李明彦과 李眞儒였다. 숙종 말 嶺南暗行御史로서 사사로이 세운 서원을 조사하였던 이명언은, 경종 2년(1722) 동부승지로 입시한 자리에서 서원이 祀賢 위주로 성격이 변함에 따라 사우와 구별이 없어지게 되었다고 지적, 이런 결과를 초래한 요인으로 첩설과 남설의 폐단을 비난하였으며 求請이 금지되어야만 이런 폐단이 없어질 것[59]이라고 하였다. 이어서 지금의 첩설처로는 송시열서원이 가장 많은데 그 인물이 적절치 않으니 이것부터 먼저 훼철할 것을 요구, 훼철론의 목표를 분명히 하였다. 이와 같은 정치적 목적을 지닌 노론계 서원 탄압책은 그러나 우의정 李光佐 등의 반대로 실현되지는 못하고 단지 副司果 李眞洙가 절충론으로 제시한 사액현판의 회수(撤額)로 낙착되어서 송시열서원은 華陽洞書院만 제외하고는 건립시기에 관계없이 모두 撤額되고 말았다.

경종대의 서원시책은 이와 같이 노론계 서원에 대한 탄압을 목적으로 통

59) 《承政院日記》 544책, 경종 2년 9월 5일.

제책이 강구되었지만 그러는 과정에서 첩설과 남설의 폐단이 여지없이 비판되었다. 특히 화양동서원에서부터 비롯된 지방관의 토지 획급과 경내의 大村을 점거하여(이를 書院村이라 함) 사실상 지배하다시피 하고 있는 비리 등, 지금까지 드러나고 있지 않던 서원의 병폐가 폭로되어 서원문제에 대한 일대 시정책이 요망된다는 여론의 공감대를 조성, 이것이 영조대에 들어가 대대적인 서원훼철을 단행케 하는 명분을 제공해 주었다는 데서 의의가 있다.

이러한 서원시책은 영조대에 들어와서도 그 초기는 선대의 전철을 그대로 답습하였다. 乙巳換局으로 노론의 집권과 함께 앞서 경종대에 黜享된 노론계 인물이 모두 復享되며 철거되었던 현판도 다시 걸리고 송시열·權尙夏 등의 서원에 사액이 내려지게 되며 특히, 辛壬獄으로 피화하였던 노론 대신에 대한 신원과 함께 四忠書院이 세워지고 사액되었다. 그러나 이러는 과정에서도 앞서 경종대 드러난 서원폐단을 의식하여 첩설은 억제되고 그 시정책으로서 書院位田免稅에 관한 경종 초의 결정을 법제화하는 조처가 뒤따랐다. 그런데 영조대에 들어와 특이한 현상은 집권당인 노론의 소론계 서원에 대한 탄압 요구를 왕이 여러 가지 구실로 거부하고 있으며, 壬寅獄에 연루되어 죽임을 당한 노론계 인물의 사우를 세우려는 요구에 대해서도 신원이 꼭 享祀로만 나타날 필요는 없다고 물리치고, 상기한 老論四臣의 서원도 첩설을 비난하는 자리에서 왕의 발의로 한 곳에만 合享케 된 것이라는 점이다. 다시 말해 왕이 서원시책을 적극적으로 주도하고 있다는 사실이며 이는 전대에서 볼 수 없었던 현상이었다. 이것은 서원정책이 탕평책의 일환으로 운영되고 있음을 말해준다.

서원훼철에 대한 영조의 관심이 주어지기는 동왕 3년(1727) 修撰 趙鎭禧가 서원이 藏修의 실효는 없으면서 양민을 冒入, 逋逃之藪(良役弊 誘發要因)가 되어 민폐만 끼치고 있다고 서원폐를 지적하며 첩설처에 대해 조사를 청한 데서부터였다.[60] 이에 왕은 文勝의 폐를 경계하면서 조사되는 대로 훼철하도록 하명하였다. 그리고 이듬해 5월 경연에서 參贊官 趙德隣과 檢討官 申致謹이, 서원 첩설이 당론의 격화 때문에 온 현상임을 지적, 서원이 장수처로서의 기

60) 《承政院日記》 651책, 영조 3년 12월 11일.

능은 이미 상실하고 편론의 쟁투장으로 변해버렸으며, 그러다보니 권세있는 집안이 그 선조를 드러내고, 향촌士子의 拔身하는 도구로 이용될 뿐이라고 극론하자 왕도 이를 긍정하고 앞으로 어떤 請額도 일체 이를 받아들이지 말도록 신칙하였다. 조진희와 신치근이 거론한 서원폐, 즉 逋逃之藪요, 당론의 소굴이라는 지적은 대체로 서원문제에 관한 소론의 공통된 의견이었는데, 이것은 영조 5년(1729)부터 경연에 입시하여 영조의 時務觀에 큰 영향을 주었던 梁得中의 書院虛僞說과 함께 영조의 서원관을 부정적으로 이끄는데 결정적인 방향을 미쳤던 것으로 생각된다.

영조의 탕평책은 동왕 5년에 들어와 趙文命·宋寅明·趙顯命 등의 탕평파가 형성되고 여기에 洪致中·李台佐·李㙫·金在魯 등 노·소론의 緩論者가 가담, 소위 탕평정권을 형성하면서 본 궤도에 오르는데, 그 특징은 정치의 안정을 위해 노·소론간의 시비의 초점이던 辛壬獄에 대한 충역 문제를 절충하여 老·少合仕를 유지하는 한편, 이를 깨트릴 일체의 분쟁적 요소를 미연에 방지하는데 주력하자는 것이었다. 탕평파의 이러한 입장에서 볼 때 각당파의 집권명분과 신원의 의미를 지닌, 도학자나 피화인의 제향처로서의 서원은, 그 만큼 각 당파의 인물시비를 야기할 위험을 지닌 요소였고, 또 이는 숙종·경종대의 정치적 분쟁을 통해 사실로 이미 증명된 바였다. 그러므로 탕평파의 경우 서원문제가 분쟁적 요소로 확대되는 것을 극히 경계하였다. 영조 5년에 앞서 조진희의 건의에 따라 하명되었던 각도 서원의 疊設處에 대한 보고가 올라오자, 일체 훼철론을 펴는 왕에게 분쟁의 우려를 들어 撤額이란 완화책을 건의하고, 또 송시열·윤증 서원 등 노·소의 이해가 상충하는 서원은 거기에서도 제외시킨 것은 바로 이러한 의도에서 였다.

영조 14년 일부의 안동사람들이 노론계의 지원을 받아 金尙憲書院을 세우려다, 이를 방해하고 끝내 毁院하여 버린 남인과 충돌한 사건은 서원문제에 대한 경각심을 다시 불러일으켰다. 이에 대해 탕평파는 훼원에 가담한 자를 처벌함과 동시에 재건을 불허하는 兩治兩解의 방법을 건의하였고, 왕 또한 이를 계기로 자신의 治世 원년(乙巳年) 이후 그 때까지 창건된 서원에 관한 조사를 각 도에 분부, 창건 당시의 지방관과 수창유생에 대한 처벌을 시도하였다.

영조 17년에 단행된 私建서원에 대한 일체의 훼철책은 한 해 전인 영조

16년에 단행된 庚申處分이라는 정치적 사건을 배경으로 하였던 데서 이해되어야 한다. 이 때 왕은 그 때까지 逆으로 단정하던 壬寅獄을 誣獄으로 판정, 被罪者를 신원시켜 노론측 명분에 승리를 안겨주면서도 정치적 보복은 일체 용인하지 않고, 그 때까지 취해오던 탕평책도 변함없이 추구되어야 할 것임을 재강조하였다. 이러던 차에 함경도 북청의 李恒福 제향서원에 李光佐追配사건이 발생하였다. 이광좌는 소론의 영수로서 노론은 그를 戊申亂의 逆魁로까지 몰아 공격하였던 만큼, 그가 비록 그 先祖의 서원이라 하더라도 사액이 내려진 서원에 조정의 승인을 받지 않고 제향되었다는 사실은 노론의 배척을 불러일으키기에 족하였다. 실제로도 追配사실이 알려진 직후 노론계인 예조판서 徐宗伋이 맨 먼저 이를 맹렬히 비난하고 나와 상차 노·소론간에 이광좌 인물시비를 놓고 분쟁이 크게 일어날 조짐이 보였다. 이에 왕은 金在魯·宋寅明·趙顯命 등 탕평파의 건의를 받아들여 숙종 40년(1714)의 甲午定式 이후 그 때까지 사건된 모든 서원·사우에 대한 일체 훼철을 하명하였다. 훼철의 동기가 당쟁적 요소를 미연에 방지하는데 있었으니 만큼, 훼철에 임해서도 편파적인 혐의를 받지 않기 위하여 일체의 예외조항을 두지 않고 중앙에서 훼원감독자까지 파견하여 대상이 되는 것은 모두 훼철하였다. 이 때 훼철된 것은 대개 170여개소로 말해지고 있으며 지방관에 대한 유배까지 규정한 벌칙을 강화, 향후 私建의 여지를 남겨 놓지 않았다. 결국 이러한 조처로 서원의 첩설과 남설이란 큰 폐단은 일단 가라앉았다.

그렇지만 이 훼철조치는 서원이 불러일으키는 사회적 병폐까지를 척결한 것은 아니었다. 그것은 유교이념을 폐기할 수 없는 한 서원이 부정될 수 없는 성질의 것이었을 뿐 아니라, 당쟁적 요소의 제거가 애초의 목적이었으니 만큼 거기까지는 힘이 미칠 수 없었던 것으로, 영조 탕평책의 성과와 한계를 이 곳에서도 찾아 볼 수 있다. 그러므로 서원의 사회적 병폐는 여전하였고 이제는 정치적 요소가 제거된 대신 후손의 서원관여가 현저해져 猥享은 물론이고 향촌민에게 미치는 사회적 폐단은 전일에 비할 바가 아니었으며, 이것이 19세기 이후의 세도정치하에서 더욱 조장됨으로써 결국은 대원군에 의한 대대적인 서원철폐를 맞이하게 된다고 볼 수 있다.

〈鄭萬祚〉

3. 사족의 향권과 수령권

1) 조선 중기 향권의 의미

조선시대 향촌사회는 군현제로 편제되어 있었고 각 군현에 파견된 수령은 사법·행정 등 일읍의 통치권을 국왕으로부터 위임받아 행사하고 있었다. 이 향촌사회 최고권력으로서의 수령권은 조선 전 시기를 통해 부정된 적이 없었다. 왕명을 대행하는 '命吏'로서 수령은 향촌사회에서 절대적인 권한을 행사해왔던 것이다. 그러나 수령권이 국가권력에 기반한 것이고 국가권력이 당시 지배계급의 이해관계를 대변하고 있었던 만큼, 왕권이 절대시되는 것과 마찬가지로 수령권이 절대시되기는 하였지만, 수령이 향촌사회에서 가지는 권력은 상대적일 수밖에 없었다.

수령은 중앙 집권세력과의 관계에서 자유스러울 수 없었으며, 향촌사회에서 재지사족과의 관계에서도 역시 마찬가지였다. 특히 수령은 향촌사회의 각종 지배기구를 통하여 향촌사회를 통치해야 했기 때문에 조선 중기 향촌사회 지배기구를 장악하고 있던 사족들과는 일종의 보험, 대립관계를 동시에 갖고 있었다. 따라서 향촌사회에서 수령권은 군현 단위에서 사족들이 누렸던 향권과 관련하여 이해될 필요가 있다고 하겠다. 아직까지 일반 백성은 권력을 나누어 가질 수 있는 주체로 서지는 못한 단계에 머물러 다만 피보호자로 인식되고 있었다. 조선시대에 士夫나 士族을 국가의 '元氣', 수령을 牧民官으로 부르고 있었던 사실은 당시의 권력구조에서 사족, 수령, 민이 차지하는 위치를 상징하는 것이다.

사족의 '鄕權'이 주목되기 시작한 것은 최근의 일이다. 종래에는 향권에 대한 언급을 발견하기가 힘든 상태였다.[1] 이는 조선시대 향촌사회를 이해함에

1) 1970년대 전반까지만 해도 鄕權에 대한 이해가 전무한 상태였다. 이같은 사정은 1972년 대한민국 법제처에서 《典律通補》를 번역 간행할 때, 刑典 禁令에 수록된 '鄕戰'을 石戰·索戰·車戰 같은 시골의 각종 놀이로 번역하고 있었던 데서 발견할 수 있다(법제처, 《전율통보(하권)》, 497·503쪽 참조). 당시 법제처의

있어 제도사적인 차원에서 군현제의 정비라던가, 신분사의 차원에서 양반이나 향리 등의 문제가 주요 관심사로 되어왔던 데 기인한 것으로 보인다. 군현제의 전면적 실시가 고려와 조선을 구분짓는 큰 특징의 하나로 이해되면서, 군현에서의 권력관계면에서는 수령권 강화에 초점이 맞춰졌고, 수령 밑에 실무 집행자로서의 향리가 중간층으로 수령에 기생한다는 차원에서의 설명이 있었다. 그러나 최근 향촌사회의 지배기구와 향촌 사회세력에 대한 연구가 진전됨에 따라,[2] 국가의 지배방식을 이들 각 사회세력과의 관계에서 새롭게 이해할 수 있게 됨으로써 향권의 실체를 밝힐 수 있는 기반이 마련되었다. 조선 향촌사회에서의 향권은 좁은 의미에서는 유향소의 임원이 가지고 있던 향촌사회 운영권을 의미하는 것이었지만, 보다 넓게는 향임에 대한 인사권까지를 포함하는 향촌사회 지배신분층으로서의 사족이 갖고 있었던 향촌사회 운영권을 가리키는 것으로서, 16세기 이래 조야에서 공히 사용되고 있던 용어였다.[3]

향촌사회에서 수령권 외에 향권이 문제시되었던 것은 조선왕조의 향촌사회 지배방식 및 재지사족의 존재형태와 관련된 것으로 이해된다. 국가는 지방사회에 수령을 정점으로 하는 관의 행정조직 외에 재지사족이 중심이 된 향촌 지배기구, 즉 유향소를 운영하였는데, 이 유향소는 기본적으로 각 군현의 수령을 보좌하는 재지 品官들의 기구로서, 경재소에 의해 통제되고는 있었지만 독자성을 강화하고 있었다. 국가가 아직까지 지방세력을 직접 통제하

번역은 1939년 조선총독부 중추원에서 《大典會通》을 간행할 때 붙였던 刑典 禁制 '鄕戰' 항목의 頭註로 있는 日文을 그대로 옮긴 것이다(경인문화사 영인본, 《大典會通》, 1972, 695쪽 참조).
그런데 이 '향전'은 시골에서의 각종 놀이가 아니라 조선 후기 향권을 둘러싼 지방세력간의 다툼을 가리키는 것으로, 영조대 편찬된 《續大典》 刑典에 처음 실렸던 항목이다. 그간의 향권에 대한 이해부족을 단적으로 보여주는 예라 하겠다.

2) 1970년대 이후 새로운 향촌사회 연구에 기초를 제공한 저서로서는 다음을 들 수 있다.
金龍德, 《鄕廳硏究》(韓國硏究院, 1978).
李樹健, 《韓國中世社會史硏究》(一潮閣, 1984).
李泰鎭, 《韓國社會史硏究》(知識産業社, 1986).

3) 金仁杰, 《조선후기 鄕村社會 변동에 관한 연구－18, 19세기 「鄕權」 담당층의 변화를 중심으로－》(서울大 博士學位論文, 1991), 6～10쪽.

지 못하던 상황에서 그들을 매개로 통치권을 행사해야 했던 사정에서 비롯된 현상이었다. 선초의 유향소는 수령권을 위협할 정도였을 뿐만 아니라 중앙의 세력가와도 연결되는 등, 치폐를 거듭하면서도 지방에서 중요한 역할을 담당하였다.[4] 이 유향소의 임원이 가지고 있던 권한은 일정한 임기를 채우면 떠나야하는 수령의 그것에 못지않은 것이었다. 좁은 의미에서 향권이라고 할 때 바로 이 향임이 가졌던 권한을 지칭하였던 것도 유향소 및 그 임원의 중요성을 보여준다.

그런데 향촌사회에서 향임은 鄕案(鄕籍)에 올라야만 그 직책을 맡을 수 있었고, 향임의 천망은 향안에 오른 鄕員들의 의견에 따라 결정되는 것이었기 때문에, 향권은 향임의 인사권 및 향안에 어느 인물을 올릴 것인가의 여부를 결정하는 권한(鄕籍權)까지를 포함하는 뜻으로도 널리 쓰였다. 이는 재지사족이 향안과 향안 구성원을 중심으로 이루어지는 향회를 통해 결속하고 있던 16, 17세기의 향촌사회 사정을 반영하는 것이었다.

한편, 위와 같은 사실들은 조선 중기 관인들이 지방에 근거를 가지고 활동하고 있었던 것과도 무관하지 않았던 것으로 이해된다. 당시 관인들이 지방사회에 뿌리를 두고 있었기 때문에 그들은 국가권력의 이해만이 아니라 재지사족의 이해를 대변하고 있었고, 이 양자를 결합시키는 향촌사회 지배기구를 매개로 지방사회에서 향권을 행사하였던 것이다. 재지사족은 향촌사회에서의 그들 물적 토대를 바탕으로 향회, 유향소, 서원 등 그들 나름의 지배기구를 만들어 향권을 행사하고 있었는데, 결코 배타적인 것은 아니었지만, 관권으로부터 일정한 독자성을 가지는 것이었다.

실제 재지사족들은 자신들이 지켜야 할 규범으로 수령의 정사에 득실이나 시비를 말하지 말라고 하는, '勿論官政得失', '勿論是非官政' 등과 같은 조목을 필히 거론하고 있었다. 사사로운 일로 관부에 출입하지 말아야 할 것을 어릴적부터 가르치고자 했으며,[5] 17세기 전반 상주에 거주하였던 月澗 李㙉 같은 이는 노년에 아들에게 "州家의 정사득실을 절대 입에 올려서는 안된다.

---

4) 李泰鎭, 〈士林派의 留鄕所復立運動(上)(下)－朝鮮初期 性理學定着의 社會的 背景－〉(《震檀學報》 34·35, 1972·1973).

5) 李 珥, 《擊蒙要訣》 接人章.

혹 와서 그 같은 말을 하는 자가 있다고 하더라도 응대를 하지 말아야 한다. 이것이 居鄕에 있어 가장 중요한 것이다"라고 강조하였다.[6] 화를 초래할 위험이라던가 백성과 수령과의 관계를 고려한 것이기도 하였지만, 언제든지 入朝(居官)할 가능성을 갖고 있던 그들로서 기본적으로 가져야할 윤리의 차원에서 위와 같은 거향관을 피력하였던 것이다. 그러므로 재지사족의 거향관은 정치적인 의미를 강하게 갖는 것으로 수령의 절대권을 인정한 위에서 자신들의 입지를 확보하여 향권을 행사하겠다는 뜻을 담고 있다고 하겠다.

그러니 이 향권에 수령이 간섭하는 것도 그들은 반가워할 일이 아니었다. 李珥가 해주에서 향약을 실시하는 가운데 수령의 관령은 향임(官任)을 통해서 처리하고, 그 향임을 사족들의 공론으로 통제하면서 사족들의 억울한 일에는 수령에게 공개적으로 이의를 제기할 수 있도록 하는 규정을 마련하고 있었던 것은[7] 사족의 향권이 수령권에 대해 상대적 독자성을 갖고 있음을 보여주는 것이다.

이렇게 재지사족들이 향촌사회의 운영에 관한 제반 사항들을 결정하는 권한을 수중에 장악해 나감에 따라 이제 향촌사회에서 향권은 향론의 주도권을 의미하게 되었다. 다시 말하면 재지사족의 향촌사회 지배권을 뜻하게 된 것이다. 그 중심 내용은 향촌사회 지배기구의 인사권과 부세운영권이었던 것으로 이해된다. 마치 중앙 조정에서의 朝權이 중앙 권력기구의 인사권이나 정책결정에 미치는 영향력을 가리키는 것과[8] 같다고 하겠다. 이같은 재지사족의 향권을 행사하는데 있어 모체가 되었던 것은 향안과 향회였는데, 사족

---

6) 李身圭, 《酉溪集》 권 3, 歡侍日錄.
이신규는 西厓 柳成龍의 문하로, 愚伏 鄭經世와 교유하였던 月澗 李㙉의 아들로서 50이 가까운 나이에도 부친을 옆에 모시면서 부친이 내리는 말씀을 기록하였다. 그 기록이 《歡侍日錄》이다. 이전은 蒼石 李埈의 형이다.

7) 李 珥, 《栗谷全書》, 海州一鄕約束.

8) 《肅宗實錄》 권 4, 숙종 원년 윤5월 갑인.
숙종은 초년에 남인의 견해를 받아들여 당론의 폐를 지적하는 가운데, "국량이 좁은 미세한 무리들이 儒名을 빌려 산림에 머물면서 朝權을 틀어잡고 있다. 무릇 인물의 진퇴나 대소 정사를 필히 먼저 양인(송시열, 송준길)에게 품의한 후에 왕에게 보고하니 극히 한심한 일이다"라고 조정의 서인들을 비판한 바 있다. 위 말에서 조권이 조정에서의 권력으로, 그 핵심은 인사권 정책결정권임을 추론할 수 있다.

은 향안을 매개로 자신의 결속을 강화하고 이 향안 구성원들의 모임인 향회를 통해 향권을 행사하면서 吏民을 지배하였던 것이다.

그런데 이와 같은 향촌사회에서의 향권도 조선 후기에 접어들면서 변질되고, 사족들의 향권에의 참여도 극히 제한되게 되었다. 18세기 중엽을 전후하여 사족들의 결속력이 와해되는 가운데 향론은 분열되고, 향안이 파치되는 것과 아울러 향회도 부정되고 그 성격이 바뀌게 되며 향권의 의미도 축소 변질돼 나갔다. 이제 향회는 수령의 부세자문기관으로서 수령에 직속되게 되었으며, 향권의 의미도 향임이 가지는 권한(또는 유임이나 향임을 수령에게 추천하는 권한) 정도로 협소해졌다. 이는 기존 사족이 누려왔던 향권이 부정되고 향권이 수령권에 복속되어 감을 의미하는 것이었다. 그같은 상황에서 사족들은 문중조직의 강화 등을 통하여 자신의 지위를 유지해 나가기도 하였으나 향권에서의 소외라는 대세를 바꿀 수는 없었다.

이같은 변화의 배경에는 사족들의 사회경제적 기반의 동요와 일반 평민들의 경제적 상승이 자리잡고 있었고, 동시에 18세기 이래 왕권강화책의 일환으로 지속적으로 추진되었던 수령권 강화책도 중요한 요인으로 작용하고 있었다. 조선 후기 사회경제적 기반의 변동 속에서 새롭게 부민층이 성장해 나옴에 따라 수령은 이제 더이상 사족들만을 향촌사회 통치에서 반려자로 삼지 않아도 되게 되었고, 이 부민층들을 향촌통제의 새로운 동반자로 삼게 되면서 향권 담당층에도 변화가 나타났다.

실제 조선 후기에는 구래의 사족에게는 못미쳤던 층, 또는 새롭게 성장하고 있던 층들이 수령권을 배경으로 향권에 참여하게 됨으로써 사족의 향권은 관권, 수령권과 마찰을 빚고 있었다. 결국 종래 사족들이 누려왔던 향권은 소멸의 운명을 맞게 되며, 이 후 향권은 유임이나 향임들이 갖는 권한이란 좁은 의미로 국한되는 변화를 보인다. 이 과정에서 향촌사회의 권력을 둘러싼 각종 쟁단이 야기되었다. 18세기 향전은 이같은 변화과정에서 나타난 것이었다. 초기 향전이 사족의 후예라 할 유림층과 수령의 비호를 받는 향임층의 대립으로 시작한 것은 향전이 구래의 사족의 향권과 수령권과의 마찰을 의미하는 것, 다시 말하면 넓은 의미의 향권이 수령에 의해 부정되고 향권이 수령권에 복속되면서 그 의미가 축소되는 것, 그리고 그 좁은 의미의 향권을 사족들이 이제 더이상 자신들의 통제하에 둘 수 없게 되는 것 등을 보여주는 것이라 하겠다.

향권의 의미가 이렇게 축소되게 된 후에는 향촌에서 영향력을 행사하는 직임을 둘러싼 대립만이 남게 되었다. 19세기의 향전이 주로 유임이나 향임 자리를 둘러싼 쟁단을 의미하였던 것이 이러한 사정을 반영한다. 이 후 19세기에는 18세기의 향권과 같은 내용을 '邑權'으로 표현하는 경우도 나타나는데, 이는 축소된 의미의 향권, 즉 읍의 행정권을 지칭하는 것이었다. 그리고 그 향권도 독자성을 잃고 수령에 의해 천단되는 것이 일반이었다. 향임이 아전들과 같은 위치에 놓이게 되는 현상과 관련된 것이었다.

이와 같이 사족의 향권은 수령권과의 관계 속에서 수령이 사족을 매개로 하여 향촌사회를 통제할 때는 사족의 일향 지배권을 의미하다가 새로운 담당층으로 향권이 이동하며서 기존의 재지사족의 향권이 부정되고 향권의 의미도 축소, 변화되는 식으로 변동되었던 것이다.

2) 사족의 향권의 내용

조선 중기의 기록들에서 사족의 향권을 규정하고 있는 기사를 찾기는 어렵다. 국가가 향권을 법적·제도적으로 뒷받침하고 있었던 것이 아니기 때문이다. 국가에서는 지방사회를 수령을 매개로 해서 통제하고 있었으며, 수령권을 위협하는 재지의 지배층들을 통제하기 위해 유향소를 활용하기도 하였지만, 이 유향소를 통제했던 경재소도 법적 기관이라기보다는 당시 지배신분층이었던 사족들의 관행에 의지하는 바가 컸던 것이다.

그런데 당시 수령은 임기가 제한되어 있고 읍 사정에도 밝지 못해 세금을 거두어들이고 역을 차출하며 국가의 정책을 하달하는 데 각 지역의 공동체적인 조직이나 지배층들을 이용하지 않을 수 없었다.[9] 향촌사회에서 수령통치의 매개역할을 한 것이 바로 사족신분층이었다. 이들이 향촌에서 자신들의 출신 기반이기도 했던 향리층을 확실히 통제하고 향촌사회 권력을 장악

9) 張顯光, 《旅軒先生文集》 권 7, 鄕社堂記.

하게 된 것은 지역에 따라 다소간 차이는 있었지만 대체로 16세기 중엽으로 이해되고 있다.[10] 16세기 국가에서 파악하고 있던 품관층이 바로 이들이었는데, 국가는 이들 품관층을 유향소를 통해 결집시키고, 이들을 경재소를 매개로 통제하고자 하였다. 그 결과 수령을 도와 읍사를 처리하는 가운데 이들의 위치는 지방사회의 권력구조 내에서 확고해지게 되었으니 향권도 바로 이같은 지방사회의 권력구조 속에서 나오게 되는 것으로 파악된다.

16세기 초 향권이 바로 유향소의 임원이 가지고 있던 권한을 의미하였던 것으로 나타나고 있던 것도 우연이 아니었다. 중종 11년(1516) 눌재 박상이 쓴 아래의 光州鄕案 서문은 향권의 의미를 이해하는데 큰 도움을 준다.

> 우리 고을의 좌수 김숙양, 별감 김경보·설숭개·유자화가 눌재(나)에게 편지를 보내 가로되 … 지금 향소의 임원이 된 자는 邑長(수령)의 다음으로 일향의 권병(一鄕之權柄)을 주장하니 이서들이 엎드려 그들의 명을 받들고, 여항의 사람들이 몸을 굽혀 그 위세에 아부하고 의탁합니다. 크게는 조용조의 세금을 부과하는 것이 어그러져 혹 그 커다란 이익을 움직이는데, 이에 그치지 않고 다른 사람이 그것을 보기를 비루한 자들이 천금을 잡은 것 같이 합니다. 이는 이른바 향소라는 것이 온 고을이 쫓는 별종의 이권을 농단하고 그 사이에 간계와 위세를 부리고 행사함을 가리키는 것이니 진실로 국가가 그것을 세운 본래의 뜻이 아닙니다(朴 祥,《訥齋續集》권 4, 光州鄕案序).

위 글에는 향소의 임원이 수령 다음으로 '一鄕之權柄'을 장악하여 이서들과 일반 백성 위에 군림하는 것으로 나타나고 있는데, 여기서 향임이 주장하고 있던 '일향의 권병'이 곧 향권을 의미하는 것으로 이해된다. 그리고 위의 글은 그 향권의 실질적인 내용이 조용조의 세금 부과 등 부세운영권이었음도 알게 해준다. 위의 글에서 이서와 여항인, 곧 吏民이 향임의 통제하에 놓여 있었음을 지적한 것도 이 부세운영을 중심 내용으로 하는 향권을 좌수·별감 등 향임이 장악하고 있었음을 말하는 것이다.

그렇지만 위에서 말하는 향권은 좁은 의미의 것이고, 16~17세기의 향권은 보다 넓은 의미로 쓰여지고 있었다. 향임이 가졌던 권한은 물론 그 향임에

---

10) 鄭震英, 〈朝鮮前期 安東府 在地士族의 鄕村支配〉(《大丘史學》27, 1985).

대한 인사권까지를 포함하는 사족의 일향 지배권을 의미하였던 것이다. 그리고 그것은 흔히 鄕論의 주도권으로 받아들여지고 있었다. 이같은 점은 17세기 경재소 혁파 이후 유향소의 운영에서 나타나는 문제점을 사족들이 중심이 되어 해결하려 했던 남원의 경우에서 잘 살펴볼 수 있다.

인조 17년(1639) 경 남원에서는 향안작성과 그 운영의 문제에 관해서 향중의 논의를 수렴하는 가운데 다음과 같이 문제를 지적하고, 이어서 "일국에 일국의 공론이 있듯이 일향에는 일향의 공론이 있어 향선생이 독천할 것이 아니며 오직 사대부가 그 공의를 주장해야 한다"고 하면서 사족이 중심이 되어 수습책을 모색하고 있었다.

> 난을 겪고난 후에 경재소가 폐지되매, 사대부가 향권을 잡는 것을 천히 여겨 꺼리게 되어 모든 논의가 가부를 정할 수 없게 된 까닭에 무식하고 염치를 모르는 자들이 방자히 행동하며 鄕籍(향안)을 개인의 발신하는 사사로운 쪽지로 알고, 향임이 되면 집안을 일으킬 수 있는 돈방석에 앉게 된 줄 알아 온갖 쟁단이 극에 달했다. 향적이 다시 타 버리고 향임에 제 사람을 쓸 수 없는 이유도 바로 여기에 있는 것이다. … 도내 全·羅·靈 三大邑이 최근 모두 戰場이 되어 논의가 괴리되고 향적이 파해 없어졌는데 오직 光州 한 읍만이 향풍이 제대로 서서 지금까지 異論이 없는 것은 참판 박광옥이 기고봉과 박사암의 공의를 따라 약속을 엄히 세우고 영구히 전해 사대부로 하여금 논의를 주장하게 한 때문이었다(《龍城誌》 권 3, 完議, 인조 17년).

위의 문제제기에서는 사대부가 향권을 잡는 것을 천히 여겨 꺼리게 되었기 때문에 향안에 문제가 야기되고 향임에 제 사람을 쓸 수가 없게 된 사실을 지적하고, 사대부가 그 모든 과정에서 향론을 주도해야 함을 강조하고 있다. 따라서 여기에서의 향권은 향임을 천망하는 권한 및 향안에의 입록 여부를 결정하는 데 있어 영향력을 행사하는 것까지를 의미한다고 하겠다. 향안에 입록시킬 것인가 여부를 결정하는 권한이 중요했던 것은 향안에 등재되어야만 향임이 될 수 있었고, 또 향중의 제반사를 결정하는 향회의 구성원이 될 수 있었기 때문이다.

그런데 위와 같은 향임의 천망이라던가 향안에의 입록 여부는 각 군현에서의 '大小鄕會'에서 결정되는 것이었기 때문에, 그 향회의 논의를 주도하는 권한, 곧 향론의 주도권을 향권으로 인식하는 것도 자연스러운 일이었다.

위와 같이 향중의 제반 지배기구의 인사권을 장악하고, 각종 향직을 매개로 하여 향권의 핵심 내용이라 할 부세 운영권을 조정할 수 있었던 것은 그들이 향회를 통해 결속하고 있었기 때문이다. 이 향회는 향안에 등재된 사족, 즉 향원들의 모임이었으므로 향회의 기반이 된 것은 향안이었다. 향안은 일정한 심사를 거쳐서 통과된 향원들의 명단으로서 재지사족의 결속을 도모하는 역할을 하였고, 아울러 사족 자신들을 통제하는 기능도 행사하고 있었다. 이 향안에는 누대의 사족으로서 일정한 규약에 합당한 자만이 들어갈 수 있었는데, 매우 폐쇄적이었으며 재지사족의 신분적 권위의 상징이었다. 이 향안 구성원들이 향회를 열어서 향안에 입록하는 자격을 심사하였으며 그 밖에 향내의 대소사를 처리하고 있었다.11)

이 때 향권의 행사는 향회와 향소를 통해서 이루어지고 있었는바, 그 행사 방식은 향회의 구성과도 관련하여 삼남지방의 경우 영남과 양호가 일정한 차이가 있었다. 즉 안동을 대표로 하는 영남의 경우에는 향회가 유향소(향소) 조직을 기반으로 운영되고 있었고, 광주를 대표로 하는 호남의 경우는 유향소 조직 위에 따로 상부조직(鄕老·鄕長·鄕有司 등)을 갖추고 이 상부조직의 구성원이 향회를 주관하고 향소까지 통제하고 있었다. 많은 예를 확인할 수 없으나 호서의 경우 양자를 절충한 형태가 발견되기도 한다. 이 향회는 지방에 따라 차이가 있었겠으나 대체로 1년에 춘추 2회 열리는 것이 보

11) 향안에 관한 연구로는 다음의 글 참조.
田川孝三, 〈鄕案について〉(《山本博士還曆紀念東洋史論叢》, 1972).
FUJIYA KAWASHIMA, The Local Gentry Association in Mid-Yi Dynasty Korea : A Preliminary Study of the Ch'angnyŏng Hyangan, 1660~1838 (《*Journal of Korean Studies No. 2*》, 1980).
———, A Study of the Hyangan : Kin Groups and Aristocratic Localism in the Seventeenth and Eighteenth Century Korean Countryside (《*Journal of Korean Studies No. 5*》, 1984).
金仁杰, 〈조선후기 鄕案의 성격변화와 在地士族〉(《金哲埈博士華甲紀念 史學論叢》, 지식산업사, 1983).
신정희, 〈鄕案硏究〉(《大丘史學》 26, 1984).
김현영, 〈조선후기 남원의 사회구조-사족지배구조의 변화와 그 성격-〉(《역사와 현실》 2, 1989).

통이었던 것으로 보이며, 전 구성원이 모이는 대회와 실무자들의 모임인 소회로 나누어 개최되고 있었다.

이 향회는 향내 제반 문제를 감독 지휘하는 기능을 가지고 있었으며, 향회에서는 주로 향안 입록자를 결정하고 향임을 천망하며, 사족 중심의 지배질서에서 벗어나는 제반 행위를 적발, 향소나 관으로 하여금 처벌하도록 하는 한편, 선행자를 포상하기도 하였다. 이 향회에서는 각종 규제조항을 두었는데, 그 규약이라고 할 수 있는 鄕規는 향안에 오른 향원을 일차적 대상으로 하는 규약이었지만 그 내용은 사족 자체의 결속문제 외에 吏民에 대한 통제의 문제를 아우르고 있었다.

영남 향규의 대표적인 예로 거론되는 柳成龍이 撰한 安東 〈新定十條〉가 '重鄕任 嚴會儀 厚彝倫 正鄕案 明禮俗 尊高年 禁非爲 治吏胥 均徭役 訓童蒙'으로 구성되어 있는바,[12] 그 중심 내용은 향회의 운영, 사족 자체의 결속, 이서층에 대한 통제, 부역체제의 유지 등에 관한 것이었다. 17세기 호남 담양의 경우, 향회에서는 향적 수정, 향임 천망 외에 향임이나 향집강을 거스르려는 상한을 다스리기도 하고, 향원의 공통된 이해에 저촉된 행위를 한 자나 사족으로서 바람직하지 못한 행위를 한 자를 징벌하고, 이서층의 작폐를 규제하였던 것[13] 등에서도 향규의 내용이 어떠한 것이었는가를 알 수 있다.

이렇게 재지사족은 그들의 신분적 권위의 상징이었던 향안을 모체로 한 향회를 통해 향권을 장악하고 향소 등을 통해 이민을 지배하고 있었는바, 향권의 핵심 내용은 향촌사회의 제 권력기구에 대한 인사권과 부세운영권이었다고 하겠다. 그런데 그 실무를 집행하는 향소의 향임은 그 지위의 특수성으로 인하여 혁혁한 사족으로서는 기피하는 것이 일반적인 현상이었던 것으로 보인다. 그 일이 매우 고된 것이었을 뿐 아니라 경재소 혁파, 영장사목의 반포 등으로 그 지위가 열악해진 것도 요인으로 작용했을 것이다.[14] 따라서 같은 향안에 오른 인물이라고 하더라도 점차 향소의 소임을 맡은 인물이 소속한 가문과 그렇지 않은 경우와는 괴리현상이 나타나고도 있었다.

---

12) 《永嘉誌》, 新定十條.

13) 全炯澤, 〈17세기 담양의 鄕會와 鄕所〉(《韓國史硏究》 64, 1989).

14) 金龍德, 앞의 책, 46~48쪽.

위와 같은 재지사족 중심의 향촌지배체제는 일시에 갖추어진 것은 아니었다. 향촌사회 외부로는 왕조 초기 관권을 매개로 한 중앙집권세력과 대항하면서, 안으로는 지주적 기반의 확립과 안정을 위한 대책을 마련하는 한편 향촌사회에서 그들에 대한 가장 강력한 도전세력이었던 향리층을 배제하고 하층민을 그들의 통제하에 결속시켜 나가는 가운데 그같은 체제를 갖출 수가 있었던 것이다. 조선 전기의 유향소복립운동, 위로부터의 향약실시운동 등은 정치적인 차원에서 추진된 대표적인 운동형태였다. 이같은 운동은 결국 실패로 끝났지만 그 과정에서 제시된 문제해결의 방향은 이후 향촌사회체제의 성격을 규정짓는 것이었다. 그리고 이 과정에서 국가가 향촌사회에서 그 권력을 행사함에 있어 재지사족의 지지가 필수적임을 확인시킨 것도 성과의 하나라고 할 수 있었다. 재지사족은 그들의 이해를 대변할 수 있는 권력장치를 향촌사회내에 마련하면서도 국가권력과의 마찰을 최대한 줄일 수 있는 규범을 제시함으로써 국가권력과의 타협점을 발견하고 자신들의 향권을 구축할 수 있었던 것이다.

이상과 같이 조선 중기의 향권은 관권(수령권)과 대립적인 것만은 아니었다. 그리고 재지사족의 이해를 대변하는 향회나 유향소(향소) 등의 권력기구도 수령의 행정을 보좌하는 측면을 동시에 가지고 있었다. 수령은 당시 사족의 지지 위에서 그같은 권력기구의 도움을 받아 고을을 다스리고 있었다고 하겠다.

3) 수령권 강화와 사족의 향권 상실

위에서 설명한 바와 같이 조선 중기의 향권은 두 가지 의미에서 사용되고 있었다. 하나는 향촌사회 지배기구의 직임, 특히 유향소(향소)의 임원(향임)이 가지는 권한을 의미하고 있었는데, 이 때 향권의 주된 내용은 吏民에 대한 통제권과 부세운영권으로 구성되어 있었다. 그러나 이는 좁은 의미의 향권이라고 할 수 있는 것이고, 향권은 향임이 가졌던 권한 및 향임에 대한 인사권을 포함하는 재지사족의 일향에 대한 지배권을 의미하는 넓은 의미로 사용되고 있었다. 일향공론, 즉 향론 주도권이 그것이다.

조선 중기의 재지사족은 향안과 향회를 기반으로 하여 향권을 장악하고, 이를 통해 관권(수령권)과의 타협을 전제로 하여 자신들의 권력을 유지하고 아래로는 吏民들을 통제하고 있었다. 그러한 의미에서 향촌사회에서 관권이 갖는 의미는 제한적이었다. 이 시기 재지사족은 특권신분층으로서 자신들의 신분적 이해를 대변할 수 있는 지배기구를 향촌사회내에 만들어 운영하고 있었다. 아직까지는 이를 매개로 하여 수령권이 관철되고 있었다고 하겠다.

그렇지만 위와 같은 구조는 결코 완결적인 것은 아니었다. 사회가 변동하면서 끊임없이 보완이 요구되었고, 특히 향촌사회에서 사회모순을 야기하는 주체중의 하나가 바로 자신들이었기 때문에 재지사족은 지속적인 자기비판과 자신들의 결속력을 강화하지 않으면 안 되었다. 향약이나 향규가 관권과의 마찰을 극도로 자제하고 이민의 통제와 아울러 자신들의 통제를 중요한 문제로 강조하였던 것도 바로 그같은 이유 때문이었다.

이와 같은 사족의 향권과 수령권과의 모순은 사족의 향권이 안정적일 때에는 크게 부각되지 않았지만 조선 후기에 들어서면서 사정이 달라지게 되었다. 사족의 향촌사회 내에서의 지위가 약화되고, 그들이 향임 등 향촌 지배기구의 직임을 맡는 층들에 대한 통제가 불가능해짐에 따라 이제 수령은 사족들만을 향촌지배의 동반자로 삼을 수는 없게 되었다. 여기에는 경제력이나 신분상의 분화에 따른 사족들 자체의 분열, 즉 향론의 분열이 중요한 요인으로 작용하는 것이었지만 그 밑바닥에는 수령의 견제와 吏鄕層들의 도전이 자리잡고 있었다. 조선 후기에는 사족들의 지위가 상대적으로 약화되면서 이향층은 물론 부민층들이 새롭게 향권에 접근하고 있었는바, 수령은 바로 이들을 향촌지배에 새롭게 활용하기 시작하였다.

물론 수령이 향촌사회를 통치하는 데 있어 사족만을 동반자로 삼았던 것은 아니고, 사족들과 항상 우호적인 관계를 유지하고 있었던 것만도 아니었다. 그렇지만 사족들이 향촌 지배기구를 이용하여 이민을 장악하고 있었기 때문에 사족들의 협조를 구하지 않으면 안되었던 것인데, 이제 그같은 조건에 변화가 나타나면서부터 수령은 새로운 동반자를 찾게 되었던 것이다. 이러한 변화의 배경에는 사족의 분열만이 아니라 왕권강화에 따른 정부의 수령권 강화책, 그리고 정부의 '抑强扶弱'정책이 크게 작용하였다. 그 결과 기존 재지사족의 향권은 부정되고 향권의 의미도 향촌지배기구의 직임이 갖는 권한이란 좁은 뜻으로 축소되게 되었다.

수령권 강화책으로 표현되는 정부의 관주도의 향촌통제책은 물론 그 이전 시기부터 지속적으로 추진되어 왔던 것이지만, 이 시기의 그것은 부세운영에 있어 사족의 간여를 배제하고 그 운영을 수령이 직접 자신의 관리 아래에 두려고 했다는 점에서 그 이전과 질적으로 차이가 나는 것이다. 이같은 점은 18세기 사족이 주도하여 실시하고자 했던 향약에서 부세운영에 관한 내용을 제외한다면 있으나마나 한 것이라는 점을 지적한 남원인 崔是翁의 아래와 같은 말에서 확인할 수 있다. 최시옹은 숙종 38년(1712) 남원부사에게 보낸 편지에서, 인조대 실시하였던 '鄕約之規'가 해이해진 뒤 향청과 질청(作廳)이 모두 향약의 이름을 꺼려 없애려 하고, 사대부 또한 그 중독을 피해 시비에 끼어들지 않으려 하므로 향소와 서리가 '聯名作契'하는 지경에 이르렀음을 지적하면서 다음과 같이 쓰고 있다.

> 奉公일절은 향약 중 하나의 일인데, 환곡 부역의 포흠 적체가 과연 士夫와 良民에게만 책임이 있습니까. 향풍이 어그러진 것을 여기에서도 알 수 있습니다. 위 두 문제는 향약중의 大節로서 一番人이 심히 꺼려하는 바입니다. 그간에 혹 사사로움에 끌린 바 없지 않았겠지만, 어찌 남의 말을 전혀 생각치 않고 오로지 사사로운 뜻만 행할 수가 있겠습니까. 지금 만약 복고(향약시행)의 뜻을 가지고도 마저 이 두 가지(환곡, 부역)를 제거하려고 한다면, 이는 목구멍을 막고 음식을 먹지 못하게 하는 것과 같고 가라고 하면서 다리를 자르는 것과 마찬가지인 것입니다(崔是翁, 《東岡遺稿》 권 2, 與李地主聖漢).

위 편지 내용은 사족 중심의 향촌 지배질서가 향임층과 이서들에 의해 부정되면서 관에서 인정하는 향약 역시 환곡이나 부역의 문제를 배제한 것이어서는 향약 본연의 의미가 살 수 없음을 지적한 것이다. 그러나 이같은 지적이 받아들여질 수는 없었던 것으로 보인다. 18세기에 들어와 이미 부세운영권의 문제는 사족의 손을 떠나고 있었기 때문이다. 향회가 사족들의 자치기관에서 수령의 부세자문기구로 변화되기 시작한 것도 이와 관련한 현상이었다.

이같은 변화는 정부의 향촌통제책과 밀접한 관련을 갖는다. 숙종대 이후 꾸준히 추진되어 온 관 주도의 향촌통제책은 일단 숙종 37년(1711) 〈里定法〉

으로 제도적 정비를 보게 되는데, 이 이정법체제는 사족의 부세운영 참여를 제도적으로 배제하고 있었던 것이다. 숙종 37년 12월 〈양역변통절목〉의 반포와 함께 하달된 이정법체제는 흔히 교화로 표현되는 부문에서는 士夫(사족양반)를 끌어들여 책임을 맡기면서도, 기타 행정적인 차원에서의 부세문제 등은 중간담당층에게 맡기고 있었는바, 이와 같은 정책이 갖는 의미가 바로 수령이 중심이 되어 실시하려 했던 향약에서도 확인되는 것이다.

한편 위의 이정법은 숙종 39년 비변사 八道句管堂上 有司堂上制로 보완된 점도 주목해야 할 것이다. 이 제도는 비변사에서 당상관으로 하여금 각 도에서 올라오는 공문 및 각종의 공사를 원활하게 처리하기 위하여 고안된 것으로, 각 도를 맡는 구관당상을 누고 유사당상 4인으로 하여금 팔도의 구관당상을 돕는 차원에서 각각 2도 씩을 담당하도록 한 것이다. 이 후 지방에 파견된 수령들은 임지에 부임하기 전 본도 구관당상을 더 찾아보아야 하게 되었다. 구관당상제를 둔 것은 상대적으로 비중이 높아진 지방관들을 비변사에서 통제하고자 한 것으로 볼 수 있으며, 동시에 이 시기 향촌사회의 문제가 중앙에서도 크게 부각되기 시작하였던 사정을 반영하는 것이라 하겠다.

위와 같은 제도들은 아직까지 사족의 특권을 부정하는 것은 아니지만, 기존의 사족 중심의 향촌지배체제를 부정하고 사족들에 의해 장악되어 왔던 향권을 관의 통제 하에 복속시키려 하는 성격을 갖는 것이었다.

위와 같은 정책의 배경이 된 것은 사족들의 경제적 기반이 위축되고, 사족 내부의 분열에 따른 향론의 불일치로 기존 사족의 향권이 원만히 행사되기 어려워지고 있었던 사정을 들 수 있을 것이다. 그렇지만 보다 근본적인 것은 당시 경제적 변화와 관련된 것이었다. 양역변통절목에서 수령의 권농기능이 특히 강조되었던 것은 그같은 점에서 시사하는 바가 매우 크다. 이는 숙종 21, 22년의 대기근과 계속되는 전염병 등의 여파를 수습하기 위해 부민층을 동원하지 않을 수 없었던 사정과도 관련된 것으로 보인다. 당시 정부는 사대수습을 위해 주진이나 부민납속책을 적극 추진하면서도 수령들에게 권농을 강조하고 있었다.

이와 관련하여 당시 향촌사회 운영에서 부민층이 주목되기 시작한 점도 당시의 경제적 변동과 관련해서 주목해야 할 것이다. 이를테면 현종 원년

(1660)의 〈募穀別單〉에 보이는바, 납속정책이 양천민을 배제한 것이 아니면서도 기본적으로는 사족을 기준으로 해서 작성되었던데 반해,[15] 이 후 부민층이 납속책의 기본 대상으로 부각되기 시작한다. 이것은 국가의 향촌운영에서 동반자로 삼았던 층이 점차 변화하기 시작한다는 점을 시사해주는 현상이라고 하겠다. 이같은 점은 영조 8년(1732)의 〈勸分富民施賞節目〉에서 납속의 주체를 부민으로 명시하고 시상의 내용도 보다 구체화시킨 데서 확인된다. 영조는 관료들의 비판, 즉 납속책(私賑)이 관료기구(名器)의 권위를 손상시킨다고 보는 견해에 반대하고, 오히려 賣爵보다는 賣義를 중히 여겨야 한다고 했다. 즉 납속에 응모한 부민들에게 품계나 관직을 준다고 했으면 약속을 지켜야 한다고 강조했다.[16]

그런데 위와 같은 관주도의 향촌정책이 일시에 사족의 향권상실을 가져온 것은 아니었다. 영조 14년 경상감사 尹陽來가 안동의 金尙憲書院 건립시비와 관련하여 '안동의 향권은 국가가 억탈하려 해도 또한 불가능하다'고 언급한 것[17]은 국가가 지방세력을 국가의 완전한 통제하에 두려고 했다는 점을 의미하지만, 동시에 그것은 아직도 재지사족의 반발이 만만치 않았음을 말해주는 것이기도 하다. 영남에서는 이미 그 이전에도 숙종 38년 이정법을 이용하여 재지사족이 자신들의 기반을 강화하려는 움직임도 있었고, 특히 안동같은 경우는 19세기까지도 재지사족이 향청(향소)을 포기하지 않고 있었다.

그렇지만 이후 왕권강화책과 관련하여 지속적으로 추진된 관주도의 향촌통제책과 지방세력에 대한 억압정책은 향촌사회의 권력구조를 크게 변화시켜 나갔다. 이제 안동 등 특수한 몇몇 지역을 제외하면 18세기 중엽을 전후로 하여 사족이 향촌사회의 권력구조 안에서 그 이전의 지위를 그대로 유지

---

15) 현종 원년의 〈모곡별단〉이 기본적으로 사족을 대상으로 해서 작성된 것임은, 加設職 제수 조항에서 "謝恩奉贈은 正官例에 따라 사족에게만 허락하며, 천인 및 양인으로서 마땅히 군역을 져야 하는 자에게는 허락하지 않는다. 첨지 이상은 사족 양민을 막론하고 모두에게 허락하되, 양민의 경우에는 사족에 비해 10석을 더 납부하도록 한다"고 규정한 것에서 알 수 있다(《備邊司謄錄》 20책, 현종 원년 12월 4일).

16) 《英祖實錄》 권 1, 영조 즉위년 10월 임진.

17) 鄭萬祚, 〈英祖14年의 安東 金尙憲서원 建立是非〉(《韓國學硏究》 1, 同德女大, 1982), 60쪽.

하는 것은 불가능하게 되었다. 여기서 光州에서의 영조 23년(1747) 향안파치 및 영조 42년 향집강안(좌목판) 파쇄사건은 재지사족의 향권상실에 관한 사정을 보여주는 전형적인 예라고 할 수 있다.[18] 이 사건은 영조 42년 당시 전라감사가 광주의 향안과 집강안을 봉인해서 올리라는 지시를 하고, 광주목사가 그것을 처리하는 과정에서 확인된 것이다. 당시 감사는 광주 사족의 대표라고 할 수 있는 향집강들이 향권을 천단하고 校中會·書院會·邑中會 등 향회를 빙자하여 민간에 작폐한다는 말을 듣고 그같은 결정을 내렸던 것이다.

위 감사의 지시에 따라 수령이 조사 보고한 기록에서 밝혀진 관련 사실을 요약하면 다음과 같다. 첫째, 광주에는 영조 42년까지 숙종 중엽에 만들어진 향안이 전해오고 있었는데, 이 후 영조 23년 새로운 향안이 만들어졌으나 이 新案은 사족 내부의 분열에 의해 혁파되었다. 둘째, 위 향안파치사건 이후에도 광주에서는 鄕執綱 18인, 즉 鄕老 6원·鄕長 6원·鄕有司 6원 등이 중심이 되어 향론을 주도하고 있었으며, 이들은 향청 벽에 좌목판(향집강안)을 만들어 걸어놓고 鄕儒 중 나이든 사람 가운데 18인을 선출하여 이름을 올리고 있었다. 셋째, 영조 42년에 이 좌목판마저 감사의 지시에 의해 파쇄되었다.

17세기 호남의 사족 중심의 향촌 지배체제의 한 전형을 보여주었던 광주에서 향안이 혁파되고, 향론을 주도하던 향집강들의 명단을 올렸던 좌목판마저 감사의 지시에 의해 잘게 부서졌다는 사실은 기존의 사족 중심의 지배질서, 사족의 향권이 관권에 의해 철저하게 부정되고 있음을 단적으로 보여주는 것이 아닐 수 없다. 광주목사가 보고하는 가운데 자신이 부임한 이래 향회가 있었다는 말을 들은 적이 없다는 내용과 관련지워 본다면, 위의 교중회·서원회·읍중회 등으로 불리는 모임을 통해 사족들은 향권에 간여하고 있었다고 할 터인데, 이 역시 기존의 향회를 통한 사족들의 향촌사회 운영방식에 변화가 나타나고 있음을 보여주는 것이라 하겠다.

호남의 경우 향회가 18세기 중엽에는 이미 수령의 통제하에 놓이고 있었다는 사실이 다음 湖南釐正使 李成中의 보고서에서 확인된다. 균역법 실시 직후 영조 30년 호남에 내려가 조사활동을 마치고 올라온 이성중의 보고서

---

18) 광주 향안파치사건과 향집강안 파쇄사건에 관해서는《報牒考》(奎古. 5125-68)의 기록에 의거한다. 김인걸의 앞의 글, 참조.

내용을 보자.

> 結戶役을 이정한 후에도 향회를 통한 가렴의 폐는 엄금해야 할 것입니다. 외방의 결호역의 증가는 매번 향회를 통해서 이루어지는데, 이른바 향회라고 하는 것은 애당초 一鄕 士民의 공론에 따른 것이 아니고, 좌수 별감이라는 자들이 수령의 턱 아래에서 놀면서 그들의 형이나 아우를 시켜서 통문을 돌리고 불러모은 것에 불과합니다. 그 향회에서는 혹 관의 비용이 부족하다는 핑계로, 또는 민역을 마감해야 한다는 명목을 들어 제멋대로 가렴하고 손이 가는대로 법을 만드니 일의 원통함이 이보다 심한 것이 없습니다. 혹자는 말하기를 '향품 또한 민으로서 민간에 대한 가렴의 폐가 결국 자신에게 미칠터인데 어찌 스스로 자신에게 가렴할 리가 있겠는가'라고 할 지 모르지만, 이는 향곡의 물정을 전혀 알지 못하기 때문에 하는 소리입니다. … 이 후 만일 향회를 칭하여 민역을 걷어내는 경우, 호에서 걷든 결에서 걷든 어느 경우를 막론하고 수창인은 형으로 다스려 멀리 귀양보내고, 그것을 덮어주고 보고하지 않는 수령은 비중에 따라 죄를 물음이 마땅할 것입니다(李成中,《質菴遺稿》권 1, 湖南釐正使書啓, 영조 30년 4월 28일).

위 보고서는 18세기 중엽의 향회가 좌수·별감 등 향품의 주도로 열리고 있지만 사족들의 공론을 집약하는 기능을 가지는 것이 아니고, 본질적으로는 수령의 턱 밑에서 수령에 의해 좌우되는 부세자문기구적인 것이었음을 잘 드러내 주고 있다.

이같은 상황은 호서의 경우에서도 별반 다르지 않았던 것으로 보인다. 호서 예산의 경우를 한 예로 살펴보자. 18세기 초 현감으로 부임한 金幹은 상하인민에게 경고하는 가운데, "향촌에 거주하면서 혹 당론을 주장하고 관부에 들어와 혹 사사로운 부탁을 하며, 향곡을 무단하며 양민에게 해를 끼치거나, 형세를 빙자하여 관령을 멸시하는 것, 이 모두는 士夫의 미행이 아니다. 일체 마땅히 경계해야 할 것이다"[19] 라고 하면서 사부들의 분열과 그들의 양민침탈 및 관부와의 마찰 등을 경계하고 있었다. 이는 당시 수령들의 사족견제, 즉 抑强扶弱정책에 따른 것이었다.

그런데 김간보다 50년 뒤에 같은 예산에 부임한 韓警은 오히려 수령의 억

---

19) 金 幹,《厚齋先生集》割鷄錄, 通諭境內上下約條(숙종 27년, 1701).

강부약정책으로 인한 폐단을 문제삼는 감사의 지적에 접하게 된다. 한경이 예산 사부들에게 전달한 감영으로부터 내려온 관문의 내용은 아래와 같다.

> 근래 감사들이 필칭 호서의 사부들이 호강하다는 점을 들어 매번 抑强扶弱을 위주로 임금께 보고를 하는데, 이는 호서 사부들이 수치스럽게 생각하는 것이지만 또한 사부들의 죄 때문이라고 할 수도 있다. 나 역시 이 고장 사람으로 우리 도의 사정을 누구보다도 잘 알고 있다. 억강지정 때문에 폐단이 일어나고 명분과 풍속이 날로 어그러져 왔다. 양반이 양민을 침학하고 强品(호강품관)이 향곡을 무단하는 일이 과거에 왕왕 있어 왔지만, 이른바 억강지정이라는 것이 그것을 없애지는 못하고 오히려 상한천류로 하여금 사납고 간교한 기운을 더하게 하여, 부를 믿고 가난한 양반을 욕보이는 자들이 생겨나고 돈을 쥐고 명분을 어지러이 범하는 자들이 나타나도록 만들었을 뿐이다. 그런데도 관장(수령)은 매번 양반이 잘못했기 때문이라고 하여 억강으로 일관하니, 사부가 억울한 일이 있어도 펴지 못하고 교활한 부민이 방자하게 거리낌없이 행동하게 되었다(韓警, 《烏山文牒》, 임오 정월 26일 傳令草, 영조 38, 1762).

위 감사의 관문은 당시 일반화되어 있던 감사의 '억강부약'정책의 문제점을 지적한 것이다. 당시 감사 尹東暹은 이같은 점을 상기시키며 사족들의 협조를 당부하고 있었던 것이라고 하겠다. 그런데 한경은 이같은 감사의 지시사항을 전달하면서도, 아울러 사족의 근신을 다음과 같이 주문하고 있었다.

> 도내인 가운데 富民으로서 양반을 모욕하거나 豪鄕으로서 사족을 범하는 자는 모두 마땅히 다스려야 하니 적발되는 대로 엄히 다스리겠다. 그러나 士夫班品者 또한 營門(감영)의 위와 같은 지시를 곧바로 양반을 편호하는 것이라고 착각하여 거꾸로 호강지정에 빠지는 일이 없도록 해야 할 것이다. … 양반의 도리를 다하여 소민의 모범이 되면 頑民도 감히 범접치 못할 것이고 관장 또한 서로 얼굴 붉히는 일이 없을 것이니, 이것이 진실로 관사의 큰 다행이 아니겠는가(韓警, 《烏山文牒》, 임오 정월 26일 傳令草, 영조 38, 1762).

우리는 위와 같은 지적에서 억강부약정책이 지속되는 가운데 오히려 그같은 정책의 결과 돈 많은 부민이나 호강한 향품에 의해 양반이 능욕을 당하는 역전을 보게 된 것이다. 이같은 사실은 호서지방에서도 사족들의 지위가 부민, 호향들에 의해 크게 위협받게 된 사실을 보여주는 것으로서, 그간에 추진된 억강부약정책에 의해 사족들이 누려왔던 기존의 향권에서의 지위가 약화되어 갔다는 점을 확인할 수 있다.

즉 위와 같은 사정의 변화는 수령이 재지사족을 매개로 하여 향촌사회를 통치하는데 문제가 야기됨에 따라 수령권에 의해 향권이 부정되어 갔던 사실을 보여주는 것이라고 하겠다. 그리고 그것은 수령권을 배경으로 하는 새로운 세력의 향권참여를 의미하는 것이어서, 이 과정에서 향권을 둘러싼 기존 세력과 신세력간의 마찰인 鄕戰이 야기되는 것이다. 이는 사족 중심의 자치체계의 변화를 반영하는 것이었다.

이같은 사정이 지속되면서 이제 수령권은 더욱 강화되어 갔고 지방관에 대한 평가도 달라지게 되었다. 전에는 관리들이 일반적으로 내직을 선호했었는데, 이제 누구나 앞을 다투어 지방관을 선호하게 되어 '一邑作缺 爭者如雲'[20]하는 상황이 문제로 되었다. 이전 같으면 생각도 할 수 없는 것이었다.

4) 조선 후기 향권의 추이

조선 중기 향권은 재지사족들에 의해 장악되고 있었다. 재지사족들은 군현 단위에서 자신들의 이해를 대변할 수 있는 권력기구를 확보하고 이를 매개로 하여 향촌사회를 그들의 지배하에 둘 수 있었다. 사족이 향촌사회에서 자신들의 이해를 대변하는데 중심적인 역할을 하고 있던 지배기구는 향안을 모태로 한 향회와 그 지휘를 받고 있던 유향소였다. 좁은 의미에서 향권이 향임이 갖는 권한을 의미하였던 데서, 보다 넓게 그 향임의 임면(추천)을 포함한 인사권과 제반 향중사의 의사결정권까지를 포함하는 의미로 쓰여지게 된 것도 위와 같은 사정에 기인한 것이다.

이같이 관의 행정조직 외에 재지사족의 이해를 대변하는 향촌 지배기구가 향촌사회에 병존하고 있었던 것은 재지사족의 존재형태와, 국가의 지배방식에서 비롯된 것으로 이해된다. 즉, 재지사족들은 자신들의 경쟁자였던 향리를 배제하고 향촌사회에서 지배적 지위를 확보하면서 향안과 향회를 통해

20) 《承政院日記》 578책, 영조 즉위년 11월 5일.

자신들의 이해를 관철시켜 나가고 있었고, 국가 역시 그들을 매개로 해서 지방사회를 통치해야만 했기 때문에 그같은 향촌 지배기구가 운용되고 있었던 것이다. 이는 조선 중기 관인들이 지방적 근거를 가지고 활동하고 있었던 사정과도 관련된다 할 것이다.

그런데 18세기에 접어들면서 사족들의 분열과 기반의 위축 등으로 인해 결속력이 약화된 틈을 타고, 향임층과 이서층들이 향권에서의 독자적 세력으로 부상하고 있었다. 이는 기본적으로 사족들의 지위가 약화된 데서 기인하는 것이었지만 왕권강화책의 일환으로 추진된 수령권강화책, 억강부약책에 기인하는 바 컸다. 이 과정에서 기존 사족의 결집력의 상징이었던 향안이 더 이상 작성되지 못하거나 파치되고 향회의 기능도 부성되어 나갔다. 그 결과 이제 사족들의 향권에서의 지위도 현격한 변화가 있게 되었다. 즉 기존의 사족이 갖고 있던 넓은 의미에서의 향권은 수령권에 의해 부정되고, 이제 향권은 좁은 의미에서 향임층이 갖는 권한 또는 儒·鄕任의 임면에 끼치는 영향력 정도의 의미만을 갖게 되었다. 그리고 그와 같은 권한도 이제 철저하게 수령에 의해 천단되게 되었다. 수령의 천단을 억제할 수 있었던 사족들의 견제기능이 상실된 결과였다.

이같은 사족의 향권 상실은 결과적으로 수령과 수령의 비호를 받고 있던 이향층에게 향권이 집중되는 것으로 나타났다. 물론 일부 지역에서 사족들이 유·향임의 임면에 영향력을 행사하는 경우가 없지 않았고, 특히 향교의 재임이나 서원의 임원 등 유임은 여전히 이들의 관심사였기 때문에 그 영향력을 부정할 수는 없었다. 그렇지만 이제 18, 19세기에 들어와 향권은 수령권에 철저히 예속되게 되었고, 수령권의 비호를 바탕으로 이향층이 향권을 장악하기에 이른다. 여기에서 주목되는 점은 기존의 향족이나 서얼 등 사족에 미치지 못했던 층만이 아니라 새롭게 부를 축적하고 있던 부민층이 향권에 참여하게 된다는 사실이다. 이들 부민층은 수령의 수탈을 자각하는 단계에 이르기 이전에는 수령권을 배경으로 향권에 접근함으로써 각종 부담에서 빠지는 특권을 향유하게 되었고 이를 바탕으로 신분상승을 모색하기도 하였던 것이다.

〈金仁杰〉

4. 사족지배체제하의 신분질서

1) 사족 중심 신분질서의 확립

향촌사회 운영구조상에서의 사족지배체제는 16세기부터 이루어지기 시작하였다. 16세기는 재지사족 중심의 새로운 신분질서가 정비되어 가던 시기였다. 사족이 독립된 배타적 신분층으로 굳어지게 되는 것은 16세기 후반기 이후이며, 임진왜란 이후인 17세기에도 여전히 향촌사회의 중심 구조로 존속하였다. 이는 재지사족이 향촌사회에서 배타성을 갖는 향촌지배 규약을 통해 지배질서를 확립할 수 있었기 때문이다. 이와 관련하여 사족 중심의 신분질서가 확립되어 가는 과정을 살피되 사족의 비사족(技術官, 庶族有職者, 胥吏, 鄕孫, 庶孼 등)에 대한 배타적 차별화에 주목하기로 한다.

'사족'이란 용어는 고려 중기 이후 일반적으로 사용되었는데, 이와 함께 '士大夫'란 용어도 거의 같은 시기에 나타났다. 14세기부터 자주 나타난 사대부는 고려 후기 能文能吏의 새로운 관인층으로서 학자적 관료이며 관료적 학자였다.[1] 세종대에는 중국의 예에 따라 4품 이상을 '大夫'라 하고 5품 이하를 '士'로 호칭하게[2] 됨에 따라 有品者를 大夫·士, 곧 사대부라고 하였다. 사족은 사대부와 통용되기도 하였지만 '士大夫之族'의 준말로서 사대부의 족속을 의미하기도 하였다.[3] 16세기 중엽의 全家入居(全家徙邊) 문제와 관련해서 설정한 사족의 범위에 자동적으로 들어가는 사람은 '兩邊四祖俱有顯官者'이거나 문무과 출신자의 자손인 사람이고, 생원·진사는 '當身'에 한정되어 있다. 이를 통해 본 사족의 범위는 관직자와 그들 관직자의 일정 범위내의 가족 및 후손을 말하는 것이다.[4] 이처럼 사족이란 용어는 사대부와 함께 학

1) 李佑成, 〈高麗朝의 '吏'에 對하여〉(《歷史學報》 23, 1964), 24~25쪽.
2) 《世宗實錄》 권 52, 세종 13년 5월 무진.
3) 李成茂, 《朝鮮初期兩班硏究》(一潮閣, 1980), 16쪽.
———, 〈朝鮮初期 身分史硏究의 再檢討〉(《歷史學報》 102, 1984), 212쪽.
4) 《受敎輯錄》 刑典, 推斷.
宋俊浩, 〈朝鮮兩班考-朝鮮朝 社會의 階級構造에 관한 한 試論-〉(《韓國史學》

자적 소양을 지닌 관료와 그들의 일정 범위내의 후손까지를 포함한 지배층을 뜻한다.

지배층으로서의 신진사족의 생성은 대부분 13, 14세기에 걸쳐 군현의 土姓吏族에서 성장하였다. 군현의 토성은 고려 초기 이래 역대에 걸쳐 중앙이나 지방의 지배세력을 산출시키는 공급원 역할을 하였다. 15세기를 기준으로 하여 볼 때 이른바 鉅族과 사림파, 상급 향리층을 막론하고 그들의 뿌리는 각기 군현토성에서 분화된 것이다. 고려시대에는 같은 토성이라도 上京從仕하면 在京官人이 되었고, 그대로 토착하면 군현지배자로서 鄕吏세계를 형성하여 지방 행정실무는 물론, 향촌사회까지 영도해 나가는 위치에 있었다. 이처럼 토성에서 士族과 吏族이 분화되어 갔고, 이의 분화는 여말선조에 오면 더욱 촉진되어 종래의 재지세력이 다시 재지사족과 이족으로 구분되어 갔다.[5]

재지사족은 대체로 여말에 재경관인 가운데 낙향 생활자가 생기고 군현이족이 신분적으로 향상되면서부터 생겨났다. 즉 왕조교체와 이후 수차의 정변으로 本鄕 또는 妻鄕·外鄕을 따라 낙향한 사류들과 添設職·影職 등을 통해 品官이 되어간 계층이 재지사족의 주류가 되었다.[6] 이들 사족은 대체로 중소지주로서의 경제적 기반과 사족으로서의 신분적 배경을 가진 계층으로서 점차 가문을 형성하고 혼인·학연 등의 연결을 가지면서 향촌사회의 지배층으로 성장하였다.

재지적 기반을 가진 이들 사족 가운데 일부는 성종대 이후 중앙정계에 진출하면서 사림파를 형성하였고, 이들 사림의 정계진출과 병행하여 점차로 사족과 비사족을 구별하려는 경향이 나타나기 시작하였다. 이는 곧 사족의 自別의식에 의한 배타적 차별화의 시도였으며, 기술관을 그 대상으로 하였다.

우선 재지적 기반을 토대로 성장한 사림의 기술관 및 서리에 대한 차별화 시도의 전개양상을 보기로 하자.[7] 기술직에 종사하는 문반관료들을 東班에

4, 韓國精神文化硏究院, 1983), 342~356쪽.

5) 李樹健, 《嶺南士林派의 形成》(嶺南大 出版部, 1979), 142~148쪽.

6) 李樹健, 위의 책, 155~156쪽.

7) 기술관 지위 격하논의와 관련한 이하의 서술은 주로 다음의 글을 참고하였다. 韓永愚, 〈조선초기 사회계층 연구에 대한 재론〉(《韓國史論》 12, 서울大, 1985), 338~343쪽.

서 제외시켜 차별하자는 논의가 조정에서 일어난 것은 성종이 즉위한 이후부터였다. 특히 성종 8년(1477)에는 관제개혁에 대한 논의를 벌이는 가운데, 雜職官을 동반에 참여시킬 것인가 제외할 것인가에 대한 격론이 일어났다. 원래 《經國大典》에는 잡직도 東班流品에 포함되어 있었다. 이 때는 잡직 중에 檢律·算士·內需司書題를 동반유품에 넣을 것이냐가 논의 대상이 되었다. 즉 《경국대전》의 규정을 준수하자는 입장과, 이를 바꾸어 잡직을 동반에서 제외시키자는 주장이 쉽게 타협을 보지 못했다. 찬반 양론의 논지 가운데, 잡직 차별을 가장 적극적으로 찬성한 것은 사헌부와 사간원의 관원들로서, 이들은 士林名士들이기도 하다. 이들은 인간기질의 차이까지 내세우면서 자신의 주장을 정당화하려고 하였다. 그리고 잡직 차별을 적극 반대하는 논의는 의정부와 6조의 판서·참찬·찬성 급에 속하는 고급관료들에 의해 이루어 졌다. 그 외에 절충론을 주장한 이는 의정부의 정승들과 판서 등 元老大臣들이었다. 이 문제와 관련한 성종 때의 정치분위기를 볼 때, 잡직을 士類와 구별하여 차별대우하자는 논의는 언관들의 주장에 지나지 않은 것이다. 그러나 재지적 기반을 가진 사람들은 《경국대전》체제하의 법제와는 달리 그들의 차별의식에 의해 기술관을 천시하려는 차별화를 기도하고 있었다.

성종 13년에도 사헌부·사간원의 관원들은 계속해서 잡직차별을 건의하는 疏를 올렸는데, 醫官·譯官은 사족이 아니므로 사대부와 列을 같이 해서는 안된다고 주장하였다. 이러한 언관들의 요청을 왕은 받아들이지 않았다. 그러나 성종대 이후에는 사림계열의 언관들이 특히 사족과 비사족을 族屬상으로 구별하여 비사족의 동반유품 참여를 억제하려는 노력이 집요하게 일어나고 있었음을 알 수 있다.

이러한 사실로 볼 때, 언관들의 경직된 차별론이 현실적으로 받아들여진 예는 별로 없었을지라도 성종 즉위 이후에는 사림의 정계진출과 병행하여 점차로 사족과 비사족을 구별하려는 경향을 나타낸 것이다. 그러한 추세 속에서 16세기 중엽의 《大典後續錄》에서는 마침내 서얼의 잡과 응시를 허용하게 되었고 이에 따라 기술관원을 천시하는 풍조는 더욱더 커질 수 밖에 없었다.[8] 15세기 말부터의 이러한 현상은 그 이전에 볼 수 없는 새로운 현상으로써 사족의 기술관에 대한 차별의식에서 나온 것이며, 사족 중심의 새로운 신분질서를 예고하는 것이다.

뿐만 아니라 胥吏도 행정실무를 담당한다는 점에서 기술관의 일종으로 볼 수 있다. 상급 서리였던 成衆官의 신분적 지위는 일반 사류와 동등한 위치에 있었다. 예컨대 그들은 호패·의복·군역제도 등에 있어서 流品朝士나 생원·진사·유음자제 등과 대체로 동등한 대우를 받고 있었다. 그러나 성중관이 錄事로 일원화된 이후로 녹사의 지위는 시대가 내려갈수록 저하되어 16세기의 중종 때 즈음 되면 녹사는 일반 사류와는 완연히 구별되는 하위 신분으로 전락되었다. 그리하여 녹사 출신자는 아무리 재능과 덕망을 겸비했다 하더라도 바로 녹사 출신이기 때문에 품관 진출이 저지되고 있었던 것이며, 반대로 녹사의 품관 진출의 폐쇄성은 일반 사류의 천시와 입속 기피를 초래하게 되었다. 이처럼 성중관 내지 녹사의 품관 진출을 봉쇄하는 방향으로 이끌어 가게 하였던 가장 중요한 요인의 하나는 기술 내지 기술관을 천시하는 성리학의 발달에서 찾아야 할 것 같다.[9] 성종대 이후 이러한 현상도 기술천시의 풍토 속에서 사족들의 차별화에 따라 지위가 하락된 것으로 인식되어야 할 것이다.

사족의 차별의식에 의한 차별화와 같은 관념적 현상은《경국대전》체제하의 법제와는 큰 거리가 있었음을 알 수 있다. 15세기 말의 그러한 현상은 16세기 이후 더욱 촉진되기 시작하여 신분체제가 사족 중심으로 재편되는 방향으로 나아갔다. 특히 재지사족의 관점에서 본다면 16세기는 재지사족 중심의 새로운 신분질서가 정비되어 가던 시기였다. 이 시기에 재지사족들은 향촌사회에서의 향촌지배 규약을 통해서 사족과 비사족을 구별하는 배타적 차별화를 지향하고 있었다. 이는 재지사족의 성장의 결과 혹은 그 과정에서 만들어진 鄕案·鄕規·鄕約 등을 통해서 그들 중심의 배타적 신분질서를 확립해 가고 있었던 것이다.

사족들을 결속시키고 사족 중심체제를 유지시키는 데에 역할을 하였던 향

---

8) 韓永愚, 〈朝鮮時代 中人의 身分·階級的 性格〉(《韓國文化》9, 서울大, 1988), 202쪽.

9) 韓永愚, 〈朝鮮初期의 上級胥吏와 그 地位－成衆官의 錄事로의 一元化 과정－〉(《東亞文化》10, 1971 ;《朝鮮前期 社會經濟硏究》, 乙酉文化社, 1983, 371쪽).

안은 재지사족의 신분적 권위의 상징이었다. 그러나 향안이 상하 신분질서를 확립하는 士族案으로서의 기능은 16세기 후반에서야 가능하였다. 이는 기존의 향촌사회를 실질적으로 장악하고 있던 향리세력을 규제하고 鄕孫의 향안 참여를 배제함으로써 가능하였기 때문이다.[10] 재지사족과 마찬가지로 여말선초 토착세력의 후예이며, 같은 土姓의 姓貫에서 분화되어 戶長層을 세습해 온 在地吏族은 비록 군현지배자의 지위에서 지방관아의 행정사역인으로 전락하였지만 여전히 지방의 행정실무를 매개로 수령과 사족 사이에서 독자적인 영역을 확보하고 있었다. 이들은 吏族案인 壇案과 집무소인 府·郡司를 중심으로 독자적이고도 엄격한 조직과 체계를 확보하고 있었다. 또한 이들은 16세기 초반에 이르기까지 사족과 더불어 향안을 구성하고 있었다. 이러한 사정은 士族鄕이라고 알려진 안동에서 중종 25년(1530)에 작성된 〈嘉靖鄕案〉에 '鄕孫'(향리의 本孫·女壻·外孫)이 참여하고 있었던 것에서 확인된다.[11]

그러나 서얼과 함께 향손의 향안 참여는 이후 사족에 의해 점차 배제되고 있었다. 이는 선조 14년(1581) 鄭士誠이 마련한 향안입록 규정을 통해 명확히 확인할 수 있다. 즉 서얼과 함께 향리의 直派·連派者는 반드시 4·5世를 淸族과 결혼한 연후에야 향안의 입록을 허락한다는 이 규정[12]은 사족과 비사족을 차별하는 사족 중심의 배타적 차별화 내지 폐쇄성을 보여주는 것이다. 이는 이후 선조 22년에 작성된 〈萬曆己丑鄕錄〉[13]에서 289명의 입록자 가운데 향리 자손을 전혀 찾아볼 수 없는 데에서도 확인된다. 이것은 적어도 선조 22년에 이르러서는 재지사족이 이족의 영향력을 완전히 배제하고 있었음을 보여주는 것이며, 이제 향안은 상하 신분질서를 확립하고 사족의 신분을

10) 鄕孫의 향안참여 문제와 관련한 이하의 서술은 주로 다음의 글을 참고하였다.
鄭震英, 〈朝鮮前期 安東府 在地士族의 鄕村支配〉(《大丘史學》 27, 大邱史學會, 1984).
——, 〈16, 17세기 재지사족의 향촌지배와 그 성격〉(《民族文化論叢》 10, 嶺南大 民族文化硏究所, 1989).

11) 《安東鄕孫錄》 安東鄕孫事蹟序.

12) 鄭士誠, 《芝軒集》 권 3, 鄕約.
鄭震英, 앞의 글(1984), 73쪽.

13) 〈(萬曆)己丑鄕錄〉은 安東郡 豊川面 河回洞 永慕閣 소장으로 李樹健에 의해 소개된 바 있다(《慶北地方古文書集成》, 嶺南大 民族文化硏究所, 1981, 20쪽).

확인하는 사족안으로서 비로소 기능하는 것이었다. 이러한 것은 물론 지역에 따라 구체적인 사정을 달리하고 있었지만, 일찍부터 사족세력이 형성된 지역에 있어서조차 대체로 16세기 중·후반 이후에 이르러서야 향리세력을 배제할 수 있었던 것으로 보인다.

그리고 선조 36년(1603) '序'가 쓰여지는 당시의 것으로 보이는 咸州(咸安) 鄕案의 '立議'에서도 鄕孫의 향안 참여는 庶孼·錄事 및 閑散人 등과 함께 사족에 의해 배제되고 있었다.[14] 이러한 향안에는 父·母·妻族에 모두 신분적 하자가 없어야 입록될 수 있었던 폐쇄적인 성격을 갖고 있었다. 이같은 향안의 기능은 향촌사회에서 기존 사족 중심의 체제를 유지하는 것이었다고 하겠다.[15] 이러한 성격과 기능을 가진 향안의 입록 규정을 통해서 확인되는 사족 중심의 배타적 신분질서는 이미 언급하였듯이 16세기 후반 이후에 이르러 확립되었고 임진왜란 직후에도 유지되었다.

사족 중심의 신분제적 지배질서를 강요하는 또 하나의 기초로 작용한 것이 향약이었다. 16세기 후반의 栗谷鄕約을 중심으로 신분제에 관하여 살펴보면 사족들은 향약의 제특권을 배타적·독점적으로 향유하기 위하여 신분구분을 엄격히 하였으며 이는 세 가지 형태로 나타났다.[16]

첫째로 양반신분내에서 혈통의 순수성에 기초하여 순수 사족과 비사족으로 엄격히 변별하였다. 己卯士林들은 향약을 실시하면서 坐次를 결정하는 기준을 신분보다 年齒에 일차적인 비중을 두었다.[17] 이처럼 16세기 전반의 중종대 향약이 신분보다는 연령을 중시함으로써 長幼有序라는 二倫的 질서를 강조한 반면에 상대적으로 신분적 관념이 약하였다. 이에 비하여 16세기 후반의 선조대 향약은 일차적으로 신분을 구분하고 이러한 신분제의 틀 안에서 연령을 중시하였다. 신분에 대한 이와 같은 강조는 사족들의 배타적이고

---

14) 《咸州誌》(國立中央圖書館, 한 62-172) 중의 咸州鄕案 立議.
金仁杰, 〈조선 후기 鄕案의 성격변화와 在地士族〉(《金哲埈博士華甲紀念 史學論叢》, 知識産業社, 1983), 529쪽.

15) 金仁杰, 위의 글, 531쪽.

16) 栗谷鄕約을 중심으로 신분제에 관련한 이하의 서술은 주로 다음을 참고하였다.
韓相權, 〈16·17세기 鄕約의 機構와 性格〉(《震檀學報》 58, 1984).

17) 《中宗實錄》 권 38, 중종 15년 정월 계사.

독점적인 지배체제를 구축하기 위한 시도임은 물론이다. 사족들의 신분적 특권을 누리기 위한 방법은 신분간의 구분을 엄격히 하는 것이었다. 이를 위하여 양반신분내에서 순수 사족과 비사족을 변별하였다. 즉 "무릇 聚會에는 年齒에 따라 坐定하되 서얼과 비사족은 別序한다"는 것이다.[18] 여기에서의 비사족은 "庶族의 有職者로서 사족이 아닌데도 양반이라고 일컫는 校生·忠贊衛·別侍衛와 같은 부류들"[19]로 파악된다. 이는 동일한 양반신분 안에서도 '사족의 서얼'이나 '서족의 유직자'들과 같은 비사족을 순수 사족과 먼저 일차적으로 구분한 연후에 이러한 구분선내에서 연령에 따라 좌차를 정한다는 것이다. 이로 볼 때 16세기 후반에는 신분이 연령보다 일차적인 기준으로 강조되고 있음을 알 수 있다. 뿐만 아니라 사족과 서족이 族團的으로 구별되고, 서족으로서 관료가 된 자는 서족유직자로서 명칭을 달리하는 경향이 나타나고 있다. 그리하여 사족 출신의 관료와 서족 출신의 관료는 향촌에서는 좌차도 차별하고 있다. 이러한 경향은 양반과 중인, 그리고 常漢이 점차적으로 분화되는 추세를 반영한다고 볼 수 있다.[20] 이처럼 혈통의 순수성에 입각한 신분관을 강조하는 것은 이들 세력으로부터 오는 도전을 막고 향약의 지배력을 배타적, 독점적으로 향유하려는 사족들의 의지의 표현으로서 16세기 전반기의 사족에 비하여 신분관이 보수화되어 가고 있음을 보여준다.

다음으로는 鄕吏·書員·官屬들의 품관에 대한 능욕을 鄕所를 통하여 강력히 다스림으로써 사족들의 신분적 지위를 확고히 하고자 하였다. 마지막으로 이른바 下人으로 통칭되는 양인과 천인들에 대한 지배 예속관계를 강화하고자 하였다. 이를 위하여 한편으로는 신분적 지배관계를 '忠', '悌'라는 綱常의 윤리규범으로 환치시킴으로써 교화를 통하여 지배윤리를 주입시키고자 하였다. 다른 한편으로는 이를 어기는 자에게는 告官治罪, 笞刑이라는 법률적인 지배력을 구사하였다. 이처럼 사족들은 교화와 처벌을 상호 보완적으로 활용해 가면서 향촌민을 신분적으로 지배하였다.

---

18) 李 珥, 《栗谷全書》 권 16, 雜著 3, 海州鄕約 禮俗相交.

19) 李 珥, 《栗谷全書》 권 16, 雜著 3, 社倉契約束 會時坐次.

20) 韓永愚, 〈朝鮮前期의 社會階層과 社會移動에 관한 試論〉(《東洋學》 8, 檀國大 東洋學硏究所, 1978), 254쪽.

이와 같이 재지사족의 향촌지배 규약을 통해서 볼 때, 16세기 후반에는 사족 중심의 배타적 신분질서가 확립되었음이 확인된다. 그것은 사족들의 차별의식에 의한 순수 사족과 비사족을 족단적으로 구별하는 것이었다. 이 때 배타적 차별화의 대상은 '사족의 서얼'과 '서족의 유직자' 그리고 향손·녹사·한산인 등이 주가 되었다. 이들은 향안입록에서 배제되거나 會時의 좌차에서 차별을 받거나 향약적 지배기구에서 차별대우를 받았다. 사족들은 이러한 배타적 차별화를 통해 그들을 반·상의 중간 신분층으로 종속시키고, 그 아래에 하인으로 통칭되는 양인과 천인들에 대한 지배와 예속관계를 강화함으로써 사족 중심의 신분질서 확립이 가능하였던 것이다. 이같은 상하 신분질서를 유지하기 위해 재지사족들은 각종 지배기구의 지배력을 배타적, 녹점적으로 계속 향유하려고 하였던 것이다.

이처럼 16세기 후반기에 사족과 비사족이 족단적으로 분화됨에 따라 이후의 신분구조는 사족양반과 서얼·서족유직자·향손·녹사·기술관·한산인 등 반·상의 중간 신분층과 상민(상한)과 천인으로 구성되었다. 이러한 신분구조는 17세기에도 여전히 존속하였으며 각 신분간의 분한 등급을 더욱 분명히 하였다. 효종 3년(1652)에 작성된 〈一鄕立法〉과 숙종 7년(1681)에 작성된 〈立法(草)〉에 대한 조목별 검토를 통하여 볼 때, 燕岐지방의 사족들은 鄕員뿐만 아니라 한산과 상한, 천민들에 이르기까지 儒鄕 중심의 향촌사회질서를 구상하고 있었다.[21] 즉 〈일향입법〉의 작성자들은 17세기 연기지방 향촌사회의 신분구조를 유향, 한산, 상한, 천민 4개의 계층으로 이해하고 있었으며, 그러한 등급에 따라 하급계층이 상급계층을 침욕하거나, 分外의 직임을 맡는 것을 규제하였다.

연기지방의 '유'와 '향'이 의미하는 것이 모든 지역에 일률적으로 적용될 수 있는 것은 아니지만, 향촌사회에서 이들은 법적으로는 양반층으로서 제반 특권을 부여받는 계층으로 이해할 수 있다. 여기에서의 '유'와 '향'은 그것이 구체적인 향촌질서 속에서 구별되고 있으나, '향'은 사족과 類를 같이 하는 양반층으로서 중인층으로 인식되고 있는 '한산'과는 분명히 구별되는 존재이다.

---

21) 燕岐지방의 신분구조와 관련한 이하의 서술은 다음의 글을 참고하였다.
김현영, 〈17세기 燕岐지방의 鄕規와 향촌사회구조〉(《韓國學報》 61, 1990).

조선 후기의 한산이란 용어는 다양하게 쓰였는데, 無役無職의 閑遊者로서의 한산은 閑良과 같은 의미를 가지기도 한다. 이러한 무역무직의 한산은 직역이 없는 한유자로서 儒業에 종사하는 경우도 있으나, 주로 弓術과 같은 무예를 익히는 부류이며, 피역을 위하여 歇役인 軍官에 冒屬하거나, 비록 종5품 判官에 限品敍用되기도 하였으나 천거를 통하여 出仕도 가능하였다. 이러한 한산층은 당시의 지식인들이 중인층으로 인식하기도 하였다.[22)]

이러한 한산층에 대해서 연기의 향규는 관속들과 함께 자기(유향)들의 향촌사회 지배권에 도전하는 가장 강력한 세력으로 지목하고 이를 규제하는 조목들을 설정하고 있다. 한편 이러한 한산층을 규제하면서도, 또 그 아래에 상한층을 설정하여 상한층이 한산층에 도전하는 것도 규제하였다. 이러한 규제는 기존의 유향 중심의 신분질서를 그대로 유지하자는 것일 뿐 아니라 각 신분간의 분한 등급을 분명히 하고자 한 것이었다.

17세기 중반 이후 연기지방의 위와 같은 4분적 신분구조는 그것이 비록 일향에 국한된 것이긴 하지만 당시 향촌사회에서 통행하는 신분질서로 이해된다. 즉 17세기 중반의 실학자 柳馨遠은 양반과 중인을 분명히 구별하고 있다.

> 양반은 大夫·士의 자손과 족속들이다. 우리 나라 제도에는 오직 대부·사의 족속이라야 문무관의 正職에 참여할 수 있으므로 속칭 양반이라고 한다. 庶族은 원래 庶人의 족속으로서 官序에 참여하거나 校生이 될 수 있는 사람이니 속칭 중인이라고 하며 또 閑散方外라고도 한다(柳馨遠, 《磻溪隨錄》 권 9, 敎選之制(上) 鄕約事目).

유형원에 의하면 양반과 중인은 혈통에 따라 족단적으로 구별될 뿐만 아니라 그들이 참여할 수 있는 직능까지 분명히 구별하고 있다. 즉 양반사족은 문무반의 정직에 참여할 수 있는 족속이었다. 그러나 중인은 대부·사의 족속과는 혈통적으로 구별되는 존재로서 원래 서인의 족속이지만, 官序 즉 官衙와 鄕里의 학교에 참여하여 서족의 유직자가 될 수 있는 계층이었으며, 또한 한산층이었다. 이처럼 혈통과 직능까지도 구별되어진 중인층은 사족의 배

22) 李俊九, 〈朝鮮後期의 閑良과 그 地位〉(《國史館論叢》 5, 1989), 172~173쪽.
———, 《朝鮮後期身分職役變動硏究》(一潮閣, 1993), 105~110쪽.

타적 차별화 과정에서 형성되었다.

지배층과 피지배층이 공존하는 어느 사회에서나 피지배층의 계층상승 시도와 이에 대한 지배층의 배타적 통제, 그리고 지배층의 특권 유지를 위한 도태작용이 거듭되면서 대부분의 경우 이들 양 계층의 중간적 존재가 출현하게 됨은 필연적이며, 이러한 원리는 조선 중기 사회에서도 예외없이 적용되었다. 즉 양반과 상민의 중간층의 출현은 이러한 원리상에서 이해될 수 있으며, 그들 계층은 그들에게 알맞는 직역을 제도권 안에서 확보하고자 하였고, 이 관점에서 반·상의 중간층으로서의 중인 신분이 형성되었던 것이다.

이러한 관점에서 볼 때 사족들의 배타적 차별화의 대상이 되었던 서족유직자·서얼·향손·녹사·기술관 등 비사족은 점차 족단적으로 차별되어 중인층화되어 갔다. 이는 결국 사회적 평가의 결과 家系의 위신이 양반사족에 비하여 낮게 평가되어 형성된 신분층이었다.[23] 양반과 상민의 중간에 위치하는 광범위한 중간계층을 의미하는 중인층은 務本抑末이라는 유교적 이념에서 생겨난 기술천시의 풍토 속에 신분이 하락되었던 기술직·이서, 정통·비정통을 철저하게 가리는 성리학적 명분론에서 연유한 嫡庶관념에서 도태된 서얼로 구성될 뿐 아니라,[24] 서족의 유직자 또는 한산층으로 간주되는 忠贊·忠順·忠翊·忠壯·定虜 등 衛屬과 校生·武學·(常)出身·軍官·閑良 등의 다양한 직역을 포괄하고 있다.[25] 이러한 중인층은 사회의 진전에 따라 점차 경제력을 바탕으로 한 상민층으로부터 신분을 상승시킨 성취적 중인층 혹은 冒屬 중인층으로서의 한유자층이 증가하면서[26] 중인 범위가 더욱 두터워지고 복잡해져 갔다.

따라서 16세기 후반 이후에는 사족 중심 신분질서의 확립과 더불어 반·상의 중간 신분층이 형성되었고, 이를 바탕으로 하여 17세기 초 인조 때부터

23) 池承鐘, 〈身分槪念定立을 위한 試論〉(《한국 고·중세 사회의 구조와 변동》, 한국사회사연구회 논문집 11, 文學과 知性社, 1988), 88쪽.

24) 鄭玉子, 〈朝鮮後期의 技術職中人〉(《震檀學報》 61, 1986), 45쪽.

25) 李俊九, 〈朝鮮後期 兩班身分移動에 관한 硏究〉(上·下)(《歷史學報》 96·97, 1982·1983).
———, 앞의 책, 32쪽.

26) 金盛祐, 〈17·18세기 前半 '閑遊者'層의 증가와 정부의 대책〉(《民族文化硏究》 25, 高麗大, 1992), 273~274쪽.

는 중인이라는 용어의 사용과27) 함께 양반, 중인, 상민, 천인의 4신분층을 골간으로 하는 신분구조를 이루게 되었다.

2) 양란중의 신분 혼효와 정리

16세기 말 17세기 초에 걸쳐 조선왕조는 왜란과 호란을 치르면서 사대부층의 통치능력의 한계를 드러내었다. 이는 그 이전부터 동요하고 있던 지배체제가 양란을 통해 더욱 이완되었기 때문이다. 이러한 가운데 정부가 전쟁의 수행과정에서 이에 대응하기 위한 일련의 조처는 종래 신분제에 대한 명분론적 인식의 혼란을 야기하였다. 그것은 軍功論賞과 原從功臣錄勳, 納粟論賞 등과 같은 제도적 신분상승 조처를 통해 신분계층이 혼효되는 현상으로 나타났다. 이는 전란을 통해 중인과 양인, 천인들이 합법적으로 그들의 신분을 상승시킬 수 있는 길이 비교적 넓어짐으로써 나타난 현상이었다. 뿐만 아니라 양란을 치르면서 인구의 지역적 이동과 노비의 도망 등도 신분이 혼효하게 된 한 요인으로 작용하였다.

임진왜란이 일어날 무렵의 조선사회는 병농일치제가 무너지고 軍籍收布法(중종 36년 ; 1541)이 실시되면서도 그것에 대신할 傭兵制와 같은 새로운 군사제도가 성립되지 않았고, 또한 행정체제의 이완으로 正軍이 될 수 있는 양인인구가 줄어들고 있었다. 이 때문에 전쟁이 발발하자 정부군의 확보를 위해서는 公私賤·庶孼 등도 군역에 충당되었고 또 군사들의 사기를 높이기 위해 군공논상을 강화하지 않을 수 없었다. 이는 난국을 타개하기 위해 불가피한 조처였으나 이로 인해 결국 하층민의 제도적 신분상승을 수반하게 되었다.

임란중의 군공논상에28) 관한 기록으로는 선조 25년(1592) 11월부터 보인다.

---

27) 韓永愚, 〈朝鮮後期 '中人'에 대하여-哲宗朝 中人通淸運動資料를 중심으로-〉(《韓國學報》 45, 1986), 73쪽.
한영우는 중인뿐만 아니라 특권적 지배신분으로서의 양반도 16세기의 과도기를 거쳐서 17세기에 뚜렷하게 성립되었다는 견해를 이미 1978년에 밝힌 바 있다(韓永愚, 앞의 글, 1978).

28) 壬亂 중의 軍功論賞에 관하여는 주로 다음의 글을 참고하였다.
李章熙, 〈兩班·農民層의 變化〉·〈奴婢制의 崩壞〉(《한국사》 13, 국사편찬위원회, 1978).

즉 이 때 적의 목을 베었거나 작은 공을 세운 자에게는 告身帖, 免賤·免役帖을 주었다.29) 이로 볼 때 면천·면역첩의 대상은 주로 비양반층이었을 것이고, 따라서 비양반층도 군공을 통해 그들의 지위를 향상시킬 수 있었음을 알 수 있다. 또한 같은 달의 기사에서 군공이 뛰어난 자에게는 參奉(종9품)에서 軍器寺正(정3품)에 이르기까지의 加設職을 주겠다는 것이다.30) 여기에는 신분에 관한 언급이 없어 하층신분도 가설직의 대상이 되었는지의 여부는 확인할 수 없다.

그러나 선조 27년 軍功廳의 보고에 의하면 "公·私賤도 적 1명을 베면 면천하고 2명을 베면 羽林衛에 소속되게 하고 3명을 베면 許通하고 4명을 베면 守門將을 제수하는 것이 이미 규례로 되어 있다. 이미 허통되고 관직을 받았으면 사족이나 다를 것이 없다. 공·사천뿐만 아니라 才人·白丁·匠人·山尺 등의 미천한 신분도 또한 높은 관직으로 뛰어오른 자가 있다"고 하였다.31) 이는 군공이 현저한 자에게 논상하고 군사의 사기를 고무하는 데 목적이 있었지만, 군공으로 인해 공사천 등의 하층민이 禁軍의 하나인 우림위에 속하게 되거나 허통하여 과거에 나아갈 수 있거나 受職함으로써 양반신분으로 상승하게 되는 경우도 있게 되었다. 또한 이들 하층민의 허통뿐만 아니라 서얼도 적 1명을 베면 허통이 가능하였다.32) 이러한 정부의 제도적 조처가 이미 임란중에 규례가 될 정도였다면 각 신분계층간의 신분 혼효현상도 문제되지 않을 수 없었다. 뿐만 아니라 군공사목의 규정대로 한다면 당시 최하층에 속하였던 공사천이 累功에 의하여 높은 관직까지 제수된다는 것은 당시 신분제를 엄격히 유지해 나가려던 분위기 속에서 용납될 수 없었던 일이었다. 그래서 위의 보고에 따라 천인 신분에 대한 군공논상은 적을 벤 수가 많아도 서반 종6품직의 主簿 이상을 주지 말고 그 이상은 다른 상으로 논상하기로 한 군공자 한품서용 규정이 정해졌다. 그러나 白雲瑞는 천인으로서 계속 군공을 쌓아 서반 정3품인 訓鍊正에까지 오른 예도 있다.33)

平木實, 〈奴婢의 免賤從良形態〉(《朝鮮後期奴婢制硏究》, 지식산업사, 1982).

29) 《宣祖實錄》 권 32, 선조 25년 11월 임오.

30) 《宣祖實錄》 권 32, 선조 25년 11월 경신.

31) 《宣祖實錄》 권 51, 선조 27년 5월 을유.

32) 裵在弘, 〈朝鮮後期의 庶孼許通〉(《慶北史學》 10, 慶北史學會 1987), 113쪽.

또한 "요즈음 군공이 크게 넘쳐서 3품직을 얻지 않는 자가 없다"[34]고 한 데서 알 수 있듯이 군공으로 얻은 직위의 한계도 엄격히 지켜지기 어려웠다.

이러한 군공논상은 당사자뿐 아니라 전투로 인하여 전사한 자의 자식에 대한 논상도 규정하고 있다. 이는 군병의 사기를 격려하기 위한 조처였다. 선조 27년 9월에는 "전사자가 堂上 이상인 경우에는 그 아들 1명에게 6품 실직을 제수하고, 당상 이하관인 경우에는 동반 실직을 제수하고, 禁軍良人인 경우에는 아들 1명에게 금군을 제수하고, 公私賤의 경우에는 그 아들 1명을 면천"하기로[35] 하였다. 이는 군병의 사기를 격려하기 위한 조처였지만, 양인과 공사천 전망자의 자식까지도 금군을 제수하거나 면천과 같은 논상이 이루어짐으로써 결국 하층민의 신분상승의 길을 법제적으로 넓혀주는 계기가 되었다. 뿐만 아니라 戰亡者의 자손은 궁궐 밖의 숙위를 담당하였던 忠壯衛에도 입속할 수 있었다. 충장위는 광해군 초년에 창설되었는데, 당초에 군공·납속·전망자의 자식 등을 입속시켰으나 점차 주로 전망자손의 3대까지를 입속시켰다.[36] 이리하여 하층민 전망자손의 3대까지도 금군의 하나인 충장위에 입속할 수 있음으로써 한정된 범위내에서 신분상승을 도모할 수 있는 길이 열려 있었다.

또한 임란중에 공사천으로서 신분을 상승시킬 수 있던 길은 公私賤武科와 斬級武科를 통해서도 가능하였다.[37] 공사천무과는 선조 26년 6월 왕의 하교에 의해서 제기되었다. 그것은 공사천에 設科하여 三醫司雜科의 예에 따라 武才를 시험하고 이에 합격한 자는 從良시켜 우림위에 입속시키자는 것이다.[38] 그러나 공사천무과를 실시하는 데는 문제점도 많고 또 반대하는 사람도 많았다. 그 가장 큰 문제점은 역시 신분제도상의 문제였다. 즉 종래의 노비제도를 타파하여 공사천에게 출신의 길을 열어준다는 것은 後弊가 생길

33) 《宣祖實錄》 권 52, 선조 27년 6월 경신.
34) 《宣祖實錄》 권 59, 선조 28년 1월 신사.
35) 《宣祖實錄》 권 55, 선조 27년 9월 기해.
36) 李俊九, 〈朝鮮後期의 諸衛屬과 그 地位變動〉(《朝鮮史硏究》 1, 伏賢朝鮮史硏究會, 1992), 211~213쪽.
———, 앞의 책, 180~183쪽.
37) 平木實, 앞의 책, 159~164쪽.
38) 《宣祖實錄》 권 39, 선조 26년 6월 정유.

우려가 있다는 것이다. 따라서 공사천무과는 선조 27년과 28년에 실시되고 다수의 奴子가 종양되었으나, 그 뒤에는 기록이 없는 것으로 보아 폐지된 듯하다.

공사천무과와는 달리 참급무과도 실시되었다. 참급무과는 선조 26년 7월 왕의 하교에 의해서 실시된 것이다. 서얼과 공사천은 사족·양인과 一榜에 더불 수 없으니 別試를 한 번 치른 후에 서얼이면 2級으로, 공사천이면 3급으로 許科하기로 하였다.[39] 이 무과에 합격된 자의 수와 그 후 허과되어 제직된 자의 수를 확인할 수는 없으나 선조 26년에 실시된 무과의 예를 보면 전라도 3,000명, 경상도 2,000명, 충청도 1,000명을 먼저 試取하고, 初試入格者가 왜적 1명을 베면 허과하기로 했음을 알 수 있다.[40] 그러나 그 뒤 선조 32년 3월에 이 참급무과가 실시되고 훈련원에서 殿試가 실시되고 있는 것 외에는 기록이 없는 것으로 보아 폐지된 듯하다. 이처럼 임란중에는 공사천무과와 참급무과를 통해서도 하층민의 신분상승이 합법적으로 가능하였으며 이에 따라 신분이 혼효되기도 하였다.

이 밖에도 임란중에는 하층민이 原從功臣에 녹훈됨으로써 신분을 상승시키는 경우도 대단히 많았다. 선조 37년 6월에는 宣武功臣·扈聖功臣·淸難功臣이 녹훈되었다.[41] 이 3공신은 임진왜란 때 전공을 세운 선무공신과 왕을 扈從하는데 공을 세운 호성공신, 선조 29년 李夢鶴의 반란을 토평하는데 공을 세운 청난공신이 그것이다. 3공신의 녹훈에 이어 선조 38년 4월에는 각 원종공신이 녹훈되었는데, 이 때 녹훈된 인원은 선무원종공신이 9,060명, 호성원종공신이 2,475명, 청난원종공신이 995명이었다.[42] 정훈공신에 들지 못한 사람들을 대상으로 녹훈된 원종공신에게는 1등, 2등, 3등으로 분류하여 공신녹권을 지급하고 각종 특권을 부여하였다. 이들 원종공신녹권은 임란중에 군공논상에 따른 신분의 향상이 어느 정도였는가를 확인시켜 주는 구체적인 자료라고 하겠다. 이들 녹권중에 宣武原從功臣錄券을 통해서 확인하기로 한다.

39) 《宣祖實錄》 권 40, 선조 26년 7월 기사.
40) 《宣祖實錄》 권 40, 선조 26년 7월 무진.
41) 《宣祖實錄》 권 175, 선조 37년 6월 갑진.
42) 《宣祖實錄》 권 186, 선조 38년 4월 경신.

선무원종공신은 임진왜란 때 전투에서 공을 세우거나 군수품 보급에 기여한 인물로서 선무공신에 들지 못한 사람들을 대상으로 9,060명을 녹훈한 것이다. 이들을 책록한 문서가 '선무원종공신녹권'이다. 여기에는 1등, 2등, 3등 원종공신의 명단이 그의 신분·직역과 함께 기록되어 있는데, 종친으로부터 중앙관·지방관·許通·免役·保人·奴婢에 이르기까지 사회의 모든 신분계층이 망라되어 있다. 각 등급의 원종공신 명단 끝에는 이들에게 내리는 특권이 기재되어 있다. 그 내용은 본인에 대한 加資, 자손에 대한 蔭職敍用의 혜택, 부모에 대한 封爵, 후손에 대한 가자, 본인이나 후손의 죄에 대한 처벌의 면제, 공·사직의 면천 등을 규정한 것이다. 이 녹권에 기재된 9,060명 가운데 신분과 직역이 확실히 기재된 서얼·향리층 이하만을 보면, 면천이 740명으로 제일 많고, 다음으로 免役 407명, 私奴 395명, 水軍 389명, 保人 267명, 寺奴 148명, 許通 127명, 正兵 126명, 甲士 68명, 免鄕 58명, 官奴 57명, 書吏 55명의 순으로 나타나는데, 그 밖에도 다양한 하층민의 직역들이 확인된다. 이들은 대체로 3,230여 명으로서 전체의 37%에 해당한다.[43] 이들은 하층민으로서 임란중에 이들의 활동이 매우 컸음을 말해주고 있다. 이들 하층민은 군공에 대한 보답으로 각종의 특권을 부여받음으로써 제도적 신분상승을 보장받게 된 것이다. 선무원종공신녹권에서 확인된 서얼·향리층 이하의 수치는 같은 시기의 호성원종공신녹권과 청난원종공신녹권에서도 비슷한 수치가 예상된다. 따라서 이같은 제도적 신분상승도 신분 혼효에 미친 영향이 대단히 컸을 것으로 이해된다.

뿐만 아니라 원종공신은 忠翊衛와 忠贊衛에 입속하여 국가로부터 특별한 처우를 받았다. 충익위와 충찬위는 국가가 원종공신에 대한 報功의 의미로 설립한 숙위병종이었다. 충찬위는 세조 2년(1456) 12월에 충의위의 예에 따라 원종공신에 대한 보공의 의미로 설립하였는데 조선 후기에도 존속하였다. 충익위는 광해군 8년(1616) 4월에 忠翊府가 復設되면서 창립되었는데, 창립 당초 입속자는 원종공신에 참록한 자 가운데 公私賤·新良人·諸色軍士·軍

43) 趙啓纘, 〈壬辰倭亂期의 身分向上에 관한 小考〉(《東亞論叢》 12, 東亞大, 1976), 16쪽의 宣武原從功臣錄券에 책록된 자 가운데 향리·서얼층 이하만을 취급한 통계표 참조.

功·納粟·影職人 등을 대상으로 하였다. 공사천과 免賤從良한 신양인 및 제색군사까지도 숙위입번하는 금군의 類가 될 수 있었다. 충익위와 충찬위는 원종공신을 대상으로 충원하였는데, 충익위는 그 嫡子가, 충찬위는 그 庶子(衆子를 의미)가 입속하였으며 각각 3대로 한정하였다.44) 이리하여 원종공신의 有功·有蔭의 혜택이 그 자손의 3대까지에도 미침으로써 한정된 범위내에서 신분상승을 도모할 수 있는 길이 열려 있었다.

이같이 임란중의 군공을 통해 하층민이 신분을 상승시킬 수 있던 길은 임란이 종식됨에 따라 일단락되었다. 그러나 내란 또는 외침으로 국가가 위기를 맞이할 때마다 論賞事目이 마련되었고, 군공을 세워 응분의 혜택을 받으려는 하층민의 욕구는 더욱 상렬하였다. 李适의 난 때나, 정묘호란 때노 군공으로 受職하는 자가 속출하였으며, 병자호란 때는 임란 이후 가장 많은 군공 수직자가 나타났다. 이럴 때마다 정부는 군공에 대한 대가를 銀子로 포상하여 하층민의 신분상승을 억제할 생각이었으나 그들은 면천이 되어 하급 군직이나마 받는 것을 원하였으며, 사태가 다급할 때마다 그에 대한 처리를 위해 불가피하게 그들이 원하는 방향으로 포상하지 않을 수 없었다.45) 병자호란 때의 논공사목을 보면 "적의 목 하나를 벤 자는 공사천은 면천하고 양인으로 급제하여 직을 가진 자는 승진시키며, 2명을 벤 자는 加資 논상"46) 하기로 했다. 이러한 거듭된 전쟁으로 신분제는 동요하지 않을 수 없었으며, 하층민이 상층민으로 신분을 상승시키는 길도 그 만큼 넓어져 갔다.

이상의 군공논상을 통해 볼 때 공사천과 양인·서얼 등도 군공의 정도에 따라 제도적으로 면천종양되거나 허통 또는 무과를 통하여 西班軍職에 나아갈 수도 있었으며, 전망자의 한 아들까지도 면천되거나 금군에 제수될 수 있었다. 이처럼 양란중에는 군공을 통해 하층민의 신분 향상이 합법적으로 가능하였으며, 이에 따라 신분이 혼효되기도 하였다. 그러나 하층민이 군공논상을 통해 신분을 향상시킬 수 있었던 것은 사실이지만 그것은 일정한 한계

44) 李俊九, 앞의 글(1992), 202~227·225쪽.
———, 앞의 책, 172~177·193쪽.
45) 李章熙, 앞의 글, 452쪽.
46) 《承政院日記》 54책, 인조 14년 12월 21일.

가 있었다. 이미 언급한바 서얼과 공사천은 참급무과에서 사족·양인과는 달리 別試를 치뤄야 許科하는 差待를 규정하고 있으며, 허통을 통해 유직자가 되었더라도 서반 종6품직의 主簿 이상을 주지 않는 군공자 한품서용이 법제적으로 규정되어 있다. 또한 원종공신과 전망자의 자손은 충장위·충익위·충찬위 입속이 가능하였더라도 3대 이후에는 양역에 편입되어야 했으므로 지속적인 신분상승이 법제적으로 불가능하였다. 뿐만 아니라 군공논상은 전란을 극복하고 군사의 사기를 높이려는 비상시 구급책에서 비롯된 것임을 감안할 때 전란이 종식되자 군공논상에 수반하는 제도적 신분상승 조처도 일단락되게 되었다. 그러나 이러한 한계에도 불구하고 군공논상을 통한 신분의 혼효는 양란 이후 진행되어 가는 신분제 동요의 한 요인으로 작용하였다고 볼 수 있다.

양란중의 제도적 조처에 의한 신분상승의 길은 군공뿐만 아니라 納粟에 의해서도 가능하였다.[47] 임란을 통해 재정적 타격을 받은 조선왕조는 특히 군량미 조달을 위한 납속을 통해 면천·면역·허통·補官의 길을 넓게 열었으며, 그것을 통해 서얼·향리·有役人·公私賤 등도 신분상승을 도모하게 되었다. 임진왜란이 일어난 후 군량을 마련하기 위해 선조 25년(1592) 5월부터 납속이 논의되었으나,[48] 納粟論賞이 제도적으로 규정된 것은 선조 25년 12월에 경기·황해도에서 실시된 〈京畿黃海調度御史別事目〉이 제정됨으로써 비롯되었다.[49] 이 때에는 납속한 사람은 물론 그것을 수송한 사람에 대해서도 논상이 실시되었다. 그 내용을 정리하면 〈표 1〉과 같다.

〈표 1〉에서 확인되는 本官守令·資窮者·前銜·鄕所 등은 實職·影職을 제수할 수 있도록 규정되어 있으나, 그 이하의 신분인 서얼·향리·유역인·공사천은 許通·己身免役·從良할 수 있게 되어 있다. 이로 볼 때 서얼은 물

---

47) 임란중의 納粟論賞에 관하여는 주로 다음의 글을 참고하였다.
田炳喆, 〈壬辰倭亂期 納粟政策〉(《龍巖車文燮敎授華甲紀念論叢 朝鮮時代史硏究》, 1989).
平木實, 앞의 책.
李章熙, 앞의 글.

48) 《宣祖實錄》 권 26, 선조 25년 5월 정묘.

49) 〈宣祖實錄〉 권 33, 선조 25년 12월 을묘.

론 향리·유역양인과 공사천도 면역·종양됨으로써 일단 신분상승이 가능하였던 것이다.

〈표 1〉 경기·황해 조도어사별사목

납속량 / 신분	100석 이상	300석 이상	500석 이상	700석 이상
本官守令	加資	陞敍	超敍	超2階陞敍
資窮者	代加	代加2資	子壻中參下職除授	
前銜	加2資		復職	參下影職
鄕所以下	6品影職		4品影職	
庶孼	5년면역	10년면역	許通	
鄕吏·有役人	5년면역	10년면역	自身免役	
公私賤	5년면역	10년면역	從良	

〈표 2〉 납속사목

신분 / 납속량	향 리	사 족	元有職者	資窮者	서 얼
3석	3년免役逐加1년	참하영직			
5석					兼司僕·羽林衛 咸西班軍職6品
8석		6품영직			
10석			매10석陞品		
15석	己身免役				허통
20석		동반9품			幷前所生
25석		동반8품			
30석	免鄕授參下影職	동반7품		陞당상	참하영직
40석	其2子免役參下影職	동반6품			
45석	相當軍職				6품영직
50석		동반5품			5품영직
60석		동반종4품			동반9품
80석	東班實職	동반정4품			동반8품
90석		동반종3품			동반7품
100석		동반정3품			동반7품

그러나 선조 26년 2월에는 개정된 〈納粟事目〉을 제정하였는데,[50] 〈표 2〉

50) 《宣祖實錄》 권 35, 선조 26년 2월 신축.

에서 확인되는 바와 같이 사족과 향리·서얼에 한정된 納粟補官을 규정하고 有役良人과 공사천을 제외하고 있다. 양반인 사족·원유직자·자궁자는 최하 영직에서 최고 동반 3품까지 허용하고, 향리는 3년 면역에서 동반 실직까지, 서얼은 겸사복·우림위 혹은 서반군직 6품에서 동반 6품까지 허용하도록 되어 있다. 그러나 양인과 공사천은 제외되어 있다. 양인의 납속은 군액이 감소된다는 이유로 금지한 것으로 볼 수 있으나, 공사천의 면천은 오히려 군액 또는 稅源이 증가될 수 있는 것으로 신분변동에 따르는 문제만 없다면 금지될 이유가 없는 것이다. 선조 26년 2월에 사간원에서 공사천의 면천종양은 당초의 사목대로 허용하자고 건의하여 이것이 받아들여져[51] '別事目'에는 있으나 '納粟事目'에 빠져 있던 납속면천이 결국 10일 뒤에 추가된 것으로 보이는데,[52] 15석 정도로 從良된 것으로 보인다.[53] 또한 납속사목은 별사목보다 납속량이 뚜렷하게 줄어들었다. 이로 볼 때 향리와 서얼도 어느 정도의 경제적 여유만 있으면 동반실직에 제수될 수 있었다. 향리와 서얼은 16세기 이래 사족의 배타적 차별화 과정에서 족단적으로 밀려난 계층이었다. 그러나 임란중의 납속보관을 통해서 그들의 지위를 상승시킬 수 있는 길이 제도적으로 열리게 된 셈이다.

임란중에 납속을 통한 비양반층의 신분적 상승은 서얼이나 향리에 한정되지 않았다. 군역의 대상인 양인층도 제도적으로는 납속사목 이후 납속을 허용하지 않았지만 교생이나 한량을 의탁하거나 冒名하여 실제로 납속에 응하고 訓導나 影職을 받은 자가 매우 많았으며,[54] 공사천의 경우도 재력만 있으면 일단 면천종양하였다가 다시 상층 신분으로 오를 수 있었다. 임란기 납속이 신분에 미친 영향이 컸다는 것은 무리가 없다. 그러나 그것은 일정한 한계가 있었다. 비양반층에 대한 실직 제수는 당시 사족 중심 신분질서하에서 명분론적 사회 인식이 이를 인정할 정도로 성숙되지 못해 현실적으로 어려웠고, 또 납속면역의 혜택도 별사목과 납속사목에서 3년 면역, 5년 면역, 10

51) 《宣祖實錄》 권 35, 선조 26년 2월 신해.
52) 田炳喆, 앞의 글, 515~516쪽.
53) 平木實, 앞의 책, 168쪽.
54) 《宣祖實錄》 권 38, 선조 26년 5월 을해.

년 면역, 기신면역의 규정이 말해주듯이 자손에까지 미치지 못하였다. 뿐만 아니라 비양반층이 納粟品職을 취득했더라도 그 다음 세대인 아들은 취득 이전의 신분·직역을 세습하고 있으므로 양반과 같은 대우를 받지 못하였다.[55] 따라서 비양반 납속품직자들은 그 혜택이 당대에 그쳐 납속만으로는 신분상승이 지속적으로 이루어지는 것은 아니었다. 그러므로 임란기 납속을 통하여 일어날 수 있었던 신분변동은 비양반층의 양반화보다는 천인의 양인화라는 면이 더 강하게 나타났던 것이다.[56]

임란중의 납속논상을 통한 신분상승 조처는 전란이 마무리되면서 일단락되었다. 선조 26년 2월 이후 전국적으로 확대실시되었던 납속정책은 휴전이 성립된 뒤에도 飢民의 구제를 위해 다시 확대실시되었다가 정유재란이 끝나가는 선조 31년에 와서는 대체로 완화·정리단계로 들어갔다. 즉 납속인들에게 주었던 특전을 회수하고 募粟官을 줄여 나갔다. 그러다가 선조 33년 10월에는 드디어 미발급 空名告身을 수거하여 태우도록 한 결과 1만장 이상의 許通·免賤·免役等帖을 소각함으로써 임란중의 납속정책이 일단락되었던 것이다.[57] 그러나 임란이 종식된 이후에도 전후 복구나 진휼을 위해 발급하던 공명첩은 효종대에 잠시 주춤하였으나 현종대 이후에도 납속책의 일환으로 계속 발급됨으로써 신분제 동요에 일정한 영향을 미치기도 하였다.

이상 군공에 의한 논상과 원종공신 녹훈, 납속논상 등 일련의 제도적 조처는 일정한 한계가 있으나 합법적 신분상승을 가능하게 하였고, 유공·유음의 혜택이 전망자 및 원종공신의 자손들에게 3대까지 미침으로써 한정된 범위내에서 신분상승을 도모할 수 있는 길도 있었다. 이에 따라 신분의 혼효현상도 초래하였다. 그러나 전란중의 제도적 신분상승 조처에 의한 신분의 혼효는 전란의 종식과 함께 더 이상 합법적으로 진행될 수 없었다. 그것은 전란이 종식되자 전란으로 인한 군공 및 납속 논상이 일단락되었고 그에 수반하던 제도적 신분상승 조처도 일단락됨으로써 이로 인한 하층민의 신분상승

---

55) 李俊九, 〈朝鮮後期 兩班身分 移動에 관한 硏究(上)－丹城帳籍을 中心으로－〉(《歷史學報》 96, 1982), 151～152쪽.

56) 田炳喆, 앞의 글, 540쪽.

57) 田炳喆, 위의 글, 519～520쪽.

의 길이 차단되었기 때문이다.

그러나 전쟁의 종식과 함께 제도적 신분상승 조처가 일단 정리되었음에도 불구하고 그 동안 진행되어 오던 신분의 혼효는 전란이 종식된 이후에도 신분제의 동요에 일정한 영향을 미치게 되었다. 뿐만 아니라 전란을 치르면서 인구의 지역적 이동과 노비의 도망, 막대한 인명의 피해와 면역 인구의 증가 등은 民丁 파악의 곤란과 양역 인구의 감소를 초래하였다. 양역 인구의 감소는 양역 담당자의 부담을 가중시켰고, 양역의 과중한 부담은 有役下層民의 피역 시도를 유도하였다. 이는 결국 신분제의 혼효 내지 동요의 한 요인으로 작용하였다.

이처럼 전란을 통해 혼효되었던 신분질서는 號牌法 실시, 奴婢推刷 등 국가의 대책과 아울러 재지사족의 향촌사회 재건을 위한 노력을 통해서 재정비되어 갔다. 광해군 때의 호패법은 외적에 대비하기 위한 軍籍의 정비를 목적으로 광해군 2년(1610) 9월에 실시하기로 결정하였으나 제대로 실행되지도 못하다가 광해군 4년 7월에 혁파되었다.[58] 그러나 反正을 통하여 왕위에 오른 인조 초기에는 반정의 합리화를 위한 현시적 욕구와 亂政의 극복이라는 실제적 필요성으로 인하여 개혁의 기운이 넘쳐 흘렀다. 이러한 흐름을 배경으로 實錄의 표현을 빌리자면 마치 訟事를 다투듯이 분분하게 개혁을 위한 의견들이 제기되었으며, 이 가운데 호패법을 先行하기로 인조 3년(1625) 7월 20일에 의논이 모아졌다. 이러한 결정을 거쳐 인조 3년 7월 28일에는 號牌事目이 작성되었고 이는 그 이듬해인 인조 4년 정월 1일부터 시행할 것을 명기하고 있다. 민정의 총수 및 役의 유무의 파악과 闕額을 보충하는 것이 호패법 시행의 주된 목적인 만큼 이를 위하여는 먼저 신분직역제의 정비가 선행되어야 했다.

이에 따라 호패사목에는 품관으로부터 공사천에 이르기까지 신분과 직역에 따라 역의 유무를 밝힐 수 있는 각양 호패의 佩持를 규정하고 있다.[59] 이 호패법은 서얼 및 하층민의 노골적인 신분노출에 대한 반발 때문에 강력하

58) 李光麟, 〈號弊法－그 實施變遷을 中心으로－〉(《白樂濬博士還甲紀念 國學論叢》, 1955), 586~595쪽.

59) 李俊九, 〈朝鮮後期의 '業儒'·'業武'와 그 地位〉(《震檀學報》 60, 1985), 35~37쪽.

게 지속적으로 시행되지 못하고 그 이듬해에 폐지되었지만, 임란을 통해 혼효되었던 신분은 호패법을 통해 일단 재정리되었으며, 그 이후 이를 바탕으로 신분직역제가 운용되어 갔다.

또한 양란으로 인해 나타난 신분의 혼효는 효종 6년(1655)의 노비추쇄를 통해서도 재정비되어 갔다. 추쇄도감의 설치 목적은 노비에게서 신공을 거두어 재정에 보충하기 위해 먼저 노비를 파악하여야 할 필요에서 나왔다.[60] 그러나 〈推刷事目〉과 〈備忘記〉 등에서 확인되는 것처럼 隱漏奴婢를 밝혀내는 동시에 賤籍에 속해 있다가 冒良하여 司馬에 등과한 자의 자식에 대한 양인처우, 노비의 군공·납속·納銀으로 인한 면천·면역·免貢을 허가한 公文이 없는 자는 還賤시킨다든지, 代口贖身에 대하여 연한에 제한을 가하는 규정[61] 등은 양란으로 신분이 혼효되어 있었던 하층민에 대한 신분제의 재정비를 수반하고 있다. 이같은 노비추쇄가 큰 효과를 거두지는 못하였더라도 양란을 통해 나타난 신분의 혼효는 노비추쇄를 통해서도 일단 법제적으로 재정리되어 갔던 것이다.

뿐만 아니라 재지사족의 향촌사회 재건을 위한 노력을 통해서도 신분질서는 재정비되어 갔다. 재지사족은 난 후 이완된 신분질서를 재정비, 강화하고 동요된 향촌사회를 다시 안정시키기 위해 향촌지배 조직과 규약을 복구 또는 새로이 마련하였다. 이러한 조직과 규약을 통해 재지사족 중심의 상하 신분질서와 지주·전호제의 안정적 유지 등이 추구되었으며,[62] 종전의 족계나 동계에 비해 새로 재정된 동규·동약에는 특히 하층민에 대한 규제조항이 강화되었다.[63]

앞서 언급한 연기지방 〈일향입법〉에 대한 조목별 검토를 통해 볼 때, 17세기 연기지방의 향촌사회는 '유향' 중심의 신분질서를 구상하고 그 밑에 한

60) 平木實, 앞의 책, 93~94쪽.
61) 全炯澤, 《朝鮮後期奴婢身分硏究》(一潮閣, 1989), 127~132쪽.
62) 金仁杰, 〈조선후기 鄕村社會 統制策의 위기-洞契의 성격변화를 중심으로-〉(《震檀學報》 58, 1984), 141쪽.
鄭震英, 앞의 글(1989), 106~107쪽.
63) 韓相權, 앞의 글, 61쪽.
李樹健, 〈古文書를 통해 본 朝鮮朝社會史의 一硏究〉(《韓國史學》 9, 1987), 85쪽.

산층, 상한층, 천민층이 설정되고 있으며, 그러한 등급에 따라 하급계층이 상급계층을 침욕하거나 분외의 직임을 맡는 것을 엄격히 규제하였다. 이러한 향촌민의 분한 등급과 그에 따른 규제는 재지사족이 전란 후 혼효된 향촌사회 신분질서를 재정비하기 위한 노력의 결과였다.

그러나 한편 양란 이후 농업생산력의 향상, 상공업의 발전 등에 따라 피지배층의 자각과 사회경제적 기반의 확충은 유교적 신분제도하에서 강요되어 온 기득신분에의 속박에 대한 불만을 싹트게 하였고, 그것은 결국 신분을 상향이동시키려는 욕구로 표면화되었다. 이에는 물론 양란을 치르면서 인구의 지역적 이동과 군공·납속에 의한 제도적 신분상승 등으로 이미 신분계층의 혼효가 심화되었음도 하나의 요인으로 작용하였으며, 양역의 과중한 부담으로 인해 야기된 유역하층민의 피역 시도도 역시 중요한 요인으로 작용하였다.

3) 각 신분의 존재 양상

조선 중기의 각 신분은 향촌사회에서 어느 정도의 비율로 구성되어 있었으며, 각각 어떠한 양상으로 존재하고 있었는가.

조선왕조는 身分職役制를 포기한 적이 없이 존속하여 왔다. 조선시대의 각 개인(남자)은 원칙적으로 屬處가 있어야 했고, 이 속처를 직역으로 하였으며, 신분적 지위에 걸맞는 직역이 제도권내에서 결정되거나 이를 확보하려고 하였는데, 직역에 따른 권리·의무상의 차등이 법제적으로 규정되어 있었다. 그러므로 개인의 신분적 지위는 직역의 여하에 따라 파악할 수 있다. 이는 개인이 소속한 직역의 신분개념이 곧 개인과 집단의 법제적·사회적 불평등의 주요 지표가 되기 때문이다. 따라서 직역은 신분을 판정하는 유력한 수단의 하나이므로, 帳籍에 기재된 직역을 통하여 신분구조를 이해할 수 있다.

이러한 의미에서 현존하고 있는 《山陰帳籍》과 《丹城帳籍》을 통하여 조선 중기 단성지역의 각 신분의 구성비를 보면 〈표 3〉과 같다.[64]

〈표 3〉 조선 중기 단성현의 호주 신분구성비

단위 : %(호주수)

신분 시기	양반	중인	상민	노비	직역無記	계
선조 39년(1606)	43.5(93)	3.7(8)	29.4(63)	17.8(38)	5.6(12)	100.0(214)
숙종 4년(1678)	13.1(277)	4.4(94)	35.1(743)	46.8(991)	0.5(11)	99.0(2116)
숙종 43년(1717)	18.6(466)	8.6(216)	45.6(1145)	26.1(656)	1.1(28)	100.0(2511)

1) 선조 39년 호적은《山陰帳籍》6개 里 가운데 法勿也里의 호적이 파손되어 파악하지 못하였다.

2) 직역無記에는 일부 판독불명도 포함된 수치이다.

우선 각 신분의 구성비를 나타내고 있는 〈표 3〉의 수치가 시사하고 있는 바의 의미를 살펴보기로 한다. 표에서 주목되는 것은 선조 39년 호적에서 양반호가 전체의 43.5%를, 노비호가 17.8%를 각각 점하고 있어 그 구성비로 볼 때 그 뒤의 式年호적과 크게 다르다는 점이다. 즉 선조 39년 호적에서 양반호와 노비호의 구성비는 그로부터 72년이 지난 숙종 4년 호적에서의 양반호가 13.1%를, 노비호가 46.8%를 각각 나타내고 있는 현상과 크게 비교된다. 이는 그 동안에 양반호의 격감과 노비호의 격증현상을 나타내고 있다.

이같은 현상을 과연 어떻게 이해해야 할 것인가. 선조 39년 장적에서 양반호의 구성비가 높고 노비호의 구성비가 낮은 것은 대체로 다음과 같은 요인들이 작용하였으리라 여겨진다. 그것은 우선 선조 39년의《산음장적》6개 里 가운데 같은 지역의 후대 호적과 비교하면 양반호가 적고 상민호가 가장 많았던 法勿也里의 호적이 파손되어 파악이 전혀 불가능한데, 이것이 양반호의 상대적 구성비를 높이고 있다. 다음으로 선조 39년의 양반호 가운데 군공 및 납속에 의한 품직취득자의 구성비(17.3%)가 숙종 4년(1%)·숙종 43년(1.6%)에 비해 월등히 높은 점과, 전란 과정에서 타처로 피신하였던 인구중 족적·경제적 기반을 이곳에 두고 있었던 양반은 전후 본거지로 빨리 귀환한 반면에 그렇지 못한 常·賤은 서서히 귀환한 점 등이 양반호의 상대적

64) 李俊九, 앞의 책, 212쪽의 〈표 7-1〉 참조.

구성비를 높이고 있는 것으로 간주된다.[65]

이처럼 불완전한 장적의 파악과 임진왜란을 직접 경험하였던 지역적 특성 등이 반영된 현상으로 인하여 선조 39년 호적에서는 양반호의 구성비가 높고 노비호의 구성비가 낮은 것으로 보인다. 이러한 점들과 〈표 4〉에서 확인되는 광해군 원년(1609) 울산지역의 각 신분구성비를 감안한다면 임란 직후인 17세기 초반 단성지역의 신분구성비를 전국적인 보편현상으로 일반화시키기에는 다소 무리가 있다.

〈표 4〉 조선 중기 각 지역의 호주 신분구성비

단위 : %(호주수)

신분 / 구분	양반	상민(양인)	노비	계
蔚山戶籍(1609년)	10.5(115)	62.0(683)	27.5(303)	100.0(1,101)
北部戶籍(1663년)	16.6(113)	30.0(205)	53.3(363)	99.9(681)
金化戶籍(1672년)	14.2(34)	75.0(179)	10.8(25)	100.0(238)
大丘戶籍(1690년)	9.2(290)	53.7(1,694)	37.1(1,172)	100.0(3,156)

한편 임란 이후 격심했던 호구의 이동이 점차 안정되어 가던 17세기 후반의 경우, 단성지역의 신분구성비(1678년)는 〈표 3〉에서와 같이 양반이 13.1%, 중인이 4.4%, 상민이 35.1%, 노비가 46.8%를 나타내고 있다. 이같은 각 신분의 구성비는 〈표 4〉를 통해서 확인되는바,[66] 서울 북부지역・금화지역 대구지역 등과 비교할 때, 특히 금화지역이 양인의 구성비(75.0%)가 대단히 높고

65) 李俊九, 위의 책, 211~213쪽.

66) 본 표는 아래의 글 참조.

韓榮國, 〈朝鮮 中葉의 奴婢結婚樣態(上・下)〉(《歷史學報》 75・76, 77, 1977, 1978), 183~185쪽.

E. W. Wagner, 〈17세기 朝鮮의 社會階層－1663년의 서울 北部戶籍을 중심으로－〉(《朝鮮身分史研究》, 梨花女大史學科研究室 編譯, 法文社, 1987), 180~189쪽.

S. Shin, 〈17세기 金化地域의 社會構造〉(《朝鮮身分史研究》), 160쪽.

四方博, 〈李朝人口に關する身分階級別的觀察〉(《朝鮮經濟の研究》 3, 京城帝國大學 法學論集 10, 1938), 신분별 戶數를 참조하여 만든 표이다.

노비의 구성비(10.8%)가 대단히 낮은 수치를 나타내고 있다. 따라서 17세기 후반의 신분별 구성양상도 각 지역에 따라 그 차이가 많았음을 알 수 있다. 이는 물론 신분을 분류하는 기준이 다르고, 시기의 차이, 도시지역 및 농촌지역의 차이 등이 고려되어야 하겠으나 나타난 수치만을 참조할 때 그러하다는 것이다. 좌우간 〈표 3〉과 〈표 4〉에서 확인되는 각 신분의 구성비 가운데 시기적·지역적 특수성이 강하게 반영된 단성지역(1606년)과 금화지역(1672년)을 제외한다면, 17세기의 각 신분은 대체로 양반호가 9.2%~16.6%, 중인호가 3.7%~4.4%, 상민호가 30.0%~62.0%, 노비호가 27.5%~53.3% 정도로 구성되어 있는 셈이 된다.

이와 같은 비율로 구성되어 있었던 양반·중인·상민·노비 등 사 신분은 그들이 향촌사회에서 각각 어떠한 양상으로 존재하고 있었을까.

우선 재지사족의 존재양상을 살펴보기로 한다. 재지사족은 科擧, 蔭敍, 代加의 혜택을 입어 實職 또는 散職을 얻음으로써 관직에 접근하고 있었다. 그들중에는 無職·無蔭의 양반인 幼學이 대부분이었다. 이는 조선 중기의 향안 등재자의 직역별 통계에서 실직·산직과 有蔭인 忠義·忠贊·忠順衛 등 직역에 비해 무음·무직인 유학(學生)이 가장 큰 비중을 차지하는 것에서 확인된다. 즉 安東향안 등재자의 경우 유학이 선조 22년(1589)에는 전체의 61.6%, 숙종 33년(1707)에는 전체의 75.2%를 각각 차지하였으며, 尙州향안 등재자의 경우 유학이 16세기에는 전체의 43.8%, 17세기에는 전체의 76.0%를 각각 차지하고 있다.[67] 또한 1621년부터 1707년까지 작성된 丹城향안 등재자의 경우 유학(149)이 전체(303)의 거의 절반을 차지하고 있는데, 특히 17세기 중반 이후에는 불과 몇 명을 제외하고는 거의 대부분 유학을 직역으로 가진 자들이 등재되어 있다.[68] 이처럼 재지사족 가운데는 무음·무직의 유학과 微官, 散職, 生進의 직함이 대부분이었다. 따라서 그들은 해당 읍의 향안에 등재하여 재지사족으로서의 신분을 보장받음으로써 그들의 신분적 지위를 유지하고 있었다.

---

67) 李樹健, 앞의 글, 15쪽의 〈表 2〉와 16쪽의 〈表 3〉 참조.

68) 가와시마 후지야, 〈「丹城鄕案」에 대하여〉(《淸溪史學》 4, 1987), 203쪽의 〈표 4〉 참조.

각 고을의 전직관료·생원·진사·유학 등을 중심으로 한 재지사족들은 그들이 향촌지배 조직과 규약을 통하여 신분·계급적 이해를 관철시켜 나갔으며, 피지배층에 대해 배타적으로 제특권을 누리면서 존재하고 있었다. 이를 실현하기 위해 그들은 留鄕所·鄕案·鄕約·洞約·洞契 등을 만들어 운영하였다. 이는 재지사족들이 군현 단위에서 관권과의 일정한 양보와 타협 아래 향권을 장악하고 지배적 지위를 유지하는 데 있어 중요한 기반이 되었다. 이러한 조직과 규약을 통해 그들은 신분적인 상하관계와 경제적인 지주·전호제의 안정적 유지, 그리고 부세운영에서 양반으로서의 신분적인 특권의 확보라는 사족 공동의 이익을 추구하고 있었다.[69] 또한 서원과 향교는 성리학을 보급함으로써 지배이념을 전파하였고 아울러 사족이 자연스럽게 결집할 수 있는 터를 마련해 줌으로써 사족의 향촌지배를 보완하였는데, 이의 교육적 기능과 族契에서의 자제교육의 강조를 통해 재지사족들은 향촌지배층으로서의 위치를 재생산하고 있었다.[70]

그리고 재지사족들은 조상 전래의 토지와 노비, 가사를 소유하고 있었고 거기에다 매득·개간·증여 등의 수단을 통하여 재산을 증식시키고 있었다. 그들의 田民(토지와 노비) 증식 방법은 다양한 형태에서 오는 것이었다. 그것은 첫째로 父·母·妻邊에서 전래되는, 즉 상속과 분배 및 기타 친척으로부터 受贈하는 경우, 둘째로 새 터전(卜居)을 잡거나 개간에 의한 새 가사와 전답의 확보, 셋째로 이러한 기반 위에서 매득하거나 증식하는 경우 등의 다양한 형태였다.[71] 특히 그들은 그들 소유의 노비들을 良賤交婚시켜 노비를 증식시키는 것도 노비증식의 중요한 방법의 하나였다.

재지사족들은 이러한 형태에 의해 취득되어진 토지와 노비를 경영하면서 대체로 중소지주로서의 안정된 생활을 누리고 있었으나 한미한 처지의 재지

---

69) 金仁杰, 앞의 글(1984), 141쪽.
韓相權, 앞의 글(1984), 66쪽.
鄭震英, 〈16·17세기 재지사족의 향촌지배와 그성격〉(《民族文化論叢》 10, 1989), 107쪽.

70) 金武鎭, 〈조선중기 士族層의 동향과 鄕約의 성격〉(《韓國史硏究》 55, 1986), 23쪽.

71) 李樹健, 앞의 글(1987), 65쪽.
──, 〈嶺南士林派의 在地的 基盤〉(《新羅伽倻文化》 12, 1981), 53쪽.

사족도 많았다. 그들이 보유한 토지와 노비의 규모를 보면 다양하다. 16세기의 分財記에서 확인되는 그들의 토지보유 규모는 최대 2,312두락에 이르기까지 그 규모가 다양한데, 그 적은 규모에서조차도 양인이나 노비들보다 월등한 크기의 규모를 보유하고 있었다. 노비보유 규모에 있어서도 757口를 보유한 월등한 재지사족의 경우도 있었지만,[72] 17세기 《山陰帳籍》에 나타난 양반의 노비보유는 영세한 규모이다. 즉 노비를 보유한 양반 가운데 55%가 1~2구의 미소한 규모였고 86%가 5구 이하의 규모였다. 2%의 양반만이 21구 이상의 보유규모를 보이고 있었다.[73] 이와 같이 같은 재지사족의 위치에 있더라도 단지 몇 명의 노비만을 보유한 한미한 처지의 재지사족도 많았던 것이다.

재지사족들이 보유한 토지와 노비는 대규모의 경우 전국 각처에 분포되어 있었으나, 주로 거주지를 중심하여 부근 지역에 분포되어 있었다. 이는 혼인으로 인한 妻邊·外邊의 전민과 買得·別得·墓所·移居 등의 원인에 의한 것이다. 그러나 그들은 효율적인 토지경영을 위해 外地田畓을 점차 거주지 중심으로 집적하게 되었고, 그에 따라 17세기부터는 부재지주에서 재지지주로 전환되어 갔다. 또한 그들은 17세기 전반까지는 자녀균분을 원칙으로 하여 토지와 노비를 상속하고 있었으며, 대체로 자녀에게 분할주의를 지켜 분배하는 방식을 취하고 있었다.[74]

그들의 거주지는 邑治의 외곽지대에 있었다. 그들은 川防과 이앙법이 보급되는 16세기부터 川流와 계곡을 따라 사족집거촌을 이루고 살았는데, 17세기 전반까지는 자녀균분상속제와 자녀윤회봉사가 철저히 시행되고 있었으므로 촌락주민의 구성도 자연히 異姓集居村을 이루고 있었다. 그러나 그들은 17세기 후반부터 자녀균분제의 해소와 함께 점차 부계 중심의 동성동본이 집거하는 동족부락을 형성하게 되었다.[75] 그들의 주거형태는 豪大한 瓦家를

---

72) 李榮薰, 〈古文書를 통해 본 朝鮮前期 奴婢의 經濟的 性格〉(《韓國史學》 9, 1987), 107~108쪽.

73) 崔在錫, 〈朝鮮前期의 家族形態〉(《震檀學報》 37, 1974), 145쪽의 〈表 6〉 참조.

74) 李樹健, 앞의 글(1987), 70~71쪽.
———, 〈朝鮮前期의 社會移動과 相續制度〉(《歷史學報》 129, 1991), 50~57쪽.
李榮薰, 앞의 글, 124~129쪽.

75) 李樹健, 〈古文書를 통해 본 朝鮮朝社會史의 一硏究〉(《韓國史學》 9, 1987), 82~83쪽.

중심으로 주변에 奴家들이 밀집해 있는 소집락의 형태를 취하고 있었다. 한편 대규모의 노비와 토지의 보유는 田宅을 단위구성으로 하여 분산적으로 배치된 형태를 취하였는데, 그들의 가사와 토지가 결합된 전택으로서의 존재형태는 일반적으로 일정한 규모의 노비를 포섭하였고, 노비의 노동력을 기초로 직영적 농업경영을 영위하였으며, 또 直營分 이외의 토지는 그 노비를 포함한 소작농들에게 소작지로 대여하였다.[76] 이러한 각 전택은 主家의 직영적 농업경영과 여분의 토지를 소작지로 방출하는 지주제의 결합으로 공통의 구조를 지니고 있었다.

재지사족들은 身分內婚을 원칙으로 하고 있었다. 양반사족의 신분내혼은 17세기의 장적에서 명확히 확인된다. 즉 당시 부녀자의 호칭 가운데 '氏' 호칭은 양반부녀자를 지칭하였다. 그런데 부녀자의 호칭은 夫職(남편)에 준하는 것이 아니라 친가의 姓에 결합되어 '親父'의 신분과 庶孼從母의 원칙에 준하였다. 그러므로 양반의 처가 '씨'를 호칭한다는 것은 신분내혼이 이루어졌음을 의미한다. 이러한 점을 감안하여 양반의 처가 '씨'를 호칭한 비율을 보면, 선조 39년(1606)의 《산음장적》에는 89.1%, 숙종 4년(1678)의 《단성장적》에는 94.3%를 각각 나타내고 있다.[77] 이는 곧 양반의 신분내혼이 보편화된 사회였음을 확인시켜 주고 있다.

다음으로 사족의 배타적 차별화 과정에서 형성된 중인층은 '庶族有職者'·'庶孼'·'鄕孫'·'技術官'·'錄事'·'閑散人' 등이었다. 그러나 향촌사회에 있어서의 중인층으로는 고급 기술관과 녹사가 제외된 서족유직자·한산인·서얼·향리 등이 주로 존재하고 있었다. 서족의 유직자는 校生·忠贊衛·別侍衛와 같은 부류들이었으며, 한산인은 직역이 없는 閑遊者로서 한량과 같은 의미로 쓰이기도 하였다. 이들 교생·충찬위·별시위·한량 이외에도 서족의 유직자로는 忠義衛를 제외한 忠順衛·忠翊衛·忠壯衛·定虜衛 등 衛屬과 武學·(常)出身·軍官 등이 17세기의 장적상에서 확인된다.

17세기 이후 서족의 유직자 또는 한산층 가운데, 교생은 주로 평민의 상층부·서얼·납속수첩자들이 각각 교생이 되고 있었다.[78] 그리고 충순위는

76) 李榮薰, 앞의 글, 152쪽.
77) 李俊九, 앞의 책, 235~236쪽.

유음자손이 입속하는 것이 원칙이었으나 상한 출신 및 그 子枝가 주로 입속하였고, 충찬위는 주로 원종공신의 支派 내지 庶派가, 충익위는 주로 원종공신 및 그 長派가, 충장위는 주로 戰亡者 및 납속수첩자가 각각 입속하였으며, 정로위는 주로 한량이 입속하거나 正兵을 시취하여 升屬시켰다. 무학은 원래 양반의 자제들이 입속하였으나 인조대에는 落講校生을 降屬시키기도 하였으며, 주로 中人輩가 입속하다가 상민층도 모속하였다. 한량은 본래 군안뿐만 아니라 호적에도 입록하지 않은 漏籍閑遊者로서 弓術과 같은 무예를 익히는 무리였으며, 武科擧子들이 과시에서 한량을 錄名하였는데 그 수가 인조·효종대에는 2천이 넘었다.[79] 군관은 한량·납속수첩자·千摠·把摠·出身 등이 兵房軍官·禮房軍官이 되고 있었다.[80] 이러한 직역을 가진 자들 가운데는 원래 사족인 경우도 있었으나 주로 중인층이었다. 그들은 有蔭이거나 아니면 경제력을 바탕으로 성장하여 그들에게 알맞는 직역을 제도권내에서 확보하고자 하였는데, 그것이 곧 중인직역이었으며 넓은 의미의 한산층이기도 하였다. 이러한 한산층에 대해서 17세기 중엽의 鄕規는 관속들과 함께 재지사족들의 향촌사회 지배권에 도전하는 가장 강력한 세력으로 지목하고 이를 규제하는 조목들을 설정하고 있었으며,[81] 이미 그들은 16세기 후반부터 향안입록에서 배제되거나 會時의 좌차에서 차별을 받거나 향약적 지배기구에서 차별대우를 받고 있었다.

이와 같은 중인직역을 확보한 자들은 향촌사회에서 일시적 면역 및 歇役으로 한유하면서 존재하고 있었다. 교생은 군역을 면제받는 대신 향교나 군현에서 각종의 일을 담당해야 하는 일종의 역담당자였으며, 校生考講에서 再落하면 定軍하였던 것이다.[82] 충익위·충장위·업유·업무·무학 등은 인조대에 規外免軍者였으며,[83] 효종년간에도 한량·출신·업무·무학 등은 身役

78) 尹熙勉,《朝鮮後期 鄕校硏究》(一潮閣, 1990), 74쪽.
79) 충순위·충찬위·충익위·충장위·무학·한량·업유·업무 등 직역에 대해서는 李俊九, 앞의 책 참조.
80) 李勛相, 〈朝鮮後期 吏胥集團과 武任集團의 組織運營과 그 特性－全羅道 南原의 各種 先生案－〉(《韓國學論集》 17, 啓明大 韓國學硏究院, 1990)「附錄」B,《軍官廳先生案》 참조.
81) 김현영, 앞의 글, 143~144쪽.
82) 尹熙勉, 앞의 책, 60·139쪽.

이 없는 직역으로 파악되었다.[84] 그러나 현종대에는 충순위·충익위·충찬위·정로위·무학 등 諸衛의 역이 종년토록 한유하고 겨우 正木 2필만을 부담하여 실역을 부담하는 水·陸·砲保에 비하면 하늘과 땅의 차이[85]였음을 지적하고 있는 것을 볼 때, 그들은 한때 군역이 면제되기도 하였으나 헐역을 부담하면서 한유하고 있었음을 알 수 있다. 특히 한산 즉 한량은 그 소수가 17세기 말부터 호적에 입록되기로 하였지만, 본래 役賦課의 기본대장인 군안과 호적에 입록하지 않고 無役閑遊하고 있던 부류였고, 그 수 또한 대단히 많았다. 이 때문에 양역 부족의 한 요인이 되었던 만큼, 조정은 이를 막기 위하여 한량을 양역에 충정하라는 원칙적인 명령을 내리곤 하였다. 이로 인해 한량들이 전혀 속처없이 한유하기가 어렵게 되자 이들은 군관에 투속하였는데, 당시의 군관은 1년에 한두 차례 관청에 얼굴을 내비치고는 종신토록 군역을 면제받은 헐역이었다.[86] 이와 같은 직역들은 그 역이 헐역이었기 때문에 有役下層民들의 모속을 유도하게 되었고, 따라서 하층민들의 신분상승의 階梯的 역할도 하고 있었다.

서얼은 장적상에서 庶子·良妾子·許通 등으로 등재되다가 원래 양반직역의 하나였던 業儒·業武가 숙종 22년부터 서얼의 문무를 지칭하는 직역으로 규정되면서 업유·업무로 등재하고 있었다.[87] 서얼도 사족 지배하의 향촌사회에 있어서 서족의 유직자와 마찬가지로 향안입록에서 배제되거나 회시의 좌차에서 순수 사족과 변별되었고, 洞案 작성시 사족안인 上契案에 기재되더라도 嫡子와는 달리 南行으로 구별되고 있었으며,[88] 향교의 額內校生으로도 입학하고 있었으나 東齋儒生과는 달리 西齋校生이라 하여 사족과 구별되고 있었다.[89] 한편 허통한 서얼은 문무과 및 소과에도 응시할 수 있었다.[90] 임

83) 《仁祖實錄》 권 19, 인조 6년 12월 신묘.
84) 《備邊司謄錄》 18책, 효종 7년 9월 2일.
85) 《承政院日記》 186책, 현종 5년 11월 8일.
86) 李俊九, 앞의 글(1989), 162~165쪽.
87) 李俊九, 앞의 글(1985), 참조.
88) 金仁杰, 앞의 글(1984), 121쪽.
89) 尹熙勉, 앞의 책, 47쪽.
90) 裵在弘, 〈조선후기 서얼 과거합격자의 成分과 官歷〉(《朝鮮史硏究》 2, 1993), 190~192쪽.

진왜란 이후 허통한 서얼이 과거에 응시할 때에는 '허통'을 錄名해야 하였으나, 숙종 22년(1696)부터 완전 허통이 이루어지면서 문과 및 소과에서는 '업유'로, 무과에서는 '업무'로 녹명하는 것이 허용되었다. 서얼의 직역인 업유·업무는 군역이 없었으므로 그들이 한유하였기 때문에 유역하층민들의 피역을 위한 모속의 대상이 되기도 하였다.

鄕吏는《단성장적》각 式年 말미의 직역통계에서 戶長·記官만을 포함하고 있으나 貢生·醫生·律生 등도 상급 관속에 포함된다.[91] 호장과 기관층을 세습하면서 한 읍의 향리세계를 영도해 갔던 유력한 재지이족들은 사족과 더불어 16세기 초의 향안에도 참가하고 있었다. 그러나 16세기 후반 이후 사족 지배체제하의 향안에서는 완전 배제되고 있었으며, 각종 향규에서는 규제의 대상이 되고 있었다. 이들은 吏族案인 壇案과 집무소인 邑司를 중심으로 作廳·將官廳·使令廳 등 다양한 조직과 체계를 확보하고 있었는데, 각 房任別로 읍리들이 업무를 분장하고 있었으며, 上計吏·貢吏(進捧吏)·京邸吏·營吏 등의 조직을 통해 종횡으로 연결되어 있었다. 한편 지역에 따라서는 향리집단이나 武任집단의 퇴임자들로 구성된 養老堂이 있었는데, 그들은 관속의 인사에 관여하거나 군현 단위의 제례 및 신앙과 관련한 역할까지 수행하고 있었다. 그러한 것에는 社稷壇이나 城隍堂, 임란 이후 숭배대상이 된 關王廟 등의 제례집행 등이 있다. 이는 읍치 중심으로 수행되었으며, 동시에 관속을 구심점으로 운영된 제례였다.

이와 같이 서족의 유직자와 서얼, 상급 관속으로서의 향리와 무임을 포함한 중인층이 각 신분에서 차지하는 구성비는 단성현의 경우 〈표 3〉과 같이 선조 39년(1606)에 3.7%, 숙종 4년(1678)에 4.4%, 숙종 43년에 8.6%로 점차 증가하는 추세를 보였다.

---

91) 향리·武任에 대해서는 다음을 참고하였다.
김필동, 〈朝鮮後期 地方吏胥集團의 組織構造(上·下)〉(《韓國學報》28·29, 1982).
李樹健, 《朝鮮時代 地方行政史》(民音社, 1989).
鄭震英, 앞의 글(1989).
李勛相, 《朝鮮後期의 鄕吏》(一潮閣, 1990).
———, 앞의 글.
李羲權, 〈朝鮮後期 邑吏의 地方統治 行政機能〉(《全北史學》15, 1992).

다음으로 상민층은 장적상에 있어서 각종의 軍兵·徭役·保人·匠人·下級衙前·驛屬人과 기타 役名이 없는 良人·居士·病人 등으로 나타나 있다. 이러한 직역에서 확인되는 바와 같이 전형적인 상민층은 기타의 경우를 제외하고는 어떠한 형태로든 역을 담당하고 있는 사람들이라 할 수 있다. 그들 상민층은 비록 역명이 다를지라도 기본적으로는 능력에 따라 토지를 경작하고 있던 농민들이었다. 이는 16세기 장인의 경우 전답을 放賣하거나 品官과 士民에게 전지를 侵占당했던 사례에서도 확인된다.[92]

그들 상민층은 국가의 각종 수취 대상이 되었는데, 그들은 토지를 대상으로 부과하는 전세, 양인 장정의 인신을 대상으로 하는 군역, 토지소유를 기준으로 하는 요역, 다시 토지·호구의 복합 기준에다 分定하는 호역으로서의 공물, 그리고 원래는 농민에 대한 진휼제도로 시작하였지만 점차 강제적 고리대로 변질해 간 환곡 등을 부담하고 있었다. 16세기 이래로 토호의 겸병과 고리대 운영, 그리고 전세를 제외한 군역·요역·공물 등의 부담이 점차 가중되어 갔고, 군현별로 定額制에 따라 야기되는 족징·인징이라는 분외의 수탈 등이 상민층에게 집중 부과되면서 상민층은 과중한 국역부담을 견디지 못하여 점차 파산해 갔다. 이로 인해 가난한 상민들은 '富家의 長利'로 연명하다가 전답으로 상환하거나 放賣하기도 했으며 전호·협호가 되거나 노비화의 길을 걷기도 하는 한편 피역·유망·代立 등의 저항형태로 나타나기도 하였다.[93] 그래서 그들은 노비와 함께 그들의 안정을 바탕으로 존립하고 있던 재지사족들에 의해 교화와 부세운영의 직접적인 지배의 대상이 되었다.

많은 상민들은 16세기 이래 임란 이후에도 파산과 저항, 그리고 유망이 급증하는 등 열악한 사회·경제적 환경 때문에 移居·移入의 빈도가 높아, 한 촌락에서 여러 대를 지속하며 머무를 정도의 안정된 주거기반을 가지고 있지 못하였다.[94] 그러나 상민층의 일부는 임란 후 황폐한 농토를 다시 개간

---

92) 鄭震英, 〈16세기 鄕村問題와 在地士族의 대응〉(《民族文化論叢》 7, 1986), 109~110쪽.

93) 金泰永, 〈朝鮮時代 農民의 社會的 地位〉(《韓國史市民講座》 6, 一潮閣, 1990), 63~68쪽.
鄭震英, 앞의 글(1986), 94쪽.

94) 李俊九, 앞의 책, 212쪽의 註 5.

하고 수리시설을 복구했으며 농업생산력을 높이기 위해 영농방법을 개선하고 소득을 높이기 위해 새로운 작물을 개발하면서 부농층으로 성장하고 있었다. 그리고 농민의 경영자립도가 점차 높아지고 전호농민에 대한 신분적 수탈이 어렵게 되어가면서 농가경제가 어느 정도 안정되었고, 그에 따라 장시를 중심으로 하는 농촌상업이 발달하였다. 상민들은 생산물의 일부를 장시에 내다 팔았는데, 쌀과 베가 거래수단으로 널리 사용되었다. 이러한 경제적 성장과 정부의 제도적 조처에 편승한 일부 상민층은 군공·납속 등 합법적인 방법을 통해 신분직역의 상승을 도모하기도 하였다.

이 시기에도 상민층은 주로 신분내혼이 행해지고 있었으나 '婢'와의 양천교혼도 하면서 존재하고 있었다. 《난성상석》에서 확인되는 상민층의 妻의 호칭은 선조 39년(1606)의 경우 '姓+氏'가 14.0%, '姓+召史'가 55.8%, '良女+名'이 14.0%, '婢+名'이 16.3%로 나타나 있다. 숙종 4년(1678)의 경우 '姓+召史'가 27.8%, '良女+姓+召史'가 16.5%, '良女+名'이 32.8%, '驛女+名'이 2.4%, '婢+名'이 20.4%로 나타나 있다.[95] 이것으로 볼 때 17세기의 상민층은 상민부녀자를 지칭하는 '소사' 내지 이름 앞에 '양녀'·'역녀' 등의 단서를 붙일 수 있는 상민층 집안과 신분내혼을 주로 행하고 있었으나 한편 '婢'와의 양천교혼도 하면서 존재하고 있었음이 확인된다.

끝으로 노비는 일반적으로 그 소유주가 국가기관이면 公奴婢, 개인이면 私奴婢로 구별된다. 또한 공노비는 그 소속된 관청에 따라 寺奴婢·官奴婢·內奴婢·驛奴婢·校奴婢 등으로 나눌 수 있으며, 사노비는 그 존재형태에 따라 率居노비와 外居노비의 두 유형으로 나눌 수 있다. 그들 공사노비는 국가기관과 주가에 대한 부담 형태로써 직접 勞役에 종사하거나 身貢을 바치게 되어 있었다.[96]

사노비는 종래 金錫亨으로 대표되는 통설이 그들의 존재형태를 단순히 주가와의 거주지역의 원근에 따라 솔거와 외거로 구분하고 있었다. 그러나 근

鄭勝謨, 〈朝鮮後期 丹城縣의 身分構成比變化와 그 動因〉(《泰東古典研究》 9, 1992), 93쪽.

95) 李俊九, 앞의 책, 〈附表 1〉·〈附表 3〉 참조.

96) 李成茂, 〈朝鮮時代 奴婢의 身分的 地位〉(《韓國史學》 9, 1987), 216쪽.

래에는 사노비의 존재형태를 거주지역과 상관없이 주가의 家內使喚과 농업경영에 사역되는 노비를 '솔거노비=仰役노비', 신공만을 바치는 노비를 '외거노비=納貢노비'로 파악하고 있다.[97] 또한 주가에 직접 신역을 바치는 솔거노비와 현물의 형태로 된 신공을 바치는 외거노비로 구분하고, 솔거노비를 다시 '가내사환노비'와 '率下노비'로 나누고 있는데,[98] 전자는 주로 주가의 가사노동에 종사하는 존재들이었으며, 후자는 주가의 인근에 거주하면서 주가의 농장경영에 주로 부역노동의 형태로 사역되는 존재들이었다.

이와 같이 근래에는 주가에 대한 부담형태인 사역과 납공의 여부에 따라 사노비의 존재형태를 솔거와 외거로 구분하고 있다. 이러한 의미에서 솔거노비는 그 주거형태에 있어서 주가에 포섭되거나 직접적으로 연접해 있는 형태였음이 그 전형이었으며, 古文書에서 확인되는바 솔거노비의 비중이 16세기에는 대개 73~86%의 압도적 다수였음에 비해 17세기에는 20~50%의 분포를 보이고 있으며, 17세기 초(1609) 울산호적에서는 사노비의 52.5%가 솔거노비였다. 그들 중 소수는 가족구성과 농업경영이 결여된 채 주가에 의한 각종 사역과 직접적 급양하에 놓여 있었으나, 나머지 다수의 경우 독자적인 가족구성과 소농민경영의 담당자로 존재하고 있었다. 외거노비는 그 대부분의 경우 주가의 토지경작과는 무관하게 별도의 自己經理를 보유하면서 존재하고 있었다. 그들은 정상적인 형태의 가족구성으로 존재하였으며, 또한 주가의 것이 아닌 가사와 토지, 나아가 노비조차 소유하고 있었다. 주가의 토지경작과 무관하게 존재했던 그들이 주가에 대해 부담했던 것은 노비신분의 상징이라 할 수 있는 신공과 선물이었다. 해남윤씨가문의 경우 布納인 元貢은 공노비의 예에 따라 수납되었는데, 대체로 16세기에는 노와 비를 불문하고 각각 常木 1필이었던 것이 16세기 말~17세기 초에는 노비 공히 平木 2필로 수납되다가 17세기 중반에는 노 2필, 비 1필반으로, 17세기 말에는 다시 무명(綿布) 2필로 환원되었다. 餘貢인 선물은 上典家의 자의대로 백미·참

97) 李榮薰, 앞의 글, 166쪽.
———, 〈朝鮮社會 率居·外居奴婢區分再考〉(《韓國近代經濟史硏究의 成果》, 螢雪出版社, 1989).

98) 李鎬澈, 《朝鮮前期農業經濟史》(한길사, 1986), 445쪽.

깨 · 신발 · 미역 · 전복 등 생활 전반에 걸친 품목이 수취되었으며, 광해군 13년(1621) 신공문기에는 放役된 老奴婢에게까지도 이 선물을 거둬들이고 있었다.[99]

사노비 가운데 특히 사환노비는 상전의 사치노비로 존재하였다. 그들의 역할은 상전의 일체 노동을 대신하는 것으로 祠堂屬, 墓直, 薪水, 炊事, 舂精, 轎前奴, 편지나 서책 등 전달, 농기구 제작, 청소, 세탁, 유모, 여행 · 仕宦 · 귀양시 수행, 婢妾, 매매 · 收貢 대행 등등을 담당하고 있었으며, 幹奴 · 舍音奴 · 首奴 등은 상전의 지시를 받아 집 안팎의 대소사를 총괄하고 있었다.[100] 그리고 私奴는 원래 군역을 부담하지 않았으나 束伍軍 · 縫燧軍 · 牙兵 · 禁衛保 등 帶役者들이 17세기 후반의 상적상에서 확인된다.

국가기관에 소속된 공노비는 그 속처에 따라 부담형태가 달랐다. 공노비 가운데 內 · 寺노비는 정기적인 選上立役과 납공을 교대로 강요당했으며, 관노비는 郡縣 · 鎭營 등 지방관아에, 역노비는 驛站에, 교노비는 향교에 각각 입역하도록 되어 있었다. 그러나 공노비의 선상 · 입역제는 16세기 이래 양역과 마찬가지로 대립 · 납포제가 널리 시행되다가 17세기 이후 전면 폐지되었다. 이에 따라 이제 그들은 국가에 대한 노동력 제공의 의무에서 벗어나 신공납부의 의무만을 부담하고 있었으며 대부분 소속 官司의 有土와는 무관하게 거주하고 있었다.[101] 광해군 원년(1609)의 울산호적에서 확인되는바 공노비는 그 구성비가 전체(3,226명)의 8.9%(287명)를 점하고 있다.[102] 숙종 4년(1678)의 《단성호적》에서 확인되는바 공노비는 그 구성비가 전체의 2.7%를 점하고 있으며, 가족수는 평균 3.46구였다. 공노비의 보충은 재생산과 이동에 의한 것이 대부분이었다. 그들은 역의 납부에 따라 거주형태에 차이가 있었다. 내 · 시노비는 납공노비였기 때문에 그들의 거주지는 제한이 없었다. 이와는 달리 관노비는 邑司를 중심으로 집단적으로 거주하고 있었으며, 교노비

---

99) 安承俊, 〈16~18세기 海南尹氏家門의 土地 · 奴婢所有實態와 經營〉(《清溪史學》 6, 1989).

100) 金容晩, 〈朝鮮時代 私奴婢의 存在形態 一硏究〉(《民族文化論叢》 11, 1990), 126~127쪽.

101) 全炯澤, 《朝鮮後期 奴婢身分硏究》(一潮閣, 1989), 86~94쪽.

102) 韓榮國, 앞의 글(하), 115쪽.

와 역노비도 향교 부근과 역촌에 집중되어 있었다. 이는 그들이 그들의 속처에 직접 입역하였던 데에서 나타난 현상으로 파악된다.[103)]

공사노비들은 토지를 가지고 있을 경우 상민들과 마찬가지로 조세를 부담해야 했으며, 그들의 재산은 자녀들에게 상속할 수 있었으나 자녀 없이 죽은 그들의 재산은 本主에게 귀속하도록 되어 있었다. 그리고 공사노비는 양천교혼이 국법으로 금지되고 있었으므로 원칙적으로 노비끼리만 혼인할 수 있었다. 그러나 양천교혼이 불법적으로 널리 유행하고 있었다. 16세기 경북지방의 분재기에서 확인되는 奴良妻 소생의 비중이 1/3~1/4에 달하는 수준이었다.[104)] 17세기 초(1609) 울산호적에서는 사노비의 경우 기혼인구의 60% 정도가, 공노비의 경우 기혼인구의 27% 정도가 양천교혼하고 있으며,[105)] 17세기 말(1678) 단성호적에서는 公奴의 경우 32.9%가, 公婢의 경우 33.3%가 양천교혼하고 있었다.[106)] 사노비의 양천교혼율이 높았던 것은 교혼이 주가의 재산 증식의 중요한 재원이 되었을 뿐 아니라 노비노동력을 확보하여 농업경영과 개간사업 등에 적극 참여할 수 있는 배경이 되었기 때문이며, 공노비는 원래 賤賤相婚의 성향이 강했으나 점차 양천교혼이 확대된 것으로 파악된다.

〈李俊九〉

103) 金相煥, 〈朝鮮後期 公奴婢의 身分變動〉(《慶北史學》 12, 1989), 50쪽.
104) 李榮薰, 앞의 글, 107쪽.
105) 韓榮國, 앞의 글(하), 123쪽.
106) 金相煥, 앞의 글, 77쪽.

Ⅲ. 예학의 발달과 유교적 예속의 보급

1. 예학의 발달
2. 종법제도의 보급과 가족제도의 변화
3. 유교문화와 농민사회
4. 순국·순절자의 포정

Ⅲ. 예학의 발달과 유교적 예속의 보급

1. 예학의 발달

1) 가례의 연구와 집성

(1) 《주자가례》에 대한 학문적 관심

고려 말 신흥사대부들에 의해 성리학과 함께 도입된 《朱子家禮》는 학문적으로 주목을 받기보다는 불교나 민간신앙적인 생활관습에 대응하기 위한 유교의례의 시행이라는 측면에서 강조되었다. 주자가례는 고려시대에는 주로 성리학적 소양을 지닌 관료들에 의해 행해졌으며 조선시대에 들어오면 국가적으로 그 시행이 장려되었다. 그리하여 선초부터 국가는 제례에서는 家廟制, 상례에서는 三年喪, 혼례에서는 親迎 등을 중심으로 주자가례를 시행할 것을 사대부들과 일반민에게 강요하였으며 동시에 불교식 喪葬禮나 민간신앙적인 淫祀를 금지하였다.

또한 태종대부터 과거시험과 7품 이하의 관료들에게 주자가례를 시험보게 하고[1] 평양부에서 주자가례 150부를 인쇄하여 각 관청에 나눠주었으며,[2] 당시 음양오행이나 풍수지리적인 葬書들을 가지고 상례를 주관하였던 經師들에게 주자가례를 가르치는[3] 등 주자가례의 보급을 위해서 노력하였다.

주자가례에 대한 학문적 관심이 조선 전기에 없었던 것은 아니었다. 태종대에 설립되는 儀禮詳定所나[4] 세종대에 의례상정소의 기능을 이어받은 집현

---

1) 《太宗實錄》 권 5, 태종 3년 6월 을묘.

2) 《太宗實錄》 권 6, 태종 3년 9월 갑술.

3) 高英津, 〈15·16世紀 朱子家禮의 施行과 그 意義〉(《韓國史論》 21, 서울大, 1988), 98~99쪽.

4) 李範稷, 《韓國中世禮思想研究－五禮를 中心으로－》(一潮閣, 1991), 203~226쪽.

전에서 古制 연구를 하는 과정 속에서 주자가례에 대한 연구도 행해졌다.[5]

15세기는 국가·왕실의 예인 五禮가 《國朝五禮儀》로 집대성되는 시기였다. 《주자가례》는 이 책의 편찬과정에서 《大唐開元禮》·《洪武禮制》 등 다른 예서들과 함께 이용되었으며 四禮와 관련된 개개 항목들을 규정하는 경우에는 중요한 전거가 되었다.[6] 그러나 이 시기 주자가례에 대한 연구는 그 내용을 그대로 이해하여 예의 실천항목을 설정하기 위한 근거를 대는 수준, 즉 禮制 연구에 불과하였으며 예의 본질적인 면을 고찰하고 경전에 입각하여 체계화시킨 예학의 수준에까지는 이르지 못하였다.[7]

15세기 《국조오례의》가 성립되기까지 상호 보완적인 성격이 강했던 오례와 가례는 16세기 성리학적 소양을 강하게 지닌 사림이 등장하면서 서로 마찰을 가져왔다. 그리하여 중종대 전례논쟁 과정에서 《국조오례의》에 입각하여 주자가례의 부분적 시행을 주장하는 대신 중심의 國朝五禮儀派와 주자가례의 전면적 시행을 주장하는 사림 중심의 古禮派로 나뉘어 첨예하게 대립하다가 결국 《국조오례의》대로 거행하되 주자가례를 참작하여 행하는 것으로 결정나기도 하였다.[8] 그러나 양자의 대립도 주자가례를 이해하는 한도내에서였다. 아직도 이 시기까지는 주자가례를 완전히 이해하지 못했기 때문이다.[9]

주자가례에 대한 학문적 관심이 본격화되는 것은 명종대였다. 이는 성리학에 대한 이해의 심화와도 궤를 같이 하는 것이었으며 동시에 주자가례가 사림들을 중심으로 널리 시행되고 몇 대를 거치면서 관습적으로 축적된 데서 기인하였다. 세종대에 수입·간행되었으나 세월이 많이 흘러 일반학자들도 구하기 힘들었던 《性理大全》이 중종 13년(1518) 金安國에 의해 간행되고, 중종 38년 《朱子大全》이 중국에서 들어와 처음 간행됨으로써 조선학계에서

5) 崔承熙, 〈集賢殿研究〉(上·下)(《歷史學報》 32·33, 1966·1967).
6) 池斗煥, 〈國朝五禮儀 編纂過程 (1)－吉禮宗廟·社稷祭儀를 중심으로－〉(《釜山史學》 9, 부산사학회, 1985).
7) 池斗煥, 〈朝鮮初期 朱子家禮의 理解過程－國喪儀禮를 중심으로－〉(《韓國史論》 8, 서울大, 1982).
8) 高英津, 앞의 글, 127～143쪽.
9) 《中宗實錄》 권 36, 중종 14년 7월 무오.

의 성리학 연구는 본 궤도에 오르게 되었다.[10] 중종 13년에는 주자가례의 羽翼書라고 할 수 있는 《家禮儀節》도 수입·간행되어 주자가례를 이해하는 데 도움을 주었다.[11]

家禮書의 출현은 바로 주자가례에 대한 학문적 관심이 본격화되는 하나의 기반이 되었다고 할 수 있다. 사림들은 단절적·분산적으로 시행해오던 주자가례에 대해서 형식뿐만 아니라 내용에 대해서도 관심을 갖게 되고 그것을 체계적으로 정리하여 가문 대대로 전수할 필요성을 인식하게 되면서 이전의 家訓·家令 등을 발전시켜 제례를 중심으로 한 가례서인 祭禮書를 만들기 시작하였다. 16세기 중반에 등장하는 제례서에는 宋麒壽의 〈行祀儀節〉, 李賢輔의 〈祭禮〉, 李彦迪의 《奉先雜儀》 등이 있다.

이들 제례서의 특징은 크게 두 가지를 들 수 있다. 우선 집안마다 달랐던 의식을 하나로 통일하려는 목적이 있었기에 형식이나 내용에서 거의 주자가례를 따랐다. 그러나 주자가례의 내용이 조선의 풍속과 현실에 맞지 않은 경우 國制나 俗制를 따르는 경우가 없지 않았다. 다음으로 제례서는 생활규범서로서의 성격이 강했기 때문에 학문적이기보다는 실용적인 성격이 강하였다. 물론 《봉선잡의》에서는 예의 본질적인 면을 강조하기도 하였다.[12]

16세기 중반 사림들은 제례서의 저술을 통해 생활의례로서 주자가례를 행하는 동시에 주자가례를 학문적으로 연구하기 시작하였다. 徐敬德·金麟厚·李滉·曺植 등 당시 대표적인 성리학자들이 주자가례의 내용과 의의에 대해서 깊은 관심을 가지고 연구·논의하였다. 이 시기 사림의 주자가례에 대한 학문적 관심은 학파와 관계없이 일반적인 현상이기도 하였다.

김인후가 저술한 《家禮考誤》는 주자가례의 내용을 설명하고 그 속에서 의문나는 곳을 자기 나름대로 수정한 최초의 예서로 주자가례에 대한 학문적 연구가 본격화되는 시초를 열었다고 할 수 있다.[13]

---

10) 金恒洙, 〈16세기 士林의 性理學 理解－書籍의 刊行·編纂을 중심으로－〉(《韓國史論》 7, 서울大, 1981).

11) 《中宗實錄》 권 34, 중종 13년 11월 무오.

12) 고영진, 《조선중기 예학사상사》(한길사, 1995), 64~80쪽.

13) 高英津, 〈16世紀 禮學과 河西 金麟厚의 위치〉(《河西 金麟厚의 道學과 文學思想》, 광주광역시 향토문화연구회, 1995), 80~82쪽.

주자가례에 대해 본격적으로 광범위하게 연구하여 예에 대한 관심의 확대와 발전에 적지않은 기여를 한 인물이 이황이었다. 그는 이기심성론뿐만 아니라 禮說에도 조예가 깊어 학우·문인 및 가족들과 예에 관한 많은 서신을 주고받았으며[14] 이는 그가 죽은 뒤에 문인인 趙振에 의해 《退溪喪祭禮答問》이라는 책으로 편집되었다. 이황은 서신교류뿐만 아니라 도산서당에서 주자가례를 제자들에게 강의하여 그 내용이 金隆에 의해 《家禮講錄》으로 정리되기도 하였다.

(2) 《주자가례》의 주석과 언해

선조대에 이르러 사림은 공론에 입각한 사림정치를 행해나가면서 주자성리학을 지배이념으로 확고히 해나갔다. 예에 관심을 가지고 학문적으로 연구하는 학자들이 이전 시기와는 비교도 안될 정도로 늘어나고 그 수준 역시 상당히 높아졌다. 문장을 주로 하는 일부를 제외하고 이 시기 성리학을 공부하는 학자들의 거의 대부분이 예에 관심을 가졌으며 예에 관한 글을 썼다고 해도 과언이 아닐 정도였다.[15]

예에 대한 이해는 經書批判과 전례논쟁을 거치면서 더욱 심화되었다. 경서비판은 성리학의 심화에서 비롯되었다. 그리하여 三經보다는 四書가 더 중시되었으며 조선 전기에 주목받았던 《주례》나 《예기》보다도 주자가 강조했던 《의례》와 주자가례가 중시되었다. 즉 《의례》를 經으로, 《예기》를 傳으로 인식하였으며 《儀禮經傳通解》와 《儀禮經傳通解續》이 부각되었다.[16] 《의례경전통해》는 당시 사림들이 제일 갖고 싶어하는 책 중의 하나이기도 하였다.[17]

사림들은 자신들이 기반으로 하고 있는 고례와 주자가례의 내용을 국가전례에서도 관철시키려고 하였다. 이는 선조대 전례논쟁으로 나타났다. 여기에서 상례를 지내면서 卒哭과 1년 후에 어떤 상복을 입어야 되는가를 놓고 고례에 가까운 宋의 孝宗例에 따라 白衣冠帶를 입어야 한다, 《국조오례의》에

14) 周 何, 〈李退溪의 禮學〉(《退溪學報》 19, 퇴계학연구원, 1978).
15) 이 글의 〈부표〉 조선 중기 예서 목록 (16세기 중반~17세기) 참조.
16) 고영진, 앞의 책, 105~112쪽.
17) 柳希春, 《眉巖集》 권 5, 日記, 선조 즉위년 10월.

따라 烏紗帽·黑角帶를 착용해야 된다,[18] 주자가례에 따라 黲笠을 사용해야 한다,[19] 黑色鹿笠과 玉色團領을 착용해야 한다는[20] 등 다양한 견해가 개진되었다. 이 시기의 전례논쟁은 폭이나 깊이에서 이전 시기보다는 훨씬 수준이 높아졌다고 할 수 있다.[21]

16세기 후반에 오면 예를 성리학의 수양론과 관련시켜 이론적으로 설명하려는 노력도 본격적으로 행해졌다. 그 대표적 인물이 정개청이었다. 그의 문집인《愚得錄》은 예에 관한 이론서라 할 수 있을 정도로 상당히 많은 부분의 내용이 예에 관한 것이었다. 여기에서 그는 수양론에서 외적 행위의 기준으로 敬·義·禮를 강조하여 이황이 敬을, 조식이 敬과 義를 강조한 것과 비교가 되고 있다. 이는 예의 비중이 높아졌음을 의미한다. 또한 예를 수양론의 天理人欲說과 결합시켜 인욕을 제거하고 천리를 보존하는 것이 바로 예의 역할임을 밝히고 있다.[22]

이와 같이 주자가례를 중심으로 한 유교의례가 사회전체에 확대되고 예에 대한 이론적 탐구가 본격화되면서 가례에 대한 관심의 영역도 제례에 국한되지 않고 상례에까지 넓혀져갔다. 四禮 중 제일 많은 부분을 차지하고 있으며 제일 복잡하고 어렵다고 여겨졌던 상례에 대한 고찰이 본격적으로 이루어진 것이다. 이러한 바탕 위에서 다양한 형태의 예서가 나타났으며 상제례에서 일어나는 여러 가지 문제점들을 종합하여 하나의 일관된 체계 속에서 서술하는 喪祭禮書가 저술되었다. 劉希慶의《喪禮抄》, 申義慶·金長生의《喪禮備要》, 金誠一의《喪禮考證》등이 16세기 후반 나타나는 대표적인 상제례서이다.

상제례서는 체제와 내용에서 크게 두 가지 경향이 나타났다. 하나는 유희경·신의경처럼 실제 상장례를 執禮하였던 경험을 바탕으로 실용성을 강조하고 주자가례를 거의 그대로 따르면서 가문의 생활규범서로서의 성격을 발전시켜 일반화한 예서를 저술한 경향이었다. 특히《상례비요》는 신의경이 저

18)《宣祖實錄》권 9, 선조 8년 5월.
19) 盧　禛,《玉溪集》권 4, 喪後服色議.
20) 奇大升,《高峯集》권 2, 喪後冠服議.
21) 金恒洙, 〈宣祖 初年의 新舊葛藤과 政局動向〉(《國史館論叢》34, 1992).
22) 고영진, 앞의 책, 120~129쪽.

술하고 뒤에 김장생이 교정하고 보완하여 만든 책으로 당시 조선사회에 적지않은 영향을 미쳤다. 18세기 이후 사례를 행하는 데 가장 많이 준거가 되었던 《四禮便覽》도 《상례비요》의 항목과 내용을 거의 그대로 따랐으며 이 책을 당시 조선사회에서 제일 긴요한 책으로 평가하였다.[23)]

다른 하나는 김성일의 경우처럼 학자관료로서 실용성에 유의하면서도 학문성을 지녔으며 주자가례를 따르면서도 《예기》를 상대적으로 중요시하는 예서를 저술한 경향이었다. 이는 관료로서 국가경영에 필요한 《예기》에 대한 관심이 15세기 《예기》에 대한 강조와 결합하여 나타난 것이었다.[24)]

다양한 예설의 개진과 예론의 대두, 그리고 가례에 대한 관심의 확대와 더불어 주자가례에 대한 주석과 언해의 노력이 16세기 후반부터 이루어졌다. 주자가례의 주석은 주자가례를 종합적으로 이해해보려는 데에서 나왔다고 할 수 있다. 주석작업은 1570년경부터 개인과 학파에 의해서 행해졌으며 그 결과가 家禮註釋書의 저술이었다. 여기에는 李德弘의 《家禮註解》, 김륭의 《가례강록》, 朴枝華의 《四禮集說》, 鄭逑의 《家禮輯覽補註》, 姜濂의 《四禮要解》 등이 있다.

《가례주해》는 이황이 사촌의 孫女喪에 참석할 때 같이 따라간 이덕홍에게 설명해준 것을 계기로 저술되었다. 이 책은 주자가례에 있는 내용들을 항목으로 하여 그 항목 아래 책 제목처럼 간단히 주를 붙여 해설한 것으로 사례의 내용을 순서대로 다 다루었으나 목차가 따로 있거나 완벽한 체제는 아니었다.

《가례강록》은 김륭이 이황에게 배운 것을 기록·정리한 것으로 주자가례의 체제와 항목들을 그대로 따르면서 각각의 큰 항목 속에서 의심스럽고 설명해야 할 필요가 있는 것들을 뽑아 주로 그 뜻을 해석하였다. 각 항목의 해석은 용어나 문장의 내용 논증이나 의의를 서술한 것보다는 용어의 간단한 설명이 주를 이루고 있다. 그리하여 《가례집람》과 같이 16세기 말에 등장하는 四禮書보다는 비록 수준은 상대적으로 낮았으나 주자가례를 종합적·체계적으로 고찰하는 데 기여하였다.[25)]

---

23) 李 縡, 《四禮便覽》 跋.

24) 高英津, 〈16세기 후반 喪祭禮書의 發展과 그 意義〉(《奎章閣》 14, 서울大, 1991).

상제례서와 초보적인 가례주석서를 바탕으로 16세기 말에 나타나는 것이 사례서였다. 宋翼弼의 《家禮註說》이나 金長生의 《家禮輯覽》은 완벽한 체제와 내용을 가진 본격적인 가례주석서라고 할 수 있다. 《가례주설》은 주자가례를 충실히 따르면서도 그 범위내에서 해석하지 못하였던 부분들을 고례나 기타 예서에 입각하여 학문적으로 전문적인 주석작업을 한 결과물이었으며 당시까지의 예서 중에서는 최고의 수준이었다.[26] 그러므로 본격적인 가례주석서로서의 사례서의 시초라고 할 수 있다.

《가례집람》 역시 《가례주설》처럼 주자가례의 註 부분까지 세세하게 고증하여 주석을 달았으나 항목은 《가례주설》보다 훨씬 많아 당시 예서 중에서는 제일 방대하고 수준이 높았다고 할 수 있다. 이 책에서는 중국의 예서와 경서, 중국학자들의 예설뿐만 아니라 이황·김인후·정구·송익필·宋寅 등 당시 예에 조예가 깊었던 조선학자 대부분의 견해를 인용하여 조선에서의 주자가례에 대한 연구수준을 한 단계 끌어 올리는 데 기여하였다.[27] 김장생은 17세기 초 정구·韓百謙과 함께 조선의 대표적인 예학자로 지목되었으며[28] 1623년 인조반정 이후 그의 제자들인 서인이 정권의 담당자로 되면서 조선조 예학의 大家로 평가되었다.

16세기 후반 주자가례를 주석하려는 작업이 이루어지는 것과 더불어 언해하려는 노력도 이루어졌다. 16세기 중·후반 이황·유희춘·이이 등에 의해 四書三經과 《소학》 등 성리학의 기본 경서에 대한 口訣과 언해작업이 이루어졌다. 경서의 구결과 언해는 보급대상의 확대 이외에도 경서의 내용과 의미를 정확히 파악하기 위한 것으로 성리학 연구의 심화를 의미하였으며 그 바탕 위에서 가능한 것이었다. 또한 학파 사이에 나타나는 학문적 이견들을 지양하기 위한 것이었다.[29] 이 작업들은 광해군대까지 교정청을 중심으로 계

25) 고영진, 앞의 책, 195~206쪽.

26) 裵相賢, 《朝鮮朝 畿湖學派의 禮學思想에 關한 硏究－宋翼弼·金長生·宋時烈을 中心으로－》(高麗大 博士學位論文, 1991), 66~102쪽.

27) 鄭玉子, 〈17세기 전반 禮書의 성립과정－金長生을 중심으로－〉(《韓國文化》 11, 서울大, 1990).

28) 《光海君日記》 권 3, 광해군 즉위년 4월 병인.

29) 金恒洙, 〈16세기 經書諺解의 思想史的 考察〉(《奎章閣》 10, 1987).

속되었다.

주자가례의 언해도 이 시기 경서언해작업과 궤를 같이하였다. 선조 6년(1573) 심의겸이 주자가례를 번역할 것을 청하여 선조가 승락을 하자 홍문관은 金宇顒을 적임자로 추천하였다. 그러나 김우옹은 자신이 예학에 조예가 깊지 못하다는 이유를 들어 사양하고 주자가례의 언해가 시기상조임을 주장하여 결국 이 일은 무산되었다. 이는 주자가례의 내용을 이해하는 것이 쉬운 일이 아님을 의미하였다. 주자가례의 완전한 이해는 방대한 중국 경서와 예서에 대한 이해가 전제되지 않고서는 힘든 것이었기 때문이다. 주자가례의 吐釋은 임진왜란이 끝난 후인 선조 38년 다시 제기되었지만 결국 시행되지 않은 듯하다.[30]

국가적인 차원에서의 주자가례 언해작업이 제대로 이루어지지 않은 데 반하여 사림 개인에 의한 작업은 계속 행해졌다. 이미 16세기 중반 이황이 주자가례의 주석뿐만 아니라 언해도 하였던 듯하며,[31] 그의 작업은 제자인 이덕홍과 김륭에게 영향을 미쳤다. 이는《가례강록》이나《가례주해》의 내용 속에 한글로 吐를 달거나 언해한 곳이 부분적으로 나타나는 사실로도 짐작할 수 있다.

16세기 말에 저술되는 申湜의《가례언해》는 최초의 본격적인 가례언해서라고 할 수 있다. 이 책은 주자가례의 항목은 본문을 그대로 쓰고 그 밑에 한글 음과 토를 달았으며, 주자가례의 註들은 본문을 쓰지 않고 언해한 것만 수록하였다. 신식은 이 책을 저술하면서 김장생과 의견을 교환하기도 하였다.《가례언해》의 저술은 두 가지 큰 의미를 지니고 있다. 하나는 주자가례에 대한 이해가 절정에 달했다는 점이며, 다른 하나는 어려운 한문을 한글로 번역함으로 인해 주자가례가 더욱 광범위하게 퍼져나갈 수 있는 계기를 마련했다는 점이다.[32]

가례언해서는 이후 계속 저술되어 17세기 전반 종실인 德信正 李文叟가

30)《宣祖實錄》권 193, 선조 38년 11월 계유.

31) 이황이 주자가례를 언해했다는 사실은 선조 38년 조정에서 주자가례 언해작업을 논의하는 과정에서 朴弘老가 밝히고 있다(《宣祖實錄》권 193, 선조 38년 11월 계유).

32) 고영진, 앞의 책, 208~214쪽.

상례의 初終 부분을 언해하여《喪禮諺解》를 저술하였으며,[33] 이후 17세기 중반 선산부사 安某는 葬禮와 제례를 추가로 언해하여《家禮喪葬祭三禮諺解》를 저술하였다.[34]

(3)《주가가례》 연구의 심화

16세기 말에서 17세기 전반에 걸쳐 일어났던 양란은 조선사회에 적지않은 영향을 미쳤다. 특히 임진왜란은 사회경제적으로 많은 피해를 주었으며 병자호란은 사상적으로 커다란 충격을 주었다. 그리하여 당시 학인들은 理氣心性論 등 철학적인 문제보다는 禮論이나 反淸論·北伐論 등 의리명분적인 면과 大同法·號牌法·戶布論·良役變通論 등 사회경제적인 면에 더 관심을 기울이면서 전란의 후유증을 극복해나가려고 하였다.

이러한 상황에서 예는 사상적으로 뿐만 아니라 전란으로 인해 무너진 질서를 새로 회복하기 위한 실천적인 방도로서, 상품유통경제의 발달과 국제무역의 증가 등 사회경제적 변화로 인해 동요하는 사회에 대응해야 하는 필요성에서 이전 시기보다 더욱 강조되었다. 張顯光이 "禮治면 다스려지고 가르치는 것은 禮敎보다 앞서는 것이 없으며 학문은 禮學보다 간절한 것이 없다"고[35] 한 말은 바로 당시 예의 역할과 중요성을 잘 나타내준다고 할 수 있다. 17세기에 들어와 예서가 16세기보다 상대적으로 많이 저술되는 것도 이러한 시대적 요구에서 비롯되었던 것이다.

16세기 예학의 흐름은《국조오례의》나 漢唐禮를 비판하고 고례와 주자가례의 내용을 중시하는 것이었으며, 예서 역시 주자가례의 체제를 기본으로 하면서 보완하거나 약간의 변화를 주는 것이었다. 당시 고례와 주자가례가 같이 강조된 것은 학자들의 예학에 대한 이해 수준이 높지 않아 양자의 내용을 구분하지 않고 거의 같은 것으로 보았기 때문이었다. 즉 주자가례의 내용을 고례와 거의 같은 것으로 이해하였다.

그러나 주자가례와 고례인 三禮에 대한 연구가 심화되고 경서비판의 과정

33) 金長生,《沙溪全書》권 5, 喪禮諺解序.
34) 金應祖,《鶴沙集》권 5, 家禮喪葬祭三禮諺解跋.
35) 張顯光,《旅軒集》권 10, 五先生禮說跋.

을 거치면서 주자가례와 고례의 차이점이 점차 인식되고, 고례 속에서도 《예기》와 《의례》에 대한 차이가 인식되면서 그 속에서 어느 것을 더 중시하는가에 따라 학파나 학자들의 예설도 차이가 나기 시작하였다.

그리하여 한백겸처럼 고례와 六經에 기반한 예설을 강조하는 흐름이 새로이 나타나기 시작하였으며, 李恒福은 《예기》를 四禮의 체제로 정리한 《四禮訓蒙》을, 金尙憲은 禮記註釋書인 《讀禮隨鈔》를 저술하기도 하였다. 또한 정구는 주자의 《의례경전통해》를 모범으로 하고 고례를 참작하여 家·鄕·邦國·王朝禮를 복원한 《五先生禮說分類》를 저술하였다.

이는 서경덕·조식학파가 정권을 주도하며 사상적으로 주자성리학뿐만 아니라 양명학·노장사상·불교·북송유학적인 요소가 대두하여 다양한 사상 풍토를 이루고 있었으며,[36] 私統을 강조하고 天子의 禮인 郊祭를 행하는 등 왕실전례를 적극적으로 행함으로써 왕실의 권위를 높이려고 했던 광해군대의 상황을 반영하는 것이었다.[37]

예학의 새로운 흐름이 대두하는 가운데 주자가례에 대한 연구도 심화되었다. 이미 16세기 말 김장생과 신식에 의해 일차적으로 정리된 주자가례 연구는 17세기에 들어오면 기본 틀은 벗어나지 않으나 체제나 내용에서 조금씩 변화를 가져와 가례주석서나 언해서와 다른 家禮問答書 형태의 예서가 많이 저술되었다. 즉 문인들과 예에 관해 교환했던 서찰의 내용들을 주자가례의 체제·항목에 따라 편집한 경우로 김장생의 《疑禮問解》, 姜碩期의 《疑禮問解》, 金集의 《疑禮問解續》, 金應祖의 《四禮問答》 등이 17세기 전반의 대표적인 가례문답서라고 할 수 있다.

중국의 예서를 참조하지 않고 문인들과의 서신 내용만 가지고 예서를 만들 수 있다는 사실에서 당시 대부분의 학인들이 예학에 조예가 깊었으며 서로 활발한 의견교환을 했다는 것을 알 수 있다.[38] 또한 서신에 체계없이 실려 있는 내용들을 검토하여 항목에 따라 분류해서 편찬할 수 있다는 것은

36) 韓永愚, 〈李睟光의 學問과 思想〉(《韓國文化》 13, 1992).
37) 高英津, 〈17세기 初 禮學의 새로운 흐름-韓百謙과 鄭逑의 禮說을 중심으로-〉(《韓國學報》 68, 일지사, 1992).
38) 朴世采, 《南溪先生禮說》 序.

예학의 수준이 높아져 이제 예에 관한 것이면 어떠한 자료도 이해하여 체계화할 수 있음을 의미하였다.

가례문답서의 저자는 대부분 당시 학계의 대표적인 인물이었다.[39] 이는 학파에 따라 예학이 정리되기 시작하였다는 사실을 나타낸다. 그리하여 이 시기에 오면 예학이 학파와 밀접한 연관을 가지게 되면서 같은 주자가례를 연구하면서도 다른 학파의 예설이나 예서를 배제하는 경향도 나타나기 시작하였다. 安玑의 《家禮附贅》의 경우 주자가례를 주석하면서 중국의 예서·예설을 제외하면 安璐의 《竹溪雜儀》, 安餘慶의 《玉川先生禮說》, 이황의 《퇴계상제례답문》 등의 예서와 정구·曺好益·金就礪 등 주로 이황 계통의 학자들의 예설을 인용하였다.[40]

나아가 김응조의 《사례문답》은 주자·이황·유성룡·정구·장현광의 서찰에서 예에 관련있는 부분을 四禮의 체제로 다시 편집하여 완성한 것으로, 근본적인 목적은 서신에 산만하게 널려있는 이황학파 학자들의 예설을 하나의 체제 속에 체계적으로 정리하려는 것이었다.[41] 이이학파의 경우도 크게 다르지 않았다.

학파에 따른 예학의 차이는 17세기 전례논쟁에서도 그대로 반영되었다. 元宗追崇을 둘러싼 인조대 전례논쟁은 선조·광해군대의 전례논쟁을 계승하고 그 대립구조 역시 비슷하였으나 이전보다 훨씬 논리적이고 수준이 높았다. 이는 기본적으로는 王統과 私統이 일치되지 않은 상황에서 王禮에 私禮를 적용하려는 데서 일어난 대립이었다. 그리고 구체적인 대립은 종법에 대한 견해와 경서비판에서였다.

崔鳴吉·朴知誠 등 추숭론자들은 사통을 강조하는 입장에서 稱考論과 3년설을 주장하면서 원종추숭에 찬성한 반면, 이황학파의 鄭經世와 趙翼·許穆 등은 왕통과 사통을 같이 중시하는 입장에서 稱考論과 不杖期說을 주장하면

39) 이러한 특징은 17세기 후반에 저술되는 가례문답서인 宋時烈의 《尤庵經禮問答》과 《尤庵先生禮說》, 朴世采의 《南溪先生禮說》, 尹拯의 《明齋先生疑禮問答》 등에서도 마찬가지이다.

40) 고영진, 앞의 책, 300~308쪽.

41) 高英津, 〈17세기 전반 남인학자의 사상-정경세·김응조를 중심으로-〉(《역사와 현실》 8, 한국역사연구회, 1992), 107~111쪽.

서 추숭에 반대하였으며, 이이학파의 김장생 등은 종법의 철저한 실현을 추구하고 왕통을 사통에 우선하는 입장에서 稱叔論과 부장기설을 주장하며 역시 추숭에 반대하였다. 한편 경서비판의 측면을 보면 추숭반대론자들은 주자가례와 《의례》·《綱目》 등에 의거하여 王士同禮를 주장하였으며, 추숭론자들은 박지계같은 예외도 있지만 주로 漢唐 이후의 例와 《예기》에 의거해서 王士不同禮를 주장하였다.[42]

인조대 전례논쟁에서 드러난 학파에 따른 예론의 차이는 17세기 중·후반에 일어나는 1·2차 禮訟에서 더욱 뚜렷이 나타났다. 1659년 죽은 효종에 대해서 인조의 계비였던 慈懿大妃가 어떤 상복을 입을 것인가를 둘러싸고 대립하였던 예송에서 서경덕·조식학파 계통의 허목·尹鑴·尹善道 등은 六經과 《예기》에 입각해서 왕가의 특수성과 왕사부동례를 강조하며 3년설을 주장하고 여기에 洪汝河 등 영남 이황학파가 동조하였다.[43] 이이학파의 宋時烈·宋浚吉 등은 주자가례와 《의례》에 입각하여 종법의 철저한 구현과 왕사동례를 강조하여 期年說을 주장하였다.

예송 과정에서 양파가 주로 《의례》의 註疏 내용을 근거로 논쟁을 벌였으나 강조하는 내용은 달랐다. 그것은 《의례》가 王禮를 강조하는 면과 士禮를 강조하는 면을 동시에 가지고 있었기 때문이다. 1674년에 죽은 효종비 仁宣王后에 대해서 역시 자의대비가 어떤 상복을 입을 것인가가 쟁점이 되었던 2차 예송에서도 金錫胄 등이 개입하지만 전체적인 대립구도와 성격은 마찬가지였다.

1·2차 예송은 조선 중기 전례논쟁의 정점이었다. 예송은 기본적으로 이전 시기의 전례논쟁을 계승하는 것이기도 하였으나 그 성격은 달랐다. 성리학과 예학의 심화, 친가·적장자 중심의 가족제도로의 변화, 학파와 붕당간

---

42) 기존의 연구에서는 대부분 天下同禮·王士庶同禮, 王者禮不同士庶·王士庶不同禮라는 개념을 사용하였는데 이는 전근대사회에서의 예학의 계급적 한계, 나아가 사상적 한계를 모호하게 하는 문제가 있다. 전근대사회에서의 예학은 기본적으로 왕실과 사족을 중심으로 하는 것으로 평민·천인까지 대상으로 하는 것은 아니었다. 그러므로 이 글에서는 王士同禮·不同禮가 당시의 사실을 더 정확하게 반영한다고 생각되어 사용하였다.

43) 현종 7년(1666) 영남유생 柳世哲 등 1000여 인이 올린 服制上疏는 홍여하가 대신 써준 것이다(洪汝河, 《木齋集》 권 4, 議禮疏 丙午代本道儒生作).

의 연관, 臣權의 성장, 국가재건의 방법 차이 등 당시 정치·사상적인 면뿐만 아니라 사회 모든 분야의 요인들이 종합적으로 결합되어 왕실의 전례문제를 매개로 하여 표출되었던 것이다.

그러므로 예송을 권력투쟁44) 또는 이념논쟁45) 일변도로 보거나 학파·붕당과 상관없는 것으로 보는 데에는46) 문제가 없지 않다. 예송은 결국 17세기 사회에서 각 학파 내지 붕당들이 나름대로의 학문적 기반 위에서 자신들이 주장하는 정책이나 노선의 정당성을 주장한 전형적인 '정치형태로서의 전례논쟁'이었던 것이다.47) 예송에서의 사상적 차이는 결국 중세사회체제에 대한 관점의 차이로 연결되었으며 그렇기 때문에 예송은 조선 후기 사회체제가 변화해가는 상황에서 반드시 겪어야만 했던 하나의 과정이었다고 할 수 있다.

예학의 심화에 힘입어 발달하였던 이 시기의 전례논쟁은 역으로 예학연구에도 영향을 미쳤다. 현안으로 대두되었던 왕실전례문제에 대해 각 학파나 학인들은 자신들의 학문적 입장을 정리하여야 했으며 자신들의 예학체계 속에서 국가전례를 다루지 않으면 안되었다. 그러므로 당시 학인들의 문집에는 대부분 전례문제에 대한 글들이 들어있었으며 김장생은 전례논쟁에 대해 학자들과 서로 주고받은 서신과 자신의 주장을 담은 《典禮問答》을 저술하기도 하였다.

또한 직접 전례논쟁을 다루지 않더라도 예서를 저술하는 데 王禮와 士禮를 하나의 체제 속에서 다루려는 경향도 나타났다. 兪棨는 가례주석서인 《家禮源流》를 저술하면서 天子·諸侯禮를 四禮의 체제로 정리하여 주석을 단

44) 李成茂, 〈17世紀 禮論과 黨爭〉(《朝鮮後期 黨爭의 綜合的 檢討》, 韓國精神文化研究院, 1992).

45) 池斗煥, 〈朝鮮後期 禮訟研究〉(《釜大史學》 11, 1987).

46) 李迎春, 〈第一次禮訟과 尹善道의 禮論〉(《淸溪史學》 6, 1989).
———, 〈服制禮訟과 政局變動－第二次禮訟을 中心으로－)(《國史館論叢》 22, 1991).

47) 고영진, 〈17세기후반 근기남인학자의 사상－유휴·허목·허적을 중심으로－〉(《역사와 현실》 13, 1994), 173~178쪽.
최근에 이봉규는 죽은 사람과 喪主 사이의 사회적 관계에서 혈연적 또는 신분적 관계들을 어떻게 규정해야 하는지를 두고 벌인 논쟁으로 이해하고 예론과 이기론이 직접적으로 상관관계가 없음을 주장하였다(이봉규, 〈예송의 철학적 분석에 대한 재검토〉, 《大東文化研究》 31, 성균관대, 1996, 참조).

《家禮源流續錄》을 편말에 덧붙여 저술하였으며, 김집은 王禮인《국조오례의》와 古禮이면서 士禮의 성격이 강한《의례》를 비교한《古今喪禮異同議》를,[48] 朴世采는《오선생예설분류》의 체제를 계승·발전시켜 天子禮와 士大夫禮를 각각 관례·혼례·상례·제례·鄕禮·相見禮·雜禮 등으로 나누어 설명한《六禮疑輯》을 저술하였으며, 박세채의 문인인 金榦이 편집한《南溪先生禮說》은 四禮를 중심으로 하면서 書院과 王朝禮를 첨가하여 다루고 있다.[49] 尹拯과 그의 문인들이 주고받은 서신을 편집한《明齋先生禮說》에서도 王家禮 항목을 넣어 다루고 있다.

이와는 달리 서경덕·조식 계통의 허목은 이황·이이학파에서는 漢代의 저술로 의심한《예기》를 古經으로 보고 고례인 三禮 중에서 1,000여 조를 채록하여《經禮類纂》을 저술하였으며,[50] 윤휴도《주례》와《예기》에 관한 글을 저술하면서 특히《주례》를 강조하였으며 아울러 순자의 예설을 받아들이고 있다.[51] 박세채의 문인이었던 崔錫鼎은 예기주석서인《禮記類篇》을 저술하였으나 주자의 해석과 다른 점이 많다고 하여 노론의 공격을 받기도 하였다.

전체적으로 이이 계통의 서인·노론과 성혼·김상헌 계통의 소론학자들은《의례》와 주자가례를 모범으로 삼으면서 가·향·방국·왕조례를 복원하려고 하였다. 그러나 노론은 주로 士禮의 입장에서 王禮를 흡수하여 왕사동례를 주장하였으며 소론은 사례와 왕례를 균형있게 보면서 왕사부동례를 주장하는 경향이 더 강하였다. 이에 반하여 서경덕·조식 계통의 기호남인들과 최석정 등 일부 소론들은《주례》·《예기》 등 고례를 기반으로 하여 왕사부동례를 강조하였다. 이는 결국 17세기 중·후반 고례와 주자가례에 대한 이해가 더욱 심화되었음을 반영한다고 할 수 있다.

조선 중기 예학의 발달과 예론의 활발함은 성리학의 보편적 원리인 천리

---

48) 韓基範,《沙溪 金長生과 愼獨齋 金集의 禮思想研究》(忠南大 博士學位論文, 1991).

49) 박세채는 이외에도 가례주석서인《家禮要解》와 관·혼·제례의 시행에 필요한 내용들을 주로 담은《三禮儀》 등을 저술하였다.

50) 鄭玉子, 〈眉叟 許穆 研究〉(《韓國史論》 5, 서울大, 1979), 204~212쪽.

51) 鄭仁在, 〈尹白湖의 禮論과 倫理思想〉(《現代社會와 倫理》, 한국정신문화연구원 연구총서 82-4, 1982).

고영진, 앞의 글(1994), 175~176쪽.

를 사회에 구현하고 인욕을 제거한다는 면에서는 역사적으로 긍정적인 의미를 지니고 있다. 그러나 예는 지배층 내부의 권력투쟁과 대민지배로서 기능하는 면이 없지 않으며, 구체적으로 민의 삶을 향상시키는 것과는 연관이 적었다는 한계점도 동시에 고려되어야 할 것이다.

〈부표〉 조선 중기 예서 목록(16세기 중반~17세기)

예 서	저 자	저술년도	권:책	도서번호	문집소재	현존유무	기 타
祭禮	李賢輔 (1467-1555)	1547	4쪽		聾巖集	유	《酒禮》 속에 附
奉先雜儀	李彦迪 (1491-1553)	1550	1책	奎)3073		유	
家禮考誤	金麟厚 (1510-1560)	1550년대	2쪽		河西集	유	
(?)未詳	李仲虎 (1521-1554)	1550년대 (?)				무	
退溪喪祭禮答問	李 滉 (1501-1570)	1560년대	2책	奎)4318		유	李滉 사후 趙振에 의해 편집
疑問	金就礪(?)	1560년대 (?)				무	
士喪禮節要	曺 植 (1501-1572)	1560년대 (?)				무	
朱門問禮	辛應時 (1532-1585)	1570				무	
家禮註解	李德弘 (1541-1596)	1570년 전후(?)	1:1		艮齋集	유	
家禮講錄	金 隆 (1549-1594)	1570	1:1		勿巖集	유	
家禮輯覽補註	鄭 逑 (1543-1620)	1573				무	
冠昏撮要	朴而章 (1547-1622)	1576				무	
祭儀鈔	李 珥 (1536-1584)	1577	13쪽		栗谷全書	유	《擊蒙要訣》에 附
昏儀	鄭 逑	1579				무	
家禮考證	邊以中 (1546-1611)	1579	4권			무	
禮解	朴汝龍 (1541-1611)	1579				무	
行祀儀節	宋麒壽 (1507-1581)	1570년대 (?)	3쪽		秋坡集	유	'祭禮遺敎'와 같이 구성

예 서	저 자	저술년도	권:책	도 서 번 호	문 집 소 재	현 존 유 무	기 타
家儀	宋 寅 (1516-1584)	1570년대 (?)				무	'家令'을 의미하는 것 같음
喪禮問答	具鳳齡 (1526-1586)	1570년대 (?)	4쪽		栢潭集	유	
四禮集說	朴枝華 (1513-1592)	1570년대 (?)				무	
追遠雜儀	柳雲龍 (1539-1601)	1580년 전후(?)	8쪽		謙菴集	유	
冠儀	鄭 逑	1582				무	
家禮疑義	趙 穆 (1524-1606)	1580년대 (?)	2쪽		月川集	유	임진왜란으로 대부분 散失
雜儀輯錄	權好文 (1532-1587)	1580년대 (?)	1권		松巖集	유	
疑禮問答	金宇顒 (1540-1604)	1570·80 년대(?)				무	
四禮要解	姜 濂 (1544-1606)	1580년대 (?)				무	임진왜란으로 산실
喪禮考證	金誠一 (1538-1593)	1581	1:1		鶴峯先生逸稿	유	
講禮答問	禹伏龍 (1547-1613)	1582				무	
喪禮抄	劉希慶 (1545-1635)	1580년대 (?)				무	
喪禮備要抄	申義慶 (1557-1647)	1580년대 (?)	1책	藏)1-118		유	
喪禮備要	申義慶	1583	2책	奎)1258	沙溪全書	유	
	金長生 (1548-1631)						
喪禮抄	李廷馣 (1541-1600)	1584(?)				무	
禮經要語	安餘慶 (1538-1592)	1580년대 (?)	1책		玉川文集	유	《玉川先生禮說》이 異名
奉先諸規	金誠一	1587	3쪽		鶴峯集	유	
家禮箚錄	李愼儀 (1551-1627)	1587	1권		石灘集	유	
禮說總論	申 湝 (1544-1589)	1580년대 (?)				무	
儀禮刪註	許 封 (1551-1588)	1580년대 (?)				무	
喪祭雜儀	沈守慶 (1516-1599)	1580·90 년대(?)				무	

예 서	저 자	저술년도	권 : 책	도서번호	문집소재	현존유무	기 타
喪祭禮	安 璐 (?)	선조대(?)				무	安處謙(1486-1521)의 아들
竹溪雜儀	安 璐	선조대(?)				무	
表祭雜儀	安 璐	선조대(?)				무	
家禮註說	宋翼弼 (1534-1599)	1590년대(?)	3 : 2	奎)4076	龜峯集	유	
家禮諺解	申 湜 (1551-1623)	1590년대(?)	10 : 4	가람)古181.1-Si62gy-v. 1,2,3,4		유	
家禮輯覽	金長生	1599	10 : 6	奎)6913	沙溪全集	유	
冠儀	張顯光 (1554-1637)	1590년대(?)	13쪽		旅軒集	유	
婚儀	張顯光	1590년대(?)	11쪽		旅軒集	유	
喪禮考證	柳成龍 (1542-1607)	1602	3 : 1	奎)11717		유	하권의 祥 이하 부분은 散失
喪葬質疑	柳成龍	1600년대 전후(?)	7쪽		西厓集	유	
五先生禮說分類	鄭 逑	1603	12 : 7	奎)969	寒岡全集	유	
居喪大節	趙任道 (1585-1664)	1607				무	
深衣說	韓百謙 (1552-1615)	1610년 전후(?)	13쪽		久菴遺稿	유	深衣圖도 포함
家禮僭疑	權得己 (1570-1622)	1610	1권	奎)5531	晩悔集	유	
家禮考證	曹好益 (1545-1609)	1609	7 : 3	奎)717		유	7권(喪禮成服 이하)은 문인들이 1646년에 정리·완성함
家禮考義	裵龍吉 (1556-1609)	1600년 전후(?)			琴易堂集	유	
深衣製造法	鄭 逑	1610	11쪽		寒岡集	유	
鼇漢孫先生禮解	孫起陽 (1559-1617)	1610년 전후(?)				무	
四禮訓蒙	李恒福 (1556-1618)	1614	1책	國)한-29-78		유	
禮記喪禮分類	鄭 逑	1615				무	
五服沿革圖	鄭 逑	1617	1책	奎11634		유	

예 서	저 자	저술년도	권:책	도 서 번 호	문 집 소 재	현 존 유 무	기 타
讀禮隨鈔	金尙憲 (1570-1652)	1618	4:4	奎)4265		유	
疑禮問解	李厚慶 (1558-1630)	1618	2권		畏齋集	유	
疑禮考證	申 湜	1600·10 년대(?)				무	
家禮剩解	李 芬 (1566-1619)	1610년대 (?)				무	
邦禮類編	李 芬	1610년대 (?)				무	
奉先抄儀	趙任道	1621				무	
家禮附贅	安 玑 (1569-1648)	1628	8:4	奎)5569		유	
	安鼎福 (1712-1791)	1758	6:1	國)한-29-18		유	《家禮附贅》의 교정·보완
儀禮考覽	申 渫 (1560-1631)	1610·20 년대(?)				무	
喪禮通載	申 渫	1610·20 년대(?)				무	
五服通考	申 渫	1610·20 년대(?)				무	
禮說	李得胤 (1553-1630)	1610·20 년대(?)	9쪽		西溪集	유	
疑禮問解	金長生	1620년대 (?)	4:4	奎)4117	沙溪全集	유	
典禮問答	金長生	1620·30 년대(?)	2:1		沙溪全書	유	
疑禮問解	姜碩期 (1580-1643)	1638	1책	藏)1-91	月塘集	유	
家禮源流	兪 棨 (1607-1664)	1638	14:8	奎)1633		유	
家禮源流	尹宣擧 (1610-1669)	1642	18:10	國)한-29-55		유	《家禮源流本末》이 부록
疑禮問解續	金 集 (1574-1656)	1643	1책	奎)5731	愼獨齋遺稿	유	
家禮源流續錄	兪 棨	1643	2:1	奎)1634		유	
家禮鄕宜	趙 翼 (1579-1655)	1644	7:2	國)한-29-34		유	
四禮問答	金應祖 (1587-1667)	1645	4:2	國)한-29-46		유	

예 서	저 자	저술년도	권 : 책	도 서 번 호	문 집 소 재	현 존 유 무	기 타
古今喪禮異同議	金 集	1649	4 : 2	奎)5371	愼獨齋遺稿	유	
經禮類纂	許 穆 (1595-1682)	1649	5 : 4	奎)12300		유	
家禮補解	沈光洙 (1598-1662)	1654				무	
儀禮經傳喪服考證	洪汝河 (1628-1682)	1666	1책		木齋集	유	
四禮纂說	李 爀(?)	1660년대	8 : 4	奎)4418		유	
尤庵經禮問答	宋時烈 (1609-1689)	1670·80년대(?)	11 : 5	藏)1-82	尤庵先生文集	유	
尤庵先生禮說	宋時烈	1670·80년대(?)	1책	想白)古181.254-So58		유	
四禮笏記	李惟泰 (1607-1684)	1670년대(?)	1책	古)1170-1	草廬全集	유	
家禮要解	朴世采 (1631-1695)	1683	7 : 1	國)고-159-7		유	
六禮疑輯	朴世采	1680년대(?)	33 : 14	奎)1162		유	
三禮儀	朴世采	1689	3 : 1	奎)6991		유	《改葬儀》가 부록
南溪先生禮說	朴世采	1680·90년대(?)	20 : 10	國)한-29-23		유	死後 문인 金榦이 편집
禮記類編	崔錫鼎 (1646-1715)	1693	18 : 5	古)1325-27		유	
明齋先生疑禮問答	尹 拯 (1629-1714)	1690·1700년대(?)	8 : 4	奎)4718		유	
寒水齋先生禮說	權尙夏 (1641-1721)	1700·10년대(?)	1책	藏)1-99		유	
禮說	張 瑠 (1649-1724)	1700·10년대(?)	1권		安齋集	유	
四禮策題	張 瑠	1700·10년대(?)	1권		安齋集	유	
祭儀	張 瑠	1700·10년대(?)	1권		安齋集	유	
儀禮集說	張 瑠	1700·10년대(?)				무	
喪禮要覽	張 瑠	1721				무	

〈高英津〉

2) 고전 예서의 연구

고전 예서란 이른바 '三禮'라고 부르는《儀禮》·《禮記》·《周禮》를 말한다. 이들은 모두 고대 중국의 周公에 의해 창제되고 孔子에 의해 정비되었다고 말해지는 책들로서, 예악 문물의 상징과도 같이 여겨지고 있는 고전들이다. 그러나 오늘날 전해지고 있는 이 예서들은 전국시대의 격변을 거쳐 漢代에 이르러 수집, 정리된 것들이기 때문에 그것이 주공과 공자의 예법이라는 인식은 상징성이 강한 관념일 뿐이다. 그러나 이들이 고대 중국의 예속이나 예제의 전통을 일정하게 계승하고 있는 것은 틀림없다고 하겠다.

《주례》는 의례에 관한 내용들이 많이 포함되어 있기는 하지만 사실상 六官體制를 골격으로 하는 관제와 이상적인 행정 형태를 적은 책이라고 할 수 있다. 이 책은 대체로 전국시대에 이루어진 것이며, 전한 말기의 劉歆에 의해 완비된 것으로 알려지고 있다. 특히 〈考工記〉와 같은 것은 字體와 文體에 대한 여러 고증을 통해 한대의 유학자들이 보충해 넣은 것으로 확인되었다. 《예기》는 거의 대부분 한대의 학자들에 의해 창작된 것으로 밝혀져 있다. 《의례》도 한대에 수집·정리된 것이기는 하지만, 고전적 요소가 많이 보존된 것으로 인식되고 있다. 이 때문에 중국에서는《의례》가 고례를 대표하는 '經禮'로 생각되었고 그 때문에 가장 중시되었다. 그러나 이 책도 유실, 수습 과정에 보충된 내용이 많아 고전 예법의 원형을 완전히 전하고 있다고는 할 수 없다. 따라서 중국에서의 예학 연구는 오랫동안 이들 古禮의 원형을 복원하기 위한 작업에 몰두해 있었다.

이와 같이 위의 3서는 여러 가지 서지학적인 문제를 가지고 있고, 그것을 통하여 중국 주대 고전 예법의 원형을 찾아내려는 노력은 많은 어려움과 논란을 야기하였다. 그러나 이들 고전이 내포하고 있는 禮와 樂의 원리나 이상적인 제도, 그리고 철학적 사유와 문학적 요소들은 그 자체로 매우 심오한 정신과 치밀한 구조를 가지고 있다. 이 때문에 이들은 주공과 공자의 이름으로 유교의 중요한 경전에 포함되었고, 한대 이후 동아시아의 사회와 문화에 큰 영향을 남기게 되었다. 중국의 역대 왕조와 주변국들에게 있어서 국가적 차원의 왕조례 정비나 사회 일반의 예속 생활에 있어서 위의 3서는 최고의 고전이 되었다.

중국에서 왕조례의 정비는 당의 玄宗 때 편찬된《大唐開元禮》(속칭《開元禮》)로 완성되었는데, 이것이 송-원-명-청 여러 왕조의 국가전례에 기초가 되었다. 명대에 이루어진《大明會典》과《大明集禮》는 조선왕조의 의례 정비에도 큰 영향을 주었다. 이들 왕조례는 고전 예학의 체제라고 할 수 있는 五禮(吉·凶·軍·賓·嘉禮)로 구성되어 있다. 중국에서는 남북조시대부터 국가적 전례와는 다른 체제로 귀족들이나 사대부계층의 의례 생활을 위한 실용적이고 간소한 예법이 모색되었다. 그 결과 여러 가지 형태의 가정 의례서들이 나타나게 되었는데, 북송대에 司馬光이 편찬한《書儀》와 남송대의 朱熹가 편찬한《家禮》가 그 대표적인 것이다. 이들 예서들은 대개 가정의례의 핵심이 되는 冠·婚·喪·祭禮의 四禮 체제로 되어 있다. 그러나 이들도 역시 기본적으로는《의례》와 같은 고전 예서들의 체제와 내용을 바탕으로 이루어진 것이다. 이러한《가례》류의 예서들은 중국의 중세사회에서 중심 계층이었던 사대부가의 의례 생활을 위해 편찬된 것으로서, 당시의 시대적 환경이나 정신을 일정하게 반영하고 있기는 하지만 고례와 전혀 상반된 성격을 가진 것은 아니다.

우리 나라에서 국가적 전례가 정비된 것은 고려 仁宗 때 崔允儀가 편찬한《詳定古今禮文》(50권)이 처음이었고, 1234년에 금속활자로 간행되었다. 이 책은 유실되었지만, 그 일부의 내용이《高麗史》에 수록되어 전하고 있다.[1] 조선 초기에는 국가의 전장과 문물제도를 확립하기 위하여 정부 차원에서 고례와 고제에 대한 활발한 연구가 진행되었고, 그 결과로《國朝五禮儀》가 편찬되었다.[2] 위의 두 책은 국가의 전례를 위한 왕조례에 해당하는 것으로, 고전 예서에 대한 수준 높은 이해를 바탕으로 가능했던 것이다.

조선 초기의 고례 연구는 鄭道傳의《周禮》이해와 權近의《禮記淺見錄》등에서 잘 나타나고 있다. 정도전이 편찬한《朝鮮經國典》과《經濟文監》은 국가운영의 법제와 행정원리를 구상한 책이지만, 모두《주례》의 六典 체제와

1) 金海榮,《朝鮮初期 祀典에 관한 硏究》(韓國精神文化硏究院 博士學位論文, 1994).
2) 李範稷,《韓國中世禮思想硏究》(一潮閣, 1991).

행정원리를 토대로 이룩된 것이다. 권근의 《禮記淺見錄》은 총 26권 11책에 달하는 대작으로 그의 고전 예서에 대한 이해 수준을 보여주는 것이다.[3] 조선 초기의 국가적인 고제·고례 연구 사업은 이러한 학자들의 개인적인 연구를 바탕으로 한 것이었다. 세종대에 간행된 《禮記大文言讀》과 15세기 후반에 간행된 《禮記集說大全口訣》은 《예기》에 언문으로 구결을 단 정도의 책이기는 하지만, 구결을 다는 것도 본문에 대한 충분한 이해 위에서 가능한 것이므로 이 역시 15세기 《예기》 이해의 성과를 보여주는 것이라고 할 수 있다. 이후 조선 예학자들의 고전 예서 연구는 주로 《예기》를 중심으로 이루어졌고 중국에서 중시되었던 《의례》에 대한 연구는 미미하였다. 《예기》는 5경에 포함되어 과거(문과) 과목으로 되어 있었지만, 《의례》는 13경의 범위에 드는 것으로 그 중요성이 상대적으로 낮아 조선 초기에는 국내에서 간행도 되지 않았다. 그리고 중국에서 간행되는 원본 《儀禮註疏》도 거의 조선에 유입되지 않은 것으로 보인다. 그 대신 《의례》를 중심(經)으로 하고 《예기》 등을 세부자료(傳)로 하여 주자가 편집한 《儀禮經傳通解》와 그의 제자 黃幹이 완성한 《儀禮經傳通解續》이 소수의 학자들 사이에서 《의례》 이해의 수단으로 활용되었으나, 이 역시 17세기 중반까지는 조선에서 간행되지 않아 매우 희귀한 도서였다.

16세기 중반부터 활성화된 예학 연구와 저술은 주로 《가례》를 대상으로 하였고, 《주례》·《의례》·《예기》 등을 대상으로 하는 고례 연구는 그다지 활발하지 못하였다. 고례의 연구는 세종대에 국가 전례의 정비 차원에서 연구되어 《국조오례의》로 정리된 후에는 큰 성과가 없었다. 그러나 17세기에 이르러 예학의 연구가 심화되면서 소수의 학자들에 의해 고례 연구도 함께 추진되었다. 그 중에서 대표적인 사람은 寒江 鄭逑(1543~1620)와 眉叟 許穆(1595~1682)과 같은 남인계 학자들을 들 수 있다. 정구는 당시에 서인 예학의 거두였던 金長生(1548~1631)과 더불어 쌍벽을 이룬 예학자였는데, 《가례》의 연구와 더불어 고례에도 깊은 관심을 기울였다. 그는 명종 18년(1563) 《家禮輯覽補註》를 저술하기도 하여 《가례》에도 깊은 조예가 있었지만 여기에

3) 權正顔, 〈權陽村의 禮記淺見錄 硏究〉(《東洋哲學硏究》 2, 1981).

머물지 않고 연구의 영역을 고례로 넓혔다. 그리하여 선조 36년(1603)《五先生禮說分類》(12권 7책)를 저술하였고, 광해군 7년(1615)《禮記喪禮分類》, 광해군 9년《五服沿革圖》등을 편찬하였다.《오선생예설분류》는 주자의《의례경전통해》를 표준으로 하여 저술된 것이다. 그것은《의례》와《예기》를 중심으로 한 고례를 북송의 張載·程顥·程頤·司馬光 및 주자의 예설을 인용하여 분류, 정리한 것이다. 따라서 여기에는《가례》류의 예서와는 달리 왕조례와 사대부례가 함께 수록되어 있다. 그는 유언으로 자신의 장례를《의례》에 의하여 시행하도록 하였는데 이를 보면 그가 얼마나 고례를 존중하였는지 알 수 있다. 그도 물론 주자를 숭배한 성리학자였고, 그의 예서에서도 주자의 예설이 수축이 되었지만 예학의 전체적인 체계는 고례를 중심으로 한 것이었다. 정구의 예학에서 나타나는 하나의 특징은 신분에 따른 예의 차등화 의식이었다. 왕실의 예와 사대부의 예가 다른 것은 말할 것도 없고 대부의 예와 선비의 예, 그리고 서민의 예가 각기 다른 차별적인 성격을 강조하고 있다.[4] 이것은《의례》나《예기》와 같은 고전 예서와《개원례》나《국조오례의》와 같은 국가 예서의 기본적인 체계이기도 하다.《오선생예설분류》에는 왕조의 예뿐만이 아니라 일반 사서인의 예도 포함되어 있다. 따라서 그의 예학적 관심은 국가 의례와 사서인의 예속을 다같이 정리하는데 있었던 것으로 말해지고 있다.[5]

허목은 정구의 학문을 계승한 학자로서 성리학보다는 고전 유학이라고 할 수 있는 先秦儒學에 깊은 관심을 가지고 있었다. 그러므로 그는《가례》보다 고례연구에 치중하였다. 그가 지은《經禮類纂》(5권 5책)은 만년의 미완성 저술이었지만 그의 고례적 성격이 잘 나타나고 있다. 이 책은《주례》·《의례》·《예기》등 고례 3서 가운데서 상례와 제례에 관련된 본문과 주석 1천여 조를 발췌하여 편집한 것이다. 조항마다 저자 자신의 간단한 해설을 붙여 놓았다. 본서는 경전 원문을 편차에 따라 그대로 발췌한 것이므로 제왕례, 사대부례, 시인례가 혼재되어 있으나, 그 차이를 명시함으로써 저자가 이를 통해 귀천을 분별하고 상하질서를 확립하려고 한 의도를 엿볼 수 있다. 본서의

4) 金恒洙, 〈寒江 鄭逑의 學問과 歷代紀年〉(《韓國學報》45, 1986).
5) 고영진,《조선중기예학사상사》(한길사, 1995), 327~332쪽.

편차는 대체로 《가례》의 체제와 흡사하게 되어 있으나, 그 내용은 전적으로 고례에서 인용한 것이다.[6]

洪汝河(1621~1678)가 1666년에 저술한 《儀禮經傳喪服考證》(1책)은 제1차예송에서 채택된 宋時烈을 비롯한 서인들의 朞年說을 비판하기 위하여 저술된 것이다. 이는 남인들의 삼년설을 옹호하기 위한 경전적 근거를 밝히기 위한 저술로서 그의 '議禮疏'의 부록으로 조정에 올려졌던 것이다. 이 밖에 남인계 학자들의 고례 연구는 18세기의 安鼎福(1712~1791)과 丁若鏞(1762~1836)으로 이어졌다. 안정복은 《禮記疑》 1권과 《禮記集說》 1권을 저술하였고, 정약용은 《喪禮四箋》(전 60권, 新活字本 전 50권)을 저술하였다. 《상례사전》은 고전 예서의 연구를 집대성한 것이라고 할 수 있는데 〈喪儀匡〉 17권, 〈喪具訂〉 6권, 〈喪服商〉 6권, 〈喪期別〉 21권의 4부작으로 구성되어 있다.[7] 이들 연구는 남인계 학자들의 예학과 예론에서 고례를 중시하는 경향을 보여주는 것이다.

이들에 비해 서인계 학자들은 《가례》의 연구에 더 치중해 있었다. 그러나 그들의 《가례》 연구도 고례에 대한 치밀한 이해의 바탕 위에서 행해졌다고 할 수 있다. 김장생의 《家禮輯覽》이나 《疑禮問解》도 대부분의 근거를 《의례》와 《예기》에 두고 있었기 때문이다. 더구나 兪棨와 尹宣擧의 《家禮源流》는 《가례》에 있는 내용의 근원을 고례에서 찾아 정리한 것이다. 그러나 그들의 예학체계는 대부분 《가례》의 사례체제 안에서 그것을 주석하고 보완하는데 있었다. 기호학파의 학자들 중에서도 고례에 관심을 두었던 소수의 사람들이 있었는데, 소론에 속하는 朴世采(1631~1695)와 崔錫鼎(1646~1715)을 들 수 있다.

박세채가 저술한 《六禮疑輯》(33권 14책)과 《南溪先生禮說》(20권 10책)은 《가례》를 중심으로 하였지만 국가전례도 상당수 포함되어 있다. 《육례의집》은 《의례경전통해》와 《가례》를 주요 근거로 하고 여러 예서를 참고하여 관·혼·상·제 및 향음주례·사상견례 등을 정리한 것이다. 《남계선생예설》은

6) 李迎春, 〈服制禮訟과 眉叟許穆의 禮論〉(《震山韓基斗博士華甲紀念論叢－韓國宗敎思想의 再照明－》, 圓光大 出版部, 1993).

7) 李迎春, 〈實學者들의 禮學思想－星湖와 茶山을 中心으로－〉(《韓國獨立運動史의 認識》－白山朴成壽敎授華甲紀念論叢－, 1991).

박세채가 문인들과 예에 관하여 문답한 내용들을 편집한 책이다. 이 책도 대부분 《가례》의 편차에 따라 정리한 것이지만, 일부는 문묘·서원 등의 제향과 왕실례를 수록하였다.[8] 최석정이 저술한 《禮記類編》(18권 5책)은 숙종 19년(1693)에 간행되었는데, 이는 권근의 《예기천견록》을 계승한 연구라고 할 수 있다. 그 체제는 《의례경전통해》를 모방하여 편차와 장의 단락을 각각 한데 모아 분류하였다. 본서는 중국 원대의 학자 陳澔가 저술한 《禮記集說》의 오류를 면밀히 고증하여 바로잡았다. 이 외에도 서인측의 고례 연구로는 영조 34년(1758)에 간행된 金在魯(1682~1759)의 《禮記補註》(30권 5책)가 있다.

〈李迎春〉

3) 예학의 경향과 전례 논쟁

성리학이 본격적으로 발달하고 토착화하기 시작한 16세기부터 조선의 예학 연구도 아울러 심화되었다. 이에 따라 16세기 후반부터는 왕실의 종통에 관련된 전례나 계승 문제 등에 대해 조정이나 재야에서 활발한 논의가 제기되기 시작하였고, 17세기부터는 이러한 논의가 대대적인 정치적 분쟁으로 발전하기도 하였다. 이러한 문제는 조선 초기에는 별로 쟁점화되지 않았던 것들이었으나, 16세기 후반부터는 그것들이 까다로운 예학적 해석이나 논리의 차이로 인하여 문제화하는 일이 많아지게 되었다. 명종~선조대에 인종의 文昭殿 부묘 및 그의 비 恭懿大妃(仁聖王后)가 명종을 위해 입을 상복을 두고 장기간에 걸쳐 일어났던 논의, 광해군의 생모 恭嬪을 왕후(恭聖王后)로 추숭하는 문제를 두고 일어났던 논쟁, 인조의 생부 定遠君을 왕(元宗)으로 추존하는 문제로 일어났던 元宗追崇 논쟁, 그리고 효종과 효종비의 상에 모후였던 慈懿大妃가 입을 상복을 두고 일어났던 복제 예송 등이 그것이다. 숙종대에 仁顯王后를 폐출하고 禧嬪 張氏를 정비로 격상시킨 전례를 두고 일어났던 己巳換局과 경종대에 王弟였던 영조를 世弟로 책봉한 전례를 두고 일어났던 辛壬獄事 등이 모두 왕실의 전례 문제를 두고 일어났던 분쟁이었다. 이러한

8) 裵 晟, 〈南溪 朴世采의 生涯와 思想〉(韓國精神文化硏究院 碩士學位論文, 1995).

전례 논쟁들은 왕위계승 문제와 깊은 관련이 있었기 때문에 위험한 정치적 분쟁으로 발전하는 일이 많았다. 여기서는 우선 인종의 부묘 논쟁으로부터 원종추숭 논쟁까지만 살펴보고 그 이후는 다른 장에서 서술하기로 한다.

(1) 예학의 두 경향

16세기 후반~17세기는 조선예학사에서 하나의 획기적인 시대라고 할 수 있다. 이는 위에서 본 바와 같이 많은 대가들이 예학을 본격적으로 연구하여 학문적 체계를 확립했을 뿐만 아니라, 그들의 예에 대한 인식과 이념면에서 큰 변화가 나타나고 있었기 때문이다. 이제 그들의 주된 관심은 종전의 오례를 중심으로 한 왕조예제에서부터 사대부계층의 실생활에 보편화된 四禮 즉 가정의례 쪽으로 전환되어 갔다. 따라서 이 시대의 예학은 대부분 《가례》 연구를 중심으로 하였으며, 이것이 그들의 예관념에 중요한 변화들을 가져오게 하였다.

《가례》는 16세기 이르러 성리학이 심화되고 사대부 계층, 특히 사림파가 정치·사회적인 주도권을 확립한 이후에 급속히 보급되고 또 시행되었다. 이에 따라 《가례》는 실용적인 목적으로 또는 학문적인 관심에서 연구가 진척되기 시작하였고 많은 저술들이 나타나게 되었다. 17세기의 조선 예학에는 아직도 신분차별적 고전예학의 전통이 많이 남아 있었으나, 《가례》의 보급 및 연구와 함께 서서히 사대부례의 보편성을 강조하면서 왕조례와의 본질적 차이를 부정하는 경향이 대두하게 되었다.[9)]

인조 즉위년(1623)부터 10여 년에 걸쳐 진행되었던 인조의 생부 정원군 추숭논쟁은 이 시대의 변화해가는 예학 경향을 잘 반영하고 있었다. 정원군을 追尊王(元宗)으로 올리기 위한 논의가 처음 제기되었을 때 대부분의 관료들과 학자들은 제왕례의 특수성을 들어 그것을 저지하고자 하였다. 이것은 제왕가의 예가 사대부의 그것과는 다르다는 입장을 보여주는 고전 예학의 신분 차별적 관념이 그때까지도 강하게 남아 있었음을 보여주는 것이다. 정원군 추숭 논쟁은 왕실의 대통계승에 있어서 손자가 조부의 종통을 직접 이을

---

9) 李迎春, 〈潛冶 朴知誠의 禮學과 元宗追崇論〉(《淸溪史學》 7, 韓國精神文化硏究院, 1990).

수 있는가 없는가, 종묘의 신주 봉안에서 한 세대를 건너 뛸 수 있는가 없는가 하는 예학적 관점의 차이에서 일어난 분쟁이었다. 사서인의 집에 있어서는 이러한 일이 좀처럼 있을 수 없고, 또 그것은 법적으로 금지된 일이었다. 그러나 제왕가에서는 왕위에 오른 사람만이 종묘의 제사를 주관하기 때문에 그 특수성이 인정되는 것이었다. 김장생은 그의 《가례》에 대한 깊은 조예에도 불구하고, 바로 이러한 제왕례의 특수성을 강조하는 고전적인 입장에 서서 추숭론을 비판하였다.10) 그러나 朴知誠(1573~1635)를 비롯한 추숭론자들은 근본적으로 제왕례의 특수성을 인정하지 않았다. 왕가도 하나의 家인 이상 가계전승에 있어서는 사가에서와 마찬가지로 宗法의 원리가 준수되어야 한다고 주장하였던 것이다. 추숭론자들은 종법이 대자연의 법칙과 같은 것으로 이해하고 이의 적용에는 신분의 차이가 있을 수 없다고 보았다. 따라서 세대를 건너뛰는 손자의 '祖統直承'은 있을 수 없다는 것이었다.

원종추숭 전례를 두고 김장생과 박지계로 대표되는 두 집단의 이러한 인식차이는 바로 이 시대 예학의 두 가지 경향을 보여주는 것이며, 또한 17세기 《가례》를 중심으로 형성된 예학적 평등이념의 대두를 말하는 것이다. 예학에서의 이러한 경향과 시각 차이는 여러 차례의 국가적 전례에서 첨예한 인식의 차이와 논리의 대립을 야기하게 되었다.

(2) 전례 논쟁의 배경

주로 왕위계승에서의 종법적 정통성 문제와 관련하여 일어나는 이러한 전례 논쟁은 조선 중기에 이르러 빈발하게 되었고, 그것은 또한 커다란 정치적 분쟁을 일으키기도 하였다. 왕위계승에서의 정통성 문제는 조선 초기에도 여러 차례 있었던 것이다. 그러나 그것이 전례 논쟁으로 비화하거나 그것으로 인하여 정치적 파란이 일어난 일은 없었다. 조선 초기에도 적장자로서 후계자를 삼는다는 원칙은 인식되어 있었고, 그에 따라서 정상적인 왕위계승의 정통성이 부여된다는 관념이 보편화되어 있었다. 그러나 조선왕조에서는 처음부터 종법의 원칙이나 상식에 어긋난 무리한 세자책봉이나 왕위계승의 사

10) 李迎春, 〈沙溪 禮學과 國家 典禮－「典禮問答」을 中心으로－〉(《沙溪思想硏究》, 沙溪・愼獨齋兩先生紀念事業會, 1991).

례들이 나타나게 되었다. 개국 초인 태조 7년(1398) 태조의 막내 아들인 芳碩을 세자로 책봉한 일, 그해 제1차 왕자의 난이 일어나고 정종이 즉위하자 아우인 태종(芳遠)을 세자로 책봉한 일, 태종 18년(1418) 세자인 讓寧大君의 계승권을 忠寧大君(世宗)으로 교체한 일 등이 그것이다. 이러한 사례들은 종법의 원리는 말할 것도 없고 일반의 상식으로도 납득할 수 없는 계승자 선발의 이변이라고 할 수 있다.

세조의 왕위 찬탈은 일종의 쿠데타에 의한 것이었으므로 애당초 宗統이나 正統性을 운위할 것도 없지만, 세조 3년(1457) 세조가 적장자(追尊 德宗)의 아들인 적장손(月山大君)을 제쳐 두고 차자였던 海陽大君(睿宗)을 세자로 책봉하여 왕위를 계승시킨 일이나, 예종이 즉위 1년 만에 죽은 후 이번에는 왕자인 예종의 아들들(仁城大君·齊安大君)을 제쳐두고 조카인 성종이 종통을 계승토록 한 일 등이 이러한 사정을 말해 주는 것이다. 더구나 성종에게는 친형인 월산대군이 있었음에도 불구하고 이러한 결정이 이루어졌던 것이다. 이는 당시의 정치적 상황이나 왕실 내부의 사정 및 왕자들의 자질 등을 고려하여 취했던 처사였겠지만, 종법의 원칙이나 예학적 관점으로 본다면 납득하기 어려운 일이었다. 그러나 어떠한 이유에서이건 정통성 시비나 전례 문제가 일어나지는 않았다.

조선 초기의 왕실 종통의 난맥상은 德宗追崇에서 현저히 나타나고 있다. 예종의 둘째 조카였던 성종은 1469년 즉위하여 예종의 후사로 입승하였다(그때 예종에게는 두 왕자가 있었다). 이 때문에 그는 예종에 대하여는 아버지라고 부르고 생부인 덕종은 '伯考'라고 칭하였다. 그러나 성종 2년(1471) 정월에 생부 추숭의 일환으로 덕종을 懿敬王이라고 추존하고, 그 夫人(昭惠王后)을 대비로 높였다. 방친에서 들어와 대통을 이은 왕은 私親을 추존할 수 없다는 것이 종법의 대원칙임을 당시의 대신이나 중신들도 알고 있었다. 그러나 그들은 이의 없이 즉시 덕종을 왕으로 추숭하였다. 또 3년 후인 성종 5년 12월에는 중국에 주청하여 추숭을 허가받았고, 다음해 4월에는 덕종의 신주를 종묘에 부묘하였다.[11] 종묘 부묘를 두고 약간의 논쟁이 있었으나, 정치적으로

11) 池斗煥,《朝鮮前期 儀禮硏究》(서울大 出版部, 1994), 119~125쪽.

나 학문적으로 별로 논란거리가 되지는 않았다. 훗날 인조의 생부인 원종의 추숭을 두고 온 조정이 10여 년에 걸쳐 분쟁을 일으켰던 일과 비교하면 격세지감을 느낄 수 있다. 원종추숭에 비하면 덕종의 추숭은 더욱 명분에 어긋난 일이었다. 그러나 당시에는 이 일이 별로 큰 논란을 일으키거나 정치적인 문제로 발전하지 않았다. 이는 세조비 貞熹王后와 韓明澮 등 강성한 훈척세력에 의해 추진되었던 일에 대하여 이의를 제기할 수 있는 세력이 없었던 것도 한 원인이었지만, 당시의 학풍과 학문의 수준으로 보아 이러한 문제가 본격적으로 논란될 만큼 사림의 명분의식이 철저하지 못하였고 예학적 이해도 성숙되지 않았기 때문이라고 할 수 있다.

(3) 인종의 문소전 부묘 논의와 공의전의 복제 논쟁

1506년의 中宗反正은 대다수 신민의 지지를 받았고 중종은 성종의 적자 신분으로 친부의 왕위를 入承하였으므로, 종법적으로도 별로 문제가 없는 것으로 간주되었다. 인종은 1544년 11월 중종의 적장자로 왕위를 계승하여 정상적인 사례가 되었으나, 즉위한 지 8개월 만에 죽었다. 인종에게는 아들이 없었으므로 동생인 慶原大君(明宗)이 12세의 어린 나이에 대통을 계승하게 되었다. 이러한 형제상속도 왕위계승의 변례로 인정되는 것이기는 하였으나 항상 갈등이 일어날 소지가 있었다. 중종 말기부터 인종의 외척인 尹任 일파(大尹)와 경원대군의 외척인 尹元衡 일파(小尹) 사이에 갈등과 암투가 시작되었고, 결국 1545년 명종의 즉위 직후 乙巳士禍라는 참혹한 정변이 발발하였다.

文定王后의 섭정으로 시작된 명종대의 정치는 그녀와 윤원형 일파에 의해 농단되었다. 인종은 삼년상이 지난 후 종묘에는 부묘되었으나, 왕실의 原廟인 文昭殿에는 부묘되지 못하고 德宗의 사당인 延恩殿에 붙여짐으로써 종통에서 그의 위치는 애매하게 되었다. 원묘는 대궐 안에 설치되어 있던 왕실의 사적인 家廟와 같은 것이었는데 인종이 여기서 배제되었다는 것은 종통과 관련하여 논의의 여지를 가지는 것이었다. 대간의 일부 관료들과 사림은 이 일을 부당한 것으로 비판하였으나 훈척세력에 의해 묵살되었다. 결국 인종은 윤원형 일파가 몰락하고 사림이 정치의 주도권을 장악한 후인 선조 2년(1569)에 가서야 논란 끝에 명종과 함께 문소전에 부묘될 수 있었다. 이렇게 하여 인종은 종통을 회복하였지만, 명종이 인종의 대통을 계승한 것인지 중종의 대통을 계승한 것인지는 명확하지 않았다.

명종 2년(1547)에 인종의 문소전 부묘가 문제로 되었던 것은 그렇게 할 경우 명종의 고조인 세조를 체천해야 하는 문제가 있었기 때문이다. 인종과 명종이 형제간이었기 때문에 이러한 일이 일어나게 된 것이다. 문소전은 태조의 유언에 의해 5실을 넘지 못하도록 하였기 때문에 태조와 현왕의 직계 4대조만 모시도록 되어 있었다. 고조인 세조를 체천하는 것도 어려운 일이었고 묘실을 더 늘리는 것도 어려운 일이었다. 이 때 대부분의 신하들은 세조를 체천하고 인종을 부묘할 것을 주장하였다. 그러나 윤원형 등이 세조가 공이 많고 인종은 즉위한 지 1년도 되지 않았다는 이유로 반대하여 결국 문소전에 부묘하지 못하고 별묘인 연은전에 모시게 되었던 것이다.12)

선조 2년(1569)에 명종의 삼년상이 끝나 신주를 종묘와 문소전에 부묘하게 되자, 李浚慶 등 사림계 관료들은 인종도 함께 문소전에 부묘할 것을 주장하였다. 그러나 문소전에는 묘실이 5실밖에 없었고 건물이 협소하여 1실을 더 올리기 어려웠다. 그러자 삼사에서는 인종과 명종이 부자관계의 의리가 있다고 하여 각기 1세대로 하고 세조와 예종을 함께 체천할 것을 주장하였다. 그러나 다수의 의견은 선조가 명종을 아버지로 하고 인종을 할아버지로 하는 것은 名實에 어긋나고, 또 예종은 선조의 고조에 해당하므로 체천하기 어렵다고 보았다. 결국 문소전을 개축하여 묘실을 증설하고 예종을 그대로 둔 채로 인종을 부묘하게 되었다.13)

인종과 명종의 형제상속으로 인한 문제는 여기에 그치지 않았다. 1567년 명종이 죽자 형수인 恭懿殿(仁聖王后 ; 인종의 비)이 입을 상복을 두고 복제 논쟁이 일어나게 되었다. 이것은 이황과 기대승 사이에 일어난 논쟁이었다. 이 때 이황은 왕이나 왕비는 방계의 친속을 위해 상복을 입지 않으므로, 형수와 시동생 관계인 공의전과 명종 사이에는 복이 없지만, 다만 명종은 동생으로서 왕위를 계승하였으므로 《家禮》의 규정에 따라 小功服을 적용하는 것이 합당할 것으로 헌의하였다. 이에 대하여 기대승은 형제간에 왕위를 계승하게

12) 池斗煥, 위의 책, 103~106쪽.

13) 李肯翊, 《燃藜室記述》 別集 권 1, 祀典典故 原廟.

되면 부자간의 의리가 생기게 되므로 상복도 부자간의 복으로 하여야 한다고 주장하였다. 이를 '繼體의 服'이라고 한다. 그러므로 공의전도 명종에 대하여 어머니가 長子를 위해 입는 복인 齋衰 3년복을 입어야 한다고 주장하였다. 이에 이황은 자신의 과오를 인정하고 기대승의 3년설에 승복하였다. 이것이 관례가 되어 선조 10년(1577) 공의전이 홍서하였을 때 선조도 재최 삼년복을 입었다.14)

(4) 공빈의 추숭 논란

선조의 후궁이었던 恭嬪 金氏는 광해군의 생모로서 광해군을 낳은 2년 후에 죽었다. 광해군 2년(1610) 2월 선조의 삼년상이 끝나고 신주를 종묘에 부묘할 때가 되자 광해군은 공빈을 왕후로 추존하기 위한 방안을 모색하였다. 광해군은 후궁 소생으로서 적자도 아니고 장자도 아니었기 때문에 세자 시절이나 왕으로 즉위한 초기에 명나라 황제의 고명을 받지 못하여 정통성 문제가 제기되는 등 고통을 겪은 적이 있었다. 따라서 생모를 정식 왕후로 추존하는 일은 그에게 매우 중요한 정치적 의미를 가지고 있었다.

그는 신하들을 시켜 경전적 근거와 고사를 상고한 결과 중국의 역대 왕조에서 황제의 생모를 추숭한 전례가 많다는 사실을 알았다. 이를 근거로 광해군은 예조에 공빈의 추숭전례를 논의하도록 하였다. 그러나 신하들은 후궁을 높여서 왕비의 지위로 올리는 것은 정통을 어지럽히고 명분을 문란시키는 것이라 하여 반대하였다. 공빈은 선조의 왕비였던 懿仁王后의 생시에 후궁의 신분으로 죽었으므로, 그를 추존하게 되면 정통의 왕후가 둘이 되어 "諸侯無二妻"란 예법에 위배되고, "妾을 올려 妻로 삼지 말라"는 《춘추》의 대의를 어기는 것이 되어 명분이 바르지 못하게 된다는 이유에서였다. 그러나 왕의 생모를 존숭하지 않을 수 없으므로 특별한 호칭을 올리고 제사를 융숭하게 하며 사당과 묘역을 성대하게 치장하여, 왕의 효성을 보이자고 건의하였다. 다만 정통과 명분의 문란은 불가하다고 주장하였다. 그러나 광해군은 생모를 추숭하려는 의지를 굽히지 않았다. 당시 영의정 李德馨 이하 여러 신하들은

14) 李肯翊, 《燃藜室記述》 別集 권 2, 祀典典故 服制.

이 추숭을 난처하게 여겼으나, 왕의 강요에 마지못하여 공빈을 王妃로 추존하고 別廟를 세워 제사할 것을 건의하였다.[15] 그러나 광해군은 공빈을 왕후로 추존하는 것은 물론 신주를 종묘에 부묘할 것까지 바라고 있었다.

이렇게 되자 예조와 삼사를 비롯한 조정 전체가 반대 의사를 개진하고 영의정 이덕형과 좌의정 李恒福은 사직상소를 올리면서 간쟁하였다. 신하들에게서 동의를 얻지 못하게 되자, 광해군은 그 해 3월에 독단으로 追崇都監을 설치하여 전례를 추진하라고 독촉하였다.[16] 그의 추숭 논리를 보면, 중국의 역대 제왕들 중에 후궁인 생모를 황후로 추존한 사례가 매우 많고, 신주를 종묘에만 모시지 않으면 혐의스러울 것이 없다는 것이었다. 이에 대해 신하들은 극력으로 다투었으나 소용이 없었다. 결국 그들은 이것이 국가의 안위나 치란에 관계가 없는 일이므로 너무 고집할 필요가 없다 하여 드디어 추숭에 동의하게 되었다. 그리하여 그 해 3월 말에 추숭도감을 설치하고 공빈을 恭聖王后로 추존하고, 別廟(奉慈殿)를 세워 신주를 안치하고 묘를 능으로 개봉하여 成陵이라 하였다.[17] 3개월 후 공빈의 신주를 별묘에 안치하자마자 광해군은 갑자기 신주를 종묘에 부묘하라고 명하였다. 이번에는 조정의 모든 신하들이 극력으로 반대하여 저지시키고자 하였다. 이 때문에 왕과 신하들은 한 달 이상을 다투다가 마침 명나라 사신이 서울에 오게 되자 광해군은 자신의 주장을 잠시 철회하게 되었다.

공빈의 종묘부묘는 3년 후에 鄭仁弘 등에 의해 다시 추진되었다. 정인홍은 이 일을 무난하게 처리하기 위해 명에 주청하여 공빈이 정식 왕후로 책봉받도록 건의하였다. 이에 광해군은 동왕 5년(1613) 명나라에 奏請使를 보내어 공성왕후(공빈)의 誥命과 冕服을 요청하여 허락을 받았다. 명의 책명은 광해군 7년 8월에 내려왔고 그 해 9월에 공성왕후의 신주를 종묘에 부묘하였다.[18]

공빈의 왕후 추숭은 의례적인 것에 지나지 않았지만, 논리적인 측면으로

15) 《光海君日記》 권 25, 광해군 2년 2월 을해.
16) 《光海君日記》 권 25, 광해군 2년 3월 계묘.
17) 《光海君日記》 권 25, 광해군 2년 3월 갑진・을미.
18) 《光海君日記》 권 95, 광해군 7년 9월 병술.

본다면 그것이 광해군의 종법적 정통성을 표방하는데 도움이 되는 일이었다. 그러나 이 추숭의례는 대다수 조신들과 유학자들에게 정통과 명분을 문란시킨 참람한 전례로 인식되었다. 그것은 광해군의 생모에 대한 개인적 효심과 자신의 종통상의 지위 향상을 위해 무리하게 추진된 것이었으나, 그 결과는 유교적 명분을 크게 훼손함으로써 왕의 권위와 주동자들의 도덕성에 큰 흠을 남기게 되었던 것이다.[19] 광해군의 생모 추숭은 곧 이어 인조의 생부 추숭에 전례가 되었다. 비록 경우와 성격이 다른 면은 있었지만 모두 당시의 公論으로부터 非禮라는 비판을 받았다. 이 시기에는《春秋》의 大一統 의리가 특별히 강조되던 때였고, 예학의 수준도 고도로 발달되어 있었으므로 왕실의 정통성에 관련된 이러한 비상조치들이 결코 묵과될 수 없었던 것이다.

(5) 원종(정원군) 추숭의 전례 논쟁

인조의 생부였던 정원군에 대한 추숭 논의는 인조 원년(1623) 5월 임금이 정원군의 사당에 제사할 때 축문의 頭辭에 쓸 칭호를 논의하는 과정에서 朴知誠에 의해 처음 제기되었다. 그러나 얼마 후 李适의 난이 일어나자 잠잠해지다가 인조 4년 왕의 생모였던 啓運宮 具氏의 상이 나자 복제 문제와 결부되어 크게 고조되었다. 그리고 인조 6년 계운궁의 탈상과 부묘 때부터 공식적인 정치 현안으로 발전하게 되었다. 이 때부터 왕실과 신료들, 그리고 공신계와 비공신계의 사대부들 사이에서 치열한 논쟁과 갈등이 야기되었고, 인조 8년 7월부터는 왕, 대신, 공신, 三司, 기타 관료들은 물론 재야 학자들과 성균관의 학생들 및 지방의 유생들까지 참여하는 대대적인 논쟁으로 발전하였다. 결국 3년여를 다툰 끝에, 인조 10년 5월 정원군과 계운궁을 각기 元宗大王과 仁獻王后로 추존하여 별도의 사당인 崇恩殿에 신주를 안치하였다. 그리고 이들의 신주를 종묘에 부묘하는 문제를 두고 또 다시 3년간 격론을 거쳐 인조 13년 3월에 종묘 부묘가 확정됨으로써 오랜 전례 논쟁이 끝나게 되었다.

이 논쟁의 핵심은 선조와 인조의 종통체계에서 광해군을 배제할 경우 야

---

19) 李迎春,《朝鮮後期 王位繼承의 正統性論爭 研究》(韓國精神文化研究院 博士學位論文, 1994), 110~114쪽.

기되는 '祖統直承'이라는 부자연스러운 문제를 해결하기 위한 것이었다. 결국 원종추숭이 이루어짐으로써 인조의 종통은 당초 왕과 박지계 등이 구상한 선조→원종→인조의 직선체계로 정리되었다. 정원군은 이전까지 왕실의 한 소종 지파로 간주되었으나, 추숭 후에는 대통의 한가운데로 들어오게 되었다. 이렇게 하여 분분했던 인조왕통의 종통체계는 일단 정리되었다. 그러나 당시 사림의 공론은 이를 예의 원리에 어긋난 부당한 전례라고 비판하게 되었다.[20]

이 논쟁의 발단은 반정 직후 인조가 생부 정원군의 사당에 告由하는 축문에서부터 시작되었다. 축문의 머리에 쓸 왕과 정원군의 칭호를 각기 어떻게 할 것인가가 문제로 되었던 것이다. 이 칭호 문제는 바로 인조와 정원군의 친속관계를 확정하는 기준이 되는 것이며, 그에 따라 인조의 종통체계가 결정되는 것이기도 하였다. 훗날의 추숭예론도 바로 이 칭호 문제에 초점이 맞춰지게 되었다. 이 칭호 논의에는 대체로 3가지 관점이 제기되었다. 첫째는 정원군과 인조의 칭호는 계승 관계를 그대로 인정하여 '皇考'와 '孝子'로 호칭함이 타당하다는 박지계 등의 '皇考孝子論'과, 인조가 대통에 入承한 까닭으로 정원군이 私親이 된 이상 '伯叔父'와 조카로 호칭해야 한다는 '伯叔父論', 그리고 계승 관계는 인정할 수 없지만 친속의 호칭은 버릴 수 없으므로 '皇'자와 '孝'자를 쓸 수 없다는 鄭經世·李廷龜 등 일반 관료들의 '稱考稱子論'이 그것이다. 많은 논란 끝에 절충적인 성격을 가진 '稱考稱子論'이 채택되었다.

비록 채택되지는 않았지만 이 논쟁의 핵심은 박지계와 김장생의 주장에 있었다. 박지계는 정원군과 인조 사이에 보편적인 부자의 친속관계를 부인할 수 없으며 선조와 인조의 종통에 정원군을 추존하여 입계시켜야 祖-父-子의 계승 관계가 자연스럽게 된다고 주장하였다. 그러나 김장생은 정원군은 이미 대통에서 분리되어 나간 소종지파에 불과하고, 인조는 그 소종을 떠나 선조의 대통에 입적하였으므로 정원군이 대종에 개입할 여지가 없다고 보았다. 이러한 견지에서 보면 선조와 인조는 의제적인 부자관계에 있으므로 정

20) 李迎春, 앞의 글(1990).

원군을 아버지로 부를 수 없다는 것이었다. 김장생의 논리는 당시 대부분의 관료·학자들에게 수용되어 추숭반대론의 논리적 기반이 되었다.

인조 4년(1626) 정월에 인조의 생모였던 계운궁이 죽자, 그 상례와 장례를 행하는 과정에서 다시 왕의 종통문제가 일어나 격론을 벌이게 되었다.[21] 신하들은 계운궁의 상례를 대원군부인의 지위에 맞추어 禮葬으로 할 것을 건의하였으나, 왕은 모든 예를 國葬에 준하여 시행할 것을 명하였다.[22] 이 때문에 왕과 신하들은 사사건건 충돌을 일으키게 되었는데, 이후 인조는 모든 儀物과 전례 절차에 신하들의 간쟁을 무시하고 왕후의 예를 적용하여 시행하였다.

그러나 보다 심각한 문제가 服制·主喪·反魂·虞祭 등의 전례에서 제기되기 시작하였다. 그 중에서 가장 근본적인 것이 복제와 주상 문제였는데, 실상 다른 모든 전례가 여기에 결부되어 있었다. 계운궁의 상에서 인조가 입어야 할 상복은 기본적으로는 인조와 정원군 사이의 친족관계에 의해 결정되는 것이며, 또 그 상복의 결정에따라 그들의 종통문제가 귀결되는 것이었다. 그런데 그 친족관계가 칭호 논의 때 확정되지 못하고 애매하게 남겨졌던 까닭에 이 때 이르러 대논쟁을 일으키게 되었다.

처음 복제를 의논할 때 조정의 대다수 중론은 왕이 이미 대통을 이었으므로 마땅히 降服하여 齋衰 不杖朞로 정할 것에 합의하였다. 그런데 인조는 자신이 정원군으로부터 出系한 일이 없고, 또 부모란 칭호를 그대로 쓰고 있으므로 재최 삼년복을 행하고자 하였다.[23] 이러한 왕의 주장에는 崔鳴吉과 李貴 등 일부 공신들이 가세하였고, 박지계가 뒤에서 이론적으로 후원하고 있었다. 이 두 설에 대해 일종의 절충론으로 제기된 것이 張維의 杖朞說이었다. 이는 인조가 원칙적으로 3년복을 입을 처지이기는 하나 종통에 눌려 한 등급 강등한다는 것이었다. 오랜 논쟁 끝에 결국 절충적인 장유의 장기설이 채택되었다.

---

21) 徐仁漢, 〈仁祖初 服制論議에 대한 小考－啓運宮具氏의 喪葬을 中心으로－〉(國民大 碩士學位論文, 1982).

22) 《仁祖實錄》 권 11, 인조 4년 정월 기미.

23) 《仁祖實錄》 권 11, 인조 4년 정월 무오.

인조 4년의 복제논쟁은 원종추숭의 당부에 대한 피차의 이론을 심화시키는 계기가 되어 인조 6년 계운궁의 부묘를 앞두고 본격적인 논쟁에 들어가게 되었다. 이후 왕과 신하들, 공신계와 비공신계 관원들 사이에 치열한 논쟁과 갈등이 일어나게 되었다. 인조 8년부터 조신들은 물론 성균관과 사학의 학생, 지방유생들까지 참여하는 대대적인 예론으로 발전하여, 3년 이상을 다툰 끝에 결국 추존이 결정되었다. 인조 10년 2월에 追崇都監을 설치하고 3월 9일에는 南別殿을 崇恩殿으로 개칭하여 정원군을 위한 別廟(禰廟)로 삼았다. 그리고 3월 11일에는 정원군의 존호를 '敬德仁憲靖穆章孝大王'으로, 계운궁의 존호를 '敬懿貞靖仁獻王后'라고 의정하고 정원군의 묘소인 興慶園을 章陵으로 개칭하였다. 또 4월에는 추숭 주청사를 명에 파견하고 5월에는 정원군에게 元宗이라는 廟號를 올리고, 27일에는 崇恩殿에 원종과 인헌왕후의 새 신주를 봉안하였다. 다음 해 4월에는 명나라 황제로부터 원종의 추숭 주청이 인가되어 '恭良'이라는 시호가 내려졌다. 이로써 원종추숭은 일단 성사되었다. 2년이 지난 후인 인조 12년 7월에는 최명길이 발의하여 종묘 부묘가 추진되었고, 조정의 관료들과 재야 사림의 반대에도 불구하고 반년이 지난 인조 13년 2월에 왕과 추숭론자들의 강행으로 원종 부부의 신주는 종묘에 부묘되었다.[24] 이로써 인조가 즉위한 직후에 추진하였던 원종추숭은 12년만에 완결되었다.

선조를 추존하는 일은 효도를 장려하려는 취지의 전례라고 할 수 있다. 인조의 추숭 의지는 신하들에게 효심의 발로로 간주되었고, 중국으로부터도 그렇게 인정을 받았다. 그러므로 그것이 비록 생부를 높이려는 사심에서 나왔다 하더라도 효성이란 명분 때문에 신하들이 끝내 반대할 수가 없었다.

이 논쟁에는 다양한 학문적 이론과 전거가 다 동원되었지만, 귀결의 과정은 결국 정치적으로 이루어졌다. 사림세력은 조야의 광범위한 공론을 무기로 저항하였고, 왕과 공신세력은 권력의 힘으로 그들을 누르고 추숭을 강행하였다. 이는 결국 왕실쪽의 승리로 귀결될 수밖에 없었다. 이것은 인조대가 사림의 공론이 지배하는 시대라고는 하지만 왕실의 전례 문제와 같은 일부 사

24) 《仁祖實錄》 권 31, 인조 13년 2월 계유.

안에 있어서는 역시 왕권과 훈척 중심의 근왕집단들이 정국을 주도하고 있었다는 증거이기도 하다. 반정공신 세력은 그들의 정치적인 입지를 확립하기 위하여 사림세력의 거센 저항에도 불구하고 무리한 방법으로 원종추숭을 관철하였던 것이다.[25)]

국가전례를 두고 일어난 예학적 논쟁은 곧잘 정치분쟁으로 발전하였다. 그리고 이러한 예학논쟁에서 전통적인 제왕례의 특수성에 대한 인식은 점차 퇴색하고, 16세기 이후 조선 양반사회에 풍미하게 된 《가례》의 보편성에 대한 강조가 왕실의 전례에도 점차 비중을 더하게 되었다. 박지계는 바로 이러한 예학 조류의 변동기에 《가례》의 보편성을 강조하는 새로운 경향을 촉진시킴으로써 조선 후기 예학사와 왕실의 전례에 대한 인식에 획기적인 계기를 만들어 놓았다고 하겠다. 원종추숭 논쟁은 당시 김장생과 박지계로 대표된 두 경향의 상이한 예학적 관점이 가장 큰 요인이었지만, 여기에는 또한 인조정권의 정통성 문제, 왕권과 신권, 공신계와 비공신계 사이의 정치적 갈등이 내재해 있기도 하였다. 또 이 전례의 논의 과정은 조선 중기 사림정치의 한 형태, 즉 예론이 정쟁으로 비화하면서 야기하는 온갖 정치적 양상과 전개 유형을 보여준다는 점에서 30여 년 후에 일어났던 복제예송의 한 선례가 될 것으로 보인다.

〈李迎春〉

2. 종법제의 보급과 가족제도의 변화

1) 종법제의 원리

宗法은 조선시대 가족제도의 근간이었으며, 가족 윤리를 기반으로 한 조선사회의 규범적 체제를 지탱시켜 준 중요한 원리의 하나였다. 특히 조선 후기

25) 李成茂, 〈17世紀의 禮論과 黨爭〉(《朝鮮後期 黨爭의 綜合的 檢討》, 韓國精神文化硏究院, 1991), 31~32쪽.

에는 개인이 개인으로 평가받기보다는 宗中이라고 하는 친족 집단의 일원으로서의 역할이 더욱 중요시 될 정도로 종법의 영향이 강하였다. 그러나 이제까지는 宗法制에 관한 연구가 미진했기 때문에 종법제의 시대적인 변화상이나 그것이 조선사회에 미친 실제적인 영향 정도 등이 아직도 충분히 밝혀지지 않은 상황이다.

그렇다면 과연 종법이란 무엇이며 그것은 어떠한 필요에 의해서 발생한 것인가. 종법은 유학이 발생하기 이전부터 가족간의 질서를 규정하고 그 질서가 부계 중심으로 이루어지도록 제도화한 것이었다. 종법은 적어도 周나라 초기에 이미 형성되어 있었던 것으로 추정되고 있는데 長子를 중심으로 가계를 계승하며 제사를 지내도록 하는 것을 골자로 하고 있다.

고대 종법의 원형을 알게 해 주는 제한된 자료 가운데《禮記》大傳의 다음 구절은 가장 대표적인 것이라고 할 수 있다.

> 別子가 祖가 되고, 별자를 계승하는 이가 宗(大宗)이 되며 아버지(禰)를 계승하는 이는 小宗이 된다. (따라서) 百世토록 옮기지 않는 종(대종)이 있고 五世가 되면 옮기는 종(소종)이 있다. 백세토록 옮기지 않는 종은 별자의 후손으로 별자의 출계한 자를 계승하여 종으로 삼아 백세토록 옮기지 않는 것이며, 高祖를 계승하여 종으로 삼는 경우는 5세가 되면 옮기는 것이다(《禮記》권16, 大傳 16).

이 내용을 설명하면 다음과 같다. ① 諸侯의 아들 중에 嫡長子를 제외한 아들을 별자라고 한다. ② 적장자는 제후의 뒤를 잇고 별자들은 각각 하나의 대종의 시조가 된다. ③ 그리고 그 시조의 적장자들은 시조를 잇는 자로서 대종이 되며, 이 경우에는 백세가 지나도록 그 廟를 옮기지 않게 되는 것이다. ④ 소종은 별자의 衆子로서 아버지를 잇는 宗이다. 아버지를 잇는다는 것은 직접 자기의 아버지를 시조로 한다는 뜻이다. ⑤ 즉 별자의 적장자는 별자를 계승하여 대종으로 되지만, 별자의 衆子는 대종에서 갈라져 나와 새로 하나의 종의 시조로 되고 그 적장자가 시조를 계승하여 소종을 이루는 것이다. ⑥ 소종은 아버지를 계승하는 자의 총칭이고, 반드시 별자의 중자의 자손에 한정되는 것은 아니다. 이것을 그림으로 표시하면 다음과 같다.

〈그림 1〉 종법도

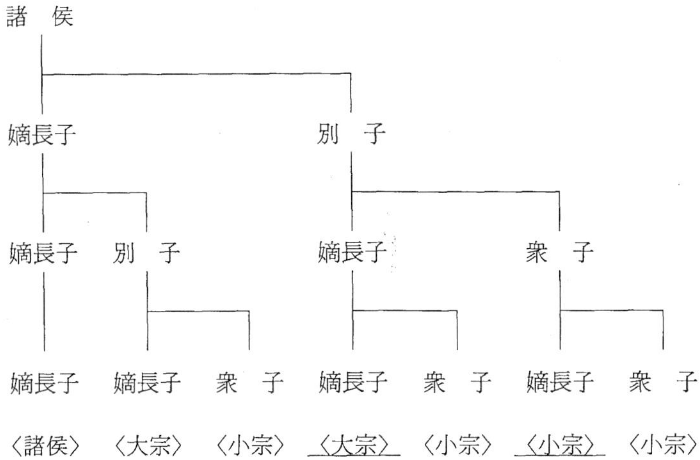

大宗은 제후의 별자를 시조로 하여 백세토록 옮기지 않는 종을 말하며, 小宗은 아버지를 계승하여 5세까지 제사하고 그 사이에 친족 관계를 이루는 것을 말한다. 따라서 周의 天子는 周王이면서 同姓 諸侯의 대종이었고, 제후는 제후국의 군주이면서도 주왕에 대해서는 소종이었고, 동족의 경대부에 대해서는 대종이었다. 그리고 경대부는 제후의 소종이었다. 조선시대로 말하면 大君 혹은 君들이 대종에 해당한다고 할 수 있다.

대종이라고 할 때 그 의미는 시조를 잇는 아들을 가리키는 경우가 있으며, 혹은 이러한 百世不遷의 친족 집단 전체를 뜻하기도 하는 반면, 소종은 본인을 포함하여 5세까지의 친족 집단을 말할 뿐이다. 이와 같이 설명을 해도 대종·소종에 대한 개략적인 내용만 파악될 뿐 보다 구체적인 종법의 실체는 규명하기 어려운 점이 있다. 그렇지만 그러한 제약 속에서도 종법을 정의한다면 그것은 강력한 長子相續의 친족체계라는 뜻에서 크게 벗어나지 않을 것이다.

《禮記》 喪服小記의 "庶子는 아버지 제사를 지낼 수 없으니 그 종을 분명히 하고자 하는 것이다"[1]라는 규정은 종법의 嫡長子相續主義를 뒷받침해 주는 대표적인 근거가 된다. 서자는 사당을 지을 수가 없으며 비록 관직이 높아졌다고 해도 좋은 제물을 마련할 수는 있지만 제사를 주관할 수는 없다는 것이다.[2] 이는 종법이 장자 위주로 실시되었음을 여실히 드러내 주고 있다. 그러므로 고대 종법의 특성을 정의한다면 바로 '장자 위주의 家系繼承과 그를 바탕으로 한 祭祀儀禮'라고 할 수 있다.

종법 관련 사료들을 통해 확인할 수 있는 사실은 종법이라고 하는 것이 누구에 의해 가계가 계승이 되어야 하는가 그리고 그렇게 계승된 가계는 어느 대까지 제사라는 형식을 통하여 유지·보존되어야 하는가를 거듭 설명한 것에 지나지 않는다. 대종·소종은 제사를 받아야 할 대상의 대수를 정한 것이며 종자는 그러한 제사를 주관할 자이다. '百世不遷', '五世則遷'이라고 하는 것도 백세가 지나도록 제사를 계속한다는 것, 혹은 5대가 지나면 더 이상 제사하지 않는다는 제사의 범위를 규정한 것에 지나지 않는다. 이와 같이 종법의 골자는 가계계승 원리와 그를 유지하기 위한 제사의례에 불과한 것이나, 그 주관자에 대한 명분을 세우는 과정에서 세분화되고 보다 복잡해지게 된다.

종법의 발생 원인에 대해서는 이제까지 고대의 종법에 관심을 가졌던 연구자들도 일치된 결론을 제시하지 못하고 있다. 이는 종법관계 자료가 지극히 제한되어 있기 때문이다. 고대의 종법관계를 구체적으로 나타내주는 자료는 두 세 가지에 불과한 실정이다. 따라서 종법의 기원에 관한 연구도 현재까지 周公創制說[3]을 비롯하여 周族固有貫習說,[4] 殷起源說[5] 등 몇 가지가 제기되어 있으며 아직 합의된 결론에 이르지 못하고 있다. 그리고 그 성격에 대해서는 씨족사회 내부로부터 진행된 계층분화가 殷代 이래 왕후 귀족의 봉건적 家父長 家族의 성립을 촉진시키고, 한편으로 소종적 집단을 사회 단위로 일반화시켜 거기에서 촌락공동체의 새로운 기초가 형성되도록 한 제도

1) 《禮記》 권 16, 大傳 16.
2) 위와 같음.
3) 徐復觀, 《周秦漢政治社會結構之硏究》(香港, 新亞硏究所, 1972).
4) 李春植, 〈西周 宗法封建制度의 기원문제〉(《동양사학연구》 26, 동양사학회, 1987).
5) 董作賓, 〈甲骨文斷代硏究例〉(《史語所集刊》 第一本 上冊, 1933).
胡厚宣, 〈殷代封建制度考〉(《甲骨學商史論》 初集 上, 1972).

적 장치라는 주장 등이 있다.[6]

이러한 논의들이 아직 정설로 확립된 것은 아니지만 그 여러 가지 설을 종합해 볼 때, 조상숭배와 제사, 그에 따른 가부장적 가족제도의 발달이 곧 종법 출현의 배경이라는 사실만큼은 확인할 수 있다. 이는 위에서 종법에 관한 기록을 통하여 종법의 특성을 추론해 본 것과도 일치한다. 즉 종법이 가계계승과 제사라는 문제에서부터 기원했고, 그것을 가장 중시했기 때문에 종법의 가부장적인 성격은 불가피하다고 판단되는 것이다.

그렇다면 이와 같은 종법은 고대인에게 있어서 어떤 의미를 지니는 것이었을까. 당시인들은 종법의 필요성에 대해 親親, 尊祖라는 친족간의 화목과 위계질서 그리고 宗廟·社稷의 위엄을 들고 있다.

> 어버이를 친히 하면 祖上을 존중하게 되고, 조상을 존중하면 宗을 공경하게 되며, 종을 공경하게 되면 친족을 거둘 수 있으니(친족이 흩어지지 않으니) 친족이 거두어지면 종묘가 엄격해지고 종묘가 엄격해지면 사직이 중해지며 사직이 중하면 백성을 사랑하게 된다. 백성을 사랑하게 되면 형벌이 균형 있게 되고, 형벌이 균형 있게 되면 백성이 편안해지며, 백성이 편안해지면 재용이 충족되고, 재용이 충족되면 백가지 뜻이 이루어지고, 백가지 뜻이 이루어지면 禮俗이 이루어지게 되며, 예속이 이루어지면 즐거울 수 있는 것이다(《禮記》 권16, 大傳 16).

이는 앞에서 인용한《禮記》宗法에 관한 규정 바로 다음에 나오는 기사로서 당시 종법의 효용성을 알게 해준다. 여기에 종법이라는 용어가 직접 나타나 있지는 않지만, '尊祖'와 '敬宗'은 바로 종법을 떠받치는 기본 정신이므로 이는 곧 종법의 필요성과 효용성을 서술한 것이라고 보아도 좋을 것이다.

이 예문에서는 어버이를 친히 하고 宗을 공경하는 종법을 잘 준용함으로써 집안과 국가, 나아가서는 천하가 예속에 이르게 될 수 있다고 강조하였다. 고대인들은 종법이란 사회의 유지·통합을 위해 없어서는 안될 예법이라고 인식했던 것이다. 종법은 한 집안의 가족질서이지만 이는 가족내의 위계

---

6) 宇都木章, 〈宗族制と邑制〉(《古代史講座》 6, 1962).
박연호, 〈조선전기 士大夫禮의 변화양상-「家禮」와 宗子法을 중심으로-〉(《淸溪史學》 7, 1990), 180쪽.

질서로 끝나는 것이 아니라 종묘와 사직을 바로 하는 기반이 되며 아울러 백성이 편안하게 살 수 있는 바탕이 된다고 하였다. 이러한 논리에 의하면 고대사회에 있어서 종법은 그야말로 모든 사회질서를 가능하게 하는 토대임을 알 수 있다. 종법이 발생할 당시 종법의 사회적 의미는 이와 같이 친족간의 화목과 질서에 의한 사회, 국가의 안정이라고 할 수 있다.

한정되어 있지만 종법관계 사료를 면밀히 고찰해보면 거듭 강조되고 있는 것이 있다. 그것은 庶子가 제사를 지낼 수 없다는 것과 존조·경종의 의리를 중시하는 것이다. 서자가 제사를 지낼 수 없다는 사실은 앞의《禮記》大傳의 기사를 통하여 확인한 바 있다. 그런데 이는 같은 책의 曲禮편에서도 강조되고 있다. "支子는 제사를 지낼 수 없으며 제사를 지내고자 한다면 반드시 그 宗子에게 고하여야 한다"[7]는 것이 바로 그것이다. 이에 대한 주자의 주에는 지자의 지위가 낮기 때문에 제사를 지낼 수 없으며, 만일 종자가 병이 나서 제사를 지낼 수 없는 경우 대신 행할 수는 있지만 반드시 종자에게 알리고 행해야 하는 것이라고 설명하고 있다. 나아가 종자는 위로 할아버지와 아버지를 잇기 때문에 族人들이나 형제 등은 모두 그를 받들어야 한다고 하였다.[8]

물론 이것은 주자나 송대의 다른 학자들의 해석이지만, 전적으로 새로운 해석이 아니며, 또한 古經에서 이미 강하게 의도되었던 장자 존중의 의식과 그 이유를 보다 정확하게 표현한 것이라고 할 수 있다. 종법은 곧 하나의 질서라고 할 수 있는데, 그 중에 가장 핵심인 제사를 아무나 지낼 수 있게 한다면 종법질서 자체가 흔들리게 되는 것은 당연한 결과이다. 그러므로 종자와 지자의 지위를 구별하고 종자에게는 침범할 수 없는 권위를 부여하여 가족질서 나아가 사회질서를 유지하고자 한 것이다.

이러한 이유에서 종법은 부계적, 부권적인 성격을 강하게 드러낼 수밖에 없었다.[9] 모든 계승은 아들에 의해 이루어지며, 또 존조·경종한다는 것은 바로 부계의 질서를 수용하여 존중하는 것이며 부의 권위를 인정해 주는 것

7)《禮記》권 2, 曲禮 下 2.

8) 위와 같음.

9) 李迎春,《朝鮮後期 王位繼承의 正統性論爭 硏究》(韓國精神文化硏究院 博士學位論文, 1994).

이므로 종법이 강력한 가부장적인 요소를 갖게 되는 것은 자연스러운 일이라고 할 것이다. 중국의 경우에는 이와 같이 강력한 부계적인 혈연관계와 그에 의한 가부장권이 일찍이 형성되어 보급된 것을 볼 수 있다. 이는 중국 고대 종법의 가장 큰 특징이라고 할 수 있다.

2) 종법과 가족제

고대 중국 왕실의 가족제도에서부터 발전한 종법은 조선의 士大夫家에서 가통을 유지하는 원리로 수용되어 적장자를 그 집안의 중심으로 하는 강력한 부계적인 가족질서를 정립해 나아가게 되었다. 조선사회에서 종법이 그처럼 강력한 힘을 발휘하게 된 것은 당시의 위정자들이 사회의 禮俗化를 이상으로 삼았으며, 그 예속화는 가문의 종통을 중시하는 가족윤리의 공고화와 그러한 윤리의식의 사회적 확산을 통해 실행될 수 있다고 믿었기 때문이었다. 그와 같은 연유에서 조선의 사대부가에 파급되기 시작한 종법은 婚禮・祭禮・喪禮 등 예제의 모든 부문에서 적장자 위주의 새로운 질서를 구축하게 되었다. 그 과정에서 이전의 양계적인 친족제도의 전통은 점차 소멸되어 갔으며 자연히 母族・妻族 등의 친족내에서의 위상이 격하될 수밖에 없었다.

물론 조선 초기부터 종법제도가 조선의 가족질서에 절대적인 영향력을 미친 것은 아니다. 사회관습이나 예속은 국가정책 혹은 법률과는 달리 변화에 대한 저항이 강하고 따라서 그 변화의 속도가 매우 완만하기 때문이다. 가족질서는 대표적인 사회관습으로서 정책적으로 제시되는 이상적인 제도와 현실 사이에는 괴리가 많을 수밖에 없었다. 따라서 조선에서는 초기부터 종법에 의한 부계적인 가족질서를 이상으로 하였지만 실제 새로운 가족질서가 정착되는 것은 조선 중기인 17세기를 지나서야 비로소 가능하였다. 즉 조선에서 16세기 이후 사람파가 등장하여 성리학적인 윤리관을 몸소 실천하고 널리 일반화시킴으로써 그에 상응하는 성리학적인, 더 구체적으로 종법적인 가족질서가 정착될 수 있는 여건이 마련되었던 것이다.

그러므로 조선 중기는 조선의 가족제도의 변화과정에서 매우 중요한 시기라고 할 수 있다. 전래의 가족제도가 서서히 변화하고 조선 초기부터 국가적으로 권장하던 종법적인 가족제도 혹은 예제들이 시행되기 시작했기 때문이다. 그 변화과정은 가묘의 보급를 통한 가부장권의 강화, 男歸女家婚의 쇠퇴, 양자제(입후)의 보편화 등을 통하여 구체적으로 살펴볼 수 있다.

조선은 건국 직후부터 종법의 확산을 위한 방편으로 가묘의 보급에 적극성을 띠게 된다. 조선에서 종법에 대한 직접적인 논의가 일어난 것은 태종대 이후지만, 종법에 기초한 家廟를 보급하는 노력은 태조의 즉위 직후부터 시작되었다. 태조 즉위년(1392) 裵克廉·趙浚 등이 올린 시무에 관한 상소를 보면 "가묘를 세워서 先代를 제사하라"는 항목이 있다.[10] 가묘라고 하는 것은 바로 祠堂을 말하는데 그 기능은 존조·경종을 목적으로 제사를 지내는 것이다. 종법의 핵심되는 내용이 가계계승과 제사라는 사실을 상기한다면 가묘를 설립하려는 것은 곧 종법을 실행하고자 하는 것이다.

태종이 즉위한 후 대사헌 李至 등이 몇 가지 시무책을 올렸는데, 家廟法은 그 중에 가장 먼저 언급되었다.[11] 이 때의 가묘 설립 권장책은 태조 때보다 구체적이었다. 우선 가묘법은 엄하지 않을 수가 없으니 그것은 효를 다하기 위한 것이라고 했고, 그런데 그것이 실행되지 못하는 것은 바로 불교에 심취한 당시인의 의식에서 비롯된다고 하였다. 그러므로 사대부 집안에서 먼저 행하도록 하면 그 밖의 사람들도 곧 따라 행하게 될 것이라고 하였다. 만일 도성 안에서 집이 좁아 가묘를 설치하기 어려우면 궤짝을 마련하여 神主를 보관하고 깨끗한 방에 모셔두며, 지방에서는 관아의 동쪽에 임시로 사당을 설치하여, 수령된 자가 嫡長이면 신주를 받들어 임지로 가고 적장이 아니면 현의 사당에 紙牌를 사용하여 예를 행하도록 한다는 것이다. 그리고 서울이든 지방이든 사당 제사를 주관하는 자는 새벽마다 분향 재배하고 출입시 보고하는 등 모든 祭儀를 일체 《朱子家禮》에 따라 하도록 권장하고 있다.[12] 그러나 태종 6년(1406)까지도 당시 가묘를 세운 사람은 백에 하나 둘도 안된다고 할 만큼 가묘의 보급은 용이하지 않았다.[13]

---

10) 《太祖實錄》 권 2, 태조 즉위년 9월 임인.
11) 《太宗實錄》 권 2, 태종 원년 12월 기미.
12) 위와 같음.

가묘의 법이 어느 정도 보급되는 것은 세조~성종년간에 이르러서이다. 성종 4년(1473) 정월 사헌부에서는 護軍 金季孫 등 40인이 가묘를 세우지 않았다고 하여 죄를 줄 것을 청하고 있다.[14] 이 때의 경우 호군이라고 하면 정4품이기는 하지만 무관직으로 그 지위가 높은 편은 아닌데도, 이들에게 가묘 설립을 적극 요구하고 있다는 것은 어느 정도 가묘 설립이 정착되어 가고 있음을 보여 주는 것이다.

그러나 가묘의 보급이 보다 확고하게 자리잡게 되는 것은 역시 조선 중기 이후라고 할 수 있다. 중종 13년(1518)까지도 사대부가는 제사를 지내기는 하지만 집집마다 예가 달라서 통일된 禮書가 필요할 만큼 가묘의 보급이 쉽지는 않았던 것이다.[15] 이에 대해 李濟臣은 정몽주 때부터 가묘를 세우기 시작하였지만 그 보급은 쉽지 않았으며, 후에 조광조 등이 세상의 도를 다시 바로 하고 나서야 비로소 가묘를 세우지 않은 사람이 없게 되었다고 말하였다.[16] 결국 가묘의 보급은 국가에 의해 건국 직후부터 끊임없이 장려되었지만 실제로 그것이 일반화되어 사대부 가정에서 제사를 규칙적으로 지내게 되는 것은 조선 중기에 이르러 가능했다는 사실을 확인할 수 있다. 그리고 가묘가 곧 종법의 실현장소라고 할 때 종법이 일반화되는 것도 역시 조선 중기에 이르러 비로소 가능하게 되었음을 알 수 있다. 이는 역시 16세기 이후 사림의 진출과 그에 따른 유교윤리의 보편화 과정과 무관할 수 없는 것이다.

이러한 일련의 과정은 혼인제도의 변화에 있어서도 유사한 형태를 나타낸다. 조선 초기까지의 혼인제도는 남귀여가혼이었다.[17] 남귀여가혼이란 말 뜻 그대로 혼인 후에 남자가 여자 집으로 들어가 머물면서 생활하는 것을 말한

---

13) 《太宗實錄》 권 11, 태종 6년 6월 정묘.
14) 《成宗實錄》 권 26, 성종 4년 정월 갑진.
15) 《增補文獻備考》 권 86, 禮考 33, 私祭禮.
16) 위와 같음.
17) 孫晋泰, 〈朝鮮 婚姻의 주요형태인 率婿婚俗考〉(《朝鮮民族文化研究》, 乙酉文化社, 1948).
金一美, 〈朝鮮의 婚俗 변천과 그 사회적 성격〉(《梨花史學研究》 4, 1969).
이순구, 《조선초기 종법의 수용과 여성지위의 변화》(韓國精神文化研究院 博士學位論文, 1995).

다.[18] 이는 부계 위주의 종법사상과는 처음부터 조화되기 어려운 제도였다. 그러므로 조선 초기에 이를 변화시켜야 한다는 주장과 또한 현실 상황을 감안하여 조속히 변화시켜서는 안된다는 주장이 서로 대립하여 논란을 일으켰다.

물론 이 때에 변화시켜야 한다는 주장의 근거가 바로 종법이었다. 조선 초기 한 관료는 "중국의 예의가 비롯되는 것은 바로 혼인의 예입니다. 陰이 陽을 좇아 여자가 남자의 집으로 가서 아들과 손자를 낳아 內家에서 자라게 하니 本宗의 중함을 알게 되고 아버지가 良人이면 모두 양인이 됩니다. 그러나 우리 동방은 典章文物을 모두 중국을 본받으면서 오직 혼인례는 굳이 옛 습속을 따라 양이 음을 좇아 남자가 여자집으로 가서 아들과 손자를 낳고 外家에서 자라게 하니 사람들이 본종이 중한 줄을 알지 못하고 어머니가 천하면 모두 천해집니다"[19]라고 주장하면서 남귀여가혼의 부당성을 지적하였다. 여기에서 '본종의 중요성을 안다'고 할 때 본종은 부계 위주의 가계를 의미하며 곧 종법사상에서 나온 용어라고 할 수 있다. 이를 통해 본다면 남귀여가혼을 금지하는 근거가 바로 종법사상에 있음을 알 수 있는 것이다.

이러한 종법사상을 배경으로 남귀여가혼이 親迎制度로 바뀌어야 한다는 인식이 점차 강하게 대두되었다. 친영제도란 남자가 여자집으로 가서 여자를 맞이하여 자신의 집으로 와서 혼례를 올리고 생활하는 혼인제도를 말한다. 이는 음이 양을 좇는 부계 위주의 혼인으로 종법의식에 부합하는 형태였다고 할 수 있다. 그러나 혼속이 이러한 친영의 형태로 바뀌는 데는 오랜 기간이 소요되었다. 예속은 정치나 제도와는 달리 그 변화가 용이하지 않기 때문이다.

세종 17년(1435) 왕실에서는 하나의 모범을 보이기 위해 坡原君 尹坪과 淑愼翁主와의 혼인을 친영의식으로 거행하게 하였는데, 이것이 우리 나라에서의 친영의 시작이라고 한다.[20] 그러나 이렇게 왕실에서 모범을 보이고 일반

18) 男歸女家婚은 학계에서 壻留婦家婚으로도 불린다. 그런데 이는 주로 후대의 학자들이 '사위가 처가에 머물러 산다'는 의미를 강조하여 만든 용어이다. 여기에서는 조선 초기 당시의 표현을 중시하여 남귀여가혼으로 통일하여 쓰고자 한다.

19) 《太宗實錄》 권 27, 태종 14년 정월 기묘.

20) 《世宗實錄》 권 67, 세종 17년 3월 병자.

사대부들에게 친영례의 실시를 적극 권장하였지만 친영례는 조선 중기에 이르기까지도 쉽게 일반화되지 못하였다.

중종 11년(1516) 2월 領事 金應箕는 친영례가 지극히 아름다운 것은 인정하지만 세종대에 왕실에서 모범을 보여 아래에서 따르도록 해도 효용이 없었고, 성종대에서도 시행되지 못하였으니 이는 인정이나 토속에 맞지 않아서 그런 것이므로 시행이 거의 불가능하다고 주장하였다.[21] 이에 중종은 친영례를 행하기 위해서는 사법기관으로 하여금 규찰하게 하는 의견까지 제시하였다.[22] 그리고 2년 후 유학인 金致雲이 사서인으로서는 처음으로 친영례의 모범을 보였다.[23] 그러나 아직도 친영은 국가적으로 주도되는 하나의 예식의 차원에 머물러 있었고 실제 행해지는 혼례가 되지는 못하였다.

친영제도가 정착되기 시작한 것은 명종대에 이르러서인데, 그것은 半親迎이라는 절충적인 성격의 혼례방식이었다. 반친영이란 혼례는 여전히 여자집에서 치르지만 혼례 후 곧 남자집으로 가 시부모를 뵙는 의식을 치르는 것이다. 이 때에 시부모에 대한 인사를 마치고 나서 다시 여자집으로 돌아가 생활하는 것인지 아니면 남자집에서 곧바로 생활하게 되는 것인지에 대해서는 이견이 있다.[24] 이와 같이 반친영이라는 다소 궁색한 방법이 모색되기도 하였지만 명종대를 지나 17세기 경에 이르면 친영제가 어느 정도 보급되게 된다.

17세기 이후에는 국가적으로 남귀여가혼을 문제삼는 경우는 거의 나타나지 않게 되었다. 물론 아직도 남귀여가혼의 잔영이 남아 있어 사위가 처가에 머물거나 혹은 자손이 외가에서 성장하는 사례를 볼 수 없는 것은 아니지만, 친영이라는 문제를 국가적인 차원에서 권장하고자 거론하는 경우는 거의 찾아볼 수 없게 된 것이다. 조선 후기에는 혼인과 관련하여서는 시집살이의 어려움을 언급한 기록이 보편적으로 더 많이 나타나고 있다. 그것은 그만큼 혼인에 있어서 친영제가 상당히 일반화되었다는 사실을 반증하는 것이다. 이러

21) 《中宗實錄》 권 24, 중종 11년 2월 정사.
22) 《中宗實錄》 권 24, 중종 11년 2월 신미.
23) 《增補文獻備考》 권 89, 禮考 36, 私婚禮.
24) 장병인, 〈조선전기 혼인의례와 혼인에 대한 규제〉(《조선전기 혼인제와 성차별》, 일지사, 1997), 145~146쪽.

한 혼인제도의 변천과정이 가부장 중심의 가족질서를 확립하여, 그 토대 위에서 국가기강을 확고히 하고자 하는 종법의식에 의해 이루어진 것임은 재론의 여지가 없다.

종법이 가족제도에 미친 영향을 확인할 수 있는 또다른 기제는 立後(養子)의 문제이다. 조선의 건국공신이었던 裵克廉의 경우 그가 죽었을 때 아들이 없어서 누이의 외손이 그 상례를 주관하였다고 할 정도로[25] 조선 초기에는 양자가 반드시 필요한 것이라는 관념이 희박하였다. 비록 봉사할 아들이 없더라도 女孫이 있으면 어느 누구도 다른 사람의 자식을 후사로 삼지 않는 것이[26] 조선 초기 당시의 관습이었다.

종법이 일반화되기 전에는 제사는 지내되, 그것이 반드시 가계계승과 일치해야 한다는 의식이 없었다. 아들이 없으면 딸이나 외손에 의해 제사지내는 것이 어렵지 않게 이루어졌다. 이는 종법의 핵심인 제사는 수용하였지만 그에 따른 가계계승이 반드시 부계적으로, 즉 아들에 의해서만 이루어져야 한다는 의식이 확고하지 않은 데에서 기인한 것이다. 그러던 것이 종법이 어느 정도 보급되는 16, 17세기에 이르면 제사는 반드시 아들에 의해 받들어져야 한다는 의식이 일반화되게 되었다. 말하자면 제사와 그를 위한 가계계승이 하나의 연결고리를 가지고 행해지기 시작한 것이다. 이제 제사와 가계계승을 온전히 하기 위해서는 아들이 없을 경우 입후를 하는 것이 당연한 사실로 인식되어졌다.

따라서 조선 중기에 이르면 입후 자체보다는 입후와 관련한 제반 사항이 문제가 될 만큼 입후가 보편화되었다. 가령 첩자가 있어도 입후를 할 것인가 혹은 장자가 아들없이 죽었을 때 그 동생이 승중하는 문제(이른바 兄亡弟及) 또 입후한 후에 새로 아들을 낳았을 때 입후를 파할 것인가 하는 등의 여러 가지 문제가 더 실제적인 과제들로 대두되었다.

古禮에서는 입후가 大宗에게만 적용되는 것이며 그것도 본래 嫡子나 庶子가 모두 없을 때에만 同宗之子를 입후하도록 되어 있다. 《經國大典》에서도 嫡長子나 衆子에게 아들이 없으면 妾子가 봉사할 수 있도록 하고 있다.[27] 그

25) 《太祖實錄》 권 2, 태조 원년 12월 무신.
26) 《世宗實錄》 권 97, 세종 24년 8월 신축.

러나 조선 초기 종법이 도입되는 시기부터 妾子奉祀를 기피하는 현상이 나타나 일반 小宗의 경우에도 입후를 하는 경향이 점차 강해졌다. 태종대 이후 有妻娶妻를 금지하고 그에 따라 《경국대전》에 서얼이 과거에 나갈 수 없는 법이 정착되자[28] 누구든지 서자가 있더라도 입후를 하려고 하였다.

조선 초기 조정에서는 無後의 조건이 적자와 첩자 모두가 없는 경우를 가리키는 것이냐 아니면 적자만 없는 것을 의미하느냐를 둘러싸고 논쟁이 벌어진 적이 있는데,[29] 결국 적서차별을 강조하는 쪽의 주장이 받아들여졌다. 그리고 첩자만 둔 적장자로서 그 아들에게 제사를 받고 싶으면 첩자와 함께 따로 떨어져 나와 一支를 이루도록 하였다.[30] 이는 종법의 원칙에서 근거를 찾기 어려우며 중국의 법제에 비해서도 지나친 것이었지만, 조선에서는 보편적인 원리로 자리잡아 갔다.[31]

병자호란 직후 서울의 대표적인 양반가인 南以雄 집안의 경우를 보면 서자가 집안 내에서 아들로서의 역할은 충실히 하지만 가계계승은 결국 동종지자에 의한 입후로 하고 있는 실례를 볼 수 있다. 당시 이 집안에서는 적자와 며느리가 모두 죽고 없는 상황이었는데, 남이웅은 조카인 斗正(둘째형 以俊의 아들)의 아들 重召를 자신의 아들의 양자로 삼고 있는 것을 볼 수 있다.[32] 아마도 이것이 조선 중기 이후 양반가의 보편적인 가계계승 형태라고 할 수 있을 것이다. 이는 첩자로 봉사하는 것은 가문의 지위를 떨어뜨리는 것이라는 의식이 일반화되었기 때문이다.

물론 조선 후기까지도 입후보다는 첩자봉사가 더 타당하다고 주장하는 학자들이 없었던 것은 아니다. 宋時烈은 《경국대전》 입후조에 적·첩 모두에게 아들이 없는 경우에만 입후를 허용하도록 되어 있으므로 이에 근거하여 첩자가 봉사하는 것이 당연하다고 하였다.[33] 그러나 현실에서는 성리학적인 명

---

27) 《經國大典》 권 3, 禮典 奉祀.
28) 《經國大典》 권 3, 禮典 諸科.
29) 《成宗實錄》 권 35, 성종 4년 10월 기미.
30) 《經國大典》 권 3, 禮典 奉祀.
31) 박연호, 앞의 글, 189쪽.
32) 이순구, 〈조선후기 양반가 여성의 일상생활 일례 I〉(《朝鮮時代의 社會와 思想》, 朝鮮社會硏究會, 1998).
33) 《家禮增解》 권 1, 通禮 祠堂 '爲四龕以奉先世神主'의 註, '非嫡長子則不敢祭其父'

분론의 고착화와 함께 입후를 선호하는 경향이 지배적이어서 첩자봉사를 행하는 경우는 거의 찾아볼 수 없게 되었다. 이러한 엄격한 적서차별관념은 앞에서도 말했듯이 반드시 종법의 원칙과 일치하는 것이 아니었으나 당시의 각 가문에는 그것이 종법적인 원칙에 더 부합하는 것이라고 생각하였다.

입후와 관련하여 또하나 주목되는 것은 兄亡弟及의 문제이다. 형망제급이란 적장자가 아들없이 죽었을 때 입후하지 않고 그 동생이 승중하는 것을 말한다. 《경국대전》에는 "만약 적장자가 자손이 없으면 중자가, 중자도 자손이 없으면 妾子가 제사를 받든다"[34]라는 규정이 있으므로 형이 죽고 없을 때 동생이 승중하는 것은 매우 자연스러운 일이었다. 金長生이 장자가 아들없이 죽자 차자인 金集으로 하여금 승중하게 하고 김집은 후에 또 아들이 없자 동생 金槃에게 가계를 계승하도록 한 것은 대표적인 형망제급의 형태라고 할 수 있다.[35]

말하자면 형망제급은 종법의 제사원칙에 배치되는 것이 아니었다. 程子는 "곁가지가 자라서 본줄기가 될 수도 있다"[36]라고 하여 오히려 형망제급이 가능함을 시사하고 있다. 그럼에도 불구하고 조선에서는 중기 이후 형망제급의 사례는 거의 찾아볼 수 없게 되었다. 장자가 혼인하지 않은 채 아주 어려서 죽은 경우를 제외하고는 대개 장자에게 同宗之子를 입후하는 것이 관례화한 것이다. 이는 조선 종법의 매우 독특한 특성이라고 할 수 있다.

이에 대해서는 혈통보다 종통계승을 중시하는 적계주의 정통론이 일반화되었기 때문이라거나,[37] 혹은 조선의 예제가 의리론적으로 변하여 명분을 중시하게 되었기 때문이라고 한 견해가 있다.[38] 그런데 그것과 더불어 입후의 강화에 대해서는 冢婦權의 문제를 고려하지 않을 수 없다.

총부란 맏며느리를 말하는데, 중요한 것은 남편이 아들없이 죽었을 때 이 총부가 입후 문제에 상당한 영향력을 행사했다는 점이다. 가령 제사와 가계

에 관한 해석.

34) 《經國大典》 권 3, 禮典 奉祀.

35) 《增補文獻備考》 권 86, 禮考 33, 立後.

36) 《家禮增解》 권 1, 通禮, 祠堂, '爲四龕以奉先世神主'의 註, '立宗子法'에 대한 해석.

37) 池斗煥, 《朝鮮前期 儀禮硏究》(서울大 出版部, 1994), 18쪽.

38) 박연호, 앞의 글, 191쪽.

계승권이 차자에게로 옮겨간다면 총부는 종가로부터 소외되어 모든 권한을 상실하고 경제적으로도 곤란한 처지에 놓이게 된다. 그러므로 총부는 자신의 입지를 위해서 당연히 입후를 원하였다. 이러한 총부의 의지는 국가로부터도 보장받는 측면이 있었다. 명종 9년(1554) 조정에서는 "우리 나라의 제사관습이 중국과 달라서 남편이 죽고 아들도 없는 며느리라도 종가에 들어가 살면서 그 선대를 제사하는 것이 유래가 오래 되었으니 총부의 제사권을 인정하지 않을 수 없다"[39]라는 논의가 있었는데, 이는 전통적으로 우리 나라에서 총부의 권한이 강하고 또 국가가 그것을 인정하고 있다는 것을 보여준다.

이러한 총부권을 바탕으로 총부는 스스로 제사를 담당하다가 어느 정도의 시점이 지나면 입후를 들이게 된다. 이 때에 총부의 의사가 절대적임은 물론이다. 대개 총부는 입후는 하되 자신의 권한을 보다 확고히 하기 위하여 입후될 아들을 가능하면 촌수가 먼 친척에서 구하려고 하였다.[40] 만약 남편 친동생의 아들로 입후를 한다면 비록 형망제급과 같지는 않더라도 동생의 권한이 은연중에 총부 자신에게 위협이 될 수도 있기 때문이다.

앞에서 언급한 대로 입후가 강화된 것이 적계주의 정통론의 일반화 혹은 조선 예제의 의리론화와 관련이 없는 것은 아니다. 그러나 실생활에서 자신의 경제적 생존권과 관련하여 입후를 가장 절실히 원했던 것은 총부였으므로, 결과적으로 총부권이 입후의 강화에 보다 직접적으로 영향을 미치지 않았나 생각되는 것이다. 그러나 총부권은 조선 중기 입후 강화의 단초를 열어주었지만, 조선 후기로 가면서 가문의 역할이 증대되자 그 권한이 많이 축소되게 된다. 말하자면 총부권은 종법의 확산 과정에서 과도기적인 역할을 했다고 할 수 있을 것이다.

입후와 관련하여 또하나 주목되는 점은 입후 후 아들이 생겼을 때의 문제이다. 일반적으로 생각할 때 입후를 하여 양자가 있더라도 후에 친자가 생겼다면 가계계승은 친자를 통하여 하고 싶은 것이 사람의 솔직한 심정일 것이다. 실제 사회관습에서도 친자가 생기면 친자로 하여금 제사를 주관하게 하는 것이 적지 않았던 것으로 보인다.[41]

---

39) 《明宗實錄》 권 17, 명종 9년 9월 을축.

40) 이순구, 〈조선중기 총부권과 입후의 강화〉(《고문서연구》 9·10, 1996), 272쪽.

그러나 조선 중기 이후 종법이 보다 강하게 영향을 미치게 되자 일단 입후를 한 경우에는 후에 친자가 생겼더라도 그대로 입후를 파하지 않고 승중하게 하는 것이 점차 일반화되었다. 그것은 입후를 하면 부자의 관계가 정해지고 곧 天倫의 질서가 생기는 것이므로 그 관계를 바꿀 수 없기 때문이라고 하였다.[42] 조선 중기 이후 종법의식의 강화를 바탕으로 하여 이러한 입후관행은 하나의 법령으로 자리잡게 된 것이다.

이상과 같이 조선 중기 이후에는 가족제도가 종법의 영향으로 부계중심적인 형태를 띠게 되었다. 가묘 설립을 통해 제사의식이 확고해지고 또 친영제가 정착되기 시작했으며, 그와 함께 입후를 선호하는 경향이 보다 강해진 것이 그러한 사실을 말해준다. 즉 조선 중기는 조선의 가족제도에 있어서 커다란 변화의 시기라고 할 수 있다. 고유한 가족제도의 양계적인 특성이 종법의 부계적인 가족제도로 변화되어 가는 모습을 구체적으로 볼 수 있기 때문이다.

3) 제사와 상속

조선 중기 이후 나타난 조선 제사상의 가장 큰 특징은 四代奉祀가 일반화되고 外孫奉祀나 輪廻奉祀가 점차 사라지게 된다는 점이다. 《경국대전》에는 "문무관 6품 이상은 부모, 조부모, 증조부모의 삼대를 제사하고 7품 이하는 2대를 제사하며 서인은 단지 죽은 부모만을 제사한다"[43]라고 명시하고 있다. 그러나 조선의 제사관행은 이 규정대로 지켜지지 않았다.

조선 초기 이 문제에 대한 논란이 있었다. 세종 10년(1428) 당시 품계에 따라 봉사대수를 제한하자는 의견과 4대까지는 모두 제사할 수 있게 하자는 의견이 대립하였다.[44] 제사를 제한하자는 쪽은 조선의 元典을 따르려는 것이고 4대봉사를 주장하는 사람들은 중국의 제도, 그 중에서도 《朱子家禮》의 예법을 따르고자 한 것이었다. 제한론자들은 태조·태종 때에 이미 봉사대수가

41) 《增補文獻備考》 권 86, 禮考 33, 立後.
42) 위와 같음.
43) 《經國大典》 권 3, 禮典 奉祀.
44) 《世宗實錄》 권 41, 세종 10년 9월 계해.

제한되어 원전에 실렸으므로 이를 중시하자는 것이었다. 또한 예라고 하는 것은 본래 차등이 있는 것이며 만일 서인들에게 사대를 봉사하게 한다고 할 때 그들이 과연 그것을 실행할 수 있겠느냐고 하였다.

이에 대하여 4대봉사를 원하는 쪽에서는 《주자가례》의 '四龕'을 근거로 하고 또 부자간의 품계의 차이나 제사 주체의 품계 변화 등에 의해 봉사해야 할 대수에 혼동이 올 수도 있으므로 일률적으로 4대까지는 봉사할 수 있도록 하자고 한 것이다.

이 때 《주자가례》에 따라 4대봉사를 하자는 주장은 여러 사람의 의견에 의해 거부되었고 결국 봉사대수를 품계에 따라 제한하는 것으로 되어 《경국대전》의 봉사조에 실리게 되었다. 그러나 이러한 논의과정을 거쳐 품계에 따라 봉사대수를 제한하게 되었음에도 불구하고 조선에서는 시대가 지날수록 점차 4대까지 봉사를 하는 경향이 강하게 나타났다.

김장생은 이러한 경향에 대해 정자와 주자가 高祖까지는 有服親이기 때문에 제사를 지내지 않을 수 없다고 했으므로 점차 조선의 사대부들도 4대까지 제사를 지내게 되었다고 하였다.[45] 그리고 무엇보다도 《주자가례》에서 4대봉사하도록 정하였기 때문에 예를 좋아하는 집안에서는 이를 따라 4대봉사를 하게 되었다는 것이다.[46]

말하자면 조선에서 사대봉사가 일반화된 것은 조선의 성리학이 보다 보편화되면서 예제를 실행할 때 《주자가례》를 절대적으로 신봉하게 되었기 때문이다. 여기에 종법이 조선사회에 정착되어 갔다는 것도 중요한 배경이 되었음은 물론이다. 결과적으로 조선 중기 이후에는 대부분의 사대부가에서 4대봉사하는 것을 당연한 것으로 받아들이게 되었다.

그에 비하여 상대적으로 외손봉사나 윤회봉사의 비율은 점차 줄어들게 되었다. 제사를 4대까지 지내고자 하고 또 그것이 부계의 가계계승과 일치해야 한다는 종법의식과 외손봉사나 윤회봉사는 서로 상치되기 때문이다. 16세기 중반 光山 金氏 가문에서는 어머니가 자신과 남편의 제사를 둘째 딸에게 부탁하면서 봉사조 재산을 상속하고 있는 경우를 볼 수 있다.[47] 맏사위는 자신

45) 《增補文獻備考》 권 86, 禮考 33, 私祭禮.
46) 《沙溪・愼獨齋全書》 上(光山金氏文元公念修會編, 1978), 426~427쪽.

의 집에서 장자로서 자신의 집 제사를 맡아야 했기 때문에 둘째 딸에게 재산을 물려주면서 제사를 당부하고 있다. 대개 4대까지 제사를 지내고 대수가 다하면 그 자손들에게 재산을 나누어주라고 하고 있다. 이는 아들이 없을 경우의 전형적인 외손봉사의 형태라고 할 수 있다.

이와는 달리 17세기 후반 부안 김씨 가문에서는 "사위나 외손자는 제사에 빠지는 자가 많고 비록 제사를 지내더라도 준비가 정결하지 못하고 정성과 공경이 부족하니 이는 제사를 지내지 않은 것만 못하다"는 인식 아래 사위나 외손에게 제사를 맡기지 않는 것을 전통으로 삼고 있는 것을 볼 수 있다.[48] 사위나 외손자는 제사에 대한 책임의식이 없다고 보고 있는 것이다. 이 경우 실제 사위나 외손이 그렇게 정성과 공경이 부족했는지 확인할 수는 없지만, 부계 중심의 가계계승의식이 강해지면 처가나 외가에 대한 책임의식이 약화되는 것은 자연스러운 결과였을 것이다. 이처럼 조선 중기에는 여전히 외손봉사를 유지하는 집안이 없는 것은 아니지만 대개는 양자를 들이는 형태로 변화되어 외손봉사는 점차 줄어들게 되었다.

윤회봉사의 경우도 마찬가지이다. 17세기 중반 서울의 전형적인 양반가인 南以雄 집안도 제사를 돌아가면서 준비하고 있다. 大忌 즉 부모에 대한 제사는 윤회를 하지 않지만 그외의 조부모나 외조부모의 제사인 경우에는 돌아가며 제사를 준비하고 있다.[49] 그리고 부모의 제사라 하더라도 부득이한 상황이 되면 이미 다른 집으로 양자를 갔음에도 불구하고 남이웅 자신이 제사를 지내는 경우도 없지 않다.[50] 또한 남이웅의 부인 조씨가 자신의 어머니 제사를 지내는 경우도 윤회의 한 형태라고 할 수 있을 것이다.[51] 가계계승의식이 확고하지 않을 때에는 이와 같이 제사를 분담하는 경우가 적지 않았다.

그러나 17세기 후반 부안 김씨 가문에서는 "우리 집은 다른 집과 다르니 출가한 딸에게는 제사를 맡기지 말라. 재산도 또한 선대부터 하던 대로 3분의 1만 주도록 하라"라고 하여 딸을 제사에서 제외시키고 있다.[52] 이는 윤회

47) 문숙자, 〈재산상속〉(《조선시대 생활사》, 한국고문서학회, 1996), 97쪽.
48) 문숙자, 위의 글, 96쪽.
49) 《丙子日記》 기묘년(1639) 12월 27일.
50) 이순구, 앞의 글(1998), 123쪽.
51) 《丙子日記》 경진년(1640) 정월 18일.

봉사가 축소되어 가는 과정중에 나타나는 현상이라고 할 수 있다. 즉 우선은 딸이 제외되고 그 후에는 아들간의 윤회가 없어지며 결국 장자만에 의해 제사가 이루어지게 되는 것이다.

이러한 현상들은 역시 종법에 바탕을 둔 부계적인 가족제도의 확립과 모두 연결되어 있는 문제라고 할 수 있다. 제사를 지내야 한다는 관념이 먼저 정착을 하고 그것이 반드시 아들에 의해 이루어야 하다는 가계계승의식이 뒤이어 자리잡음으로써 외손봉사 혹은 딸은 포함한 윤회봉사는 더 이상 유지될 수가 없게 된 것이다.

이러한 제사상속의 변화와 더불어 재산상속의 원칙이 달라지게 되는 것은 지극히 당연한 결과이다. 제사를 지내는 데에는 현실적으로 재산이라는 반대급부가 반드시 필요하였다. 전반적으로 생산력이 낮은 조선사회에서 제사에 드는 비용을 제사담당자가 따로 마련할 수는 없었기 때문이다. 그러므로 제사상속과 재산상속은 불가분의 관계이고 제사상속에서 제외되면 재산상속에 있어서도 그 권한이 약화될 수밖에 없었다.

이른바 16, 17세기의 조선 중기라고 하면 재산상속에서 딸에 대한 상속에 변화가 나타나는 시기라고 한다. 위의 제사상속에서 보았듯이 외손봉사나 사위를 포함하는 윤회봉사가 줄어들게 됨으로써 더 이상 딸에게 재산을 똑같이 나누어주어야 할 명분이 없어진 것이다. 그러므로 우선 딸에 대한 차등과 아들에 대한 평분의 상속형태가 나타나게 된다.

17세기 후반 재령 이씨 집안 분재기 서문에는 "여식은 다른 고장에 살아 선대의 제사를 윤회하기가 어려우므로 노비는 전과 같이 분급하나 전답은 수를 감해서 분급하니 너희들이 각별히 내 뜻을 영원히 따를 일이다"[53]라고 분재원칙을 밝히고 있다. 이 당시는 조선 초기와 달리 남귀여가혼이 쇠퇴하여 딸의 거주지역이 媤家 중심이 됨으로써 더 이상 친정 근처에 살 수 없었던 것으로 보인다. 따라서 선대의 제사를 나누어 담당하는 윤회봉사의 의무를 다할 수 없게 된 것이다. 그러므로 이제 제사에 대한 의무를 다할 수 없

52) 문숙자, 앞의 글, 94~95쪽.

53) 李樹健編, 〈李楷妻鄭氏許與文記〉(《慶北地方古文書集成》, 嶺南大 出版部, 1981), 247~249쪽.

는 만큼 재산상속에서도 불이익을 당할 수밖에 없는 것을 당연하게 받아들이라는 뜻이 드러나 있다. 결국 여기에서는 딸에 대한 차등 그리고 아들에 대해서는 균분인 전형적인 차등상속 형태를 볼 수 있다.

조선 중기는 제사에서 딸이나 외손이 점차 소외되어 가고 그에 따라 재산상속에 있어서도 딸의 상속분이 감소되어 가는 현상을 나타내게 된다. 이는 제사가 선조에 대한 애도의 감정을 표현하는 수단이 아니라 가계을 잇는 중요한 행위의 하나라는 종법의식이 강화되었기 때문이다. 이제 처족이나 외친의 의미가 상대적으로 줄어드는 것은 지극히 당연하였다.

그리고 이에서 더 나아가 조선 후기가 되면 딸이나 외손에 대한 차별뿐만 아니라 장자를 제외한 아들에 대해서도 제사나 재산상에 있어서 차등이 있게 된다. 이는 모든 제사가 장자를 중심으로 이루어지고 그에 따라 장자에게 상속분을 더 많이 주게 되는 당시의 상황에 기인한다. 즉 대부분의 상속분은 곧 봉사조가 되는 현상이 나타나는 것이다.

4) 족보의 보급과 동성마을의 형성

족보는 가계의 계통을 구체적으로 표현하는 하나의 방법이다. 종법은 본래 부계를 중심으로 하는 제사와 가계계승을 주된 내용으로 하고 있으므로 이 족보와의 상관관계는 긴밀할 수밖에 없을 것이다. 그러나 조선 초기에는 종법적인 가계계승의식이 제대로 정착하지 못하였기 때문에 족보상에 부계쪽 가계만을 표시하지는 않았다. 즉 부계만의 족보가 아니라 딸과 외손, 외손의 외손을 포함하는 복합적인 형태의 족보가 존재하였다.

조선 초기에는 종법이 비록 수용되었다고 하더라도 아직은 정책적으로 권장되는 차원이었기 때문에 일반에게 그다지 큰 영향을 미치지는 못하는 상황이었다. 특히 종법의 핵심 내용 중에서 제사는 비교적 일찍 받아들여져 지내기 시작했지만 부계적인 가계계승의식은 제사를 행하는 것과는 별개로 쉽게 정착되지는 못하였던 것으로 보인다. 즉 제사는 지내되 그것이 반드시 적장자에 의해 이루어지고 또 그 다음의 적장자로 이어져야 한다는 가계계승의식은 희박했던 것이다. 외손봉사나 윤회봉사는 이러한 제사와 가계계승의식의 분리현상을 보여주는 대표적인 사례라고 생각된다.

이처럼 제사와 가계계승의식이 완전히 일치하지 않는 상황에서는 족보의 기록이 부계 중심으로만 이루어질 이유가 없었다. 따라서 조선 초기의 족보는 가계의 계통을 밝히는 것을 목적으로 하지만 내외손을 모두 기록하는 형태를 띠었던 것이다. 文化 柳氏나 安東 權氏의 초기 족보가 내외 8촌의 가계를 모두 기록하고 있는 것이 대표적인 사례라고 할 수 있다.[54]

그러나 조선 중기 이후로 종법이 가족질서의 중심으로 자리를 잡게 되고 제사와 가계계승의식이 일치하게 되자 족보 기록상에 커다란 변화가 나타나게 된다. 제사가 적장자에 의해 이루어져야 한다는 의식이 확립되어 간다는 것은 우선 딸이나 외손에 의한 제사가 줄어드는 데에서 확인할 수 있다. 가계는 아들에서 아들에게로 이어져야 하는 만큼 딸이나 외손에게 제사를 맡기는 것은 곧 가계계승을 제대로 행하지 못하는 것이라는 인식이 자리잡게 된 것이다. 이제 외손봉사를 하기보다는 양자를 해야 한다는 의식이 강하게 대두되었다.

따라서 족보의 기록도 부계를 중심으로 하는 가계계승만이 의미있게 되었다. 족보 기록상에서 외손은 더 이상 필요치 않게 된 것이다. 처음에는 외손을 기록하되 그 대수를 줄이는 것으로 변화가 시작되었다. 가령 淸州 李氏·眞城 李氏·潘南 朴氏 등은 17세기 초까지는 외손의 범위를 3대까지는 기록하였다.[55] 그러나 시대가 지날수록 그 범위가 줄어들어 조선 후기가 되면 단지 사위를 기록하는데 그치게 된다. 물론 조선 후기까지도 외손을 기록하는 집안이 전혀 없는 것은 아니지만 전반적인 추세는 외손을 제외한 부계만의 자손을 기록하는 것으로 족보의 형태가 굳어지게 된 것이다.

그리고 그것과 더불어 자녀에 대한 기록의 순위에 변화가 나타난다는 것도 조선 중기 이후 족보의 중요한 특징이라고 할 수 있다. 족보가 처음 만들어질 당시에는 대개 자녀의 구별없이 출생순위로만 기재하였다. 가령 딸이 먼저 태어나면 딸을 먼저 기록하였다는 것이다. 이것은 17세기 중엽 이전까지는 대체로 유지되었다. 그러나 그 이후가 되면 출생순위대로만 기록하는

54) 崔在錫, 〈朝鮮時代의 族譜와 同族組織〉(《歷史學報》 81, 1979), 48~49쪽.
55) 崔在錫, 위의 글, 55쪽.

것이 아니라 先男後女의 방식을 함께 취하게 된다. 딸이 먼저 태어난 경우라도 늦게 태어난 아들을 족보상에 먼저 기록하게 되는 것이다. 17세기까지는 출생순위대로 하는 것과 선남후녀 방식이 동시에 행해졌지만, 18세기 이후 즉 조선 후기가 되면 선남후녀로 기록하는 것이 더 보편적인 방식이 되었다. 이는 가계계승을 부계 중심으로 하면서 아들이 우선시 되고 그에 따라 자연스럽게 나타나게 되는 현상인 것이다.

종법적인 가족질서의 확립은 단일 가족의 형태에만 변화를 주는 것이 아니라 촌락의 구성 자체에도 커다란 변화를 가져오게 하였다. 앞에서 언급한 대로 남귀여가혼이 쇠퇴하고 입후가 일반화되며 특히 상속제도가 자녀균분에서 장자 우대의 형태로 변화되어 가자, 장자가 부모의 터전을 계승할 수 있게 되었고 이를 바탕으로 특정 마을에서 점차 동성동본의 친족집단이 형성될 수 있었던 것이다.

동성마을이란 대체로 하나의 지배적인 동성동본 집단이 특정 마을의 주도권을 가지고 계속적으로 거주하는 마을을 말한다. 이는 연구 초기에는 대개 동족부락이라고 불리었으나 최근에는 동족마을, 동성마을 혹은 집성마을 등으로 더 많이 불리고 있다.[56]

동성마을이 일반화된 것은 18세기 이후이지만, 형성되기 시작한 것은 대개 조선 중기로 볼 수 있다. 그 사례는 안동 하회마을의 동성마을 성립과정을 통하여 살펴볼 수 있다. 하회마을은 현재 풍산 유씨의 동성마을로 알려져 있는데, 그러한 동성마을로 형성되기까지에는 상당한 기간이 소요되었다. 15세기 초 柳從惠와 裵尙恭이 이주하여 살기 시작했지만 이 당시에는 이들의 사위와 외손이 이주해오고 또 이들의 아들들이 처향이나 외향으로 이거함으로써 특정 동성마을로 형성되지는 않았다.[57]

가령 16세기 말까지도 유종혜의 손자 7남 중 沼, 瀹 2명만이 하회에 거주하고 나머지 자손들은 안동 녹전과 영주·영양 등지로 이거하고 있다.[58] 당

56) 李海濬, 〈조선후기 촌락구조변화의 배경〉(《韓國文化》 14, 서울大, 1993), 272쪽.
57) 鄭震英, 〈조선후기 동성마을의 형성과 사회적 기능－영남지역의 한두 班村을 중심으로－〉(《韓國史論》 21, 國史編纂委員會, 1991), 32쪽.
58) 鄭震英, 위의 글, 34쪽.

시 沼와 그 자손은 인근 가일(佳谷) 마을의 배·권·김씨 등과 통혼하여 하회와 인근 지역에 보다 많은 경제적인 기반을 확보함으로써 세거할 수 있는 근거를 마련하였다. 그에 비하여 타 지역으로 이주한 사람들은 대개 처향이나 외향으로 이주한 것인데, 그것은 당시 하회마을 친가의 경제적 기반이 처가나 외가에 비하여 상대적으로 약했기 때문이다. 즉 처가나 외가에 거주하는 것을 일상적으로 받아들이는 남귀여가혼적인 유습이 남아 있어서 아직은 동성마을이 형성될 여건이 미흡함을 알 수 있다.

또한 16, 17세기 당시 하회마을의 洞案을 보면, 비록 유씨가 다른 성씨에 비해 상대적으로 많았지만 아직은 유동적인 것으로 보이며 그 밖에 안씨나 권씨 등의 족세가 상당하였음을 알 수 있나. 이는 역시 동성마을의 출현과는 거리가 있음을 보여준다.

하회마을의 바로 인근인 가일의 경우도 이러한 과정은 유사하다. 가일마을에 처음 입향한 인물은 柳開였으나 그 후손은 다른 마을로 이거하고 이들의 사위로 들어온 안동 권씨가 마을의 주도권을 장악하게 되었다. 그러나 안동 권씨의 경우도 일부가 이곳의 토지와 노비를 관리하면서 재지적 기반을 마련하기는 했지만 그 후손의 대부분은 다른 지역 즉 처향, 외향으로 거주지를 옮겼다. 그리고 가일에 기반을 둔 권씨들 또한 연이은 士禍로 가계가 크게 위축되어 용궁으로 이거하였다가 가일마을에 재차 입거한 것은 17세기 초반 경이었다.[59]

이처럼 흔히 대표적인 동성마을이라고 하는 곳도 15, 16세기는 물론 17세기까지도 女壻와 外孫이, 그리고 아들의 아들과 여서·외손의 출입이 거듭되어 異姓잡거 마을이 되기도 하였고, 심지어는 여서의 가문이 마을의 주인공이 되기도 하였음을 볼 수 있다. 결과적으로 동성마을은 17세기 중엽 이후 즉 조선 중기를 지나서야 비로소 그 모습을 제대로 갖추게 되었다고 할 수 있을 것이다.

이처럼 동성마을이 형성된 것이 종법적인 가족질서의 보편화와 그에 따른 가문의 발달에 기반한다는 것은 이미 앞에서 언급한 바 있다. 그러나 그러한

59) 鄭震英, 위의 글, 36쪽.

대 전제 외에 보다 구체적인 몇 가지 원인이 더 있을 수 있다.

우선 중요한 것은 경제적인 기반이었다. 마을을 주도할 수 있는 위치를 확보하는 것은 경제적인 기반이 없이는 불가능했기 때문이다. 앞의 하회마을 柳沼와 그 자손의 경우에도 하회마을의 주도적인 세력이 될 수 있었던 것은 친가로부터의 재산과 바로 이웃한 처가의 경제력이 뒷받침이 되었기 때문에 가능하였던 것이다. 그에 비하여 沼의 다른 형제들이 하회마을에서 세거할 수 없었던 이유는 그 지역에서의 경제적인 기반이 취약한 반면 상대적으로 처향이나 외향에서의 기반이 든든했던 데에 있었다.

그런데 이러한 경제적인 기반의 문제는 농지의 확보 문제와 무관하지 않다고 한다. 즉 단지 토지를 많이 확보한다는 의미만이 아니라 농지가 산지로부터 평지로 이동된 것이 동성마을의 주도세력이 출현할 수 있는 보다 중요한 원인이 되었다는 것이다. 16세기에 마을이 산곡간으로부터 평지나 낮은 구릉으로 이동하면서 농경지가 확대되고 또한 집약농법이 발달함으로써 그러한 변화를 주도한 세력이 결과적으로 그 촌락에서 지배적인 역할을 하게 되어 본격적으로 동성마을이 성립하게 되었다. 그러한 증거는 16~17세기에 일반화된 사족 중심의 동계와 동약조직의 발달이라고 하였다.[60]

이러한 경제적인 원인 외에 또 중요한 것은 특정 성씨의 사회적인 현달이었다. 특정 성씨의 顯祖 출현이 그 촌락에서 갖는 의미는 절대적이었다. 현조가 관직 혹은 학문상으로 두드러지게 되면 상대적으로 열등한 성씨에 대해 촌락의 사회적인 주도권을 장악할 수 있었던 것이다. 앞의 하회마을의 경우 유씨도 다른 성씨에 비하여 관직과 학문에서 현달하였기 때문에 여타의 성씨를 압도하고 동성마을을 형성할 수 있었다. 따라서 경제적·사회적 주도권을 장악한 동족의 후손은 점차 모여드는데 반해 "禮安 이씨나 眞城 이씨가 양동에 살면 상놈된다"[61]는 말과 같이 非同姓은 양반이면서도 상대적으로 열등한 처지에 놓이게 되어 결국은 점차 다른 곳으로 이주하게 되었다. 즉 동성마을이 형성된 것은 종법적인 가족질서의 보편화에 근본적인 원인이

60) 이해준, 〈조선후기 문중활동의 사회적인 배경〉(《東洋學》 23, 檀國大, 1993), 199~200쪽.

61) 여중철, 〈동족집단의 제기능〉(《문화인류학》 6, 한국문화인류학회, 1974).

있었지만 보다 구체적으로는 경제적인 기반과 사회적인 현달이 뒷받침되어야 가능하였던 것이다.

이처럼 족보 보급이 활발해지고 동성마을이 형성되기 시작한 것은 조선 중기에 이르러 종법에 의한 부계적인 가족제도가 어느 정도 정착했기 때문이다.

〈李舜九〉

3. 유교문화와 농민사회

1) 유교문화 원리의 보급

조선사회를 유교사회라 하지만 유교가 일상생활 전반에까지 일시에 영향을 미친 것은 아니었다. 유교문화의 원리가 되는 성리학은 사상면에서 두 가지의 과제를 해결하면서 전사회의 운영원리로 되었다. 하나는 이전의 사상체계를 처리하는 것이고 다른 하나는 적극적으로 성리학을 이해하고 보급하는 것이었다.

조선 이전 사회의 기층에는 불교 및 도교 그리고 풍수·도참·무속에 이르기까지 다양한 문화의 원리가 내재되어 있었다. 그것들은 조선 전 기간에 걸쳐 부정되고 통제되기도 하였지만 유교문화와 함께 조선문화의 원리로 작용하였다. 유교문화는 그와 같이 다양한 문화의 원리들을 유교 입장에서 정리하고 일부는 포섭하면서 형성되었다.

조선왕조는 불교를 억제하거나 유교윤리와 명분에 어긋나는 祀神行爲를 통제하였다.[1] 五岳致祭와 같은 國祀체제를 정비하였으며 성황신앙을 지방관이 주재케하였다. 곧 모든 사신행위를 없애지는 않았으며 淫祀로 규정되는 것 가운데 일부를 규범화하여 정리하였던 것이다. 祈佛단체인 동시에 향촌의

1) 韓㳳劤, 〈朝鮮王朝初期에 있어서의 儒教理念의 實踐과 信仰·宗教〉(《韓國史論》 3, 서울大, 1976).

공동체적 성격을 지녔던 香徒 역시 음사로 규정하여 里社制로 대체코자 하였다. 도교의 제천의식인 醮祭는 天災를 막거나 질병구제를 목적으로 하는 종교행사였는데 유가의 입장에서는 무격신앙과 마찬가지로 음사였다. 사림파는 불교의 忌晨齋와 도교의 昭格署를 혁파하였다.

유교 가운데 특히 주자학이 조선사회의 통치이념이 되어 기본적인 가치규범으로 수용되었는데, 그것이 온전히 이해되기까지는 상당한 시간이 걸려야 했다. 15세기경 성리학이 관학교육의 기본 내용으로 확립되면서 정치체제의 정비와 관련된 經世的 측면이 강조되었으며 조선사회의 보다 잘 짜여진 관료제의 관료는 유학 수업자였다. 전시기보다 확대된 예비관료층이 형성됨에 따라 유학에 대한 수요는 대폭 늘어갔으며 성리학의 중심 개념인 理氣論은 지식인 계층의 보편적인 인식 준거로 자리잡아 갔다. 그후 16세기 후반 성리학에 대한 이론적인 탐구가 본격적으로 나타나 五常과 四端七情로 포괄되는 인간의 性情을 이기론으로 해명하는 것이 중요한 과제로 되었다. 우리 나라의 성리학은 心性論, 특히 사단칠정의 문제를 해명하는 과정에서 이론이 더욱 정치해졌고 조선적 성리학의 특징적인 이론체계를 확립하게 되었다.

이러한 성리학은 단순히 잘 짜여진 논리적인 사유체계로서만이 아니라 구체적으로 살고 있는 사람들의 사고와 행위를 규제하고 이끄는 구실을 하였다. 이기론은 유교적 윤리도덕과 명분론적 사회질서가 자연적이고 보편적인 것임을 이론적으로 설명하면서 그러한 사회질서를 지키고 그에 맞는 인간형성을 궁극적인 관심으로 삼았다.

유교문화는 의식주를 포함하는 전 생활 및 관습이나 법, 사회조직 그리고 사회의 모든 관계에서 나타나는 것이었다. 유교문화를 담지한 자들의 가정에서 뿐만 아니라 생활공간인 관료제에서 그리고 향촌사회에서 나타난다 하겠다. 그러한 유교문화의 특징 가운데 하나는 인간 상호관계에 대한 규정이었다. 三綱五倫에서 제시하고 있는 군주와 신하, 부모와 자식, 남편과 아내, 연장자와 연소자, 친구 사이의 관계뿐만 아니라 정처와 첩, 적자와 서얼, 士族과 常人, 지주와 전호 관계 등 사회의 모든 관계를 규정하는 것이었다. 각 관계에는 질서가 있으며 그의 구체적인 표현이 禮였다.

그것은 또한 제도나 의례와 같이 눈에 보이지 않는 관념적인 것에 그치는 것이 아니라 때로는 구체적인 건조물로 나타나기도 하는 것이었다. 예를 들어 서원이나 향교 따위는 유교문화를 유지하는 중요한 기구일 뿐만 아니라 祭享하는 공간을 지니고 있는 것이었다.

이러한 조선사회에서의 유교문화의 특징 가운데 하나는 그것이 가치관의 확산과 그 행위규범의 실천에만 의존하여 생활과 풍속을 변화시키는 것이 아니라, 국가의 법에 의해 강제되고 형률에 의해 통제되고 있었다는 점이다. 양반층은 향촌사회에서 성리학적 질서를 유지하면서 유교문화를 누리고 펴져나가게 하였으며 다른 한편으로는 그들의 계급적 이해가 반영된 국가권력에 의존해 그 문화의 유지와 보급을 하였던 것이다. 개인적 차원에서의 도덕규범이나 사회규범을 때로는 법으로 명확하게 규정하기도 하였다. 예를 들어 상한과 사족의 구분이 엄하다는 것도 교령으로 정하였고[2] 개인관계의 질서도 법으로 정하였다. 《經國大典》 刑典의 告尊長에는 자손·처첩·노비가 부모나 가장의 비행을 陳告하면 모반이나 역반 사건 이외에는 진고한 자를 교수형에 처하도록 하였다. 개인 차원에서의 도덕규범이 전사회의 법규범이 된 것이었다.[3]

어느 사회구성원보다 먼저 유교문화를 담지하게 된 양반들은 留鄕所, 士族鄕約, 職場契, 金蘭契, 詩會와 같은 조직체들을 통하여 자신들만의 고유한 문화를 형성·유지시키기도 하였다. 그뿐만 아니라 자신들의 가치관을 전사회에 확대하는 과정에서 자신들의 문화를 다른 계층에게 확산시키기도 하였다. 예를 들어 시회와 같은 것들은 양반층 안에서만 행하는 것이 아니라 중인층 혹은 서얼들에게까지 확산되었고, 재지사족은 향촌사회에서 자신들만의 사족향약 경험을 토대로 상하동약을 시행하였다.

유교가치관을 바탕으로 하는 문화의 형성은 당연히 그 가치관에 입각한 행위규범으로 표출되는 것이었다. 곧 유교의례의 준용이었다. 그리고 그것은 유교문화를 먼저 수용하고 담지하고 있는 양반층만의 의례로 그치는 것이

2) 《受教輯錄》 嘉靖 갑인 33년(명종 9) 4월 4일. 이 교령은 종실, 권신 혹은 내수사 노비가 위세를 빌어 사족을 능욕하고 있는 문제를 처리하는 과정에서 나온 것이었다(《明宗實錄》 권 16, 명종 9년 4월 갑술).

3) 이재룡, 《조선, 예의 사상에서 법의 통치까지》(예문서원, 1995), 37쪽.

아니라 농민 일반에게도 해당되는 것이었다. 농민은 이른바 士農工商의 四民 가운데 儒者가 업으로 삼을 수 있는 존재였다.[4] 李珥는 程子의 말을 빌어 신분적 질서를 지키듯이 農工商賈가 정해진대로 행하여야 한다면서 사민의 분업화된 질서를 말하였는데,[5] 대부분의 유자는 단순히 利를 좇는 공상보다 농업을 우위에 두고 있었다. 자연의 질서 속에서의 제관계를 설정한 것이 유학이라면 자연 속에서 자연의 순리를 좇아 생산을 하는 농업은 유자가 할 수 있는 유일한 산업이었다. 더군다나 현실에서의 농민은 가장 중요한 생산층이자 각종 부세의 부담자였다.

향촌사회의 재지사족은 농민과 지주전호관계를 직접 맺고 있거나 혹은 여러 조직을 통하여 농민과 관계를 맺고 있었다. 그런데 16·17세기의 농민은 선초 이래 높아진 생산력 수준이나 오랜 동안에 농민지배의 한 방법으로 행사되었던 收租權에 입각한 지배의 철훼에 힘입어 안정적인 상태이어야 하나 현실은 그러하지 못하였다. 더군다나 임진왜란과 같은 전란 등의 피해는 막심한 것이어서 농촌에서 유리하게 되는 농민들에 대한 사회경제적인 안정책은 절실한 것이었으며 그에 못지않게 그들을 성리학적 질서로 이끄는 것이 중요한 과제로 되었다.

2) 교육기구의 운용과 의례의 수용

유교가치관을 가진 인간의 육성과 그에 입각한 사회질서의 수립을 한마디로 敎化라 하였다. 그러한 점에서 교육·교화는 곧 유교문화의 주체 및 담지자의 양성이었다. 유교문화는 이 교화과정을 통하여 확산되기도 하였다. 유교에서 가리키는 가장 바람직하고 전형적인 통치는 곧 교화였다. 조선의 儒者는 德治와 刑政이라는 통치의 두 가지 길, 예로서 이끌고(導之以禮) 형벌로서 다스리는(齊之以刑) 길 가운데 덕과 예로 다스리는 교화를 가장 원형으로 생각하고 있었다. 강상죄에 의하여 강제할 뿐만 아니라 교화라는 근원적인 방법을 동시에 사용하였다. 경제적 처지를 이유로 '先養民後敎化'를 내세워

4) 韓永愚, 《朝鮮前期의 社會思想》(한국일보사, 1976), 124~139쪽.
5) 李 珥, 《栗谷全書》 권 25, 〈聖學輯要〉 爲政 9, 明敎章.

향약시행 논의에서 향약시행을 일시 정지하도록 주장한 李珥에게도 교화는 최종의 목표였다. 백성을 가르쳐 유교적 질서의 사회를 만드는데 정치의 목표가 있었다.

이러한 교화를 실현하는 것 역시 두 가지 길이 있었다. 교화의 본래의 뜻대로 교화의 전형을 세워 교화의 대상자가 그를 본받게 하는 것과 그 전형에서 벗어나는 것을 규제하는 것이었다. 권장과 강제규제이었다. 그 전형은 유교경전에서 제시되는 것이지만 현실적인 기준은 군주가 모범이 되는 것이었다. 수령의 임무인 政令의 준행과 교화의 시행 역시 중앙의 군주를 대신한 행위였다. 그 체계는 관찰사－수령에 이어지는 것이며 면리제가 그 통제의 하부조직을 이루었다. 아울러 《경국대전》에 각종의 규제 소항을 세우고 유교의례의 준용까지 때로는 법령으로 강제하는 것이었다. 《경국대전》에 혼례나 상례에 관한 구체적인 내용을 규정하였을 뿐만 아니라 〈婚姻節目〉과 같은 각종의 법령을 수시로 만들어 지키게 하였다.

교화의 주체는 국가와 양반층이었으며 향촌사회에서는 수령과 재지사족이었다. 국가는 학교를 세워 유학교육을 하고, 유학적 질서를 강조하는 교유문을 발표하기도 하며, 《三綱行實圖》·《小學》과 같은 각종의 유교서적을 인반하여 그 내용을 알렸다.[6] 그것은 중앙의 기구에서만 한 것은 아니었고 관찰사 혹은 수령이 행하는 것이기도 하였다. 관찰사였던 金正國은 《警民編》을 보급하였고 金安國은 향약을 관내에 시행하였다. 한편으로는 열녀·효자에게 旌閭를 하고 정문을 세운 것 같이 그 규범을 수행하는 것을 표창하여 장려하였다.

물론 교화가 학교제도에 의하여서만 이루지는 것은 아니었으나 그 교화의 근원은 학교로 이해하고 있었기에 각종의 학교를 설립하여 교화의 기구로 삼았다. 조선시대의 관학은 알려진 대로 서울의 4부 혹은 5부학당 및 성균관 그리고 지방의 향교가 있었으며, 사립 교육기구로서는 家塾·書堂·書齋·精舍 그리고 書院이 있었다. 교유은 그 밖에 향약과 같은 사회조직체를 통하여 이루어지기도 하였다.

6) 교화에서의 소학의 위치에 대해서는 金駿錫, 〈朝鮮前期의 社會思想〉(《東方學志》 29, 1981) 참조.

《경국대전》에는 부녀자와 어린이도 교화대상인 것으로 규정되었다. 《삼강행실도》 등을 한글로 번역하여 경외의 사족의 가장, 父老나 혹은 교수, 훈도 등으로 하여금 부녀자와 어린이를 가르치게 하는데 그 결과 大義를 통하고 조행이 뛰어난 자가 있으면 관찰사가 임금에게 보고하여 상을 주도록 규정하였다.[7] 유교문화의 원리 곧 유교가치관의 확산이었다.

명종 원년(1546) 6월에 제정한 〈京外學校節目〉은[8] 조선의 인적·물적 기초로서의 농민층을 교육대상에 포함하는 학규였다. 16세기 중엽 이후 이 〈경외학교절목〉에 근거하여 面訓長制가 실시되었다. 面學徒는 면훈장에게 직접 교육을 받든가 아니면 각자 배운 공부를 한달에 한번 확인하는 제도였다.[9] 면훈장제는 조선 중기 이후 향촌사회의 성장과 함께 군현통치에 면리제의 운용이 일반화되면서 더욱 확산되었다.

이러한 면훈장제 가운데 교육대상을 사족에 한정하지 않은 경우에는 향교나 서원에서 배제된 교육 수요층을 확충된 면 단위 교육기구에 포섭하는 셈이었다. 이와 같은 면훈장제의 운영은 왕성하게 확산되고 있는 서당의 기능을 현실적으로 인정하여 관학체계로 포섭하면서 교육의 내용을 통제하려 하였던 것이다. 문화 형성을 주도해 나간 국가와 양반층이 사회변동에 따른 문화원리의 변질을 차단하려는 의도였다.

전술한 바대로 유교문화 원리의 보급은 국가권력에 의한 것만은 아니고 양반 개개인에 의해서도 취해지던 것이었다. 향촌사회에서의 교화의 주체인 재지사족은 유향소를 설치하여 향풍을 바로잡으려 하였으며 鄕射禮·鄕飮酒禮를 실시하고 서당 및 서원을 세워 교화의 근원으로 삼았다. 《朱子家禮》의 준용과 같은 것은 향촌사회에서 교화의 전형을 보이는 것이었다. 주자학적 가치관은 국가 혹은 양반에 의하여 내용이 보급되고 강조되면서 일상생활의 규범으로 수용되었다.

16세기의 서당의 경우, 동몽교육에 관한 공적인 논의나 규정에서는 庶人을

7) 《經國大典》 권 3, 禮典 奬勸.
8) 《明宗實錄》 권 3, 명종 원년 6월 신축.
9) 金武鎭, 〈朝鮮後期 敎化體制의 整備와 面訓長制의 性格〉(《歷史敎育》 58, 1995), 66쪽.

그 교육대상에 포함하고 있으나 실제 설립된 서당은 현실적으로는 사족을 대상으로 한 것이 대부분이었다. 교화와 교육의 일차적인 대상은 사족일 수 밖에 없었다.

17세기에는 향촌마다 서당이 설립되었다. 정부측이나 재지사족은 양란 이후 조선사회의 재건과 관련하여 그리고 더욱 요구되는 유교교화의 필요에서 서당을 교육·교화의 기구로 주목하였다. 서당교육은 경제적으로 성장하고 있었던 양인농민층의 요구이기도 하였다.[10] 따라서 李塽의 〈通諭各面直月文〉에서와 같이 이 시기 이러한 서당을 서원과 함께 풍교의 본원으로 인식하기까지 하였다.

사회의 진세 계층 가운데 과연 어느 범주를 교화할만한 대상으로 삼는가 하는 것은 문화 보급의 중요한 문제였다. 15, 16세기의 지배층은 인간의 도덕적 본성이 보편적임을 인정하면서 도덕적 능력의 차별성을 인정하고 있었다. 그러한 도덕적 능력의 차별성은 禮制의 차별로 나타났다. 예를 들면 서인이나 賤隷를 《주자가례》에 입각한 의례의 실천자로 인정하는가 그렇지 아니하는가의 문제였다.[11] 《경국대전》에서는 사대부와 서인의 상례를 구별하여 각각 3년상과 백일상으로 규정하였다. 물론 軍士와 서인의 복상문제는 현실적으로는 부역문제와 직결되는 것이기도 하였다. 3년상을 행하기를 원하는 자는 허락한다고 되었지만 시행되지는 않았다.[12]

16세기 초의 《경민편》의 보급이 소농의 성장에 따른 교화대상의 확대를 의미하지만 향약 이외의 본격적인 교화기구를 운영하지는 않았다. 그러한 점에서 17세기 이후 동몽교육 대상이 확대되었다는 것은 그에서 한걸음 나아간 교육기구를 통한 구체적 실천이었다. 17세기 상하동약이 향촌사회의 재건이라는 절박한 현실에서 농민층을 포함하는 기구로 변화하여간 것에서도 알

10) 丁淳佑, 《18世紀 書堂 硏究》(韓國精神文化硏究院 博士學位論文, 1985), 177쪽.
김무진, 〈조선후기 서당의 사회적 성격〉(《역사와 현실》 16, 1995), 237쪽.

11) 金勳植, 〈中宗代 《警民編》 보급의 고찰〉(《李載龒博士還歷紀念 韓國史學論叢》, 1990), 448~449쪽.

12) 《中宗實錄》 권 22, 중종 10년 7월 신해.
3년상 시행 문제에 관해서는 高英津, 〈15·16세기 朱子家禮의 시행과 그 의의〉(《韓國史論》 21, 서울大, 1989) 참조.

수 있듯이 이제는 문화의 원리를 표방하고 선언하는데 그칠 수 없는 사정이 있었던 것이었다. 특히 徐思遠의 河東里社契約에서 보이는 大同思想과 같은 것은 그러한 현실을 반영한 것이었다.[13] 교육대상의 확대가 있다하여 면리 단위 향촌에까지 상하지분을 내세운 예법과 성리학을 전파코자 한 서당의 설립목적이 크게 바뀌지는 않았다.

한편 이른바 士族多居 지역이면서 상호간에 혈연적 유대가 튼튼한 곳에서의 서당의 享祀는 祖先奉祀의 家廟的 성격이 강하였다. 그것은 종전에 소홀히 하거나 세우지도 않았던[14] 가례의 중심적 공간인 가묘 설립 문제를 부분적으로 해결할 수 있는 길이기도 하였다. 그리고 그것은 종전의 族契 혹은 族會 등을 통한 혈연유대가 서당이라는 구체적이고 사회적 유효성을 인정받는 기구를 매개로 하게 된 것을 의미하였다. 양반층은 서당에서 유교문화의 원리를 공부하고 그를 통하여 자신들의 사회적 위상을 유지하고 재생산하는 기회를 갖는 것과 동시에 문화 전파의 기지를 마련한 것이었다. 그리고 그 문화 범주에 농민층이 포섭되는 것이었다.

교화의 실현은 행위규범의 실천으로 나타나는 것이었다. 곧 의례의 실천이었다. 우리가 앞서 살펴본 교육과 예속 변화의 관계를 말하자면 그것은 두 가지였다. 앞서 말한대로 예의 본질을 교육시켜 예실천의 당위를 깨닫게 하는 것과 구체적인 의례를 가르쳐 새로운 의례를 지키게 하거나 종전의 의례에 대체토록 하는 것이었다. 《가례》를 직접 배우는 경우는 말할 것도 없겠으며, 교재의 곳곳에서 유교의례를 강조하고 있고 근본적으로 그러한 의례의 출발인 유교가치관을 배운다는 점에서는 동몽교육을 통한 의례의 준용을 말할 필요도 없겠다.

孟子가 말한대로 학교를 만들어 가르치는 것은 인륜을 밝히고자 함이요, 주자의 해석처럼 倫은 곧 序이니 부자간이나 군신간·부부간·장유간 그리고 붕우간의 질서인 것이었다.[15] 질서의 교육은 곧 의례의 준용을 의미하는 것이었다. 더욱이 어린아이라도 언제나 학당에서 머물며 공부하도록 할 경우

13) 金武鎭, 〈조선중기 士族層의 동향과 鄕約의 성격〉(《韓國史硏究》 55, 1986), 39쪽.
14) 《明宗實錄》 권 19, 명종 10년 10월 무인·11월 임진.
15) 《小學》 권 2, 明倫第二.

에 이러한 居堂·居齋는《소학》의 실천이나《주자가례》의 준용을 확실하게 생활 속에서 교육하는 것을 뜻하는 것이었다. 程子의 말대로 灑掃應對와 같은 것은 사람의 행함에 가장 가까이 있는 일상적인 것이어서 그것을 形而下라고 하지만 그를 행하는 가운데서 스스로 理에 가까이 이를 수 있는 것이고 그것에 인을 실현함의 근본이 있는 것이었다.

동몽교육에서의 교재는 직접적으로 의례를 이해시키고 실행방법을 가르치는 것도 있으나 대체로 그러한 의례의 본질인 가치관을 교육하는 것이었다. 예를 들어《동몽선습》은 오륜의 철학적 배경, 五常의 행동규범, 그리고 오륜·오상의 모범적인 역사 사례를 하나씩 설명한 뒤에 성현의 대표적인 言句를 하나씩 붙인 순서로 구성한 것이었다.[16] 李珥의《擊蒙要訣》은 상제와 제례를 별도로 강조하고 있어서 宋時烈은 그를《家禮》에 따르는 제사 때에 참고로 삼도록 권장할 정도였다. 鄭經世의《養正篇》에서도 지켜야 할 의례를 강조하고 정리하였다.

위에서 말한 교화의 실현, 유교가치관의 수용은 의례의 준용으로 나타나게 되었다. 의례라고 하는 것이 단순히 절차를 의미하는 것이 아니라 가치관에 따른 행위규범인 것이기 때문이었다. 성리학의 기본 틀인 이기론의 사회적 실현이 예라고 이해할 때에[17] 예를 준용하여 그 가치관에 입각한 사회질서를 세우고자 하는 것은 중요한 문제가 아닐 수 없었다. 유교의례의 수용은 단순히 각종의 의례를 유교적으로 정리하는 것만이 아닌, 유교적 질서의 사회 그리고 유교 가치관에 입각한 인간의 완성을 목표로 하고 있는 것이었다. 따라서 교화의 현실적인 결과는 의례의 준용 여부를 통하여 검증되기도 하는 것이었다.《주자가례》의 수용은 곧 주자학적 질서의 성취 정도를 알려주는 것이었다.[18]

따라서 의례가 그러한 가치관의 실천규범인 동시에 그 실천을 통하여 그

---

16) 韓永愚,〈朴世茂의《童蒙先習》〉(《朝鮮前期史學史硏究》, 서울大 韓國文化硏究所, 1981), 253쪽.

17) 高英津,〈16세기 후반 喪祭禮書의 發展과 그 意義〉(《奎章閣》14, 1991), 34쪽.

18) 黃元九,〈朱子家禮의 形成過程〉(《人文科學》45, 延世大, 1981)에서 지적한대로《주자가례》를 주자가 온전하게 작성한 것인가 아닌가 보다는 현실적으로 그것을 주자의 가례로 인식하여 준용한 것이 문제였다.

러한 가치관을 지닌 인간의 형성에 그 목표가 있다고 하면, 의례의 보급은 그러한 의례의 출발인 가치관의 보급을 병행하게 되어 있었다. 예컨대 혼례건 상례건 그 절차를 강조하기에 앞서 인간관계를 말하는 효와 충을 바로 세워야 하는 것이었다. 말하자면 상제례는 효로부터 출발하여 그 의례가 나오는 것이었다. 흔히 향약에서도 그 때문에 덕업이 제대로 되어야 예속이 바로 세워짐을 말하였다. 金榦은 동계의 4대 항목을 正倫理·敎風俗·救患難·規過失로 나누면서 윤리가 바르게 되어야 풍속이 바로 세워짐을 말하였다.

그와 같기에 의례의 수행은 비록《주자가례》를 준범으로 하고 있지만 그 정신인 효를 수행할 수 있으면 조선적인 변형이 가능한 것이고 향촌사회의 사정에 따라서 의례가 변할 수박에 없는 것이었다. 문제는 그러한 변용의 기준이었다. 이것은 양반층에게도 마찬가지여서 문자 그대로의 준용에는 항상 현실적인 괴리가 고민으로 떠올랐던 것이다. 더욱이 일반 농민에게 있어서는 그를 준용할 만한 경제적 처지가 고려되어야 하는 것이지만 그러한 경제적 조건을 무시한 비현실적인 의례가 표창되는 것이 또한 현실이었다. 그러한 점에서 보면 가례서의 보급을 두 측면에서 이해할 필요가 있다. 하나는 가치관을 실현키 위해 지향해야 할 의례를 제시하는 것과 다른 하나는 그 지향점과 현실이 결합된 것이었다.《주자가례》가 지향해야 할 의례를 싣고 있다고 하면 조선시대에 재구성된 가례서는 후자라 하겠다.

이러한 의례의 보급 및 확산은 일차적으로《주자가례》와 같은 의례집에 의하여 이루어질 것이지만 직접적인 또 다른 방법에 의하여 전파·보급되는 것이었다. 예컨대 유교의례는 특히 향약과 같은 조직체를 통하여 광범하게 보급되었다. 향약과 같은 조직체에 참여하여 의례를 준용하는 것이었다. 사족만이 참여한 향약은 논외로 하더라도 임진왜란 이후 동약 등을 통하여 상하가 함께하는 향약이 늘어나면서 향약에서 강조하는 유교규범은 물론 농민의 예속에도 영향을 미쳤다.

향약은 모일 때에 서원행례나 향례가 뒤따르는 경우가 있어서 유교의례가 향음주례와 같은 모습으로 전개되었다. 이러한 점에서 일반인에게까지 교육범위를 확대한 서당의 경우에도 일정하게 그러한 유교의례의 확산에 기여하였을 것으로 여겨진다. 물론 임란 이후의 모든 향약이 유교의례를 강조하지는 않았다. 몇 지역의 동약에서는 지나친 유교의례의 강조가 오히려 민심을 거칠게 할 것을 염려하여 소략하게 다루는 경우도 있었다.[19]

예를 지키려면 여러 조건이 충족되어야 할 것이었다. 특히 임란과 같은 대혼란기에서조차 그러한 것을 강조하기는 어려웠다. 사망자가 대량 발생한 전쟁 중에 모두가 상복을 입으리라 생각하는 것은 군주인 선조의 생각이고 현실은 그렇지 않았다.[20] 그러한 유교의례의 준용을 가로막는 현실은 다양하였다. 음양·풍수, 불교, 무속뿐만 아니라 기존의 조직이라든가 역의 부담, 경제적 상황, 역질, 오랜 시간에 걸쳐 형성된 구래의 습속이 영향을 미쳤다.[21]

常漢이 향약에 들지 아니하고 사사로이 香徒를 만드는 자는 관에 알려 그를 깨도록 하였다.[22] 비록 향촌사회에서 장례에 이용되는 향도마저 금하고 향약조직으로 대체하려는 것이었다. 의례를 지키게 하려고 예를 지키지 아니한 자를 처벌하든지 아니면 예를 행하는 것을 표창하고 장려하였다. 상중에 지켜야 할 일을 지키지 아니한 관리들을 처벌한다든가 상중에 과거에 응시한 자에 대해 처벌하는 것이었다. 아울러 상을 지내도록 관리에게 급료를 미리 지급한다든가 정표를 강화한다든가 하는 것이었다.

물론 정려에서 효자·열녀·충신으로 표창되는 것 자체가 직접적인 예속의 변화사례는 아니었다. 예컨대 효행을 표창하는 경우에 겉으로 드러나는 행위는 예속일 수 있으나 때로는 그 근본인 효라는 가치관만이 나타난 것이기도 하였다. 3년간 여막을 지켰다고 하는 것은 하나의 의례라 볼 수 있지만 斷指와 같은 것은 의례는 아니었다. 그러나 앞서 말하였듯이 예속의 변화는 근본적인 가치관 변화의 한 표현이기 때문에 그러한 정표정책은 예속의 변화를 가능케하는 조처였다.

조선 중기 몇 차례의 예송에서 볼 수 있듯이 예학에 대한 관심은 높았다.

---

19) 金武鎭, 앞의 글(1986), 29쪽·41쪽.
鄭四震, 《守庵集》 권 2, 愚巷洞契約文.
宋 亮, 《愚谷集》 권 1, 附社中條約.

20) 《宣祖實錄》 권 48, 선조 27년 2월 계해. 이는 임란뿐만 아니라 호란 직후에도 민풍이 크게 무너지고 예속이 전혀 없어졌다고 지적되었다(《仁祖實錄》 권 44, 인조 21년 11월 병오).

21) 《明宗實錄》 권 17, 명종 9년 9월 계묘.

22) 李崇逸, 《恒齋集》 권 4, 宜寧縣榜諭文·鄉約定規.

예학은 16세기 후반 이기심성론, 정통론에 대한 이해가 심화되는 것과 동시에 발달하였다. 예서의 전개도 祭禮 중심의 가례서에서 喪祭禮書로, 거기에서 다시 四禮書로 발전하였다.[23] 이는 물론 앞선 시기의 성리학의 수용 정도와 관련되는 것이라는 점에서 16세기 성리학의 실천과 관련되는 것이었다. 《소학》의 실천 그리고 향약의 시행과 같은 것으로 표출되었던 것으로 현실사회에서 성리학적 질서를 어떻게 실천해 나가는가 하는 문제였다. 사회의 기본 단위인 가족관계뿐만 아니라 향촌사회에서의 인간관계를 어떻게 유지하여야 하는가라는 문제였다.[24]

이는 향촌사회의 구성에 따라서, 예를 들면 혈연적 유대가 튼튼한 지역과 그렇지 못한 지역의 차이가 있기는 하여도, 전 조선사회의 사회질서라는 차원에서 지배층에 의하여 끊임없이 제기되고 있는 문제였다. 전술한대로 예는 단순한 행위규범을 넘어 유교가치관의 표현이라는 점에서 근본적인 문제가 담겨있는 것이었다. 현종대의 두 차례의 예송이나 예학의 발전은 義의 실현인가 아닌가의 문제이면서 유교문화의 원리와 그 행위규범에 대한 체계화가 심화된 것이었다. 농민층의 예의 실천 여부는 농민층을 유교문화의 공유자로 만들면서 조선 전사회를 성리학적 사회로 유지할 것인가 아닌가의 보다 구체적이고 현실적인 문제로 직결되는 것이었다.

3) 의례변화의 제양상

유교문화의 원리는 교육기구 혹은 사회조직 등을 통하여 보급, 확산되어 갔으며 그 구체적 표현으로서의 의례는 양반만의 문화가 아닌 전 사회의 문화로 확대되어 갔다. 일반농민을 교화의 대상으로 삼았던 16세기에 서당교육이나 향약에서 농민층이 배제된 것은 아니었다. 그러나 문화의 폭넓은 학습이 가능한 본격적인 서당교육이나 상하동약은 17세기에 들어가면서 이루어

23) 禮學과 禮書의 전개에 대해서는 다음의 글이 참고된다.
鄭玉子, 〈17세기 전반 禮書의 성립과정 : 金長生을 중심으로〉(《韓國文化》 11, 서울大, 1990).
고영진, 《조선중기 예학사상사》(한길사, 1995).

24) 李泰鎭, 〈士林과 書院〉(《朝鮮儒敎社會史論》, 지식산업사, 1989), 198쪽.

졌다. 조선 중기 유교문화의 원리이자 행위규범인 의례는 동몽교육과 향약을 통하여 수용되고 있었으며 그것은 점차 농민층의 문화로 되어 갔다. 16세기의 향약의 조문에서 원리의 이해와 예속을 지켜야한다는 원칙을 강조하였다면 17세기의 향약에서는 상하를 포괄하면서 실질적인 의례를 실천하기 위한 내용이 강조되었다.

향약은 사족 중심의 자치규범이기도 하였으며 유교가치관에 터를 둔 4강목을 통하여 구체적인 행위규범을 설정하며 그와 같은 것을 공동체적으로 강제 규제하는 향촌통제조직이기도 하였다. 향약은 소농경영을 기초로 하는 봉건경제구조가 유지되고 상하의 신분제적 질서가 지켜지는 사회를 이루고자 힘에 목적이 있는 것이있다.[25]

향약의 성격이 그와 같다는 것은 유교문화의 건설이 의례의 시행만으로 이루어지는 것은 아니라는 것을 말해준다. 곧 유교가치관에 입각한 전 사회의 구조를 이룰 때에 비로소 유교문화가 유지되는 것이어서 농민의 삶 곳곳에 영향을 미치는 것이었다.

(1) 관혼례의 변화

유교의례는《주자가례》가 보급되면서 점차 형성되었다. 그것은 물론 사족의 경우가 우선 대상이 되는 것이었다. 관례는 양반층 안에서도 잘 시행되지 않은 것으로 알려졌다.[26]《주자가례》에 실려있음에도 불구하고 "정식이 없어서 10세만 지나면 加冠을 하기도 하고 20세가 되어도 가관하지 않는다"[27]는 언급이 나올 정도로 이해 내지 보급되어 있지 않았다. 吳道一은〈訓士節目〉에서 교육 대상을 童蒙과 冠者로 나누었지만 18세기 중엽의《大東小學》에서도 관례가 잘 지켜지지 않음과 그에 따라 관례를 간략히 지킬 것을 권하였다.

혼례에서는 신랑이 신부를 맞아오는 친영례가 중심 문제였다. 우리의 경우 친영례라는 용어보다는 '率壻婚' 또는 '壻留婦家婚'이라 부르며 당시에는 '男歸女家婚'이라 부른 것이었다. 이것은 단지 혼례의 3일간의 행례만을

25) 金武鎭, 앞의 글(1986), 11쪽.

26) 고영진, 앞의 책, 114쪽.

27)《中宗實錄》권 34, 중종 13년 7월 경술. 朝講에서의 司諫 金希壽의 언급.

의미하는 것이 아니라 남자가 장가간 뒤 처가에서 처부모와 같이 살거나 처가가 그 처에게 나누어준 집에서 생활하는 것과 같이 처가에 정착하는 것을 뜻하였다. 이 습속은 17세기 후반 자녀차등상속제와 장자봉사제가 실시되면서 그 기간이 단축되어 1년 또는 반년이 되었다.[28]

연산군 8년(1502)에 제정한 〈혼인절목〉까지 있었지만 친영례는 잘 지켜지지 않았다.[29] 혼례 때에 모두 전해오는 속례를 따르고 있었던 터에 선조 3년(1570) 정월에 趙穆이 가례절목을 준용하여 딸의 혼례를 치룬 것은 주목할만한 사건이었다.[30] 속례에서는 혼인날에 촛불을 밝혀놓고 신부를 들여보내고 그 다음 날 覽寢이라 하여 신랑의 친지들이 그 처가를 방문하여 酒食을 대접받고 3일째에 부부가 비로소 상견례를 하는 것이었다. 가례에 의하면 혼인날에 친영례를 행하는 것인바 여러 밤을 지내고 상견례를 하는 것을 유자들은 외설적이며 무례하다고 비판하였다.[31] 《주자가례》의 수용으로 점차 남침이 없어지고 친영례를 행하게 되기는 하였으나 앞서 지적하였듯이 16세기 중엽에 유교의례가 본격적으로 전개되지는 않았다. 조목이 행한 친영례를 원근에서 서로 본받고자 한 사람들은 사족들이었을 것이다. 그 직후인 선조 7년에도 諫院에서 혼례가 정식이 없음을 말하며 《주자가례》를 시행할 것을 요청하고 있고, 이에 선조는 혼례는 고장마다 다른 것이 전례이고 새로운 예를 만들 필요가 없다고 하였다.[32] 군주마저 일률적인 《주자가례》 적용을 거부하고 있을 정도였다.

동몽교육에서나 향약에서 혼례의 구체적인 절차를 직접 가르치고 규정한 것은 아니었다. 《계몽편》에서 부부관계를 강조하고 있는 것은 인간관계의 출

---

28) 李樹健, 〈朝鮮前期의 社會變動과 相續制度〉(《한국친족제도연구》, 역사학회, 1992), 85쪽.

29) 《燕山君日記》 권 44, 연산군 8년 5월 기해.
《中宗實錄》 권 97, 중종 36년 12월 경진. 이 혼인절목은 혼례 전반을 규정한 것이 아니라 혼인 때의 사치를 금하는 것이 주 내용인 것으로 보인다.
조선 전기 혼례에 관해서는 장병인, 《조선전기 혼인제와 성차별》(일지사, 1997) 참조.

30) 趙 穆, 《月川先生文集》 月川先生年譜.

31) 李濟信, 《淸江先生鯸鯖瑣語》.

32) 《宣祖實錄》 권 8, 선조 7년 9월 기묘.

발로서의 의미이지 혼례를 직접 가르치는 것은 아니었다. 향약에 혼례가 수록된다 하여도 구체적인 의례를 시행키 위한 것이라기 보다는 노동력의 상호부조적인 성격이 짙었다. 그러나 그 부조의 내용을 보면 향약원들의 혼례가 《주자가례》에서 벗어나기 어려웠던 것으로 보인다.

광해군 3년(1611)에 朴絪은 陜川에서 三里鄕約을 만들면서 婚姻相助條를 두었다.[33] 이 향약은 향촌민 전체를 상·중·하 셋으로 나누었다. 3리의 인물을 모두 명부에 기록하고 士夫를 一類로 하여 동서로 나누고, 평인·서얼·서민·僕隷를 각 1류로 나누었다. 이 가운데 사부가 상이고 평인이 중이며 서얼 이하를 하로 하였다. 혼가행차 때에 해당 마을의 상유사가 마을 장정을 가려 뽑아 上行은 40명, 中行은 20명, 下行은 10명을 지원하는 것이었다. 친영례의 경우에 신부가 속한 마을 사람이 雉鷄 가운데 각 1수를 돕는데, 士夫는 사부가 돕고 평인 이하는 그 마을 중에서 서로 돕도록 하였다. 혼가에는 해당 리의 里統이 마을 장정을 이끌고 鋪陳이나 횃불, 馬草와 같은 일을 돕도록 하였다. 신분에 따른 노동력의 제공 정도만 규정하고 친영례의 구체적인 내용을 싣고 있지는 않지만 모두가 따라야 할 친영례로 자연스레 규정하고 있는 것으로 여겨진다.

이와 같이 향약에서 공동노동력을 동원하여 지켜야 할 의례의 기준은 향촌사회의 상층부인 재지사족들의 의례인 것이었다. 물론 金榦의 동계에서도 敦風俗條에서 혼인이 별도로 처리되고 강조되었지만 그것은 경제적인 상호부조에 그치는 것이고 《주자가례》로 표현되지는 않았다. 喪禮도 마찬가지이듯이 노동력의 제공 혹은 경제적인 부조가 곧 의례를 규제하는 것은 아니었다. 부물을 내는 혼인의 예식이 《주자가례》이었는지 아닌지는 직접 표현하지는 않았다.

그러나 16세기 양반조차 잘 지키지 않던 친영례가 17세기 향약조문에 등장하고 있다는 것은 친영례 시행을 말해줌과 동시에 향약을 통한 의례의 보급을 함께 말하는 것이다. 향약에 의하여 통제되는 향촌민이 그를 주도하는 사족들의 의례를 따르지 않기는 어려운 것이었다.

33) 朴 絪, 《无悶堂集》 권 3, 雜著, 三里鄕約立議.

(2) 상제례의 변화

관혼상제 의례 가운데 복잡하여 지키기 어려운 것으로 여겨지던 것이 상제례였다. 《경국대전》 禮典에는 奉祀·喪葬 조항을 두고 있는데 특히 관인들의 봉사뿐만 아니라 庶人의 봉제사에 대해서도 규정하였다. 刑典 推斷에서는 "상을 당하기 전에 범행한 徒刑·流刑 이하의 죄가 상중에 발각된 자는 10惡의 죄를 제외하고는 贖錢을 받으며 혹 체형을 받기를 원하는 자에게는 백일 후에 처벌을 하도록" 하였다. 그만큼 상을 당하는 것은 범죄로 인한 처벌을 감하거나 유예할만큼 중요한 것이었다.

이 상제례는 일반 풍속과 불교의례의 적지않은 영향을 받았던 것으로 유교의 수용과 함께 의례의 충돌이 가장 심한 것이었다. 그것은 단순히 종전의 의례를 유교의 것으로 대체하는 문제가 아니었다. 쌍계적 가족제도, 同姓결혼, 異姓收侍養, 男歸女家婚, 자녀균분상속제, 子女輪回奉祀制 그리고 친족개념 등의 문제들을 유교 입장에서 정리하여야 하는 것이었다. 그 방향은 부계친족 중심의 가족제도, 동성불혼, 異姓不養, 친영례, 자녀차등상속제 및 長子奉祀制 등이었다. 물론 이러한 문제들은 상호 연관되는 것이어서 특히 남귀여가혼·자녀균분상속제·자녀윤회봉사와 같은 것이 서로 인과관계를 가지면서 점진적으로 해결되었다.[34]

상제례의 실행은 또한 종법제도의 이해와 관련이 있는 것이었다. 종법의 문제는 좁혀서 보면 의례문제는 아니었다.[35] 그러나 종법의 문제는 주자성리학의 정통론을 온전히 수용하는가 아니하는가의 문제와 함께 종법결정과 관련한 제사권의 상속, 나아가서는 재산의 분재 등 여러 문제가 중첩되어 있는 것이었다. 종법수용의 문제는 성리학의 수용과 관련하여 변형되어 수용되었다. 의리·명분론에 입각한 성리학의 정통론을 수용하는가 아니면 혈연 또는 그 결정권을 父가 가진 것으로 보는가 하는 문제였다.

---

34) 李樹健, 앞의 글, 113~114쪽.

35) 종법제도의 수용에 관해서는 다음의 글이 참고된다.
池斗煥, 〈朝鮮前期의 宗法制度 理解過程〉(《泰東古典硏究》 1, 1984).
박연호, 〈조선전기 士大夫禮의 변화양상-「家禮」와 宗子法을 중심으로〉(《淸溪史學》 7, 1990).

종법수용과정은 일률적이지 않았다. 세종대에는 宗子만이 제사를 주관하는 원칙이 세워지고 입후자가 친자로서 承重·奉祀하는 원칙이 세워졌다. 이는 정통론에 입각한 종법제로 보이기도 하지만 현실적으로는 兄亡弟及의 혈통론이 그와 같은 형식을 빌리고 있는 것도 사실이었다. 의리·명분의 정통론이 쇠퇴한 세조대에는 제3자 승중이나 증손이 입후하여 승중·봉사하는 일까지 있었다. 성리학을 성리학으로 온전히 이해하게되는 퇴계와 율곡 단계에 이르러 입후 뒤에 친자가 태어나도 입후자가 승중·봉사하는 종법제로 이해하게 되었다.

收·侍養子가 모두 입후를 목적으로 하는 것만은 아니지만 위와 같은 입후를 하는 길 가운데 하나가 수·시양이었나. 17세기에노 수·시양자의 재산상속을 둘러싼 적지 않은 분쟁이 일어나고 있었다. 이러한 문제는 물론 양반층에 집중되는 것이기는 하지만 收·侍養父의 신분이 대체로 중인 내지 양인이라는 점에서 보면 일반 농민의 문제이기도 하였다.[36] 아울러 그것은 종법제의 시행과 관련되는 것이고 동시에 그와 동일한 준거인 성리학의 의례를 준용하는 문제였다.

연산군 12년(1506)에 "이제부터는 외조모·처부모의 忌祭를 지내지 말도록" 전교하였다는 것은[37] 유교문화가 세워지면서 상제례 역시 점차 종전의 예속을 조정하면서 점차 《주자가례》의 시행으로 옮아가게 되는 과정을 말하는 것이었다. 제례는 그야말로 집집마다 다르다는 것이 속설로 알려질 정도였다.

이이는 《학교모범》에서 상제례를 강조하면서 그것이 어버이 섬김의 하나임을 말하였다. 그는 《擊蒙要訣》에서 제사는 마땅히 《가례》에 의하여 반드시 사당을 세워 선조의 신주를 모시고 祭田을 두고 祭器를 갖추어 宗子가 주관하도록 강조하고 있으나 현실은 그렇지 못하였음을 지적하였다. 이 시기 제사 가운데 묘제와 忌祭, 辰日祭祀 및 단오, 추석 등 속절의 제사는 내외손이 돌아가면서 지내고 있었다. 종자가 행하는 것은 시제만이었다. 그리고 기제의 경우에도 신주에 제사지내지 않고 지방을 붙이고 제사를 드리는 것이었다. 이러한 윤회봉사는 자녀균분상속제가 그 배경이었다.[38]

36) 崔在錫, 〈朝鮮時代 養子制와 親族組織(하)〉(《歷史學報》 87, 1980), 76쪽.
37) 《燕山君日記》 권 61, 연산군 12년 정월 경자.

16·17세기에 각종 예서의 편찬이 이루어지고 있다는 것은 곧 예속의 수용이 진행되고 있음을 말하는 것이다. 그러나 사대부조차《주자가례》를 지키기 어려워 그를 집례하는 대표적인 인물들이 나타나고 있다는 것은 그만큼 일반에 의한《주자가례》의 수용이 이루어지고 있지 않다는 증거이기도 하였다. 사대부조차 상제례를 업신여겨 상제례를 줄이고 피하는 각종의 속설이 많이 유행되었다. 종전의 관습이나 불교의례 또는 현실적인 경제적 처지 등은 이러한 가례의 수용을 더욱 어렵게하는 것이었다.

《주자가례》를 준용한 경우에도《주자가례》라는 큰 틀은 따르되 실제의 절차에서는 구래의 습속 등이 결합되기도 하였다. 예를 들어 3년상을 무덤 옆에서 지내는 廬墓制는 효행으로 인정되어 정표하기도 하였는데 이는 본디《주자가례》를 따른 것은 아니었다. 그러나《주자가례》가 보급되면서 이것 역시 문제로 되지 않을 수 없었다.《주자가례》를 따라 집에서 返魂의 예를 행하려면 여묘제는 자연 행할수 없는 것이었다.[39] 가례의 준용을 주장하는 양반층으로서는 일반인들이 반혼을 이유로 시묘살이를 피하는 것을 적극적으로 막을 방도는 없는 것이었다. 따라서 이이는 예법에 따라서 지킬 수 있으면 반혼을 하지만 그렇지 못하면 시묘살이를 하는 것이 옳다고 하였다. 이러한 것은 한편으로는《주자가례》의 수용에 따라서 구래의 예속이 변화하게 되는 사례이기도 하였다.

《주자가례》에 따르지 않는 경우에 대체로 그것을 胡風이라 여긴 것으로 보인다. 유교에서의 효가 강조되고 있었지만 촌민이 상시에는 어떻게 해야 養親을 하는 것인지 모르고, 돌아가신 후에는 매장·제사를 餘事로 안다는 지적은 이 시기의 양반층이 보는 농민의 한 모습이었다. 주육을 베풀고 마치 잔치처럼 치르는 것이었다. 따라서 향약의 부칙으로 정하여 일체 금하도록 조처하였다.[40]

그러한 문제를 근본적으로 해결할 수 있는 것은 물론 의례의 교육이었다.《주자가례》를 그대로 주지시키는 것으로는 적절치 못하였던 것으로 판단되

---

38) 李樹健, 앞의 글, 87쪽.
39) 高英津, 앞의 글(1991), 38쪽.
40) 李 埈,《月澗集》권 3, 書約 下.

어 내용을 이해하기 쉽도록 줄이든지 한글로 바꾸어 보급하였다. 앞서의 《격몽요결》과 같은 서적을 보급하였고 《주자가례》를 주석하는 작업이 이루어졌다. 그리고 申湜의 《家禮諺解》, 金長生의 《喪禮諺解》, 安某의 《家禮喪葬三禮諺解》와 같은 언해서들이 나오게 되었다.[41] 김장생은 〈喪禮諺解序〉에서 禮 가운데 상례가 가장 번다한 것으로 지적하였다.[42] 예를 안다고 하는 사람도 상을 당하여 제대로 하지 못하는데 하물며 궁벽한 향촌에 사는 사람이야 어찌 그 예절을 알겠는가 하여, 비록 婦人이 이를 갖고도 실행할 수 있도록 언해한다는 것이었다.

상하가 같이 참여하는 향약에서도 상례를 점차 상세하게 규제하면서 사족민이 아닌 일반인을 그 대상 범주로 확대하였다. 임란 이후 古縣洞約 역시 상하가 함께 참여하는 향약으로 변환하였다.[43] 현재 전하는 최초의 약문에서는 다른 향약에서와 같이 喪葬에 모두 모여 돌보아주도록 되어 있는 정도였다. 2차 증보한 인조 22년(1644)의 규약에는 의례를 지키기 위한 구체적인 부조가 규정되어, 혼인과 父母妻子의 初喪에는 상하가 백미 7合씩을 내어 도와야 했다.

효종 4년(1653)의 조목에 증보한 내용은 주로 洞會가 소유하고 있는 什物의 사용에 관한 것이었다. 예속을 지켜나가고자 할 때의 장애 요인 가운데 하나는 경제적 여건이었다. 그것을 부분적으로 해결할 수 있는 방법은 冠帶나 喪輿를 세를 주고 빌려주거나 파는 것이었다. 이는 곧 의례를 지키기 위한 보완적 조처였다. 이 물건들은 동약원들에게 대여해주는 것이었지만 사정이 어려운 사람들에게도 세를 받고 빌려주는 것이었다. 현종 7년(1666) 즈음의 증보에서는 다른 면에 살고 있는 동약원의 자식이나 조카들에게도 세를 받고 빌려주었다.

박인의 삼리향약은 혼인에 관한 조목과 같이 상례를 상세히 규정하였다. 성빈·영빈·회장·조묘 등의 일을 맡아서 하였다. 향도조직을 대체할 정도

41) 고영진, 앞의 책, 195~213쪽.
42) 金長生, 《沙溪全書》 권 5 (《石潭及門諸賢集》 1, 亞細亞文化社, 1982), 80쪽.
43) 고현동약의 약문은 朴翼煥, 〈泰仁地方의 古縣洞約考〉(《邊太燮博士華甲紀念 史學論叢》, 1985)에 의거하였다.

의 짜임새를 갖고 있는 것으로 보아, 향도를 이용함으로 따르게 될 전래의 예속 시행을 피하고 유교예속을 준용케 하려는 것이었다. 즉 유교예속의 실천을 실질적으로 가능하도록 노동력을 동원하는 것이었다.

상례는 사실 노동력의 확보가 어느 예보다 중요한 일이었다. 진주의 僧法藏과 같이 士人의 자제이면서도 그 모친을 장례지내기 위하여 향도계에 드는 경우가 있는 것이었다.[44] 예를 들어 앞서의 삼리향약의 경우에는 상상의 경우에는 삼리의 연정이 모두 동원되고 중상이면 50명 하상은 20명이 동원되었다. 상주 魯谷향약의 擔持軍도 30명이었고[45] 城山睦隣契에서는 30명을 喪軍의 기본 단위로 삼았다. 그에 비하여 폐농할 지경에 이르렀을 때에 농사를 짓기 위해 제공하는 장정의 수는 20명을 넘지 못하도록 정하였다.[46] 물론 상은 일시적이고 농사는 그와 다르다는 것을 고려하여도 적지 아니한 인원이었다.

이 성산목린계에서는 상계이든 중하계이든 초상으로부터 영장에 이르기까지 맡을 호상유사를 정하도록 되어 있었다. 물론 상하가 참여하는 향약이라 하여도 그 향약의 운영 형태에 따라서 의례의 시행은 정도의 차이가 있었던 것으로 보인다. 喪에 사족이 직접 주관하지 않는 것을 보면 의례의 준용에 한계가 있는 것으로 여겨진다. 가령 하계에 속한 자가 상을 당하면 부물에 차이가 있을 뿐만 아니라 상유사나 도유사는 노를 보내어 弔禮를 할 뿐이었다.[47] 그렇다고 하여도 향약 자체가 유교예속의 준행을 강조하고 있다는 점에서 보면 그 역시 정도의 차이는 있겠지만 유교의례의 준용을 현실적으로 강제하고 있다고 하겠다. 향약은 직접적으로 예속을 서로 지키도록 약문에 규정하고 있을 뿐만 아니라 강제에 의하여 지켜지는 것이었다. 단순히 가마니를 낸다든가 아니면 노동력만을 제공하는 경우에도 의례의 준용을 전제로

44) 《晉陽誌》 권 3, 孝行(《慶尙南道輿地集成》, 慶尙南道誌編纂委員會, 1963).

45) 〈魯谷鄕約〉(《嶺南鄕約資料集成》, 吳世昌 外 4인, 1986), 251쪽. 鄕約題名錄序는 李萬敷(1664~1732)가 1708년에 쓴 것이지만 座目의 부조수혜 내용을 보면 17세기 후반 시행되고 있었음이 확인된다.

46) 《城山睦隣契憲》 補入契令(嶺東地方 鄕土史硏究資料叢書(一), 關東大 嶺東文化硏究所, 1989).

47) 金 榦, 《厚齋集》 권 38, 頒示各面洞契約.

하는 것이었다.

그러나 여전히 의례의 준용은 앞으로 완성되어 가는 것이지 종결된 문제가 아니었다. 종전과 마찬가지의 문제가 일어나고 있었다. 3년상을 지내지 않는다든가, 거상 중에 결혼한다든가, 부모가 돌아가심에도 타향에서 빨리 돌아가지 아니하고(不奔喪), 장례와 제사를 지내지 않고, 喪葬이나 練祥(小祥) 일에 혹 인리를 불러 술마시고 잔치를 한다든가 혹은 무격을 많이 베풀어 하루 종일 징이나 치는 일까지 벌어졌다. 이에 심한 자는 告官토록 하였다. 이와 같이 향약에서 고관의 조항을 둔 것은 의례의 준용에서도 강제력을 행사하고 있음을 확인할 수 있는 것이었다. 婚姻喪祭의 경우에 이유없이 때를 놓치면 처벌되는 것이있다.[48] 향약문 역시 글사를 모르는 상한을 위하여 한글로 풀어 알리는 것 또한 병행하던 일이었다. 앞서의 고현동약에서는 諺書로 약조를 베껴 각 리에 나누어주어 잘하고 잘못하는 것을 적어 남녀가 하나 같이 다 알도록 하였다.

4) 농민사회의 예속 변화의 몇 문제

유교문화의 확산은 의례에 국한하는 것이 아니었다. 기왕의 풍속을 변화시켰다. 관상감에서 주관하는 儺禮는 대궐에서도 행하던 역귀를 몰아내는 행사였다. 인조 원년(1623)에는 나례를 정지하고 숙종 18년(1692)에 오례에 의하여 설행하도록 하였다. 踏橋와 같은 것은 부녀자들의 것으로부터 남자들의 것으로 변하기도 하였다. 답교는 부녀자들이 열두 개의 다리를 밟으면 열두 달의 재앙이 없어진다 하여 보름날 저녁에 행하던 것이었다. 그런데 부녀자들의 뒤를 무뢰한들이 삼삼오오 따라다녀 추잡하다 하여 명종 때에 금하여 답교하는 풍속이 끊어졌다. 그러나 남자는 귀천을 막론하고 무리를 이루어 다리를 밟는 것이 풍속이라는 것이다. 유교적 가치관에 입각하여 금지된 것이 변질된 모습이었다.[49]

---

48) 李崇逸, 《恒齋集》 권 4, 宜寧縣榜諭文 · 鄕約定規.
金 榦, 《厚齋集》 권 38, 通諭境內上下約.

49) 나례와 답교에 대해서는 李肯翊, 《燃藜室記述》 別集 권 12, 政敎典故 俗節 雜戲.

16세기 차별적으로 준용되던 의례는 17세기에 들어 점차 일반농민에게까지 확산되었다. 의례는 상하의 질서로 유교예속의 보급은 보다 분명한 신분차별을 나타내게 되었다. 그러나 거꾸로, 차별없는 의례의 준용은 신분적 차이마저 부정되는 것처럼 보였다. 그것은 문화의 기본 원리를 확대해 나가는 과정에서 제기되는 문제 가운데 하나로 문화의 원리를 공유하고 문화를 공유함으로써 오는 동류의식(we-feeling)의 문제였다. 그것은 외형상으로는 사치한 풍속이 문제인 것처럼 보였으나 사실 사대부와 서인의 예가 차별 없는 것이 문제였다. 혼인이나 장례 모두 마찬가지였다.[50]

《禮記》 曲禮 上에서의 "예는 庶人에게까지 이르지 않는다"라는 것은 예의 차별적 준용을 적용하려는 입장의 근거 가운데 하나였다.[51] 따라서 임란 이후 재지사족은 양반이나 서인이 '天命之性을 함께 받음을 내세워 같은 목적을 수행하는 것'으로 설명하게 되는 것이었다.[52]

이러한 조선 중기 이후 사회조직들의 특징 가운데 하나는 그간의 향촌교화의 여러 기구가 통합되어 나타나고 있다는 점이다. 향약·향음주례·약회·강회 등이 혈연적 기반 위에 서원 혹은 서당과 같은 구체적인 공간을 갖고 그리고 洞이라는 생활권을 중심으로 하는 것이었다. 유교문화는 이와 같이 통합된 조직을 통하여 농민층에게 더욱 확산되어 갔다.

〈金武鎭〉

4. 순국·순절자의 포정

1) 사림의 정표운동

旌表란 선행을 칭찬하여 이를 여러 사람에게 알리는 것을 뜻하며, 旌閭는

50) 《中宗實錄》 권 44, 중종 17년 4월 무자·권 97, 중종 36년 12월 경진.
《孝宗實錄》 권 4, 효종 원년 7월 무오.

51) 《中宗實錄》 권 64, 중종 23년 12월 을유.

52) 南夢賚, 《伊溪集》 권 4, 沙村里約重修序.

孝子·忠臣·烈女들을 표창하여 임금이 그 집이나 마을 앞에 세우도록 한 붉은 門이다. 다른 명칭으로는 旌門·홍살문[紅箭門]·綽楔·棹楔·紅門이라고도 한다. 이것은 신라 때부터 발생하여 고려에 들어와서 적지 않게 건립되었으며, 성리학적 이념을 바탕으로 하는 조선왕조에서는 전국적으로 상당수 세워졌다. 즉 조선왕조는 유교적인 지배윤리를 위한 도덕규범을 장려하기 위해 효자·충신·열녀들에게 정문·정려·復戶(徭役의 부담을 감면하는 일)·賞職·賞物 등으로 포상하였던 것이다.[1] 따라서 사림들은 정표운동을 통하여 국가로부터 포상을 받고자 적극 추진하였다. 특히 사림의 정표운동은 임진왜란, 병자호란 등 전란 이후에 더욱 활발히 전개되었다. 그리하여 자기 가문의 명예를 빛낼 뿐만 아니라 가문의 권위를 유지 발전시키고자 하였던 것이다.

亂時死節人 등에 대한 포상은 정표대상자의 수가 매우 많아 진위가 서로 섞이고 허실을 분별하기 어려웠다. 뿐만 아니라 전란 이후에 포상되지 못한 경우 그 후손들이 적극적으로 정표를 받고자 하였다. 예컨대 충신의 경우에 있어서 그 후손들이 上言하여 정표되는 경우가 적지 않았다. 故知事 朴蘭英의 경우 효종대에 그 자손을 錄用하도록 명하였으나 정표의 은전을 시행하지 않게 되자, 숙종대에 이르러 그 자손인 朴慶祉가 상언하여 청하고, 예조에서 허락할 만하다고 말하니 정표를 명하였다.[2] 고 부사 全尙毅는 정묘호란에 龜城을 지키다가 平安兵使 南以興, 安州牧使 金浚과 함께 전사하였는데 전상의는 자손이 쇠잔하여 정려하는 은전을 미처 청하지 못하였다. 숙종대에 이르러 그 후손의 呼訴로 특별히 정려하고 金浚의 祠廟에 배향하도록 하였다.[3] 군수 李惇五와 학생 李崇仁은 각각 병자호란, 임진왜란 때에 순절함으로써 추증되었는데, 숙종대에 와서 그 아들의 청으로 함께 정려를 명하였다.[4] 昌原府吏 黃是憲은 병자호란 때에 전사하였는데 숙종대에 이르러 아들 黃羽龍이 조정에 상언하여 정려를 명하였다.[5] 盧挺弼은 임진왜란 때 진주에

1) 朴 珠,《朝鮮時代의 旌表政策》(一潮閣, 1990) 참조.
2)《肅宗實錄》권 4, 숙종 원년 9월 임자.
3)《肅宗實錄》권 15하, 숙종 10년 8월 무술.
4)《肅宗實錄》권 15하, 숙종 10년 10월 임인.
5)《肅宗實錄》권 21, 숙종 15년 5월 경신.

서 순절함으로써 조정에서 이미 贈官으로 포상하였는데, 숙종대에 와서 그 아들이 상언하여 父의 충열을 陳達하고 정려를 청하였으나 윤허하지 않고 단지 자손을 錄用하라고 명하였다.[6] 고 현령 李有吉(故判書 李後白의 후손)은 深河役(後金이 遼東을 침범했을 때에 명나라의 요청으로 姜弘立을 都元帥로 하여 군사 1만 3천 명을 보냈다가 패전한 사실을 말한다)에 永柔縣令으로서 종군하였다가 金應河와 함께 사절하였으나 당시 광해군대에는 포상이 없었다. 이에 숙종대에 이르러 그의 손자 李碩耉가 상언하여 恤典을 청하였으나 예조에서 오래된 일이라 하여 들어주지 아니하였다. 정언 李彦綱이 상소하여 그 일을 말하면서 李廷龜가 지은 제문을 증거로 삼았는데, 이에 숙종은 정표하고 추증하게 하였다.[7] 故武臣 張繼先과 吳稷은 심하역에 종군하여 전사함으로써 효종대에 증직하였다. 숙종대에 와서 그 후손들이 상언하여 정려를 청하자 예조에서는 이미 贈典을 받았다 하여 허락하지 않았는데 숙종이 특명으로 아울러 정려하였다.[8] 折衝將軍 金夏鼎은 상언하여 그의 조부 金雲이 심하역에서 사절한 일을 진달하니 추후하여 정려하도록 명하였다.[9] 故出身 金宗立은 병자호란에 순절하였으나 褒奬의 典이 미치지 않았는데, 숙종대에 와서 그 손자인 출신 文商이 억울함을 말하여 특별히 정려를 명하였다.[10]

이와 같이 臨亂殉節人으로서 많은 인물들이 이전에 포상되었는데, 숙종대에 와서 그 후손들의 상언으로 인해 정려를 더하고 있다.

숙종대에는 가문 위주의 정표도 적지 않았다. 임진왜란 때 사절한 高從厚(高敬命의 아들)에게 증직을 명하고 그 형 高因厚에게는 賜諡하였다.[11] 그리고 高敬兄(高敬命의 庶弟)에게도 증직을 명하였다. 金時若(晉州牧使 金時敏의 庶弟)은 임진왜란 때에 晉州城에서 공을 세워 昌城府使가 되었으나 호란 때에 두 아들과 함께 순절하여 참판으로 증직되었다.[12] 童子 金壽全(文忠公 金尙容의

---

6) 《肅宗實錄》 권 19, 숙종 14년 3월 병자.
7) 《肅宗實錄》 권 10, 숙종 6년 12월 임진.
8) 《肅宗實錄》 권 12, 숙종 7년 10월 을유.
9) 《肅宗實錄》 권 24, 숙종 18년 10월 갑진.
10) 《肅宗實錄》 권 40, 숙종 30년 8월 갑오.
11) 《肅宗實錄》 권 19, 숙종 14년 3월 경진.
12) 《肅宗實錄》 권 21, 숙종 15년 10월 계유.

孫)은 나이 13세에 江都에서 조부를 따라 垣 溁死하여 정문을 명하였다.[13] 李莞(李舜臣의 姪)은 정묘호란 때에 순절함으로써 인조대에 贈兵判하였으나 정표의 典이 주어지지 않았는데 숙종대에 와서 정려하였다.[14]

이와 같이 17세기에는 사림들이 정표하는 일에 적극적으로 나섬으로써 정표가 더욱 쉽게 주어졌다. 17세기 사회는 문벌이 중시되는 사회로 후손들이 선조 가운데 忠節・孝烈者들을 가졌다는 사실은 자기 가문의 사회적 지위를 높여주는 것이었고 따라서 가문을 빛낸 顯祖를 밝히고자 사림들은 정표를 청하는 상언을 하였던 것이다. 특히 숙종대에 오면 후손들이 정표를 청하는 사례가 많이 있었으며, 구체적 행적의 기록없이 수십 명, 수백 명씩 포상되는 경우도 있어 포상이 이전보다 쉽게 주어졌다는 사실을 알 수 있다. 따라서 숙종대에는 정문・정려가 증설되었으며, 정표된 충신・열사의 대부분이 書院이나 祠宇에서도 제향되고 있는 인물들이라는 점이 주목된다.[15]

2) 국가의 정표정책

조선왕조의 정표정책은 태조 원년(1391) 7월에 그 방침을 밝힘으로써 시작되어 조선의 마지막 왕인 순종대까지 계속되었다. 조선왕조는 三綱五倫을 근저로 한 유교적 풍속교화를 위하여 효・충・열의 행적이 있는 자에게 사회적 신분의 고하, 귀천, 남녀노소를 막론하고 국가에서 적극적으로 포상하였다. 즉 해마다 연말이 되면 각 도의 감사들로 하여금 孝子・順孫・義夫・節婦들을 수록, 보고하게 하고 이들에게 門閭를 세워주고 賞職 또는 賞物을 내리는 한편 경제적으로는 復戶 등으로 戶役의 면제와 더불어 그 자손에게 부역을 견감해 주었던 것이다.[16] 또한 公私賤의 경우는 면천하게 하여 신분상승을 가능케 하는 등 실제 생활에 이익을 주어 권장하였다. 한편 정표는 사족의 경우 가문의 큰 명예가 되었다. 그러므로 조선 후기로 갈수록 양반계층

---

13)《肅宗實錄》권 39, 숙종 30년 3월 갑인.
14)《肅宗實錄》권 39, 숙종 30년 7월 계해.
15)《典故大方》書院 鄕祠錄 참조.
16)《經國大典》권 3, 禮典 奬勸.

뿐만 아니라 양인과 천민에 이르기까지 정표를 받는 것이 개인과 가족 모두의 큰 목표가 되었다.

한편 동서고금을 통하여 국난중에는 충신·열사가 많이 나게 마련이고, 따라서 국난이 끝난 후에 사회의 기강을 바로 잡고 흐트러진 민심을 수습하기 위하여 국가에서는 여러 가지 포상제도를 실시해 왔다.

주지하듯이 7년간에 걸친 임진왜란은 조선사회에 막대한 피해를 끼쳤다. 그 중에서도 가장 큰 피해는 왜군의 살육과 약탈로 입은 인명손실이었다. 특히 효자·충신·열녀가 각 도에서 많이 보고되어 국가에서의 정표정책도 적극적으로 추진되었다.17)

선조대에는 임진왜란의 과정에서 또는 난후에 사절한 효자·충신·열녀에 대한 정표에 특히 노력하였다. 그러나 그들의 실적이 기록되어 있는 文簿가 소루하였으며, 난후 효자·충신·열녀의 수가 매우 많았으나 名實이 다르고 진위가 서로 섞이는 폐단이 있어 그 실상을 자세히 살피고 聞見하여 정표하고자 함에 따라 포상하는 일이 늦어져 그 행적이 파묻혀 없어지는 경우가 적지 않았다.18)

〈그림 1〉
《동국신속삼강행실도》의 효자도(完基同死)

광해군은 국가의 정표정책을 통하여 임진왜란 때의 효자·충신·열녀들을 적극적으로 포상하고, 또한 이들의 실적을 수록 반포하여 민심을 격려하고자 하였다. 그 결과 《東國新續

17) 朴 珠, 〈임진왜란과 旌表〉(《韓國傳統文化硏究》 8, 효성여대, 1993) 참조.
18) 《宣祖實錄》 권 136, 선조 34년 4월 무자·권 139, 선조 34년 7월 갑진.

三綱行實圖》의 편찬계획이 수립되었다. 이에 정부에서는 撰集廳을 설치하고 광해군 9년(1617) 3월에 《동국신속삼강행실도》를 편찬 간행하기에 이르렀다. 이 책은 임란 전의 정표자들까지도 포함하여 효자 8권, 충신 1권, 열녀 8권, 續附 1권 등 모두 18권으로 이루어져 있는데,[19] 특히 임란 당시의 효자 · 충신 · 열녀의 사례가 많이 수록되어 있어 국가의 정표정책의 일면을 이해하는 데 큰 도움을 준다.

《동국신속삼강행실도》에 의거하여 임란 때의 효자 · 충신 · 열녀의 수를 살펴보면 효자 95건, 충신 56건, 열녀 442건으로 총 593건에 이른다(〈표〉 참조). 먼저 효행의 사례로는 왜적에게 부모가 살해되거나 포로가 되는 것을 막고자 생명을 걸고 구하거나 함께 죽는 경우가 가장 많다. 그리고 충신의 아들로 의병장 아버지와 함께 싸우다 전사한 경우도 적지 않다. 예컨대 光州의 正字 高因厚(高敬命의 아들로 錦山에서 아버지와 함께 전사), 佐郎 高從厚(고경명의 아들로 진주성에서 전사), 羅州의 別坐 金象乾(金千鎰의 아들로 진주성에서 아버지와 함께 전사), 沃川郡의 유학 趙完基(趙憲의 아들로 錦山에서 전사)(〈그림 1〉),

〈표〉 임진왜란 때의 효자 · 충신 · 열녀

도별 \ 유형별	효 자 (효녀 포함)	충 신	열 녀	계
서 울	28	24	66	118
경기도	8	5	35	48
충청도	8	5	40	53
전라도	18	7	95	120
경상도	29	5	124	158
강원도	2	4	40	46
황해도	—	5	20	25
함경도	2	1	16	19
평안도	—	—	4	4
미 상	—	—	2	2
계	95	56	442	593

※ 《東國新續三綱行實圖》에 의함.

19) 《東國新續三綱行實圖》 乾 · 坤 影印本 (國立圖書館, 1958) 참조.

〈그림 2〉
《동국신속삼강행실도》의 충신도(象賢忠烈)

서울의 유학 金時伯(金悌甲의 아들로 鴒原城에서 아버지와 함께 전사), 玄風縣의 유학 郭履常·郭履厚(郭赿의 아들로 黃石山城에서 아버지와 함께 전사), 학생 高應翼(高世[山斗]의 아들로 竹山에서 전사) 등이 그들이다.

효행자들의 신분을 볼 때 유학이 가장 많다. 그리고 포상내용을 보면 선조 때 정문이 12건인데 비해 광해군 때 정문은 81건이나 된다.

충신으로 포상된 사례는 임진왜란 때 국가를 위해 싸우다 순절한 충신·열사의 경우가 대부분이다. 예컨대 부사 宋象賢(〈그림 2〉), 僉正 趙憲, 參議 高敬命, 判決事 金千鎰, 목사 金悌甲, 부사 李宗仁, 병사 黃進, 목사 金汝岉, 관찰사 沈岱, 學諭 柳彭老, 병사 崔慶會, 수사 劉克良, 현감 邊應井 등을 들 수 있다. 정유재란 때 순절한 사람으로 정표된 사례로는 현감 郭赿,[20] 군수 趙宗道, 行護軍 鄭期遠, 병사 李福男, 부사 任鉉, 통제사 李舜臣 등이 있다. 이 밖에 노비가 주인이 살해되거나 포로가 되는 것을 막고자 하다가 피살된 경우도 충신으로 포상되었다.[21] 충신으로 포상된

---

20) 《宣祖修正實錄》 권 31, 선조 30년 8월 기미와 《光海君日記》 권 24, 광해군 2년 정월 임오 및 《東國新續三綱行實圖》, 忠臣圖 〈郭門忠孝〉, 孝子圖 〈二子同死〉, 烈女圖 〈郭氏結項〉 등에 의하면, 곽준은 정유재란에 안음현감으로서 황석산성을 지키다가 성이 함락되자 그의 두 아들 이상, 이후와 함께 전사하였다. 그리고 곽준의 딸 곽씨(유학 유문호의 처)도 이때 목매어 자결하였다. 따라서 정유재란 때 황석산성이 함락됨에 따라 郭氏 一門에서 三綱이 모두 나왔다고 하였다. 그 후에도 곽씨 일문에서 忠孝烈 삼강행실을 지킨 자가 12명이나 나왔으며 이들 모두 정려되었다. 그리하여 현재 玄風郭氏 率禮 12旌閭가 경상북도 달성군 현풍면 대동리 솔례촌에 남아 있다.

사람들의 신분을 보면 대부분 지방관을 포함한 文武有職者이고 그 밖에 양인, 천민도 포함되어 있다. 이들 충신의 포상내용은 광해군대 정문이 35건, 선조대에 증직하고 광해군대에 정문한 것이 15건, 광해군대 旌門復戶가 1건, 선조대에 旌閭 · 致祭 · 贈職이 1건으로 되어 있어 광해군대에 정문된 경우가 가장 많다.

임진왜란 때의 열녀는 대부분 피살되거나 자살한 경우이다. 외침을 받은 때마다 가장 큰 희생을 치룬 것은 여성들이었다. 임진왜란 때에도 여성들의 수난은 이루 형언할 수 없었던 것이다. 이 전쟁중에 정절을 지키다 죽은 부녀자가 많은 것은 조선왕조의 유교적 여성관이 철저했기 때문이다. 왜군은 때와 장소를 가리지 않고 만행을 저질렀다. 왜군의 만행에 대하여 죽기를 설심한 대부분의 여성들은 강 · 바다 · 연못 · 우물 · 절벽 · 언덕 · 바위 · 城 등 붙잡힌 장소에서 뛰어 내려 자살하거나 스스로 목을 매어 자결하였다. 사대부 집안의 여성들은 평소에 지니고 있던 佩刀로 자결하였다. 그런가 하면 이로 적을 물어뜯기도 하고 돌로 적을 치기도 하였으며 적을 꾸짖기를 그치지 않았다. 이러한 경우 모두 무참하게 살해당하는 결과를 가져왔다. 예컨대 정유재란 때에 서울의 沈諧의 妻 鄭氏와 權陟의 처 鄭씨, 茂長縣의 吳宏의 처 邊씨와 金翰國의 처 吳씨, 咸平縣의 鄭咸一의 처 李씨,

〈그림 3〉
《동국신속삼강행실도》의 열녀도(烈婦同溺)

21) 《東國新續三綱行實圖》, 忠臣圖, 〈己山爭死〉 · 〈金伊護主〉 · 〈介同效忠〉 · 〈元月乞賊〉 · 〈難終活主〉 · 〈莫介把刃〉.

〈사진〉 8열부 정열각(전라남도 지정기념물 제8호)

함일의 맏아들 慶得의 처 朴씨, 함일의 둘째 아들 喜得의 처 李씨, 함일의 딸 처녀 鄭씨, 鄭雲吉의 처 吳씨, 鄭主一의 처 李씨, 주일의 아들 㦢의 처 金씨, 절의 아들 好仁의 처 李씨 등 12節婦는 같은 배를 타고 적을 피하고 있었는데 적선이 뒤쫓아 오자 모두 바다에 뛰어들어 자살하였다. 이들 가운데 士人 鄭喜得(1575~1640)은 포로가 되어 일본 본토에서 3년 동안 포로생활을 하다 귀국하여 〈海上錄〉을 남겼다.[22] 같은 날, 같은 배에서 한마을에 살던 부녀자 여덟 명에 그 친족까지 합해서 무려 열두 명이 바다에 몸을 던져 순절하여 정려된 예는 전라남도 함평군의 열부뿐이다(〈그림 3〉, 〈사진〉). 당초에 이들 12절부에게 모두 정문하고 이 일을 《동국신속삼강행실도》에 실었는데 자손이 쇠잔하여 폐지한 채 거행되지 못하였다. 숙종대에 이르러 그 후손들의 상소에 의해 비로소 정려되었다.[23] 그리고 찬성 李珥의 처 정경부인 盧씨와 판서 李德馨의 처 정부인 李씨처럼 정부 고관의 부인이나 명문의

22) 국역 《해행총재》 해상록 권 1(민족문화추진위원회, 1974) 참조.
23) 《肅宗實錄》 권 11, 숙종 7년 6월 신해.

여성들도 왜적에게 붙잡혀 자결하거나 해를 입었다. 따라서 왜군에게 화를 당한 열녀의 신분층은 위로는 대신의 처에서 아래로는 천인에 이르기까지 광범위하였다. 열녀의 신분은 사족의 처가 대부분으로 유학의 처가 가장 많다. 열녀의 포상내용을 보면 선조대의 정문이 36건, 광해군대의 정문이 397건, 광해군대 정문복호가 9건으로 광해군대에 압도적으로 많이 정문되었다.

《동국신속삼강행실도》에 의하면, 임진왜란 중에 三綱의 행실이 뛰어났던 효자 · 충신 · 열녀의 수가 평시보다 몇 배나 많았음을 알 수 있다. 특히 열녀의 수는 효자 · 충신을 합한 수보다 약 3배나 많다는 점이 주목된다. 李睟光은 《芝峰類說》에서 국난을 당하여 삼강행실 가운데 열녀가 으뜸인 반면에 충신은 가장 적었던 데 대해서 사내부들은 반성해야 할 것이라고 말하였다.[24] 지금까지 《동국신속삼강행실도》의 구체적인 내용을 통하여 광해군대의 국가정표정책을 살펴보았다. 이를 통하여 국가에서는 정문 · 정려로 효자 · 충신 · 열녀를 포상하는 한편 《동국신속삼강행실도》를 편찬하여 민심을 수습하고자 하였음을 알게 되었다. 특히 열녀에 대한 포상이 가장 많았던 점이 주목된다.

한편 왜군이 물러난 뒤 불과 3, 40년만에 다시 외세침략의 소용돌이 속에 휩싸이게 되었다. 그것은 인조 5년(1627)의 정묘호란과 인조 14년의 병자호란이었다. 청군의 침입은 왜군의 침입에 비하여 기간도 짧았고, 또 국토의 일부만이 전쟁터로 변하였기 때문에 피해가 적은 편이었으나, 청군이 거쳐간 서북지방은 약탈과 살육에 의하여 황폐해졌을 뿐 아니라 인명손실과 수많은 포로가 생겼다.

인조대에는 江都死節人으로 사절이 명백한 자를 자세히 조사하여 정표하도록 명하였다.[25] 그리고 인조대에는 임진왜란, 정유재란 때의 순절인, 李适의 난에 사절한 자 및 광해군 10년(1618)과 11년의 深河役 순절인, 정묘호란 · 병자호란 때의 순절인 등이 포상되었다. 이괄의 난 때 사절한 자로서 廣州牧使 林檜, 朴永緖, 喬桐校生 馬佑賢이 정려되었으며,[26] 李重老 · 李聖符 · 朴

24) 李睟光, 《芝峰類說》 권 15, 人物部 烈女.
25) 《仁祖實錄》 권 35, 인조 15년 9월 신사.
《仁祖實錄》 권 36, 인조 16년 3월 무자.

榮臣・尹廷俊・李師朱・權浩元 등은 증직되었다.[27] 故永柔縣令 李惟吉, 雲山郡守 李繼宗은 金應河와 함께 광해군 11년(1619) 심하역에서 同死하여 2품에 증직되었다.[28] 昌城의 士人 鄭士龍은 정묘호란 때에 순절하여 贈官復戶하였다.[29] 평안도 관찰사 洪命耉는 병자호란 때에 金化에서 전사하자 이조판서를 증직하고 정표문려와 錄用子孫할 것을 명하였다.[30]

효종대에는 재위기간은 비록 짧았지만 정표정책은 활발히 전개되었다. 효종 즉위년(1650) 6월에 이조와 병조에 "명현・충신・효자・청백리 자손을 우선적으로 수용함으로써 表章하는 地로 하라"고 하교하였으며,[31] 같은해 8월에는 예조에 "충신・효자・열녀 등을 정표함은 사체가 매우 중요하니 마땅히 널리 물어 그 실상을 힘써 따라야 한다. 이 때에 예조에서 抄啓한 자가 파다하여 그 진위가 서로 가릴까 염려하여 이 하교가 있는 것이다"[32] 라고 하여 전대와 마찬가지로 정표자에 대한 진위가 문제되고 있었다.

현종대에 오면 전대에 비해 정표의 포상이 쉽게 주어지는 경향과 후손이 국왕에게 직접 정표를 청하는 상언도 보인다.[33] 현종대에는 주로 임진왜란 때의 순절인이 정표・증직되었다.

譯官 鄭信男의 女는 인조 15년(1637) 난리를 피해 배가 해안을 떠날 때 몸이 미처 배 위에 미치지 못하여 다른 사람이 도와 주고자 하니 "내가 손을 남에게 주면서 어찌 난을 피할 수 있는가" 하며 곧 물속에 빠져 죽었다. 鄭致和・閔鼎重이 절의가 가상하다 하여 정표를 청하여 정문하였다.[34]

숙종대에는 주로 임진왜란과 정묘호란, 병자호란 때의 인물들에 대하여 포상이 이루어 졌다. 정묘호란, 병자호란 때의 순절인으로 정표된 사례는 洪翼

26) 《仁祖實錄》 권 4, 인조 2년 2월 정미.
27) 《仁祖實錄》 권 5, 인조 2년 4월 계축.
28) 《仁祖實錄》 권 2, 인조 원년 8월 경오.
29) 《仁祖實錄》 권 31, 인조 13년 10월 을유.
30) 《仁祖實錄》 권 34, 인조 15년 정월 무진.
31) 《孝宗實錄》 권 1, 효종 즉위년 6월 정유.
32) 《孝宗實錄》 권 5, 효종 원년 8월 신축.
33) 《顯宗實錄》 권 14, 현종 9년 정월 을미・권 15, 현종 9년 7월 신해 및 권 22, 현종 15년 7월 병인.
34) 《顯宗實錄》 권 19, 현종 12년 6월 계묘.

漢, 尹集, 吳達濟, 金琂, 洪命亨, 金尙容, 金秀南, 尹棨, 沈誢, 李時稷, 宋時榮, 李二男, 全尙毅, 金浚, 李惇五, 黃是憲, 李必行, 林慶業, 李義培, 李穆, 曺丑生, 金壽全, 李莞, 金宗立, 尹烇, 李尙載, 李廓, 羅德憲, 江都死節人 등이 있다.

숙종대에는 전란으로 인하여 수절하다 목숨을 잃은 節婦의 사례가 무엇보다 많았다. 예컨대 병자호란을 당하여 충신 金尙容의 처 成씨는 마니산에서 적의 기병이 강을 건넜다는 소식을 듣고는 스스로 목을 매어 죽었다.[35] 인조 15년에 포로가 된 전 부사 李時彬의 처 禹씨는 남편과 이별하게 되자 즉시 강물에 뛰어 들었는데 적의 화살을 맞고는 죽었다. 그 절의가 뛰어나다 하여 정려되었다.[36]

故執義 尹宣擧의 처 李씨(徵士 尹拯의 母)는 병자호란 때 상화에서 자결하여 정려되었다.[37]

林慶業의 처 李씨는 적에게 감금되어 남편의 거처를 물었으나 시종 말하지 않고 마침내 자결함으로써 고금에 드문 절의라 하여 정표되었다.[38]

成川의 기녀인 今玉은 병자호란 때에 적을 피하여 산골짜기에 숨었다가 적병에게 잡혀서 핍박받게 되자 절벽에서 뛰어내려 추락사하니 사람들이 모두 탄식하며 불쌍하게 여겼으며 정려되었다.[39]

숙종 39년(1713)에는 무릇 400여 명의 경외의 효자·충신·열녀에게 정문, 증직, 제직, 복호, 면천으로 시상하되 각각 차등이 있도록 하라고 명하는 등[40] 수백 명의 효자·충신·열녀에게 구체적 행적의 기록없이 포상했다는 사실은 이전에 볼 수 없었던 경우이다.

지금까지 살펴본 바와 같이 국가에서 임진왜란과 정유재란, 정묘호란과 병자호란 등 국난을 당한 이후의 민심의 수습, 국가의 기강확립 등을 위하여 적극적으로 정표정책을 추진하였다고 볼 수 있다.

〈朴 珠〉

35) 《肅宗實錄》 권 11, 숙종 7년 정월 신유.
36) 《肅宗實錄》 권 11, 숙종 7년 6월 갑신.
37) 《肅宗實錄》 권 12, 숙종 7년 7월 임신.
38) 《肅宗實錄》 권 31, 숙종 23년 12월 기축.
39) 《肅宗實錄》 권 11, 숙종 7년 3월 을묘.
40) 《肅宗實錄》 권 54, 숙종 39년 11월 을축.

Ⅳ. 학문과 종교

1. 성리학의 발달
2. 양명학의 전래와 연구
3. 서양문물의 전래와 반응
4. 실학의 태동
5. 국문 보급과 국어연구
6. 역사학
7. 불교계의 동향
8. 도교와 민간신앙

Ⅳ. 학문과 종교

1. 성리학의 발달

1) 학파의 분화

성리학이 조선왕조의 통치이념으로 채택되어 점차 보편화되고 그 이해의 심도를 더하여 완전히 정착하게 되는 것은 조선 중기의 명종, 선조대에 이르러서이다.[1] 이 시기에 이르면 성리학적 질서와 가치관이 민간에까지 보편화될 뿐 아니라 성리학에 밝은 많은 학자들이 등장하여 이론적으로도 확고한 틀을 갖추게 된다. 조선성리학의 확립기에 해당되는 이 시기의 이름난 유학자들을 보면 명종대의 晦齋 李彦迪과 花潭 徐敬德을 선구로 하여 영남에는 退溪 李滉, 南冥 曹植이 있었고 호남에는 一齋 李恒, 河西 金仁厚, 高峰 奇大升, 眉巖 柳希春 등이 있었으며 경기에는 蘇齋 盧守愼, 龜峰 宋翼弼, 栗谷 李珥, 牛溪 成渾 등이 있었다. 이들 유학자들의 지역적인 분포만 보아도 당시 성리학의 보편화 정도를 알 수 있다. 이들 유학자들은 각기 일가를 이루어 이후 조선 성리학의 전개에 많은 영향을 미쳤는데 그 중에서도 퇴계와 율곡의 영향은 절대적인 것이었다. 퇴계에 의해서 주자학 중심의 성리학으로 조선성리학이 정리되는 과정에서 이미 양명학을 비롯한 非程朱的 사상은 비판받기 시작했고 이 때 이미 조선성리학은 교조적인 배타성을 띠고 시작되었다 하겠다. 조선 중기 이후 성립되기 시작한 각 학파는 이러한 주자학의 배타성 위에서 각기 자기학파가 주자학의 정통임을 내세우면서 분파를 형성해 갔다. 그리고 각 학파간에는 주자학에 대한 태도나 해석의 차이로 말미암아

1) 조선 전기 성리학의 이해과정에 관해서는 金恒洙, 〈16세기 士林의 性理學理解〉(《韓國史論》 7, 서울大, 1981).

학문적으로 대립하고 논쟁을 벌이기도 했지만 그것이 정치적인 당파와 결합됨으로써 학문적 대립은 정치적인 대립으로 바뀌어 상대방의 학설에 대해 무조건적인 비판으로 일관하게 된다. 이러한 과정에서 주자학의 해석이 한층 치밀해지고 조선 전기의 주자학 해석이 지녔던 논리적 난점이 재검토되면서 새로운 성리학 조류를 형성해 나가게 된다.

조선 중기에 들어서면서 학파라고 부를 수 있는 학자집단이 형성되기 시작하는데 학문적 특색이 뚜렷하고 학문집단으로서 성립할 수 있는 조건을 갖춘 학파로는 화담학파, 남명학파, 퇴계학파, 율곡학파를 들 수 있다. 이 중 시기적으로 가장 먼저 성립한 학파는 화담학파이다. 일찍이 과거공부를 포기하고 화담에 은거하여 독창적인 기일원론에 입각한 성리설을 전개하고 강학에 종사한 서경덕과 그의 문인인 蓮坊 李球, 草堂 許曄, 思庵 朴淳, 瑟僩 朴民獻, 杏村 閔純, 恥齋 洪仁祐, 土亭 李之菡 등이 화담학파에 속하는 학자들이라 할 수 있다. 이후 이구, 허엽, 박순 등이 화담의 학설을 잇고 또 퇴계와 율곡의 화담 비판에 대해 적극적으로 옹호하며 학파로서의 성격을 유지했으나 학문적으로는 화담의 학설이 지닌 주정적인 성격과 도덕성을 형이상학적 차원에까지 끌어올리지 못한 기일원론의 한계 때문에 또 정치적으로는 허엽 등은 동인에, 박순 등은 서인에 가담함으로써 단일학파로서의 성격을 계속 지니지 못하고 퇴계학파와 율곡학파에 흡수되었다.

벼슬길에 나아가지 않고 성리설의 탐구와 의리의 실천을 강조하며 평생을 보낸 남명의 문인 省庵 金孝元, 德溪 吳健, 東岡 金宇顒, 萊菴 鄭仁弘, 守愚 崔永慶, 忘憂堂 郭再祐 등으로 이루어진 남명학파는 한때 독자적인 정치세력을 형성하면서 조선성리학의 일익을 담당했으나 인조반정으로 북인세력이 몰락하면서 퇴계학파에 흡수되었다. 그렇지만 실천궁행을 강조하는 남명의 학풍은 임란 때의 의병운동에 적극 가담하는 등 조선 후기까지 면면히 이어졌다.

퇴계 이황과 율곡 이이는 조선 중기 성리학의 성과를 집대성한 두 거봉으로 이들의 주자학 해석에 대한 미묘한 차이는 이후 조선성리학의 전개에 지대한 영향을 미치게 되었다. 이들의 학문적 성과를 바탕으로 후기에까지 학맥을 이어가면 조선성리학의 중심축을 이룬 학파가 퇴계학파와 율곡학파이다. 퇴계학파와 율곡학파는 처음에는 퇴계의 문인과 율곡의 문인으로 이루어진 학문적 집단으로 출발했으나 이들 학파의 중심이 되는 학자들이 남인과 서인이라는 당파의 주축 인물이 됨에 따라 정치적으로 지역적으로 가까운 학자들이 각 학파에 가세하게 되어 마침내는 조선의 성리학자 대부분이 퇴계학파나 율곡학파 가운데 어느 한쪽에 속하게 되었다.

퇴계학파는 퇴계의 직전 제자인 月川 趙穆(1524~1605), 西厓 柳成龍(1542~1607), 鶴峯 金誠一(1538~1553)과 퇴계·남명 양문을 출입한 寒岡 鄭逑(1543~1620) 및 북인의 몰락으로 퇴계학파에 흡수된 남명계의 유학자들로 이루어지는데, 이 가운데 학봉·서애·한강은 퇴계문하의 삼걸로 일컬어지며 이들로부터 퇴계학파 내의 여러 분파가 생겨났다. 학봉의 문인들과 서애의 문인들은 서원배향의 위계문제 때문에 일찍이 호파와 병파로 나누어졌고 후에 한강-미수로 이어지는 기호 퇴계학파와 한강-여헌으로 이어지는 학파가 형성됨으로 해서 퇴계학파는 네 분파로 나누어져 발전하게 되었다.2)

이들 학파의 사상적 특색을 살펴보기 전에 우선 이들 학파를 이루었던 유학자들의 면면을 살펴보면 다음과 같다. 퇴계학파의 중심을 형성한 학파는 근래까지도 그 학맥을 이어온 학봉의 문파인데 학봉의 퇴계존숭은 敬堂 張興孝를 거쳐 存齋 李徽逸(경당의 외손), 葛庵 李玄逸, 密庵 李栽(갈암의 아들), 大山 李象靖(밀암의 외손)으로 이어졌고, 다시 立齋 鄭宗魯, 定齋 柳致明, 西山 金興洛(학봉의 후손), 深齋 曺兢燮, 損齋 南漢朝를 지나 凝窩 李源祚, 寒州 李震相, 俛宇 郭鍾錫 등의 한말 理學者에까지 연결된다. 서애계의 학맥은 愚伏 鄭經世, 修巖 柳袗(서애의 계자), 拙齋 柳元之(수암의 조카), 活齋 李榘, 息山 李萬敷, 淸臺 權相一로 이어진다. 한강의 문인도 일파를 형성할 정도로 많았는데 畏齋 李厚慶, 樂齋 徐思遠, 朽淺 黃宗海, 眉叟 許穆 등이 대표적인 한강의 제자였다. 이 중 미수 허목에 의하여 기호의 퇴계학파가 성립되었는데 星湖 李瀷, 順庵 安鼎福, 下廬 黃德吉, 性齋 許傳으로 학맥을 잇는다. 한강을 종유

---

2) 李丙燾는 여헌이 한강을 따라 종유했고 서애와 가까웠으므로 여헌과 그 문인을 퇴계학파의 사소문파 중의 하나로 간주했으나(李丙燾, 《韓國儒學史略》, 亞細亞文化社, 1986, 283쪽), 劉明鍾은 여헌학의 독창성을 강조하여 퇴계학파에 넣지 않았다(劉明鍾, 《韓國思想史》, 以文社, 1981, 408쪽).

한 여헌의 문인으로는 鶴沙 金應相, 雙峰 鄭克後, 修巖 柳袗을 들 수 있다.

이들 퇴계학파의 네 분파 중 학봉계와 서애계는 퇴계의 학설을 부연설명하여 퇴계의 理氣互發說을 중심으로 하는 성리설을 그대로 잇고 있으나 미수계와 여헌계는 퇴계학파에 속하기는 하지만 그들의 사상은 퇴계의 학설과 꼭 부합하지는 않는다. 여헌과 미수가 모두 탈주자학적인 경학을 전개한 白湖 尹鑴에 영향을 미쳤다는 사실도 畿湖南人(기호의 퇴계학파)의 성격과 더불어 흥미있는 점이라 하겠다.

율곡학파는 율곡의 문인과 율곡의 교우인 우계 성혼과 구봉 송익필의 문인들 그리고 화담계의 유학자 일부가 합쳐져서 형성되는데 당파로는 서인과 연결되며 지역적으로는 기호와 연결된다. 이들의 면면을 살펴보면 서인에 속했던 沈義謙·朴淳·金繼輝·鄭澈·尹斗壽·尹根壽 등은 율곡과 우계의 교우였고 趙洽·具宬 등은 우계의 문인이었으며, 趙憲·李貴·黃愼·安邦俊·鄭曄 등은 율곡·우계 양문에 모두 출입했던 학자들이다. 율곡의 학통은 본래 구봉의 문인이었던 沙溪 金長生(1548~1631)으로 이어지고 그의 아들인 愼獨齋 金集(1574~1656), 尤菴 宋時烈(1607~1689), 同春堂 宋浚吉(1606~1672)을 거쳐 遂菴 權尙夏(1641~1721), 農巖 金昌協(1651~1708)으로 이어진다. 송시열대에 와서 율곡학파는 조선성리학의 정통임을 자부하게 되는데 이 무렵 율곡학파는 송시열을 중심으로 한 서인 원로와 尹拯을 중심으로 한 서인 소장학자간의 정치적 갈등으로 말미암아 노론과 소론으로 갈리게 되고 南溪 朴世采(1631~1695), 拙修齋 趙聖期(1638~1689), 滄溪 林泳(1649~1696), 三淵 金昌翕(1653~1722), 西溪 朴世堂(1629~1703), 霞谷 鄭齊斗(1649~1736) 등은 송시열계통의 고식적 주자학 해석에서 벗어난 새로운 조류를 형성하였다. 이들은 기본적으로는 율곡의 성리학에 동조하면서도 약간 퇴계와 율곡의 절충적인 경향을 띠거나, 한학 혹은 양명학을 수용하여 주자학에서 이탈하게 되는데 그 근원은 퇴계와 율곡 사이에서 유연한 입장을 유지했던 우계 성혼의 학문적 태도에까지 거슬러 올라갈 수 있다. 한편 율곡학파의 적통에 해당되는 수암의 문인인 南塘 韓元震(1682~1751)과 巍巖 李柬(1677~1727) 사이에 벌어진 人物性同異論爭으로 말미암아 율곡학파는 다시 학문적으로 湖學과 洛學으로 나뉘게 되는데 이 호락논쟁의 여파로 율곡학파의 맥을 잇는 기호의 성리학자들은 다양한 경향을 띠게 된다.

2) 이기철학의 발달과 전승

중종대 기묘사림의 성리학 진작에 힘입어 성리학이 이론적 차원에서 정리되기 시작한 것은 회재 이언적과 화담 서경덕에 와서이다. 이들은 여러 면에서 대비되는데, 학문적인 면에서만 말한다면 회재가 영남학파의 조종인 퇴계의 성리학에 영향을 미친데 반해 화담은 기호학파의 조종인 율곡의 성리학에 적지않은 영향을 미쳤다는 점이다. 따라서 회재와 화담에 대한 퇴계와 율곡의 평가도 어긋나게 된다. 퇴계가 화담에 대해서 "(理의 의미를 알지 못했기 때문에) 견해가 정밀하지 못하고 그 학설에 병통이 없는 부분이 없다"[3]고 하며 주자학적 입장에서 화담의 기일원론적 성리학을 폄하한 반면 율곡은 화담의 학설에 병통이 있기는 하나 스스로 탐구한 독창적인 학설로 理氣不相離라는 성리학의 묘처를 터득한 것이라고 높이 평가하고 있다. 그런데 회재에 대해서는 율곡이 출처에 의심할 점이 있다 하며 문묘배향을 반대한 반면 퇴계는 회재가 異端邪說을 물리치고 유학의 본원을 천명한 入言垂後의 공이 있다고 칭송하고 회재를 金宏弼·鄭汝昌·趙光祖와 더불어 東方四賢에 넣고 있다. 이러한 퇴계와 율곡의 서로 상반된 평가만 보더라도 회재와 화담이 조선성리학에서 차지하고 있는 비중의 크기와 소위 主理, 主氣로 일컫는 조선성리학의 양대 조류가 전승되어간 경로를 대충은 짐작할 수 있겠다.

화담 서경덕은 정도전, 김시습 이래 조선 전기 성리학에서 주로 불교비판을 위해 연구되었던 氣論을 정리하여 성리학적 우주론의 체계를 일단락지은 중기 성리학의 선구자이다. 화담은 벼슬에 나아가지 않고 처사로 지내면서 개성 화담에 은거하여 독서와 사색으로 일생을 보냈다. 특별한 사승관계는 없었고 학문적인 영향은 저술을 통하여 張横渠와 邵康節을 사숙한 정도이다. 그래서 화담은 장횡거의 一氣長存說에 소강절의 先天說을 융합하여 나름대로의 우주론체계를 세웠다. 湛一淸虛, 淡然虛靜한 근원적 一氣가 존재하는

3) 李 滉, 《退溪全書》 권 25, 答鄭子中講目.

모든 것의 근원이며 현상세계의 생성변화는 氣의 聚散, 昇降, 浮沈, 動靜(이 모든 운동은 결국 음양의 운동에 귀착된다)에 불과하다는 점에서 화담은 대체로 장횡거의 설을 취하고 있다. 여기서부터 화담의 독창적인 학설이 전개되는데 우선 화담은 본체로서의 기와 현상에서의 기를 先天과 後天으로 나누고 선천을 太極이 내재된 太虛의 기라고 했다.[4] 선천의 기는 사물의 본체인 동시에 만상에 일관해 있는 실재로 이 선천일기의 운동변화에 의해 후천의 현상세계가 전개되는데, 이 때 다른 어떤 원리나 실재가 작용하는 것이 아니라 선천일기에 내재된 힘에 의해 스스로 움직이므로 機自爾라고 할 수밖에 없다고 한다. 따라서 화담에 있어서의 理는 기가 스스로 움직일 때 그 바름을 잃지 않는 것, 즉 기에 내재된 기의 조리에 불과하게 된다. 이렇게 해서 생성된 현상세계의 존재자들은 기가 흩어짐으로 소멸되지만 흩어진 기는 다시 태허 즉 선천으로 돌아간다. 이로써 선천은 후천세계의 생성과 복귀의 근원으로 간주되는데 화담은 이 과정을 易의 원리와 부합시켜 설명하고 있다. 우주론에 있어서만이 아니라 인간의 삶과 죽음, 사후의 존재에 관해서도 기의 취산굴신으로 설명함으로써 도교의 무와 불교의 영혼불멸론을 극복했다고 자임하고 있다. 이러한 화담의 우주론과 인간관은 기의 운동으로 일관되게 설명되고 있어 그 자체만 보면 가치가 배제된 기계론적 우주론이 되겠지만 화담은 선천일기의 성격에 도덕성을 부여함으로써 다른 성리학자들과 마찬가지로 도덕적 우주론을 지향한다. 화담은 “그 자연진실함을 誠이라 하고 그것이 약동하여 유행함을 道라고 한다”[5]라고 하여 선천에 성, 후천에 도라는 유가의 전통적 덕목을 부과하고 있다. 이렇게 선천의 기에 가치를 부과함으로써 수기의 형이상학적 근거를 마련하기는 했으나 기에 선과 악의 근거가 동시에 주어지는 이론적 난점과 선천의 본래성인 허정에 복귀함으로써 인간의 내면에 도덕성을 확보한다는 수기론은 정적주의로 흐를 가능성을 지니게 된다. 이러한 경향은 화담의 학설을 이어받은 이구·남언경·박순에서 두드러지는데, 이들은 본체를 절대화함으로써 기의 현상적 성격을 제거하고 도덕의 근거를 확보하고자 했다. 화담학파의 학설이 지닌 이러한 이론적 실천적

---

4) 정원재, 《서경덕과 그 학파의 선천학설》(《철학논구》 18, 서울대, 1990), 22쪽.
5) 徐敬德, 《花潭集》, 原理氣.

약점으로 인하여 일상에서의 도덕적 실천을 중시하여 敬을 내세우고 理를 별개의 존재로 상정하여 도덕적 근거를 확보하는 퇴계 등에 의하여 비판받게 되고 이후 조선성리학의 주류에서 제외되었다.

거의 독학으로 나름대로의 독자적 세계관을 구축했던 화담과는 달리 회재 이언적은 기묘사림의 학문적 성과를 직접 계승하여[6] 성리학 연구의 차원을 《小學》에서 《大學》으로 높이고 성리학의 현실적 과제가 도덕성의 이론적 확보라는 점을 직시하여 理를 근본으로 하는 성리학체계를 제시함으로써 이후 조선성리학의 나아갈 방향을 제시했다 하겠다. 회재가 활동을 시작할 무렵이던 중종대에는 기묘사림들에 의해 《소학》, 《성리대전》과 더불어 《근사록》이 중시되었는데 특히 그 첫머리에 있는 〈太極圖說〉은 천지만물의 이치와 도덕의 근본이 구비된 것으로 중시되어 많은 학자들이 이에 대해 논하고 있다. 이러한 분위기 속에서 회재도 忘齋 孫叔暾과 忘機堂 曺漢輔 사이의 無極太極論辯에 개입하여 망재의 설은 陸象山의 설에서 나온 것이고 망기당의 설은 비록 周濂溪에 근거하고 있지만 上達과 頓悟를 중시하고 있다는 점에서 선학의 영향이 많다고 비판하고 理에 입각한 성리설을 본격적으로 천명하고 있다. 회재는 無極寂滅과 存心上達을 표방한 망기당설에 대하여 "이 주장은 전적으로 氣化를 가지고 理의 유무를 설명한 것으로 잘못이다. … 至無한 중에 至有가 있으므로 '無極而太極'이라고 설명했고 理가 있은 후에 기가 있으므로 '太極生兩儀'라고 했다. 그러므로 비록 이가 기를 떠나지는 못하나 실제는 기와 섞이지는 않는다"[7]고 하여 무극의 본체에 중점을 두고 태극도설을 해석한 망기당의 설을 비판하였다. 그리고 "유가의 虛는 비었으나 有이고 이단의 허는 비었으며 無이다. 유가의 寂은 고요하되 感하나 이단의 적은 고요하되 滅한다. 그러므로 비고 고요함은 같으나 그 귀착점은 전혀 다른 것이다. … 人事를 下學하면 자연히 天理에 上達할 수 있으나 하학공부를 하지 않고 상달하려는 것은 불교의 돈오설이다. … 사람의 형이 있으면 반드시 사람된 근거로서의 理가 있다. 형기를 버리고 도만을 구한다면 도가 있을 수 없다. 적멸의 가르침은 공허한 이론이므로 違天滅理의 잘못을 범한다"[8]고 하

6) 이언적은 佔畢齋 金宗直의 문인이었던 외숙 愚齋 孫仲暾에게 수학했다.
7) 李彦迪, 《晦齋集》 권 5, 答忘機堂書 1.

여 돈오상달을 주장하는 망기당의 수양론을 비판하고 있다. 이와 같은 회재의 망기당 비판을 통한 이학의 천명은 조선성리학 초유의 철학적 논쟁이라는 점에서 의미를 지닐 뿐 아니라 조선학자들의 성리학에 대한 이해가 성숙되었음을 알리는 신호이기도 하다는 점에서 의의를 갖는다.

이러한 화담과 회재의 성리학 이해를 바탕으로 해서 조선성리학의 독자적 체계를 세운 학자는 퇴계와 율곡이다. 퇴계와 율곡 모두가 주자학에 근본하고 있으면서도 그 해석에서 미묘한 차이를 보이는 것은 앞서 살펴본 회재에 대한 퇴계와 율곡의 평가가 엇갈리고 있는 점과 무관하지 않을 것이다. 퇴계는 주자를 깊이 연구하고 신봉하여 주자학을 조선성리학의 기준으로 삼고자 했다. 그래서 주자의 설에서 조금이라도 어긋난다고 생각되는 것에 대해서는 이단사설이라고 가차없는 비판을 가했다. 기를 본원으로 삼고 이가 기에 내재되어 있다고 한 서경덕과 明의 羅欽順에 대해서는 〈非理氣爲一物辨證〉을 지어 그들의 학문이 결국에는 선학의 정적주의에 귀착됨을 비판했고 명의 王陽明에 대해서도 〈陽明傳習錄辨〉을 지어 양명학의 心卽理說과 知行合一說이 불교의 설과 같음을 비판하고 있다. 성리학내의 불교적 요소, 즉 비주자학적 요소를 비판하고 있다는 점에서 퇴계의 이단비판은 차원을 달리하고 있으며 동시에 퇴계 당시 주자 중심의 성리학이 조선사회에서 이미 보편적 사상으로서의 지위를 획득해 가고 있었음을 짐작케 한다. 太極이 理이며 이가 氣에 앞선다고 하는 점에서는 퇴계는 대체로 주자의 설을 따르지만 도덕성의 근원이기도 한 이가 단순한 관념적 존재 혹은 원리에 불과한 것이 아니라 운동성, 자발성을 지니고 있다고 주장하는 점에서 퇴계의 주자해석은 나름대로의 특징과 독자성을 지닌다 하겠다. 주자가 "기는 능히 응결하고 조작하나 理는 情意와 조작이 없다"고 한 데 반해, 퇴계는 "태극에 동정이 있는 것은 태극이 스스로 동정하는 것이고 천명이 유행하는 것은 천명이 스스로 유행하는 것이니 어찌 다시 그렇게 시키는 것이 있겠는가"[9]하여 태극, 즉 理의 운동성이 없으면 태극을 움직이는 보다 근원적 존재가 필요하게 되는 논리적 모순이 생김을 지적하고 "정의와 조작이 없는 것은 理의 본연한 體

---

8) 李彦迪, 《晦齋集》 권 5, 答忘機堂書 2·3.
9) 李　滉, 《退溪全書》 권 13, 答李達李天機.

이고 경우에 따라 발현하지 않음이 없는 것은 理의 지극히 신묘한 用이다"[10]고 하여 체용론으로 이의 운동성을 설명하고 있다. 퇴계가 이렇게 이의 자발성, 이의 독자성을 강조하는 것은 기묘사화 이후 무너진 성리학적 공도를 확고히 하여야만 유교적 이상정치를 실현할 수 있다는 당시의 시대적 과제를 이론적으로 실현하고자 했기 때문이다. 그래서 퇴계는 우주론보다는 도덕수양의 이론적 근거가 되는 심성론의 정립에 더욱 심혈을 기울였는데 이기론에서 理氣不相雜, 理氣二物, 理先氣後를 강조하는 것도 결국은 심성론에서 도덕의 절대성을 확보하기 위한 것이었다. 존재론에서 이기불상잡, 이기이물을 강조한 퇴계의 주자해석은 심성론에도 그대로 적용된다. 퇴계도 주자학의 일반론에 따라 인간의 마음(心)을 본성(性)과 성의 현실적 구현인 情으로 나누고 다시 心의 體인 性을 本然之性과 氣質之性으로, 심의 用인 정을 四端과 七情으로 나누어 본연지성과 사단은 순수히 선한 반면 기질지성과 칠정은 선할 수도 있고 악할 수도 있다고 보았다. 이러한 일반론을 전개하는 가운데 퇴계는 본연지성과 사단은 理에서 근원하고 기질지성과 칠정은 氣에서 근원한다는 理氣互發說을 내세워 도덕적 본성의 절대성과 독자성을 강조하는 심성론체계를 수립하여 이기론에서의 理動說과 더불어 일관된 특징을 보여주고 있다. 이러한 퇴계의 심성론은 고봉 기대승의 호발설에 대한 의문제기로 야기된 고봉과의 7년에 걸친 사단칠정논변을 통해 더욱 정밀한 체계를 갖추게 되었다. 퇴계와 고봉간의 사단칠정논변은 퇴계가 慕齋 金安國의 문인 秋巒 鄭之雲이 지은 천명도중의 '사단은 이에서 발하고 칠정은 기에서 발한다(四端發於理 七情發於氣)'라는 구절이 이기의 능동성을 보여주지 못한다고 하여 "사단은 이가 움직인 결과이고 칠정은 기가 움직인 결과이다(四端理之發 七情氣之發)"[11]로 고친데서 발단된다. 고봉은 이러한 퇴계의 견해가 이기, 사단칠정의 본래 개념규정과 어긋난다고 보고 〈非四端七情分理氣辯〉을 지어 첫째, 사단과 칠정은 모두 정에 속하므로 칠정외에 별도의 사단이 있을 수 없고 둘째, 사단과 칠정을 각각 이기에 분속시키면 이기가 분리된 두 실체가 되므로 이는 理氣不相離라는 성리학의 근본원리에 위배되는 견해가 아

10) 李 滉, 《退溪全書》 권 18, 答奇明彦別紙.
11) 李 滉, 《退溪全書》 권 41, 雜著 天命圖說後序.

닌가 하고 질의했다.[12] 이러한 고봉의 의문에 대하여 퇴계는 첫째, 이기가 떨어져 있는 것은 아니나 구분이 없을 수는 없으니 《주자어류》에도 '四端是理之發 七情是氣之發'이란 문구가 있음을 지적하고 둘째, 사단과 칠정이 모두 情의 범주에 들지만 성을 본연과 기품으로 구분하여 말할 수 있다면 정도 그 연유하는 바의 비중에 따라 이기로 나누어 설명할 수 있는 것이 아닌가 하고 답하여 자신의 이기호발설이 성리학의 근본원리에 어긋나지 않는다고 말하고 있다.[13] 이후 몇 차례의 논변 끝에 고봉이 자신의 견해에 미흡한 점이 있었다는 점을 인정함으로써 결론을 지었으나 고봉이 완전히 설복한 것은 아니었다. 퇴계도 후에 "사단은 이가 발하여 기가 따르는 것이고 칠정은 기가 발하여 이가 타는 것이다(四端理發而氣隨之 七情氣發而理乘之)"[14]라고 하여 자신의 설을 약간 수정하기는 했으나 사단칠정이 이기호발이라는 점에서는 변함이 없었다. 퇴계는 이러한 이기심성론이 단순히 이론으로 끝나는 것이 아니라 敬의 마음가짐과 도덕적 실천을 통해 체득함으로써 비로소 완성된다고 하고 자신은 수기의 방법과 방향을 제시했을 뿐이라고 하여 당시의 사회에서 자신의 성리학체계가 지니는 의미를 분명히 하고 있다.

퇴계와 더불어 조선에 성리학을 확고히 정착시킨 또 한 명의 학자는 栗谷 李珥(1536~1584)이다. 율곡은 퇴계의 학문하는 태도를 존숭하기는 하였지만 퇴계의 학설을 그대로 따르지는 않았다. 율곡은 퇴계의 성리설이 주자에 지나치게 의지하고 있고 또 퇴계의 주자해석은 근본적인 문제점을 내포하고 있다고 나름대로 진단한 후 명의 羅整菴과 화담의 성리설이 지닌 독창성을 상대적으로 높이 평가하였다.[15] 이러한 평가는 그의 성리설 전개에 그대로 반영되었다. 율곡의 성리학이 주자학에 근본하고 있고 또 화담의 선천일기설이나 정암의 이기일물설을 비판하고 이의 기에 대한 선차성을 인정하고 있다는 점에서는 퇴계와 비슷하지만 몇 가지 점에서 퇴계의 성리학과 미묘하고도 중대한 차이를 보이고 있는데, 이는 율곡이 화담과 정암의 영향을 일부

12) 李 滉, 《退溪全書》 권 16, 附奇明彦四端七情分理氣辯.
13) 李 滉, 《退溪全書》 권 18, 答奇明彦四端七情一書.
14) 李 滉, 《退溪全書》 권 7, 聖學十圖 心統性情圖.
15) 李 珥, 《栗谷全書》 권 12, 答成浩原(六).

받은 결과일 것이다. 아마 율곡은 나름대로 화담·퇴계·고봉 등의 조선성리학의 성과와 나정암 등 당시 중국성리학의 새로운 경향을 절충하여 집대성하려 한게 아닌가 한다. 율곡의 성리설은 퇴계의 입장을 옹호하는 그의 지우 우계 성혼과의 왕복 서간에 잘 드러나 있다. 여기서 율곡은 정암의 성리설이 이기를 하나로 보는 병통이 있고 화담의 선천일기설은 기를 이로 본 잘못이 있다고 비판하는 동시에 퇴계의 이기이물설은 이기불상리의 측면을 간과한 결과라고 비판하면서 자신의 성리설을 전개하였다. 율곡은 "理란 氣의 主宰요 기는 이의 타는 것이니 이가 아니면 기가 근저할 수 없고 기가 아니면 이가 의착할 수 없는 것이다. 一物이 아닌 까닭에 一而二요 二物이 아닌 까닭에 二而一이다"[16]라고 하여 理氣不相雜의 측면보다 不相離의 측면을 더욱 강조하고 있다. 율곡에 있어서의 이는 곧 태극으로 모든 존재의 근원이 되지만 철저히 형이상, 무위, 무변으로 규정되고 있어 理發이란 있을 수 없고 형이하, 유위, 유변으로 규정된 기가 운동하는 所以로서만 성립될 수 있을 뿐이다. 따라서 율곡의 성리설에서는 이 즉 태극의 운동이란 있을 수 없고 "음이 정하고 양이 동하는 것이 기가 스스로 그러한 것일 뿐이다"[17]라는 화담의 영향을 느끼게 하는 말을 할 수밖에 없는 것이다. 이러한 이기관계를 율곡은 불교의 영향이 느껴지는 '理通氣局'이라는 말로 표현하여 理는 사물의 보편성을 가능하게 하는 관념적 존재 혹은 원리이고 기는 구체적 사물로 드러나는 질료적 존재로 규정짓는다. 이동을 부정하고 이통기국을 내세우는 율곡의 이기설은 심성론에도 그대로 이어진다. 율곡은 "천지간에 만일 氣化者 理化者가 있다면 내 마음에도 마땅히 理發者氣發者가 있겠지만 천지에 이미 이화, 기화의 구분이 없거늘 내 마음에 어찌 이발 기발의 차이가 있겠는가"[18]라고 말하여 퇴계의 호발설이 지닌 논리적 모순을 지적하고 고봉의 "칠정이 사단을 포함한다"는 견해에 대해 "논리가 분명 直截하여 대를 쪼개는 것 같다"고 찬사를 보내며 전적인 동감을 표시한다. 율곡은 본연지성, 사단, 도심과 기질지성, 칠정, 인심을 각기 이기에 분속하는 것은 우리의 마음

16) 李 珥, 《栗谷全書》 권 9, 答成浩原 壬申.
17) 李 珥, 《栗谷全書》 권 10, 答成浩原.
18) 위와 같음.

이 둘이라고 하는 것과 같으므로 옳지 않다고 보고 그의 이기론에 따라 본연지성과 사단이 별도로 있는 것이 아니라 본연지성은 기질지성 가운데 理만을 지칭하는 개념일 뿐이고 사단은 칠정 가운데 순수히 선한 감정만을 지칭하는 것이라 하여 본연지성은 기질지성에 포함시키고 칠정은 사단에 포함시켜 버린다. 이렇게 본연지성과 사단의 독자성이 부정됨으로써 심성론에서 理發氣隨는 인정되지 않고 氣發理乘一途만 인정되며 여기서 비로소 心性情意一路가 설명될 수 있다고 보았다. 이러한 율곡의 이기설과 심성론은 퇴계의 성리설을 논리적으로 보완한 것으로 이후 율곡학파의 학자들에게 전승되어 퇴계의 성리학과 더불어 조선성리학의 양대 산맥을 이루게 된다.

3) 17세기 성리학의 추세

16세기가 주자학을 중심축으로 조선성리학이 확립되는 시기였다면 17세기는 퇴계와 율곡에 의해 정리된 16세기 조선성리학의 성과를 이어받아 다양한 방향으로 발전해가는 시기라고 하겠다. 17세기에 이르면 퇴계학파와 율곡학파의 학자들은 주자학의 정통성을 확보하기 위하여 상대방의 비정주적 요소나 논리적 모순을 공격하는 한편 퇴계와 율곡의 성리설을 더욱 정교하게 가다듬어 나갔다. 이런 과정에서 퇴계와 율곡의 사상을 정출하려는 시도도 생기고 교조화된 주자학에 대한 반발로 탈주자학적인 경향도 나타나게 된다. 이러한 경향들을 분명히 하기 위해 우선 퇴계학파와 율곡학파에 속한 학자들이 어떻게 상대방의 학설을 비판하고 자신의 정통성을 확보해 나가는가를 살펴보고 퇴율절충적인 탈주자학적인 경향을 보이는 학자들의 학설을 따로 살피고자 한다.

(1) 율곡학파

율곡의 고제자인 사계 김장생은 龜峰 宋翼弼의 문인으로 구봉에게서 예학을 전수받았으나 성리학은 율곡에게서 배워 율곡의 학문을 이었다. 그는 "퇴계선생의 사단칠정호발설은 陽村 權近의 入學圖說에서 나왔다. 그 圖에 사단이 仁의 좌변에, 칠정이 인의 우변에 적혀 있는데 정추만은 양촌에 입각하여

도를 만들었고 퇴계는 추만에 근거하여 도를 만들었다. 이것이 호발설이 일어나게 된 이유이다"[19]고 하여 퇴계의 이기호발설이 권양촌의 입학도설과 정추만의 천명도설에서 유래한 것임을 말하고 이어서 퇴계의 호발설이 주자의 학설에 근거하고 있지 않음을 밝히고 있다. 사계는 퇴계의 호발설과 더불어 格物에 대한 퇴계의 "물리의 극처가 나의 궁구함에 따라 이르지 않음이 없다"는 理自到說을 반대하여 퇴계학파의 愚伏 鄭經世와 논변을 벌이기도 했다. 사계는 여기서 格物而物格을 "손님을 불러서 손이 온것과 같다"고 설명한 우복의 비유에 대해 이는 물리가 객손이 되어 내마음에 왕래하게 되고 知至의 한 단계가 간데 없게 되어 내마음과 상관이 없게 되는 모순에 빠지게 된다고 비판하고 있다.[20] 사계까지만해도 퇴계의 학설에는 분명치 않은 점이 있다든지 의심스럽다든지 하여 상대방을 존중하고 논변에 당파적인 감정이 끼어들지 않았으나 우암에 이르면 사정이 달라진다.

율곡과 사계의 학통을 이어받아 율곡의 성리학을 주자학의 정통을 이은 것으로 만든 사람은 우암 송시열이다. 우암은 퇴계와 우복의 학설을 공격하고 율곡의 설이 옳음을 논증하는데 평생을 바쳐 노력했는데 이는 당시에 예송문제로 격화된 당쟁과 무관하지 않은 듯하다. 우암이 48세 때 柳稷 등이 율곡의 이기일물설은 주자에 어긋난 육상산의 道器論에 가깝고 율곡이 "주자가 참으로 이기호발이라고 생각했다면 주자 또한 과오다"하여 전현을 비방했다는 이유로 율곡의 문묘배향을 반대하자, 첫째 주자가 이기호발을 주장하지 않았고 둘째 율곡은 이기는 혼륜무간하다 했으니 일물로 본 것이 아니며 셋째 주자도 고승 도겸에게 배운 바 있으니 율곡의 출가도 용납될 수 있다고 율곡을 변호한 일이 있었다. 이러한 일을 계기로 우암은 평생에 걸쳐 율곡의 설과 주자의 성리설이 일치함을 논증하려고 애썼고 그 결과가 후일 南塘에 의해 완성된 저술《朱子言論同異攷》이다. 우암은 다음과 같이 말하여 퇴율의 설이 나누어진 이유를 밝힌다.

> 理氣는 하나이면서 둘이고 둘이면서 하나이다. 理로부터 말할 수도 있고 氣

---

19) 金長生,《沙溪遺稿》권 5, 四端七情辨示韓士仰.
20) 金長生,《沙溪遺稿》권 11, 經書質疑 格物物格.

> 로부터 말할 수도 있다. 시원으로부터 말할 수도 있고 현상으로부터 말할 수도 있다. 대개 이기는 혼륜무간하나 이는 스스로 이요 기는 스스로 기이므로 뒤섞이지 않는다. 이런 까닭에 이에 동정이 있다고 말한 것은 이가 기를 주재한 것으로부터 말한 것이고 이에 동정이 없다고 한 것은 기가 운행하는 것으로부터 말한 것이다. 선후가 있다고 말한 것은 이기의 개념에서 한 말이요 무선후는 이기의 현상에서 한 말이다(宋時烈, 《宋子大全》 부록 권 19, 記述雜錄 韓元震).

우암의 이 말만 놓고 본다면 퇴계와 율곡은 각각 이기의 한 면을 말한 것으로 근본은 같다고 주장하는 것 같다. 우암은 퇴계의 이기호발설이 《주자어류》의 '七情是氣之發 四端是理之發'에서 나왔음을 인정하지만 퇴계의 오류는 그 구절에 너무 집착하여 그와 모순되는 구절이 있음을 간과한 때문이라고 한다.

그래서 심지어는 "주자의 이 말이 혹 기록자의 실수인지 어찌 알겠는가"라고 까지 말하기도 한다. 그는 율곡의 기발이승일도설의 논리를 계속 밀고 나가 사단과 칠정은 모두 정이므로 칠정과 마찬가지로 사단도 선악이 있을 수 있다고 주장하여 당시의 성리학자들을 당혹케 했다.

> 퇴계·고봉·율곡·우계는 모두 사단을 순선하다고 여겼으나 주자는 사단에도 불선한 점이 있다고 여겼다. 알지 못하겠도다. 네 분 선생님들은 주자의 이 말을 보지 못했는가. 사단이 어떻게 불선할 수 있는가. 사단도 氣發而理乘하기 때문이다. 발할 때 그 기가 청명하면 이도 순선하지만 그 기가 혼탁하면 이도 그것에 가리워지게 된다(宋時烈, 《宋子大全》 권 130, 雜著 朱子言論同異攷).

우암의 율곡설 추종과 퇴계비판은 결국 주자학의 고수로 귀착되는데 우암의 이러한 순수 주자학에의 집착은 예송을 통한 정쟁중에 남인계열의 미수 허목과 백호 윤휴가 고례의 '왕가의 예는 일반인과 다르다'는 구절을 들고 나와 왕권을 옹호하면서 당시의 집권층이던 서인의 주자가례의 입장을 공격하자 더욱 견고해졌다고 볼 수 있다. 그래서 한학적 기풍을 지녔던 윤휴의 경전주석이 주자학의 범위를 벗어났다고 판단하여 윤휴를 賊鑴, 斯文亂賊, 洪水나 猛獸보다 심하다고 극렬히 비난했고 더 나아가서는 윤휴와 교우를 단절하지 않는다고 하여 윤선거, 윤증에게 鑴黨, 從鑴라고 비난을 가하여 마침내 노론과 소론이 갈라서는 계기를 만들기도 했다. 조선의 성리학은 실로 우암에 이르러 완전히 주자학 중심으로 고착되었으니 우암의 성리학은 이전의 성리학설을 화석화하고 이후의 성리학을 제약한 하나의 분기점이라고 할 수 있다.

원래 우암의 문인중 학술과 문장이 뛰어나 우암의 의발을 전수받을 것으로 기대되던 明齋 尹拯이 懷尼是非 이후 휴당으로 배척되었기 때문에 우암의 이러한 율곡 추종과 주자학 고수라는 과제는 遂菴 權尙夏에게 계승되었다.

수암은 '학문은 주자를 주로 하고 사업은 효종의 대의를 주로 하라'는 우암의 가르침대로 〈四七互發辨〉을 지어 퇴계의 호발설을 비판하고 율곡의 사단칠정, 기발이승일도설이 주자의 의도와 합치됨을 변증하고 있다. 수암의 성리설에서 주목할만한 것은 心의 의미를 둘로 나누어 人心道心說을 설명한 부분인데 수암은 이렇게 설명하고 있다.

> 인심은 形氣의 私에서 생기는 것이니 이 때의 기는 이목구비를 지칭한 것이다. 칠성은 기에서 발하는 것이니 이 때의 기는 심을 지칭한 것이다. 글자는 같아도 의미가 전혀 다른데 옛부터 선현들은 항상 人心道心은 이같이 설명이 가한데 사단칠정만이 이런 설명이 불가한가라고 말하니 깊이 살피지 못했기 때문이 아닌가(權尙夏, 《寒水齋集》 권 21, 雜著 四七互發辨).

수암의 이 분석에 따르면 칠정이 곧 인심이 될 수 없으므로 사단과 도심은 곧 이의 발이고 칠정과 인심은 기의 발이라는 호발설은 성립할 수 없게 된다.

이상에서 율곡의 기발이승일도설을 계승한 사계, 우암, 수암이 어떻게 퇴계의 호발설을 비판하고 어떻게 율곡의 설이 주자의 본령에 일치함을 논증하는 지를 살펴 보았다. 우암에서 수암에 이르는 과정에서 율곡학파는 지나치게 율곡의 기발이승의 입장을 강조하고 논리적으로 확대해석한 결과 주자학 본래의 '理' 강조를 도외시한 감이 있다. 여기서 퇴계학파가 율곡학파와 율곡의 성리설을 비판할 수 있는 소지가 생기게 되었고 또 후일 율곡학파 내부에서 호락논쟁이 싹트는 계기가 마련되어 조선성리학이 재정립되는 기회를 갖게 되었다.

(2) 퇴계학파

앞에서 살펴본 바와 같이 퇴계학파라고 해서 그냥 퇴계 일변도가 아니라 상당히 복잡한 사상적 갈래를 치고 있지만 여기서는 율곡학파에 대립되는 학파로서의 퇴계학파가 지니는 사상적 특징을 알아보기 위해서 율곡, 사계, 우암 등의 호발설 비판에 대한 퇴계학파 유학자들의 역비판과 퇴계설 옹호를 위주로 퇴계학파의 사상전개를 살피고자 한다.

율곡과 율곡학파 학자들의 퇴계비판은 주로 퇴계의 이기이물, 사단과 칠정의 분리, 사단과 칠정의 이기호발에 집중되어 있었다. 이 부분에 관련된 퇴계의 사상체계는 기묘사화로 붕괴된 성리학적 보편가치의 이론적 재정립이라는 당시 사림계 성리학자로서의 역사적 사명을 구현한 것이라고 볼 수 있는데 四端, 性, 理를 지나치게 강조하다보니 논리적인 무리가 있게 된 것은 사실이라 하겠다.

율곡학파의 퇴계비판에 대해 본격적으로 반론을 펴기 시작한 학자는 서애의 문인인 우복 정경세였다. 우복은 사계가 퇴계의 호발설에 대해 "이기를 이물로 나눈 잘못을 범했다"고 비판한데 대해, "이기는 본래 일물이 아니다. 다만 일찍이 서로 떠나지 않은 까닭에 混融無間이라 하였을 뿐이지 '무간' 두 글자를 자세히 살피면 그것이 이물임은 분명하다. 율곡이 반드시 이기를 일물로 삼은 것은 아닐 것이다. 생각건대 아마 그대가 잘못 기억하였던 듯하다. 하물며 이와 기가 합하여 성을 이룬다는 것은 주자의 설인데 이 조항은 북계도 쉽게 공파하지 못했음에랴"[21]고 하여 주자에서 전거를 구하고 혼융무간을 분석하여 퇴계의 호발성을 옹호하였다. 또 고봉, 율곡의 七情包四端에 대해 "요사이 사람들이 喜·怒·哀·樂을 仁·義·禮·智에 분배하고자 한 것은 억지로 갖다붙인 설에 지나지 않는다. 칠정은 그대로 칠정이고 사단은 그대로 사단이어서 아마도 서로 합치할 수 없을 것이다. 맹자의 기뻐함과 문왕의 성냄이 어째서 理에서 나온 것이 아니겠는가"[22]라고 하여 나름대로 칠정과 사단의 일치를 주장한 율곡학파의 설을 반박하고 있다. 그렇지만 우

21) 鄭經世, 《愚伏集》 권 14, 金沙溪疑問辨論, 大學.
22) 鄭經世, 《愚伏集》 권 11, 答曺汝益.

복은 율곡설을 따른 사계와 깊은 교우관계를 맺고 있었으므로 사계와의 논변(예설과 격물치지의 해석을 중심으로 성리설 전반에 관해 논쟁을 벌였다) 중에서 율곡을 비판하고 있기는 하지만 이는 퇴계에 대한 숭모에서 나온 것이지 당쟁과 결부된 것은 아니었다.

율곡의 성리학과 율곡학파의 퇴계비판에 대한 보다 격한 반응은 송시열 이후 율곡학파의 퇴계설 비판이 본격화되고 이것이 당쟁과 결부된 이후 즉 퇴계의 사후 약 백년이 지난 때부터 시작되는데 鶴峯의 학통을 잇고 있는 葛菴 李玄逸(1627~1704)과 그의 벗 愚潭 丁時翰(1625~1707)의 율곡설 비판이 대표적인 것이라 하겠다.

갈암은 율곡의 "퇴계의 이기호발에 입각한 사단칠정론이 의리불명하고 고봉의 전설이 명백직쾌하다"[23]는 비판에 대해 '백세 후에도 의심할 수 없는' 퇴계의 사단칠정에 관한 정론을 재천명하기 위하여 〈栗谷李氏論四端七情書辨〉을 저술하여 율곡의 설을 비판하고 있다. 여기서 갈암은 율곡이 우계에게 보낸 서한에서 19개 항목을 발췌하여 율곡의 사단칠정론과 機自爾說, 인심도심설을 조목조목 비판하고 있다. 우선 사단칠정론에 대해서 갈암은 다음과 같이 율곡을 비판하고 퇴계의 호발설을 옹호하고 있다.

> 율곡은 '칠정은 사단을 포함하니 사단이 칠정이 아니고 칠정이 사단이 아니라고 할 수 없다' 했는데 나의 생각으로는 사단과 칠정이 각각 하나의 설이 된다. 억지로 일설로 합해서는 안된다. 주자도 '七情是氣之發 四端是理之發'이라고 했다. 따라서 칠정을 사단에 분배하는 학설은 불가하다. 율곡은 이 점에서 깊이 생각하여 그 같고 다름을 유의하지 않고 갑자기 일도로 묶어 버렸다. 그의 학설은 한결같이 촉과 월처럼 먼 것을 억지로 지리하게 끌어 붙이는 병통이 있으니 애석하다(李玄逸, 《葛菴集》 권 18, 栗谷李氏論四端七情書辨).

여기서 볼 수 있는 바와 같이 갈암의 율곡에 대한 비판은 주자의 理有動靜과 七情是氣之發 四端是理之發이라는 말에 근거하여 퇴계의 理自有動靜과 四端理發氣隨 七情氣發理乘이라는 이기호발설을 옹호하기 위한 것이다. 사단칠정론의 이러한 논리를 계속 확대하여 율곡의 "음양동정은 기가 스스로 그

23) 李玄逸, 《葛菴集》 권 18, 栗谷李氏論四端七情書辨.

러할 뿐 그렇게 되게 하는 자가 없다"고 하는 기자이설에 대해서는 "이가 무위하기는 하지만 조화의 중심 만물의 근저이다"고 전제하고, 주자의 "이에 동정이 있는 까닭에 기에 동정이 있다"는 말을 들어 율곡의 설이 주자의 설과 어긋남을 지적하고 있다. 그래서 마침내 율곡의 이기설, 사단칠정설, 인심도심설은 나정암의 설을 취한 것으로 주자의 본령과 어긋난 선학적 요소가 있다고 비판하였다.[24]

갈암의 벗인 우담의 율곡설 비판도 이통기국설을 분석하여 그것이 理一分殊라는 주자학의 대전제와 모순됨을 말한 것[25] 이외에는 갈암의 위와 같은 비판과 대동소이하다. 갈암과 우담의 이러한 율곡비판은 당파에 얽매인 비판을 위한 비판이라고 볼 수도 있지만 다른 한편으로는 義와 利를 근원적으로 구분하는 유가의 전통적 입장(따라서 義의 근원이 되는 사단과 利를 추구하는 형기의 칠정은 구분되어야 하고 그 형이상학적 근거인 이와 기도 각각의 고유한 영역을 가져야 한다)을 이론적으로 사수하려는 17세기 후반의 조선 사대부의 입장을 반영하는 것이기도 하다. 갈암과 우담의 율곡설 비판 이후 퇴계의 이기호발, 이유동정설은 더욱 극단적으로 해석되어 大山 李象靖에 이르러서는 理는 無爲而爲 不宰而宰하여 理動氣生하는 活物로 보기까지 한다.[26] 결국 이발을 인정하느냐 하지 않느냐 하는 퇴율 양학파의 입장 차이는 주자학적 명분의 고수, 즉 유교적 사회질서 자체의 위상에 관계된 것이지 논리적인 세계 해석의 문제는 아닌 것이다. 따라서 율곡학파에서도 理發을 인정하지는 않으나 理가 보편적 존재이고 기에 우선하는 존재라는 것은 부인할 수 없고, 갈암·우담의 위와 같은 비판은 이러한 의미에서 무조건적인 비판이 아닌 유교사회라는 범위 안에서 나름대로의 일정한 타당성을 지닐 수 있게 되는 것이다.

(3) 퇴율절충론

앞에서 퇴계학파와 율곡학파에 속하는 대표적인 유학자의 성리설을 이기

24) 위와 같음.
25) 丁時翰, 《愚潭集》 권 7, 四七辨證.
26) 裵宗鎬, 《韓國儒學史》(延世大 出版部, 1974), 120쪽.
金吉煥, 《韓國哲學硏究(下)》(동명출판사, 1977), 4쪽.

성 정론을 중심으로 살펴보았다. 그런데 분명히 퇴계학파나 율곡학파에 속하면서도 그 성리설이나 관심 분야가 퇴계학파나 율곡학파의 주류에서 벗어나 있는 일군의 성리학자들이 있다. 이들의 성리설이나 사단칠정론이 공통점이 있어서 하나의 학파로 묶을 수 있는 것은 아니지만 조선주자학의 양대 조류인 퇴계와 율곡의 설을 절충하고 있거나 약간 벗어나 있기 때문에 퇴율절출파라는 이름으로 묶어 그들의 유학사상을 살펴보고자 한다.

우선 퇴계학파에서 절충파로 거론할 만한 학자를 들어보면 旅軒 張顯光(1554~1637)과 眉叟 許穆(1595~1682)을 들 수 있으나 이들의 사상체계는 절충적이라기 보다 독창적이라는 표현이 더 알맞을지도 모르겠다. 율곡학파의 경우에는 율곡의 교우였던 우계 성혼의 성리학이 퇴계와 율곡의 대립적인 면을 절충하는 입장이었기 때문에 우계와 관계있는 소론계 학자중에 절충적인 입장을 취한 학자들이 상당수 있다. 대표적인 절충론자는 南溪 朴世采(1631~1695), 拙修齋 趙聖期(1638~1689), 農巖 金昌協(1651~1708), 三淵 金昌翕(1653~1722), 滄溪 林泳(1649~1696) 등을 들 수 있다. 퇴계학파의 여헌과 미수의 사상은 기호남인계의 학자들로 이어지고 있고 율곡학파의 절충론은 조선말의 華西 李恒老, 省齋 柳重教, 重庵 金平默, 勉庵 崔益鉉 등의 주리론적 성리학으로 연결된다. 그러면 이들의 사상적 특징을 간략히 살펴보도록 하자.

여헌과 미수는 당시로서는 독특하게 이기심성론이 아닌 우주론에 많은 관심을 기울인 유학자이다. 특히 여헌의 이기설은 독창적인 면이 많아 성리학의 우주론에서 독특한 위치를 점하고 있다. 그의 성리에 관한 견해가 잘 드러나 있는 글은 〈理氣經緯說〉인데 갈암은 여헌의 경위설이 퇴계의 이기설과 다름을 알고 "경과 위로써 이와 기를 설명하는 것은 이기가 체용이 됨을 분명히 하는 것일 뿐이라 하였으나 사실은 나정암의 도심은 체요 인심은 용이라는 주장과 앞뒤가 같은 모습이다"27)고 말하여 여헌의 경위설이 퇴계의 정론과는 어긋나는 나정암, 율곡과 같은 이기일물설이라고 비판하고 있다. 그러면 여헌의 경위설은 어떤 내용을 담고 있는지 보자. 여헌은 구체적인 우주의 시원으로 '道'를 상정하였다. 그는 도를 다음과 같이 설명하였다.

---

27) 李玄逸, 《葛庵集》 권 18, 愁州管窺錄.

> 우주 이하는 이른바 형이하자요 도는 소위 형이상자이다. 형이하자란 반드시 시작이 있고 끝이 있으며 안이 있고 밖이 있으나 형이상자는 시작도 끝도 안도 바깥도 없다. … 이로 미루어 소급해 보면 우주가 나기 전에 도는 이미 있었고 이를 미루어 앞으로 나아가 보면 우주는 없어지지만 도는 무궁하다(張顯光,《旅軒性理說》 권 8, 宇宙說).

도에 대한 이러한 여헌의 해설은 마치 장재나 화담의 일기에 대한 설명과 유사한 것 같다. 여헌은 이러한 형이상자로서의 도로부터 우주와 천지가 생성되어 나온다고 한다. 이기는 이 때 작용하는 도의 두 속성이다. 그러므로 도는 곧 이기의 실체요 통합자이다. "이른바 도는 이기를 합하고 체용을 겸한 常一 常存하는 존재이다. … 도는 그 理로써 經을 삼고 그 氣로써 緯를 삼는다"[28]고 했다. 따라서 이기는 二物이 아니며 도의 체용으로 해석된다. 그리고 이기의 관계에서만 볼 때에는 경을 위주로 하고 경으로써 위를 다스린다고 하여 전통적인 理 위주의 사고방식을 따르고 있다.

여헌은 당시의 학자들이 이를 몰라서 이기를 이원적으로 해석했다고 하여 퇴계의 理自理氣自氣決是二物說을 비판하고 있다. 여헌이 이러한 경위설은 한편에서는 이기의 근원이 같음을 밝히고 있어 율곡의 이기불상리에 부합하고 다른 한편에서는 경과 위는 엇갈리는 두 속성으로 經, 즉 理가 천지만물의 본성에 부합하는 것이라 하여 퇴계의 불상잡을 만족시키고 있어 도체론의 면에서는 퇴율을 벗어난 새로운 이론체계이나 이기론의 측면에서는 상당히 절충적이라 하겠다.

미수 허목의 우주론도 여헌의 영향을 받아 우주생성론에 치중하고 있는데 여헌보다 이기의 근본이 하나임을 더욱 강조하고 있어 나정암의 설과 보다 유사하다고 할 수 있다. 그는 "理란 氣의 이이다. 이 이가 있으면 곧 이 기가 있게 된다. 기란 이의 기이다. 이 기가 있으면 곧 이 이가 있게 된다"[29]고 하여 이기의 불상리를 강조하기는 하지만 또 기는 유한하나 이는 무한하다고 하여 퇴계학파의 이를 우위로 보는 입장을 고수하고 있다.

율곡학파의 절충론은 말 그대로 퇴계의 학설과 율곡의 학설을 절충한 것

---

28) 張顯光,《旅軒性理說》 권 8, 宇宙說.
29) 許　穆,《記言》 권 1, 學.

인데 앞에서 든 우계, 남계, 졸수재 등은 이기의 불상리나 불상잡 어느 한편으로 기우는 것은 옳지 않다고 여겨 불상리 중에서 불상잡의 측면을 인정하는 방향으로 그들의 성리설을 정립하고 있다. 사단칠정론에서도 어느 정도는 이기호발의 면이 있음을 인정한다. 이러한 방식으로 퇴율을 절충하는 대개의 학설이 비슷하므로 여기서는 소론의 영수가 되어 송시열과 대립한 남계 박세채의 절출론만을 대표로 살펴보기로 한다.

먼저 남계의 이기관계에 대한 견해를 보면 그는 太極動以生陽을 해석하여 다음과 같이 말하고 있다.

> 태극이 실지로 음양을 생한다는 것이 아니라 만물의 形化가 그런 것인데 다만 음양이 동정하고 태극은 그 주가 된다는 것이다. … 만약 이 구절 때문에 호발의 설과 같다고 한다면 아마도 깊이 생각하지 못한 것일 것이다(朴世采, 《南溪集》 권 41, 答沈期仲問近思錄).

남계는 주자가 태극은 동정한다고 말한 것은 태극이 만물의 근본이 되는 것임을 말한 것이지 실지로 발하여 현상화된다는 것이 아니라고 해석하여 율곡의 설을 옹호하고 있다. 그런데 사단칠정론에서는 율곡처럼 칠정이 사단을 포함하여 사칠이 혼륜한 것으로 보지 않고 혼륜한 면도 있고 나누어지는 면도 있다고 하여 퇴계의 이기호발설을 수용하고 있다. 그는 그 이유를 다음과 같이 말하고 있다.

> 대개 사단이 발함에 반드시 氣에 탄다 하더라도 바로 인의예지의 순순한 理로부터 나온 까닭에 이를 주로 하니 理之發이라 한다. 그것은 사람의 본연지성이 비록 기질지성 중에 있다 하더라도 단지 그 주된 바를 지칭하여 본연지성이라 하는 것과 같다(朴世采, 《南溪集》 권 55, 四端理發七情氣發說).

여기서 남계는 기발, 기질지성으로 사단칠정을 말해야 하지만 사단은 본질적으로 理의 성격을 가지므로 이발이라고 해도 무방하다는 입장을 취하여 퇴계의 호발설이 율곡의 해석처럼 이발과 기발을 별개로 나누는 것이 아니라 개념의 적용에 따르는 문제라고 해석하여 퇴계의 설과 율곡의 설을 조화일치시키고 있다.

(4) 탈주자학적 유학사상

퇴계학파와 율곡학파가 양립하면서 순수한 주자학을 지향하는 조선성리학이 정착되고 교조화되는 바로 이 시기에 다른 한편으로는 탈주자학적인 학문경향이 등장하기 시작한다. 대표적인 사상만 들어 본다면 퇴계 때부터 이단으로 변척되기 시작한 陽明學과 白湖 尹鑴(1617~1680)로 대표되는 漢學的 경향, 西溪 朴世堂(1629~1703)의 탈주자적인 경전주석을 들 수 있겠는데 특히 백호와 서계의 경학은 송시열의 격렬한 비판대상이 되었다는 점에서 더욱 주목된다 하겠다.

윤휴는 주자학에서 벗어난 한학적인 유학이론을 전개하여 송시열로부터 사문난적이라는 규탄을 받았다. 윤휴는 東州 李敏求의 문인이지만 학문에 있어서는 여헌 장현광과 미수 허목의 영향을 상당히 받았다고 하겠다. 여헌과 미수는 앞에서 살펴보았듯이 당시로서는 독특하게 우주론에 관심을 가졌던 학자들이다. 백호사상의 가장 큰 특징은 孝悌忠信이라는 윤리규범의 근거를 인간의 性과 우주의 理에서 찾지 않고 先秦儒學, 漢代儒學으로 거슬러 올라가서 天개념을 재천명함으로써 효를 중시하는 독자적인 유학을 전개한다는 사실이다. 이러한 윤휴의 사상은 왕권의 강화라는 남인의 정치적 이해와도 관계가 있지만 교조화된 주자학에 대한 반발과 그에 대한 대안으로 고대의 실천적 유학을 복권시킨다는 의미도 있다고 생각한다. 그의 사상이 주자학 중심의 조선성리학에서 벗어나 있음은《大學》과《中庸》해석에서 분명히 드러난다. 여기서 윤휴는 주자를 따르지 않고《대학》과《중용》의 戒懼, 愼獨을 事天, 畏天, 敬天으로 해석하여 유학이 종교성을 회복시키고 보다 실천적인 유학이론을 전개하려고 했다. 그래서 윤휴는《중용》을 10장 28절로 나누고 수장의 天命, 率性, 修道에 대해 다음과 같이 해석하였다.

> 성은 천으로부터 나와서 바꿀 수 없는 것임을 밝힌 이유이며 도는 물의 본체가 되어 떠날 수 없고 교는 사람에게 필요하니 그만 둘 수 없는 것이다. 그리하여 계구, 신독이라 함은 군자가 하늘을 두려워하여 수도하는 까닭을 말한 것이다(尹鑴,《白湖全書》권 36, 讀書記 中庸).

윤휴는 성리학의 太極과 理가 지닌 형이상학적 의미를 《書經》 등의 고전에 나오는 天, 上帝에다 부여하고 천, 상제의 인격성을 강조함으로써 주자학의 이기성정론이 지닌 주지주의적 관념성을 극복하고 실천적 유학으로 복귀하고자 했다. 그리하여 부모를 모심, 즉 효라는 인륜의 근거를 보편적 인간성의 내면적 탐구에서 찾는 것이 아니라 하늘을 따름, 하늘을 두려워함이라는 종교적 심성에서 구한다.

《대학》의 격물치지, 성의정심의 해석에서도 주자학의 居敬窮理로 해석하지 않고 恕를 정주의 敬과 같은 것이라 하고 "格이란 誠이 지극하여 감통한 것이다"라고 하여 존덕성을 중시하는 육왕과 정주를 절충하는 태도를 취했다. 그는 주자가 格을 至라고 해석한 데 대해 "주자가 논한바 先知後養 强探力取의 설은 정자의 욕망을 줄이면 양지가 스스로 밝아진다는 의미와는 다르다. 또 存心과 致知가 서로 도우며 誠과 敬이 함께 하고 나와 물이 감통했다는 뜻을 보지 못한다"[30]라고 하여 주자의 궁리에 의한 격물치지를 반대하고 천을 매개로 한 人과 物간의 감통에 의한 인식을 주장하였다. 이렇게 사천, 사친을 바탕으로 인륜의 내재를 자각하고 감통에 의한 직관적 인식으로 격물치지의 번쇄함을 단순화하여 수기의 본을 확립한 윤휴의 사상체계는 치인지말의 구체적 방도에 보다 많은 관심을 두게 된다. 윤휴의 경세론은 〈漫筆〉에 잘 드러나 있는데 문무의 조화, 과거제 폐지, 관제개혁 등의 전통적인 경세문제에서부터 화포, 서양학에 이르기까지 다양한 문물제도를 다루고 있어 그의 事天學과 정약용의 수사학이 일치하고 있음이 우연이 아니라는 느낌을 갖게 한다.

서계 박세당은 이경석의 비문에서 송시열을 비방하고 《思辨錄》에서 주자장구를 반대했다고 해서 송시열의 문인들로부터 사문난적으로 공격받아 곤욕을 치렀다. 송시열은 서계를 五邪로 지목하고 말하기를 "세당은 윤증의 당이다. 감히 책을 지어 사변록이라 하여 주자집주를 공격하고 중용에서는 제멋대로 장구를 고쳤으니 賊鑴(윤휴)의 구투를 그대로 이어받고 있다"[31]고 했다. 이 말만 보아도 우암이 서계를 얼마나 위험한 인물로 보았는지 알 수 있

30) 尹　鑴, 《白湖全書》 권 37, 大學全篇大旨按說.
31) 宋時烈, 《宋子大全》 附錄 年譜.

다. 서계는 당시의 주자학만을 고집하는 조선 성리학자를 빗대어 《사변록》의 서문에서 다음과 같이 비판하고 있다.

> 지금 육경을 구하는 이는 거개가 모두 얕고 가까운 것을 뛰어 넘어서 그 깊고 먼 것으로 달려가며 그 추솔하고 소략한 것은 소홀히 하고서 정밀하고 다 갖춘 것만 엿보고 있으니 그 어둡고 어지러움과 빠지거나 넘어져서 아무런 소득이 없음은 당연하다 할 것이다. 저들은 다만 그 깊고 먼 것을 얻지 못할 뿐 아니라 얕고 가까운 것마저 모두 잃게 될 것이다. 아 슬프다. 그 또한 미혹한 것이 심하다 하겠다(朴世堂, 《思辨錄》, 序文).

서계의 이 말은 조선 전기의 실천적 기풍이 사라져 버리고 스콜라적인 논쟁만 횡행하는 당시의 조선성리학에 대한 직시라 하겠다. 이렇게 당시의 문제점을 지적한 서계는 얕고 가깝고 소략하고 추솔한 것부터 시작해서 차츰 깊고 심원한 이론으로 가야한다고 생각해서 유학의 근본이 되는 경전의 연구도 주자학에서처럼 이기성정의 형이상학적 이론으로 해석해서는 안되고 일상이 실천과 경전의 본뜻에 따라 해석해야 한다고 생각했다. 그 결과가 《사변록》이라는 탈주자학적 경전해석이다.

《四書思辨錄》은 그가 50대 초반에서부터 60대 초반에 이르기까지 약 10년에 걸쳐 완성한 책이다. 이 가운데 특히 《대학》과 《중용》의 해석과 편차수정이 당시에 이르러 절대시 되고 있던 주자의 《사서집주》에 어긋난 것이 많아 문제가 되었다. 서계의 《대학》 해석에서 주자와 다른 점은 다음과 같다. 첫째 주자의 三綱領說을 반대하고 明德, 至善의 二綱領만 인정했다. 둘째 格을 '則', '正'으로 보아 격물치지를 '물의 법칙을 구하여 그 올바른 모습을 얻도록 힘쓰는 것'으로 해석했는데 이는 왕양명의 해석과 유사하다. 셋째 주자는 대학을 너무 심원하게 해석한다고 비판했다. 중용 해석에서는 다음과 같이 자신이 견해를 밝히고 있다. 첫째 중용이란 명칭의 해석에서 정주의 해석이 다름을 지적하고 庸을 恒으로 해석하여 중을 항지한다고 해석했다. 둘째 수장의 해석에서 주자가 "인과 물이 각각 그 본성의 자연스러움에 따르니…"라고 한데 대해, 인과 물을 병거한 것은 잘못이라고 지적하고 있다. 셋째 率性之道의 해석에서 주자의 말대로 도가 심성에 갖춰져 있다면 수도의 필요가 없을 것이라고 비판하고 사람이 인성에 따라 행하는 것이 도로와 같다는 단순한 뜻으로 해석하고 있다. 넷째 주자의 未發공부에 대해서는 적연부동을 아무 지각이 없는 죽은 사물에 비유하는 길다란 혹평을 가하고 있는데 이것도 후일 다산의 주자비판과 공통된다. 이외에도 費而隱을 체용으로 해석한 것을 반대했다든지 주자의 "인물성이 본성에 있어서는 같아 사람이 능히 물성을 다할 수 있다"는 주장을 부정했다든지 하여 주자의 관념적 형이상학적 해석에 대해 전반적으로 부정적인 태도를 취하고 있다.

이러한 서계의 주자학적 경전해석에 대한 비판은 당시 성리학의 교조적 태도를 비판한 것으로 조선유학이 수기치인의 본령을 회복하기 위해서는 주자학이라는 테두리를 벗어나야 한다는 생각을 편 것이나. 서계의 고선에 입각한 실증적인 태도는 주자에서 벗어나기 위해 더 큰 권위를 찾는 과정이었고 후일의 실학적 학풍의 선구적 역할을 했다고 볼 수 있다. 주자학이 부정은 곧 중세적 사유로부터의 이탈을 뜻하는 것이고, 그것이 고대의 유학으로의 복귀를 주장한다 할지라도 새로운 사유로의 전환 이외의 의미는 아니기 때문이다.

4) 존주론과 명분주의

16세기를 지나면서 조선사회에 유교적 윤리규범이 보편화되고 주자학적 명분론에 입각한 사회질서가 확고히 정착되면서 성리학이 차츰 교조화되어 가는 경향은 앞에서 살펴본 바와 같다. 조선성리학의 경직화 현상은 명분론에 대한 강한 집착이라는 형태로 나타나게 되었다. 예학과 존주론으로 나타나는 명분론에의 집착은 인조반정을 통해 집권하게 된 집권세력의 정치적 정통성 확보와 관계 있다. 반정을 통해 집권하게 된 서인과 남인의 연합세력은 廢君이라는 비유교적 행위를 정당화하기 위하여 廢母殺弟라는 강상윤리의 폐기를 내세우고 성리학적 명분론을 더욱 강화해 나갔다. 이들은 안으로 성리학적 명분론을 강화시켜 나갔을 뿐 아니라 대외적으로도 주자의 尊華攘夷的 명분론에 입각한 존명사대의 외교정책을 취함으로써 자신의 정통성을 구축하고자 했다. 이러한 명분론에 입각한 대내외적인 정책의 고수는 청의 발호라는 새로운 국제질서에 적절히 대응할 수 있는 현실적 대처능력을 상실하게 하였고 마침내는 병자호란을 초래하게 되었다. 병자호란을 당하여 오랑캐로 여겼던 청의 무력에 굴복하게 되자 소중화로 자처하던 조선의 자부심은 큰 상처를 입게 되었고 뒤이어 중화인 명이 오랑캐인 청에 멸망함으로써 기존의 국제질서가 붕괴되어 버리자 명에 의존하고 있던 조선의 정통성은 크게 손상받게 되었다. 주자학적 명분론에 입각하여 대내외적 질서를 확립해가던 조선의 성리학자들은 이러한 전통적 중화질서의 붕괴를 천지대란으로 인식하고 이를 극복하기 위한 치열한 사상적 노력을 경주하였다. 이 과정에서 청을 새로운 국제관계의 중심으로 인정하는 主和論은 배제되고 종래의 주자학적 이념에 입각한 斥和論이 국론으로 되면서 조선성리학은 더욱 강고한 명분주의의 틀을 고수하게 되는데, 이는 청에 굴복한 현실을 관념적으로 극복하기 위한 방편이기도 하였지만 병자호란 이후 심양에 억류되어 있다가 귀국하여 왕위에 오른 효종과 그에 의해 발탁된 산림 송시열을 중심으로 한 서인정권의 정통성을 위한 것이기도 하였다. 효종과 송시열은 임진왜란 때 再造之恩을 입은 명에 대해서는 對明義理論을, 조선에 굴욕을 가하고 명을 멸절시킨 청에 대해서는 對淸復讐論을 견지하고 스스로에 대해서는 기존이 소중화 의식을 더욱 강화하여 조선만이 중화문화의 유일한 계승자라는 자부심으로 무장함으로써 당시의 난관을 극복하고자 했다. 청에 대한 復讐雪恥의 염원은 北伐論으로, 대명의리론은 尊周論으로 이론적 틀을 갖추면서 주자학적 명분론은 국가의 대의와 맞물린 이념으로 한층 강화되었다. 효종과 송시열이 신담대의로써 뜻을 합하기는 하였으나 두 사람의 의도하는 바에는 미묘한 차이가 있었다. 효종이 북벌을 강조하여 조정을 군사정국화함으로써 왕권의 강화를 도모했던 반면 송시열은 군비의 증강보다 민생의 안정과 성리학적 명분의 실현이 시급하다고 주장하였다. 북벌론과 존주론은 청의 중원지배를 받아들이자는 현실론을 폈던 윤선거, 박세당 등의 일부 소론계 지식인들에 의하여 그 허구성이 간접적으로나마 지적되기도 했지만 당시 조선지식인들의 공론으로 형성되어 갔다.[32] 북벌론과 존주론은 표리관계를 이루고 있는 같은 사상의 양면이지만 효종이 즉위 10년만인 1659년 승하하

---

32) 유봉학, 《연암일파 북학사상 연구》(일지사, 1995), 49~50쪽.

고 현종 3년(1662) 명의 명맥을 잇고 있던 三皇이 멸절됨에 따라 북벌의 가능성이 희박해지자 북벌론은 퇴색하고 존주론만이 사림파의 전통적인 정치이념인 유교 근본주의의 맥락과 연결되면서 일층 강조되었다. 존주론의 주창자인 송시열은 "天經地義(존주대의)는 民彛의 큰 것이니 어기면 금수가 될 것"[33]이라고 하여 존주론에 입각한 대명의리의 준수야말로 성리학적 이념실현을 위한 대전제라고 하면서 오랑캐의 나라였던 원에서 벼슬한 허형을 문묘에서 축출해야 한다고 요구하기까지 하였다. 명이라는 나라는 이미 사라지고 없는데 존주론에 입각한 대명의리론을 계속 고수하는 것은 사실 관념적인 명분추구 이상의 의미를 지니지 못할 것이다. 그럼에도 불구하고 송시열을 중심으로 노론계 학자들이 대명의리론을 계속 주장하여 마침내 국가적 차원의 공인된 제의로까지 발전시키게 되는데 이는 조선만이 중화문화의 유일한 계승자로서 성리학적 이념을 끝까지 고수해야 한다는 자존의식과 더불어 은연중 청에 대한 현실적 노선을 견지하고 있던 소론에 대한 노론의 정치적 입장강화와도 관계 있을 것이다. 이러한 성리학적 명분추구의 노력 끝에 마침내 1704년 명이 멸망한지 60년이 되던 해 임진왜란 때 재조지은을 입은 명의 神宗과 명의 마지막 황제 毅宗을 제사지내는 제의가 국가적 차원에서 마련되었으니 大報壇의 설치가 그것이다. 이 제의는 송시열이 煥章庵을 설치하여 사적으로 송의 황제에게 제사지내도록 한데서 시작되었는데 송시열이 정쟁에 희생된 후 그의 제자 권상하가 유지를 이어 萬東廟의 건립을 주도했고 이것이 국가적 공인을 획득하여 대보단의 설치로 이어지게 되었다. 대보단을 설치할 때 신하인 조선국왕이 천자인 명황제에게 직접 치제할 수 있는가 하는 의례상의 문제가 생겼음에도 불구하고 이를 강행한 것은 조선이 명의 적통임을 자부하는 조선중화주의 의식을 상징적으로 보여준 사건임과 동시에 송시열의 유업인 만동묘의 건립과 대보단의 설치는 존주대의가 복수설치의 실현을 단념한 채 노론정권과 보수유림의 허울좋은 명분이 되고 기념물화한 하나의 상징이었다 하겠다.[34]

〈許南進〉

33) 宋時烈, 《宋子大全》 권 203, 三學士傳.

34) 李迎春, 〈尤菴 宋時烈의 尊周思想〉(《淸溪史學》 2, 1985), 161쪽.

2. 양명학의 전래와 연구

양명학은 주자학의 한계를 실천적으로 극복하기 위해 나타난 사상으로, 주자학과 함께 중국사상사에 있어 중요한 위치를 차지하고 있음은 주지의 사실이다. 또한 일본에서도 양명학은 明治維新의 사상적 배경이[1] 될 정도로 그 학문적 위치가 견고하였다. 그러나 우리 나라에서는 전래 초기부터 異端으로 배척을 받아 거의 학문적 발전을 이룰 수가 없었다. 중국·일본과 함께 유교문화권의 중심적 위치에 있었던 우리 나라가 두 나라와는 달리 양명학을 배척하게 된 이유는 무엇일까. 이제 양명학이 우리 나라에서 꽃피울 수 없었던 이유와 함께 극소수의 학자들에 의해 명맥을 유지해 온 양명학의 초기 연구 과정을 살펴보자.

1) 양명학의 전래와 초기 수용형태

양명학이 전래된 시기는 종래에 異說이 있었으나, 그 동안 여러 학자들의 연구에 의해 그 대체적인 시기가 밝혀졌다. 전래 시기에 대하여 李能和(1869~1945)는 명나라 嘉靖(1521) 이후로 추정하였으며,[2] 李丙燾는 조선시대 명종 년간으로,[3] 그리고 일본의 高橋亨은 명종 13년(1558)으로 보았다.[4] 한편 金能根은 고교형의 명종 13년설에 대해 반론을 제기하여 전래 시기를 그 이전으로 추정하였으며,[5] 이러한 반론에 대해 尹南漢은 구체적인 자료로 김능근의 추정을 입증하였다.[6] 이 후 吳鍾逸은 중종 16년(1521)에 訥齋 朴祥(1474~1519)과 十淸軒 金世弼(1473~1553)이 양명의 《傳習錄》을 詩로 화답하며 辨斥

---

1) 岡野貴美子, 〈陽明學對於日本的影響〉(《陽明學論文集》, 台北, 中華學術院, 1977).
2) 李能和, 《朝鮮儒界之陽明學派》(《靑丘學叢》 25, 1937).
3) 李丙燾, 〈陽明書之東來與退溪之辨斥〉(《白樂濬博士華甲記念 國學論叢》, 思想界, 1955).
4) 高橋亨, 〈朝鮮の陽明學派〉(《朝鮮學報》 4, 1953).
5) 金能根, 〈陽明學의 傳來와 韓國儒家의 動向〉(《崇實大學論文集》 1, 1967).
6) 尹南漢, 〈李朝 陽明學의 傳來와 受容의 問題〉(《中央史論》 1, 中央大, 1972).

하였던 사실을 논증함으로써 양명학의 전래시기가 중국에 있어서《전습록》초간시기인 명 武宗 13년(1518)과 불과 3년의 차이밖에 나지 않고 있음을 보여 주었다. 이렇게 볼 때 양명학의 전래시기는 중국에서《전습록》이 간행된 시기와 거의 같음을 알 수 있다.

그런데 양명학에 대한 학계의 수용태도는 退溪가 〈心經後論〉을 지어 陸王學을 변척한 명종 21년을 기점으로 그 이전과 이후가 전혀 다른 양상을 보이고 있다.

양명학의 전래시기를 중종 16년으로 보았을 때, 퇴계가 육왕학을 배척한 명종 22년까지는 45년이라는 기간이 있었고, 이 기간 동안 육왕학은 퇴계의 변척 이후와는 전혀 다른 자유스러운 분위기에서 그 학문적 내용이 논해지고 있었다.

양명학은 象山 陸九淵(1139~1192)의 학문과 더불어 육왕학이라고 일컬어지거니와 양명학에 대한 이해는 그의 사상적 先河를 이룬 象山學과 그 궤적을 같이 한다고 할 수 있다. 그런데 조선에는 왕양명의《전습록》보다《象山集》이 먼저 전래하였고, 상산의 심학적 학문태도가 학자들간에 긍정적인 반응을 보여주고 있었다. 그 예로서 중종 12년(1517)에 韓效元이 元子를 교양하는 글에서 육상산의 말을 인용하고 있으며,[7] 이듬해인 중종 13년에는 慕齋 金安國(1478~1543)이 謝恩使로 명에 다녀올 때《상산집》을 가져와 이를 간행한 사실도 있다. 김안국은《상산집》을 간행하면서 "이 책은 송나라 육구연의 저술로서 선생은 朱子와 동시대인으로 尊德性에 전심하여 주자와 더불어 왕복 논변을 하였는데, 비록 주자와는 취지가 다르지만 心性之學은 오히려 講明할 바가 있으니 程朱之敎를 숭상하는 학자라도 이 책을 참고한다면 유익함이 없지 않을 것이다"[8]라 하여 상산학을 긍정적으로 이해하고 있다. 또한 중종 16년 朴祥(1474~1519)과 金世弼(1473~553)이 양명의《전습록》을 시로 화답하였고,[9] 그 후 명종 13년(1558) 洪仁祐와 南彦經(1528~1594)이 양명학에 대해 토론하고 있는데,[10] 이러한 상황은 양명학에 대한 당시의 자유로운 수용태도

7)《中宗實錄》권 27, 중종 12년 정월 을미.
8) 金安國,《慕齋集》권 9.
9) 吳鍾逸, 〈陽明 傳習錄 東來考〉(《哲學硏究》5, 高麗大, 1978).

를 잘 보여주고 있다.

그런데 이처럼 양명학 전래 초기의 자유스러운 수용태도는 퇴계가 이단의 학설이 세상에 성행하게 되어 程朱의 도통이 무너질 것을 걱정해서 이를 변척한[11] 후로 전혀 다른 방향으로 전개된다.

2) 양명학의 비판과 수용의 문제

퇴계는 만년에 〈傳習錄論辯〉을 통해 정통 주자학의 입장에서 양명학을 禪學으로 지칭하여 이를 변척하였고, 그 후 한국 양명학은 조선 말기에 이르기까지 異端邪說로 배척을 받게 되었다.[12] 그는 《전습록》의 내용을 각 조목으로 나누어 비판하였는데, 그 내용을 요약하면 다음과 같다.

첫째, 양명의 '親民說'을 비판하였다. 양명은 주자가 백성을 대상으로 하여 가르치고 깨우치게 한다는 의미로 이해한 '新民說'을 반대하고, 백성을 주체로 인식하여, 《大學古本》의 字義대로 親民의 의미를 '친애하고 기른다'는 뜻으로 해석하였다. 이에 대해 퇴계는 주자학의 입장에서 明明德이란 學으로 말미암아 자기의 德을 밝히는 것이요, 新民이란 자기의 學을 미루어 백성의 德을 새롭게 하는 것이라 주장하고 있다.

둘째, 양명의 '心卽理說'을 비판하였다. 양명은 심즉리설을 통해 당시의 중요한 실천덕목인 忠·孝의 객관적 규범을 거부하고, 마음으로부터 충·효의 실천윤리가 발생한다고 하였다. 이에 대해 퇴계는 양명이 窮理공부와 실천功效를 혼동하고 있다고 비판하였다.

셋째, 양명이 정주의 객관적 규범과 형식을 비판하고, 事事物物을 모두 本心에 끌어들임으로써 마음만을 내세우는 불교의 禪學에 빠졌다고 비판하였다.

---

10) 洪仁祐, 《恥齋遺稿》 권 2.

11) 李 滉, 《退溪全書》 下, 〈年譜〉 권 2.

12) 이 점에 대해 구한말 독립운동가인 朴殷植은 "吾國儒林의 思想으로 言하면 諸老先生이 모두 朱學을 崇尙하고 篤信하여 唯一無二한 法門이 됨에 감히 一言一字라도 朱學과 異同이 되면 斯文亂賊의 律을 加하고 王學에 至하여는 異端邪說로 排斥하여 學界의 容跡을 許치 아니하였으니"라고 당시 思想界의 상황을 말하고 있다(《朴殷植全書》 하권, 197쪽).

넷째, '知行合一說'을 비판하였다. 양명은 주자가 사람들이 참답게 알기를 기다려 행하는 先知後行의 공부를 함으로써 마침내 종신토록 알지도 못하고 행하지도 못하게 되었다고 하며 이를 반대하고 지와 행이 일체가 되는 지행합일설을 주장하였다. 이에 대해 퇴계는 마음의 움직임이 形氣에서 나온 경우라면 양명의 지행합일의 논리가 가능하지만 마음의 움직임이 의리에서 나온 경우에는 知와 行이 분변되어야 한다는 점을 들어 양명이 감성의 세계에 치중하고 있다고 비판하였다.

그런데 퇴계가 양명학을 그처럼 변척한 이유가 어디에 있을까. 이 문제는 두 가지 측면에서 이해하는 것이 필요하다. 그 하나는 양명학이 주자학을 비판하고 있다는 사실이다. 이러한 측면에서 정통 주자학자인 퇴계가 자신의 학문을 비판하는 양명학을 부정하는 것은 너무나 당연한 일이다. 그리고 다른 하나는 당시의 역사적 상황과 관련하여 이해하는 것이다.

조선 건국 후 거의 100년간은 새 왕조의 창업기로서, 鄭道傳(1348~1398), 權近(1352~1409) 등은 주자학의 闢異端論에 근거하여 불교를 배척함으로써 유교의 정통성을 확보하였으나,[13] 그 내용은 인간의 도덕성을 함양하는 입장이라기보다는 새로운 국가를 다지는데 필요한 문물제도의 확립에 치중하는 경향이 있었다.[14] 그러나 그 후 세조의 왕위찬탈사건을 위시하여 계속되는 士禍 등으로 통치자의 도덕성 문제가 학자들에 의해 제기되었고, 이에 따라 주자학은 이러한 문제를 학문의 중요한 과제로 인식하게 되었다. 이러한 역사적 상황 속에서 퇴계의 학문적 성과는 치자의 도덕성을 바탕으로 하는 정치, 이른바 道學政治의 제도적 정착에 커다란 공헌을 하게 되었다.[15]

중국에 있어서 주자학의 역사적 한계성을 비판하고 대두한 양명학이 조선에 전래되어 수용되기 시작한 시점은 이처럼 주자학의 학문적 성과가 두드러지는 시기였다. 따라서 당시의 시대적 상황을 고려할 때, 퇴계가 양명학을 배척한 것은 학문적으로 주자학의 정통성을 확보하는 의미뿐만 아니라 정치적으로 주자학을 바탕으로 하는 체제옹호적인 성격이 강하게 드러나는 것이

13) 金忠烈, 《高麗儒學史》(高麗大 出版部, 1984), 210~248쪽.
14) 姜在彦, 《韓國의 開化思想》(비봉출판사, 1989), 28쪽.
15) 박충석, 《조선조의 정치사상》(평화출판사, 1987), 32쪽.

라 하겠다.

결과적으로 퇴계의 양명학 변척 의도는 성공적으로 받아들여졌고, 이 후 양명학은 이단사설로 배척받게 되었다. 萬曆 원년(선조 6년 ; 1573) 정월에 眉巖 柳希春은 퇴계의 변척 논리에 근거해 경연석상에서 "신이 듣건대 중국의 謝廷傑이 王守仁을 문묘에 배향하고자 하여 주자와 육구연이 同道라는 설에 이르러 흑백을 변란시켰으니 이것은 심각한 邪說입니다"[16]라 하여 양명학을 배척하였으며,[17] 또한 荷谷 許封(1551~1588) 및 重峰 趙憲(1544~1592) 등은 명에 사신으로 왕복하며 쓴《朝天日記》에서 중국 쪽의 양명학 긍정에 대해 끝까지 반대의 입장을 표명하였다.[18] 그 후 임진왜란 당시 명의 원병으로 왔던 宋應昌·袁黃 등은 우리 나라에서의 양명학 공인을 요청하였으며, 萬世德은 조선의 조정에서도 중국을 따라 陸王을 文廟에 종사하도록 요구하였으나 우리 나라 조정에서는 끝내 이를 거부하였다.[19]

이처럼 중국에서 문묘에 종사되기까지 적극 수용된 양명학이 우리 나라에서 퇴계의 변척을 기점으로 하여 역사적으로 한결같이 배척된 까닭은 주자학의 학문적 정통성을 확보하려는 점에서 뿐만 아니라 16세기 조선의 역사적 상황이 중국과는 달리 주자학의 학문적 성과, 즉 도학정치를 바탕으로 한 체제옹호적인 성격이 함께 작용한 것으로 보아야 할 것이다.

3) 초기 양명학 수용자들의 현실 인식

이처럼 양명학을 배척하고 체제교학적인 주자학에 의존하던 조선왕조는

---

16) 柳希春,《眉巖日記草》계유 정월 21일.
李丙燾,《韓國儒學史》(아세아문화사, 1987), 359~360쪽.

17) 한국에서 양명학이 이처럼 배척일로를 걷고 있었던 반면 중국은 이미 만력 12년에 양명을 문묘에 종사하고 누차에 걸친 사신왕래를 통해 조선에서도 양명학을 적극 수용하기를 요청해 왔다.

18) 許荷谷은 書狀官, 趙重峰은 質正官으로 중국 요양의 正學書院에서 양명을 비호하는 4인의 원생과 더불어 주자학 一尊의 견해를 피력하였고, 8월 2일에 노상에서 國子監生 葉本과의 토론에서도 양명을 釋氏에서 나온 이단으로 주장하였다(李丙燾, 앞의 책, 355~356쪽).

19) 李丙燾, 위의 책, 359~362쪽.

임진왜란과 병자호란을 계기로 정치·경제·사회 등 제분야에 있어서 점증되는 사회모순과 함께 급속한 사회변화를 맞이하고 있었다. 정치적으로는 사화를 거치면서 성숙되어온 사림정치가 차츰 붕당정치로 바뀌게 되면서 학파의 정치적 유착과 함께 붕당은 당쟁으로 변모하게 되었고, 경제적으로는 무엇보다도 三政의 문란이 심각해져 백성들의 삶이 도탄에 빠지게 되었다. 또한 사회적으로는 삼정의 문란을 통해 야기된 생산관계의 양극화 현상과 함께 일부 농민들의 서민지주 내지 자영농민층으로의 발전, 그리고 노비계급의 신분해방을 위한 운동 등 사회적 신분제의 동요를 통한 신분분화현상을 초래하였다.

한편, 사상계는 주자학의 심화과정을 통하여 道學이 정통이념으로 정립되면서 義理論과 禮說 등 사회규범적 측면에서 탁월한 성과를 이룩하였다. 성리학의 의리론은 인간이 물질에 의해서 지배받을 수 없다는 자주성과 주체성의 문제를 강조한 것으로, 임진왜란과 병자호란 등 외세의 침략을 통해 불의에 대한 의의 신념과 용기를 불러일으켰고, 구한말에는 민족주체의식으로 승화되었으며, 예설은 사회정의의 측면에서 역사적으로 공헌하였다.

그러나 정통이념으로서의 주자학은 양대 전란을 계기로 중첩되는 모순을 극복하는 해결책을 제시하는데 있어서 여러 가지 문제점을 노출하고 있었는데, 그것은 주자학의 학문적 성격에서 기인되는 것이었다. 주자학은 구체적이고 실질적인 현실의 문제보다는 그러한 문제가 야기되는 논리적 근거로서 명분과 의리와 같은 가치의 문제를 중시하는 특성을 지니고 있다. 그렇기 때문에 구체적 역사 속에서 주자학은 외세의 침략과 같은 국가적 위기를 당할 때에는 명분과 의리를 통한 살신구국의 정신으로 승화되었지만, 현실적 삶의 문제에 대해서는 취약점을 지니고 있었다. 따라서 당시 주자학이 지닌바 사상적 교조주의와 의리론적 이념은 거듭된 전란을 통해 야기된 국토의 황폐화, 인구의 격감, 민생의 궁핍화 등 현실적 문제를 해결하기보다는 오히려 현실적 문제로부터 더욱 유리되는 결과를 초래하게 되었다. 여기서 현실과 이상의 괴리현상이 나타나게 되었고, 이러한 현실의 문제를 해결하고자 등장한 사상이 곧 實學이다. 바로 이러한 때 양명학도 실학과 함께 임진왜란과 병자호란을 전후로 하여 제기되는 현실적 문제를 해결하기 위한 방안의 하나로 浦渚 趙翼(1579~1655), 谿谷 張維(1587~1638), 遲川 崔鳴吉(1583~1647) 등 몇몇 학자들에 의해 수용되었다.

조익의 학문은[20] 주자학을 바탕으로 하고 있으나 주자학적 이론 속에는 인간의 주체적 판단을 중시하는 양명학이 내함되어 있다. 그의 양명학적 성격은 良心本善說에서 분명하게 드러나고 있다. 그는 인간의 良心과 知覺을 일원적으로 파악하여, 양심에 입각한 지각은 언제나 선하다고 하는 입장을 견지하고 있는데, 이러한 입장은 良知를 인간의 본심이면서 동시에 본심의 인식능력으로 이해하고 있는 양명학의 양지설과 동일한 것이다.[21] 그는 양대 전란을 통해 노정된 전반적인 사회적 병리현상과 관련하여 당시의 정치행태가 지닌 因循姑息的 명분론과 규범적 형식성을 비판하고 구체적 현실에 입각한 因時制宜的 更張論을 제시하였다.[22] 그의 인시제의적 경장론이란 현실의 문제를 대처함에 있어 어떠한 선입관이나 미리 정해진 규범을 전제로 하지 않고 그 구체적 사태에 입각하여 본심의 판단에 따라 문제를 해결해 나가는 것이었다.[23] 그는 이러한 인시제의적 경장론에 입각하여 당시의 현실문제였던 方物·貢納의 폐단과 號牌法의 문제점 등을 소상히 지적하고, 大同廳의 설립을 진언하는 등 구체적인 해결책을 건의하였다.

조익은 당시 민폐의 문제점이 여러 가지 계층간의 불공평에서 기인한 것으로 보았는데, 첫째 방납자들이 유통이익을 과중히 함에 따라 애매하게 농민만 몇 배의 값을 물어야 하는 점, 둘째 세력가들은 부역에서 교묘히 빠지고 소작민만이 부역할 뿐 아니라 세력가의 부역까지 감당해야 하는 점, 셋째 각 도가 제공하는 부역의 형평성이 없을 뿐 아니라 도내의 대소읍에서도 소읍이 항상 중한 부역을 맡는 점, 넷째 州郡 내의 천한 사람들은 처자를 먹여 살리기도 부족한데 부자들은 일년간의 소비가 수천 석에 이르는 점 등에서 보이는 여러 가지 불균형을 해결할 수 있는 대동법의 시행을 건의하였다.[24]

---

20) 조익은 어릴적부터 친우였던 장유·최명길 등과 함께 양명학을 공부한 것으로 생각된다.

21) 宋錫準,《韓國 陽明學과 實學 및 天主敎와의 思想的 關聯性에 관한 연구》(성균관대 박사학위논문, 1992), 51~66쪽.

22) 趙 翼,《浦渚集》권 12, 申論治道仍進先朝所獻四事箚.

23) 趙 翼,《浦渚集》권 11, 論瀋陽送使箚 丙子.

또한 당시 거듭되는 전란 속에서 호패법이 백성을 얽매고 고통스럽게 하는 악법이 됨을 지적하고, 이 법 대신에 임란 이후 실시되고 있는 束伍法을[25] 확대 실시해서 백성들이 호패를 기피하고 기찰을 피하여 도적떼가 되는 폐해를 없애야 한다고 진언하였다.[26]

장유 또한 조익과 같이 당시를 경장이 아니고는 해결할 수 없는 난세로 파악하고 있다.[27] 그는 당시의 현실적 난국의 타개책을 묻는 인조에게 "국가가 불행히도 대란을 만난 이후 백가지 법도가 무너지고 만가지 法式이 질서를 잃었습니다. … 그러나 인군께서 혼자 있을 때에 마음 속에서 스스로 공경하거나 방자해지는 경우와 본원상에 있어서 본심을 간직하거나 버리는 공부는 모두 신들이 엿볼 수 없는 것입니다. 잘 알 수는 없시나 선하께서는 이 점에 대하여 과연 '實心'으로 '實功'을 이루었읍니까"[28]라고 하여 군주로서 구체적 현실에 대처하는 실심을 가지고 구체적인 실공을 거두기를 간청하고 있다.[29] 장유의 이러한 현실인식은 곧 인간주체의 본심에 바탕을 두고 현실의 문제를 해결해 나가는 그의 양명학적 사유체계에서 비롯된 것이라 할 수 있다. 그는 이러한 사유체계에 입각하여 당시의 조정이 부족한 군역을 채우기 위해 良賤의 구별없이 모두 군적에 올리려 하는 상황에 이르자, 상소를 통해 외아들이나 年滿者들은 식솔을 보호할 수 있도록 군적에서 제외하는 조처를 취해줄 것을 건의하는 등의 위민책을 올렸다.[30]

최명길은 당시의 인순고식적인 세태를 개탄하여 "대개 名은 實의 그림자니 명분만을 따라 실질을 책한다면 잃는 것이 많을 것입니다. 자취는 마음이 드러난 것이니 자취를 가지고 마음을 구한다면 잃는 것 또한 많을 것입니다.

---

24) 趙 翼, 《浦渚集》 권 2, 論宣惠廳疏 癸亥.

25) 束伍法은 임진왜란 때 役을 지지 않은 良人과 賤民 중에서 조련을 감당할 수 있는 자를 軍으로 편성하여, 평시에는 군포를 바치고 유사시에만 소집하는 법이다. 포저는 이 법을 통해 良賤의 구별이 없이 쌀을 거두어 군역의 운용을 보충하며, 한편으로는 혼인이나 가짜 호패를 이용해 천민이 되어 國役을 피하는 폐해를 시정함으로써 양민의 고충을 덜고자 하였다.

26) 趙 翼, 《浦渚法》 권 2, 因求言論時事疏.

27) 張 維, 《谿谷集》 권 18, 求言應旨箚.

28) 張 維, 《谿谷集》 권 17, 求言應旨疏.

29) 위와 같음.

30) 張 維, 《谿谷集》 권 17, 論軍籍擬上箚.

… 오호라 지금 세상 사람들이 숭상하는 것은 명분이지만 신이 힘쓰는 바는 실질이요, 세상이 의논하는 바는 자취이지만 신이 믿는 바는 마음입니다"[31] 라 하여, 명분에만 빠져 현실의 문제를 절실하게 인식하지 못하는 당시 世儒들을 비판하였다. 최명길이 생각하는 바는 실질이며 그가 믿는 것은 마음이었다. 양명학을 학문의 기저로 하고 있는 그로서는 마음에 돌이켜 부끄러움이 없으면 그것이 곧 天理였다. 그가 병자호란을 당하여 주자학자들의 반대를 무릅쓰고 '主和'를 주장할 수 있었던 것도 실은 그의 이러한 평소의 학문태도에서 비롯된 것이라 할 수 있다.

그의 '주화'의 논리는 이념적 大義보다는 현실을 중시하여 현실적 상황과 주체가 합치는 곳에서 그 해결책을 찾으려는 실리적 입장이었다. 그에 의하면 의리는 두 가지로 요약할 수 있는데 그것은 常道와 權道이다. 치세에는 상도로서 가능하지만, 난세에는 현실적 상황에 입각한 변통성 있는 권도가 중요하다. 지천이 추구하였던 의리는 권도로서의 의리였다. 그러므로 최명길이 자신에게 닥쳐올 불명예를 감수하고 〈주화〉를 주장하게 된 배경에는 주자학에서 중시하는 이념적 명분보다는 국가와 백성을 수호하려는 현실에 대한 주체적 판단이 전제되어 있었던 것이다. 이러한 역사적 상황에 대한 인식은 항복하는 國書를 두고 이를 찢어 버리고 통곡하는 淸陰 金尙憲(1570~1652)과 웃으면서 찢어진 문서를 줍는 최명길의 행동 속에 잘 나타나 있다.[32] 청음의 입장이 주자학적 의리와 명분에 입각한 의리론적 주체사상이었다면, 지천의 입장은 이념적 대의보다는 현실을 중시하여 현실적 상황과 주체가 합치는 곳에서 그 해결책을 찾으려는 양명학에 입각한 실리적 주체사상이었다.

그들의 이러한 정신은 이후 霞谷 鄭齊斗(1649~1736)에게 계승되어 한국 양명학파 형성에 기여하게 된다.

〈宋錫準〉

31) 崔鳴吉, 《遲川集》 권 8, 論典禮箚 丙寅.
32) 崔錫鼎, 《明谷集》 권 29, 行狀, 先祖領議政完城府院君文忠公行狀.

3. 서양문물의 전래와 반응

우리 조상들은 전통문화의 내재적 발전을 추구하면서 밖으로 새로운 역사 발전의 변수로 이질적 문화가치체계를 수용하여 자기 발전에 활용하면서 계속적인 역사발전을 추진해 왔다. 삼국시대의 유학과 불교, 고려 말의 정주학의 수용 등이 우리 문화의 풍요를 가져다 준 이질문화체계였다. 이것들은 동양전통사회의 학문이며 종교인데 대하여, 서양·서양문화라는 비동양적인 이질문화체계가 역사의 변수로 동양사회에 등장하게 되는 것은 이른바 '지리상의 신발견'에 뒤이은 서양의 세계적 팽창으로 벌어지는 '大航海時代'에 들어서의 일이었다. 16세기 이후로 새로운 역사적 변수는 중국과 일본에 먼저 와 닿았다. 그러나 새로운 세계의 해상교통로에서 빗나간 위치 관계로, 탐욕스러운 서양인을 강하게 끌어당길 만한 특정 상품의 산출이 없었던 관계와 국민들의 해외 진출을 금압하던 국책으로 말미암아 서양·서양문화의 조선 來到는 늦을 수밖에 없었다. 조선사회가 서양세계의 이질문화체계와 접하게 되는 것은 17세기에 들어서의 일이었다.

17세기 儒佛의 전통적 가치세계이던 조선사회에 와 닿은 서양·서양문화의 실상을 밝혀보고 그 역사성을 규명해 볼 필요가 있다.

서양문물을 서양문화의 소산물이라는 뜻으로 파악할 때, 서양문물이란 과학과 기술활동의 소산물인 물질문명의 측면과 사상과 학문활동의 소산인 정신문명의 두 측면을 포괄하는 용어로 의식된다. 서양문물은 17세기 조선전통사회에 첨가되는 역사적 변수였다는 의식에서 그 실체와 조선사회와의 관계를 문화론적 차원에서 고찰해 보고자 한다.

1) 서양문물 도입의 주역

일반적으로 전통문화세계에 대한 이질문화 소산의 전래는 전통문화사회 밖의 異邦人에 의한 '전해짐'과, 전통문화사회 안의 本邦人에 의한 '들여옴'의 두 가지 모습으로 진전되는 것이다. 전자를 외국인에 의한 전파라 한다면, 후자는 본방인에 의한 齎來요, 導入인 것이다.

조선사회에 대한 서양문물 전래의 문제를 외방인에 의한 전파와 본방인에 의한 재래의 두 측면에서 역사적 가능성을 검토해 보자.

(1) 내도 양인의 문화적 의의

조선 중기 서양인의 조선래도는 두 가지 모습으로 이루어졌다. 그 하나는 어떤 목적을 가지고서의 의도적인 조선 입국이요, 다른 하나는 불가항력적인 상황 가운데서 생겨난 漂到의 경우이다. 전자는 16세기 말 임진·정유전란기에 침략 왜군과의 관계에서 조선에 상륙하였던 耶蘇會日本管區 소속의 '키리시땅빠뎉'인 가톨릭교회의 서양인 성직자들의 경우이고,[1] 후자는 17세기에 들어 일본으로의 항해 중 풍파로 조난당하고 조선에 표착, 또는 상륙하게 된 네덜란드인 표도선원들이었다.

역사적으로 조선에 가장 먼저 나타난 서양인은 선조 15년(1582) 제주도에 표착한 네덜란드 선원 '馬里伊' 등 3인이었다. 그들에 관한 기록이 매우 단편적이어서 조선에서의 행적이 명확치는 않다. 그들은 단지 당시 '南蠻人'이라고 불리던 이방인으로서의 서양인의 모습을 현실적으로 조선인에게 보여주었을 뿐, 문화교섭사와는 특기할 만한 의의를 지닌 인물들이 아니었다.[2]

그 후 왜란 당시 조선침략의 선봉장이며 '切支丹大名'(키리시땅다이묘오)이던 小西行長이 야소회일본관구장 고메즈(Gomez) 신부에게 요청하여 선조 25년(1592) 말 그의 조선 陣中에 맞이해 들였던 세스페데스(Gregorio de Cespedes) 신부나, 정유재란 때인 선조 27년 역시 切支丹大名이며 조선에 출전했던 有馬晴信의 특청으로 조선에 건너왔던 라구나(Francisco de Laguna) 신부 등이 전쟁 중 한반도의 왜군진지를 방문한 바 있었다. 전자는 1년 2개월이나, 후자는 1~2개월 간 전란 중의 조선에 머물렀었다. 그러나 세스페데

1) 키리시땅은 漢字로 切利支丹, 切支丹으로 흔히 표현되고 있으며, 이것은 英語 Christian에 해당되는 포르투갈어 Christão의 음을 그대로 일본식으로 표기한 것이다. 16세기 중엽에서 17세기 중엽까지 약 1세간의 일본의 크리스트교의 역사를 '切支丹教會'의 시대로 표현하고 있다.

2) 《宣祖修正實錄》 권 16, 선조 15년 정월 경신.

스 신부가 조선에서 띄운 4통의 편지와 일본예수회 관계 성직자들의 통신문을 읽어보면 그들이 문화적으로 조선사회에 기여했거나, 서양문물을 전해준 사실이 없었음이 밝혀져 있다. 다만 이들은 조선침략의 왜군진에 머물다가 다시 일본으로 귀환했을 뿐이며 서양문물의 조선 전래와는 무관한 서양인들이었다.[3]

이상의 일은 17세기에 앞서 생겨났던 일이었다. 17세기에 조선에 나타난 서양인은 인조 5년(1627) 영일만에서 체포된 벨테브레(Weltevree) 등 3인과 효종 4년(1653) 제주도에 표착한 하멜(Hamel) 등 36인의 네덜란드 난파선의 선원들이었다. 벨테브레는 朴淵(朴燕・朴延이라고도 사료에 나온다)이라는 이름을 가지고 訓鍊都監에 편속되어 명나라에서 전래된 紅夷砲의 제소법과 소종술을 조선군에게 가르쳤다고 전해지고 있다.[4] 한편 하멜의 조선 표착과 극적인 조선 탈출과 본국 귀환의 사실은 그의 수기인 《하멜표류기》와 《조선왕조실록》의 기록에 의해 상세히 연구되고 있다.[5] 하멜 일행은 "朝鮮西學史의 관점에서 볼 때 실로 귀중한 기술자집단이었다"고 규정한 연구자도 있으나, 하멜 등은 星曆을 아는 자 1명, 鳥銃을 잘 쏘는 자 1명, 砲術에 능한 자 10여 명 수준의 일행이었다 한다. 그들은 항해자료의 실용기술을 터득하고 있을 뿐, 거의가 교양이 없는 선원에 지나지 않았다. 그러기에 그들에게 문화사적 의의를 찾아볼 정도의 기술 전수를 기대하기 어려웠던 표착 이방인이었던 것이다. 하멜 일행의 조선 표착은 이질문화 전수의 한 가능성을 내포한 일이기는 하였으나, 그 이상의 문화사적 의의를 찾을 수 없는 서양인들의 집단 표착이었던 것이다.

이상과 같이 16세기 후반에서 17세기 전반에 걸쳐 조선에 출입한 서양인들은 문화 전래의 의미로운 존재들이 아니었던 것이다.

---

3) Cespedes 神父에 대한 연구물로는 朴 哲, 《예수회 신부 세스페데스》(서강대 출판부, 1987)가 있다. Laguna 신부의 朝鮮陣 방문의 사실은 羅馬 예수회역사 연구소 J. G. Ruiz de Medina 신부의 연구로 밝혀졌다(Medina著, 朴 哲 譯, 《한국천주교회전래의 기원(1566~1784)》, 서강대 출판부, 1989, 33~37쪽).

4) 丁若銓, 《硏經齋全集》 권 56.
李德懋, 《雅亭遺稿》 권 5.

5) 헨드릭 하멜 著, 李丙燾 譯註, 《하멜 漂流記－附朝鮮國記》(一潮閣, 1954).

이들과는 별도로 청·일에서 크리스트신앙(西敎) 전교를 위해 활동하던 耶蘇會 선교사들에 의한 조선 입국 노력의 시도가 없었던 것은 아니었다. 그들의 주목적은 크리스트신앙을 이교도의 나라 조선에 전교하는데 두어졌던 것이나, 모두 계획에 그치거나 또는 실패했다. 서양·서양문물과 크리스트신앙의 조선 유입은 밖으로부터 전교활동을 펴려던 이들 예수회 성직자에 의해서가 아니라 해마다 북경에 파견되던 조선의 外交使行員들에 의해 17세기 초부터 조용하게 진행되었던 것이다.[6]

결국 17세기 이전이나, 17세기에 진전되는 서양문물의 조선 전래 주역은 표착 서양인이나, 또는 조선 땅에 발을 들여놓았던 서양인들이 아니었다.

하멜 일행을 '귀중한 서양의 기술자집단'으로 보고, 그들을 대우하여 그들로부터 네덜란드어를 배우고 서양을 연구했다면 일본의 '蘭學'의 경우와 같이 서양 수용의 결정적 계기가 될 수도 있었다는 아쉬움에서, 서학을 수용할 기회로 이용하지 못했음을 17세기 "당시의 위정자와 유학자들이 입으로는 그처럼 강경하게 北伐論을 주장하면서도, 그들을 위해 필요불가결한 서학의 수용을 위한 사상적 관용성과 정치적 경륜을 가지지 못한데 있다"고 이들 표착 양인이 지녔던 서학의 가능성을 살리지 못한 어리석음을 비판하는 논설이 있다.[7]

그러나 일본의 난학은 그에 앞서 1543년 서양선박의 種子島 표착 이후 일본 항해가 잦았으며, 한편 당시 전란에 휩싸였던 戰國時代 쟁란 가운데 서양의 鐵砲와 醫術을 일찍부터 수용, 실용해 온 약 반세기에 걸친 前史가 있었기 때문에 생긴 일이었음을 알아야 한다. 급작스럽게 표착한, 앞서 소개한 2건의 표착 서양인을 두고 그들을 서학 수용의 기회로 활용하지 못했음을 아쉬워할 수만은 없는 역사적 상황이었던 것이다. 결국 이들 표착 선원들은 서양의 實在를 확실하게 인식시켜 주는데 지나지 않은 일과성 사실로 17세기 조선사회에 그 이름을 남겨 놓는데 불과했던 것이다.[8]

---

6) 명·청에 파견되던 조선의 외교사행원을 《同文彙考》 등에는 赴京使行員으로 표기되고 있으나 흔히 事大使行員, 燕行使行員 등으로 표기되기도 한다. 이들과 北京(淸代는 燕京) 주재 耶蘇會 天主敎神父와의 만남을 1601년 Matteo Ricci 神父의 北京入住 후부터 시작되었다.

7) 姜在彦, 《朝鮮の西學史》(東京, 明石書店, 1996), 99~100쪽.

(2) 접촉과 재래의 주역 연행사행원들

조선인과 서양인·서양문물과의 의미있는 만남은 북경에서의 일이었고, 국내로 서양문물을 끌어들이는 齎來의 담당자는 '事大外交' 관계로 조선이 해마다 명·청의 수도이던 北京(燕京)에 파견하던 燕行使行員들이었다.

漢陽과 北京으로 이어지는 '燕行使行路'는 전통문화사회인 조선으로 대륙의 선진문명이 계속 흘러드는 '文化導管'과 같은 통로였다. 이 통로를 이용하여 조선전통사회에 역사적 變成을 촉구하게 되는 이질문화 자양분이 계속 흘러들었다. 선진의 중국문명뿐만이 아니라, 17세기로부터 전통적 유·불문화체계와 다른 서양적인 이질문화가치를 담은 서양문물이 조선사회로 흘러들게 되는 것이다.

正使·副使·書狀官과 譯官·軍官 등 30여 명의 使行正員과 그들을 시종하는 300여 명의 수행원으로 구성되는 연행사는 사대외교 관계로 중국에 파송되던 사신 일행이었다. 冬至使·元旦使·聖節使와 같은 정기 사행과 외교적 필요에 따라 수시로 파송하는 근 20종에 이르는 부정기 사행 등, 북경을 드나드는 사행이 해마다 수차에 걸쳐 파송되었다. 이에 따라 상당수의 연행사원들이 당시의 문화적 선진 도시 북경을 방문하는 기회를 가질 수 있었다.

이들은 북경의 지정 숙소에 체류하면서 사대외교의 절차를 수행하였으며, 허가된 북경 체류 기간에 각처를 드나들며 貿書·貿販과 觀光의 기회를 가질 수 있었다. 그들은 북경 시내의 다양한 文物市場인 북경 琉璃廠을 자주 드나들었고, 중국의 碩學, 名儒를 만나 학문교류활동을 폈다. 그들 사행원이 찾은 관광명소로는 천주신앙 전교활동에 종사하던 耶蘇會西洋神父들의 거점이던 天主堂과 황실 천문역산기관인 欽天監이 있었다. 이 두 장소에서 조선 연행사원과 서양인 선교사들의 의미 있는 만남이 자주 벌어지게 되었고, 그 만남을 통해 서로 주고받는 예물의 형식으로 서양 선교사로부터 연행사행원에게 서양문물이 건네졌고, 그 서양문물이 귀국하는 연행사원들의 손에 의해

---

8) 洋學史的 관심에서 日本蘭學과 朝鮮西學을 비교사적으로 입론한 연구인 李元淳, 〈朝鮮西學과 日本蘭學－對西洋學門的對應의 比較史的 接近〉(《朝鮮西學史研究》, 一志社, 1986), 386~427쪽 참조.

조선사회로 재래되었던 것이다.

조선사행원들 가운데 단순한 호기심에서 또는 이질문화에 대한 강한 탐구욕을 가지고 서양 선교사들의 거처인 천주당과 흠천감을 찾아가 서양 선교사와 교분을 나누었고, 때로는 교시를 구하기도 했던 것이다. 그들은 친분을 갖게 된 정표로 서로간에 예물을 나누기도 했다. 이럴 때 예수회 소속의 선교사들은 서양과 서양문화에 대한 호기심을 자극하기 위해 서양문물을 증여했으며, 때에 따라서는 혹시나 하는 傳敎 의욕에서 천주교 관계의 聖物이나 漢譯敎理書를 나누어 주었던 것이다. 연행사행원들은 이들 물건을 신기하고 귀한 선물로 여겨 그것을 고이 간직하고 고국으로 재래했던 것이다.9)

조선왕조의 중국에 대한 '사대지례'는 원래 명나라와 유지되어 왔던 것이나, 병자호란에 의한 三田渡에서의 後金(淸)에 대한 降盟之約이 맺어진 후로 청나라에 대한 것으로 바뀌게 되었다. 조선사행원과 연경에 거주하는 서양인과의 만남은 중국에 진출한 耶蘇會宣敎師(예수회 소속의 선교사)와의 교류로 시작되는 것이며, 이런 교류는 1601년 마테오 릿치(Matteo Ricci ; 利瑪竇) 신부의 북경 거주가 허락된 후부터 있었던 것이다.10)

조선의 연행사행원과 서양인 예수회선교사와의 만남과 교류는 곧 유교적 교양인과 그리스도교적 종교인과의 만남이었다. 그것은 동시에, 조선 전통지식인과 조선의 전통적인 것과는 다른 이질문화인과의 만남이며 이질문명과의 접촉이었던 것이다. 이처럼 의미 있는 만남은 당시 중국전도의 필요에서 '補儒論的 文化主義 傳道方針'11)에 따라 서방 신부들이 중국에 옮겨놓은 크리스트신앙과 르네상스과학을 담은 서양문명(역사적으로 '西學'으로 표현되고 있는 크리스트교적 서양문명가치체계)과의 만남이었다. 즉 명, 청대 북경에 자라났던 '漢譯西歐文明'(淸歐文明으로 표현되기도 한다)과의 대면이었다.12) 그 대면을

9) 李元淳, 〈赴京使行의 文化史的意義〉(위의 책), 24~48쪽 참조.

10) 마테오 릿치(1552~1610)의 생애에 대하여는 羅 光, 《利瑪竇傳》(台灣學生書院, 1955)과 平川祐弘, 《マテオ・リッチ傳 I》(日本, 平凡社, 1969) 참조.

11) '補儒論的文化主義傳敎方針'은 인도에서 일본에 걸친 耶蘇會 Goa 管區의 전교책임을 맡은 예수회 東洋巡察使(Visitador Padre)였던 A. Valignano(中國名 范禮安, 1536~1606)이 유교문화권에 속하는 중국・한국・일본 등 각지의 유교활동으로 敎示한 전교방침으로, 그는 現地適應主義・文化迎合主義적 전교활동을 펴도록 중국에서 활동하는 선교사들에게 시달하였었다.

통해 서학적 서양문명이 꾸준히 조선으로 도입되었던 것이다. 물론 조선사행원들은 서학만이 아니라, 북경의 琉璃廠書肆를 찾아 중국의 귀한 정통 학문서적을 구입하는 한편, 연경에서 중국인 명유, 석학과 의미 있는 학문교류활동을 펴 동양사회의 전통문화의 정수를 조선으로 도입하는 노력도 꾸준히 폈던 것이다. 중국 땅 연경에서의 조선사행원과 서양·서양문물과의 만남과 조선으로의 재래 도입활동은 17세기 초부터 가냘프나마 조용하게, 그러면서 꾸준하게 진행되었던 것이다.

연행사행은 사대외교를 위해 해마다 파견되던 정치적 목적을 지닌 사행이었으나, 그것은 동시에 '朝貢'과 '回賜'의 형식을 취한 국가 유용물자의 교환이라는 경제적 의의를 지닌 사행이었다. 또한 부수적으로는 대륙 선진문화의 수용을 목적으로 한 사행이기도 했다. 연행사행원과 연경 거주 예수회선교사인 서양인과의 만남과 교류를 통해 이질적인 서양·서양문명과의 뜻 있는 접촉과 조선으로의 재래의 역사가 17세기 초부터 꾸준하였으며, 사행의 기회를 문화도관으로 이용하여 계속 도입되는 서양문물이 전통적 유교사회에 작용하게 되었던 것이다.

서양, 서양문물 도입에 있어 부연사행이 아닌 주역으로는 昭顯世子가 유명하다.[13] 그러나 그의 일은 예외적인 사례이고, 단 한 차례에 그친 일이었다. 꾸준한 도입과 조선사회에 의미있는 문화 도입의 주역자는 해마다 파견되던 '赴燕使行員'들이었던 것이다.

2) 17세기 서양문물의 도입

전통적 유교문화 세계이던 조선사회에 매우 단편적이기는 하나 최초로 서

12) '漢譯西歐文明'이라는 말은 명·청에 移植開化된 서양문명은 전교의 필요에서 서양 성직자들에 의해 선별된 서양문물이나, 중국사회에 영합되도록 한문에 의해 飜案되고 번역된 서학서의 형태로 중국사회에 전달된 서양문명이라는 한계적 의미를 가진 역사용어이다.

13) 崔韶子, 〈淸朝에서의 昭顯世子〉(《全海宗博士華甲紀念 史學論叢》, 一潮閣, 1972). 金龍德, 〈昭顯世子硏究〉(《朝鮮後期思想史硏究》, 乙酉文化社, 1977). 山口正之, 〈昭顯世子と湯若望〉(《靑丘學叢》 5, 靑丘學會, 1931).

양사정에 관한 정보를 연경에서 들여온 공식적 기록은 중종 5년(1520) 말에 북경에 파송되었던 사대사행의 通事이던 李碩이었다. 그 기록은 그가 귀국한 후 국왕에 제출한 여행의 보고록이라 할 聞見別單이었다. 그는 서양의 '佛朗機國'이 명나라에 來貢해 왔으나, 명이 그 통교요청을 허가하지 않은 사실을 보고하고 있다. 문견별단의 불랑기국에 관한 보고 내용은 매우 간단했지만, 이 정보는 조선이 접한 서양의 대표적 국가에 관해 적은 최초의 기사였다.14)

이러한 단편적인 서양에 대한 정보에 이어 인조 5년(1627)에 벨테브레 일행 3인이, 효종 4년(1653)에는 하멜 등 36인이 조선에 표착하여, 몇 개 지역에 분산 수용되는 일이 생겼다. 이제 서양은 단지 머리 속의 환상적 지식으로의 국가가 아니라, 눈으로 확인되는 이질적 지리세계로 현실화되었던 것이다.

서양·서양인 그리고 서양문명을 이해시켜 줄 정보와 문물이 17세기 초부터 연행사행원들의 손을 통하여 꾸준히 조선사회로 흘러들게 되었다. 결국 이들 문물에 접하게 되는 전통적 지식인의 논평이 기록에 오르게 되었다. 단편적이나마 서양문물에 대한 논평기사가 생기게 되었던 것이다. 한편 유용한 서양문물의 실용적 가치를 인식하게 되는 기술관료들에 의해 서학적 기술문명의 도입활동이 제한된 수준에서나마 과감하게 벌어지게 되었다.

서양문물과의 의미있는 초기적 접촉과 도입의 세기라 할 17세기 전반기에 진전된 주목할 만한 사례를 살펴보자(〈표〉 참조).

이상 17세기 전반 연경으로부터 조선 사행원들의 손에 의해 조선으로 재래된 서양문물은 크게 西洋機器類와 지도 그리고 漢譯된 서학서로 나눌 수 있다.

도입된 기기류는 自鳴鐘·日晷觀·千里鏡과 天球儀 등 천문 관계와 西洋砲·焰硝花 등의 화기 관계 그리고 紫木花 등이었다.

'漢譯西學世界地圖'는 예수회 선교사들이 그들이 전교활동을 펴게 된 새로운 무대인 중국사회의 '中華世界意識'의 미몽을 깨우쳐 주기 위한 목적에서, 또는 황실의 요청이나 지식인들의 요청을 받아들여, 중국을 중앙에 위치케 한 세계지도이며 지명과 그 밖에 필요한 기사를 한문으로 적은 세계지도를 일컫는다.

---

14) 《中宗實錄》 권 41, 중종 15년 12월 무술.

〈표〉 17세기 전반기의 서양문물 재래사례 일람

연 도	재래자	관 명	접속상대 서양인	접속 장소	재래문물	출전사료
선조 36 (1603)	李光庭	奏請使		燕京	歐羅巴輿地圖	芝峰類說 宣祖實錄
선조 34	黃允中	聖節兼謝恩使		〃	兩儀玄覽圖	於于野譚
광해군 2 (1610)	許 筠			〃	偈十二章 世界地圖	仁祖實錄·國朝寶鑑 國朝寶鑑
인조 9 (1631)	鄭斗源	陳奏使	Rodoriquez (陸若漢)	登 萊	治曆緣起 天問略	仁祖實錄·國朝寶鑑 國朝寶鑑
					利瑪竇天文書	仁祖實錄·國朝寶鑑
					遠鏡說	〃
					千里鏡說	〃
					職方外紀	〃
					西洋國風俗說	〃
					西洋國所獻神威大鏡疏	〃
					天文圖南北極	〃
					天文廣敎	〃
					萬國全圖	〃
					紅夷砲題本	〃
					西洋火砲	〃
					焰硝花	國朝寶鑑
					千里鏡	仁祖實錄·國朝寶鑑
					日晷觀	〃
					紫木花	〃
					自鳴鐘	國朝寶鑑
	李榮俊	(鄭斗源一行譯官)	Rodoriquez (陸若漢)		治曆緣起	與西洋國陸掌敎若漢書
	鄭孝吉	(鄭斗源一行別牌將)			天問略 紅夷砲操作法習得	仁祖實錄
인조 14	金 堉	進賀使		燕京	自鳴鐘	潛谷筆談
인조 22	昭 顯 世 子		Adam Shall (湯若望)	〃	算學관계 서적	正敎奉褒

연 도	재래자	관 명	접속상대 서 양 인	접속 장소	재래문물	출전사료
인조 23 (1645)	韓興一	鳳林大君 護行宰臣		燕京	天文관계 서적 聖敎正道의 서적 天球儀 天主像	
					改界圖	仁祖實錄
					七政曆比例	〃
인조 24	金 堉	謝恩兼 陳奏副使			曆書	〃
인조 24	李景奭	謝恩使	Adam Shall(湯若望)로부터 曆法書 140~150권 구입토록 李奇英에 하명			〃
인조 26	宋仁龍	日 官	Adam Shall 에게서 역법 학습		縷子草 星 圖	〃
효종 2 (1651)	金尙范	日 官	欽天監에서 역법 학습			〃
효종 6		日 官			日躔表 月離表	〃 〃

※ 1653년 하멜 일행 36명 표착. 1666년 16명 조선탈출.

※ 도입시기가 확실치 않으나 17세기 초 중국으로부터 연행사신에 의해 조선으로 도입된 것으로 《天主實義》·《交友論》 등의 漢譯西學書가 있다.

한역서학세계지도 가운데 가장 먼저 조선으로 도입된 것은 중국 최초의 한역서학 세계지도인 〈坤輿萬國全圖〉이다(마테오 릿치 제작, 1602년 판각). 선조 36년(1603) 사대사행원 李光庭이 북경에서 재래한 이 지도를 열람할 수 있었던 李睟光의 寸評文이 그의 저서《芝峰類說》에 수록되었음은 널리 알려져 있는 사실이다.15) 〈곤여만국전도〉는 당시 중국사회의 수요에 의해 수천 부

15) 李睟光의《芝峰類說》에는 '歐羅巴輿地圖－件六幅'으로 나온다. 마테오 릿치는 1583년 廣東省肇慶府에서 중국사대부들을 위하여 중국을 가운데 위치케 한 세계지도를 한문으로 제작하였다. 이것이 1584년 王洋에 의해 刻版되었고, 1600년 북경에서 吳中明이 增補改正하여 〈山海輿地圖〉의 이름으로 版行하였고, 1602년 李之藻가 다시 吳中明本을 증보하여 6폭의 屛風圖로 각판하였다. 이것이 〈坤輿萬國全圖〉이다.

가 인쇄·반포되었다 하나, 그래도 그 수요를 채우지 못할만큼 인기가 있자 판토쟈(Pantoja ; 龐迪我)는 마테오 릿치의 세계지도를 확대 보완하여 〈兩儀玄覽圖〉라는 한역서학지도를 제작한 바 있다. 이 지도도 북경사행원이던 黃允中에 의해 판각된 다음해에 재빨리 조선사회로 도입되었다.16)

다음에 조선 후기사회에 도입된 한역서학세계지도는 서양의 教學제도와 人文활동을 소개하기 위해 제작된 한역서학서인 《職方外紀》와 같이 인조 8년(1630) 陳奏使 鄭斗源을 수행했던 역관 李榮俊에 의해 도입된 지도인 〈萬國全圖〉였다고 연구자들이 추정하고 있다.17)

위의 세계지도들이 여러 쌍으로 되어 있는 屛風地圖인데 대하여, 이와는 판이한 斷裂圖法에 의해 제작된 세계지도인 〈地球十二長圓形地圖〉가 조선으로 도입되었다. 이 지도는 아담 샬(Adam Schall ; 湯若望)이 제작한 것으로 地球儀 제작에 쓰이는 세계지도였다. 이 地球儀用舟型圖는 淸의 入關 후 북경에 자리잡은 청국 황제의 요청으로 역법 개정에 종사하던 아담 샬이 《渾天儀說》이라는 한역서학서를 저술하였을 때 그 책에 수록한 것이었다. 이 異型의 한역서학지도는 인조 22년에 정치적 인질로서의 억류생활을 끝내고 본국으로 돌아오게 된 소현세자가 아담 샬로부터 받은 여러 가지 서양문물 가운데 하나로 조선에 도입되었다.18)

한편 연행사신의 손에 의해 조선에 도입된 서양관계 서적은 예수회 소속의 선교사들이 문화주의적 전교방침에 따라 漢文으로 저술하거나 번각한 이

---

16) 〈兩儀玄覽圖〉는 〈坤輿萬國全圖〉를 대본으로 중국 士大夫奉教人의 한 사람인 李應試가 1603년 북경에서 8폭으로 刻行한 漢譯 세계지도이다.
金良善, 〈明末淸初耶蘇會士들이 制作한 世界地圖〉(《梅山國學散稿》, 崇田大博物館, 1972), 187쪽.

17) 〈萬國全圖 五幅〉을 J. Alleni(艾儒略)의 《職方外紀》에 삽입되어 있는 권수의 萬國全圖와 각 권의 4大洲別地圖로 보는 연구자도 있으나(金良善, 위의 책, 233쪽), Rodoriquez(陸若漢)의 서한에 의하면 마테오 릿치의 세계지도로 밝혀지고 있다(姜在彦, 앞의 책, 77쪽 註 10). 한편 이 지도를 조선으로 도입한 역관을 李榮後로 적은 연구도 있다(姜在彦, 위의 책, 73쪽 및 山口正之, 《朝鮮西教史》, 45쪽 참조). 그러나 그 이름이 보이는 草書資料인 安鼎福의 《雜同雜異》를 면밀히 검토해 보면 後가 아니라 俊이어야 한다.

18) 盧禎植, 〈西歐式地圖의 受容과 抵抗〉(《大邱教育大學論文集》 20, 1884), 89~113쪽.

른바 '漢譯西學書'들이었다.[19] 이들 한역서학서는 서양의 종교・윤리 등 정신 문명에 관계되는 이른바 '理'篇에 속하는 것과, 과학・기술 분야 즉 물질문명에 관계되는 '器'篇 관계의 서적으로 구분지을 수 있다. 17세기 조선으로 도입된 각종 한역서학서를 분류적으로 정리해 보면 다음과 같다.[20]

이편에 속하는 도입서로는《天主實義》・《交友論》이 대표적이다.

1603년에 연경에서 발행 후 아시아 한자문화권의 여러 나라에 급속히 전파된《천주실의》나 이수광이 열람한《교우론》은 마테오 릿치가 제술한 20편에 가까운 한역서학서 가운데서 대표적인 것임은 주지의 사실이다.

기편에 속하는 도입서로는 천문역산 관계와 군사 관계 그리고 지리・풍속 관계로 나누어 볼 수 있다.

① 天文曆算書 …《治曆緣起》,《天問略》,《算學關係書》,《利瑪竇天文書》, 改界圖, 天文圖南北極,《天文廣敎》, 七政曆比例, 星圖, 縷子圖, 日躔表, 月離表.
② 機器書 …《遠鏡書》,《千里鏡書》, 西洋國所獻神威大鏡疏, 紅夷砲題本.
③ 地理書 …《職方外紀》,《西洋國風俗說》

이상 17세기 전반기에 연행사행원들에 의해 조선사회로 재래된 서양문물 가운데 자명종・천리경・일구관 등은 마테오 릿치가 1601년 연경에 소개한 서양과학기기였다. 천문역산서 가운데의 '利瑪竇天文書'는 구체적으로 어떠한 책인지 그 이름이 명시되어 있지 않으나 마테오 릿치에 의해 제작된《渾蓋通憲圖說》과 같은 서양천문 관계 서적으로 파악되고 있다.

천문역산서 가운데《治曆緣起》는 청말 徐光啓와 랑고바르드(Langobard ; 龍華民) 신부가 찬술한 서양역법에 의한 중국에서의 治曆事業의 연혁을 기록한 것으로,《崇禎曆書》의 일부로 편입된 한역서학서였다.《天問略》은 그리스의 천문학자 프톨레마이오스의 天動說을 중심으로 한 지구 중심의 天體觀을 크리스트적으로 해설한 천문서이며, 디아즈(Diaz ; 陽瑪諾) 신부가 엮은 것이었

19) '漢譯西學書'는 연구자에 따라 東傳漢文西學書(金玉姬), 漢文西學書(琴章泰), 西學關係漢文書(崔韶子), 漢譯西洋書(姜在彦) 등으로도 표기되고 있다.

20) 漢譯西學書를 理・器로 분화함은 中國西學者 李之藻가《天學初函》이라는 이름으로 漢譯西學書選集을 彙集할 때 처음 사용한 분류이다.

다. 그 밖의 각종 천문서와 천문도는 거의가 아담 샬과 서광계가 추진한 치력사업의 결과를 다섯 차례에 걸쳐 황제에 올린《崇禎曆書(新法曆書)》가운데 포함되어 있는 漢譯西學天文曆算書들이었다. '天文圖南北極 兩幅'은 조선에 들어온 최초의 서양식 천문도였다. 그것은 아담 샬이 제작한 赤圖南北總星圖였다.《千里鏡說》은 아담 샬이 당시 중국에서 사용되던 서양 儀器 가운데 가장 대표적 기기인 망원경의 제조법과 그 실용가치를 설명한 것으로 1626년에 연경에서 간행된 것이다.《紅夷砲題本》은 1636년에 명나라가 아담 샬에게 명하여 鑄砲廠을 설치하고 대포를 제작케 했을 때 그 곳에서 제작한 紅夷砲의 주조와 조작법을 설명한 책자로 알려져 있다.

《職方外紀》는 뒷날 1672년에 페르비스트(Verbiest ; 南懷仁) 신부가 서술한《坤輿圖說》과 같이 漢譯西學地理書의 二大 걸작으로 알려져 있는 세계지리서로, 알레니(Julius Aleni ; 艾儒略) 신부가 1623년 杭州에서 간행한 한역지리서이다. 중국 지식인 사회에서는 물론 조선에 도입된 후 조선의 실학 지식인들의 세계관 확대에 지대한 공헌을 하게 되는 지리서였다.21)

이상 17세기 전반기 연행사행원들에 의해 조선으로 재래된 서양문물은 명말 청초에 걸쳐 북경에서 천주교 포교에 종사하면서 명·청의 어용학자·기능인으로 활동하던 예수회선교사인 신부들과 천주교신앙을 받아들였던 청말 석학이나 고관들의 협력으로 이루어진 노작이었음을 알 수 있다. 이러한 중국의 이른바 '奉教士人'으로는 楊廷筠·徐光啓·李之藻·李天經 등이 유명하다. 이들의 협력을 통해 명말청초의 동북아시아사의 대전환기의 혼란 속에서도, 북경 일각에서 '中國西學'이 자라고 있었으며, 그 성과의 일부가 연경사행원들에 의해 조선사회로 계속 도입되었던 것이다. 다만 소현세자와 아담 샬 간의 일은 연행사행과 관계없는 예외적인 서양문물 조선도입의 경우였다.

중국의 漢譯西學文明(清歐文明)은 이와 같이 17세기 초부터 연경사행원들에 의해 계속적으로 조용하게 조선사회로 도입되었다. 시간의 흐름에 따라 그 종류와 수량이 점차 늘어나 18세기에 들어서는 실학적 지식인들의 학문적

21) 한역서학서에 대한 간략한 解題文獻으로는 各書의 略解·序文·版文·小引과 저자의 약력이 소개되어 있는 徐宗澤 編著,《明淸間耶蘇會士 譯著提要》(台灣, 中華書局, 1958)이 유용하다.

호기심의 대상으로 주목받게 되었으며, 마침내 학문적으로 이들 서양문물을 연구하게 되어 '朝鮮西學'의 학문활동이 시작되었던 것이다. 18세기 중엽 당시의 학자들의 한역서학서 閱讀이 일종의 유행이었다는 安鼎福이나 丁若鏞의 기록을 통해 17세기 초부터 조선에 유입된 한역서학서가 18세기 중엽 이후 학자들 사이에서 광범위하게 읽히고 검토되었으며,[22] 그 결과가 극히 한정적인 것이기는 하였으나 한국문화의 역사적 변성을 소리없이 촉진하는 酵素로 작용하게 되었던 것이다.

3) 조선사회의 서양문물에 대한 반응

(1) 곤여만국전도와 《직방외기》

17세기 초를 전후한 때로부터 연행사신들이나 소현세자를 통해 조선으로 재래된 서양문물 가운데 유교적 지식인의 관심을 끈 것은 한역서학지도와 지리서였으며, 서양문명을 소개하는 한역서학서였다. 한편 이들 지식인과 더불어 서양문물 가운데 기의 측면인 천문·역산에 관한 기기와 한역서양천문역학에 강한 문제의식을 가지고 접근한 것은 농업사회의 기술관료들이었다. 그들은 帝王之學인 '授時推步'의 정확성에 주목하여, 그것을 뒷받침한 서양천문·역산학과 그것을 가능케 한 정확한 천문관측기술에 놀라움을 가지고 접근하게 되었다. 그것을 학습하고 실용하여야 할 것이라는 강한 문제의식을 가지게 되었던 것이다. 마침내는 서양의 천문역산기술을 적극적으로 수용하는데에 나서게 되었다.

마테오 릿치 제작의 한역서양지도인 〈坤輿萬國全圖〉를 보고 가장 먼저 촌평을 적어놓은 사람은 이수광이었다. 그는 李光庭이 재래한 이 지도를 弘文館에서 보고 다음과 같이 평했다.

> 매우 정교하며 특히 西域이 상세하다. 중국 지역과 우리 나라 8도와 일본의 60여 도로 그려져 있는바, 지리적 원근과 대소가 매우 섬세하며 빠짐이 없다.

---

22) 安鼎福, 《順菴集》 권 17, 天學考.
《正祖實錄》 권 46, 정조 21년 6월 경인.

> 歐羅巴國은 서역에서 가장 먼 곳이며 중국에서의 거리가 8만 리나 된다. 옛부터 중국에 통함이 없었으나 명나라 때부터 다시 入貢하게 되었다. … 구라파 地界는 남은 地中海이며, 북은 氷河에 이르고, 동은 大乃河(도나우江), 서는 大西洋에 닿는다. 지중해는 천지 중간에 놓여져 있어서 그 이름이 붙었다(李睟光, 《芝峰類說》 권 2, 諸國部外國).

마테오 릿치가 이 지도를 제작한 것은 중국전교에 도움을 얻고자 작성된 것이어서, 중국을 中華의 위치에 놓고 세계지도를 만들고 한자로 간단한 설명을 붙였다. 그 지도는 天圓地方의 우주체계론에 터전한, 겨우 인도를 포함한 아시아권만을 나타내던 전통적 세계지도를 접해오던 유교적 전통지식인 사이에 놀라운 반응을 일으키게 되었다. 한역세계지도는 중국인의 세계관·우주관의 변혁을 촉구하게 된 지도였던 것이다. 이들 한역세계지도가 조선에도 재래됨으로써 이를 열람할 수 있었던 조선사회의 일부 집권지식층에 커다란 파문을 일으키게 되었다.

첫째, 중국·여진·일본이나 서역 그리고 인도 일부만을 알고 있었던 지리인식세계가 일시에 세계화되는 결과를 자아내게 되었다. 이수광은 유럽을 알게 되었음을 적고 있으니 그의 지리인식세계가 유럽으로 확대된 것이다.

둘째, 세계에는 수 많은 국가가 있으며 중국이나 조선도 그것들 가운데 하나일 뿐이라는 점에서, 점차 중화의식을 극복할 수 있는 국제감각이 생겨나게 되었다. 18세기에 들어서는 마침내 '尊華卑夷'의 세계관을 극복할 수 있는 새로운 의식을 깨우쳐 준 지도였다.

셋째로, 〈곤여만국전도〉에 부쳐진 한문으로 된 간략한 설명문을 통해, 천원지방의 전통적 우주관이 지구설에 입각한 근대적 우주관으로 바뀌게 되는 첫단계적 인식을 심어주게 되었다.[23]

조선지식인들에게 대지는 球形이고 광대하며, 지구는 5대주·3대양을 가진 엄청난 것임을 실증시켜 준 다른 기기는 북경 재래의 '天球儀'였다.

한편 17세기에 천원지방설을 명백히 부인하고 지구설을 확신하게 되는 조선지식인이 생겨나게 되었다. 金萬重(1637~1692)의 지구설에 대한 믿음은 매

23) 李元淳, 〈朝鮮實學知識人의 漢譯西學地理書 理解〉(《한국의 전통지리사상》, 民音社, 1991), 11~43쪽.

우 확신에 찬 것임을 그의 글에서 느끼게 된다.

> 서양의 지구설은 오로지 天을 기준으로 삼고, 지구를 360도로 구획짓고 있다. 緯度는 남북극의 고하를 나타내며 經度는 일식 및 월식을 검증하고 있다. 그 道理는 확실하며 그 기술은 정확하다. 믿지 않을 수 없을 뿐만 아니라 믿지 못할 여지가 없다. 지금 學士나 大夫들이 만일 땅의 형상이 둥글다면 생물들이 둥근 고리(環)에 매달려 살 수 있을 것인가 하고 의심하나 그런 의심은 우물 속 개구리나 또는 여름날 벌레들이 지니는 것과 같은 생각인 것이다(金萬重, 《西浦漫筆》 下).

김만중은 분명히 17세기 사람이었으나 이처럼 확신을 가지고 지구설을 받아들였던 선각자였다.

17세기 선각자들의 세계지리에 대한 식견을 세계적인 것으로 확대시킴에는 마테오 릿치의 한역세계지도뿐만 아니라, 1623년 抗州에서 알레니 신부가 펴낸 세계지리서인 《직방외기》의 영향을 저버릴 수 없다. 이 한역세계지리서에는 책머리에 '萬國全圖'라는 이름으로 한 장의 세계지도가 배설되었고, 1권에서 5권에 걸쳐 각 권 첫머리에 먼저 세계 5대주마다의 지도를 삽입해 놓고 있다. 그에 뒤이어 자연과 인문에 관한 총론과 주요 국가를 지리적으로 소개하고 있다. 다만 5권에 大洋洲에 해당되는 부분은 말지의 대륙인 墨瓦蠟尼加洲로 설명하고, 5권 끝에 南北半球 두 개의 지도와 四海總說이라는 제하에 해양지리적 내용을 수록하고 있다. 《직방외기》는 페르비스트의 《坤輿圖說》과 같이 한역지리학서의 二大 명저로 유명한 세계지리서이다. 중국사회에는 물론 조선사회의 유교지식인 사이에서 널리 읽혀져 세계관의 확대에 크게 이바지한 세계지리서였다.[24]

한역세계지도인 '곤여만국전도'와 한역세계지리서인 《직방외기》는 그것들이 중국에서 간행된 후 얼마 안되어 조선사회로 재래되어 유교적 지식인들에 의해 관람되었다. 그 결과 이들 지도와 지리서는 그들의 중화적 세계관에 동요를 일으켰고 그들의 의식의 확대를 촉구하는데에 크게 기여했다.

---

24) 李元淳, 〈職方外紀와 愼後聃의 西洋教育論〉(《朝鮮西學史研究》, 一志社, 1986), 280~311쪽.

(2)《천주실의》와《교우론》

《天主實義》는 마테오 릿치가 북경에 입성하기 전 南昌에서 저술한 한문저서이다. 그것은 북경에 입주하게 된 후 2년만인 1603년에 간행된 한역천주교서이다.《천주실의》의 서양책명 'De Deo Verax Disputatio'는 '神에 대한 참된 論議'라는 뜻으로,《천주실의》는 천주교 교리서 내지는 護敎書의 성격을 띠고 있는 한역서학서이다. 저자 마테오 릿치는 '東士'와 '西士' 두 학자의 대화를 빌어 유불의 가치의식을 담은 동양의 사상·철학·종교와 스콜라(Schola) 철학과 크리스트교 가치를 담은 서양의 사상·철학·종교에 관한 의견 교환을 上下 2권, 通章 8장 174항에 걸쳐 토론시키는 형식으로, 매우 설득력 있게 꾸며 놓은 한역서로 유명하다. 이 책은 연경에서 간행된지 불과 10년 내에 동북아시아 한자문화권 여러 나라에 급속히 전파되어 큰 파문을 일으킨 서책으로 주목받아 왔다. 마테오 릿치가《천주실의》를 편술한 목적은 補儒論的 문화주의에 터전한 천주신앙의 전교를 위한 것이었다. 그러나 그것이 先秦古經의 유교논리에 터전하여 천주사상·철학·종교를 펴낸 것이기에 유교 한자문화권 여러 나라 학인들이 그것을 읽고 그 책으로부터 큰 영향을 받게 되었으며 일부 서학적 지식인들이 마침내 천주교를 수용하게 되는 근거가 된 서적으로 작용한 점에서 역사적으로 중요시되고 있다.[25)]

이에 대한 이수광의 논평은 다음과 같다.

> 歐羅巴國은 또 다른 이름을 大西國이라고도 한다. 利瑪竇라는 사람이 있으며 항해 8년만에 8만리 바다 건너 東奧(廣東)에 거주하기 10여년이 되었는데 그의 저작물로 天主實義 두 권이 있다. 첫머리에서 天主가 비로소 천지를 창조하였다는 것과 主宰 安養의 도리로 논하였고, 다음에 人魂이 불멸하며 그것이 금수와 크게 다름을 논하고, 이어 輪廻六道의 잘못됨과 천당지옥 및 선악의 應報를 변론하고, 마지막으로 인성이 본래 선함과 天主를 공경 숭상하여야 함을 논하고 있다. 그들의 풍속에는 君을 敎化皇이라고 하고 있으며, 결혼하지 않으니 자리를 세습시킬 자손이 없어 현명한 사람을 선택하여 교화황으로 삼는다고 한다. 또 그들의 풍속에는 우의를 중히 여기고 私蓄은 하지 않는다 한다. 그는 重友論도 저술하고 있는바 焦竑이 말하는 바로는 서역의 이마두는 友人

25) 李元淳,〈天主實義〉(《韓國天主敎史硏究》, 한국교회사연구소, 1986), 33~41쪽.

을 제2의 자기라고 하고 있으니 그 말이 매우 기특하다고 《續耳譚》에 상세히 적어놓고 있다(李睟光, 《芝峰類說》 권 2, 諸國部外國).

이처럼 이수광은 《천주실의》에 관해 그 사실대로 논평하고 있다. 이에 대하여 그와 같은 시대의 지식인인 柳寅夢(1559~1623)은 마테오 릿치가 말하는 천주교는 '語多有理'하기는 하나 天堂地獄說과 성직자 '不事婚娶'로 '左道惑世之理'를 면할 수 없다고 유학자의 입장에서 《천주실의》를 간단하게 논죄하였다.[26)]

한편, 명말청초에 아담 샬로부터 본국으로의 귀국에 앞서 각종 한역서학서와 天球儀·天主像 등의 선물을 받은 소현세자는 귀국길에 오르기에 앞서 천구의와 天主書에 관하여 기증자인 아담 샬에게 서한을 보내어 깊은 사의를 표하였다. 이 서한에서 소현세자는 귀국 후 궁중에서 사용할 뿐만 아니라 그것들을 간행하여 지식인 사이에 보급시킬 것을 생각한다는 인사말을 전하면서 한편으로 동시에 받았던 천주상에 관하여는 다음과 같이 적었다.

우리 나라에서는 아직 천주교를 아는 사람이 없기에 제가 가장 걱정하는 일은 이단사교로 보여져 천주의 존엄을 상하게 할지도 모른다는 일입니다. 이것이 천주상을 귀하에게 돌려드려 잘못됨이 없게 하려는 이유입니다(山口正之, 〈アダム・サルに 送られた世子昭顯の書翰〉, 《朝鮮西敎史》, 日本 雄山閣, 1967).

이 서한을 통해 아담 샬과의 교유를 통하여 천주교에 관해 많은 것을 들었으면서도 유교국가의 세자로서 천주교에 대해 일정한 거리를 두고자 한 모습을 느낄 수 있는 것이다.

이수광은 《지봉유설》에서 마테오 릿치의 또다른 漢譯西敎書인 《交友論》에 관해 기록을 남기고 있다. 《교우론》은 마테오 릿치가 북경 입성에 앞서 남창에 있을 때 교제한 明王室의 일족인 建安王에게 서양사회의 교우지도를 설명한 글이다. 중국인이 일찍이 들어보지 못한 "나의 벗은 남이 아니라 즉 나의 半(分身)이니 곧 제2의 나이다. 그런 고로 마땅이 벗을 보기를 나를 보듯하여야 하고, 벗에게 나를 주어야 하는 것이다. 비록 몸은 둘이나 그 마음은

---

26) 李睟光, 《芝峰類說》 권 2, 諸國部外國.

하나일 뿐이다" 등의 내용이 유교지식인들에게 매우 신선한 감명을 준 것임을 焦竑의 기록을 들어 소개하고 있다.[27)]

350~500종으로 파악되고 있는 예수회선교사들의 손에 의해 저술된 한역 서학서 가운데 17세기 전반에 조선사회로 도입된 서학교리서는 종류가 많았을 것이라 생각되나 《천주실의》·《교우론》 등 10여 종이 파악되고 있다. 이러한 천주교 관계 서적이 일부 지식인들에 의해 읽혀졌으나 아직 신앙심을 키워낼 정도로 영향을 미칠 수준은 아니었다. 다만 객관적으로 그 내용을 소개하거나 전통유학의 입장에서 간단하게 논평하는 정도에 지나지 않았다. 천주교에 관한 이해와 언급은 《천주실의》나 《직방외기》를 읽은 인사들의 글에도 보인다. 한역서학교리서를 읽고 천주신앙 신봉으로 치닫거나 또는 천주교리에 자극되어 생겨나는 反西敎論理의 글이 생겨나게 되는 것은 18세기 중엽에 들어서의 일이었다.[28)]

(3) 서양기기

17세기 전반 조선사회에 재래된 서양문물 가운데서 서양 문명기기 몇 점이 주목된다.

마테오 릿치가 1601년에 북경으로 상경하여 神宗을 배알하고 북경거주를 허가받을 때 그는 萬國地圖·天主像·天主聖母像 등과 더불어 여러 가지 서양기기류를 진상하였다. 그 가운데서 신종의 호기심을 가장 자극한 것이 크고 작은 自鳴鐘과 洋琴이었다고 한다.[29)] 신종뿐만 아니라 북경인들을 놀라게 한 물건은 주야를 가리지 않고 시각마다 자동적으로 종을 울려 시간을 알려주는 자명종이었다. 낮에 해가 있을 때는 圭表(日時計)로, 해가 없는 밤에는 漏(水時計)로 시간을 알아오던 동양 전통사회에서 매 시각 틀림없이 정확하게 자동적으로 시간을 소리로 알려주는 자명종은 놀라움의 대상이 아닐 수 없었던 것이다. 자명종이 고장났을 때 그것을 수리하기 위한 기술자로 마테오

27) 焦　竑(1541~1620)은 江蘇省人으로 徐光啓가 1597년 북경에서의 順天鄕試에서 장원급제할 때의 主考官의 1인이다. 서광계는 그를 일생 동안 스승으로 섬겼다.

28) 李元淳, 〈朝鮮後期 實學者의 西學意識〉(《朝鮮西學史硏究》, 一志社, 1986), 184~235쪽.

29) 姜在彦, 앞의 책, 29쪽.

릿치의 북경 거주를 허가하였고, 宣武門 내에 부지를 하사하여 교회를 짓고 그 곳에 그를 거주케 함으로써 중국전교의 거점이 마련되는 계기가 되는 귀한 물건 자명종이 조선사회로 도입된 것은 1631년 陳奏使 鄭斗源에 의해서였다.

정두원은 자명종에 관하여 '한 시간마다 자명한다'고 간단히 언급하고 있으나 그보다 5년 후인 인조 14년(1636)에 북경에 사행한 觀象監官 金堉은 북경에서 자명종을 보고 그것이 기계적으로 돌고 스스로 시간을 알리는 것이 신묘하다고 감탄하고 자명종에 관심을 가지게 되었다. 때마침 密陽의 巧匠 劉興發이 일본에서 자명종을 사들여 이의 운용을 연구하고 그 원리를 이용하여 시계를 만들었다. 시각마다 수가 다르게 종을 울려 시간을 알리고 外輪에 12시를 그려놓고, 日과 月이 그 한가운데서 돌아가도록 장치하였다. 盈虧遲疾이 조금도 차이나지 않아 매우 신기하다는 기록을 그의 저서에 남기고 있다.[30] 이 기사로 미루어 볼 때 조선에서도 일부에서 자명종을 크게 주목하였고, 이를 연구하여 특이한 천문시계로 제작했음을 알 수 있다.

한편 서양식 자명종 원리를 활용한 渾天時計까지 제작되었다. 효종 4년(1653)에 時憲曆을 실용하는 報漏閣의 漏器(水時計)를 새 역법에 맞도록 개조하는 조치가 취해졌었다. 그 후로 혼천시계의 정확함을 기하기 위한 노력이 관상감을 중심으로 추진되어 효종 8년에는 崔攸之에 의해 '璿璣玉衡'이 제작 실용되었고, 다시 현종 10년(1669)에 天文敎授 李敏哲과 宋以穎에게 이것을 개조토록 조치하였던바 송이영이 서양식 자명종의 원리와 특징을 잘 살리되 동력을 물 대신 추로 돌게 개량하여 정확한 시간을 측정하는 한편, 천체의 운행을 한 눈으로 알아볼 수 있는 조선 특유의 혼천시계를 제작하여 실용했던 것이다.[31]

이처럼 정두원에 의해 조선으로 도입된 자명종은 단지 호기심의 대상인 신기한 기기로서가 아니라 조선사회에서 개량, 활용되고 마침내 실용되었던 것이다.

---

30) 金 堉, 《潛谷筆談》.
李能和, 《朝鮮基督敎及外交史》(朝鮮基督敎彰文社, 1929), 4쪽.

31) 全相運, 《韓國科學技術史》(正音社, 1976), 86~87쪽.

김만중은 "서양인 利瑪竇는 萬曆 연간에 배를 이용하여 동방으로 건너왔는데 그가 들여온 자명종과 안경을 보고 모두가 보물과 같이 생각하였다"고 언급하고 있는바,[32] 안경도 17세기 중엽 북경에서 조선사회로 소개된 유용한 서양기기의 하나였던 것이다.

1631년 정두원이 로드리케즈(Rodoriquez ; 陸若漢) 신부[33]로부터 선물받은 여러 문물 가운데 《遠鏡說》과 《千里鏡說》 등 두 권의 한역과학서가 들어 있었다. 이 두 책은 그가 조선으로 도입한 망원경에 대한 제조법과 사용법 및 효용가치를 해설한 서책이었다. 《천리경설》은 아담 샬이 편술한 후 1626년 연경에서 《원경설》이라는 이름으로 간행한 한역서학서였다. 여기에 언급된 망원경은 1609년 갈리레오(Galileo Galilei)가 천문관측에 처음으로 실용함으로써 근대 천문학 발달의 단서를 이끌어 낸 천문관측기기였다. 아담 샬이 중국으로 들여와 이용하고 있었던 것이었으나 조선사회에 도입되었었다. 그러나 조선에서는 천문관측에 실용되지는 못하였다. 그러나 신기한 서양기기로 여겨졌었음은 정두원이 '천리경' 일부를 관찰한 후 "천문은 자세히 관측할 수 있으며 또한 능히 100리 밖의 敵陣 중의 미세한 물체까지 자세히 볼 수 있다"고 적은 바를 통해 알 수 있다.

정두원은 자신이 조선으로 받아들여 온 화포에 관하여도 서양식 대포가 전통적인 우리 나라의 대포인 碗口에 비하여 우수하다고 다음과 같이 설명하고 있다.

> 火繩을 사용하지 않고 火石으로 격발한다. 우리 나라 鳥銃 두 방을 놓을 동

32) 金萬重, 《西浦漫筆》 下.

33) Rodoriqueiz(陸若漢) 신부는 일본, 중국 크리스트 敎史에서 특이한 존재였다. Jeronimo Rodoriquez(1561~1633 ; 포르투갈인)는 14세 때 일본에 입국하였으며 1580년 일본에서 耶蘇會에 입회하였다. 1596년에 신부가 된 후 다년간 일본에서 거주하였기에 일본어에 精通하고 일본사정과 일본문화에 밝았다. 최초로 日本文法書를 집필하고 日葡辭典을 편찬하였고 통역으로 활약하여 'Rodoriquez 通事'로 불렸으며 豊臣秀吉, 德川家康과도 가까웠다. 島原의 神學校 敎授로 있다가 1610년 일본에서의 키리시땅 박해로 Macao로 추방되었다. 그 후 女眞族 興起로 명이 위험에 빠지게 되자 徐光啓의 제자이며 천주교도이던 明 登萊巡撫 孫元化의 초청으로 북상하여 등래에 머물며 掌敎官으로 군사고문의 일을 볼 때 陳奏使 鄭斗源 일행을 만났다. 1633년에 중국에서 사망하였다.

안에 4, 5발이나 쏠 수 있을 정도로 빠르기가 귀신과 같다(《國朝寶鑑》 권 35, 인조 9년 7월).

이와 같이 화포의 효능을 높이 평가한 정두원은 그의 수행원이던 鄭孝吉에게 명하여 그 제조법과 조작법을 익히도록 조치하였다. 귀국 후에는 국왕 앞에서 발포를 실연하여 인조로부터 시의를 얻은 조치라고 칭찬을 받은바 있었다.[34]

(4) 한역 천문서와 역산서

예수교선교사들이 가지고 있던 서양과학과 기술 가운데서 중국 황실과 사대부들의 관심을 모은 것은 서양천문학과 그 관측기술이었다. 유교전통사회에서 황제는 천문을 정확히 관측하여 曆書를 작성하여 백성들에게 내려주는 것이 '敬授民時'라는 堯典의 말과 같이 역서는 제왕의 책임이었던 것이다.[35] 농업국가에 있어 계절의 변화와 그에 따른 농업생활에 도움을 줄 기본 정보를 실은 역서의 편찬을 뒷받침하는 曆算推步의 학문은 '帝王之學'이었던 것이다. 유교전통사회에서는 '天人感應思想'의 영향으로 천문의 이변을 君德과 연결지어 생각하는 믿음이 있었다. 군왕이 有德할 때 天象과 자연은 순조로우나 정치적 과실을 저지르는 부덕한 군주에 대해서는 하늘의 경고와 징벌이 천지현상의 이변으로 나타난다는 믿음이 확고하였다. 정확한 역서의 제작, 반포가 제왕의 책무였기에 그 정확한 역서제작의 기초학·기초기술인 천문학·천문관측이 문제되는 것이며, 관측기록에 의해 정확한 역서를 제작할 수 있는 기초학문인 曆算學에 비상한 관심을 가지지 않을 수 없었던 것이다.

예수회 東洋巡察使 바리니아노(Valingiano ; 范禮安)가 시달한 補儒論的 문화주의의 전교방침을 준수하던 마테오 릿치는 북경주재의 허가를 받은 후 전교의 전제적 방법으로 서양의 천문·역산술을 전할 수 있는 책들을 부지런히 漢譯하여 간행, 유포시켰다. 마테오 릿치가 중국사회에 전파하고자 하는 크리스트교 신앙과 그 가치를 담은 윤리사상체계는 유교사회의 군주로는 반

34) 《國朝寶鑑》 권 35, 인조 9년 7월.
35) 《書經》 권 1, 虞書 堯典.

가운 것이 아니었으나 그의 머리 속에 담긴 서양의 천문역산학과 손 끝에서 이루어지는 천문·역산술은 당시 전통적인 중국 역법의 오차 때문에 고민하던 중국으로는 매우 필요한 것이었다. '奉敎士人'이며 禮部右侍郞이었던 徐光啓의 노력으로 명나라는 1629년 북경에 西洋曆局을 개설하고 적극적으로 서양 역산법을 도입, 활용하게 되었던 것이다. 그 후 마테오 릿치를 위시한 예수회 전교자들과 그들을 적극 보좌한 봉교사인 李之藻의 합동 노력으로 방대한 양의 漢譯西洋曆算書의 집대성인 《崇禎曆書》가 이루어져 5차에 걸쳐 황제에게 進呈되었던 것이다.[36] 《숭정역서》에 포함된 각종의 한역서양역산서가 赴京使行員들에 의해 조선사회로 재래되었다. 《숭정역서》는 명나라가 후세에 남긴 가장 위대한 과학유산일 뿐만 아니라, 청나라 초기에 이루어지는 時憲曆의 기초 자료로 주목되는 방대한 한역역산서로 집성되었다.

중국에서 명·청 교체가 진행되는 와중에 중국에서 활동하던 예수회는 중대한 위기를 맞게 되었다. 그러나 아담 샬의 적절한 시국 대응과 서양 역산기술의 유용성을 인식한 청국의 호의적 조치로 예수회는 서양 신법에 의한 역서 작성의 업무를 계속 담당할 수 있었다. 그 결과 시헌력을 이루어 중국사회에 실용시킬 수 있었다. 1600년의 '欽天監敎案'으로 중국전통 역산학세력의 반격을 받아 한때 북경에서 예수회선교사들이 체포, 추방되는 일도 겪었으나 서학에 대한 학문적 취향이 대단했던 康熙帝가 친정케 됨으로써 위기를 벗어나 다시 연경에 들어와 역산의 책무를 담당할 수 있었다.[37]

---

36) 《崇禎曆書》는 崇禎 2년(1629) 역법개정을 목적으로 서양역법서의 번역과 改曆 편찬을 목적으로 개설된 曆局의 督領 徐光啓와 그의 後任 李天經 등이 Adam Shall(湯若望), Giacomo Rho(羅雅谷) 등 예수회선교사의 협조로 1634년까지 5차에 걸쳐 明帝에 進呈된 漢譯西洋曆算書로서 집성된 叢書, 新法曆書, 新法算書로도 불린다. 《숭정역서》는 명이 후세에 남긴 가장 위대한 科學遺書이며 조선의 時憲曆의 기초가 되었다(姜在彦, 앞의 책, 57쪽). 5차에 걸쳐 진정된 《숭정역서》의 총권수는 刻版에 따라 異同이 있다(103~137권). 崇禎初版(1634) 順治 2년 補刊版本, 康熙 17년 又補刊版本(1678)의 세 가지의 판본이 있다(徐宗澤, 앞의 책, 239~256쪽).

37) '欽天監敎案'은 順治帝 이래 欽天監曆局을 중심으로 예수회선교사와 奉敎士人 중심의 西洋曆法 세력에 대해 중국 전통 回曆法 세력이 康熙 초에 楊光先 등 闢邪斥西세력의 謀反告變上疏를 기회로 일어난 천주교박해 사건이며 구법세력이 흠천감을 장악하게 되고 大統曆法과 回回曆을 부활하게 된 政變이다. 이 때 북경에서 예수회선교사가 추방되고, 체포되었던 아담 샬은 겨우 사형을 면했으

마테오 릿치의 북경 입성부터 약 반세기 후인 17세기 전반에 조선으로 도입된 漢譯西學天文曆算書에 대한 조선지식인들의 반응은 어떻게 나타났을까.

한역서학서를 통해 가장 먼저 서양 天體論을 언급한 사람은 이미 앞에서 논한 바와 같이 김만중이다. 그는 '天圓地方'의 설을 주제로 하는 동양사회의 전통적 우주관인 '蓋天說' 내지는 '渾天說' 등 동양 고래의 우주관에 대해 '地圓說'을 수용하였고, 그 지구설을 의심함은 '井蛾夏虫之見'이라고 규정하였다. 나아가 그는 다음과 같이 서양의 지구설을 평가하였다.

> 명나라 만력년간에 서양의 지구설이 나옴으로써 渾天·蓋天의 두 설은 비로소 서로 통하게 된 것이 하나의 큰 일이었다. 생각건대 고금의 天을 논하는 자들을 비유적으로 설명한다면 코끼리를 쓸어보고 그 일부분만을 알고 있음과 같은 것이었으나 서양의 역법에 의해 비로소 그 전체를 알게 되었다(金萬重, 《西浦漫筆》 下).

김만중은 그에 앞서 정두원이 도입한 《利瑪竇天文書》 일부를 접한 것으로 생각되며, 그가 열람한 천문서란 李之藻가 筆述하여 1607년에 북경에서 간행한 《渾蓋通憲圖說》일 것이다.[38] 이 한역서양천문서는 마테오 릿치가 로마의 대학에서 배웠던 유명한 수학자이며 역사가이던 크라비우스(Cravius)가 지은 천문교과서를 한문으로 번역하여 엮어낸 것이었다. 한편 연행사 정두원이 조선으로 도입한 한역서학천문서로 《天問略》이 있었다. 《천문략》은 조선 유학자들의 전통적 천체관을 근본으로부터 뒤흔들게 하는 한역서학천문서였다. 비록 《천문략》은 코페르니쿠스(Copernicus)의 地動說이 나타나기 이전까지 오랫동안 서양에서 수용되어 온 크리스트교적 천체관에 입각한 것이며, 지구중심의 天動說에 터전한 천체관을 담은 것이었으나 천원지방의 개천설·혼천설 등 동양 고래의 천체관에 변화를 촉구하게 된 한역서학천문서였던 것이다.[39]

나 병사했다(1644). 그 후 1668 양광선이 제작한 역서의 오류가 문제되어 구법세력이 숙청되고 예수회선교사들이 북경에 복귀하여 역법사업을 주관하게 되었다(矢澤利彦 譯, 《東西曆法の對立》, 日本, 平河出版社, 1986).

38) 姜在彦, 앞의 책, 69쪽.

39) 蓋天說에는 天·地 모두 平面이며, 천은 圓이요 지는 方이라고 생각하는 天圓

진주사 정두원 일행이던 역관 李榮俊은 서양천문역산학에 관한 《천문략》·《治曆緣起》 등을 정두원으로부터 넘겨받아 큰 놀라움을 가지고 통독한 후 그것을 그들에게 전해주었던 로드리케즈에게 서양 천문관에 대해 질문하는 서한을 보냈다.

그는 중국을 중심으로 작성된 〈坤輿萬國全圖〉를 보고 천하의 渾元淸淑의 氣가 응집되어 많은 성인이 배출되고 仁義禮樂之敎가 성하며 그 기가 이어 내려오고 있는 중국과 비견할 수 있는 나라가 '中國之外'에도 있음을 알게됨으로써 대단히 놀랐으며, 자기가 지금까지 믿어오던 화이론적 세계관에 큰 충격을 받았음을 전하고, 서양역법의 정밀한 推算術을 검토하고 중국역서의 잘못을 알게 되었음을 전했다. 그러나 다만 동양의 전통적인 개천설이나 혼천설과 전혀 다른 우주관으로서의 十二葱頭論(十二重天說)에 대하여는 이해하기 어려움이 많으니 뒷날 가르침을 줄 것을 요청하였다.[40]

이영준의 솔직한 서한에 접한 로드리케즈는 중국을 중심으로 제작한 세계지도는 중국인의 이해를 돕기 위해 그렇게 한 것이며, 지구론에 의하면 세계의 모든 나라가 세계의 중심이라고 밝혀 화이론적 세계관이 잘못임을 지적하였다. 한편 중국인들이 이 지도 때문에 세계를 넓게 이해할 수 있게 되었는데 조선도 그렇게 될 것을 희망하며, 동방의 모든 성인의 가르침을 자기들도 이해하고 있으며 삼강오행이나 오륜치국의 가르침은 서양에서도 알고 있는 일임을 지적하면서 서양의 '天學'을 내세웠다. 끝으로 중국에서 한·당 이래로 정확한 역법을 이루기 위해 노력해 왔으나 아직 완전을 기하지 못하여 황제의 칙명으로 자기들이 역법 개수에 힘쓰고 있으나 그 '天文綱理' 즉 자세한 점은 몇 마디의 글로 풀이할 수 없으니 뒷날 만날 기회를 얻어 그 일에 대해 논의하자고 답신하였다.[41] 이 두 사람의 면담이 이루어졌다면 매우

地方說(一次 蓋天說)과 천지가 모두 曲面이며 북극지방이 높은 삿갓(蓋笠) 모양이라는(二次 蓋天說)의 두 가지로 나누어 지며, 渾天說은 後漢의 천문학자 張衡의 《渾天儀》의 설이며, 천·지의 모양은 鳥卵(새알)과 같은 것으로 天이 地를 둘러쌓고 있으며, 하늘이 수레바퀴 모양으로 돌아감이 渾然하다고 한다. 漢代 이후 모두 혼천설을 신봉하고 조선에서도 이 혼천설은 추종하고 있었다 한다(全相運, 《韓國科學技術史》, 30~34쪽).

40) 安鼎福, 《雜同散異》, 與西洋國陸掌敎若漢書.

41) 安鼎福, 《雜同散異》, 西洋國陸若漢 答李榮俊書.

흥미있고 유익한 천문·역법 토론이 있었을 것이나 서간이 두 사람 사이에 교환된 다음 해인 1632년에 화북에서 전란이 일어나게 됨으로써 무위에 끝났음은 유감이 아닐 수 없다.

이상과 같이 17세기 초부터 부연사행원에 의해 조선으로 도입된 서양천문도, 중국한자로 작성된 이른바 한역서양천문·曆象 관계의 서학서가 기회있을 때마다 조선사회에 도입되었다. 17세기 초부터 여러 종류의 한역세계지도가 조선의 선각적인 지식인이나 천문·역상 기술관직자들에 의해 검토되고 논평되어 왔던 것이다. 이러한 자료를 접하고 검토하게 됨으로써 17세기 종래의 세계관·우주론이 동요할 수 있는 소지가 조성되었음은 사실이다. 그러나 아직 그것이 근대적 깨우침으로까지 질적인 변화를 일으킬 정도로 그 이해 수준이 높은 것은 아니었다.

4) 서양문물의 실용적 채용

연경에서 서양선교사와 奉敎士人들에 의해 생산된 한역서양문물은 17세기 초부터 조선사회로 도입되고 소개되었으며, 소수 선각적 지식인과 일부 천문·역산관계 기술관료들의 주목을 받게되었다. 그런 가운데 실용을 위한 노력도 생겨나게 되었다.

宋以穎에 의해 제작된 渾天時計에 서양 자명종의 원리가 활용되었음을 앞서 살펴 본 바 있다.

조선지식인들의 비상한 관심을 받았던 한역서학세계지도나 천문도를 模作하려는 활동도 생겨난다. 시기적으로는 18세기 초두의 일이기는 하나 숙종 34년(1708) 書雲監에서 국왕에게 진상된 乾象圖屛子와 坤輿圖는 조선인이 제작한 한역서학세계지도의 모작품이었다. 즉 전자는 아담 샬이 제작한 천문도인 星圖八幅의 모작이었고, 후자는 마테오 릿치 제작의 〈坤輿萬國全圖〉의 모작이었음이 연구자들에 의해 파악되고 있다.[42] 이 모작품이 진상된 때는 1708년의 일이었으나, 그것은 17세기 후반에 천문역산기관을 중심으로 이

42) 崔錫鼎, 〈西洋國乾象坤輿二屛總序〉.
李龍範, 〈法住寺所藏의 新法天文圖說에 관하여〉(《歷史學報》 31, 1966).

들 한역세계지도와 천문도에 계속 관심이 집중됨으로써 마침내 모작케 되었던 것이다.

이상의 혼천시계나 모작된 건상도와 곤여도는 왕실에 수장되어 일반사회에 그 영향이 미쳤던 것은 아니다.

17세기 조선에 도입된 서양문물 가운데 계속적으로 관계 자료의 도입활동과 수용 노력이 경주되어 마침내 국가정책으로 채용되어 국민생활에 절대적인 영향력을 미치게 된 것은 서양역법의 도입이었고 시헌력의 채용이었다.[43]

인조 9년(1631) 정두원에 의해 재래된 《치력연기》를 통해 청국에서의 서양역법 연구와 채용의 개략적 이해를 가질 수 있었을 것으로 파악된다. 《치력연기》는 방대한 양의 한역천문역산서가 휘집되어 있는 서양역법집성총간물인 《숭정역서》(1644년 11월에 아담 샬이 新法曆書로 개명)에 포함되어 있는 서양역법서였다. 아담 샬은 1645년(淸 順治 2년) 8월에 여섯 장의 한역지도와 儀器 3종 및 그 의기의 조종법에 관한 서책을 황제에 진상하는 한편 서양신법에 의한 역서도 진상했다. 이 역서가 淸 聖祖(順治帝)에 의해 '時憲曆'으로 이름 지어져 중국에 반포되는 한편 '朝鮮曆行'[44]을 통해 조선사회로 도입되었다.

인조 23년 3월에 앞서 귀국한 소현세자에 뒤이어 鳳林大君이 조선으로 귀국할 때 아담 샬은 봉림대군 護行宰臣인 韓興一에게 서양역산서인 《改界圖》와 《七政曆比例》를 기증하였다. 한흥일은 귀국한 후 이것들을 국왕에게 헌납하였다.

> 曆象授時는 제왕이 가장 힘써야 할 일입니다. 원나라 때 郭守敬이 고쳐쓴 曆書가 거의 400여 년이나 되어 지금 마땅이 바로 잡아야 할 것입니다. 그런데 湯若望이 이룬 역서를 보건데 가장 잘 修改되어 있습니다. 감히 改界圖와 七政曆比例 각 1 권을 올려 바치는 바입니다. 청컨대 관계관으로 하여금 이것들을

43) 時憲曆의 조선 도입과 채용에 관한 연구물로 주목되는 것은 다음과 같다.
李殷晟, 〈大理石製 新平日晷와 昭顯世子〉(《東方學志》 46·47·48, 延世大, 1985).
鄭誠嬉, 〈朝鮮後期 時憲曆導入과 그 影響〉(《韓國學大學院論文集》 10, 韓國精神文化硏究院, 1995).

44) 曆行은 명·청에 중국역서를 請受하기 위해 파견하는 使行이다. 역서와 연호의 사용은 사대외교의 의무였다(《同文彙攷》 原編, 권 42, 曆書 ; 《通文館志》 권 3, 賫咨行).

자세히 살펴 판정함으로써 역법을 밝히시기 바랍니다(《仁祖實錄》 권 46, 인조 23년 6월 갑인).

청국의 아담 샬 등이 이룬 시헌력을 연구하도록 건의한 것이다. 이 건의가 조선에서 시헌력을 연구, 채용하도록 정식으로 발의된 최초의 일이었다.

세종대에 鄭麟趾·鄭招·李純之·金淡 등이 왕명을 받들고 授時曆과 大統曆을 조선에 알맞도록 개편하여 〈七政算內篇〉을 편찬하였고, 다시 回回曆을 참고하여 〈七政算外篇〉을 간행한 바 있었다. 이 일은 농업국가의 군주인 세종이 愛民君主로 제왕의 책임을 다하려는 정치적 의지를 읽을 수 있는 동시에 조선 초기의 발달된 朝鮮曆算學의 높은 수준을 보여주는 일이었다. 그러나 그 후 이 사업을 계승, 발전시킬만한 정치적 경륜을 지닌 군주가 없었고, 한편 曆行을 통하여 명에서 받아오는 大明曆 관용에 순치되어 기본적으로 중국역서에 매달려 있는 형편이었다.

명나라 말기에 명황실의 특별한 관심 속에 중국의 전통 역산학의 자리를 대신하게 되는 서양역법은 천문관측기기와 더불어 천문역산관계서의 한역본의 형태로 조선사행원들에 의해, 또는 소현세자나 봉림대군 귀국의 기회에 조선사회로 재래되어 조선의 역산기관인 관상감 관계자들의 강한 흥미를 유발하게 되었으며 마침내 서양역법에 터전하여 역법 수정을 요구하는 건의가 제기되었던 것이다. 앞서 본 한흥일의 건의는 조선의 시헌역법의 도입 연구와 시헌력을 결국 채용하는 계기가 되는 여론환기였던 것이다.

한흥일의 건의는 주목은 받았으나 아직 그 당시 조선으로 재래된 한역서양역법서만을 가지고서 시헌력의 전모를 파악할 수 있는 단계에 이르기까지는 자료에 한계가 있었다. 또한 서양역산법을 자료로만 터득하기에는 역법이 난삽하여 독학이나 독습으로 터득할 수 없는 것이었다. 그러기에 더 많은 자료를 조선으로 도입하는 한편, 직접 북경에 들어가 서양역법 관계자로부터 역산법을 교수받을 필요가 있었다. 이런 문제를 지각하고 해결에 직접 나서게 된 사람이 관상감 제조로 당시 조선의 천문역산의 책임을 지고 있었던 金堉(1580~1658)이었다. 전통사회의 선비이면서도 실학사상 선구자의 한 사람으로 손꼽히는 김육은 365년 동안이나 중국사회에서 사용되어 온 郭守敬·

許衡 등이 이루어 놓은 授時曆을 높이 평가하면서도 세월이 흐름에 따라 커지는 오차를 감안하여 修曆할 것을 건의하였다.

> 천체운행은 대단히 확실하나 授時曆算은 해가 거듭될수록 오차가 커져가니 … 마땅히 역법은 바꾸어야 합니다. 이럴 즈음에 서양역법이 등장하였기에 改曆을 추진하기에 마침 좋은 기회를 맞게 되었던 것입니다. 다만 韓興一이 재래한 서책에는 의론은 있었으나 立成(數表)이 없었습니다. … 중국에서는 丙子年(1636)에서 丁丑年(1637) 사이에 이미 역법을 개정하여 내년에는 新曆이 나온다고 합니다. 그러니 그 신력은 반드시 우리 나라의 曆과 큰 차이가 생겨나게 될 것입니다. 신력 가운데 절묘한 것이 하나라도 있다면 당연히 舊曆을 버리고 신력을 취하여야 할 것입니다. 중국은 다른 나라가 冊曆을 만드는 것을 금하고 있으니 사람을 보내어 정식으로 그 역법을 배우기를 청할 수는 없을 것입니다. 이번 중국에 사행하는 사신에게 日官 1, 2명을 대동케 하고 역관으로 하여금 欽天監을 탐사시켜 새로운 책력을 만든 자료를 단편적으로나마 입수하여 그 법을 推考토록 하고 알기 어려운 일들을 차차 會得하도록 하여 귀국시키는 일은 좋을 것입니다(《仁祖實錄》 권 46, 인조 23년 12월 병신).

연행사 일행에 역산담당기술관인 日官들을 반드시 대동시켜 시헌역법을 연구케 하자고 건의하였던 것이다.

김육은 인조 24년(1646) 謝恩兼陳奏副使로 그 자신이 연경에 사행케 되었을 때, 2명의 일관을 대동하고 연경에서 아담 샬로부터 新曆에 관해 배우도록 조치하였다. 그러나 欽天監 출입이 엄하게 규제되어 있는지라 직접적인 학습의 기회를 얻지 못했고 신력에 관한 역서 수종을 구입하여 金尙范에 연구하도록 조치할 수밖에 없었다.[45)]

조선의 관계 관료들 사이에서는 신법력에 관한 한역서학역산서를 밀무역으로라도 도입할 공작이 추진되었었다. 즉 인조 24년 10월에 연행한 謝恩使 李景奭은 일관 李應林의 아들이면서 호란 때에 포로가 되어 청국에 붙잡혀가 그 곳에서 살고 있던 李奇英에게 상당한 금전을 주어 아담 샬에게서 여러 가지 역법서를 사 보내도록 공작했던 것이다.[46)] 인조 26년에 일관 宋仁龍

---

45) 《大明律直解》 禮律 儀制 收藏禁書及私習天文 · 刑律 僞造印信曆書에 의하면 曆書私習은 금지사항임을 알 수 있다.

46) 《仁祖實錄》 권 47, 인조 24년 6월 무인.

을 연행토록 하였다. 그는 아담 샬과 한 차례 접촉할 수 있었으나 筆談으로 日躔行度法에 관해 문답을 교환하였기에 제대로 학습할 수가 없었다. 이 때 송인용은 《縷子草》 15권과 〈星圖〉 10장을 얻어가지고 귀국하였다.[47]

안타까운 조선정부는 효종 2년(1651) 김상범을 다시 연행시켰다. 그는 상당한 뇌물을 써 흠천감에 출입하며 신역법을 학습할 수 있었다.[48] 그 개략을 파악한 김상범은 귀국 후 그 나름대로의 시헌력을 제작할 수 있었다. 김상범이 작성한 '朝鮮版 時憲曆'을 효종 5년부터 사용하기로 결정함으로써 시헌력은 마침내 조선에서 채택되었던 것이다.[49]

관상감에서는 이 조선판 '시헌력'의 정확을 기하기 위해 김상범을 재차 연경에 파견했다. 그는 불행히도 연경에서 객사하였으니 실망이 컸다.[50] 효종 6년에도 謝恩陳奏使行에 일관을 동행시켜 日躔表, 月離表 등의 자료도 구입해왔다.

한홍일, 김육, 김상범의 노력으로 조선에서 제작, 채용된 '조선판 시헌력'은 그 산법을 완전히 터득하고서 제작된 것은 아니었으나 그런대로 당시 사용되던 大統曆의 오차를 수정한 것이기에 조선에서 시헌력의 이름으로 제작하여 유포시킴으로서 민생에 크게 이바지하게 됐다. 그러나 18세기 초에 접어들어 이 조선판 시헌력이 淸國曆과 합치하지 않는 사태가 생겨나 문제가 생겼다. 이에 관상감에서는 일관 許遠을 동지사행에 따라 연경으로 보내 청나라의 흠천감 역관인 何君錫으로부터 서양역법을 세밀하게 검토할 수 있게 도움을 받는 한편 역법서를 도입토록 조치하였다. 허원은 그 후에도 숙종 34년과 37년 그리고 숙종 41년 등 세 차례나 계속 연경에 사행하여 서양역법 관계의 서적을 계속 들여왔으며 또한 연경 현지에서 청의 역관 하군석이나 그 아들 何國柱로부터 계속 역법을 학습하기에 힘썼다. 귀국 후에도 그 역서를 소화하기에 노력했다. 허원은 비록 18세기 초에 활약한 일관이기는 하나 인조 26년(1648) 일관 송인용의 시헌력 도입의 건의가 있은 후 수차례나 연

47) 《仁祖實錄》 권 50, 인조 27년 2월 갑오.
48) 《增補文獻備考》 권 1, 象緯考 1, 孝宗 4년, 始行時憲曆法.
49) 《孝宗實錄》 권 8, 효종 3년 6월 임오 · 권 10, 효종 4년 정월 계유.
50) 《孝宗實錄》 권 14, 효종 6년 정월 신축.

경을 드나들며 시헌역법 연구에 종사하다가 연경에서 객사한 김상범과 더불어 우리 나라 시헌력 도입과 실용을 실현시킨 세 공로자의 한 사람이었던 것이다. 동시에 이들 일관들을 계속 연경사행 때마다 대동 입연하는 제도적 기회를 뒷받침하였으며, 그 자신도 연경에 연행하여 시헌력 학습과 도입에 노력한 관상감제조 김육의 공도 잊을 수 없는 것이다. 효종 4년(1653)에 조선이 시헌력 실시를 결정한 후, 허원이 그 역산법을 소화하여 조선인 최초의 서양천문역법서인 《玄象新法細草類彙》를 저술해 낼 때까지는 실로 60년 전후의 긴 세월과 막대한 경비 그리고 꾸준하고 정열적인 노력이 필요했던 것이다.[51]

이리하여 조선정부는 국초 이래 재용해 왔던 명의 구법인 대통력을 버리고, 정확성을 자랑하는 한역천문역산법에 의한 시헌력을 실용케 되었던 것이다.[52] 이 시헌력의 채용이 17세기 서양문물 수용의 가장 돋보이는 성과였다.

5) 17세기 서양문물 전래의 역사성

17세기 전반기는 호란과 그에 뒤이은 청의 압력하에서 北伐意識이 조선의 정치적 향방에 크게 영향을 미치던 시대였다. 한편 17세기 후반기라 할 현종·숙종대 40년 동안은 청에 대한 사대관계를 실천하여 국제적 안정을 도모하면서 유교적 지배체제의 부흥을 꾀하는 시대였으며 내적으로는 사림붕당간의 대립이 계속되던 때였다.

문화교섭사적 차원에서 17세기 조선과 서양과의 관계를 본다면 17세기 초부터 주목할 만한 서양문물 재래활동이 이루어졌다. 한역서학문명의 형태로 취한 '飜案文化的 西洋文物'의 조선재래는 18세기로 이어지는 '西文東漸'의

---

51) 《玄象新法細草類彙》는 흔히 《細草類彙》로 불리던 天文曆算書이다. 상권에 日·月蝕計算法, 하권에 日·月·五星의 運行, 24節季, 分朔弦望의 계산법이 수록되어 있다

52) 이 때로부터 太陽曆이 채용될 때까지(1653~1893) 時憲曆法에 따라 제작된 역서를 오랫동안 사용하였는데, 1653~1895년간은 '時憲書'라는 이름의 역서가 사용되었다 하여 '時憲書時代', 그 후 2년간(1896~1897)은 '시헌력'이라는 이름을 사용하였다 하여 '時憲曆時代'로 역서사를 시대구분을 하는 연구도 있다(李殷星, 〈近世韓國의 曆〉, 《東方學志》 95, 1978).

역사였다. 간헐적 재래현상으로의 서양문물 도입과 이에 대한 초단계적 반응이 17세기 전반에 소수인에 의한 寸論的 반응으로 나타났다. 그 후 차차로 서양문물의 실용성을 알게된 천문·역산 관료들에 의한 실용·취용의 활동이 벌어지게 되었다. 그리하여 세계지도의 모작, 자명종의 창의적 실용과 시헌역법의 탐구와 채용으로 현실화되었다.

17세기 서양문물과의 만남과 그에 대한 대응·수용의 역사전개는 중국이나 일본의 그것과 매우 다르게 전개되었다.

첫째, 동북아 3개국에서 서양과의 의미있는 만남은 앞서 살펴본 바와 같이 여러 가지 사정으로 가장 늦은 것이었다.

둘째, 서양인에 의한 직접적인 전달이나 전수가 아니라, 전통사회인의 재래에 의한 만남과 도입이었다. 만남과 도입의 주역이 조선왕조의 외교적 필요에서 중국에 파견되던 연행사신들이었다.

셋째, 의미있는 만남과 도입의 장소는 중국 땅 북경이었으며, 그것도 예수회선교사들의 거처이던 天主堂과 欽天監이었다. 그 만남이 일본과 같이 종교적이거나, 중국과 같이 정치적인 것이 아니라 문화적이고 개인적으로 진전되었다.

넷째, 조선의 서양문물과의 만남과 도입은 '漢譯西學'이라는 한자와 한문으로 飜案되고, 전교의 필요에서 중국에 이식된 크리스트교적 가치체계의 소산물로서 서양문물이었다. 즉 서양문명의 직접 도입이 아니었다. 예수회선교사들의 현지적응, 문화주의, 補儒論적 전교의식에서 선택되고 번안된 서양문명(北京에서 번안되고 번역된 서양·서양문명), 즉 중국의 한역서학의 재래요, 도입이었다.

다섯째, 재래·도입된 서양문물이 서양문명 전체에 걸쳤던 것은 아니었고, 한정된 분야에 걸친 것이었으나 재래된 후 조선사회 지식인들의 주목을 받으면서 검토되는 반응이 빠르게 나타났다.

여섯째, 제한된 지식인과 기술관료사이에서 세계관·천문관·역산관의 변화를 촉구할 정도의 강한 문화자극을 공여했다.

일곱째, 17세기에 있어서의 의미있는 연구와 실용은 농업국가의 제왕지학으로의 역산과 역법 수용으로의 시헌력 채용 이외에는 구체적 동태가 자라지는 못하였다.

17세기 중국으로부터 조선사행원들에 의해 조선사회로 재래 도입된 서양 문물은 이상과 같이 전면적인 것이 아니라, 문화주의적 정교방침에 의해 예수회선교사라는 특수 신분층에 의해 이식·번안된 서양문물의 일부였다. 그러나 그 자체로도 개화·개명으로 이어질 역사변성의 새로운 가능성의 등장이었던 것은 사실이다. 그러나 당시 정주학적 가치 일변도의 집권세력이나 유교학인들이 이를 적극 수용할 만한 사상적·사회적 기반이 역사적으로 준비되지 못한 상황에서의 부분적 도입이었다. 그러기에 그것은 일부 지식인들의 세계관과 우주관의 확대를 이끌어낼 계기로 작용되었고, 기술관료에 의한 서양역법의 실용활동으로 시헌력의 채용이 구체화되었을 뿐, 그 이상의 역사적 역량을 살리지 못한 점에서 17세기 서양문물 접촉사의 역사적 한계성을 규정지을 수 있을 것이다.

〈李元淳〉

4. 실학의 태동

1) 실학의 성립과 그 개념

실학에 대한 관심과 연구는 1930년대 초반에 벌써 일어났다.[1] 일제의 식민지 사상·문화정책에 대항하는 '朝鮮文化 復興運動' 혹은 '朝鮮學運動'의 발흥이 그것이었다. 항일 민족해방을 위한 문화·사상운동으로서 실학이 주목되었된 것이다.[2] 전통은 해방 후에도 물론 계승되었다. 日帝의 식민지 지

1) 우리가 여기에서 말하는 '實學'은 흔히 古文獻에 보이는 '實學'이라는 용어 그 자체를 지칭하는 것은 아니고 조선 후기의 역사상에 등장했던 학문·사상운동으로서의 실학이다. '實學'용어의 어원에 대해서는 다음의 글 참조.
全海宗, 〈釋實學〉(《震檀學報》 20, 1959).
朱七星, 〈실학의 개념과 그 변천〉(《실학파의 철학사상》, 예문서원, 1996).

2) 千寬宇, 〈韓國實學思想史〉(《韓國文化史大系》 6, 고려대, 1970 ; 〈朝鮮後期 實學의 概念 再論〉으로 改題하여 《韓國史의 再發見》(一潮閣, 1974)에 재수

배논리를 극복하고 주체적·발전적인 民族史像을 수립하기 위한 문제의식과 연구주제를 실학의 테두리에서 찾으려는 노력이었다. 그리하여 실학은 근대 이전 한국의 사회·경제·정치·사상·문화 일반에 걸쳐서 다양한 내용을 포괄하는 학문, 즉 國學을 총괄하는 용어로 확대되었다. 최근에 국사·국문학·철학은 물론이고 인문·사회과학 일반, 심지어는 자연과학 분야에서도 실학과 관련한 논의나 연구가 일어나는 까닭도 여기에 있다고 하겠다.

그러나 실학 용어의 개념, 실학의 성립 시기와 배경, 그 발전과정에 대해서는 아직도 충분하고 설득력있는 대답이 마련되어 있지 못한 형편이다. 실학의 내용이나 역사적 의의가 그 만큼 크고 중요하기 때문일 것이다. 태동기의 실학에서도 이러한 문제점에 유념해야 함은 물론이다. 그러므로 이제 비록 간략하게나마 실학연구의 역사를 살피는 일, 즉 실학의 연구사적인 검토를 통해서 과거의 연구성과를 돌아보고 그런 가운데서 되도록 실학의 정당한 개념과 의의에 접근해 보기로 한다.

실학연구가 시작되던 초기에는 그것이 '조선 후기의 新學風'이라는 정도의 의미를 띠고 있었다. 「실학」을 정의해보려는 시도는 그 후 꾸준히 전개되었는데 1950년대 말기의 실학논쟁은 이러한 학계 나름의 활동 성과가 구체화된 것으로 보아 좋을 것이다.[3] 이 때의 논자들 사이에서는 同異點과 강조점

록, 989~994쪽).

——, 〈實學의 槪念是非〉(《近世朝鮮史硏究》, 一潮閣, 1979), 381쪽.

3) 1958년 10월 초 歷史學會 주최로 '實學의 槪念'을 주제로 공동토론회가 열렸다. '實學'과 그 성격에 대한 관심은 해방 직전에 이미 제기되었는데(洪以燮, 〈實證學派의 社會性〉, 《朝鮮科學史》, 정음사, 1944), 본격화된 것은 1950년대 초 千寬宇의 〈磻溪 柳馨遠 硏究－實學 發生에서 본 李朝社會의 一斷面－〉(《歷史學報》 2－3, 역사학회, 1952~3 ; 《朝鮮近世史硏究》, 一潮閣, 1979)을 통해서였다. 이 밖의 논자와 그 대표적 글은 다음과 같다.

韓㳓劤, 〈李朝「實學」의 槪念에 대하여〉(《震檀學報》 19, 1958 ; 《李朝後期의 社會와 思想》, 을유문화사, 1961).

全海宗, 앞의 글 ; 《韓中關係史硏究》(一潮閣, 1970)에 〈實學의 意義에 대하여〉로 재수록.

金良善, 〈韓國實學發達史〉(《崇大學報》 5, 숭실대, 1955).

姜在彦, 〈朝鮮實事求是學派について〉(《歷史學硏究》 195, 東京, 1956).

李佑成, 〈實學派의 文學－朴燕巖의 경우－〉(《국어국문학》 16, 1957).

李家源, 〈燕巖 朴趾源의 生涯와 思想〉(《思想界》 10월호, 사상계사, 1958).

이 다소 차이가 나고 있었지만 우선 실학의 기본성격으로서, '자유성·과학성·현실성을 바탕으로 한 근대지향성과 민족의식'을 꼽고 그 학문적 계보나 유파는 유학=주자학에 대신하는 '改新儒學'이라고 규정하였다.[4] 특히 논자들은 실학이 내포하는 반봉건성, 근대지향성에 주목하고 이를 개혁사상·체제변혁론의 중심 논리로 부각시켰다.

1970년대를 전후해서는 실학·실학자를 대상으로 한 연구가 비약적으로 증가하였다. 분야와 주제는 더욱 세분화되고 구체적인 내용이 다양하게 확인되었다. 늘어난 연구성과를 시기와 내용에 따라 분류하고 유형화하려는 시도가 나타나기도 하였다. 그러나 그럴수록 「實學」은 지나치게 포괄적이고 모호한 것으로 되어갔다. 「실학」의 용례·개념이나 범주, 성립시기와 배경, 주요 계보와 발전단계, 그리고 사상의 성격·의의 등에 대하여 견해 차이가 좁혀지기 보다는 오히려 더 확대되는 인상마저 있었다.[5] 요컨대 한국사, 특히 조

---

4) 千寬宇, 앞의 글(1970) 참조.
이후 실학의 성격과 관련해서는, 실학이 유교·주자학의 修己治人을 바탕으로 하여 實事求是와 經世致用을 목표로 했다는 것, 실학 발생의 배경으로는 중국에서 전래한 서양의 천주교와 과학기술이나 명·청대의 陽明學과 考證學 등 특히 외래적인 요인이 중시되지만 그와 함께 임진왜란으로 인한 피해와 충격이 한 계기가 되며, 여기에 유통경제의 발달과 수취체계의 문란, 토지집중과 농민층의 영세화에 따른 농촌경제의 파탄, 당쟁적 정치운영의 폐해 등등 내부적인 조건을 빼놓을 수 없다는 것, 실학을 주도한 사람들은 대개 당쟁으로 권력에서 소외된 재야학자들이며 그들 사이에 학문적·사상적 친소·계승관계가 형성되었다는 것, 실학의 성립시기를 18세기에 한정하거나 고려 말 주자학 수용기까지 소급해 볼 측면도 있으나 대체로는 조선 후기를 특징지우는 학풍으로 본다는 것, 그리고 실학의 발전적인 과정이 인정되지만 19세기 후반에 이르러서는 쇠퇴·변형된다는 것 등에서 대체적인 견해의 접근이 이루어졌다.

5) 여러 논자들의 연구사적인 정리를 통해서도 이 같은 사정이 쉽게 확인된다. 예컨대 최근에는 19세기의 北學思想만을 실학으로 인정하고 그 이전의 실학은 朝鮮性理學으로 불러야 옳다는 주장(池斗煥, 아래 글 참조)이 나오게 된 것은 이러한 실학 개념의 불확실성과 혼란상을 단적으로 반영하는 것이라 하겠다. 실학에 대해 연구사적으로 정리한 글들은 다음과 같다.
金容燮, 〈最近의 實學硏究에 對하여〉(《歷史敎育》 6, 역사교육연구회, 1962).
宮原兎一, 〈李朝後期の實學についての硏究動向〉(《朝鮮學報》 43, 天理大 朝鮮學會, 1967).
千寬宇, 앞의 글(1952~3).
鄭求福, 〈實學〉(《韓國史硏究入門》, 지식산업사, 1981).
鄭昌烈, 〈實學〉(《韓國學硏究入門》, 지식산업사, 1981).

선 후기 역사에서 차지하는 실학의 비중이 매우 커지고, 실학이라는 이름의 연구열은 높아져 감에도 불구하고 실학의 본질 문제를 둘러싼 논자들의 견해는 더욱 多岐多樣해서 혼선이 더해 간다는 데에 문제의 어려움이 있다. 이러한 사정은 1990년대에 이르러서도 크게 달라졌다고 보기는 어려울 것 같다.

결국 역사연구의 수준과 문제의식에 대한 반성을 요구하는 사정으로 생각된다. 단순히 역사인식의 태도와 방법을 달리하는 데서 생겨나는 현상이 아닌 것이다. 또 분명한 사실은 개별 주제나 인물의 연구가 실학이라는 이름으로 축적되는 것만으로 진정「실학」의 성격과 의의가 드러나기 어렵다는 것이다. 돌이켜 보면 그 동안에는 '실학＝조선 후기'라는 전제, 혹은 '실학을 통한 朝鮮後期像의 이해'라는 접근방식이 거의 일방적으로 통용되는 경향이 없지 않았다.

사실 실학은 조선 후기 역사상의 큰 특징이며 사회발전의 실상을 확인할 수 있는 많은 내용을 담고 있다. 그렇다고 그것이 조선 후기 사회·역사상의 전체는 아니다. 그래서 종래의 실학＝조선 후기라는 발상에 내포된 논리적 문제점은 대개 두 가지로 요약될 수 있다. 하나는 개념·성격 자체가 확정되지 않은「실학」을 통해서 조선 후기를 설명하려 했다는 것이고, 이와 관련해서 다른 하나는「실학」이 역사활동의 산물임에도 그것을 산출해낸 사회·역사조건을 올바로 고려하려는 노력이 미흡했다는 것이다. 실학에 관련한 문제의식과 접근방법이 재고되어야 할 까닭이 여기에 있는 것으로 생각된다.

그런데 실학의 성격을 파악하는 일과 역사적 산물로서 실학을 이해하는 일은 결국 실학의 형성·전개와 사회·역사적 배경, 즉 내재적 계기를 정확하게 이끌어내는 하나의 문제로 모아진다. 실학이 생겨나고 발전·이행하는 전체과정은 바로 사회·역사운동의 과정이며 그 가운데서 실학이 무슨 내용

鄭在貞,〈朝鮮後期 實學硏究의 동향과「국사」교과서 서술의 변천〉(《歷史敎育》 39, 1986).

池斗煥,〈朝鮮後期 實學硏究의 問題點과 방향〉(《泰東古典硏究》 3, 한림대 태동고전연구소, 1987).

金炫榮,〈實學硏究의 反省과 展望〉(《韓國中世社會 解體期의 諸問題》 上, 한울, 1987).

趙 珖,〈朝鮮後期 實學思想의 硏究動向과 展望〉(《何石金昌洙敎授華甲紀念史學論叢》, 범우사, 1992).

으로 어떻게 기능했는지를 밝혀내면 바로 여기에서 실학의 실체가 제대로 드러날 것이기 때문이다. 다시 말하면 실학 태동의 內因, 즉 실학이 등장하는 시기의 사회 역사적 조건과 이에 관련한 사상·학문적 동향을 파악하는 일이야말로 실학의 개념과 의의를 밝히는 일이라는 것이다.

종래 연구자들도 실학 형성의 배경=內·外因에 깊은 관심을 보였다. 이를테면 1950년대에는 외인, 즉 기독교와 서양과학을 실학의 기저로 전제하고 淸朝의 考證學과 北學을 그 매개고리로 보는 경향이 뚜렷하였다.[6] 이는 서구적인 요소의 수용·확산에 주목하는 근대화·근대사회론의 관점을 일정하게 반영한 것이었다. 서양이나 중국이라는 외래적 영향을 중시하는 견해는 중국에 이미 실학의 용례와 학풍이 있었다는 사실을 강조하는 발상과도 연관이 깊었다.[7] 그런가 하면 같은 무렵에, 유학 내부의 주자학 비판과 임진왜란의 위기 극복을 위한 사회·경제 정책을 내인으로, 燕京을 통한 서구문화와 중국 학술의 전래·수용를 외인으로 나누어 보는 내·외인 절충론도 등장했다.[8] 그러나 내인에 더 주목하는 관점은 아직 분명하지 않았다.

실학 성립의 내재적 계기를 강조하는 견해는 1960년대 초 실학문제에 관한 최초의 연구사적 정리에서 비로소 분명해졌다.[9] 즉, 실학은 사회의 구조적인 모순을 타개하려는 학문적 노력이며 조선 전기부터 지배층 전체의 관심사였다는 것, 실학 역시 한·당 이래의 유교를 학문적 기반으로 하는 점에서는 程朱學과 크게 다르지 않다는 것, 정치적 유교주의가 봉건적 국가권력의 원리였던 만큼 실학사상이 그러한 유교주의와 어떻게 다른가를 밝혀야 한다는 것, 그리고 실학사상을 근대사상으로 규정하기 위해서는 그들의 개혁이론과 당시의 역사적 현실과의 구체적인 관련 내용에 주목해야 한다는 것 등이었다. 말하자면 종래의 유교·주자학 역시 「실학」을 자처했을 뿐만 아니라 그 유교·주자학과 실학은 깊은 연관관계에 있었다는 것, 그러면서도 성격과 의의를 서로 달리하는 까닭은 그들이 처한 역사적 현실과 과제를 각각

6) 金良善, 앞의 글의 경우에서 특히 그러하다.
7) 全海宗, 앞의 글(1959) 참조.
8) 千寬宇, 앞의 글(1952~3).
9) 金容燮, 앞의 글.

다르게 인식하고 그 해결과 방법 역시 서로 달리했기 때문이라는 것, 그러므로 조선 후기 실학의 본질을 해명하기 위해서는 먼저 그 역사적 배경, 특히 내재적 계기에 주목해야 한다는 지적이었다.

이렇게 보면 실학의 배경에 대한 관점이 대체로 외인 중시에서 점차 내인 중심의 시각으로 옮겨간 것이었다. 그런데 이는 역사발전의 주체적·내재적 계기에 주목해야 한다는 입장에서 볼 때 1930년대 순수하게 '朝鮮學'이라는 이름으로 실학운동을 표방했던 국학자들의 인식수준에 도달한 정도에 지나지 않았다. 아무튼 내인론이 확립되기 위해서는 실학문제 자체의 추구과정에서 뿐만 아니라 먼저 '한국사의 내재적·주체적 발전상'이 확인되어야 했다. 그리고 1960년대 이후 農業史를 중심으로 한 조선 후기 사회의 구조적·발전적 실상을 구체적으로 밝히는 연구가 축적되면서 이러한 과제는 점차 해소되었다.10)

그리하여 이 무렵에는 실학의 내재적 동인을 찾으려는 노력이 여러 방면에서 기울여졌고 이를 크게 보면 두 가지 방향으로 모아지는 것이었다. 하나는 조선 후기 주자학의 經學觀·理氣人性說에 대한 회의와 비판을 확인하여 이것을 주자학으로부터 실학의 분리, 실학의 철학기반 형성으로 이어가려는 시도이고, 다른 하나는 역사발전의 내재적·일차적 동인이 실학의 배경이 되어야 할 것으로 보고 이 시기의 사회·경제적 성격과 그 변동에 주목하는 관점, 즉 사회경제사 연구의 확대였다.

전자의 경우, 실학자들은 유교 경전을 연구하는 經學에 큰 관심을 가지고, 程朱·陸王을 포함한 여러 학설의 장단점을 취사하여 이를 종합 확대해가거나, 孔孟의 원시유학(洙泗學)에 회귀하여 경전의 독자적인 해석을 모색함으로

---

10) 金容燮,《增補版 朝鮮後期農業史硏究》 Ⅰ(지식산업사, 1995), Ⅱ(一潮閣, 1990).
———,《增補版 韓國近代農業史硏究》 上, 下(一潮閣, 1984).
———,《朝鮮後期 農學史硏究》(一潮閣, 1988).
———,《韓國近現代農業史硏究》(一潮閣, 1992).
劉元東,《韓國近代經濟史硏究》(일지사, 1977).
姜萬吉,《朝鮮後期商業資本의 發達》(高麗大 出版部, 1973).
———,《朝鮮時代商工業史硏究》(한길사, 1981).
宋贊植,《李朝後期 手工業에 관한 硏究》(서울大 出版部, 1973).
鄭奭鍾,《朝鮮後期社會變動硏究》(一潮閣, 1983).

써 朱子 경학에 대해 비판을 제기하고 새로운 修己治人의 학문을 추구했다고 강조했다.[11] 그리고 이러한 경학의 지향은 오직 朱子註를 無謬의 진리로 인정하려는 정통주자학의 경학체계·經典註釋을 거부하는 것으로서, 말하자면 反朱子 경학의 성립을 의미한다고 보았다. 또 우주 자연법칙을 설명하는 理氣說에 대해서 실학자들이 크게 주목하지는 않았지만 대개 主氣說을 선호하거나 그 경향으로 이행했다든가,[12] 주자학의 학문 사상이 의리를 숭상하는 것임에 대해서 실학자들은 그러한 윤리·도덕학의 폐단을 비판하고 實事·實用을 중시하는 功利論을 발전시켰다는 주장이 나오기도 하였다.[13] 이들 논의의 공통된 특징의 하나는 실학을 일단 定型의 범주로 인정하는 위에서 실학과 주자학의 차별성을 철학적 측면에서 확인해 내는데 치중하는 것이었다. 반면에 그러한 차별성과 철학적 기반이 가능했던 사회적 조건에 대해서는 별로 고려하지 않았다.

매우 자연스러운 현상이었지만 한편에서는 실학과 주자학의 관련을 고려하면서 실학자들의 개혁적 사상경향을 그 사상의 갈래와 연구 방법에 따라 계보적으로 정리하려는 시도도 있었다. 이를테면 실학을 주자학의 이념과 방법을 극복해서 실용·실증을 지향한 18세기의 전형적인 新學風으로 규정하고 이를 다시 토지제도를 포함한 법제개혁에 중점을 두었던 經世致用學派, 商工業을 위시한 생산·기술의 개발 이용에 주력했던 利用厚生學派, 그리고 典故·金石 등 고증적 연구방법을 중시하는 實事求是學派로 나누어 설명하는 방법이 그것이었다.[14] 이는 실학 태동의 원인·배경을 발전단계나 사상계보의 체계화에서 찾는 발상으로서 여기에서의 학파분류는 이후 실학연구에

---

11) 李乙浩, 《茶山經學思想研究》(을유문화사, 1966).
———, 《韓國改新儒學史試論》(박영사, 1979).
韓沽劤, 《星湖李瀷研究》(서울大 出版部, 1980).
———, 〈白湖 尹鑴 研究〉(《歷史學報》 15·16, 19, 1961, 1962).
李丙燾, 〈朴西溪의 反朱子學的 思想〉(《大東文化研究》 3, 成均館大, 1966).

12) 尹絲淳, 〈朝鮮後期實學〉(《韓國儒學論究》, 현암사, 1980) 참조.

13) 琴章泰, 〈朝鮮後期의 實學思想〉(《韓國哲學史》 下, 한국철학회, 1987).

14) 李佑成, 〈18세기 서울의 都市的 樣相—實學派 특히 利用厚生學派의 성립배경—〉(《鄉土서울》 17, 서울시사편찬위원회, 1963 ; 《韓國의 歷史像》, 創作과 批評社, 1982).

시사한 점이 적지 않았다.

그러나 실학의 배경은 역시 후자, 즉 사회·경제 기반이 지니는 특성과 그 발전에서 구해야 할 일이었다. 이러한 발상은 다음의 논의에서 분명해졌다. 즉 실학은 임란 이후의 사회·경제적 변동과 관련해서 발생했다는 것, 그리고 실학자들의 사회·경제 이론을 시기별로 계통화하면, 兩亂期의 약화된 봉건국가 강화책을 중심 내용으로 하는 봉건적 이데올로기로서의 실학(17세기 초), 봉건국가의 강화보다 농민계급의 입장을 더 중시하는 과도기의 실학(17세기 중엽~18세기 중엽), 상공업과 기술혁신을 강조하며 신흥 시민계급을 대변하는 실학(18세기 말엽~19세기 중엽), 開化思想으로 전화하여 근대개혁에 영향을 준 전환기의 실학(19세기 말엽~ 20세기 초)으로 나누어 볼 수 있다는 것이다.[15]

이렇게 실학사상 발전의 일차적 요인을 사회·경제 기반에서 찾고 이로써 실학자들의 사상·학문방법을 계열화하려는 문제의식은 앞에서 말했듯이 사회, 경제사 방면의 연구성과에 토대를 둔 것으로서 1970년대에 이르러 더욱 확고해졌다. 실학은, '17세기 이래의 사회, 경제 발전의 산물이며 그 변동을 배경으로 하여 이룩된 역사적 개념'[16]이라는 주장은 그 가운데 하나였다. 이에 따르면 농업 생산력의 발전과 地主佃戶制의 확대에 의한 농민층 분해의 전개, 상품생산·화폐경제의 발달, 봉건적 신분제의 붕괴와 서민의식의 성장, 서학과 청대학술의 영향이야말로 조선 후기 실학의 배경이라는 것이다. 여기에 더해서 天意에 따른 규범적 차원을 극복한 순수 물질적 존재로서의 자연관, 위선적·사변적 형식윤리에서 해방된 사회적 실천윤리로의 지향, 華夷論의 부정을 통한 萬國併存의 민족 주체의식을 실학의 기본 성격으로 꼽았다. 무엇보다도 실학은, '사회·경제적 배경을 무시하면 그 개념이 관념적·초역사적인 것으로 전화되어 그 연원과 내용 역시 한없이 올라가고 확대되어 결국 실학 아닌 것이 없게 될 것'[17]임을 지적하였다. 조선 후기 사회의 물질적

15) 趙璣濬, 〈李朝後期의 實學思想과 社會經濟的 背景〉(《亞細亞硏究》 32, 고려대, 1967 ; 《韓國史의 反省》, 신구문화사, 1969).
16) 金泳鎬, 〈實學思想의 勃興〉(《한국사》 14, 국사편찬위원회, 1975), 128쪽.
17) 위와 같음.

조건이야말로 실학이 대두하는 기본 배경이자 그 개념과 본질을 규정하는 구체적인 단서가 된다는 것이다. 이는 앞에서 본대로 1960년대 초에 제기되었던 논점을 거듭 강조한데 불과하지만 그러나 이를 재확인하는 의의는 크다고 하겠다.

크게는 역사를 주체적·발전적으로 인식하는 태도와 관련하여, 작게는 역사적 산물인 실학의 본질을 분명히 해명하기 위한 방법으로서 內因의 내용과 의의는 확인된 셈이다. 곧 조선 후기의 사회, 경제문제란 바로 앞에서 지적한대로이며 그리고 여기에 집권적·신분제적 정치운영의 파행과 수취체계의 문란, 주자학 지배이념의 한계를 더 꼽을 수 있겠다. 이 변동의 가까운 계기는 임신·병사 양란이있지만 근본적으로는 16세기 이래 조선사회 자체의 자생적 동력에서 기인하는 것이었다. 말하자면 그것은 구래 봉건적 양반지배체제의 모순을 극복하고 새로운 사회·역사 단계로 진입하려는 추진력이었다. 실학은 바로 이러한 조건 위에서 전개된 학문·사상운동이었다.

조선 후기 사회의 현안에 대처하는 관인·식자들의 입장과 태도는 대체로 현실의 법제를 개선하여 기존의 질서를 보수하려는 입장과 그것을 근본적으로 개폐하여 새로운 질서를 창설하려는 진보적인 입장으로 크게 나눠지고 있었다. 논자들의 현실적인 이해관계나 學緣·黨色·門地 등이 여기에 작용하였음은 두말할 나위도 없었다. 특히 학문·사상적으로는 정통주자학에 대하여 반주자학의 학풍이 일어나서 서로 대립 갈등하며 점차 보수노선과 진보노선으로 分岐하고 있었다.[18] 그런데 이 때의 반주자학이란 다름아닌 실학이었다. 구래 조선사회체제를 떠받드는 원리가 정통 주자학이었음에 대하여 그러한 구래 질서의 모순을 극복하려는 '조선 후기의 새로운 學風'이 바로 실학이었기 때문이다.

주자학과 반주자학(또는 非朱子學)이 처음부터 보수사상과 개혁사상으로 명

18) 조선 후기 현실인식과 그 타개책을 둘러싼 주자학과 반주자학의 사상·이념적 대립과 분기현상은 이 시기 土地論의 전개과정에서 분명히 확인된다. 즉 주자학적 토지론이 양반 지주적 입장, 개량적 방법의 농업문제 수습책임에 대해서 반주자학의 토지론은 농민적 입장, 혁신적 방법에 의한 해결책이었다는 것이다(金容燮, 〈朱子의 土地論과 朝鮮後期 儒者〉, 《增補版 朝鮮後期農業史硏究》 II, 一潮閣, 1990).

확히 구분된 것은 물론 아니었다. 주자학은 조선왕조의 國是·正學의 지위에 있었고 따라서 모든 관인·식자들의 지적 활동, 학문·사상적 출발점이 주자학이었다. 그러나 사회·경제의 발전과 시대상황의 변동에 따라, 더구나 그 변화가 크고 심각해져감에 따라, 주자학에 입각한 현실의 인식과 대응방법을 놓고 그들 내부에 이견이 생기고 이것이 입장과 이념의 차이로 확대되면서 반주자학의 성립으로 나타난 것이었다. 조선 후기에 이르러 학파·지역·문벌의 분화와 차이가 한층 뚜렷해지고 당쟁적 정치운영으로 치닫게 된 사정은 이러한 사상·이념적 변동에 기인하는 것이었다. 그리하여 우리는 조선 후기 사회의 발전과정에서 주자학으로부터 분리되어 나와 주자학의 대항이념으로 성립한 학문·사상을 가리켜 반주자학＝실학이라고 부른다.[19] 즉, 실학은, "西歐近代의 사회경제사상이 수용되기에 앞서, 그리고 그것이 전래하는 시기에는 그에 대응하면서, 우리의 전통사상이 스스로 개척한 社會改革思想이고 近代化論이었다"[20]고 하겠다.

2) 초기 실학의 계보와 성격

실학을 '조선 후기의 학문·사상'으로, 그리고 반주자학으로 규정하더라도 그것이 태동하는 사회·역사적 조건과 이에 대처하는 관인·식자들의 학문·사상 활동을 구체적으로 살피는 일이 아직 남았다. 이는 실학의 대두시

---

19) 실학과 주자학을 이렇게 대항적 관계로 설정하는 것 자체는 그리 새로운 견해가 아니다. 예컨대 실학은 상황적으로 중국 고대에서 淸代에 걸쳐서, 또 조선 전기에서 조선 후기에 이르도록 존재했는데 구체적으로는 陸王學에 대항한 程朱學에서, 空談化한 性理學·禮學·詞章學을 배격하는 經世學에서 실학의 존재를 확인할 수 있다는 주장이 그것이다(韓㳓劤, 앞의 글, 1958). 이 견해는 구학문과 신학문, 虛學에 대한 實學의 대응관계에 주목한 점, 그리고 어느 역사시기에도 사상, 학문간의 갈등은 존재하게 마련임을 예시하는 점에서 설득력이 있다. 그러나 그 학문 상호간의 대응관계가 필연적으로 보수와 진보의 대립 갈등관계를 반영하게 마련이며 또 그렇기 때문에 사회의 변동 발전과 학문·사상의 계기적 발전을 종합적으로 파악할 수 있다는 사실을 간과한 느낌이 있다.

20) 金容燮, 〈朝鮮後期의 農業問題와 實學〉(《東方學志》 17, 연세대, 1976), 60~61쪽. 이러한 농업문제를 통해서 드러나는 실학의 성격과 관련하여 최근에는 실학의 정치구조·정치운영론에서도 이같은 사실이 확인되고 있다(金駿錫, 《朝鮮後期國家 再造論의 擡頭와 그 展開》, 연세대 박사학위논문, 1991).

기와 배경·계기에 대한 문제인데 사실 실학의 개념·성격 논의가 분분했던 만큼이나 이를 둘러싼 異見도 분분하다. 위로는 儒·佛이 교체하던 조선 초기설이 있고,[21] 아래로는 北學論이 등장하는 18세기 후반기로 보는 견해가 있다.[22] 무려 4세기간의 시차가 나는 셈이다. 그러나 대체로는 양란기인 16세기 말부터 17세기 전반기까지의 사이에서 실학이 성립한 것으로 보고 있다.

고려말·조선 초에는 주자학(유교)이 스스로 실학의 입장에서 불교를 虛學으로 배격하였으며 經學(講經)論 역시 修身齊家의 실학을 자처하여 詞章論을 부박한 허학이라고 비판했었다. 실학·허학 시비는 유교 주자학과 異敎·異學인 불교와의 사이에서는 물론이고 심지어는 유교 주자학 내부에서도 제기되는 문제였다. 특히 고려, 조선 왕조교체 과정에서 드러난 강경 온건의 갈등은 개혁과 반개혁(보수)이라는 노선대립의 양상을 띤 것이기도 하였다.[23] 그러나 이 때의 대립 갈등은 중세적 왕조체제의 재정립을 중심으로 전개되었기 때문에 중세사회의 해체과정에 있었던 조선 후기의 그것과는 역사적 성격을 달리하는 것이었다. 정확히 말하면 이 때의 실학은 '주자학적인 實學'이었다.

실학의 성립을 18세기 말로 늦추어 보는 견해 역시 곤란한 점이 있다. 이는 종래의 실학을 朝鮮性理學과 北學으로 나누어 후자만을 실학으로 인정하자는 주장이다. 실학의 개념을 명료하게 제시하려는 시도 자체는 탓할 이유가 없다. 그러나 여기에는 정통주자학과 이에 맞서는 여타의 사상조류를 다 같은 '조선성리학'으로 묶어버려 그 내부에 존재하는 학문·사상의 특징과 차이점, 특히 보수와 진보로 나뉘는 이념의 차이를 간과해버리게 되는 문제점이 있다. 북학계열만을 내세워 강조하면 그 나머지 비북학계열(조선성리학)의 의의를 소홀히 해버리게 되는데 그치지 않는다. 17세기 이래로 전개되는 조선 후기 사회의 체제적 변동과 사상계의 대응이 가볍게 간주됨으로써 결과적으로는 실학의 의의가 축소되고 조선 후기 사회·사상운동의 규모와 내

21) 韓沽劤, 앞의 글(1958).
22) 池斗煥, 앞의 글(1987).
23) 李相佰, 《李朝建國의 硏究》(乙酉文化社, 1949).
韓永愚, 〈朝鮮建國의 政治·經濟 基盤〉(《朝鮮前期 社會經濟硏究》, 乙酉文化社, 1983).

용 전체가 왜소화되고 말 우려가 있는 것이다. 더구나 북학의 기원을 16세기 후반으로 올려 잡아보는 견해도 있는 점을[24] 고려하면 북학만이 실학이라는 이해방식은 곧 '北學＝實學'이 되어 조선 후기 실학의 성립시기는 물론 그 개념문제를 더욱 혼란스럽게 하는 것이라 하겠다.

종래 다수 논자들의 주장처럼 대개 17세기 전반기야말로 실학 태동의 기운이 확실해지는 시기로 보아야 할 것이다. 이 무렵에는 임진·병자의 兩亂으로 야기된 왕조체제의 위기를 극복하려는 사회적·학문적 움직임이 활발하게 일어났다. 관인·식자층 일각에서 종래의 國定敎學이었던 주자학에 대한 비판과 반성이 일어나고, 大同法의 실시와 軍役制의 釐正을 위한 논의가 제기되는 등 정부 차원의 제도개혁이 시도되었던 사정에서 충분히 확인된다. 그리고 이 때부터는 전통적인 經學·性理學·禮學·史學은 물론이고 農學·醫學·兵學·天文學·地理學·文字(언어)學 등, 실무·실용적인 학문 연구가 점차 확대되고 있었다. 또 불교(禪學)·老莊學·西學(西敎)이나, 先秦·漢唐의 유학, 陽明學 등을 포함하는 여러 사조·유파들에 대한 관심도 높아졌다. 물론 이를 통해서 정치·경제·군사·교육 등 현안의 해결방안을 찾으려는 것이었다. 이런 여러 정황이야말로 실학이 주자학과 대별되는 반주자학의 조류가 형성되고 있음을 말해주는 단서들이었다.[25] 柳馨遠의 《磻溪隨錄》은 이러한 사회·사상계의 분위기에서 이룩된 성과 가운데 대표적인 政論書였다. 그리고 그의 등장은 실학이 새로운 학파로 형성되는 劃期를 가름하는 일이기도 하였다.

---

24) 金龍德, 〈重峰趙憲硏究〉(《省谷論叢》 5, 성곡학술재단, 1974 ; 《朝鮮後期思想史硏究》, 을유문화사, 1977).
———, 〈北學思想의 原流硏究－제1부 重峰의 實學思想〉(《東方學志》 15, 1977).

25) 1950, 60년대의 실학연구자들이 조선 후기 朱子學 이외의 학문동향에 관심을 기울였던 것은 이러한 사정을 반영하는 것으로 볼 수 있다. 예컨대, 老莊學에 대해서는 李丙燾(앞의 글, 1967), 西學(西敎)에 대해서는 洪以燮(〈實學과 西學〉, 《亞細亞學報》 4, 영남대, 1967 등)·李元淳(《朝鮮西學史硏究》, 일지사, 1986) 등, 先秦과 漢唐의 儒學에 대해서는 李乙浩(앞의 책, 1966, 1980), 陽明學에 대해서는 尹南漢(《朝鮮時代 陽明學硏究》, 집문당, 1982), 考證學·北學에 대해서는 全海宗(〈淸代學術과 李朝實學－序論的 考察－〉, 《實學論叢》, 전남대, 1975)·金龍德(《朝鮮後期 思想史硏究》, 을유문화사, 1977)·劉奉學(《燕巖一派 北學思想硏究》, 일지사, 1995) 등의 연구가 그것이다.

하지만 앞에서도 말했듯이 양란 자체를 실학이 발흥하는 일차적 요인으로 보기는 어렵다. 양란의 충격이 비록 컸다 하더라도 그것은 당시 동아시아 국제환경이라는 밖으로부터의 변수, 부차적인 계기였을 뿐이기 때문이다. 이를테면 임진왜란은 처음 16세기 후반기의 조선사회 내부 사정이 일본의 군사행동을 유발한 측면도 있었다. 전란의 결과로 중국에서는 명·청 왕조교체가 일어났고 침입의 장본인 일본에서는 德川幕府가 새로 성립했다. 그러나 피해 당사자 조선은 일단 왕조의 멸망은 모면했으므로 어떤 의미에서는 그 타격이 적은 것이기도 했다.

요컨대 양란기의 체제적인 위기상황은 16세기 이래로 계속된 사회변동의 연장선 위에 있었다. 양란기, 즉 17세기의 역사적 변동은 16세기의 그것에 繼起하되 양란으로 더욱 촉진된 것이었다.[26] 바로 여기에 실학이 태동하는 내인이 있었다고 하지 않을 수 없다. 따라서 실학이 발흥하는 사회, 역사적 단서는 조선왕조의 기본 성격과 그 변동 속에서 찾아져야 하겠다.

조선왕조는 그 성립 후 거의 1세기를 거치는 동안 중세집권체제의 기반을 재정비하는 방향에서 운영되었다. 사람을 그 出自에 따라 良賤·嫡庶·班常의 관계로, 또 인륜·도덕에 의거하여 上下·貴賤·尊卑의 관계로 峻別하고 이를 통해서 직업은 물론 모든 인간·사회관계가 관철되도록 했다. 이러한 신분차등제는 自作 소농경영과 지주전호제의 균형을 지향하는 농본주의는 물론 양반 사대부가 주체가 되고 국왕을 정점으로 하는 정치질서의 사회적 기초이기도 하였다. 중앙과 지방의 정치·행정·군사·교육·과거제도가 그 매개고리인 收租權分給制·兩班官僚制와 함께 확립되었으며, 토지와 인민에 대한 직접적·통일적 지배를 관철하기 위한 봉건적 집권체제의 운영원리로서 주자학을 적극 채용하여 國定敎學의 지위를 굳혔다. 그리하여 세종대의 문화적 성과로 입증되듯이 15세기의 조선사회는 역사상 보기 드문 사회, 경제적 안정을 이룩하였다.[27]

---

26) 이러한 견해는 이미 이른 시기에 나와 있는 터이다. 千寬宇의 실학발전 3단계설(준비기·맹아기·전성기)은 이 점에서 일정한 의의가 있다(앞의 글, 1952~3, 참조).

27) 김태영, 〈서설-조선 전기 사회의 성격〉(《한국사-중세사회의 발전 1》 7, 한길사, 1994).

15세기 말에 이르면 두 차례의 士禍와 곧 이은 反正을 계기로 정치주도세력이 종래의 勳舊에서 士林으로 옮겨가기 시작했다. 그리하여 16세기에는 사림의 문중·향촌사회 기반이 안정되는 가운데 정치가 크게 활성화되었다.[28] 사림은 특히 주자학을 근거로 士論＝公論이라는 이름의 정치언론을 강화하여 국왕과 기성세력의 정치적 무능과 도덕적 약점을 비판함으로써 자파의 정치적 정당성과 집권기반을 다질 수 있었다. 이로써 종래 國王↔大臣을 축으로 하던 정치운영이 國王·大臣↔言官·郞官이라는 대응관계로 전환해가고 마침내 선조 초기에는 사림의 정계 석권이 일단락되었다.[29] 정계가 사림 일색으로 통일되자마자 곧이어 그들의 자체분열이 시작되고 이른바 동서분당이 가시화되었다.[30]

조선왕조와 사림과 주자학의 삼위일체적인 결합은 하나의 완결된 구조로서 지배체제의 안정성을 보장할 수 있었다. 그러나 사림의 분열과 주자학의 사상적 분화는 불가분의 관계에 있었다. 그들은 처음 주자학을 공통의 이념근거로 하고 있었지만 당파를 달리하게 되면서 주자학에 대한 이해방식 역시 달리하지 않을 수 없었기 때문이다. 잘 알려진대로 李滉과 李珥의 학풍상의 차이가 뒷날 嶺南學派와 畿湖學派로 나뉘고 이것이 각기 동인과 서인의 당파적 대립 근거였던 사정이 이를 잘 말해준다.

사림세력의 분열과 주자학의 학리논쟁이 전개되는 현실적 배경에는 예컨대 수조권분급제의 소멸과 이에 따른 지주제의 확대,[31] 전세의 永定化와 貢

28) 李樹健,《嶺南士林派의 形成》(영남대 출판부, 1979).
李成茂,《朝鮮初期 兩班硏究》(一潮閣, 1980).
李秉烋,《朝鮮前期 畿湖士林派硏究》(一潮閣, 1984).
李泰鎭,《朝鮮儒敎社會史論》(지식산업사, 1989).
29) 宋贊植,〈朝鮮朝 士林政治의 權力構造〉(《經濟史學》 2, 한국경제사학회, 1978).
金武鎭,〈朝鮮前期 政治構造에 관한 硏究動向과 國史敎科書의 敍述〉(《歷史敎育》 43, 1988).
김우기,〈조선전기 士林의 銓郞職 진출과 그 역할〉(《大丘史學》 29, 1986).
李秉烋,〈朝鮮前期 支配勢力의 葛藤과 士林政治의 成立〉(《民族文化論叢》 11, 영남대, 1990).
崔異敦,《朝鮮中期 士林政治構造硏究》(一潮閣, 1994).
30) 姜周鎭,〈黨爭以前의 李朝政派〉(《李朝黨爭史 硏究》, 서울대 출판부, 1971).
31) 金容燮,〈前近代의 土地制度〉(《韓國學入門》, 대한민국 학술원, 1982).
李景植,《朝鮮前期土地制度硏究》(一潮閣, 1986).

物의 代納·防納化,[32] 군역에서의 代立制·布納制와 良役化,[33] 그리고 농민층의 投託과 流離逃散으로 인한 담세층의 감소, 賦稅의 族徵·隣徵이라는 악순환이 가로놓여 있었다.[34] 이는 田稅·貢納과 軍役을 중심으로 하는 토지제도·수취체계가 무너지고 농민생활·농업경제가 파탄의 위기에 빠져드는 사정으로서 유통경제의 발달과 지방 場市의 증가 등 경제구조의 변동에 기인하는 것이기도 했지만 그 보다는 빈부 격차의 확대와 농민층의 광범한 몰락·私民化에 더 큰 원인이 있었다. 李珥가 당시의 사회사정을, "元氣가 다되어 떨치고 일어서지 못하는 노인"[35]이나, "오랫동안 돌보지 않아서 퇴락해버린 큰 집"[36]에 비유하고 있음은 결코 과장이 아니었다.

결국 16세기 밀엽의 조선사회는 각종 제도·법령의 폐단과 지배층의 과도한 농민수탈로 야기된 내부 모순으로 집권체제의 위기상황을 맞이하고 있었다. 이는 14세기 말의 왕조교체로 일단 안정국면을 실현했던 사회질서가 이 시기를 경과하면서 다시 동요하기 시작한 때문이었다. 이렇고 보면 임란 전야에 이이가 외적의 침입 가능성을 예견하고 시급한 국방력 건설을 주장한 것은 결코 우연이 아니었던 셈이다. 요컨대 임진왜란과 그 수습과정에서 겪은 두 차례의 胡亂(丁卯·丙子)은 16세기 이래의 사회변동과 구조적인 모순을 한층 증폭시켰다. 그리고 이 무렵의 양심적인 관인·식자들 일각에서는 이러한 사회·국가적 위기상황을 직시하면서 이에 대한 타개 방안들을 제기하게 되었다. 바로 여기에 실학이 태동하는 단서가 있었다.

金泰永, 《朝鮮前期土地制度史硏究》(지식산업사, 1983).
金鴻植, 〈封建的 小農民經營의 成立〉(《朝鮮時代 封建社會의 基本性格》, 박영사, 1981).
김건태, 〈16세기 在地士族의 農莊經營에 대하여〉(《成大史林》 7, 1991).

32) 金錫亨, 〈李朝初期 國役編成의 基底〉(《震檀學報》 14, 1941).
田川孝三, 《李朝貢納制の硏究》(東京, 東洋文庫, 1964).
尹用出, 〈15·16세기의 徭役制〉(《釜大史學》 10, 부산대, 1986).

33) 李泰鎭, 〈近世朝鮮前期 軍事制度의 動搖〉(《韓國軍制史－근세조선전기편－》, 육군본부, 1968) 참조.

34) 지승종, 〈조선전기의 投託과 壓良爲賤〉(《한국사회사연구회논문집》 8, 한국사회사연구회, 1987).

35) 李 珥, 《栗谷全書》 권 30, 經筵日記 3.

36) 李 珥, 《栗谷全書》 권 5, 萬言封事(甲戌).

아무튼 초기의 실학은 임란 전야와 전후의 수습기를 거치면서 점차 자리잡아 갔다. 이 때의 주목할만한 관인·학자로서는 대개 李之菡·李珥·趙憲·柳成龍·韓百謙·柳夢寅·李睟光·許筠 등을 꼽을 수 있다. 이들은 土地·賦稅·奴婢·官制·科擧·國防 등에 관한 제도개혁론, 혹은 保民·王政論, 對外交易論, 取末補本論을 제기하였다. 이들의 논점은 한결같이 낡은 제도와 법규를 更張·變通하여 民生을 안정시키고 국가의 기반을 강화해야 한다는 것, 그러기 위해서는 實事에 힘써서[務實] 실질적인 성과[實功]를 거두는 정치를 이룩해야 한다는데 모아지는 것이었다.

그렇더라도 학문 대상이나 방법은 아직 단조롭고 제한된 범위에 머물러 있었으며 주자학의 논리방식에서 크게 벗어난 것이 아니었다. 추구하는 대상 주체도 봉건적 속박에 묶인 농민층이었으므로 조선 후기에 등장하는 신흥사회세력의 존재가 시야에 들어올 수도 없었다. 그러나 여기에서 18, 9세기 실학의 문제의식이나 기본 논점들이 이미 싹트고 있었다고 보아야 할 것이다. 말하자면 실학은 務實·實事 등 현실적용을 강조하는 체제내적인 초기의 학문단계로부터 점차 현실의 정치·사회의 한계와 모순을 극복해서 새로운 사회건설을 지향하는 신흥계층의 변혁적 사회사상으로 발전해 간 사유방식·사상운동이었기 때문이다.[37]

무실과 이에 따른 경장을 내세운 논자로는 누구 보다도 먼저 이이를 꼽아야 할 것이다. 그는 務實·實功·時勢를 강조함은 물론이고, '欲並與實學',[38] 혹은 '必務實學'[39] 등과 같이 實學이라는 표현을 자주 쓰면서 당장 낡은 법제를 개폐하는 경장·변통에 착수하자고 주장하였다.[40] 즉, "時務는 때와 사람에 따라 다르지만 그 크고 중요한 것으로는 창업과 수성과 경장의 세 가지 뿐"[41]인데, 잘 갖추어진 법규를 지키기만 하면 되는 수성과 달리 경장은

---

37) 실학의 발전단계에 대해서는 다음의 글들 참조.
金良善, 앞의 글(1955).
千寬宇, 앞의 글(1952~3).
趙璣濬, 앞의 글(1967).
全海宗, 〈實學의 概念〉(《韓國과 中國》, 지식산업사, 1979).

38) 李 珥, 《栗谷全書》 권 4, 論朋黨疏.

39) 李 珥, 《栗谷全書》 권 30, 經筵日記 3.

40) 李 珥, 《栗谷全書》 권 5, 萬言封事(甲戌).

현명한 군주의 결단과 유능한 신하의 보필[明君哲輔]이 있어야만 되는, 창업 다음의 어려운 일이라고 했다.[42] 또 때를 알고[知時] 실상에 힘쓰는 것[務實]이 정치와 사업의 요령이듯이[43] 나라의 경영에서도, "때에 맞게 변통하여 법제를 만들고 민생을 救濟하는 것[時宜]"[44]이 우선이었다.

전시 재상이었던 유성룡은 왜란의 와중에서 舊習이나 衆情에 구애되어 있는 관인·식자 일반의 안이한 태도를 비판하고 경장의 차원에서 적극적인 對倭戰守策을 마련했다. 즉, "비상한 사태에 당하면 비상한 조치를 내려서 變通救時하는 계책을 마련하지 않을 수 없다"[45]거나, "지금에 와서 변통하지 않는다면 燎原의 형세가 날로 심해져서 마침내 나라의 근본이 무너질 것"[46]이라는 지적은 그러한 인식의 일환이었다. 임란 후의 수습기에 살았던 이수광은 仁祖反正 직후의 불안한 사회상황을, "살 곳을 잃고 變亂을 피하는 백성들이 사방에 떼지어 모이고 있으니 한나라에 赤眉黃巾賊이 다시 일어난듯 싶다"[47]고 우려하면서, "만약 務實하지 아니하고 헛되이 文具만 가지고 治功을 이루려 한다면 만가지 일이 모두 虛事로 돌아갈 것"[48]이라고 환기시켰다. 그는 특히 修己治人이란 바로 實心·實踐·實用·實功에 있음을 강조하였다. 이 무렵에는 앞서 이이의 '保國安民'이나, 유성룡의 '便民之方'과 같은 논리의 '恤民之實'(이수광), '太上安民 其次足食'(유몽인)[49] 등의 표현이 더욱 많아졌다.

이처럼 임란을 전후해서 여러 논자들은 安民·保國, 즉 국가 위기상황의 극복을 위한 時務와 時宜, 實功과 務實을 강조하고 이를 경장론·변통론으로 이어갔다. 이는 자신의 눈으로 직접 현상에서 문제를 발견하고 그때그때의 상황에 적합한 해결책을 마련하려는 태도이며 관념·사변 일변도가 아닌 경험·실제적 접근방식이라고 할 수 있을 것이다. 그래서 비록 주자학의 논리

---

41) 李　珥, 《栗谷全書》 권 25, 聖學輯要 7, 爲政 下, 識時務.
42) 위와 같음.
43) 李　珥, 《栗谷全書》 권 5, 萬言封事(甲戌).
44) 위와 같음.
45) 柳成龍, 《西厓先生文集》 권 8, 柳祖訒上疏回啓(乙未).
46) 柳成龍, 《西厓先生別集》 권 2, 無氷箚.
47) 李睟光, 《芝峯集》 권 22, 條陳懋實箚子(乙丑).
48) 위와 같음.
49) 《於于集》 권 3, 送別咸鏡監司張好古(晩)詩序.

에서 출발하면서도 이를 탈피하는 방향을 취하게 되는 점에서 주자학의 논리 범주에 안주하려는 논자들의 그것과는 분명히 다른 태도이며 입장이라고 해야 할 것이다.

경장·변통의 핵심은 낡은 법령과 제도를 재정비하는 데 있었다. 이이는 이를 법제가 오래되면 폐단이 생기고[法久弊生] 누적된 폐습은 고쳐서 바로잡아야[矯革宿弊] 한다는 관점에서 생각했다.[50] 그의 변통론은 신분·사회관계의 지나친 갈등을 완화하는 일, 중간수탈이 고질화된 수취체계를 정비하고 政·官制 운영의 효율을 높이는 일, 그리고 변통의 추진 주체인 군주·관료·식자층이 각성하는 일의 세 가지로 마련되었다.

사회질서의 긴장을 완화하고 신분간의 相須關係를 안정시키는 일은, 신분·門地를 넘어선 인재의 활용, 貢賦·公役 부담의 減下와 公平化, 公私賤에 대한 溫情的 배려, 천인층의 증가 억제 등을 강구하는 문제였다.[51] 그 요점은 신분제의 골격을 유지하되 양반 지배계층이 온정을 가지고 농민층의 부세부담을 일부 나누어 지며 제한된 범위에서 신분상승의 길을 열어놓는데 있었다. 알려진 바와 같이 이이가 庶孼과 公·私賤人에게 武才를 시험하거나 納粟의 기회를 부여하여 仕路許通, 혹은 免賤·從良하자고 건의했던 것[52]은 이러한 발상의 반영이었다.[53] 수취체계의 개선, 통치질서의 정비 강화와 관련해서는, 賢材(經明行修者)의 발굴과 적재적소(人器相稱) 임용, 유능자의 不次擢用, 적임자의 專責久任, 年功昇進의 억제와 공정한 업적평가에 따른 任免·昇降, 科擧制本位의 지양과 薦擧制의 확대, 서얼의 사로허통 등 관리선발, 특히 수령 임무의 중요성을 강조했다. 또, 언로의 확대, 유사 관서의 통폐합과 冗官의 汰去, 영세한 郡縣의 倂省과 吏胥作弊의 규제, 內需司 기능의

50) 이는 물론, "낡은 법제의 개혁은 그 옳고 그름과 이롭고 해로움을 따져서 그 혜택이 오직 백성들에게 돌아가도록 할 뿐이다"(李珥, 《栗谷全書》 권 11, 答成浩原(丙子))라고 했듯이, 고통받는 민생을 구제하고 무너진 사회기강을 일으켜 세우기 위해서였다.

51) 李東仁, 〈栗谷의 身分觀과 身分制度改革論〉(《韓國學報》 76, 일지사, 1994), 8~11쪽.

52) 李 珥, 《栗谷全書》 권 5, 萬言封事(甲戌)·권 7, 陳時事疏.

53) 이는 가용인력을 국가적 차원에서 동원하는 방법이기도 했는데 그 무렵 柳成龍은 임진왜란의 抗戰力量을 강화하는 방안으로 이를 원용했다.

戶曹로의 통합, 왕실·외척의 정치관여 배제, 수령·방백의 녹봉지급 등도 기구·관원의 축소와 능률 향상을 지향하는데 필요한 조치로 생각했다. 弊政釐正의 추진기구로서 한시적인 經濟司를 설치하자고 제안하였다.54)

이이는 경장의 주체가 군주를 위시한 관인 유자층임을 분명히 했다. 따라서 이들에게는 治者로서의 道理를 자각하고 국가와 민생을 우선하는 인식과 실천을 요구했다. 그는 특히 務實이 군주의 修己工夫에 요점이 된다고 하면서55) 정치운영·정책론을 언급한 많은 부분에서 군주의 자각과 결단을 강조하였다. 그리고 이러한 君主論의 연장선에서 格君心과 親民, 기강의 확립, 법제의 준수를 관인·치자층이 수행해야 할 책무로 꼽았다. 경장이라는 이름의 정치·사회개혁은 군주의 의식을 新하는 일에서 출발하여 나라 안팎의 크고 작은 모든 문제에 이르는 총체적 작업으로 이어져야 한다고 본 것이다. 이렇게 보면 이이의 경장론은 군주의 자기혁신과 신료 집단의 각성을 촉구하고 여기에 제도의 모순과 그 운영상의 불합리한 점을 개선하는데 모아지는 것이었다. 그리고 이로써 保國安民은 실현되고 조선왕조는 中衰期의 침체와 위기를 벗어나 집권체제의 중흥기를 맞게 될 것이었다.

한편 앞에서도 말했듯이 조선 후기 실학의 근본 과제는 주자학으로부터의 탈피였다. 그리고 토지문제는 그 구체적인 지표의 하나였다. 韓百謙은 箕田論을 제기하여 토지문제야말로 이 시기 경장·변통의 핵심 문제라는 인식을 분명히 한 선구자였다. 그도 역시, "法이 오래되면 폐단이 없을 수 없음"56)을 인정하고 '정치[爲治]'는, "때에 맞춰 변통하고 일에 당해서 결단을 옳게 하여 常規에 구애되지 않아 法外의 意義를 얻는 일"이라고 믿었다. 그가 낡은 법제를 '先王成憲'이라 해서 고수하려는 태도를 가리켜, '膠柱鼓瑟 刻舟求劍'이라고 비판해 마지 않았던 까닭도 여기에 있었다.57) 한백겸은 賦稅를 공평히 하여 농민경제를 均質化하는, '平賦均民'에 경장의 목표를 두었는데 이러한 공평부세의 전제로서 토지제도의 개혁이 필요하다고 본 것이었다.

54) 李元逑, 〈李栗谷의 政治思想 硏究〉(《社會科學硏究》 14-1, 영남대, 1994).
李東仁, 〈栗谷의 政治思想과 政治改革論〉(《韓國學報》 77, 1994).
55) 李 珥, 《栗谷全書》 권 15, 東湖問答(己巳).
56) 韓百謙, 《久庵集》 下, 貢物變通疏.
57) 위와 같음.

한백겸은 학문적 관심대상이나 연구방법을 종래 주자학자들과 사뭇 달리 하였다. 스스로의 思考를 중시하되 字句의 訓義는 물론이고, 錯綜處의 融會, 疑晦處의 破綻, 窒碍處의 通透를 추구하여 거듭 硏窮함으로써 의문을 그대로 놓아버리는 법이 없었다고 한다. 또 그는 經傳(六經)의 이해방식에서 註疏에 가리어 本旨를 잘못 알기 쉬운 폐단을 경계하고 의문되는 곳은 비록 先賢의 견해라도 구애받지 말 것을 강조했다고 한다.[58] 사물·문헌연구에서 분석·종합과 추론을 바탕으로 고증이나 비판에 철저했다는 것이다. 기존의 권위를 묵수하지 않을 뿐만 아니라 自家의 견해라고 해서 고집하지 않는 실증적·객관적 태도라고 할 수 있겠는데 아마 이것이 주자학을 맹목 존신하는 속류 관인·학자들과 크게 다른 점이었을 것이다.[59] 이 시기 실학의 학풍은 이러한 한백겸의 태도에서 그 특징이 크게 드러나는 것이라 하겠다.

《東國地理誌》로 잘 알려져 있듯이 한백겸은 새롭고 독자적인 역사지리학의 영역을 개척했다. 역사발전·사회통합의 계기를 종래와 같이 도덕적 기준이나 개인의 영웅적 능력에서 구하기 보다 지리·환경 요인이나 사회구조·국가정책 등 합리적·객관적 조건에서 찾으려 한 것이었다.[60] 그리고 이로써 종래 신라 중심의 역사·지리인식에서 벗어나는 관점을 세웠다. 이는 말하자면 민생을 안정하는 위에서 부국강병을 실현하고 적극적인 대외정책에

58) 鄭經世, 《愚伏文集》 권 18, 通政大夫戶曹參議韓公墓碣銘(竝序).

59) 朱子의 학설을 상대화하고 독자적인 견해를 표명하는 한백겸의 실증적이고 독창적인 학문에 대해서는 이미 당대의 평판이 있었다. 즉 啓蒙揲蓍辨·多方解·豳風說 등 몇 편의 논문은, "先賢成說을 벗어난 논지로서 그 精粗深淺은 쉽게 알 수 없으나 覃思力索한 功을 금방 느끼게 된다"(鄭經世, 《愚伏文集》 권 18, 通政大夫戶曹參議韓公墓碣銘)거나, "象數之變, 制度之宜는 연구가 매우 깊고 前說에 구애되지 않았으나 程子·朱子의 嫡傳 사이에도 서로 異同이 있는 것으로 보아 이는 결코 先儒의 定論에 異說을 세우려는 의도가 아니라"고 변호하기도 하였다(韓百謙, 《久庵集》, 序(李植), 2).
尹熙勉, 〈韓百謙의 東國地理誌〉(《歷史學報》 93, 1982).
고영진, 〈한백겸의 심의설〉(《조선중기 예학사상사》, 한길사, 1995).

60) 鄭求福, 〈東國地理誌에 대한 一考察 —歷史地理學派의 成立을 中心으로—〉(《全北史學》 2, 1978).
尹熙勉, 위의 글.
鄭求福, 〈韓百謙의 史學과 그 影響〉(《震檀學報》 63, 1987).
高英津, 〈한백겸〉(《한국의 역사가의 역사학》 상, 창작과비평사, 1994).

나서야 한다는, 양란기의 절실한 대내외 상황을 진취적으로 타개하려는 역사·현실인식을 반영한 것이었다. 한백겸의 역사지리연구는 그의 '箕田' 연구와 함께 柳馨遠·洪萬宗·申景濬·李肯翊·安鼎福·丁若鏞 등 조선 후기 실학자들의 이 방면 연구에 큰 지표가 되었음은 물론이다.[61)]

역사지리 연구에서 보인 한백겸의 문제의식은 箕田에 대한 관심에서도 마찬가지였다. 그의 의도는 井田制가 실재했던 제도임을 입증하고 그 정전제 이념, 즉 耕者有田의 원칙에 입각한 토지제도 개혁의 역사적·이론적 근거를 마련하려는 데 있었다.[62)] 이미 16세기에는 토지소유의 불균형이 심각한 지경에 이르러 均田論·限田論이 제기되는 가운데 논자들은 토지제도의 始原으로서 孟子의 井田說이나 箕子 井田에 주목하고 있었다. 또 주자학의 이해가 깊어지고 이로부터 典據를 찾으려는 경향이 더해갔으므로 토지문제에 대한 주자의 본의를 확인하려는 시도 역시 활발해졌다. 양란기의 國家再造문제가 떠오르면서 더욱 그러하였는데 한백겸의 기전론은 바로 이 무렵에 제기된 것이었다. 주자는 정전제를 聖王의 이상적인 법으로는 공감하면서도 정전의 실재나 토지제도의 전면개혁에는 부정적인 입장이었다. 그러므로 이제 기전의 실체 확인은 정전제 원리에 의한 토지제도의 실현 가능성을 인정한 것이며 동시에 주자의 토지론에는 정면대립하는 논점이 아닐 수 없었다. 조선 후기 경제사상·개혁사상은 그 핵심문제인 토지제도를 둘러싸고 주자적 입장과 반주자적 입장으로 크게 분립하였던 것이고 반주자적 토지론, 즉 그 뒤 2백여년 동안 실학의 개혁사상의 기축이었던 토지개혁론은 이렇게 한백겸의 기전론에서 성립하였던 것이다.[63)]

---

61) 鄭求福, 앞의 글(1987) 참조.

62) 바로 이 점에서, 한백겸의 箕田論은 당시 주자학자들의 箕子에 대한 이해나 연구가 주로 조선왕조의 국가기원, 유교의 東傳과 조선사회의 유교화에 초점이 맞춰졌던 것과는 그 성격을 전혀 달리하는 것이었다. 이 시기의 기자 인식에 대해서는, 朴光用, 〈箕子朝鮮에 대한 認識의 變遷〉(《韓國史論》 6, 서울大, 1980), 참조.

63) 주자의 井田制難行說, 한백겸의 箕田論의 내용과 의의에 대해서는 다음의 글을 참고.

金容燮, 〈朱子의 土地論과 朝鮮後期 儒者〉(《增補版 朝鮮後期農業史硏究》, 一潮閣, 1990).

———, 〈朱子의 土地論과 朝鮮後期의 儒者—地主制와 小農經濟의 問題—〉(《위

이상과 같이 조선 후기 실학의 시원적 계보는 일단 이이의 무실·경장론과 한백겸의 토지론을 중심으로 정리된다. 모두 시의·실공·무실을 강조하면서도 이이는 정치·사회의 문제점을 개별적인 것으로 파악하고 그 해결방법도 실무·실제적인 차원에서 사안별로 제시하였다. 이에 비해 한백겸의 논리는 복잡다단한 현상계의 개별 사안 자체보다는 그 배후의 원인·본질의 문제를 직시하고 근원적인 대안을 찾으려 했던 것으로 보인다. 그의 기전설이 지니는 의의가 바로 그렇다. 하여튼 이들이 제기하는 실무·변통론의 논리야말로 실학의 학문적·이념적 기원이 되는 것이라 하겠다.

16세기 말의 임란기를 거쳐 호란기에 이르면서 실학적인 분위기는 점차 확대되었다. 이 때의 논자로서는 한백겸을 위시해서 유몽인·이수광·허균 등을 꼽을 수 있었다. 이들은 점차 당쟁이 치열해짐에 따라 정치적인 제약을 받았지만[64] 현실문제에 대한 학문, 이념적 소신은 분명히 표명하고 있었다. 우선 도교·불교·양명학 등을 이단으로 간주하면서도 일정하게 관용하고 六經·古文을 중시하여 이를 四書와 융회·절충하려는 태도를 취했다. 이는 그들의 학문적 개성과 진취성을 잘 보여주는 것이었고, 때문에 이 무렵의 주자학이 정통 주류학문의 지위를 한층 강화해가는 사정과 대비되었다. 아마도 여기에서 그들의 학풍이 주자학적인 理氣人性說과 心學·修己治人이 일단 전제되는 것이면서도 務實·實事·實用의 학문, 즉 실학이 확연해지는 것이라 하겠다. 그리고 그들의 이러한 인식태도·학문방법은 이를테면, 君臣相濟와 이에 의한 붕당의 해소, 능력에 따른 인재등용과 서얼·천인에 대한 防限撤廢, 부세·공물의 완화와 진휼의 확대에 의한 對民按撫, 또 魚鹽·鉛銀鐵의 개발과 화폐의 사용, 路鋪의 開設, 선박·수레의 활용 등 유통경제의 확대, 상업적 농업의 장려, 그리고 軍丁·軍糧·軍器의 확보와 鍊兵·關防의 정비에 의한 자주국방의 강화 등등의 견해로 구체화되었다.[65] 이들의 논의는

의 책》), 410~413쪽.

64) 허균과 유몽인은 당쟁의 갈등 속에서 반대파에게 역적으로 몰려 처형되었다.

65) 韓永愚, 〈李睟光의 學問과 思想〉(《韓國文化》 13, 서울大, 1992).
李萬烈, 〈芝峰 李睟光 硏究－그의 社會思想을 中心으로－〉(《淑大論文集》 15, 1975).
韓明基, 〈柳夢寅의 經世論 연구－임진왜란 이후 사회경제 재건의 한 방향－〉

임란 이전의 실학적인 전통을 계승하고 더욱 진전시키는 차원의 것이다.

특히 이 무렵 정부와 지배층은 임란으로 인한 충격과 위기를 국가재조의 차원에서 대처하고 있었는데 이들 실학의 학풍은 자연스럽게 진보·개혁적인 입장에서 마련하는 국가재조론의 사상 경향을 대변하게 되었다. 그리고 이러한 전통은 그 뒤 반세기가 채 되기도 전에 유형원의 《磻溪隨錄》을 통해서 국가체제 전반에 걸치는 개혁안으로 집대성되기에 이르렀다.

〈金駿錫〉

5. 국문 보급과 국어 연구

1) 시대적 특성과 경향

현재까지 통설로 되어 있는 국어사의 시대구분이나 국어학사의 시대구분과는 달리 설정한 한국사의 시대구분에 따른 조선 중기(대략 16, 17세기) 기간은 15세기 중엽에 창제된 훈민정음이라는 우리 고유문자로서의 국문 창제에 이은 그 보급 확대의 시기요, 음운학 연구의 전개와 심화의 시기요, 그리고 실학사상에 자극받은 새로운 국어연구가 싹트기 시작한 시기요, 새로운 어휘정리를 시도한 시기이기도 하다. 이러한 국어·국문에 대한 관심이 꽃핀 시대는 조선 후기이기 때문에 조선 중기는 대체로 조선 후기로 넘어가는 교량적 역할을 한 시기로서의 특성과 경향을 보여준다.

국문인 훈민정음이 창제됨에 따라 국한문혼용체의 가사를 포함한 한문본 《龍飛御天歌》와 역시 국문 및 국한문의 용례를 포함한 한문본《訓民正音》이란 해설서가 간행되고, 이어서《釋譜詳節》·《月印千江之曲》·《月印釋譜》등의 불교 관계 책들이 국문 표기의 한자어에 한자를 하나하나 달던가 한자

(《韓國學報》 67, 1992).

李離和, 〈許筠의 개혁사상〉(《한국의 사상》, 열음사, 1984).

金容燮, 〈17世紀 初·中葉 農書의 새로운 農業技術과 地主立場의 農學思想〉(《朝鮮後期 農學史 硏究》, 一潮閣, 1988), 113~132쪽.

에 음을 국문으로 하나하나 달던가 하는 표기방식으로 간행되기 시작하였다. 간경도감에서 간행된 대부분의 책은 한자어만 한자로 표기한 국한문혼용체이기는 하나 다만 한자어의 한자 하나하나에 국문으로 음을 달아주는 懸音國漢文混用體의 방식을 취하였던 것이다. 불교 계통 이외의 책들도《內訓》·《三綱行實圖》등과 같이 마찬가지로 현음국한문혼용체로 간행되었다. 흔히 언해본에서 이루어진 조선 초기의 이러한 표기방식은 조선 중기를 거쳐 조선 후기에 이르기까지 면면이 이어져 온 가장 대표적인 표기방식이 되었던 것이다.[1)]

한편《용비어천가》의 국한문가사와 같이 번역문이 순수한 국한문혼용체로 된《杜詩諺解》도 있고 원간의 연대가 명확하지 않은《百聯抄解》와 같이 한시의 매 한자에 일일이 釋과 音을 달고서 순수한 국문 전용을 한 경우도 있었다. 때로 국문으로 토(또는 口訣)를 달기만 한《圓覺經口訣》·《周易傳義口訣》등과 같은 책도 간행되었다. 그런가 하면《衿陽雜錄》의 穀品에서와 같이 곡물명을 이두와 국문 두 표기로 한 경우도 드물게 있었다. 공사문서는 여전히 이두를 썼다.

요컨대 훈민정음이 창제된 이래로 한문, 국한문 및 국문의 이들 세 표기방식이 글의 성격에 따라 선별적으로 쓰였던 것인데, 조선 중기 또한 그러하다.

훈민정음이란 문자체계를 좀더 적극적으로 그리고 직접적으로 보급하려는 노력도 있었다. 이미《월인석보》첫째 권의 첫머리에《훈민정음》의〈예의〉부분을 국역하여 실은 바 있었는데, 이는 훈민정음이란 문자체계를 보인 부분으로 현음국한문혼용체로 되어 있는《월인석보》를 읽고 이해하는 데에 국문의 해득이 필수적이었기 때문이었다. 한자의 뜻과 음을 국문으로 달도록 한 한자학습서《訓蒙字會》의 범례에 붙여〈諺文字母〉를 실었는데, 이도 역시 같은 의도에서였다. 이런 문자 보급의 적극적인 방법은 조선 중기 이후의 한 경향이었던 것이다.

한편 훈민정음이란 우리 문자의 창제이론인 성리학에 대한 깊은 관심이

---

1) 金完鎭,〈訓民正音 製作의 目的〉(《省谷論叢》3, 1972).
安秉禧,〈훈민정음 사용에 관한 역사적 연구 : 창제로부터 19세기까지〉(《東方學志》46·47·48, 1985).

다시금 싹트게 된다. 조선 중기에 그 관심의 시초가 되는 예는 徐敬德의 〈聲音解〉 등이라 할 수 있는데, 17세기 후기에 崔錫鼎의 《經世正韻》(1678)으로 이어지고 조선 후기에 그 꽃을 피게 된다.

다음으로 어휘수집 작업이 행해진 점도 조선 중기의 한 특징으로 지적할 수 있다. 한문으로 된 문헌을 해득하기 위하여 한문 어귀나 어휘를 우리말로 풀이한다든가 한문으로 주석을 달든가 한 어휘집의 간행이 있었고 임진왜란 이후의 새로운 대외정책에 맞추어 漢·淸·蒙·倭語의 학습을 위한 대역사전들의 간행이 있었던 것이다. 이러한 경향도 역시 조선 후기에 이어지면서 확산된다.

끝으로 조선 중기에 싹튼 실학적 연구의 한 경향이 있다. 상당히 고증적인 방법으로 문자(한자) 어휘 속담 등의 정확한 지식을 제공하려 한 李睟光의 《芝峰類說》에 보인 〈文字部〉와 〈語言部〉가 대표적인 경우이다. 이러한 고증적인 방법은 자연히 어원해석을 때로는 포함하게 된다.

요컨대 조선 중기에 있어서 어문과 관련된 경향은 첫째 15세기 중엽에 이루어진 훈민정음 창제에 따른 계속적인 보급, 둘째 훈민정음 창제이론과 관련된 음운학적 연구의 전개, 셋째 어휘집의 간행, 넷째 고증적 방법에 의한 언어 정리 등이다. 말하자면 조선 전기의 계승과 조선 후기의 준비 사이의 교량적 역할을 하였던 시기가 곧 국어연구에서 본 조선 중기인 것이다.

2) 국문 보급과 언문자모

훈민정음이 창제되면서 국문의 보급은 한문의 국문 번역으로서의 諺解로써 이루어졌다. 불경의 언해가 주류를 이루었는데, 그것도 刊經都監이 이들 언해본 간행의 중심을 이루고 있었다. 불교 계통의 언해 이외에도 四書나 《左傳》·《周易》·《禮記》 등에 구결을 달거나 논정하게도 하였다. 조선 전기에 이미 《三綱行實圖》·《內訓》 등이 간행되었고, 黃山谷詩의 언해를 명하기도 하였으며 《杜詩諺解》를 순수한 국한문혼용체로 간행하였고, 의학서로는 《救急方諺解》·《救急簡易方》·《救急易解方》 등을 간행하기도 하였다. 차츰 여러 분야에 걸쳐 언해본이 간행됨으로써 국문 보급이 확대되어 가고

있었다.[2)]

이러한 배경 속에서 훈민정음은 그 보급의 폭을 넓혀 오다가 연산군의 집정 이후 16세기에 접어들면서 諺文無名狀投書事件과 관련하여 국문을 가르치지도 말고 배우지도 말게 하였으며 諺文口訣의 책들을 불태우고 이어서 諺文廳을 폐지하게 하여[3)] 그 결과 국문 보급이 잠시 주춤하는가 했으나 연산군 말기에는 구결을 써넣어 樂章을 찬진하게 하기도 하였는데, 특히 중종 이후로는 다시금 많은 언해본들이 간행됨으로써 국문의 보급은 활기를 띠게 되었다. 《삼강행실도》를 중간하고 《續三綱行實圖》·《東國新續三綱行實圖》 등을 이어 간행하고 《二倫行實圖》도 간행하면서 校正廳에서는 小學·孟子·論語·大學·中庸·孝經·詩經·周易 등의 언해본을 간행하였다. 또한 《正俗諺解》·《朱子增損呂氏鄕約》·《女訓諺解》·《童蒙先習諺解》·《家禮諺解》·《警民篇諺解》 등도 이 시기에 간행되었다. 이렇게 보면 유교를 國是로 하여 출발했던 조선은 그 중기에 이르러 儒家의 언해본들의 계속적인 간행을 보게 된 셈이다.

불교 계통의 언해본들은 그 간행이 뜨막하다가 다시 간행되기 시작하였는바, 《七大萬法》·《禪家龜鑑諺解》·《誡初心學人文》·《發心修行章》·《野雲自警》·《眞言集》·《勸念要錄》 등 많은 언해본들이(단, 《眞言集》은 音譯本) 계속 간행되기는 하였으나 刊經都監의 경우와는 달리 대부분 지방의 사찰에서 간행되곤 하였다. 따라서 이들 지방 간행의 불경들에는 방언적 요소가 반영되고는 하였다.

조선 초기에 시작되었던 醫書들의 간행도 중기에는 더욱 활기를 띠었는바, 《簡易辟瘟方諺解》·《牛馬羊猪染疫治療方》·《分門瘟疫易解方》·《救荒撮要》·《村家救急方》 등과 임진왜란 이후의 《諺解痘瘡集要》·《諺解胎産集要》·《東醫寶鑑》·《新刊救荒撮要》·《新撰辟瘟方》·《救荒撮要辟瘟方》·《辟瘟新方》 등등 많은 의서들의 간행이 이어졌다.

또한 兵書들도 간행되었는바, 《火包式諺解》·《新傳煮取焰硝方諺解》·《練

---

2) 安秉禧, 〈中世語의 한글 資料에 대한 綜合的 硏究〉(《奎章閣》 3, 1979).

3) 姜信沆, 〈燕山君 諺文禁壓에 대한 揷疑—國語學史上에 미친 影響의 有無를 中心으로〉(《震檀學報》 24, 1963).

兵指南》 등이 그것이다. 이들이 중간되기도 하였다. 《練兵指南》은 변방에서의 군사교육을 위해 함흥에서 간행되었다.

農蠶書로는 《農書諺解》·《蠶書諺解》 등이 간행되었다.

조선 중기에 나타난 또하나의 언해본으로 외국어 학습서들이 있다. 《老乞大諺解》·《朴通事諺解》 등은 중국어회화교재이며, 《老朴集覽》·《語錄解》 등은 중국어 어휘나 어귀 중심으로 풀이된 회화교재의 보충편이고 《譯語類解》는 漢·韓 對譯辭典의 성격을 지닌 어휘집이다. 《捷解新語》는 왜어회화교재이다. 이러한 외국어 학습서들의 간행은 조선 후기로 이어지면서 더욱 활기를 띠게 된다.

언해본은 아니지만 국문의 보급에 더욱 큰 기여를 할 수 있었던 것으로 《訓蒙字會》·《千字文》·《新增類合》 등의 한자학습서들을 들 수 있다. 이들은 각각의 한자에 그 뜻을 음과 함께 국문으로 표기하고 있다. 따라서 한자와 그 뜻·음을 익히기 위해서는 먼저 국문을 해득하지 않으면 안된다. 아동들의 이러한 국문 해득은 결국은 국문 보급에 크게 기여하였을 것이다. 이들 한자 학습서들은 계속해서 간행되었는바, 국문의 보급과 함께 사회사적인 면에서 커다란 의의를 지닌 결과가 되었다. 독자층의 확대는 곧 국문 보급의 확대가 된 셈이다.

훈민정음이라는 국문의 보급에 좀더 적극적으로 기초적인 노력을 보인 방식도 있다. 이미 그 방식을 세조가 간행한 《月印釋譜》에서 볼 수 있었다. 권두에다 훈민정음이란 문자체계에 대한 例義를 국역하여 실었다. 이것이 이른바 국역본 《訓民正音》으로서 흔히 《월인석보》 卷頭本이라 불리는 것이다. 국한문혼용체이면서 개개의 한자에다 국문으로 음을 단 이 《월인석보》를 읽어 이해하자면 자연히 국문인 훈민정음을 우선 깨우치지 않으면 안되었을 것이다. 《월인석보》는 종교서적이다. 좀더 많은 독자층을 확보하기 위해서 한문보다는 국문을 택하였던 셈이고, 이를 돕기 위하여 훈민정음을 얹었던 것이다.

《월인석보》에서의 이런 국문 해득 방식이 조선 중기로 이어졌다. 그 대표적인 예가 崔世珍의 아동용 한자학습서 《訓蒙字會》와[4] 여러 다라니를 國·

4) 李崇寧, 〈崔世珍硏究〉(《亞細亞學報》 1, 1965).
李基文, 《訓蒙字會》(서울大 韓國文化硏究所, 1971).

漢·梵字로 병기한 《眞言集》이다.[5] 《훈몽자회》는 초학자를 위한 한자학습서이기에 어린이들이 먼저 사물, 특히 鳥獸草木之名에 해당되는 한자를 알고 실물과 부합되도록 하였다. 그리하여 《훈몽자회》는 故事에 치우친 《千字文》이나 虛字가 많은 《類合》과는 달리 物名을 나타내는 實字(全實之字)가 중심이 되었다. 범례에서 "무릇 시골이나 지방사람들 가운데, 언문을 모르는 이가 많아서 이제 諺文字母를 함께 적어 그들로 하여금 먼저 언문을 배운 다음 《훈몽자회》를 공부하게 하면 혹시 밝게 깨우치는 데에 이로움이 있을 것이니 한자를 모르는 사람도 역시 모두 언문을 배우고 한자를 알면 비록 스승의 가르침이 없더라도 한문에 통할 수 있는 사람이 될 것이다"라고 하고서 〈諺文字母〉(俗所謂反切二十七字)를 덧붙였다. 이는 최세진의 독창적인 것이 아니라 이미 일반화되었던 방식이다. 《훈민정음》의 내용을 쉽게 재정리한 것으로 初聲終聲通用八字, 初聲獨用八字, 中聲獨用十一字, 初中聲合用作字例, 初中終聲合用作字例 및 傍點·聲調에 관한 설명이 있다. 요컨대 음절 단위 글자의 세 부분인 초·중·종성에 쓰이는 문자들을 제시하고 이들 문자들이 글자로 엮어지는 철자법 및 방점 표기를 제시하였는바, 이를 먼저 학습하고서 다음에 한자를 학습하여야(先學諺文 次學字會) 한문에 통달한 사람(通文之人)이 될 수 있다는 것이다. 예를 들어 보자.

夏 녀름하 又 去聲大也 又 中國曰 一

이와 같이 뜻(녀름)과 음(하)을 제시하고는 필요시에는 딴 뜻을 성조와 함께 제시한 각주를 덧붙이는 형식에서 우선 한자의 뜻과 음을 이해하기 위해서는 국문을 해득하여야 한다는 것이다. 이상의 〈諺文字母〉의 내용이 최세진의 독창에 의한 것이 아니라는 사실은 '俗所謂反切 … '이라는 표현에서 알 수도 있거니와, 成俔의 《慵齋叢話》에 "初終聲八字 初聲八字 中聲十二字 其字體依梵字爲之 … "라는 언급에서도 알 수 있다. 《眞言集》(安心寺板, 1569)의 경우에는 國·漢·梵文의 순서로 다라니경을 적고 있어서 이를 읽기 위해서는 한문은 물론 국문과 범문을 알아야 하기 때문에 국문자모의 용법을 설명

5) 安秉禧, 〈한글판 『五大眞言』에 대하여〉(《한글》 195, 1987).

한 〈諺本〉과 범자를 설명한 〈梵本(悉曇章)〉을 싣고 있다. 여기서 〈언문〉의 내용과 목적은 《훈몽자회》의 〈언문자모〉와 다를 바 없다.

《훈몽자회》와 《진언집》은 그 뒤에도 계속 간행되었으므로 우리의 국문인 훈민정음의 보급에 계속적으로 이바지하여 왔다고 볼 수 있다. 〈언문자모〉 또는 〈언본〉의 내용은 그 뒤 조선 후기에 《古今釋林》, 《新刊秘密敎》(여기서는 〈諺反切〉), 《佛家日用作法》 등등에도 실렸는데, 다만 약간의 내용상의 차이가 있기는 하다. 예컨대 《고금석림》에 붙어 있는 부록인 〈訓民正音〉(我 世宗大王 御製), 〈諺文字母〉에는 방점에 대한 기술 부분이 빠져 있다. 이는 당시에 이미 성조가 우리말에서 사라졌기 때문에서였던 듯하다.

조선 중기에 국문 보급이 상당히 확대되었으리라는 사실은 국한문혼용체의 시조·가사들이 많이 발표되었음에서도 알 수 있다. 鄭澈·朴仁老·尹善道·李賢輔 등이 그 대표적인 경우라 하겠다.

3) 음운학 연구의 전개

훈민정음 제자 이론의 철학의 배경은 宋學 이론인 性理學이었다. 우주의 모든 현상을 태극·음양·오행 등으로 설명하면서 여기에 유교를 접합시킨 성리학은 자연히 언어문제 특히 인간의 聲音까지도 포함하게 된다. 성리설을 집대성한 《性理大全》에는 皇極經世書 중의 〈皇極經世聲音唱和圖〉 등 聲韻學 관련 글들이 수록되어 있는바, 이들이 바로 성리학적 음운학의 가장 근원적인 참고문헌이었다. 훈민정음의 경우가 바로 그러하였던 것이다.[6)]

조선시대의 음운학 연구는 첫째 표준적인 중국음 즉 華音을 나타내려는 노력으로써의 韻書 편찬, 둘째 우리 나라 한자음 즉 東音을 정리하기 위한 연구, 셋째 음운학 이론의 전개 등 크게는 세 가지 방향으로 이루어졌다.

훈민정음이 창제되고 그 훈민정음에 바탕을 두고서 편찬된 운서가 《東國正韻》인바, 이는 현실 한자음과는 거리가 있는 표준적인 한자음을 가정한 발음사전으로서의 운서였다. 표준적인 화음인 《洪武正韻》의 그것에다 俗音이라

6) 姜信沆, 〈訓民正音解例理論과 性理大全과의 關聯性〉(《국어국문학》 26, 1963).
李崇寧, 〈「皇極經世書」의 李朝後期 諺語硏究에의 影響〉(《震檀學報》 33, 1969).

부른 당시의 현실 北京音을 표시한 《洪武正韻譯訓》(1455)은 대표적인 화음 중심의 운서로 《四聲通攷》의 바탕이 되었으며 최세진의 《四聲通解》(1517)를 낳게 하였다.[7] 이 《사성통해》는 다시금 15세기 북경음인 속음 이외에 16세기 당시의 북경음을 今俗音이라 하여 덧붙였다. 한자의 음을 국문으로 표기하고 한자로 표기하는 反切은 넣지 않았으며 字釋 즉 한자의 뜻은 《古今韻會擧要》에서 취하였는데 450여 物名 단어에 걸쳐서는 우리말로 기록하기도 하였다. 말하자면 《사성통해》가 비록 화음 중심의 발음사전으로서의 운서이지만 많은 부분에서 조선화한 것이라 할 수 있다. 이런 과정에 도달하기 위하여 《홍무정운》의 보충편이라 할 수 있는 《續添洪武正韻》을 최세진은 《사성통해》에 앞서 편찬하였던 것이다. 《사성통해》의 보충편이라 할 수 있는 《韻會玉篇》(1536)을 최세진은 또다시 내었는데, 이는 송나라 黃公紹가 지은 《古今韻會》에 수록된 한자를 字形別로 분류하고 음과 뜻은 달지 않은 일종의 분류 字書의 성격을 지닌다.

음운학 이론은 《훈민정음》 이후로 한자 음운 중심의 분류발음사전인 운서를 편찬하면서 그 범례 등에서 단편적으로 논의한 것을 제외하면 한동안 전개되지 않았다. 성리학적 음운학에 다시금 관심을 보인 이는 최세진과 거의 비슷한 시기에 활동한 徐敬德(1489~1546)인데, 그의 《花潭集》에 실린 〈聲音解〉와 이를 보완 설명한 〈跋萬聲音解未盡處〉가 그것이다.[8] 〈성음해〉는 《皇極經世書》의 〈正聲正音圖〉에 대한 해설의 성격을 지닌다. 天地 형성의 원리를 用數·體數로 계산하고 다시 聲音數로 계산하는 이론적인 논의여서 언어철학 내지는 언어수리학에 속하는 것이라 할 수 있고 국어연구라 보기는 어렵다. 화담 자신의 독창성은 거의 보이지 않는다. 이러한 관심은 張顯光(1554~1637)의 《易學圖說》 속의 〈十四聲〉 등에서도 보인다.

음운학의 연구는 위와 같은 언어철학적 연구와는 달리 좀더 철저하게 언어학적 연구로 나타나게 마련이다. 그것은 흔히 운서의 편찬으로 특수하게는 韻圖의 작성으로 결과되기도 한다. 운서는 기본적으로 牙·舌·脣·齒·喉音의 오음과 平·上·去·入聲의 사성에 따라 한자음을 분류하여 같은 부류의

7) 姜信沆, 《四聲通解硏究》(신아사, 1973).

8) 李崇寧, 〈국어학사에서의 徐敬德의 위치〉(《最新國語學史》, 박영사, 1976).

음을 나타내는 한자들을 묶어 제시하는 일종의 분류음운사전인데, 한자음의 정확한 해득과 한시창작에 소용된다. 15세기와 16세기에 이룩된 운서의 편찬은 음운학적 연구에 바탕을 둔 것이며 조선한자음의 연구에 기초를 제공하게도 된다. 조선 중기 말엽에 본격적인 음운학 연구가 이루어지게 되었는바, 그 대표적인 업적이 숙종 4년(1678)에 쓰인 崔錫鼎의 《經世正韻》이다.[9] 때로 《(經世)訓民正音圖說》이라 불리기도 하는 이 책은 經世正韻序說·韻攝圖·經世正韻五贊·聲音篇·群書折衷을 내용으로 하고 있는데, 요컨대 훈민정음의 원리, 역대 운서의 검토, 운도의 작성 등이라 할 수 있다. 그러나 가장 핵심적인 부분은 운도의 작성인 〈운섭도〉이다. 중국의 운서인 《切韻指南》과 같은 구조로 이루어져 있는바, 가로로는 24사모를 배열하고 세로로는 等韻과 四聲을 구별하여 배열하였다.

宋學의 수리적인 易理論을 오행·음양·태극 등의 사상과 결합한 《皇極經世書》를 원용하여 훈민정음도 이해하려 하였다. 훈민정음 28자를 28宿의 列宿之象으로 이해하되 그 중 초성 17자에 대해서는 오행과 오음의 분류에 바탕을 두고서 예컨대 牙音은 角屬·東方·木象으로 物之始生에 해당하여 첫머리에 놓는다고 보았다. 또한 28자 중 중성 11자는 태극·음양·팔괘에 바탕을 두고서 예컨대 太極兩儀八卦之象으로 ㅡ는 動이고 ㅣ는 靜이요 ·는 一動一靜之間이기 때문에 이를 배합하여 중성 11자를 얻을 수 있다고 하였다. 최석정 자신의 음운체계는 초성을 淸·濁이란 자질을 그리고 중성을 闢翕의 자질을 바탕으로 구성하였는바, 이는 《性理大全》에 수록된 《皇極經世聲音唱和圖》에 따른 것이었다. 이와 같이 최석정은 우리 나라에서 처음으로 韻圖의 학문을 개척하였는데, 〈經世正韻五贊〉(明象·辨韻·本數·稽訓·述志)을 펼쳐 음운학을 발전시키려 하였다.

이렇게 17세기 후반에 崔錫鼎에 의하여 본격화한 음운학의 연구는 18세기에 들어서서 꽃피우게 된다. 조선한자음과 중국한자음과의 대역사전인 朴性源의 《華東正音通釋韻考》(1747), 운도의 연구에 속하는 申景濬의 《(訓民正音)韻解》(1750), 玉篇까지 첨부한 운서인 洪啓禧의 《三韻聲彙》(1751) 등등이 그

9) 兪昌均, 〈經世正韻攷〉(《靑丘大論文集》 5, 1962).

대표적인 업적이다. 이 시기에는 華·東音을 대조적으로 관찰함으로써 현실적인 조선한자음을 바탕으로 하게 되어 결국 자국어 인식이 싹텄다는 평가를 받기도 하였고 東國學이 성립되었다는 평가를 받기도 하였다. 그러나 중국을 전제로 한 동국학에 머문 것이지 國學에 이른 것은 아니다.

4) 어휘 정리와 고증적 해석

훈민정음이 창제된 이래 특히 언해본에서 註로 단어의 뜻을 풀이하는 註釋으로 양식을 택하되 夾註로써 본문 속에다 제시하곤 하였다. 따라서 조선 초기에는 어휘집의 편찬은 이루어지지 않은 채로 있었다. 한자학습서들인《千字文》·《(新增)類合》·《訓蒙字會》등에서는 개개 한자의 뜻과 음을 국문으로 표기함으로써 한자를 중심으로 한 국어어휘 능력은 신장될 수가 있었을 것이고 고사성어나 의미상 밀접한 어휘의 분류에 따라 四字類取하였기에 때로 한자어 능력도 신장될 수는 있었을 것이나, 그 자체가 어휘집은 아니었다. 《四聲通解》는 운서이면서도 부분적으로 物名 계통의 어휘들에 대해 우리말 어휘를 대조시켜 국문으로 표기한 것도 있으나 여전히 위와 같은 성격에 지나지 않았던 것이다.

조선 중기에 있어서 어휘에 관한 관심은 크게 세 가지로 구분된다.[10] 첫째는 외국어학습을 위한 것들이요, 둘째는 한문문헌해독을 위한 것들이요, 셋째는 어휘를 비롯한 언어사용의 정확성에 대한 깨우침을 위한 노력으로 고증적 해석을 꾀한 것들이다.

외국어학습용 어휘집으로는 崔世珍의《老朴集覽》과 鄭瀁이 수정·증보한《語錄解》(1657)(이외에 南星里가 엮은《語錄解》등 여러 종류가 있음) 등이 있다. 《노박집람》은 字解(單字解·累字解) 老乞大集覽 朴通事集覽으로 되었는데,《老乞大諺解》와《朴通事諺解》에서 난해한 어휘·어구를 뽑아 한문이나 국문으로 풀이하여 중국어회화를 배움에 도움이 되게 한 것이다.《어록해》역시 중국어 구어의 어휘·어구들을 모아 一字類로부터 六字類까지의 속어를 자류

10) 李秉根,〈近代國語時期의 語彙整理와 辭典的 展開〉(《震檀學報》75, 1992).

에 따라 분류하고 한문 또는 국문으로 풀이하여 중국어학습을 돕게 한 것이다. 따라서 이들 중국어학습서는 순수한 어휘집이라 하기보다는 주석집의 성격을 띤 것이라 할 수 있다. 이상의 중국어에 대한 관심에 이어 17세기 말엽에 이르러서는 본격적인 중국어－조선어 대역어휘집인《譯語類解》(1690)가 愼以行·金敬俊·金指南 등의 譯官들에 의하여 간행되게 되었다. 이 어휘집은 중국어 단어를 한자표제어로 삼고 중국어의 正音과 俗音을 달고서 그 표제어에 해당되는 우리말 풀이를 제시하였다. 표제어들은 天文·時令·氣候·地理·宮闕·官府·公式·官職·祭祀·城郭·橋梁·學校·科學 … 등등으로 뜻에 따라 분류하여 배열함으로써《역어유해》는 분류대역사전의 성격을 지닌 類解類 역서가 되있다. 외국어학습을 위한 대역사진은《同文類解》(1748),《漢淸文鑑》(1771),《蒙語類解》(1768) 등으로 이어져 간행되었는데, 모두《역어유해》와 마찬가지로 표제어는 漢語로 제시되었고 우리말과 해당 외국어는 모두 국문으로 표기되었다. 즉 중국 중심의 사전편찬이었던 것이다. 다만《倭語類解》의 경우에는 그 사전 구조는 유사하나 그 표제어가 한어가 아닌 한자어로 되어 있어서 특이하다 하겠다. 요컨대 조선 중기에 비롯되어 조선 후기에 이러한 대역사전들이 간행되었는바, 이는 당시에 그만큼 四隣外交의 필요성이 커진 데에 그 이유가 있었던 것이 아니었나 한다. 음운학의 연구에 있어서와 마찬가지로 조선 중기 말엽은 조선 후기의 대역어휘집 간행의 효시가 된 셈이다.

한문 위주의 문헌을 해독하기 위한 어휘정리는 四書三經 등에 구결을 달고 언해를 하도록 명했던 선조 무렵에 볼 수 있었다. 그 한 예가 16세기 말엽에 언해가 이루어지고 광해군 5년(1613)에 간행된《詩經諺解》에 수록된〈物名〉이다. 이는 詩經의 諺解文에도 한자어로 풀이된 물명이 있어 이 물명 어휘들을 차례로 간추려 하나하나 우리말로 풀이한 것이다. 예컨대 “ᄏᆡ며 ᄏᆡᄂᆞᆫ 芣부 苢이ᄅᆞᆯ 잠ᄭᅡᆫ ᄏᆡ요라 (采采芣苢薄言采之)”라는 언해문에서 ‘芣苢’를 해득하기 위해서〈물명〉에는 이에 대하여 “芣부苢이 뵙장이∩길경이”와 같이 풀이해 놓고 있다. ‘길경이’는 현대어 ‘질경이’에 해당되는데, 이는 주로 중부지방에서 쓰이는 방언형이며 ‘뵙장이’ 계통은 남부지방과 동해안지대에서 현재 흔히 쓰이는 방언형이다.《千字文》이나《新增類合》에는 이 단어가 올라 있지 않으나 아동들에게 물명의 정확한 이해를 위해 實字를 많이 포함시킨 《훈몽자회》에는 '苿'와 '苜'에 대하여 다같이 '뵈짱이'로 나타나 있다. 《시경언해》에서 비록 〈물명〉으로 간추려 책머리에 붙이기는 하였으나 조선 전기의 언해서들에서 주석을 달았던 방식에서 크게 벗어난 것은 아니다. 차이가 있다면 물명 계통의 어휘들만 간추려 어휘집처럼 편찬했다는 점일 뿐이다. 말하자면 한문으로 된 또는 국한문혼용으로 된 문헌 해득의 편의를 위한 주석적 기능을 담당하도록 한 것이 《시경언해》의 〈물명〉인 것이다. 또한 물명 한자어에 대하여 개개 한자의 음을 국문으로 달아 놓은 방식은 조선 초기의 언해서에서 이미 확립된 懸音國漢文混用과 같은 방식으로 經書諺解들에서도 일반화된 방식인데 이를 그대로 따른 점도 주석적 기능을 보여준 방식이라 할 수 있다.

《東醫寶鑑》(1613) 속의 〈湯液篇〉도 표제화된 당액재료에 대해 우리말로 풀이하고 있는데, 풀이된 어휘의 경우는 결국 물명인 셈이다. 예컨대 약재명 '車前子'에 대하여 "길경이삐一名뵈짱이삐"와 같이 풀이하고 있다. 이렇게 보면 〈탕액편〉은 물명 계통의 어휘집으로 특수사전의 성격까지 부분적으로는 띠게 된다. 金正國의 《村家救急方》(1538)에도 〈鄕名〉이라 하여 本草 128종을 들고 있는데 借字와 국문으로 우리말을 달고 있다. 그러나 순순한 어휘집은 아니다. 특정한 분야의 어휘들에 대한 관심을 일찍이 姜希孟의 《衿陽雜錄》에서 볼 수 있었다.[11] 40여 개의 곡물명의 고유어를 이두와 한글로 표기한 〈穀品〉이 그것이다. 《금양잡록》은 《農事直說》·《農家集成》 및 그의 문집 《私淑齋集》 등에 들어 있는데 곡명들은 개화기까지도 農書들에 수록되어 내려왔다.

요컨대 조선 중기에 어휘집의 성격을 분명히 보여준 문헌은 《시경언해》의 〈물명〉 밖에 없다. 그러나 그것도 시경의 언해문에 등장한 물명 계통의 한자어에 해당하는 우리말을 해득하게 하는 주석의 기능을 담당했던 것이다. 《동의보감》의 〈탕액편〉은 비록 약재명에 해당하는 우리말이나 풀이가 보이기는 하나 어휘집으로 편찬된 것은 아니다. 여기서 약재명은 전문어휘요, 그에 대한 우리말은 보통어휘다.

---

11) 李基文, 〈《衿陽雜錄》의 穀品에 대하여〉(《東洋學》 5, 1975).

어휘뿐만 아니라 여러 언어 표현에 대한 정확성을 꾀하려는 노력은 더욱 더 확대되었는데, 그 예로서 《芝峰類說》의 〈語言部〉(권 16)를 들 수 있다. 이 〈어언부〉는 雜說·俗諺·方言·謬誤·諧謔으로 구성되어 있는데, 가능한 한 중국 및 한국의 고전에서 전거를 삼아 자신이 정확하다고 믿는 말을 고증하려 하였다. 잡설의 한 예를 보면, 《莊子》에 나오는 '神禹'란 말은 '禹'라는 사람이 神스럽기 때문에 붙여진 점을 《小說》에 '禹는 백가지 神이 두려워 하는 까닭에 무당은 이것을 본받아서 禹步를 한다'라고 한 것을 전거로 삼아 고증하려 하였다. 俗諺의 한 예를 보면 父·母에 해당하는 어휘인 '阿父'와 '阿㜷'를 고증하고 있는데, 아플 때의 '아야(阿爺)'와 놀라거나 두려울 때의 '어머(阿母)'를 부모를 부르는 것으로 이해하고서는 '阿㜷'는 이미 《李長吉傳》과 崔致遠의 〈眞鑑碑序〉에 나온 바 있으나 원래는 唐나라 말이라는 것이다. 方言의 한 예를 보면, 신라의 '尼音今'에 대하여 "대체로 신라 때에는 이가 많은 사람을 어질다"고 해서 떡을 물어 이를 시험하여 잇자국이 많은 사람을 추대해서 임금으로 삼고 '尼師今'이라고 불렀다는 민간어원설을 제기하고 있다. 그리고 《두시언해》나 《훈몽자회》의 우리 발음이 현재와는 다른 것을 보면 俗音이란 변하기 쉽다는 것을 알 수가 있다고 지적하면서, 또한 나라마다 말이 다르지만 웃음소리나 울음소리가 오랑캐나 중국이 모두 같은 것은 자연에서 나오는 소리이고 억지로 지어서 내는 소리가 아닌 때문이라는 사실을 지적하여 언어변화와 언어기호의 자의성·필연성 등도 지적한 셈이다. 끝으로 謬誤의 한 예를 보면, 아버지의 초상에 대한 '內憂, 外艱'과 어머니의 초상에 대한 '外憂, 內艱'을 혼동하여 각각 '外憂'와 '內憂'라고 잘못 쓰고 있음을 지적하기도 하였다.

《지봉유설》에는 또한 〈文字部〉(권 7)가 있는데, 文義·字義·字音을 다루고 있다. 말할 것도 없이 한문·한자의 정확한 뜻을 고증·해설하거나 한자의 정확한 발음을 제시하려고 하였다.

이상과 같은 李睟光의 고증적 서술은 자연히 중국 문헌에 많이 의존하면서 중국 지향적인 해석이 많기는 하였으나 방언 즉 우리말에 대한 고증에서 볼 수 있듯이 우리의 것을 전혀 무시한 것은 아니었다. 고증적 서술은 또한 자연히 어원을 밝히려 한 성격을 지니게도 하였다. 이러한 고증적인 태도는 조선 후기로 넘어와 申景濬의《華音方言字義解》라든가 李義鳳의《東韓譯語》, 丁若鏞의《雅言覺非》(및 雅言指瑕) 등등으로 이어졌고 개화기에도 계속되었다. 어문에 관한 좀더 정확한 이해와 사용을 위한 노력은 南九萬의 손자인 南克寬의 문집《夢藝集》에서도 볼 수 있다. 남극관은 조선 중기와 조선 후기의 교체기에 살다가 요절한 인물로 알려져 있다. 漫錄의 성격을 띤 문집 부분인 〈謝施子〉에 어문에 관한 기술들이 들어 있다. 어휘(지명, 성명 등)의 연원과 관련된 언급(智異山, 木覓山, 金姓 등), 훈민정음의 字體와 鄭麟趾 後序와 관련된 발성에 관한 논급, 성조와 한자음에 관련된 언급 이외에 언어변화에 관련된 당시의 발음에 대한 실증적 기술 등등을 내용으로 하고 있다.

조선시대에 있어서 언어변화와 관련하여 고유어 중심의 당시의 발음 현실을 기술한 경우로는 남극관의 기술이 가장 이른 시기에 속한다. 그 내용은 예컨대《高麗史》에 '高伊(猫)'라 하던 것이 '괴'의 일음절(一字)로 변하였고 '가히(犬)'도 '개'로 변하였는가 하면, 이전에 쓰이던 '키(大) 효근(小), 미르(龍) 재(성 재안)' 들은 당시에는 쓰이지 않게 되었다던가 하는 지적들로 되어 있다. 이러한 언어변화를 당시의 발음에 따라 언급한 것을 역시 좀더 정확한 어문의 이해와 사용에 관련이 있는 듯이 보인다. 물론 남극관이 지적한 이러한 언어변화 가운데는 그 변화의 시기가 한참 거슬러 올라가는 것들도 포함되어 있다.

언어변화, 특히 고유어 중심의 음운변화를 구체적인 예를 들어 지적한 것은 1세기 좀 지나서 柳僖의《諺文志》(1824)라든가 石帆의《諺音捷考》(1846)에 이르러서야 다시 볼 수가 있다.

〈李秉根〉

6. 역사학

1) 역사학의 사상적 배경

조선 초기까지만 하더라도 性理學은 이념적인 표방에 그쳤으며 일반 생활

윤리로 정착하지 못하였다. 15세기 말부터 중앙의 보수적 세력과는 달리 지방에 거주하면서 사적인 교육을 통해 관료로 새로이 성장하였던 士林들이 16세기 이후 새로운 정치세력으로 등장하고, 또한 정국의 주도세력이 훈척에서 사림으로 넘어오게 되면서 문화활동의 주역은 사림으로 바뀌었다. 훈척에서 사림으로의 전환상의 충돌이 士禍로 나타났다.

사림의 문화적 기반은 성리학에 있었다. 그들은 성리학이 철학적 기초 위에서 사물을 보았으며, 이를 근간으로 새로운 사회질서를 구축하려고 하였다. 성리학적인 이념이 사회적으로 실현된 것은 17세기 후반인 조선 후기부터라고 이해된다. 당시 사회를 이끌고 나간 사림들은 이전의 훈구파와는 다른 생활태도와 학문적 성향을 보였다. 이들은 국가건설이라는 초기의 목표가 달성되면서 사익집단화한 훈구파가 개인적인 치부에 매달려 있었던 것과는 달리 도덕적 실천행동을 중시하게 되었다. 사림의 도덕적 표상은 집현전학사들의 의리의 추구였다. 세조의 왕위찬탈에 영합한 사람들이 훈척들이었다.

그리고 중종반정과 인조반정과 같은 일련의 왕권교체와 명나라가 멸망하고 청나라가 건국되는 국제사회의 변동은 성리학적인 명분론과 정통론이 새로운 중요성을 가진다고 인식하였으며, 그 결과 현실문제에 성리학이 더욱 강고하게 적용되는 계기를 마련하기도 하였다.

역사학은 조선 전기가 국가의 관료 중심적인 것인데 반하여 중기 이후에는 개인적 관심과 개인적 재력에 의하여 연구 간행되었다. 관료 중심적인 역사학이 국가재정을 기반으로 함으로써 규모면에서 체계적이고 양적인 면에서 거질이었다. 《高麗史》와 《東國通鑑》의 편찬은 그 대표적인 것이었다. 이에 대하여 사림의 역사학은 개인적 관심에 기초하였기 때문에 역사서술의 형태가 다양하고 그 서술목적이 현실적이었다. 이 점이 바로 조선 중기의 역사학이 초기의 역사학과 다른 점이었다. 또한 중기에는 교양으로서의 역사학은 중국사에 집중되는 경향을 낳았다.

그런 분위기 속에서도 우리 나라 역사에 대한 연구가 진행되고 교육을 위한 역사서가 편찬되었다. 조선 중기의 역사학을 크게 고려 이전의 역사와 당대사의 정리로 구분하여 이를 유형별로 살펴보고자 한다.

2) 고려 이전의 역사에 대한 서술

(1) 사략형 사서의 유행

이 시기에는 사림들의 교육은 관학인 4학이나 향교보다는 사설의 서당에서 행하여졌다. 사림들은 과거공부를 위하여서나 교양을 위한 역사공부는 주로 중국의 역사였고, 그 교재는 주로 《資治通鑑節要》나 《十八史略》이었다. 그러나 비록 정규교육과정상의 과목에 우리 나라의 역사가 포함되지는 않았지만 의식있는 사람은 우리 나라의 역사도 알아야 한다는 중요성을 인식하고 있었다. 이런 목적으로 《東國通鑑》을 줄여 필요한 부분만을 간략하게 축약하게 되었다. 이것을 사략형 사서라고 부를 수 있다.[1] 그 대표적인 예로서 朴祥(1474~1530)의 《東國史略》과 柳希齡(1480~1552)의 《標題音註東國史略》, 吳澐(1540~1617)의 《東史纂要》, 趙挺(1551~?)의 《東史補遺》 등을 들 수 있다. 그외 李堣·閔齊仁·柳仲郢·李惟章 등도 《東國史略》을 남겼던 것으로 전한다.[2]

이들 사서들은 주로 《동국통감》을 간략하게 줄인 것으로 모두 개인학자들에 의해 이루어짐으로써, 이전의 관찬사서에서 볼 수 없었던 새로운 내용과 형식을 추구하게 되었다. 이들 사서들의 특징을 종합하면 첫째 사찬이기 때문에 서술에 있어 개인적인 특성이 현저하게 보이는 결과를 낳았다. 유희령은 《동국통감》에서 삼국의 역사를 하나의 편년으로 서술한 방식에서 탈피하여 各國別로 서술하였으며, 삼국의 순서도 고구려·백제·신라의 순으로 적어 역사발전의 순서를 올바르게 이해하였다. 또한 역대의 지도를 앞에 첨부

---

1) 鄭求福, 〈16~17世紀의 私撰史書에 대하여〉(《全北史學》 1, 1977), 48쪽.

2) 16세기 사림들의 역사의식에 관해서는 다음의 글 참조.
鄭求福, 위의 글.
韓永愚, 〈16世紀 士林의 歷史敍述과 歷史認識〉(《東洋學》 10, 1980 ; 《朝鮮前期史學史硏究》, 서울大 出版部, 1981).
鄭求福, 〈標題音註東國史略 解題〉(《校勘標題音註東國史略》, 韓國精神文化硏究院, 1985).
韓永愚, 〈17세기 초 東人의 歷史敍述-吳澐의 『東史纂要』와 趙挺의 『東史補遺』-〉(《朝鮮後期史學史硏究》, 一志社, 1989).

하는 방식도 택하였다. 오운은 편년체 형식에서 벗어나 다양한 내용을 포괄하기 위한 기전체 형식을 통해 地理志를 덧붙이고 列傳에서도 名臣·忠義·孝烈·義烈傳 및 叛賊·權凶傳을 덧붙이고 있다.

둘째, 기왕의 사론을 다시 인용하는 것을 대폭 줄였으며, 저자 자신의 사론도 마찬가지로 적게 썼다. 사론의 내용에 있어서는 충절과 지조를 지킨 신하는 상대적으로 강조하였으니, 고려말의 李穡·李崇仁·鄭夢周·吉再 등 절의를 지킨 이들이 강조되었다.

셋째, 《동국통감》에서는 삼국 이전의 상고사를 간략하다는 이유로 外紀에 서술하였으나, 사략형 사서에서는 본편에 포함하여 서술하였다. 이는 상고사에 대한 인식의 신선이라기 보다는 역사를 간략히 서술하는 과정에서 삼국사에 합하여도 무리가 없었기 때문으로 추정된다. 또한 서술형식에 있어서는 細字의 附註나 標題, 音註 등의 주석을 크게 활용하고 있다.[3]

넷째, 사략형의 사서는 17세기 후반기에 본격적으로 등장하였던 강목형의 역사서술을 통해 개인 활동을 중시하는 경향이 반영되고 역사를 바라보는 폭도 확장되어 나타나게 되었다.

한편 이 시기의 사략형 사서 편찬과 짝하여 주목되는 것은 연표나 도표와 같이 쉽게 역사를 파악할 수 있는 일련의 서적들이 편찬되었던 점을 들 수 있다. 이 역시 교육과 편람을 위한 것이라 할 수 있다.

연표류는 紀傳體 역사서술의 한 편목으로 《삼국사기》에 이미 작성되었던 것이나, 이 시기가 되면 역사의 줄거리를 간략히 별도의 책으로 편찬하였다. 이에는 鄭逑(1543~1620)의 《歷代紀年》, 鄭克後(1577~1658)의 《歷年通考》, 申翊聖(1588~1644)의 《皇極經世書東史補編通載》, 朴繘(1621~?)의 《歷代帝王傳世之圖》 등이 있다.[4] 도표류로는 金正國(1485~1541)의 《歷代承統圖》와 柳希齡(1480~1552)의 《標題音註東國史略》 卷首에 수록된 〈歷代國都之圖〉와 〈歷代分理之圖〉, 洪萬宗(1643~1725)의 《東國歷代總目》 권수에 수록된 〈東國歷代傳統

---

3) 大字로 실린 원문에 대한 설명기사, 연대, 지명 등에 대한 주석 등을 2行으로 附註하거나, 주요 사건의 제목을 따로 만들어 책의 상단에 기록하여 標題로 내세우거나, 古語의 음을 《韻解群玉》에 의거하여 주석을 단 音註 등이 활용되었다.

4) 金恒洙, 〈寒岡 鄭逑의 學問과 歷代紀年〉(《韓國學報》 45, 1986).

之圖〉와 〈歷代建都之圖〉 등을 들 수 있다.

(2) 기자에 대한 사료의 수집

이 시기의 역사연구 경향으로 또 하나 주목되는 것은 16세기 이후 성리학적 역사철학이 주조를 이루면서 이와 짝하여 예치 중심의 역사철학이 발전하였던 점이다. 특히 우리 나라 교화에 지대한 공헌을 하였다고 믿어져 온 箕子에 대한 관심이 고조되었다. 이에 따라 기자에 대한 문헌들이 집성되기도 하였으며, 대표적인 것으로 尹斗壽(1533~1601)가 지은 《箕子志》와 李珥(1536~1584)가 지은 《箕子實記》가 있다.

윤두수가 《기자지》를 편찬한 직접적인 계기는 선조 10년(1577) 명나라에 謝恩使로 갔다가 중국인으로부터 기자에 대한 질문을 받았을 때 대답을 못하였던 데 있었다. 중국에서 돌아온 후 그는 經史子集에서 기자에 관한 기록을 발췌하여 서술형태별로 분류하여 선조 13년 《기자지》를 편찬하였다. 이이도 《기자실기》라는 기자의 전기를 썼는데 기자가 우리 민족을 교화하여 중국인과 같은 문화수준으로 향상시킨 공로를 높이 존숭하였다.[5] 이는 또한 당시 일반적으로 고조되어 가던 기자에 대한 종숭을 반영한 것이었다.

기자의 역사에 대한 고조된 관심은 이 당시 학자들의 문집에서도 나타나고 있는바, 《기자지》를 쓴 윤두수의 문집인 《梧陰集》의 기자 관련 기록은 후일 여러 사서에서 인용되었으며,[6] 韓百謙은 〈箕田遺制說〉을 지어 기자의 井田制가 조선에 실행된 것으로 정리하여 기자 교화의 공을 더욱 현창하였다.[7] 한편 이 시기 기자에 대한 崇奉이 강화되는 모습은 실록 기록을 통해서도 엿볼 수 있다.[8]

(3) 강목형 사서의 출현

양란 이후 성리학적 역사학이 심화되면서 역사서술에서는 강목형 서술이

5) 李 珥, 《栗谷全書》 권 14, 箕子實記.
6) 尹斗壽, 《梧陰集》 권 3, 平壤志序.
7) 韓百謙, 《久菴遺稿》 上, 箕田遺制說.
8) 朴光用, 〈箕子朝鮮에 대한 認識의 變遷〉(《韓國史論》 6, 서울大, 1980), 262~276쪽.

유행하여 이 시기 역사서술에서의 특징적인 한 양식으로 확산되기 시작하였다. 당시 일군의 학자들이 조국 강토에 대한 학문적 관심에서 역사지리학을 발전시킨 것과는 달리 이들은 朱子의 綱目法을 더욱 충실히 따르려고 하였다.

강목형 사서의 시작은《春秋》이다. 공자가 쓴《춘추》는 노나라 역사로 강에 해당하며, 좌씨전·공양전·곡량전은 목에 해당한다. 그런데 송나라의 주자에 의해《資治通鑑綱目》이 편찬되면서 강목형식은 역사서술의 한 형식으로 널리 이용되었다.《자치통감강목》은 《자치통감》의 내용을 강목형식으로 재편찬한 것으로, 이에는 많은 범례가 있어 성리학적 역사서술의 큰 원칙을 제시하였다. 이에서는 정통, 명분, 도덕과 같은 관념이 강조되었다.

강목형의 역사서술은 도덕적인 역사평가를 역사서술형태로 나타낸 것이다. 즉 높이 칭찬하여야 하거나 크게 비난하여야 할 사건은 큰 글씨로 서술하였기 때문에 綱으로 기술된 내용은 찬자가 중시한 역사적 사건이다. 그에 관련된 상세한 내용의 서술은 줄을 내려 작은 글씨의 目으로 서술하였다.

한국에서 강목형의 역사서술로는 고려시대 金寬毅에 의하여 편찬되었다고 하는《本朝編年綱目》이 있다. 그러나 이 책은 전하지 않기 때문에 이에 대한 상세한 내용을 알 수가 없다. 강목형에 의한 한국사의 서술은 17세기에 크게 발전하였다. 그 대표적인 예를 든다면 兪棨(1607~1664)의《麗史提綱》, 柳馨遠(1622~1673)의《東國史綱目條例》, 洪汝河(1621~1678)의《東國通鑑提綱》·《彙纂麗史》, 洪萬宗의《東國歷代總目》등이다. 그러나 이들은 아직 주자가《자치통감강목》에서 제시하였던 凡例를 직접 원용하지는 않고 있다. 그러나 강목형의 역사서술은 18세기에 들어가 林象德(1693~1719)의《東史會綱》과 安鼎福(1712~1791)의《東史綱目》에 이르러 주자의 강목범례를 충실히 반영하는 방향으로 발전하였다.

(4) 역사지리학 연구의 심화

우리 나라에서 역사지리학의 시작은 정사체의 지리지로서《三國史記》나《高麗史》에서 찾을 수 있다. 이 계통으로 별도로 편찬된 책으로는《八道地理志》나《世宗實錄地理志》,《東國輿地勝覽》등을 들 수 있다. 그러나 이들 관찬 지리서류들이 단순한 편찬물인데 반하여 학문적으로 이에 대한 연구를 시작한 사람은 韓百謙(1552~1615)이라고 할 수 있다.[9] 그의 대표적인 역사지리 저술로 《東國地理誌》가 있다. 이에서 그는 한국인의 종족문제, 강역문제를 역사적으로 고찰하려고 하였으며, 특히 종래 분분하였던 삼한의 위치문제에 대한 견해는 오늘날 정설로 받아들여지는 탁론을 내놓았다. 그는 도덕적 관점에서 역사를 평하고 정치적 교훈을 주려던 조선 전기의 역사학으로부터 완전히 탈피하여 강역과 관방 등의 역사와 지리문제를 논하면서 실증적인 방법을 써서 역사학을 독립적인 학문으로 발전시키는 데에 기여하였다.

이런 학문경향은 이후의 학자들에 의하여 계승되어 현대 역사학에까지 그 학문적 영향을 미치고 있다. 柳馨遠(1622~1673)은 《東國輿地志》의 연혁과 고적 등 항목에서 역사지리에 관한 문제들을 자세히 논급하면서 한백겸의 생각을 더욱 발전시켰다.[10] 그외 鄭克後·許穆·南九萬·李世龜·李頤命·洪萬宗 등 학자들은 한백겸과 유형원을 이어 역사지리학을 더욱 발전시켰다.[11] 이러한 연구경향은 18세기 이후에는 林象德·申景濬·安鼎福·丁若鏞으로 이어지면서 새로운 발전을 맞이하게 되었다.

역사지리학에서 가장 공통된 문제가 된 것은 주제별로는 민족의 종족문제, 옛 국가의 영역, 옛 수도의 위치, 국방요새지의 위치 등을 밝히려는 것이었으며, 시간적으로는 단군과 기자조선을 어떻게 볼 것인가라는 문제, 중국사에 나오는 한사군의 위치문제, 중국측 기록에 다양하게 나오는 패수가 어느 강을 지칭하는가의 문제, 尹瓘의 9성의 위치문제 등을 밝히는데 주력하였다. 이는 이 시기 양란을 거치면서 조국강토의 수호가 중요한 문제로 부각된 점과 조국강토에 대한 관심의 고조 각성과 깊은 관련을 가진다.

---

9) 鄭求福, 〈韓百謙의 東國地理誌에 대한 一考-歷史地理學派 成立을 중심으로-〉(《全北史學》 2, 1978).
———, 〈韓百謙의 史學과 그 影響〉(《震檀學報》 63, 1987).
———, 《久菴遺稿·東國地理誌》(一潮閣, 1987).

10) 朴仁鎬, 〈柳馨遠의 東國輿地誌에 대한 一考察-歷史意識과 關聯하여-〉(《淸溪史學》 6, 1989).

11) 韓永愚, 〈許穆의 古學과 歷史認識〉(《韓國學報》 40, 1985).
朴仁鎬, 〈南九萬과 李世龜의 歷史地理 硏究〉(《歷史學報》 138, 1992).
韓永愚, 〈17세기후반~18세기초 洪萬宗의 會通思想과 歷史意識〉(《韓國文化》 12, 1991).

조선 전기의 반도 중심적인 역사지리관과는 달리 한백겸 이후에는 반도 이외 지역으로 관심을 증대시켜 나가고 있었으며, 유형원 이후에는 대체적으로 요동일대까지 옛 조선의 영역을 확대하여 이해하려고 하였다. 그리고 그동안 제대로 조명받지 못하였던 고구려와 발해의 강역을 요동일원에서 그 자취를 찾으려고 하였다. 학문적으로 역사지리학은 전문성과 독립성·자율성을 차츰 획득해 나가고 있었다.[12)]

이러한 역사지리학이 발생하게 된 원인은 다음과 같다. 성리학자들이 철학적 문제를 깊이 있게 따져 들어가는 학문태도가 과거의 역사연구에 적용되었다고 볼 수 있다. 무비판적으로 문헌사료를 인용하여 역사를 쓰던 학문에서 사료를 비판하여 검도하는 인묵이 성장하였다. 중국 사서가 널리 보급되어 이를 참조할 수 있는 여건이 보다 용이하여졌고, 지도의 작성 등으로 국토에 대한 인식이 새로워졌다. 청나라 고증학의 영향도 작용하였다.

역사지리학은 조선 중기에 발생하여 후기에 큰 발전을 이룬 역사학의 새로운 분야로 이는 역사학의 관심이 정치사 중심의 관심으로부터 현실적 분야로의 변화와 역사학이 도덕적 평가를 내리는 경학의 종속으로부터 벗어나 객관적 실체를 다루는 학문으로서의 역사학의 독립을 의미하는 결과를 가져왔다고 평가할 수 있다.

(5) 해동악부체 시가의 출현과 그 발전

과거제도가 실시된 이후 우리 나라의 관료들과 지배층의 학문적 성향이 문학을 바탕으로 하였으므로 역사사실을 문학의 소재로 다루는 경향이 있음은 지극히 당연한 귀결이다. 이것은 고려시대 吳世文의《歷代歌》이후 李奎報의《東明王篇》, 李承休의《帝王韻紀》, 高得相과 조선시대 尹淮의《歷代世年歌》,《龍飛御天歌》로 이어지는 詠史詩歌의 전통이 있었다.

그러나 이런 영사시와는 달리 과거의 애국명장이나 역사적 유적 등을 소재로 운문시를 짓는 악부체의 역사시가가 발전하였다. 그 형식은 먼저 역사사실에 대한 소개가 있고 다음 운문의 시를 지었으며, 시간적인 대상은 초기

---

12) 朴仁鎬,《朝鮮後期 歷史地理學 硏究》(韓國精神文化硏究院 博士學位論文, 1996), 9~11쪽.

해동악부에서는 삼국 및 고려시대의 역사내용이 주요한 소재가 되었으나 뒤로 내려가면서 조선 당대의 사건도 해동악부의 소재로 삼는 것이 보통이었다. 공간적으로는 산천이나 인물 등에까지 범위를 확대하였다.13)

이는 역사와 문학의 만남이라 할 수 있으며, 역사사실을 많은 사람들에게 홍보하는 데에 기여한 것으로 생각된다. 특히 조선 후기의 양반들이 학문적 연구를 일상적인 과제로 하였고 대부분 한시를 짓는 것을 필수적인 교양으로 여겼으므로, 이러한 악부체는 역사내용을 문학화하는데에 가장 적절한 것이었다.

해동악부의 효시적인 것으로는 金宗直(1431~1492)의 《東都樂府》에서 찾을 수 있다. 이는 경주지방의 옛 신라에 관한 소재를 취한 것으로 비록 체계적인 형태는 아니지만 서술내용이나 가사 등으로 볼 때 해동악부의 기원이라 할 수 있다. 沈光世(1577~1624)의 《海東樂府》에 이르러 해동악부체가 정형화하였다.14)

해동악부는 특히 지방에 거주하는 사림들의 기호에 맞아 조선 후기에 더욱 발전하였다. 악부체 시가의 주담당자가 관리나 학자였던 점에서 이 역시 성리학적인 역사관의 틀을 벗어난 것은 아니나 과거의 역사 중에서 우리 나라의 역사와 산천에 대한 민족적 각성이 반영된 형태이다.15) 엄격히 말하여 악부는 시가라는 문학이지만 그 서문으로 서술된 내용은 역사라 할 수 있다.

3) 당대사의 편찬

(1) 실록의 편찬과 보관

역대왕의 실록을 편찬하는 사업은 조선 전기로부터 계속되었다. 즉 왕이 죽은 후에 實錄廳이 설치되고 편찬관이 임명되어 실록을 편찬함은 이전과 같았다. 그러나 이 시기에 신하들에 의하여 포악하거나 패륜을 저지른 군주인 연산군과 광해군이 축출된 두 사건이 일어났고 이 당시의 기록은 '實錄'

13) 鄭求福, 〈海東樂府集成 解題〉(《海東樂府集成》, 驪江出版社, 1988).
14) 《東都樂府》와 《海東樂府》의 내용은 위의 《海東樂府集成》 참조.
15) 沈光世, 〈海東樂府序〉(《海東樂府》; 《海東樂府集成》, 15쪽).

이라 하지 않고 '日記'라는 명칭을 붙였다. 일기와 실록과의 차이는 실제 명칭만의 차이가 있는지 아니면 그 구체적인 서술방식에 있어서 차이가 있는지는 앞으로 구체적인 연구의 대상이다.[16] 왕위에서 쫒겨난 군주의 실록을 일기라고 칭한 선례는 《魯山君日記》(《端宗實錄》)에서부터 비롯된 것이다.[17] 명칭을 일기라고 하였을 뿐만 아니라 이를 편찬하는 기구명칭도 실록청이 아닌 纂修廳이라고 명명하였다. 그렇지만 그 편찬진의 구성과 체제는 실록청과 거의 차이가 없다.[18]

이 시기의 실록편찬에 있어서 이전 시기와 비교하여 두드러진 특징은 史論이 많이 쓰여졌다는 점을 들 수 있다. 조선 초기는 사관들이 쓴 사론을 실록에 싣지 않았으나, 《成宗實錄》 이후에는 실록에 사관들의 사론이 많이 쓰여지기 시작하였으며, 특히 《中宗實錄》과 《明宗實錄》 등에는 많은 사론이 실려 있다.[19] 이는 다른 말로 표현하면 비판의식이 왕성하였음을 말해주는 것이며, 또한 당시 사관들의 성숙된 지적 분위기를 의미하기도 한다. 이를 통해 16세기부터 경향 각지에서 주도권을 장악하기 시작하였던 사림들의 비판의식이 강렬했음을 알 수 있다.

사론을 작성하는데 이용한 자료는 史草와 時政記, 개인 문집 등이 주로 활용되었으며, 이를 작성한 사람은 당대의 專任史官, 견문에 의거 사초를 작성한 官吏, 실록청 개국 후 편성된 編纂官이었다.[20]

한편 사론의 내용에 있어서는 인물에 대한 포폄이 큰 비중을 차지하였다. 이는 사림세력이 유교적인 이상정치의 실현을 위한 도덕적 감계를 사론을 통해 보인 것으로, 이 당시의 실록 사론이 사림세력의 입장을 대변하였음을

16) 우선 눈에 띄는 특징은 국왕에 대한 지칭으로 '上'이라는 표현을 잘 사용하지 않은 점을 들 수 있다.
17) 《魯山君日記》는 '靖難日記'라는 이름으로 편찬이 시작되었다(申奭鎬, 앞의 책, 31쪽 참조).
18) 조선 중기의 실록편찬에 대해서는 다음의 글을 참조.
申奭鎬, 《朝鮮王朝實錄의 編纂과 保管》(《韓國史料解說集》, 韓國史學會, 1964).
裵賢淑, 《朝鮮實錄의 書誌的硏究》(中央大 博士學位論文, 1989).
金慶洙, 《朝鮮 中宗代의 史官硏究》(忠南大 博士學位論文, 1996).
19) 韓沽劤, 〈明宗實錄 解題〉(民族文化推進會).
車長燮, 〈朝鮮前期 實錄의 史論〉(《國史館論叢》 32, 1994), 28~36쪽.
20) 金慶洙, 앞의 책, 139~145쪽.

보이는 것이기도 하다. 그러나 사관들의 인물평가는 인물에 대한 사실을 구명하는 것이 아니라 도덕적인 관점에서 포폄을 행하는 것이었기 때문에 이후 정쟁의 불씨가 되었다. 다만 조선 중·후기가 되면서 조선 전기에 비해 인물에 대한 비중이 낮아지고 대신 다른 주제에 대한 비중이 상대적으로 높아지고 있다. 이는 사관의 시각이 다양해지고 그 역할도 강화되었음을 의미한다.[21)]

이 시기의 실록편찬과 관련하여 특기할 사항은《宣祖實錄》·《顯宗實錄》·《景宗實錄》에 대해서는 각 '修正(改修)實錄'이 편찬되어 원본과 병치하였으며,《肅宗實錄》은 원본에 수정 부분을 첨부하였다는 점이다. 총 221권의《선조실록》은 42권으로, 총 15권의《경종실록》은 5권으로 수정하였으며, 총 22권의《현종실록》은 28권으로 개수하였다.《숙종실록》은 권말에 補闕正誤를 부기하고 있는데 이 역시 수정실록의 성격을 띠고 있다. 실록의 수정 및 개수는 당파와 관련된 내용의 서술에 공정하지 못한 점이 있었으므로 다른 당이 집권하게 되면 실록을 수정하게 된 것이다. 이들 수정실록에 대해서는 당파적 관계가 내용의 서술과 사론에 어떻게 반영되었는가를 구체적으로 밝히는 작업이 앞으로 있어야 할 것이다.

(2)《비변사등록》등 연대기 기록의 편찬

조선 중기의 국가적인 편찬사업으로 당시 왕명을 출납하던 승정원에서는 별도로 날마다 취급하였던 문서와 사건을 기록한《承政院日記》가 있었으나 현재 광해군 이전의 기록은 남아 있지 않고 인조대 이후의 기록만 남아 있다. 이외에 비변사에서 처리한 공사를 기록한《備邊司謄錄》이 관부에 의해 정리되기 시작하였으나 이 역시 임란 이전 기록은 남아 있지 않고 광해군 9년(1617) 이후 고종 29년(1891)까지의 기록만 남아 있다.《승정원일기》나《비변사등록》은 실록이 편찬될 때 이용되기도 하였으며, 실록보다 일차 자료로 엮어진 특징을 지니고 있다.

한편 이러한 관찬자료들은 민간인들이 당대에 이용할 수 없었다. 특히 실

---

21) 車長燮, 앞의 글, 36~61쪽.

록은 편찬된 후 사고에 보관할 뿐 그 열람이 금지되었다. 이러한 관찬자료들을 쉽게 일반 지식인에게 보임과 동시에 역대 군주의 업적을 중심으로 엮어 선왕들의 嘉言宏謨를 본받고자 함이 《國朝寶鑑》의 편찬 목적이었다. 이는 또한 조선 후기에 당대사를 편찬하였던 이들이 주로 이용하였던 관변 기록이기도 하다.

《국조보감》은 세조가 태조로부터 문종대까지의 기록 중에서 정치의 교훈이 될 수 있는 자료들을 발취하여 《四朝寶鑑》을 편찬한 것이 시작이 되어 숙종 때에는 《宣廟寶鑑》이 편찬되었으며, 영조 때에는 《肅廟寶鑑》이 편찬되었다. 그 후 이러한 기반 위에 정조 6년(1782) 11월에 태조로부터 영조에 이르는 68권에 달하는 《國朝寶鑑》이 편찬되었다. 《국조보감》의 편찬에 이용된 주된 자료는 실록이었으며, 그외 綸音과 같은 御製 저술이나 각 관청의 연대기 자료들도 이용되었을 것이다.[22]

(3) 야사형 사서의 편찬

조선시대 野史의 시원으로는 徐居正의 《筆苑雜記》와 成俔의 《慵齋叢話》를 들 수 있으며, 이후 다양한 隨錄類의 야사가 편찬되었다. 야사는 오늘날의 소설적인 허구적 내용이 아니라 당시의 개인이 기록한 견문록으로서 역사성은 대단히 높은 것이다. 16세기에는 활발한 사찬사서의 편찬과 궤를 같이 하면서 야사도 전형적인 체계를 갖추어 편찬되기 시작하였으며, 그 내용과 대상에 있어서도 초기의 신변잡기의 수록류에서 일정한 시간적 단위를 대상으로 한 체계적 형태를 갖춘 通史性의 저술로 발전하였다.

이 시기에 전형적인 야사의 양식이 성립되는 대표적인 사서로는 許篈(1551~1588)에 의해 편찬된 《海東野言》을 들 수 있다. 《해동야언》은 당시 성리학적 역사학의 일부면으로서 인물 중심의 역사이해를 보여주고 있으며, 서술에 있어서는 전거를 분명히 제시하는 특징을 보였다.[23]

---

22) 李元淳, 〈國朝寶鑑解題〉(《國朝寶鑑》, 세종대왕기념사업회, 1980).
鄭亨愚, 〈國朝寶鑑의 編纂經緯〉(《東方學志》 33, 延世大, 1982 ; 《朝鮮時代書誌史硏究》, 韓國硏究院, 1983).

23) 李泰鎭, 〈조선시대 野史 발달의 趨移와 성격〉(《又仁金龍德博士停年紀念 史學論叢》, 1988), 110~112쪽.

《해동야언》은 당대사의 필요성과 관찬사서와는 다른 시각에서의 역사서술이 필요하다는 문제의식에서 출발하고 있다. 서술방식에서는 정치적 입장의 차이에 따르는 상대방의 시비를 피하기 위해 다른 저서의 내용을 인용하면서 편집하여 정리하는 방식을 취하였다. 물론 내용의 취사선택을 통하여 자신의 견해를 표현하고 있다. 이러한 방식은 이후 편찬된 야사의 기본적인 체재를 이룬 것이기도 하다.[24]

이후 개인학자들에 의해 당대사를 기록한 업적이 활발히 쏟아져 나오기 시작하였다. 그 대표적인 예를 든다면 尹衡聖(1608~1676)의 《朝野僉載》,[25] 徐文重(1634~1709)의 《朝野記聞》,[26] 李東郁(1646-?)의 《朝野記聞》,[27] 尹鑴(1612~1685)의 《代嘯雜記》 등이 있다. 《조야첨재》가 각 왕별 편년기사를 중심으로 기록되었던 반면에, 《조야기문》은 사건을 분류하여 항목별로 해당 기사의 자료를 모으는 식의 기사본말체 형식을 따르고 있어 야사에 있어서도 다양한 서술체재가 사용되고 있음을 알 수 있다.

이러한 야사형의 당대사는 18세기 이후 《朝野會通》·《朝野輯要》·《列朝通紀》 등이 편찬되어 나왔으며, 당쟁과 관련된 자파의 입장을 옹호하기 위한 黨論書가 활발히 편찬되었다. 그리고 양반층 부인들에게 읽히기 위해 야사의 언해본이 나오기도 하였다.

---

24) 최이돈, 〈海東野言에 보이는 許篈의 當代史 인식〉(《韓國文化》 15, 1994), 244~248쪽.

25) 《朝野僉載》는 50권 29책(별록 2권)의 필사본으로, 조선 건국 이후 숙종 46년(1720)까지의 사실을 《국조보감》, 《용비어천가》 등을 참고하여 엮은 것이다. 이 책의 찬자에 대하여는 이설이 있으며 윤형선이 찬한 것이라 하더라도 후대인이 추가해 넣었을 가능성이 있다. 이는 앞으로의 연구과제이다. 구성은 각 권별로 조선의 왕을 중심으로 하여 편년체 형식으로 기록하고 있다.

26) 藏書閣에는 10책본의 《朝野記聞》(2-289)과 11책본의 《記聞》(2-137)이 있다. 한편 북한에서 편찬된 《력사사전》(사회과학원 력사연구소편, 1971)에 따르면 34권의 필사본이 있다고 한다. 그외 23권 23책의 한글본 《됴야긔문》(장서각 2-288)도 있다. 그 내용은 1626년까지의 연대표가 있고 다음에 제도, 경비 등 6개의 편목이 있으며, 다시 본편으로 들어간다. 본편에는 사건 단위로 관련자료들을 모아두었다.

27) 5권 5책본으로 藏書閣(2-290) 및 奎章閣(12714)에 소장되어 있다. 내용은 서문중의 《朝野記聞》과 마찬가지로 왕조별 정치사건을 다루고 있다. 구성은 편년적 순서에 따라 기술하고 관련 인물의 열전을 부기하였다.

한편 야사형 사서는 17세기 중반에 이르면 여러 야사를 종합적으로 수집 편찬한 총서 형식으로 정리되어 새로운 발전모습을 보여주기도 한다. 이 시기에 편찬된 야사총서로는 鄭道應(1618~1667)의 《昭代粹言》을 들 수 있다. 이후 조선 후기에는 통사성의 야사와 야사 총서류가 관변측 자료의 미비를 메꾸면서 계속 편찬되었다.

조선 중기의 야사형 사서들은 16세기 사림파의 등장과 함께 크게 성행하면서 정치적 색채를 띠어 이 시기 사림정치의 발전과 밀접한 관계를 맺고 있다. 대체로 그 내용에 있어서는 인물 위주의 서술로 이루어져 있으며, 역사의 서술체재는 편년체, 기사본말체 등 자유로운 형식이 취하여졌다. 그러나 이러한 야사형의 사서들은 관변 자료들이 공개되지 않은 상황에서 완벽한 내용을 갖추기 어려웠기 때문에 미흡한 점이 많았다.

(4) 사찬 지리서의 편찬

조선 전기의 관찬 지리서 편찬과는 달리 16세기 이후에는 지방의 관리, 학자들이 중심이 된 읍지가 광범위하게 편찬되기 시작하였다. 중앙정부가 지방사정을 파악하는 자료로 이용되었던 조선 전기 官撰의 通志와는 달리, 이것은 주자학 이해의 심화와 사림파 지식인들의 이상정치 실현을 위한 일련의 향촌사회에 대한 통제정책과 관련된 것으로,[28] 지방통치를 위한 자료의 획득이라는 목적과 더불어 유교적인 향촌교화의 측면이 강조되고 있어 조선 중기 사림파 지식인들의 역사의식을 이해하는데 중요한 자료가 된다.

조선에서 편찬된 최초의 사찬읍지는 李耔가 1507년에 편찬한 경상도 義城의 《聞韶志》로 알려지고 있으며,[29] 현존하는 것으로는 鄭逑(1543~1620)에 의해 편찬된 《咸州誌》(1585)가 시기적으로 가장 이르다.[30] 그외에도 16~17세기 동안 경상도와 전라도를 중심으로 활발한 읍지 편찬이 이루어졌으며, 이후

28) 楊普景, 〈16~17世紀 邑誌의 編纂背景과 그 性格〉(《地理學》 27, 대한지리학회, 1983).
———, 《朝鮮時代邑誌의 性格과 地理的 認識에 관한 硏究》(서울大 地理學科 博士學位論文, 1987), 66~96쪽.

29) 楊普景, 위의 책, 67쪽.

30) 金慶洙, 〈鄭逑의 《咸州誌》 연구〉(《于江權兌遠敎授 停年紀念論叢》, 1994).

지역적으로 전국으로 확대되는 양상을 보이고 있다.[31]

이러한 읍지 편찬의 성행은 지방의 문화의식을 고양시키는데 기여하였을 것이며, 오늘날에도 지방사 연구에 소중한 자료일 뿐만 아니라 사학사적인 의미에서도 중요하다.

한편 通志로서는《東國輿地勝覽》이 조선 전기의 문화를 총집성하였으며 그 이후 이를 수정한《新增東國輿地勝覽》이 중종 25년(1530)에 편찬되었을 뿐 국가적인 편찬사업으로 전국적인 통지는 편찬되지 못하였다. 그런데 실학의 선구자라고 할 수 있는 柳馨遠에 의해《東國輿地志》가 편찬되었던바, 이는 개인 학자에 의해 만들어진 전국규모의 통지일 뿐만 아니라 실학적인 안목으로 작성된 지리서로 지리서의 편찬에 있어 새로운 발전을 의미한다.

(5) 일기의 작성

사림학자들은 자신의 주변에서 일어난 매일매일의 일기를 남기기도 하였다. 일기는 사실성이 높아 관찬자료를 보완할 수 있는 중요한 기록이다. 당대사의 기록류가 현실적인 효용성보다는 후대에 기록을 남겨둔다는 의미가 강한 것이 특징이듯이 일기류도 마찬가지이다. 일기류에는 특별한 일에 대한 일기를 남긴 경연일기 등이 있으나 이들 자료는 문집편찬시에 문집에 포함되어 편찬되었다. 물론 이런 일기류는 고려시대의 이규보가 쓴《남행일월록》이 가장 빠른 일기류의 서술이라 할 수 있다. 매일매일의 일기류는 李文楗(1494~1567)의《默齋日記》, 柳希春(1513~1577)이 남긴《眉巖日記》, 姜沆(1567~1618)의《看羊錄》, 吳希文(1539~1613)의《鎖尾錄》, 李舜臣(1545~1598)의《亂中日記》, 金玹(1555~1593)가 쓴 일기, 南以雄의 우인인 南平曺氏가 병자호란을 당하여서 쓴《병자일기》가 알려지고 있으나 필사본의 일기는 앞으로 더 많이 발굴될 것이다.[32]

---

31) 16~17세기 편찬된 사찬읍지에 대한 개별적 검토는 다음 글을 참조.
楊普景, 앞의 책.
任世權, 〈永嘉誌 編纂 및 刊行의 意義〉(《安東文化의 再認識》, 安東文化研究會, 1986).
金慶洙, 위의 글.
崔允榛, 〈16, 17세기에 편찬된 慶尙道의 私撰 邑誌〉(《全北史學》17, 1994).

《미암일기》는 원래 14권이었으나 11권만이 현전하며 이는 선조 즉위년(1567) 10월 1일부터 작자가 죽기 전날까지인 1577년 5월 13일까지의 일기이다. 《간양록》은 엄격히 말하여 일기라고는 할 수 없으나 정유재란 때 일본에 포로로 잡혀갔다가 돌아와 당시의 기록을 모은 책이다. 《쇄미록》은 7권으로 1591년 11월 27일 노비신공을 추쇄하러 떠났다가 임란을 당하여 돌아오지 못하고 유랑한 전쟁현상에 대한 일기로 환도 다음날인 1601년 2월 27일까지 다루어졌으며, 《난중일기》는 1592년 5월 1일부터 1598년 10월 7일까지의 전란중에 있었던 전쟁일기로 현재 7권이 전하나 원래는 10권이었던 것으로 추정된다. 김해의 일기는 의병장의 일기로 그 사료적 가치의 중요성은 대단히 높다. 일기자료는 생활사의 구체적인 자료로서 중요하다.

4) 역사학과 사학사상의 특징

16~17세기의 역사학에서는 새로이 등장하였던 사림들의 역사의식이 특징적으로 나타나고 있다. 이에 따라 역사의식적인 측면에서 본다면 조선 초기 이래의 도덕과 교훈을 위한 유교적 역사관을 그대로 이으면서도, 성리학적 명분론에 의한 가치평가와 도학적 역사관을 심화시키고 있으며, 또한 朱子의 正統論과 綱目論을 수용하여 역사서술에 이용하였다.

조선 전기는 관료 중심의 관찬사서가 주조를 이루었다. 조선 초기에는 국가의 통치제도가 새로 정비되면서 역사학은 국가의 관료에 의해 국가적인 필요에서 편찬되었다. 국초의 權近에 의한 《東國史略》(일명 《三國史略》), 《高麗史》와 《高麗史節要》의 편찬, 《東國通鑑》의 편찬, 그리고 전국적인 지리서인 《世宗實錄地理志》와 《東國輿地勝覽》의 편찬도 마찬가지였다. 이들은 비교적 자료에 충실하고 객관적인 방법으로 편찬되고 있으면서도, 내용적으로는 새 국가 건설을 위한 현실적인 규범을 따르는 특징을 지니고 있다.

그러나 16세기의 역사학은 15세기와는 달리 관료에 의한 편찬보다는 개인 학자들의 관심에 의해 연구되었다. 특히 사림 중심의 私撰史書는 주로 小學

32) 정구복, 〈朝鮮朝 日記의 資料的 性格〉(《정신문화연구》 65, 한국정신문화연구원, 1996).

敎育을 위한 관심에서 출발하여 현실적 실용성이 강조되었다. 역사지리학도 마찬가지로 외침이라는 국난을 당하여 조국의 영토와 그 수호에 관한 현실적 의식에서 출발하였으며 악부체 또한 사림들의 유홍을 위한 시가의 소재로서 역사적 자료가 활용되었다. 야사류나 일기의 서술도 사림들의 현실의식을 반영한 것이다.

그러나 조선 중기 역사학이라 하면 으레 중국의 역사학을 지칭하여 민족적 자의식이 빈약하였다. 아직 우리 독자적인 민족적인 개성이나 특성을 찾으려는 노력은 보이지 않는다. 도도히 흐르는 중국 중심적 역사학에서 우리나라의 것도 알아야 한다는 필요성에서 역사학이 연구되었다고 할 수 있다. 우리 나라의 통사를 성리학적인 관점에서 해석하는 경향은 이 시기에 싹트기 시작하여 조선 후기에 이르러 발전하였다고 할 수 있다.

특히 역사학에서 개인학자들이 개인적 관심에서 연구한 결과는 형식이 다양하였지만 역사의식에서 자유로운 해석이 가능하였는가는 앞으로 밝혀져야 할 문제이다. 이는 이념이 성리학으로 굳어져 가는 상황과 연결되어 생각하여야 문제이다. 그러나 역사학의 새로운 경향인 역사지리학은 사실의 眞否를 밝히려는 분야로서 도덕적인 평가가 크게 배제된 점에서 특이한 새로운 현상이었다고 할 수 있다. 역사지리학적 연구는 조선 전기에 고구려의 영역을 한반도 안으로 설정함을 수정하여 만주지역에 있었음을 밝혔다.

요컨대 조선 중기 역사학은 조선 전기의 역사학을 바탕으로 18세기 이후의 조선 후기 역사학의 토대를 마련하였던 시기였다.[33]

〈鄭求福〉

7. 불교계의 동향

儒敎立國의 國是에도 불구하고 조선 전기에는 억불정책과 홍불노력이 일

33) 조선 후기 역사학에 대해서는 鄭求福, 〈朝鮮後期의 歷史意識〉(《韓國思想史大系》 5, 韓國精神文化硏究院, 1994) 참조.

정하게 교대로 나타났다. 이는 제한적이나마 아직은 불교의 사상적 영향력과 함께 興佛主 등 불교세력이 존재함으로써 가능한 일이었다. 그러나 중기에 들어서면 사정은 급격히 달라진다. 배불세력으로서의 性理學 그룹이 크게 성장하고 있음에 반해 불교사상은 완전히 위축되고, 더욱 강화되고 있는 억불정책에 대응할 만한 불교세력도 눈에 띄지 않는다. 이러한 시대의 여건은 더 이상의 공식적인 홍불을 기대할 수 없게하는 것이었다.

이로써 조선 중기에는 일방적인 억불상황이 그대로 고정되고 마는데, 이는 곧 불교교단의 새로운 변화를 의미한다. 이로부터 불교는 山中僧團으로 축소되어 점차 사회로부터 멀어지는 은둔의 길을 걸을 수밖에 없게 된 것이다. 이같은 조선 중기의 불교계에 관해서는 산중승단의 형성 및 山僧들의 법통 계승, 이 시대의 신앙형태, 그리고 왜란·호란 기간 중의 義僧軍 활동을 중심으로 그 대강의 동향을 살필 수 있다.

1) 산중승단

조선시대의 불교는 그 시기적 특성에 따라 다음과 같이 3기로 구분되기도 한다. 개국에서부터 명종 20년(1565)까지의 종파 및 僧科 존립기, 명종 21년부터 淸虛休靜(1520~1604)의 시대를 포함한 山僧家風확립기, 그리고 이 시기 이후 조선 말까지 禪·敎·念佛이 통합적으로 행해지던 三門修業 존속기가 그것이다.[1]

이상의 3기를 통해서 볼 때 정확하게는 제2기와 3기가 산중승단의 시대에 해당한다. 그러나, 조선 일대의 불교를 전반적으로 산중승단의 불교로 특징짓기도 한다. 초기 억불정책의 방향이 결과적으로 산중불교화를 재촉하였고, 마침내 명종 21년 이후로는 오직 산 속에 들어가 승단을 이룩하고 불교의 명맥을 유지해 갔기 때문이다. 그런 관점에서, 산중승단의 형성과정을 조선 전기에서 중기에 이르는 기간 중의 억불정책을 통해 간략하게 살펴보려고 한다.

---

1) 金煐泰, 《韓國佛敎史槪說》(經書院, 1986), 165~166쪽.

태종대의 대불교정책은 조선왕조에 있어서 최초로 단행된 본격적인 억불정책이었다는 점에서 일단 주목된다. 그러나, 그 광범한 대상이나 파급 영향에도 불구하고, 그것은 국가의 경제적 현실 타개책으로서의 성격이 더 짙게 느껴진다. 무엇보다도 대대적인 사원토지의 감축 및 노비의 屬公 등 억불의 내용이 주로 불교에 대한 경제적 제재 형태로 나타나고 있기 때문이다. 따라서 이 최초 단계의 억불정책은 국가의 종교적 이념 문제로서 보다는 오히려 태종 초의 증대된 軍國的 수요를[2] 충당하기 위한 경제적 조치로 해석할 수 있다. 그런데 문제는 이런 과정에서 11宗에 달하던 종파가 7종으로 폐합되고 있다는 점이다. 종파의 폐합, 축소와 같은 일은 이후 산중불교의 출현 문제와도 관련하여 매우 중요한 의미를 내포한다. 이는 불교 각 종파의 특성이 무시되고 그 활동 또한 제약 봉쇄당함으로써, 결국 불교교단이 위축될 수밖에 없었다는 점에서이다.

7종으로 폐합된 종파를 다시 禪·敎 양종으로 대폭 축소시켜버린 세종대의 억불정책 또한 같은 맥락에서 파악할 수 있다. 사원·승려·토지 및 노비의 대폭적인 감축으로부터 시작된 세종대의 억불정책은 이와 표리의 관계를 이루는 종파의 파격적인 축소로 이어져 갔다. 이로 인해 불교의 경제적, 인적 기반의 상당 부분이 해체되고,[3] 교학사상 및 그 활동의 다양성도 거의 사라지게 된다. 국가의 현실적 요구와 행정편의에 따라 강행된 이 같은 종파 폐합의 정책은 이후 불교계의 향방을 어느 정도 가늠케 해준다. 그 연장선에서 이미 산중불교의 출현이 예견되는 것이다. 한편 이 시기의 억불정책 가운데 승려의 入城禁令 또한 산중승단 형성의 한 과정으로 볼 수 있다. 이 조치는 원래 無度牒僧의 단속을 위해 내려진 것이었다. 그러나 이의 확대 실시로 산중불교화의 경향이 더욱 가속화되었을 것임은 상상하기 어렵지 않다.

태종, 세종대의 억불정책을 통해 어느 정도 예견되고 있던 산중승단의 출현은, 성종대의 억불정책을 거치는 동안 거듭 확인된다. 유학진흥과 유교의 이상정치 구현에 진력했던 성종은 본래 숭유배불적 성향이 강한 군주였다.

---

2) 韓永愚,《朝鮮前期 社會經濟研究》(乙酉文化社, 1983), 190~191쪽.

3) 寺院토지의 경우, 合宗 전에 11,100결이던 것이 종파 축소에 따라 선·교 양종에 도합 7,950결만 분급되었다. 전국 사원토지의 약 30%가 감축된 숫자이다.

여기에다 과격한 배불론자들이었던 당시의 新進士類들까지 가세하여, 이 시기의 억불정책은 더욱 강경하게 추진되어 갔다. 그것은 특히 성종 7년(1476) 왕의 친정 이후, 여러 방면에 걸쳐 불교계에 대한 핍박으로 나타난다. 그 중에서도 대규모의 僧尼축출과 《經國大典》에 명시되어 있던 度僧法의 정지는[4] 성종대 억불정책의 핵심을 이룬다.

이 두 가지 조치는 기존 승려에 대한 강제 축출과 병행하여 새로 승려가 되는 길까지 법적으로 차단하려는 것이었다. 불교의 자멸을 유도하고 있는 그런 정책들은 신진사류들의 강경한 요구와 정책 입안에 따라 결행된 것으로, 이 점은 특히 유의할 필요가 있다. 이는 곧 사림세력의 성장이 불교계의 수난으로 직결되고, 또 그것이 산중승단의 출현에도 무시할 수 없는 한 배경이 되었다고 보기 때문이다.

억불의 단계를 넘어선 이같은 배불정책으로 피폐해진 불교계가 다시 연산군대에 이르러서는 그 존립 자체마저 위협받는 처지에 놓인다. 연산군 10여 년 간에 걸친 폭정하에서의 불교박해는 가히 '破佛'이라 할 만한 것이었다. 특히 선교 양종의 都會所(本寺)인 興天寺를 폐하여 公廨로 삼은 일은 불교계에 결정적인 타격을 주었다. 불교교단의 근거지인 양종의 본사가 없어진 상태에서 僧科 또한 실시되었을 리가 없다. 연산군대에는 이 외에도 祖宗의 願刹이던 大圓覺寺를 폐하여 掌樂院으로 삼고, 승니를 환속시켜 官奴나 官房의 婢로 삼는 등 철저한 파불이 계속되었다. 물론 이러한 박해가 일정한 대불교 정책의 틀 안에서 수행된 것으로 보기는 어렵다. 그것은 연산군의 무도함과 횡포로 인한 불교의 수난이라 해야겠지만, 어쨌든 그 결과는 마침내 불교교단을 산중으로 들어가지 않을 수 없게 하였다. 그리하여 도성 안에서 근거지를 잃은 선교 양종은 廣州 淸溪寺로 물러나, 다만 이름 뿐인 양종을 扶持할 수 밖에 없었다.

이와 같이 산중승단의 시대는 사실상 연산군 말경부터 개막되고, 그것은 다시 중종대의 억불정책을 통해 돌이킬 수 없는 현실로 고정되어 갔다. 사림

4) 임시조치적 성격을 띤 度僧法의 정지는 성종 23년 2월부터 11월까지 적용되다가 그 이후로는 無度牒僧 단속에 중점을 둔 禁僧節目의 시행으로 다소 완화되었다. 이는 仁粹·仁惠 양 대비의 간곡한 요청에 따른 것이다.

세력의 정계진출과 그 영향력이 막대했던 중종대에는 연산군대의 억불에 비해 진일보한 경향을 보여준다. 연산군대의 억불이 원칙 없는 파불의 형태였다면, 중종대의 그것은 철저한 폐불정책으로서의 성격을 띠고 있는 것이다. 이미 폐사된 흥천·흥덕 양사의 大鐘과 경주의 銅佛로 統筒을 주조케 하고 있는 일이나, 《경국대전》에서 아예 度僧條를 삭제하고 있는 데서도 그런 의지가 느껴진다. 이보다 앞서 중종 2년(1507) 기묘 式年에 승과를 실시하지 않음으로써 그 폐지를 공식화하고 있음은 이를 더욱 뒷받침 해준다.

승과의 폐지는 국가와 불교와의 공적인 관계 단절을 의미하는 동시에 선교 양종이 국가로부터 인정되지 않고 있음을 말해주는 것이기도 하다.[5] 이로써 이후 불교교단은 자연히 무종파의 산중승단으로서 존재할 수밖에 없게 된 것이다.

중종대에 산중승단이 현실로 고정됨으로써, 조선 전기의 억불정책은 일단의 결론에 이른 것이라고 말할 수 있다. 물론 중종의 승과 폐지 이후 40여 년이 지난 명종 5년(1550)에 文定大妃의 흥불 노력에 힘입어 선교 양종이 복구되고 이듬해에는 승과가 부활되기도 하였다. 그러나 그 존속기간은 15년에 불과한 것이었다. 명종 20년 대비의 死去와 함께 불교는 다시 산중승단의 형태로 되돌아 가지 않을 수 없었던 것으로, 이는 중종대에 이미 내려진 결론에로의 복귀인 셈이다.

이상에서 살펴본 바와 같이 산중승단은 태종·세종대의 억불정책에서부터 그 출현이 예견되고, 이 후 그것은 다시 성종대의 배불과 연산조의 파불을 거쳐, 중종대의 폐불정책에 이르러 구체적인 현실로 나타나 있다. 이같은 산중승단의 형성은 국가정책에 의한 타율적 결과임에 틀림 없다. 그러나 이런 山間叢林의 불교에도 그 의미가 전혀 없는 것은 아니다. 다시 말해서 이제 조선불교는 순수한 수행승단으로서의 새로운 면모를 지닐 수 있게 된 것이다. 반면에 바로 이 점 때문에 불교의 은둔화 경향이 더욱 심화되어간 것 또한 불가피한 일이었다.

---

5) 각 宗에서 주관하는 宗選에 합격한 자에 한해 국가 시행의 大選에 응시할 수 있도록 되어 있는 僧科는, 국가와 불교(각 종파)와의 공적인 관계를 가장 잘 반영하는 제도이다.

2) 산승의 법통

연산군 말경부터 시작된 산중승단의 불교는 명종대에 한 차례의 흥불기간을 거쳐, 다시 산간으로 물러나 자활의 길을 모색해야 했다. 이런 시대의 산승들에게 가장 중요한 과제는 법통수호와 법맥계승의 문제였다고 볼 수 있다. 오랜 억불정책으로 敎의 맥과 禪家의 법통은 희미해진 지 이미 오래이다. 더구나 無宗의 산중승단이라고 하지만 교보다는 선가가 주류를 이루던 현실에서, 법통의 상실은 더욱 심각한 문제가 아닐 수 없었을 것이다. 이럴 즈음에, 임란을 전후하여 불교계를 영도해간 淸虛休靜에 의해 새롭게 山僧家統이 수립된다. 이 후 그 법통이 문하와 法孫들에게 이어짐으로써 조선 중·후기 산중승단은 새로운 활력을 얻고 있다.

그러나 이같은 법통과 법맥계승의 활동에는 다소 복잡한 문제가 얽혀 있는 것도 사실이다. 그것은 우선 휴정이 세운 선대의 법통이 다시 그 문하들에 의해 재조직되고 있음을 지적할 수 있다. 법통의 큰 흐름이 휴정이 세운 원칙에서 벗어나는 것은 아니지만, 法祖 문제에 있어서 상당한 改變이 나타나고 있는 것이다. 휴정 이후 그 문파에서 새롭게 내세우고 있는 이른바 太古法統說이 그것이다.[6] 이런 사정을 좀더 깊게 파악하기 위해 휴정이 밝혀 놓은 선대의 법통부터 검토해 본다.

휴정은 그가 지은 碧松堂行蹟·芙蓉堂行蹟·敬聖堂行蹟의 跋文에서 다음과 같이 선대의 법맥을 명시하고 있다.

> 법으로 系派(법통)를 논한다면, 碧松은 할아버지요. 芙蓉은 아버지며, 敬聖은 숙부이다(休靜, 《三老行蹟》 休靜謹跋 ; 《韓國佛敎全書》 7, 東國大 出版部, 1987, 757쪽).

짧지만 이는 휴정 스스로 밝힌 自家의 계보로서는 유일한 文證이다. 그러

---

6) 太古法統說은 휴정의 문하인 彦機가 인조 3년(1625)에 지은 〈蓬萊山雲水庵鍾峰影堂記〉(《鞭羊堂集》 권 2, 記篇)에 최초로 나타나며, 이후 그 문하에서 계속 거의 같은 내용이 강조되고 있다.

나 여기에는 벽송 이상의 선대에 대한 언급이 없다. 다행히 이 문제는 휴정이 지은 그의 법조 碧松行蹟을 통해 보완해 볼 수 있다. 행적은 먼저, 벽송이 祖證大師에게서 삭발하고 衍熙敎師를 찾아가 圓頓敎義를 問學한 다음, 正心禪師를 만나서는 "祖師西來의 密旨를 擊發하여 玄妙를 俱振하고 깨달음에 이익이 많았다"[7]고 적고 있다. 이러한 사실뿐이라면 벽송은 正心의 법을 이은 것으로 이해할 수도 있다. 그러나 이어지는 기록은 또 다른 사실을 전하고 있다.

> 正德 무진(중종 3년 ; 1508) 가을에 금강산 妙吉祥庵으로 들어가 大慧語錄을 보다가 狗子無佛性話에 疑着하여 오래지 않아 漆桶을 깨뜨렸으며, 또 高峰語錄을 보다가 颺在他方이라는 말에 이르러 前解를 頓落시켰다. 그러므로, 스승이 평생 발휘한 바는 高峰과 大慧의 宗風이었다. 대혜화상은 六祖의 17대 嫡孫이며, 고봉화상은 臨濟의 18대 적손이다. 스승께서는 해외의 사람이면서도 5백년 전의 종파를 은밀히 이었다. 마치 程子와 朱子가 孔子·孟子의 천년 뒤에 태어났지만 그 학통을 遠承한 것과 같으니, 儒學이나 釋敎가 도를 이어 전함에는 곧 한가지이다(休靜, 《三老行蹟》 碧松堂行蹟 ; 《韓國佛敎全書》 7, 752쪽).

이와 같이 휴정은 그의 法祖가 '평생을 발휘한 것이 고봉과 대혜의 종풍이었으며, 그 5백년 전의 종파(법통)를 密嗣'했음을 밝히고 있다. 따라서 이 기록대로라면, 벽송이 정심의 법맥을 이었다고 보기는 어렵다. 그는 멀리 6조 慧能의 17대 적손이며 동시에 臨濟 12대손인 大慧宗杲(1089~1163)와, 임제 18대 적손인 高峰原妙(1238~1295)의 법을 계승한 것으로 밖에 볼 수 없는 것이다.[8]

언제부터라고 단정하기는 어렵지만, 극심한 불법의 沙汰 속에서 선·교를 막론하고 승가는 어느새 그 가통과 종맥을 잃고 있었다. 벽송의 선대가 모호한 것도 이 때문이다. 이에 휴정은 이미 법통이 사라져 버린 산중승단에, 대혜와 고봉을 遠祖로 삼아 벽송을 법조로 하는 임제가풍의 새 법통을 수립해 놓은 셈이다. 그러나 이런 법통은 휴정이 入寂한 뒤 그 문하들에 의해

---

7) 休 靜, 《三老行蹟》 碧松堂行蹟(《韓國佛敎全書》 7), 752쪽.

8) 金煐泰, 〈朝鮮禪家의 法統考〉(《佛敎學報》 22, 東國大 佛敎文化硏究院, 1985), 333쪽.

새로운 모습으로 나타난다. 앞서 언급한 太古法統說이 등장하고 있는 것이다. 이는 즉, 휴정이 ① 石屋淸珙→② 太古普愚→③ 幻庵混修→④ 歸谷覺雲→⑤ 碧溪正心→⑥ 碧松智嚴→⑦ 芙蓉靈觀으로 전승된 법맥을 이은 것으로 되어 있다. 요컨데 휴정은 정심으로부터 법을 이은 것이며, 그 법통은 元에서 임제 18대인 석옥청공의 법을 받고 귀국한 태고로부터 시작된다는 주장이다.

동일한 임제의 법맥임에 틀림없지만 휴정이 세운 법통에 이처럼 개변이 가해지는 이유는 무엇일까. 여기에는 모호한 선대를 확정짓는다는 의미가 있을 것이다. 그러나 좀더 구체적으로는 조선 전기 불교계를 주도해온 懶翁系에 대응하려는 움직임으로 이해된다. 나옹계란, ① 平山處林(임제 18대)→② 懶翁慧勤→③ 無學自超→④ 涵虛己和로 이어져온 법맥을 말한다. 조선 전기에는 이들 법맥이 주축이 되어 왔다.[9] 그러나 임진왜란 중에 특히 의승군 활동을 통해 사회적 인식을 새롭게 부상시킨 '휴정-유정문파'들은 이제 조선 전기 나옹계의 '무학-함허 문파'에 못지 않는 자부심을 갖게 되었다. 따라서 태고법통설은 휴정문파의 이같은 성장과 자부심에서 나온 것으로 볼 수 있겠다.[10]

이런 태고법통은 휴정의 스승 부용영관의 또 다른 문하인 浮休와 그로부터 이어지며 병자호란 때 크게 활약했던 碧巖문파까지도 함께 포섭하면서, 조선 중기 이후 더욱 확고한 법통으로 자리잡아 갔다. 조선 중기에는 이 밖에도 멀리 法眼宗系와 연결된 휴정의 법계나[11] 知訥→나옹으로 이어지는 법계[12]까지도 눈에 띈다. 전혀 신빙성이 없지만, 이런 법통설이 나오고 있는 사실 자체가 산중승단의 법통에 대한 높은 관심을 말해 준다. 어쨌든 휴정이 임제의 종풍을 세우고 이후 그 문하들이 법통의 相承계보를 확립해가는 가운데, 조선 중·후기의 산중승단은 새로운 자활의 힘을 응집시킬 수 있었다고 본다.

---

9) 高翊晋, 〈碧松智嚴의 新資料와 法統問題〉(《佛敎學報》 22, 1985), 211쪽.
10) 위와 같음.
11) 許端甫, 〈淸虛堂集序〉(《韓國佛敎全書》 7), 659~660쪽.
12) 許　筠, 〈四溟松雲大師石藏碑銘幷序〉(《朝鮮金石總覽 下》), 825쪽·827쪽.

3) 불교신앙의 제형태

불교신앙은 인간의 구제를 본질로 하는 만큼 그 형태 또한 다양할 수밖에 없다. 구제받고자하는 인간의 이상과 현실이 그만큼 다양하고 복잡하기 때문이다. 여말선초의 불교종파가 11종이나 되었던 것도 이같은 사실과 관련하여 이해할 수 있다. 이에 비해 조선 중기의 불교는 이미 억불정책 속에서 無宗의 산중승단이 되어, 종파의 다양성은 물론 공개적인 신앙 및 포교활동의 길마저 완전히 봉쇄당하고 있었다. 그러나 이런 현실 속에서도 불교신앙은 여러 형태로 조선사회에 전개되고 있다. 이는 계속된 억불상황에도 불구하고 불교의 인간구제적 기능이 민중을 대상으로 여전히 발휘되고 있었음을 말해주며, 동시에 유교가 갖는 종교적 한계성을 반증하는 것이기도 하다.

이러한 조선시대의 불교신앙은 전반적으로 크게 몇 가지 유형과 흐름이 나타나기는 하지만, 시기를 중기에 한정하여 그 형태를 간략하게 말하기는 쉽지 않다. 따라서 비교적 보편성을 띠고 언제나 유행해온 다음과 같은 신앙을 중심으로 그 전개 속에서 조선 중·후기의 대체적인 신앙형태를 추정해 보고자 한다.

(1) 정토신앙

阿彌陀 염불을 통해 사후의 往生을 기대하는 정토신앙은 그 타력성과 단순함에 의해 일반 대중과의 친화력이 다른 어떤 신앙보다 크다. 신라시대에 순수 왕생정토사상으로 유지되던 이 신앙은 고려 전기에 自性彌陀와 唯心淨土라는 禪旨를 겸한 禪淨一致 사상이 대두된 이래, 조선시대에 들어와서는 그 경향이 더욱 현저해진다. 그리하여 禪家 중심의 산중승단에서도 이를 수용하여 수행방편의 일환으로 염불이 권장되기도 하였다. 그러나 그것은 禪僧들에 의한 염불수용의 단계에 그쳤을 뿐 대중적 확대로까지 이어지지는 못하였다. 조선 중기 선승들의 몇몇 정토관계 저술들의 성향에서도 이 점을 확인할 수 있다.

휴정의 염불 행적과 그의 저술《禪家龜鑑》등에 나타나는 정토사상은 의 외로 순수 정토신앙에 가깝게 느껴진다. 그러나 普雨(?~1565)의 《觀念要錄》, 性聰(1631~1700)의 《淨土寶書》 편집, 快善(1693~1764)의 請擇法報恩門과 念佛還鄕曲 등은 주로 정토신앙의 禪的 수용을 설하고 있는 것이다.[13] 따라서 중기의 정토신앙은 대중과의 친화력에도 불구하고 그다지 활발하지 못한 편이었으며, 본격적인 정토신앙의 대중화는 念佛萬日會 등이 성행하는 조선 말 무렵에서야 이루어지고 있다.

(2) 밀교신앙

밀교 또한 대중성에 있어서는 정토에 못지 않다. 한국에서의 밀교신앙은 그 상징직 수행체계를 통해 卽身成佛을 목표로 하는 敎義보다는 眞言·陀羅尼와 같은 주문을 욈으로써 消災·治病 등을 희구하는 현세이익적 성향을 강하게 보여왔다. 조선시대에 선·교사상이 퇴조하는 가운데서도 유독 밀교가 두드러지는 것도 이같은 신앙적 특성 때문이라 하겠는데, 그 신앙은 계층이나 시대의 구별없이 유행하였다. 성종 때 인수대비가 왕의 消盡怨魔를 위해 五大眞言集을 간행한 것을 비롯하여, 중기 이후로 갈수록 僧俗이 함께 협력하는 가운데 무수한 眞言集·陀羅尼·儀式集이 改板 간행되고 있음이 그것을 말해 준다.[14] 중종·명종·선조·현종 등이 齋·消災道場·祈雨 등 법회를 설행했던 것도 밀교신앙 유행의 일면으로 볼 수 있다. 이들 법회는 으레 밀교의식이 중심이 되고 있기 때문이다. 그러나 조선시대 밀교신앙은 특히 민중과의 결합 속에서 더욱 확고해져 갔다. 조선 중·후기에는 불교의례 등을 통해 민중이 불교신앙의 주체를 형성하게 되는데,[15] 이 과정에서 밀교신앙이 민중에 가장 폭 넓게 작용하고 있는 것이다.

(3) 미륵신앙

미래 구원불로서의 미륵불에 대한 신앙은 上生과 下生 두 가지 형태로 구

13) 李智冠, 〈著書를 통해 본 朝鮮朝의 淨土思想〉(《韓國淨土思想硏究》, 東國大 佛敎文化硏究院, 1985), 201~210쪽.

14) 佛敎文化硏究院, 《韓國佛敎撰述文獻總錄》 資料部 (東國大 出版部, 1976).
朴相國編, 《全國寺刹所藏木板集》(文化財管理局, 1987).

15) 洪潤植, 《韓國佛敎史의 硏究》(敎文社, 1988), 308쪽.

분된다. 미륵정토에 가서 태어나기를 바라는 것이 상생신앙이며 미륵불의 출현을 고대하는 것이 하생신앙이다. 조선시대, 특히 중기 이후 크게 성행한 것은 미륵하생신앙이었다. 일반적으로 사회가 불안정하고 기존의 신념체계가 흔들릴 때 주로 메시아를 기대하는 미륵하생신앙이 유행하고[16] 있음에 비추어, 당쟁과 전란 등으로 사회적 갈등과 혼란이 심화되고 있던 이 시기에 미륵신앙이 고조되고 있음은 이상한 일이 아니다.

이 신앙은 간혹 종교적 차원을 벗어나 기존 질서 및 체제의 변혁을 시도하는 정치, 사회적 운동의 형태로 나타나기도 한다. 삼국시대 말에 궁예의 사례가 말해 주듯이, 미륵불임을 자처하는 사람들이 출현하고 이에 동조하는 민중이 세력화하고 있는 것이다. 숙종 때 呂還이라는 승려가 미륵시대의 도래를 예언하며 황해·강원·경기도 일대의 여러 촌락에서 무당, 아전 등 하층민을 상대로 민중봉기를 선동했던 것도[17] 이런 경우에 해당한다. 미륵신앙은 이 밖에도 得男·治病·求福·守護 등 여러 방면에 걸쳐 주술적 성격을 띠면서 조선 중·후기 사회에 민간신앙의 형태로 전개되기도 하였다. 현재에도 전국에 산재하는 미륵불상의 존재와 그 여러 가지 형태가[18] 이를 사실적으로 보여주고 있다.

(4) 기타 신앙 및 도교·민속과의 습합

觀音과 地藏신앙 또는 十王·七星·山神신앙 내지는 도교 및 민속과의 습합에 이르기까지, 조선시대의 불교신앙 형태는 매우 다양하다. 대승불교의 신앙에 있어서 가장 보편성을 지니는 관음신앙의 경우, 그것은 정토와 밀교 신앙 속에서 드러나는가 하면 華嚴이나 法華사상을 통해 표출되기도 한다. 조선시대의 관음신앙은 밀교의 다라니나 功德·靈驗談 등을 통해 거의 전시대에 걸쳐 유행하였다. 그러나 관음관계 전적의 간행으로 보는 한 그것이 중기에 집중되어 있음은[19] 매우 이채롭다. 역시 이 시기의 정치적 불안 및 사

16) 柳炳德, 〈日帝時의 彌勒下生信仰〉(《韓國彌勒思想硏究》, 東國大 出版部, 1987), 206쪽.

17) 《肅宗實錄》 권 19, 숙종 14년 8월 신축.

18) 金三龍, 《韓國彌勒信仰의 硏究》(同和出版公社, 1983), 185~190쪽.

19) 李逢春, 〈朝鮮時代의 觀音信仰〉(《韓國觀音信仰硏究》 東國大 佛敎文化硏究院,

회혼란과 관련이 있을 것으로 생각된다.

지장·시왕신앙 등은 49齋나 水陸齋·豫修齋 등을 포함하는 亡者薦度 의례와 깊이 연관된다. 조선시대에는 불교 遺風의 인위적인 제거 노력에도 불구하고, 최소한 망자천도에 관한한 불교와 민중은 그 의례를 중심으로 여전히 밀착관계를 유지하였다. 이런 점에서 지장·시왕신앙의 유형 또한 조선 중기에도 예외가 아니었을 것이다.

그 밖에 도교 및 습합된 불교신앙 형태도 어느 시대나 예외없이 나타난다. 위의 시왕신앙도 도교적인 사상과 결부되어 있지만 칠성신앙은 더욱 그 색채가 짙은 민간신앙에 속한다. 수명과 생산 또는 복덕을 바라는 기복적인 칠성신앙이나 산악숭배에서 출발하는 애니미즘적인 산신신앙은 현재에도 불교안에 나란히 공존하고 있다. 또한 安宅·端午·百中·冬至 등 민간 전승의 세시풍습들도 불교신앙 속에 흡수되거나 밀착된 형태로 지속되어 내려오고 있다.[20]

이러한 불교신앙의 여러 형태들은 그대로 조선 중기의 사회상과 불교적 현실의 반영이라고 말할 수 있다. 당시의 유교적 가치규범과 사회불안 속에서 민중은 종교적 욕구를 불교에서 해소할 수밖에 없었고, 불교 또한 그런 민중의 다분히 주술적이고 기복적인 요구까지도 함께 수용하면서 그 명맥을 유지해 나간 것이다.

4) 의승군의 조직과 활동

한국불교의 하나의 특성으로 그 호국적 史實을 논할 때, 임진왜란을 통한 義僧軍 활동은 특기할 만 하다. 물론 조선 중기 의승군 활동은 비단 임진왜란에만 국한되는 것은 아니다. 정묘·병자호란 때에도 그 활약상이 보이며, 남한산성(1624년 축성)과 북한산성(1711년 축성)의 축조 및 그 계속된 수비 또한 승군이 주 임무를 담당하였다. 그러나 호국의 정신성은 물론 조직규모나 활동내용 나아가 실제 성과에 이르기까지, 임란왜란 당시의 의승군 활동은

1988), 175~181쪽.

20) 柳東植, 《韓國巫敎의 歷史와 構造》(延世大 出版部, 1975), 258~272쪽.

불교의 여타 호국사례와는 크게 대비되는 것임에 분명하다.

임진왜란은 선조 25년(1592) 4월 왜군의 東萊城 침략으로부터 시작되는데, 이들과 접전을 벌인 최초의 의승군은 公州 甲寺에 있던 靈圭와 그가 거느린 8백 명의 의승군들이었다. 이 8백의승군은 趙憲의 7백의병과 합세하여 그 해 8월 왜적에게 함락당한 淸州城을 수복함으로써, 왜란 발발 이후 첫 승전을 기록하고 있다.

비교적 개전 초기부터 큰 활동상을 보이고 있는 이런 의승군이 처음 이루어진 것은 선조 25년 5월 경부터인 것 같다. 몽진 길에 올라 평양에 머물고 있던 왕에게 당시의 병력현황을 밝히는 비변사의 啓書 가운데 6백 명 가까운 승군이 열거되고[21] 있는 것으로 보아 그렇게 추정할 수 있다.

그러나 의승군이 전국적인 규모로 확대된 것은 같은 해 7월 선조가 義州 行在所에 머물 때 승병모집을 위해 妙香山에 있던 휴정을 초치한 이후부터이다.[22] 世亂을 구할 것을 간곡히 부탁하는 왕에게 휴정은 忠赤을 맹세하고 있으며, 이에 감탄한 선조는 그에게 八道十六宗都摠攝의 직을 내려 전 승군을 관장케 하였다.[23] 이로부터 의승군의 전국적인 확대가 시작된 것이다.

왕을 進謁하고 돌아온 휴정은 전국 8도 사찰에 격문을 보내 궐기할 것을 호소하는 한편 그 자신 73세의 노령으로 문도들을 포함하여 自募한 승군 1,500명을 거느리고 順安 法興寺에 주둔하였다. 법흥사 주둔 의승군은 휴정의 위촉을 받은 義嚴에 의해 잠시 통솔되었는데, 의엄은 황해도에서 봉기한 義僧將이었다. 이어 관동을 중심으로 8백 명의 의승군을 모아 평양성 인근에 주둔해 있던 휴정의 제자 惟政이 합류하고부터 법흥사 의승군의 지휘는 유정이 맡았다. 이렇게 해서 의승군의 본거지가 된 법흥사 鎭營에 집결된 의승군의 수는 5천여 명에 이르렀다. 그 밖에 호남 지리산에서 處英이 의승군을 모아 봉기한 것을 비롯하여 각 도에서 의승군이 일어나고 있지만, 왜란 기간 중의 정확한 의승군 수는 파악되지 않는다. 다만 법흥사에 집결했다는 그 인원을 통해 의승군 활동 초기의 규모를 유추해 볼 뿐이다.

---

21) 《宣祖實錄》 권 26, 선조 25년 5월 병술.
22) 《宣祖修正實錄》 권 26, 선조 25년 7월 무오.
23) 〈淸虛堂休靜大師碑銘〉(《朝鮮金石總覽 上》), 854쪽.

이런 의승군이 전국적인 조직을 이루었을 것임은, 이미 선조가 휴정에게 내린 팔도십육종도총섭의 직함을 통해 알 수 있다. 즉 중앙에 도총섭을 두고 그 아래로는 전국 8도에 각각 선·교 양종 2명씩 16명의 총섭을 둔 조직체계인 것이다. 조정으로부터 임명되어 직첩을 받았던 도총섭과 총섭은 '領軍討賊之僧'을 가리키는 명칭으로서,[24] 그것이 전국에 걸쳐 시행된 것은 선조 26년 8월부터였다. 그러나 마치 선·교 양종의 복구를 방불케하는 이 일원체계는, 바로 이 점 때문에 조정 유신들의 논란 대상이 되기도 하여 각 도에 반드시 2명씩의 총섭이 임명되지는 못하였다.[25]

도총섭·총섭의 지휘를 받는 의승군은 都元帥의 節制下에 관군과 협력하거나 또는 독자적으로 전투임무를 수행하는 한편 군량운송과 산성 축성 등 후방지원을 담당하며 準官軍의 형태로 활동하였다. 우선 임진왜란 당시 크고 작은 전투에서 활약한 의승군의 주요 전적을, 선조 26년 서울이 수복되어 왕이 還都하는 그 해 7월까지로 한정하여 간추려 보면 다음과 같다.[26]

① 靈圭軍·趙憲軍 청주성 수복 (선조 25년 8월)
② 영규군·조헌군 錦山 전투, 전멸 (선조 25년 8월)
③ 信悅軍·진주성 방어전 때 丹城에서 전투 (선조 25년 10월)
④ 休靜·惟政軍 평양성 탈환 전투 참전 (선조 26년 1월)
⑤ 處英軍 행주산성 전투에 참전 (선조 26년 1월)
⑥ 義能·三惠水軍 薺浦 공격에 참전 (선조 26년 7월)
⑦ 유정군 진주성 방어전 참전 (선조 26년 6월)
⑧ 도총섭 휴정 1백 명의 승군과 還都하는 大駕수행 (선조 26년 7월)

이 밖에도 의승군의 전투활동은 육·해전을 막론하고 전국 일원에서 끊임없이 계속되어 큰 전적을 올렸다. 그러나 선조 26년 4월 서울이 수복되고 왜

24) 《宣祖實錄》 권 48, 선조 27년 2월 병자.
25) 安啓賢, 〈朝鮮前期의 僧軍〉(《韓國佛敎思想史硏究》 附篇, 東國大 出版部, 1983), 386~392쪽.
26) 李章熙, 〈壬辰倭亂僧軍考〉(《李弘稙博士回甲記念 韓國史學論叢》, 1969).
安啓賢, 위의 글.
禹貞相, 〈朝鮮佛敎의 護國思想에 대하여〉(《朝鮮前期佛敎思想硏究》, 東國大 出版部, 1985).

적이 남하하여 전황이 소강상태로 접어들면서부터는 의승군 활동에도 변화가 나타났다. 장기전에 대비하여 군량운송에 의승군이 투입되거나 대부분 의승군이 각지의 산성 축성의 임무를 맡았던 것이다. 또 일부 의승군들은 주둔지역 내에서 군량 조달을 위해 屯田을 개간하여 농사를 짓거나 땔감을 모으는 등 전쟁물자 비축의 임무를 수행하고도 있다. 이같은 후방지원 및 전쟁대비 활동 가운데서도 특히 의승군의 산성축성은 전략적으로 중요한 전국 각지에서 대대적으로 이루어져 갔다.27) 유정이 西生浦에 주둔해 있던 적장 加藤淸正의 진영을 출입하면서 일본의 강화조건이 불가함을 역설하고 罷兵을 종용하는 등 외교활동을 벌였던 것28) 또한 의승군 활동의 일부로 볼 수 있다. 이와 같이 의승군은 전쟁이 끝날 때까지 여러 방면에 걸쳐 다양한 활동을 전개했던 것이다.

한편 7년간에 걸친 지루한 왜란이 끝나고 그 상처가 가시기도 전에 다시 정묘호란과 병자호란이 일어났을 때에도 의승군 활동이 이어지고 있다. 전쟁의 성격상 임진왜란 때의 의승군 활동에 비해 크게 눈에 띄지는 않지만, 이때의 의승군 규모나 활약 또한 주목해 볼만 하다. 정묘호란 때에 활동한 의승장은 明照였다. 휴정－유정계의 법맥을 잇고 있는 그는 인조 5년(1627) 後金이 來侵했을 때 조정으로부터 八道義僧都大將에 임명되어 4천여 명의 의승군을 거느리고 安州에서 항전하여 큰 전공을 세웠다.29) 다시 인조 14년에 淸軍이 침입했을 때에는 의승장 覺性의 활동이 돋보인다. 임진왜란 때 明將 李宗城과 함께 海戰을 지원하기도 했던 그는 선조 2년(1624) 승군의 남한산성 축성시에는 8도도총섭으로서 役事를 감독하여 3년만에 축성을 완성한 바 있다. 역시 휴정의 동문 浮休의 제자인 각성은 축성을 완료한 뒤 화엄사에 있던 중 병자호란이 일어나자 의승군을 모으기 시작하였다. 그리하여 주로 남방 각지에서 모여든 3천여 명의 의승군을 '降魔軍'이라 이름하고 스스로 의승대장이 되었다. 각성은 이 의승군을 이끌고 북상하던 중 淸과의 굴욕적

27) 李章熙, 위의 글, 349～354쪽.

28) 惟政의 행적 및 임진왜란 중 활동에 관해서는 金東華·金煐泰·睦楨培,《護國大聖四溟大師硏究》(東國大 佛敎文化硏究院, 1971) 참조.

29) 〈虛白堂大師碑銘〉(《朝鮮金石總覽 下》), 914쪽.
《虛白集》 盧夢修序(《韓國佛敎全書》 8), 380쪽.

인 강화가 성립되었다는 소식을 듣고 진군을 중지하였다.[30]

이상에서 대강 살펴온 바와 같이 조선 중기 의승군 활동은 전 불교계가 능력과 관심을 총집결시켰을 만큼 가장 비중이 큰 활동이었다. 그 결과로서 특히 임진왜란 이후 불교에 대한 국가와 사회의 인식이 새로워지고 어느 정도 그 위상이 높아진 것도 사실이다. 그러나 의승군 활동은 어디까지나 불교외적인 활동이었다. 따라서 국가의 성리학적 이념의 기본 억불방향에 큰 변화는 없었던 것이며, 불교계 또한 전후에는 다시 산중승단으로 돌아가 守默할 수밖에 없었다.

〈李逢春〉

8. 도교와 민간신앙

1) 도교

(1) 과의도교

조선시대에 들어와 한양 천도 이후 昭格殿을 건립하고 거기에서 道流가 국가를 위해 禳災祈福하는 齋醮를 거행하였다. 이것은 국가에서 관장하는 科儀 즉 의식 중심의 도교이다. 세조 12년(1466) 정월 15일의 官署改稱 때 소격전은 昭格署로 개칭되었고, 그 직제는 정5품의 署令 하나를 두어 그 규모가 축소되었다. 道流取才(도교의식을 집행하는 도사를 국가고시를 통해 선발함)는 존속되었을 것이다. 그리고 慈壽宮을 두어 女官(女流道士)을 거처시키기도 하였다. 그러던 것이 조선 중기에 내려와 소격서를 혁파하자는 논의가 대두되어 정치문제로까지 파급되었다. 연산군 치하에서 한때 소격서가 혁파되었으나 곧 복구되었다. 중종 재위 중에 소격서 혁파문제를 둘러싸고 왕실과 유신들 사이에 극심한 대립이 빚어졌다.

30) 〈華嚴寺碧巖大師碑銘〉(《朝鮮金石總覽 下》), 918쪽.
〈法住寺碧巖大師碑銘〉(《朝鮮金石總覽 下》), 923쪽.

특히 중종 때 趙光祖를 선두로 한 당시의 新進士類들은 강력한 소격서 혁파 주장을 내세우고 왕실측과 대립하기에 이르러 간접적으로는 己卯士禍(1519)를 일으킨 불씨가 되기까지 하였다. 중종 13년(1518) 9월 3일에 국왕은 부득이 신진사류의 극성스럽고 핍박에 찬 요구에 굴복하여 소격서를 형식적으로나마 혁파하기에 이르렀다. 그러는 동안 상소와 상계가 무수히 바쳐졌고 중종의 완강한 거부태도는 되풀이되었다. 같은해 6월 21일의 대간의 상계는 다음과 같다.

> 소격서는 이단 중에도 심한 것으로 마땅히 없애야 할 것입니다. 근자에 듣기로는 민간의 말에 따라 대신에게 물으시자 대신들은 다 없애야 한다고들 말했는데 임금께서 홀로 고집하시고 안된다고 하셔서 조정의 의론이 다 불편하게 여기고 있다는 것입니다. 그런데 이것은 黃老의 술에서 나온 것으로 처음에는 하늘에 빌어서 수명을 연장하려는 것이었습니다. 兩漢 이전에는 단지 祓禳하는 일이 있었을 뿐이고 본래 이런 일은 없었습니다. 당대에 와서 醮祭가 시작되었습니다. 唐 玄宗이 그것을 매우 좋아했으나 마침내는 화란을 면치 못했습니다. 宋 徽宗이 그것을 숭상하고 독실하게 믿어 지극하게 존봉하였으나 앙화는 역시 극단에 달했습니다. 이런 일을 가지고 보더라도 (도교의 초제로는) 수명을 연장할 수 없었을 뿐더러 수명이 더욱 축소되었습니다. 三代 이전에는 본래 이단이 없었으나 연대가 오래되자 衰世의 임금이 먼저 안으로 자신의 덕을 닦지 않고서 밖으로 이단을 신봉하여 장수를 빌었습니다. 전혀 그렇게 될 까닭이 없으니 속히 혁파하시기 바랍니다(《中宗實錄》 권 33, 중종 13년 6월 기축).

같은해 7월 27일 李沆·金希壽가 올린 사헌부와 사간원의 合司上疏 중 도교를 비판하고 소격서 혁파를 주장한 대목을 옮겨보면 다음과 같다.

> 대저 도교는 이단의 하나입니다. 荒怪妄誕하고 세상을 속이고 하늘을 더럽히고 도를 심히 해치는 것입니다. 조금이라도 식견이 있으면 누가 그 근본을 단절하기를 원하지 않겠습니까. 쇠미한 세상의 임금은 선한 일을 하는데 스스로 힘쓰지 못하고, 자기 고집을 세우려 하고, 화복을 겁내고, 길흉과 邪正 사이에서는 눈이 어지러워져 전도시키고, 옳지 않은 것에 집착하고, 한갓 玄虛를 일삼아서 쇠란과 위망의 화를 불러오는 데도 이른바 道力과 神功은 그것을 구해내지 못합니다. 송의 道君(徽宗) 같은 자가 鑑戒가 되기에 족합니다. 지금의

소격서 역시 고려의 폐단의 전철을 뒤따르고 없애지 못하고, 없애지 못할 뿐 아니라 또 그것에 따라 官守(관리로서의 직책)를 마련하고, 또 宰臣을 보내서 香幣를 드리고, 水旱과 災厄을 당할 때마다 으레 경건하게 고하고 祈禳하여 이른바 복리를 구하니 그것이 과연 이치에 닿습니까. 성종대왕께서는 우뚝하게 정도를 자임하시고 王者의 학문에 힘쓰셔서 이치를 밝히심이 이미 뚜렷하여 사악함을 없애기에 의심을 두지 않으셨습니다. 祝壽齋를 없애시고 나서는 또 도교를 없애서 정학의 올바름을 크게 나타내고 사도의 뿌리를 크게 끊어서 일대의 正脈을 부식하려고 하셨으나, 당시의 대신 韓明澮는 재식이 명석하지 못해 그 아름다우신 뜻을 받들어 따르지 못해 그 의론이 드디어 가라앉아 버려 정도가 펴지지 못하게 만들고 사교가 다시 의지할 곳이 생기게 만들었습니다. 지금에 이르기까지 식자는 통한하지 않는 이가 없습니다. 전하께서 즉위하실 무렵 대간과 시종이 이 일을 누차 말씀드렸사온데 끝내 윤허를 받지 못했었습니다(《中宗實錄》 권 34, 중종 13년 7월 갑자).

중종이 조종조에서부터 해오던 일을 폐지할 수 없다고 굳게 거부하자 대간들은 總解職하고서 항거하고 나섰다. 그러나 중종은 한번 폐지하지 않기로 마음먹은 이상 폐지하는 것을 허락하지 못하겠다고 완강하게 버텼다. 그 일로해서 국가의 고시를 시행하기 어렵게 되고 또 조광조 등이 밤중까지 물러나지 않고 집요하게 혁파를 요청하는 바람에 중종은 결국 굽히고 소격서의 혁파에 동의하기에 이르렀다. 조광조의 집요한 혁파요청의 상계와 기묘사화를 연계시켜 논하는 評說이 나오기도 하였다. 《燃藜室記述》에는 《思齋摭言》과 《東閣雜記》의 기사를 요약한 다음과 같은 논평이 실려 있다.

正德 戊寅(중종 13년 ; 1518)에 兩司, 玉堂 및 藝文館에서 번갈아 글을 올려 소격서를 없애기를 청했고, 대신들 역시 그 일을 상계했으나 여러 달을 두고 윤허하지 않았다. 부제학 조광조는 면담을 청해서 극론하였고, 그 이튿날 僚員을 거느리고 伏閤四啓했으나 윤허하지 않자 승지에게 '이 윤허를 받지 않으면 오늘은 물러갈 수 없다' 라고 말했다. 날이 저물어 대간들이 다 물러가자, 조광조는 서글프게 동료들에게 말하기를, '날은 이미 저물었고 언관들은 다 물러가 버렸으니 우리들은 죄책을 받더라도 정성을 다해서 論列해야 한다' 라고 말하고 밤새도록 물러가지 않고 왕의 마음을 돌릴 때까지 論啓를 계속하여 닭이 울어도 그치지 않았다. 왕이 이르기를, '이 일을 내가 어찌 윤허하지 않겠는가. 다만 그 유래가 오래 되었기 때문에 난감해 하는 것 뿐이다. 내일 대신들에게 물어 의논하여 혁파하겠다'라고 했다. 大內 엄밀한 곳에서 中使가 밤새 드나들

> 며 번번히 알리고 그칠 줄을 모르니 임금인들 어찌 듣기 싫어하는 마음이 없었겠는가. 신하가 임금을 간하는 데는 간단하게 정상적인 경로를 밟아서 해야 한다. 임금을 이렇게까지 핍박하고서 무사할 수 있었던 자는 아직까지는 없었다(李肯翊,《燃藜室記述》권 7, 中宗朝記事本末 己卯禍源).

이렇게 해서 소격서를 혁파하게 되자 승정원에서는 충청도에 있는 太一殿은 어떻게 할 것인가를 물었고 결국 그것도 혁파하게 되었다. 그러나 기묘사화로 신진사류가 숙청된 후에 중종은 모후의 병중 간청이라 하여 소격서를 부활시키고 신료들의 반대를 뿌리치고 초제와 기도를 행하게 하였다.

소격서에서 도류에 의해 거행된 초제가 실제로 어떻하였는지는 지금으로서는 零星한 간접적인 자료를 통해 막연하게 알아보는 길 밖에 없다. 소격서의 초제에 직접 참례했던 成俔이 그 내용과 초제를 거행하는 광경을 적은 한 짧은 항목이《慵齋叢話》에 실려 있다.

> 대저 소격서는 다 중국 조정의 도교 행사를 따르고 있다. 太一殿에는 七星의 여러 별들에 제사하는데, 그 신의 형상은 다 머리를 늘어뜨린 여인의 모양을 하고 있다. 三淸殿에는 玉皇上帝, 太上老君, 普化天尊, 梓潼帝君 등 10여 위에 제사하는데 다 남자의 형상이다. 그 나머지의 안팎 여러 제단에는 四海龍王神將, 冥府十王, 水府諸神 등의 位版에 이름을 쓴 것을 늘어놓은 것이 무려 수백 종이다. 獻官과 署員은 다 흰옷과 烏巾 차림으로 齋를 하고 冠, 笏 및 예복의 차림으로 제사를 집행한다. 제사에는 여러 가지 과일과 곡식과 떡에 茶湯과 술을 차려 놓고 향을 피우고 백번이고 절을 한다. 도류는 머리에 逍遙冠을 쓰고 몸에는 무늬가 번쩍이는 검은 옷을 입고, 磬을 24번 울린 후에 두 사람이 道經을 읽고 또 푸른색 종이에 祝文을 써서 그것을 태운다(成 俔,《慵齋叢話》권 2).

이 밖에 국가에서 관장하는 도교의 초제와 관계되는 것으로는 강화의 摩尼山 塹星壇에서의 祭天行事이다. 마니산에서의 제천행사는 우리의 고유신앙에서 출발된 것이었으나 오랜 세월을 거쳐오는 동안에 도교적인 신앙 내지 그 제례와 合糅하여 특이한 성격을 띠게 되었다. 전설에 의하면 강화의 마니산과 전등산은 단군이 하늘에 제사하던 곳으로 본래 단군이 그의 세 아들을 시켜 제단을 구축했기 때문에 그 곳을 三郎城이라고도 한다는 것이다. 이렇게 해서 강화의 마니산은 한반도의 성역같이 전승되어 내려왔던 것이다. 그런데 산정에 있는 제단을 참성단이라고 하여 어느새 星宿의 초제와 결부되게 되었다. 고려시대에는 마니산의 塹星醮가 행해졌고 조선시대에도 그 초제는 계속되었다. 연산군 6년(1500) 2월 정유일에 의정부에서 마니산 齋宮의 營繕을 停罷하기를 청원했는데, 연산군은 마니산의 영선은 별에 제사하는 곳을 위한 것이니 정파해서는 안된다고 하였다.

중종 6년(1511) 6월 계미일의 柳崇祖의 자술에 의하면 그는 임금의 명령을 받들고 마니산에 가서 기우제를 지냈는데, 그 곳의 제단에는 옥황상제의 위가 마련되어 있었다는 것이다. 동왕 11년 2월 정유일의 朝講에서 金應箕는, "소격서와 마니산의 제는 다 하늘에 제사하는 것이니 이는 심히 僭越한 일이다"라고 말했다. 선조 2년(1569)에 李珥가 摩尼山醮禮靑詞의 제작을 사퇴한 일이 있고, 인조 19년(1641)에는 마니산에 제단을 세우는 등 하여, 매년 香祝을 내리고 제사를 지내게 한 일이 있다. 《東文選》 권 115에 실려 있는 조선초기의 卞季良이 지은 〈摩尼山塹星醮禮靑詞〉를 보면, 三獻에 "三淸의 도는 오묘하여, 어둑하니 알기 어렵도다. 정성을 다해 再獻을 드리니, (상제께) 감응하여 통함이 빠르도다"라고 하여 그 곳에서의 초제가 도교 일색으로 기울어져 있었음을 나타내고 있다. 그리고 삼헌 말미에서 "병장기는 거둬들이고 철은 순조로와 농사는 풍년지고 물건은 풍성하도다"라고 한 것으로도 알 수 있듯이 마니산의 참성초 역시 國泰民安을 기축하는 행사였던 것이다. 강화도 마니산에서 제단을 설치하여 하늘에 제사한 연유는 여러 가지로 설명될 것이지마는, 역시 신선가들 사이에서 나온 海上仙山의 전설과 결부되어 있음을 부인하기 어렵다. 앞의 변계량의 청사에서, "산은 바다 위에 떠 있어 속세와 멀리 떨어져 있도다. 제단은 구름 사이에 솟아 있어 신선의 수레를 맞이하기에 합당하도다"라 하여 이 점이 극명하게 나타나 있다. 강화도의 마니산은 바다 위에 떠 있어서 속세와 멀리 떨어져 있고, 그 산정에 마련된 제단은 구름 사이에 높이 치솟아 있어 해중의 삼신산과 방불하니 옥황상제를 비롯한 여러 신선들이 강림하기에 마땅한 곳으로 볼 수 있었던 것이다. 그리고 단군은 한반도의 仙派의 조종으로 받들어져 왔으므로 마니산의 제천은 단군과 직결될 수 있는 충분한 조건을 갖추고 있었다고 볼 수도 있다.

(2) 수련도교

《海東傳道錄》에는 修練的인 도교의 도법을 전수한 인물과 그 道脈이 밝혀져 있고 그 도법을 해설한 道書가 많이 제시되어 있다. 최근에는 그 單卷 完帙의 필사본이 나와 임진왜란 때까지도 살아 있던 韓無畏가 저술한 것임을 알게 되었으나, 전에는 李圭景의 《五洲衍文長箋散稿》의 도교 관계 辨證說에 인용된 것을 통해 그 내용을 알아볼 수 있을 정도였다. 전해지기로는 인조 때에 관동에서 체포된 한 중의 몸을 수색해서 이 단권으로 된《해동전도록》을 얻었는데, 그 곳의 수령이 그것을 李植(1584~1647)에게 보내 그의 손을 빌어 정착된 것으로 되어 있다. 말하자면 이《해동전도록》에 실린 내용은 조선 중기에 와서 비로소 세상에 알려지게 된 것이다.《해동전도록》에서 전하는 도법 중 가장 중요한 것은 구래의 金丹으로도 불리던 복용하면 신선이 된다는 仙丹을 煉造한다는 外物의 효능에 의존하는 外丹에의 집념에서 탈피하고 자신의 수련을 통해 功行을 쌓아 자기 몸에 단을 이룩하여 장생불사한다는 본성적인 것으로 전환시킨 이른바 內丹을 추구하는 金丹道를 고취하는 점이다. 일반적으로 이것을 丹學이라고 부르기도 한다.

이러한 본성에 연결시킨 단학의 기본 이론은 金時習의 龍虎에 관한 해설에 잘 해명되어 있다. 鼎器에 납과 수은을 넣고 불을 지펴 두 가지가 不飛不走하여 하나로 합치게 만드는 것이 선단을 연조하는 방법이다. 이것을 상징적인 것으로 취해가지고 인체에 적용시켜서 풀어나가는 것이다. 정기는 사람의 몸인데 머리는 乾이 되고 배는 坤이 되고 배꼽 아래에 있는 단전이 그 중심이 되므로 단전을 기준으로 하여 몸을 안정시킨다. 납과 수은은 용호에 비기는데 그것은 인체의 一呼一吸하는 호흡이다. 이 일호일흡을 잘 해서 천지간 元氣를 훔쳐 체내에 단을 이룩한다. 지피는 불은 服餌, 즉 양생을 위한 식물로 잡는데 그 복이도 용호를 굴복시켜 하나로 합치도록 조절하는 것이다. 이러한 단학의 궁극적인 목적은 장생불로하는 신선으로 화하는 데 놓여 있으므로 자연 그것에 관련된 설화도 많이 생겨나게 되었다. 조선 중기에는 내단 수련에 관한 전적의 주석과 해설서가 나오기도 하였다. 權克中(1560~1614)의 《參同契注解》, 鄭磏(1506~1549)의《丹家要訣》과《北窓秘訣》, 李之菡(1517~

1578)의 《服氣問答》, 郭再祐(1552~1617)의 《服氣調息眞訣》 등이 있다.

《해동전도록》의 도맥은 金可紀, 崔承佑, 僧 慈惠 등 신라 말의 留唐學人들로부터 시작되나 조선시대에 내려와서 김시습에 이르러 크게 번성하였다. 도맥이 김시습에 이르러서는 洪裕孫, 鄭希良(1469~?), 尹君平 3사람에게로 전해졌는데 전수된 도법의 내용도 각기 다르게 갈라져 나간다. 홍유손에게는 天遁劍法鍊磨訣이 전수된 것으로 되어 있다. 홍유손은 비천한 집안에서 태어났으나 金宗直(1431~1492)의 문인으로, 세조가 왕위를 찬탈한 후, 호를 狂眞子라 하고 南孝溫(1454~1492) 등과 죽림칠현으로 자처하며 老莊을 토론하고 세간에서 淸談派로 불리고 戊午士禍(1498) 때 제주에 유배되어 노예로 있다가 中宗反正(1506)으로 풀려났다. 그가 한 번은 금강산에 가서 이런 시를 지었다.

> 몸은 단군 무오년보다 먼저이고
> 눈은 기자가 마한을 칭한 것까지 보았다
> 지금 永郎과 함께 水府에 노닐고
> 또 봄 술에 끌려 인간 세상에 머물러 있다
> (趙汝籍, 《靑鶴集》 8).

홍유손에게 전수된 도법은 密陽孀婦 朴氏妙觀과 張道觀으로 이어져 내려간 것으로 되어 있다.

정희량에게는 玉函記內丹之法이 전수된 것으로 전해진다. 정희량 역시 김종직의 문인으로 호를 虛庵이라 하고 연산군 초년에 과거에 급제하여 待敎로 있다가 무오사화로 의주로 유배되었고 다시 김해에 이배되었는데 연산군 3년(1487)에 행방불명되어 세상에서는 신선이 되었다고 전해졌다. 정희량은 특히 음양학에 밝아 먼 앞 일을 미리 잘 알았다고도 한다. 정희량의 도맥은 僧 大珠, 鄭磏·鄭碏(1533~1603) 형제, 朴枝華(1513~1592)로 이어져 내려간 것으로 되어 있다. 정염은 내단호흡법을 다룬 《北窓秘訣(龍虎訣)》의 저자로 널리 알려졌고, 정작은 형 정염으로부터 도법을 전수받아 도교의학에 조예가 깊어 《東醫寶鑑》의 편찬에 참획하였다. 박지화는 徐敬德(1489~1546)의 문인으로 유·불·선 3교에 두루 조예가 깊었고 임진왜란 때 왜병에 더럽혀지지 않으려고 냇물에 투신자살하였다. 일설에는 박지화가 水尸解했다고도 한다.

시해는 죽는 형식만 취하고 실제로는 죽지 않고 신선이 되는 것을 이른다. 금·목·수·화·토 다섯 가지 시해가 있는 것으로 전하여진다.

《芝峯類說》과 《淸江瑣語》에 윤군평에 관한 이야기가 나온다. 윤군평은 군관이었는데 異人을 만나 《黃庭經》을 전수받아 수련법을 터득하게 되었다는 것이다. 그는 언제나 사람들에게 과식을 삼가라고 경고하면서 모든 질병은 다 음식을 절제하지 않는 데서 생긴다고 말했다. 그리고 그는 늘 鐵片 4매를 가지고 번갈아 가며 양 겨드랑이에 끼고 있었는데, 겨드랑이에 낀 철편은 잠깐 사이에 불같이 뜨겁게 달아올라 자꾸 식은 것으로 갈아껴야 했고 그렇지 않으면 편안치가 않았다. 추위와 더위를 가리지 않고 늘 목욕을 해서 어깨와 등을 식히고는 했고 동짓날에도 우물물 한 동이를 등에 부어야 했다. 80여세에 죽었는데 그 시체가 퍽 가벼워서 사람들은 그가 시해했다고 말했다. 윤군평에게는 김시습으로부터 參同龍虎秘旨가 전수된 것으로 되어 있다. 그의 도맥은 郭致虛와 한무외가 이어 내려간 것으로 되어 있다. 이 밖에도 師承이 분명치 않은 수련도교 신봉자가 적지 않았던 것으로 전해진다. 이름이 알려진 사람으로는 南趎, 崔澋, 張世美, 姜貴千, 李光浩, 金世麻, 文有彩, 鄭之升, 李廷楷, 郭再祐, 金德良, 李之菡, 鄭斗, 許米 등이 있다. 이렇듯 조선 중기에도 일부 지식인들 사이에 수련적인 도교가 신봉되어 직접 수련에 종사한 사람도 생겨나고 또 그 방면의 道書의 주석과 해설이 나와 특이한 사조를 조성하였음을 짐작하게 된다.

(3) 도교적 양생론과 의약 연구

수련적인 도교에서 상식에서 벗어난 미신적인 허황된 부분을 제거하면 건강관리에 크게 도움이 되는 방법이 적지 않으므로 당시 도교를 신봉하지 않던 계층에서도 그러한 수련법에 관심을 갖는 인사들이 생겨나게 되었다. 바꾸어 말하면 도교에서 개발한 양생론과 의술이 당시 지식인들의 주의를 끌게 되었던 것이다. 또 설혹 도교적인 수련법 가운데 다소간 합리성이 결여되거나 미신적인 요소가 내포되어 있다손 치더라도 의약이 충분히 발달하지 못했던 당시 사람들로서는 어느 정도까지는 그런 것에 기울어지지 않을 수 없었을 것이다. 한편 이 시기는 주자학을 숭상하던 때였으므로 당시 지식인들은 주자가《참동계》와《陰符經》같은 도서에 관심을 가지고 校注作業을 한 것 등에 영향을 받아 그러한 부류의 책들을 열람하는 것을 꺼리지 않아 도교적인 수련법에 대해서 조예가 깊은 사람도 나오게 되었다. 이렇게 해서 일반 지식인들 사이에서도 심신의 수양, 건강의 관리 내지는 생활의 운치 등 다양한 의의를 도교적인 수련법에 부여하게 되었고, 동시에 종교적인 의의가 극도로 희석된 상태에서 수련적인 도교가 받아들여지게도 되었다.

李珥도 도교적인 방법을 감안한 다음과 같은 醫藥策을 피력한 바 있다.

> 수명 장단의 분수는 하늘에 달려 있다고는 하나 保養하는 기틀이야 사람에 달려 있지 않겠는가. 그러므로 병이 나기 전에 氣를 기르고 병이 난 후에 병을 고치고 올바른 命을 순리로 받고 섭생함을 잃지 않는 것으로, 병을 치료하는 방법은 이런 것에 불과할 따름이다. … 기가 약하더라도 잘 기를 수 있다면 장수를 기대할 수 있다. 기가 강하더라도 그것을 상해하게 만든다면 조사를 면하기 어려울 것이다. 저 昌陽(창포의 일종)이 수명을 연장시키고 黃精이 맥을 보하는 것 역시 그런 이치가 없다고 말할 수는 없다. 그러나 주야는 생사의 도리인지라 생이 있으면 반드시 사가 있게 마련이니 藥餌로 구할수 있는 것이 아니다. 그러한 즉 장생불사하는 도와 蟬蛻換骨하는 술이야 어찌 그렇게 될 이치가 있겠는가. 대낮에 하늘로 올라간 사람은 틀림없이 없을 것이고 靈丹으로 신선이 되게 한다는 그런 약은 틀림없이 없을 것이다. 황금을 이룩할 수야 있겠는가. 沆瀣야 먹을 수 있겠는가. 천지 사이에는 實理뿐이니 그 이외의 설은 공격하지 않아도 절로 깨진다(李珥,《栗谷全書》拾遺 6, 雜著 3, 醫藥策).

여기에 피력된 견해를 가지고 본다면, 율곡은 도교에서 선단을 연조하여 신선이 되어 천상선계로 날아 올라간다는 설은 믿지 않지마는, 도교에서 개발한 창양이나 황정 같은 延年益壽한다는 약물의 사용은 그것 나름의 이치가 있어 받아들일만 하다는 태도를 취했다. 수명의 장단은 인력으로 어찌할 수 없으나 평상시에는 기를 기르고 발병시에는 치료를 해서 타고난 수명은 보전해야 한다는 것이 그의 생각이다.

의료시설이 충분하지 못하고 일반적으로 유교적인 효경의 뜻에 입각한 事親養老에 대한 열성이 대단했던 시대였으므로 당시의 지식인들은 양생론과 의술에 대한 관심이 깊었고, 그러한 관심의 소산으로 비망기적인 양생설이나 의약기사도 적지 않게 나오게 되었던 것이다. 도교적인 색채가 짙은 양생설로서는 명필로도 알려진 守谷 李燦(1498~1554)의 것이 있는데, 그 양생설이 8폭 병풍으로 쓰여 있는 것을 李滉(1498~1554)이 얻어 읽고서 양생에 대한 자신의 생각을 표명한 다음과 같은 발문을 쓰기까지 하였다.

> 天仙은 원치 않고 地仙이 되고 싶다. 옛 사람이 이 말을 나에게 일러 주었거니와 衰病에 시달려 (고향으로) 돌아가기를 생각하면서도 오래도록 돌아가지 못하고 있다. 수곡 이공이 강호에서 養靜한다는 이야기를 듣고 마음 속으로 그 일을 사모하였는데, 하루는 前縣監 허모군이 수곡이 쓴 양생설 8폭을 나에게 보여주었다. 그 글을 읽고 그 글씨를 玩賞한 나머지 수양하는 일에 감회를 갖게 되어 더욱 晦菴(朱子)이 伯陽의 책(《參同契》)을 사랑하는 뜻을 알게 되었다. 아아, 수곡이 지선이 될 수 있는데 난들 될 수 없겠는가. 글 끝에 몇 글자를 적어서 돌려 보낸다. 내일 산으로 돌아가련다. 嘉靖癸丑(명종 8년 ; 1553)에 淸凉山人이 씀(李滉, 《退溪全書》 43, 書許監察所藏養生說後).

이 글만을 가지고도 퇴계가 도교적인 양생술에 대해 관심이 절실했음을 알 수 있다. 퇴계의 글은 수곡이 세상을 떠나기 1년 전에 쓴 것이다. 수곡은 57세에 죽었으므로 물론 장수했다고는 할 수 없다. 그러나 이러한 일을 통해 우리는 양생설을 둘러싼 당시 지식인들의 의식을 짐작할 수 있게 된다.

정염은 《북창비결》에서 修丹之道를 설명하는 도중에 다음과 같은 말을 했다.

> 風邪의 질환은 혈맥 속에 숨어 있어 캄캄한 어둠 속에서 돌아다니므로 그것이 몸을 죽이는 도끼임을 알지 못한다. 오래 되어 經絡에 옮겨가고 膏肓 속에 깊이 들어간 연후에 의사를 찾아가 약을 쓴다 해도 이미 늦는다. 正氣와 풍사는 氷炭 같이 서로 용납하지 않는 것으로, 정기가 머물러 있으면 풍사는 절로 달아나고 百脈이 절로 유통하고 三宮이 절로 승강하는데 질병이 어디로 해서 생겨나겠는가. 조금만 (정기를 보존하는 데에) 정근하면 반드시 수명을 연장시켜 죽는 날을 뒤로 물리치게 될 것이다(鄭𥖝, 《北窓秘訣》 1장 ; 李能和 《韓國道敎史》, 320쪽).

이것은 결국 질병이 범접하지 못하게 미리부터 준비를 갖추는 일종의 건강법 내지는 양생법을 말한 것이라고 하겠다. 이러한 양생관은 더욱 확대되고 더욱 세련되어서 조선시대 의학의 기본체계를 확립시켜 주기에 이르렀고 나아가서는 의학의 본의를 해명하는 데까지 전개되었다.

조선 중기에 한국의 의학은 규모, 체제, 내용 등 각 방면에 걸쳐 장족의 발전을 이룩하였다. 여러 가지 의서의 편술과 저작이 용의주도하게 추진되었고 각종 중국 의서의 飜刻과 교주 및 언해가 정력적으로 진행되었다. 조선 중기에 내려와 편술된 의서 가운데는 《동의보감》이 최대의 걸작으로 꼽히고, 국내외의 의약계에 널리 환영되었고, 또 당시로서는 그렇게 되기에 손색이 없는 명저이기도 했다. 이 《동의보감》은 서와 목록 2권, 內景篇 4권, 外形篇 4권, 雜病篇 11권, 湯液篇 3권, 鍼灸篇 1권 도합 25권으로 이루어져 있는데, 許浚(1546~1615)의 주편으로 광해군 2년(1610)에 찬술이 완결되었고 동왕 5년에 內醫院에서 그 초판본이 간행되었다. 《동의보감》의 편찬에는 정염의 아우 정작이 참획하였으므로 거기에는 정씨 형제의 도교적인 의학관이 충분히 반영될 수 있었을 것이다. 내경편 첫머리에 있는 集例에 《동의보감》 전체의 編例를 다음과 같이 말하고 있다.

> 신이 삼가 생각하옵건대 사람의 몸은 안에는 오장육부가 있고 밖에는 근골과 肌肉과 혈액과 피부가 있어서 그 형체를 이루고 있습니다. 그리고 精·氣·神이 臟腑百體의 주인 노릇을 하고 있습니다. 그러므로 도교의 三要와 불교의 四大는 다 이것을 말하는 것입니다. 《황정경》에는 내경의 글이 있고 의서에도 역시 內外境象의 그림이 있습니다. 도교에서는 淸淨과 수양을 근본으로 삼고 醫門에서는 藥餌와 鍼灸로 치료를 합니다. 이는 도교에서는 그 精을 얻었었고 의문에서는 그 粗를 얻은 것입니다. 이제 이 책은 먼저 내경의 정·기·신 및 장부를 내편으로 하였고, 다음에 외경의 두면, 수족, 筋脈, 골육을 취해서 외편으로 했습니다. 또 五運之氣, 四象三法, 內傷外感의 여러 가지 병에 관한 證驗을 열거하여 잡편으로 하였고 끝에 탕액과 침구를 다뤄서 그 변화를 남김없이 들어내어, 만약에 병자가 책을 펼치고 들여다 본다면 허실경중과 길흉사생의 조짐이 거울같이 밝게 드러나서 망령된 치료를 가해서 요절하는 폐단이 없도록 하였습니다(奎章閣圖書本(7608) 1, 集例).

이것만을 가지고도 《동의보감》은 도교의 교설을 숭상하여 그 哲理로 의학의 본의를 해명하려 하였고 일반적인 의술은 오히려 종속적인 것으로 돌렸음을 알게 된다. 《동의보감》의 편자는 예리한 과학적인 사고력과 체계설정의 천재성을 지니고 있었던 것 같아서 도교는 그 정을, 의문은 그 조를 얻었다고 한 견해를 살린 정연한 구성 밑에서 그것을 살리기 위해 당시 의학계의 온갖 지식을 총집결하고 그 의의의 해명에는 도교의 후생과 실용을 존중하는 정신을 취하고 편찬에 임했다. 내경편에서는 身形과 정·기·신에 대해 道書를 많이 인용해서 설명하고 醫者는 무엇보다도 이것들을 保養治理할 것을 강조하였다. 이렇게 공전의 체계화된 의서를 편술해 내어 조선 중기 이후의 계속된 의학상의 엄정한 기풍을 정립시키기에 이르렀다.

《동의보감》에는 또 도교의 부적이나 방위법 같은 것까지 소개되어 있다. 잡병편에 安産室의 시설이 설명되어 있는데, 거기에는 安産方位圖와 催生符가 제시되어 있고, 다음과 같은 지시가 달려 있다.

> 안산방위도 및 최생부와 借地法을 다 붉은 색으로 산모방 안 북쪽 벽에다 써 놓는데, 먼저 안산도를 붙이고 다음에 최생부를 붙이고 다음에는 차지법을 붙이고는 차지법을 세 차례 讀呪하고 끝낸다(許浚, 《東醫寶鑑》 雜病篇 10, 하).

이런 것은 실로 미신적인 것이어서 오늘날에 와서는 일고의 가치도 없게 되어 버렸다. 그러나 당시로서는 산고를 완화시키고 난산을 수습하는 일에 대해서는 별로 좋은 지혜가 없었고, 그렇다고 해서 전혀 손을 쓰지 않을 수도 없는 형편이었으므로, 약물의 사용 이외에는 이러한 산실의 시설을 하게까지 되었던 것이다. 이런 것은 미신으로 돌려버리면 그만이겠지만, 오늘날의 용어를 가지고 말한다면 심리적인 요법의 일종으로 볼 수도 있는 것이다.

《동의보감》 이외에 李宗準(?~1499)의 《神仙太乙紫金丹方》 1권, 朴雲(1493~1562)의 《衛生方》, 鄭推仁의 《頤生錄》, 鄭士偉(1536~1592)의 《壽養叢書類輯》 2권, 崔奎瑞(1650~1735)의 《降氣要訣》 등은 다 쟁쟁한 지식인들에 의해 저술된 도교의 색채가 짙은 의서들이다.

(4) 수경신(경신수야)

도교의 장생법과 司過神의 신앙에서 출발된 행사 중에서 경신일에 행하는 일들이 있다. 그 가운데서 守庚申 또는 庚申守夜가 가장 널리 행해졌다. 경신일 밤에 잠을 자지 않고 하룻밤을 뜬 눈으로 지새는 수경신의 습속은, 도교에서 주장하는, 일종의 눈에 보이지 않는 벌레인 三尸의 활동을 약화 또는 절멸시켜야 장수를 누릴 수 있다는 설에 따라, 각 개인에 주어진 2周甲 120년의 수명이 단축되어 천수를 누리지 못하는 것을 막는 데 그 목적이 있다. 삼시충은 눈에 보이지 않는, 형체가 없는 괴물로, 인체 내에 기생하면서 사람의 죄과를 빠짐없이 살펴서 60일에 한 번씩 돌아오는 경신일 밤에 宿主가 잠든 사이에 그 몸에서 빠져나가 천상의 상제에게 정례적인 보고를 하고 돌아온다는 것이다. 그 경신일 밤에 자지 않고 뜬눈으로 새우면 삼시충이 상제에게 죄과를 보고하지 못하고 만다는 생각에서 수경신의 습속이 시작되었고 그것이 결국은 축제적인 행사로 변모되기에 이르렀다. 수경신은 '守三尸'라고도 한다.

수경신은 고려시대부터 민간과 궁중에 두루 유행하였고, 조선시대에 내려와서는 건국 초기부터 궁중에서 규모를 갖추어 행하여졌다. 《龍飛御天歌》 제78장 大注에 "경신일 밤에 태조가 판삼사사 鄭道傳 등 여러 훈신들을 불러 술을 차리고 풍악을 잡혔다"라는 기사가 있고, 小注에는 삼시와 경신수야에 관한 비교적 상세한 해설과 당시의 경신수야하는 나라 풍속에 대한 설명이 들어 있다. 조정에서 수경신이 논란된 기록은 《成宗實錄》에 처음 보인다. 성종 때에는 경신일에 수야하는 행사의 규모가 커져서 임금과 신하 사이에 경신수야를 둘러싸고 논란이 벌어졌던 것이라 여겨진다. 성종 17년(1486) 11월에 경신수야의 행사를 3일 앞두고 사헌부 장령이 임금에게 간했다.

> 사헌부 장령 李季南이 와서 아뢰기를, '신 등이 듣자옵기에는 19일 밤에 종친을 향연하고 수경신을 하시리라고 합니다. 한밤중에 종친들이 妓工의 무리와 궁금 엄밀한 곳에서 남녀가 뒤섞여 있어서야 되겠습니까. 또 종친 등이 혹 술 취함으로 해서 예를 어기는 자가 생길 것이고, 하물며 밤을 새우며 歡宴하고 성체가 피로해지지 않을 수 있겠습니까'하니, 임금이 이르기를, '경신일 밤에 종친을 접견함은 오늘날만의 일은 아니다. 너희들은 이것을 가지고 流連荒妄하다고 하는 거냐'라고 했다. 계남이 이르기를, '신 등은 전하를 황망하시다고 하는 것은 아닙니다. 이 엄한에 성체를 피로하게 할까 두려워서이고 또 남녀가 뒤섞여 논다는 것이 궁금의 엄밀한 체통을 자못 손상시키게 되기 때문에 아뢰는 것입니다'라고 했다. 이에 임금이 이르기를, '조종조에는 있던 일이니 다시는 말하지 말라'고 했다(《成宗實錄》 권 197, 성종 17년 11월 정사).

그 다음날에도 대사헌 李瓊仝 등이 箚子를 올려 역시 2일 후에 있을 경신수야의 행사를 세조 때의 고사를 들어가며 중지할 것을 간했으나 임금은 여전히 들어주지 않았다. 성종은 경신일 밤에 종친과 조정 관원들에게 仁陽殿 內外庭에 妓樂을 곁들인 대규모의 주연을 베풀고, 양사의 반복되는 간쟁을 물리치면서 잔치를 치렀다. 양사의 合疏는 임금의 경신수야가 불가한 이유 7가지를 늘어놓고서, 이미 차려 놓고 시작한 연회의 중지를 간청하였는데, 거기에는 삼시에 관해서도 언급하고 있다. 성종은, "불교가 근리한 데도 나는 그것조차 믿지 않는데 하물며 삼시를 겁내서 수야하겠느냐. 다만 종친을 친근하게 하기 위해서일 뿐이지 액을 피하고자 해서가 아니다"라고 대답하고, 대사헌 등에게 殿庭으로 들어가서 술을 마시라고 명했다. 이날 마침 천둥이 치고 비가 왔는데 성종과 간쟁하는 신하들 사이에 天變에 대한 논란이 벌어지기까지 하였다. 성종 22년(1491)에도 대사헌 이경동 등의 상서에서 경신수야의 행사를 포함한 각종 환락연회의 폐풍을 고치고 遊逸하지 말기를 간청하였으나, 성종은 경신일의 행사는 그 유래가 오래되었으므로 폐지할 수 없고 그 밖의 몇 가지는 조정할 데가 있으면 고치도록 하라고 응수하였다.

성종의 뒤를 이은 연산군도 궁중에서의 경신수야 행사를 계속하였다. 연산군 3년(1497) 11월 경신일의 실록에 다음과 같은 기사가 있다.

> 주효, 호피, 녹피, 각궁 등의 물건을 승정원에 내리고 이르기를, '오늘은 경신일이니 함께 수야하고 장난삼아 노름들이나 하라'고 했다. 대사헌 李諿 등이 아뢰기를, '임금에게는 장난이란 없는 것입니다. 수경신하는 놀이는 閭巷의 豪俠兒들이 숭상하는 것입니다. 이제 승정원에서 그것을 본뜨게 하시다니, 금중은 놀이하는 곳이 아니옵고 측근의 신하들은 도박하는 부류들이 아닙니다. 그만두도록 명하십시오'라고 했으나 들어 주지 않았다(《燕山君日記》 권 28, 연산군 3년 11월 경신).

연산군 11년 12월 경신일에는 승정원 예문관, 병조의 都摠府 당상, 密威廳 당상에게 명해 빈청에 모여 수야하도록 하고 御製絶句와 율시를 내려 그것들에 和作하여 바치도록 하였다. 이렇듯 경신수야의 습속은 조선시대 궁중행락의 하나로 지켜져 내려왔다. 전해지기로는 영조 때에 내려와 비로소 궁중에서의 경신수야 행사가 폐지되었다.

2) 민간신앙

(1) 선서와 관제신앙

柳得恭(1749~?)의 《盎葉記》 2, 中國書來東國條에 조선 태종 17년(明 永樂 15 ; 1417)에 明 成祖가 善陰騭書 6백 부를 보내왔다는 기사가 보인다. 선음즐서는 유·불·도 3교의 사상이 융합한, 선행을 권장하는 내용의 책들로 善書로 약칭되기도 한다. 명대 이후 중국에서 대단히 많이 만들어졌다. 권선징악이라는 사회교육적인 의의를 높이 사서였으리라고 생각되지만, 이러한 선서들이 조선 초기부터 한말에 이르기까지 계속하여 널리 읽혀졌고, 각종 선서의 번각과 언해가 나왔다. 주요한 선서로는 《玉皇寶訓》·《注生延嗣妙應眞經》·《敬信錄》과 그 언해본, 《三聖訓經》·《過化存神》·《感應篇圖說》·《功過格纂要》 등을 들 수 있다. 이 가운데서 《삼성훈경》은 蜀漢의 명장 關羽, 晉의 張亞, 唐의 呂洞賓을 숭봉하는 내용으로 이루어져 있다. 생전의 공덕으로 천궁에 올라 관우는 關聖帝君으로, 장아는 文昌帝君으로, 여동빈은 孚佑帝君으로 각각 제군의 자위를 차지하게 되어 인간의 선악을 감시하고 그것에 따라 화복을 내리는 일을 하는 것으로 되어 있다.

중국에서 관우를 신격화하고 그를 신봉하기 시작한 것은 송나라 때부터였으며, 도교에서는 伏魔大帝라 하여 지옥신의 장으로 되어 있고, 한 고조, 진시황제 등 생전의 제왕은 도리어 그의 부하 격으로 돌려져 있다. 조선 중기에 와서는 우리 나라에서도 민간에서 관제를 숭봉하는 습속이 생겼다. 관제를 숭봉하는 습속은 본래 임진왜란 때 명나라 군사가 이 땅에 가져온 것으로, 그 습속을 받아들여 종로 및 동대문과 남대문 밖에 關王廟를 세우게까지 되었던 것이다. 동대문과 남대문 밖의 관왕묘는 지금까지도 남아 있다. 관우는 그 의용을 사서 城鎭을 수호해 주는 것 등을 비롯해서 여러 가지 능력이 있는 것으로 믿어졌고, 우리 나라에서는 특히 財神으로 받들어져 상인들에게 숭봉되었다. 《과화존신》도 관성제군의 《覺世眞經救劫文》·《靈驗記》 등을 합편한 것이다.

(2) 도인들의 비밀집단

落魄한 선비들과 가문이 비천한 지식인들이 도술의 수련을 빙자하여 산수 사이를 遨遊하는 일이 빈번해지고, 그러한 사람들이 회동하여 師生關係를 맺으면서 갖가지 도술을 논하기도 하고 세속에서 초연한 생활을 하면서 기이한 설화를 남기기도 하였다. 선조 때 사람 趙汝籍이 찬술한 것으로 전해지는 《靑鶴集》은 일단의 그러한 부류에 속하는 사람들의 사생관계와 행적을 엮은 만록류의 책이다. 조여적이 선조 21년(1588) 과거에 낙방하고 극도의 실의 속에서 고향으로 돌아가는 도중 楮灘에서 초면부지의 사람이 자기 이름을 부르며 말을 걸어오는 데 놀란 나머지 그 사람을 사사하여 60년이 되었고, 그 동안에 견문한 사적을 전하기 위해 《청학집》을 엮어냈다는 것이다.

조여적이 사사한 사람은 李思淵(일명 挺元, 承祖)으로 자는 胤夫, 호는 雲鴻, 雲鶴, 片雲이다. 강원도 인제 사람으로 16세 때부터 이미 雲林高趣가 있었는데, 선조 6년(1575)에 한 優婆塞(출가하지 않은 불제자)를 만나 道書 1권을 얻은 것이 인연이 되어 五臺山 麒麟臺에서 7인의 신선 같은 道人을 만나게 되었다. 金蟬子·彩霞子·翠窟子·鵝蕊子·桂葉子·花塢子·碧落子가 그 일곱 도인의 道號이다. 이들은 다 뛰어난 재지를 지니고도 때를 만나지 못해 강호에 숨은 인물들이다. 편운 이사연은 이들과 함께 甲山 사람 靑鶴山人 魏漢祚를 사사하였다. 위한조는 중국인 楊雲客을 만나 그와 함께 異術을 배웠다. 위한조는 앞 일을 잘 알아서 예언을 하기도 하고 그 예언이 적중하기도 하였던 것으로 알려져 있다. 그는 선조 36년에 자기가 세상을 사절하게 되었음을 제자들에게 일러 주고 그해 정월 15일 새벽에 일어나 大蘭山 안개 속으로 걸어 들어가 돌아오지 않았다.

위한조를 사사하던 이사연을 포함한 여덟 사람은 다 흩어져 가버리고, 이사연은 금선자 李彦休(자는 弘道) 및 曺玄志(자는 通遠, 호는 五竹居士·梅窓)와 함께 한라산을 향해 떠났는데 茂朱 德裕山에 당도하자 그 곳이 살만함을 알고 그 곳에 집을 짓고 동거하면서 약초를 채집하고 신을 삼고 하여 생계를 꾸려나갔다. 이에 앞서 이사연은 채하자와 함께 중국의 燕京에 가서 중국인 조현지를 만났다. 조현지는 바로 양운객의 문인이었다. 조현지는 앞 일을 잘 알아서 중원이 장차 만주족의 땅이 될 것이므로 안심하고 살 곳을 찾던 중에 조선에서 온 이사연과 채하자 두 사람을 만나게 되어, 조선의 한라산이 옛날로부터 병화가 미치지 않는 곳이라 하여, 그곳으로 같이 가기로 했던 것이다. 이들은 다 한시를 지을 줄 알아서 도처에서 吟詠한 시들이 《청학집》에 전해진다.

이들은 다 현실사회를 도피한 은둔자들로 자기 자신들도 遁자를 써서 터득한 도의 성격을 나타냈다. 양운객은 도가 가장 높아 通神變化하는 경지에 도달했다 하여 天遁이라고 불렀고, 위한조는 그 다음으로 知人知鬼한다 해서 地遁이라고 불렀고, 그 나머지는 그만그만해서 이사연은 神遁, 조현지는 人遁, 그 밖에 仙遁, 佛遁 등 적당한 칭호로 불렀다. 용모가 寒玉 같고 눈이 새벽별 같은 자칭 西蕃僧이라는 자도 호를 能浩 또는 洞里堂이라 하여 이들과 역시 의기투합하여 심오한 이치를 자세히 토론하였다. 이들은 당시 유가 계통의 지식인들과는 판이한 史觀 내지 시국관을 가지고 있었다. 이들은 명의 멸망과 만주의 발흥을 예언하였고, 중국에 대해서는 뚜렷한 항거의식을 지니고 있으며, 장래 어느 때에는 조선에 천운이 돌아와 일본을 굴종시키고 중국을 제압하며 천하를 통제하는 지위에 오를 것이라고 전망하기도 하였다. 《청학집》의 기사를 보면 당시 일부 지식인들의 도교를 빙자한 은둔생활의 상황을 어느 정도 짐작할 수 있게 된다.

(3) 지리도참

조선 초기부터 창업주인 태조 이성계의 한양천도에 따른 풍수설에 대한 관심이 고조됨에 따라, 민간에서도 자연 지리도참에 대한 미신이 성행하게 되었고 讖緯術數에 관한 책들이 마구 만들어져 퍼져나갔다. 태종 때에 참위서에 대한 금령이 내렸고 세조 때에는 書目까지 열거한 민간의 圖讖秘記 收去令이 내렸다. 성종 때에는 수거령의 대상이 되었던 도참비기는 이미 남김없이 거둬들였기 때문에 민간에서는 더 이상 찾아볼 수 없게 되어, 제시한 서목 이외의 도참비기가 있으면 찾아내어 올려 보내라고 하였다. 이렇게 민간 소장의 참위서를 찾아내어 회수한 것은 민간에 만연하는 미신을 근절시키자는 의도뿐만 아니라 한편으로는 易姓變革 같은 일이 혹시라도 그러한 지리도참에 의해 또는 그런 것들에 빙자하여 발생하는 일을 미연에 방지하자는 심산에서 나왔을 것이다.

조선 중기에는 南師古·魏漢祚 등이 도참비기를 만들었다고 전해진다. 도참비기는 예언으로, 신빙성을 띠는 것을 그 특색으로 들 수 있다. 世運의 향방이나 시국의 추세는 사실상 명확히 말하기 어려운 경우가 많기 때문에 도참비기 등의 수단을 빌어 그런 일을 나타내는 경우가 많다. 남사고는 중종과 명종대에 걸쳐 異人으로 알려졌던 불우한 지식인이다. 그는 향시에는 합격했으나 대과에는 급제하지 못해 별슬길에 오르지 못하다가 만년에는 현감도 지내고 천문교수로 서울에 있기도 하였다. 그런데 남사고의 예언은 당시의 정치와 밀접한 관계가 있는 것들이어서 많은 사람의 주의를 끌었다. 일례를 들면 중종의 繼妃 文定王后가 자기의 소생인 명종을 왕위에 앉혀놓고 자의로 국정을 움직여서 많은 폐단을 자아내며 건강한 몸으로 있을 때, 남사고는 문정왕후가 쉬 죽을 것을 예언했다는 것이다. 그리고 앞으로 동서분당으로 당쟁이 일어날 일이라든지 왜구의 대거 침략이 일어나리라는 것 등을 예언했다는 것이다.

이런 예언은 術數라기보다는 오히려 당시의 정세에 대한 예리한 판단에 입각한 일종의 예측에서 나온 성질의 것이라고 볼 수 있다. 남사고는 그러한 일들로 해서 이인으로 지목되었고, 그의 문하에서는 수련적인 도교를 신봉하는 인물이 여럿 나왔다. 鄭碏·楊士彦·洪裕孫 등은 남사고의 문생들이었던 것으로 전해진다. 위한조는 앞에서도 간략하게 언급한 바 있지만, 청학산인으로도 불렸는데, 異術을 배우고 여러 나라의 道觀과 산림을 주유하고 돌아와 청학동에 살면서 많은 도인들의 사사를 받았다. 위한조도 역시 대륙을 내왕하면서 국내외 정세의 추이를 파악할 수 있었던 것이라 여겨진다. 《土亭秘訣》의 저자로 알려진 李之菡도 위한조의 제자로 전해진다. 이러한 부류의 인물들은 정치에 종사할 기회를 갖지 못해 그들의 시국에 대한 정세판단을 국정에 반영시킬 수 없었던 것이다.

〈車柱環〉

V. 문학과 예술

1. 문　학
2. 미　술
3. 음　악
4. 민　속
5. 무용·체육
6. 의식주 생활

Ⅴ. 문학과 예술

1. 문 학

조선 중기는 문학에 있어 중세적 미의식이 한껏 세련되어 발전하는 동시에, 개성을 중시하는 근대적 자아가 본격적으로 움트기 시작한 시기라 할 것이다. 이 시기는 다시 임진왜란과 병자호란의 양란을 분기점으로 하여 상당한 변화의 양상이 나타나는바, 국문시가문학, 서사문학(소설과 판소리), 한문학의 세 영역으로 나누어 이 시기의 문학을 개관해 살피기로 한다.

1) 시가문학

16세기에 국문 시가문학은 형식의 세련성과 내용의 깊이에 있어 뚜렷한 발전을 보였다. 이 시기 국문 시가문학의 주 담당층은 사대부로서, 그들은 강호자연 속에서 심성을 수양하는 자신의 삶을 노래하거나, 유가적 이념을 향촌의 피지배계급에게 전파하려는 교훈적 내용을 작품에 담았다.

16세기의 사대부들이 국문시가를 통해 자신의 사상과 감정을 표현한 나름의 근거는 〈陶山十二曲〉을 지은 李滉(1501~1570)의 언급을 통해 잘 파악할 수 있다.

> 한거하여 휴양하는 여가로 무릇 性情에 느낌이 있는 것을 매양 시로 표현하는데, 지금의 시는 옛날의 시와 다르기 때문에 읊조릴 수는 있으나 노래할 수는 없어, 만약 노래를 하고자 할 경우 반드시 俚俗의 말로 엮지 않을 수 없다. 대개 國俗의 음절이 그렇게 하지 않을 수 없는 것이다(李滉, 《退溪集》 권 42, 〈陶山十二曲跋〉).

16세기 국문시가의 존재 의의는 이처럼 歌唱의 필요성에 그 핵심이 놓여 있었다. 또한 〈도산십이곡〉의 주제를 '言志'와 '言學'으로 설정한 바와 같이, 기존의 翰林別曲類의 '矜豪放蕩'이나 李鼈 〈六歌〉의 '玩世不恭'과는 다른 차원의 '溫柔敦厚'한 수준을 얻고자 하였다.

16세기 전, 중반은 재지 사림이 성리학의 도학정치 이념을 앞세우며 훈척세력에게 도전한 시대였다.

이로 인해 일어난 네 차례의 거듭된 사화와 잦은 정변은 일부 재지 사림들에게 정치현실에 대해 부정적 인식을 갖게 하였다. 이 시기에 창작된 李賢輔(1467~1555), 李滉, 權好文(1532~1587), 李珥(1536~1584) 등의 국문시가에는 사림들의 이러한 의식이 적절히 표현되어 있다. 이들은 부패한 정치와 도덕적 이상을 상호 대립적인 항으로 인식하였다.

> 古人도 날 몯 보고 나도 古人 몯 뵈
> 古人을 못 봐도 녀던 길 알퍽 잇니
> 녀던 길 알퍽 잇거든 아니 녀고 엇뎔고(李滉, 〈陶山十二曲〉 言學 3수).

> 高山 九曲潭을 사룸이 모로더니
> 誅茅 卜居ᄒᆞ니 벗님ᄂᆡ 다 오신다
> 어즈버 武夷를 想像ᄒᆞ고 學朱子를 ᄒᆞ리라(李珥, 〈高山九曲歌〉 1수).

이들에게 있어 강호자연은 정치현실 이상의 가치를 지닌 求道의 공간이었다. 그들은 불변하는 理法이 현현해 있는 이 강호자연과의 친화를 통해서 철학적 깊이를 획득하고자 하였다.

그런데 修己와 治人의 이상이 현실 정치에서 순조롭게 연결되지 못할 때에는 강호자연과 정치현실 사이에서 선택의 문제가 불가피하게 제기될 수밖에 없다. 예컨대 권호문의 경우에서 보듯이 현실정치를 포기하고 강호에서의 삶을 선택하는 고뇌가 표현되기도 한다.

> 江湖에 노쟈 ᄒᆞ니 聖主를 ᄇᆞ리례고
> 聖主를 셤기쟈 ᄒᆞ니 所樂애 어긔예라
> 호온자 岐路애 셔셔 갈 ᄃᆡ 몰라 ᄒᆞ노라 (權好文, 《松巖集》 續集 권 6, 〈閒居十八曲〉 4수).

16세기 중반 선조대를 거치면서, 사림들은 훈척세력과의 치열한 정치투쟁에서 승리를 거두어 중앙정계를 장악한다. 그러나 다시 사림들 내부에서 분파가 생김으로써, 16세기 신진 사림들이 훈척세력에 대항하여 추구했던 바의 至治主義는 이제 명분으로만 남게 되었다. 이러한 정치상황은 국문시가를 대하는 자세에도 변화를 가져와, 鄭澈(1536~1593), 申欽(1566~1628)의 작품에 오면 도학적 세계로의 침잠이나 사변적 미의식의 추구는 상당히 축소되어 나타난다. 신흠의 다음 시조에서 보듯, 잦은 정치적 부침 속에서 일시적으로 정계를 물러나 있는 지식인에게, 이제 江湖는 정신적 안정감을 회복시켜 주는 휴양의 공간일 따름이다.

> 산촌에 눈이 오니 돌길이 뭇쳐셰라
> 柴扉를 여지 마라 날 ᄎᄌ 리 뉘 이시리
> 밤듕만 一片 明月이 긔 벗인가 ᄒ노라(金天澤, 《靑丘永言》(珍本)).

한편, 16세기 국문시가의 한 흐름인 훈민의 계몽적 경향은, 당시 사림들이 자신의 이념을 향약을 통해 향촌사회에 구현하고자 한 사실과 관련되어 있다.

周世鵬(1495~1554)의 〈五倫歌〉, 宋純(1493~1584)의 〈오륜가〉, 정철의 〈訓民歌〉 등은 유가적 가치규범을 생활화하고자 한 사대부의 의도가 문학적으로 표현된 것이다.

> 아버님 날 나ᄒ시고 어마님 랄 기ᄅ시니
> 父母옷 아니시면 내 몸이 업실낫다
> 이 德을 갑ᄒ려 하니 하놀 ᄀ이 업스샷다(周世鵬, 《武陵雜稿》 別集, 〈五倫歌〉 2수).

주세붕의 〈오륜가〉는 序章을 비롯해 父子, 兄弟, 夫婦, 主奴, 長幼의 총 6장으로 되어 있는데, 오륜에 대한 직접적 설명으로 이루어져 있다. 정철의 〈훈민가〉 16편은 향촌이라는 구체적 공간에서의 사족과 농민의 윤리에 비중이 놓여 있다.

이 시기 시조와 더불어 주목해야 할 국문시가는 歌辭이다. 가사는 4음보

연속체의 律文이라는 느슨한 형식적 제약이 있을 뿐, 주제·소재·구성 등에 특별한 제약이 없는 개방적 장르이다. 이 시기에 가사는 시조와 마찬가지로 사대부에 의해 창작되었는데, 송순의 〈俛仰亭歌〉, 白光弘(1522~1556)의 〈關西別曲〉, 정철의 〈星山別曲〉·〈關東別曲〉·〈思美人曲〉·〈續美人曲〉 등이 주목할 만하다.

> 뎨 가ᄂᆞᆫ 뎌 각시 본 듯도 ᄒᆞᆫ뎌이고
> 텬샹 ᄇᆡᆨ옥경을 엇디ᄒᆞ야 니별ᄒᆞ고
> ᄒᆡ 다 뎌 져믄 날의 눌을 보라 가시ᄂᆞᆫ고
> 어와 네여이고 내 ᄉᆞ셜 드러보오
> 내 얼굴 이 거동이 님 괴얌즉 ᄒᆞ냐마ᄂᆞᆫ
> 엇딘디 날 보시고 네로다 녀기실ᄉᆡ
> 나도 님을 미더 군쁘디 전혀 업서
> 이릐야 교틱야 어ᄌᆞ러이 구돗쎤디
> 반기시ᄂᆞᆫ ᄂᆞᆾ비치 녜와 다ᄅᆞ신고(鄭澈, 《松江歌辭》(星州本), 〈續美人曲〉).

정철의 가사는 우리 국문 시가문학의 가장 높은 지점에 놓이는 것으로 평가된다. 특히 우리말을 아름답게 구사한 표현기법은 자못 뛰어나다. 金萬重은 《西浦漫筆》에서 정철의 이 국문 가사를 동방의 〈離騷〉에 비견하면서, 天機가 자연히 발동한 것이면서도 夷俗의 천박함이 없는(天機之自發, 而無夷俗之鄙俚) 높은 수준의 작품이라고 하였다. 〈관동별곡〉과 〈사미인곡〉은 그래도 한자를 많이 빌어 쓴 반면, 이 〈속미인곡〉은 우리말을 곱게 구사하였기에 가장 뛰어나다고 평하였다.

양란을 거치고 난 후 17세기에 들어서는 국문 시가문학에도 상당한 변화가 나타난다.

16세기에 큰 성취를 이루었던 강호시조는 17세기 尹善道(1587~1671)의 〈漁父四時詞〉에서 그 언어적·심미적 세련성이 완성된다고 하겠다. 〈어부사시사〉는 계절별로 각 10수씩, 총 40수로 이루어진 연시조로서, 시간적 흐름에 따라 전개되어 전편이 하나의 완결된 형태를 이루고 있다.

> 압개예 안ᄀᆡ 것고 뒫뫼희 ᄒᆡ 비췬다

비 떠라 비 떠라
밤믈은 거의 디고 낟믈이 미러 온다
至匊悤 至匊悤 於思臥
江村 온갓 고지 먼 빗치 더옥 됴타(尹善道, 《孤山遺稿》 권 6, 〈漁父四時詞〉 春詞 1수).

윤선도의 〈어부사시사〉에는 강호에서 누리는 기쁨과 충족감이 어부의 고양된 흥취와 더불어 아름답게 표현되어 있다.

한편 이 시기는 당쟁이 활발했던 시기임으로 해서 姜復中(1563~1639)의 〈癸亥反正歌〉와 같이 西人을 찬양하는 내용과, 李德一(1561~1622)의 〈憂國歌〉와 같이 당쟁을 비난하는 내용의 시조들도 지어졌다. 이런 작품들은 자신의 주장을 직설적으로 표현함으로써 문학적 성취도는 떨어진다고 하겠다.

17세기 후반에 이르면 시조의 담당층은 사대부에서 平民歌客으로 그 중심이 이동된다. 창법도 변화하여 이전까지 불리던 전아한 고전적 창법인 歌曲唱 대신 평이하며 대중적인 호소력을 가진 時調唱이 나타났다. 중인층 가객인 金天澤의 《青丘永言》, 金壽長(1690~1770)의 《海東歌謠》 등의 歌集이 편찬된 것은 이 시기에 이르러 시조가 소수의 사대부들의 애호물에서 벗어나 중인, 평민에게까지 폭넓게 수용되었음을 보여주는 것이다.

長劍을 빠혀 들고 다시 안자 혜아리니
胸中에 머근 뜻이 邯鄲步ㅣ 되야괴야
두어라 이 또한 命이여니 닐러 므슴 ᄒᆞ리오(金天澤, 《青丘永言》(珍本)).

이 시조에서 보듯이 김천택은 서리·아전층에 속해 선천적으로 자기실현의 가능성을 차단당한 채 살아야했던 자신의 신분적 갈등을 우울하게 그려 보이고 있다.

이 시기에는 평시조가 여전히 많이 지어졌으나 일명 蔓横淸類라 하는 辭說時調기 또한 나타나 18세기 이후 뚜렷이 발전을 거두게 된다.

17세기의 가사는 주제가 다양해지면서 산문화·장편화의 경향을 띠게 되었다.

우선 양란을 거치면서 전쟁의 체험을 그린 작품이 나타났다. 崔晛(1563~

1640)의 〈龍蛇吟〉은 전란의 경과와 책임을 당대의 벼슬아치에게 돌려 통렬하게 비판하였고, 朴仁老(1561~1642)는 〈太平詞〉에서 싸움의 경과와 승리의 과정을 웅장한 문체로 노래한 반면, 〈船上歎〉에서는 임란을 회상하면서 왜적이 쳐들어 올 수 있게 배를 만든 軒轅氏를 원망하고 일본에 사람이 살게 된 것부터가 잘못이라고 하여, 혹심했던 전란 체험을 표현하였다. 박인로의 〈陋巷詞〉와 鄭勳(1563~1640)의 〈嘆窮歌〉에는 전후 생존의 기반이 무너진 향촌의 양반들이 겪어야 했던 어려운 생활이 표현되어 있다. 이들 작품에는 강호에서 품위를 지키며 살고자 하는 소망과 그것을 불가능하게 하는 현실의 빈곤문제가 중층적으로 표현되어 있다.

> 旱旣太甚ᄒᆞ야 時節이 다 ᄂᆞ즌 제
> 西疇 놉흔 논애 잠ᄭᅡᆫ 긴 녈비예
> 道上無源水을 반만ᄭᅡᆫ ᄃᆡ혀 두고
> 쇼 ᄒᆞᆫ젹 듀마 ᄒᆞ고 엄섬이 ᄒᆞᄂᆞᆫ 말삼
> 親切호라 너건 집의 달 업ᄉᆞᆫ 黃昏의 허위허위 다라가셔
> 구디 다ᄃᆞᆫ 門밧긔 어득히 혼자 서셔
> 큰기ᄎᆞᆷ 아함이를 良久토록 ᄒᆞ온 後에
> 어화 긔 뉘신고 廉恥업산 ᄂᆡ옵노라
> 初更도 거원ᄃᆡ 긔 엇지 와 겨신고
> 年年에 이러ᄒᆞ기 苟且ᄒᆞᆫ 줄 알건만ᄂᆞᆫ
> 쇼 업ᄉᆞᆫ 窮家애 헤염 만하 왓삽노라(朴仁老, 《蘆溪集》 권 3, 〈陋巷詞〉).

위의 글에는 달도 없는 저녁에 밭갈 소를 빌러 가는 영락한 鄕班의 처지가 사실적으로 묘사되어 있다. 한참을 문 밖에서 망설이다가 어렵게 부탁해보지만 소를 빌리지 못한 후, 박인로는 없으면 굶을 망정 남의 집, 남의 것을 부러워하지는 않겠다고 다짐하면서 궁핍한 자신의 처지를 감수한다. 한편 민심을 결집하여 황폐해진 나라를 복구할 것을 주장한 작품으로서 〈雇工歌〉, 李元翼(1547~1634)의 〈雇工答主人歌〉가 있다.

이 시기의 유배가사로는 宋疇錫(1650~1692)의 〈北關曲〉이 있는데, 송주석은 할아버지 宋時烈이 숙종 원년(1675)에 함경도 덕원으로 귀양갈 때 동행하면서 겪은 고난을 작품에 담았다.

2) 소설과 판소리

金時習(1435~1493)의 단편소설집 《金鰲新話》로부터 시작된 우리 소설의 역사는 16세기에 들어 한결 풍성해졌다. 蔡壽(1449~1515)의 〈薛公瓚傳〉, 沈義(1475~?)의 〈大觀齋記夢〉을 위시하여 申光漢(1484~1555)의 단편소설집 《企齋紀異》, 林悌(1549~1587)의 〈元生夢遊錄〉·〈花史〉·〈愁城誌〉, 崔晛(1563~1640)의 〈琴生異聞錄〉, 그리고 설화를 토대로 형성된 〈崔孤雲傳〉 등이 이 시기에 나타났다. 이들 작품은 신라 이래 서사문학의 한 양식인 傳奇와 寓言의 성격을 이어받고 있는바, 특히 이 두 성격을 공유하면서 꿈 속 세계에 가탁하여 이상세계를 구현하거나 현실모순을 문제삼는 夢遊錄 유형이 뚜렷이 부각되고 있다.

채수의 〈설공찬전〉은 輪廻禍福의 이야기,[1] '설공찬이 다른 사람의 몸을 빌어 몇 개월씩 머물면서 자기의 원한과 저승에서의 일을 말한 것'[2]이라는 기록에서 볼 수 있듯이, 저승 세계와의 교통을 다룬 傳奇的 소설이다. 순창에 사는 설충란에게 남매가 있었는데, 딸은 결혼하여 바로 죽고, 아들 설공찬도 장가 들기 전에 병들어 죽었는데, 설공찬 남매의 혼령이 설충란의 동생 설충수의 집에 나타나 그 아들 공침에게 들어가 병들게 만들고, 저승에 대한 이야기를 해 준다는 것이 한글 낙질본[3]에 담겨 있는 내용이다. 이 작품으로 인해 채수는 '荒誕不經'한 글을 지었다 하여 탄핵을 받고 파직당하기까지 하였다.

심의의 〈대관재기몽〉은 꿈 속에서 이상세계를 구현하는 몽유록 작품군의 표본이 된다. 심의는 꿈 속에서 崔致遠이 天子로 있고 역대 동방의 문인들이 주요한 직책을 맡고 있는 文章王國에 이르러 뛰어난 詩才를 인정받아 관료로서 영화로운 삶을 누린다. 宋風을 숭상하며 반란을 일으킨 金時習을 물리치는 등, 특히 이 작품에는 唐風을 숭상하는 심의의 문학관이 강렬히 드러나

1) 《中宗實錄》 권 14, 중종 6년 9월 기유.
2) 魚叔權, 《稗官雜記》 권 2.
3) 李文楗, 《默齋日記》 背面의 필사본.

있다. 꿈 속에서 주인공 심의가 顯達의 삶을 이루어가는 과정이 일생담의 성격을 지니고 있으며 軍談까지도 포함하는 점에서, 〈대관재기몽〉은 17세기 후반의 김만중의 〈구운몽〉 및 후대의 영웅소설과의 맥락을 예견해 준다.

심의는 己卯士禍(1527)의 주역인 권신 沈貞의 아우였음에도 불구하고 당대 현실 여건에 불만과 비판적 안목을 가져, 결국은 관료사회의 타락한 훈신들로부터도, 강직한 사림들로부터도 모두 환영받지 못했던 인물로서, 家禍를 염려해 일찍 벼슬자리에서 물러나 癡人으로 행세하며 평생을 살았다고 한다. 이러한 현실과는 유리된 채 문장왕국에서 영화를 누린다는 것이 작품 속의 세계인데, 이는 곧 심의 자신이 늘 지녀왔던 관료적 문인의 이상을 구현해 본 것이라 하겠다.

신광한이 지은 단편소설집 《기재기이》(1553년 간행)에는 네 작품이 수록되어 있다. 〈崔生遇眞記〉는 三陟 頭陀洞天을 배경으로 하여 최생의 신선 체험을 그린 것이고, 〈何生奇遇傳〉은 하생과 冥界 여인과의 애정을 다루었다. 〈書齋夜會錄〉과 〈安憑夢遊錄〉은 각각 文房四友와 後園의 화초를 의인화한 작품으로, 작자 자신의 인생관이 우의적으로 투영되어 있다. 특히 주인공이 후원 화초의 精靈들과 만나 盛宴을 갖는 〈안빙몽유록〉은 그들 정령이 또한 중국 역사상의 인물들이 화한 것이라는 이중적 의미를 갖도록 구성하여, 작자 신광한의 역사관을 엿볼 수 있게 해 준다.

임제는 〈원생몽유록〉과 함께 寓言 계통의 〈화사〉·〈수성지〉를 지어 다양한 형태의 소설을 남겼다.

〈원생몽유록〉은 현실의 모순을 직설적으로 드러내 비판하는 몽유록 작품군의 표본이 된다.

> 그는 일찍이 古代의 역사를 즐겨 읽었는데, 일대의 왕조가 패망하여 나라의 운명이 다하고 國勢가 꺾이는 대목에 이르면, 책을 덮고 흐느껴 울지 않은 적이 없었다. 마치 자신의 몸이 그 때에 처한 듯하여, 서두르고 애써 보아도 패망해 가는 나라를 지탱할 아무런 힘도 없는 듯하였기 때문이다(林悌, 《白湖集》 附錄, 〈元生夢遊錄〉).

여기에 묘사된 것처럼 慷慨한 성격의 선비인 元子虛가 꿈 속에서 단종과

死六臣을 만나 그들의 원한 섞인 시를 듣다가 꿈에서 깨는 것이 내용이다. 일생을 탈속과 방랑으로 보낸 임제가 사육신의 좌절을 통해 문제삼고 있는 것은 결국 봉건관료사회의 모순과 사대부의 좌절이다. 소망스러운 이념과 역사의 실재가 결코 합치되지 못하는 데 대한 절망이 이 작품에 반영되어 있다. 최현의 〈금생이문록〉은 이 〈원생몽유록〉의 영향을 입어 형성된 것으로 보이는데, 善山을 중심으로 한 영남 출신의 유림을 추모하여 유가적 이념을 구현하였다.[4]

임제의 〈화사〉는 꽃을, 〈수성지〉는 사람의 心性을 의인화하여 깊이 있는 寓意를 담고 있는데, 이 뒤를 이어 黃中允(1577~1648)의 〈天君紀〉, 金宇顒(1540~1603)의 〈天君傳〉, 鄭泰齊(1612~1669)의 〈天君演義〉, 林泳(1649~1696)의 〈義勝記〉 등 심성을 의인화한 작품들과, 金壽恒(1629~1689)의 〈花王傳〉 등 꽃을 의인화한 작품들이 17세기에 거듭 나타난 바 있다.

16세기 후반의[5] 소설 〈崔孤雲傳〉은 신라말의 문인 崔致遠을 소재로 하여 설화적 윤색을 많이 덧붙인 작품으로, 무덤 속 두 여인의 혼령과 사랑을 나누는 《太平通載》 소재 〈최치원〉과는 다른 내용이다. 최치원이 중국에 들어가 黃巢의 亂을 물리치는 檄文을 짓고, 이후 신라에 돌아와 가야산에 은거하는 역사적 사실의 뼈대 위에, 많은 神異談이 보태어졌다. 그 어머니가 금돼지에게 납치되었다 구출된 후 최치원이 태어나매 금돼지의 자식으로 알아 아버지가 길에 버리게 하였으나, 牛馬가 피해 가고 선녀가 젖을 먹이고 백조가 날개깃으로 감싸 보호한다든가, 중국 천자가 石函에 계란을 넣은 것을 최치원이 알아맞추는 시를 짓는다든가, 중국으로 가는 길에 용왕의 둘째 아들 이목을 만나 그를 통해 가뭄이 든 섬에 비를 내리게 한다든가, 중국에 들어간 후 여러 장애물을 막아내고 자신을 살해하려는 독약이 든 밥을 알아채 먹지 않는다든가, 중국 신하들의 讒訴로 인해 南海 孤島에 유배되고 굶어 죽을 지

4) 〈認齋年譜〉(《一善志》)에 따르면, 〈금생이문록〉의 초고가 만들어진 것은 1591년이며, 이를 고쳐 완성한 것은 1594년이다.

5) 〈效顰雜記〉(《稗林》 권 7)의 기록에 의하면, 高尙顔이 1579년에 '금돼지 일이 상세하게 기록된' 〈崔文昌傳〉을 金涀을 통해 보았다고 하였다. 金集(1574~1655) 手澤本 《傳奇集》에도 〈崔文獻傳〉이라는 제목으로 〈최고운전〉이 수록되어 있다.

경에 이르지만, 이슬을 먹으며 살아나고 이후 중국 천자를 질책한 후 신라에 돌아온다는, 神異한 설화적 요소가 다양하게 엮어져 있는 점이 〈최고운전〉의 특징이다. 신라인을 능멸하려는 중국에 대하여 최치원이 거듭 뛰어난 재능으로 이를 雪憤한다는, 강렬한 주체의식의 발현이 특히 주목된다.

양란을 거치고 난 17세기에는, 현실경험의 세계를 여실하게 그려 보이며 현실모순의 문제를 뚜렷이 부각시키는 수준 높은 작품들이 거듭 나타나 소설사의 새로운 차원을 열어간다.

許筠(1569~1618)은 〈蓀谷山人傳〉·〈嚴處士傳〉·〈張山人傳〉·〈南宮先生傳〉·〈蔣生傳〉 등 현실에서 불우한 생애를 살다 간 逸士들의 삶을 傳의 외피를 빌어 형상화한 한문소설과, 서자로 태어난 홍길동이 신분적 질곡을 갈등으로 느껴 가출한 후 의적 活貧黨의 괴수가 되어 봉건적 통치질서를 흔들고 마침내는 바다 속의 한 섬에서 이상국을 건설한다는 내용의 한글소설 〈洪吉同傳〉[6]을 지었다.

양란의 전란 체험을 배경으로 하여 나타난 몽유록 작품들은 당대의 현실을 직설적으로 드러내 비판하는 내용으로 되어 있다.

임진왜란 후 산야에 드러난 채 있는 朽骨의 收葬 문제를 배경으로 하면서, 부도덕한 벼슬아치에 대한 비판과, 신분모순에 따른 애정갈등의 문제를 삽화로 담아 보여주는 〈皮生冥夢錄〉, 임진왜란을 패배의 참상으로 이끈 무력한 장수들에 대한 매도와 순국한 용사에 대한 추모를 교차시킨 尹繼善(1577~1604)의 〈㺚川夢遊錄〉, 임진왜란에서의 패배가 국가 兵制의 모순에 따른 것임을 지적하고, 流民의 머리를 베어 그 머리를 깎아 왜놈의 것이라고 하여 포상을 받기도 하는 임란 직후 사회의 부도덕한 현실을 고발하는 黃中允의 〈㺚川夢遊錄〉, 정유재란 당시 황석산성에서 몰사한 郭䞭 등의 원혼이 출현

6) 李植은 허균이 지은 것을 '洪吉同傳'이라 기록하고 있다(《澤堂集》 권 15, 雜著, 散錄). 〈洪吉童傳〉의 이본은 19세기 중엽 이후의 것만이 있고 허균이 지은 당대의 〈홍길동전〉은 찾아보기 어렵기 때문에, 허균이 지은 것은 16세기에 실존했던 도적 洪吉同을 傳양식을 빌어 형상화한 한문소설일 가능성도 있다. 그러나 〈蔣生傳〉에 나타나는 '바다 가운데 섬'의 理想國 형상이나 빈민구제의 문제, 〈豪民論〉, 〈遺才論〉에 공히 나타나는 봉건적 통치질서와 신분질서에 대한 비판에서 볼 수 있듯이 허균이 지었던 〈홍길동전〉에 담겨진 내용과 사상은 현재 전하는 이본의 그것과 상통할 것이다.

하여 당시 開門納賊한 白士霖의 행위를 공박하고 그럼에도 그를 褒揚하는 그릇된 현실을 비판하는 申詳의 〈龍門夢遊錄〉, 병자호란 때 강화도가 함락된 원인이랄 수 있는 江華留守와 조정 대신들의 비리를, 그 와중에서 죽게 된 여인들이 등장하여 규탄하는 〈江都夢遊錄〉 등이 모두 그러하다.

특히 〈피생명몽록〉은 다층적인 구조 속에 깊은 문제의식을 함축하고 있는 작품으로서, 주인공 피달에게 김검손이 밝힌 이야기의 내용 속에, 前生으로부터 此生에까지 이어지면서 벗겨지지 않는 강고한 신분질서의 질곡이 빚어내는 비극과, 그것의 근원적 부당성이 제기되어 있어 주목된다.

고려시대 廉興邦侍郎에게 예속된 賤隷인 金伊와, 시랑의 賤妾인 木歡은 지극히 사연스러우면서 아름다운 사랑을 나누지만, 그 사랑은 참담한 종말을 맞게 된다.

> 어느 날 저녁 侍郎은 梨花亭 위에 곤히 누워 醉興을 타 잠 들었으니 때는 3월 15일이었습니다. 달빛이 뜨락에 가득하고 꽃그림자가 땅에 가득한데 그녀는 창안에 있었고 나는 창 밖에 있었습니다. 서로간에 눈이 마주쳐 情을 누를 수 없었습니다. 마침내 손을 잡고 門屛 사이에서 雲雨의 情을 나누었고 끊어질 수 없는 인연을 이루었습니다. 혹은 담장의 구멍을 뚫고 나가기도 하고 혹은 담장을 넘어 들어오기도 하여, 한 번 가고 한 번 오며 밤마다 만나지 않은 적이 없었습니다. 일 년이 못 가 그녀는 아이를 가져 사내아이를 낳았는데 생김새가 나의 모습과 꼭 닮았습니다. 시랑이 그것을 알자, 木歡을 마당에서 매로 쳐 여린 손이 끊어지고 옥같은 살결이 허물어져 마침내 嚴威 아래에서 숨지게 되었고, 나 또한 마찬가지로 태어난 아이와 함께 紅橋의 곁에 버려졌습니다(〈피생명몽록〉(국립중앙도서관본), 《필사본고전소설전집》 3, 아세아문화사, 1980, 229쪽).

두 사람의 밀회의 결과로 태어난 아이가 염흥방시랑이 아닌 김이를 꼭 닮음으로 해서 그 사랑의 내용이 발각된 후, 두 사람은 장살되어 갓난아이와 함께 紅橋 옆에 버려진다. 그러나 그들이 인간세상에서 겪는 이러한 현실은 근원적으로 부당한 것임이 곧이어 강조된다. 冥府에서 그들은 죄없이 죽임당한 것이라고 판결되고 다시 인간세상에 환생케 되는데, 시공을 뛰어넘어 조선 중엽의 인물로 태어난다. 그러나 신분질서의 질곡에 의한 고통은 다시 此生에까지 계속된다. 목환은 사족의 딸로, 김이는 역리로 태어남에 따라 '士

族과 常庶의 等分'으로 인해 또다시 인연을 맺지 못하는 것으로 그려져 있다.

> 冥司에서 죄없이 죽임을 당했다 하여 함께 이 세상에서 삶을 얻게 해 주어 그녀는 權氏의 딸이 되고 나는 金哥의 아들이 되었습니다. 참으로 前世의 名字에 따른 것이었지요. 宿緣이 다하지 않았으니 진실로 마땅히 부부가 되었어야 하나, 국속에 사족과 상서의 등분이 있어 혼인을 이룰 수 없게 되었습니다(〈피생명몽록〉, 229~230쪽).

일명 〈壽聖宮夢遊錄〉으로도 불리는 〈雲英傳〉[7]은 주인공 柳泳이 임진왜란의 와중에 폐허가 된 수성궁의 遺墟에서 배회하다가 꿈 속에서 雲英과 金進士의 혼령으로부터 이야기를 전해 듣는 형식으로 되어 있다. 安平大君의 수성궁에 간직된 十宮姬의 한 사람인 운영이 김진사와 비밀스런 사랑을 나누다가 결국은 그것이 탄로나 자살하게 되는 시말을 통해, 인간이 누려야 할 평등한 자유와 본능적 애정이 봉건질서의 질곡에 의해 제약당하는 모순의 문제를 비판적으로 드러내 주고 있다. 작품 속에 등장하는 한 궁녀의 다음과 같은 발언이 그같은 주제를 대변해 준다.

> 이미 塵世에 있을진대 山家野村과 農墅漁店의 어느 곳인들 可치 않으리오마는, 深宮에 깊이 갇혀 籠中에 든 새 같으니 누런 꾀꼬리 소리를 들어도 탄식하고 푸른 버들을 대하여도 한숨 쉴 뿐이라. 어린 제비도 쌍 지어 날고, 깃들이는 새도 둘이 앉아 졸며, 풀에도 合歡草가 있고, 나무에도 連理枝가 있어, 무지한 초목과 至微한 새마저도 또한 음양을 稟受하여 서로 즐기지 아니함이 없거늘, 우리 十人은 유독 무슨 죄 있기에 적막한 심궁에 일신이 오래도록 갇혀 春花秋月에 孤燈을 짝하여 혼을 사르며, 헛되이 청춘의 나이를 버리고 공연히 저승의 恨을 남기니 賦命의 薄함이 어찌 이다지 심한가. 사람 목숨이 한 번 늙어지면 다시 젊어지지 못하리니 그대는 다시 생각하여 보라. 어찌 슬프지 않겠는가(〈雲英傳〉, 校合本, 《단편소설선》, 민중서관, 1978).

〈相思洞記(英英傳)〉[8]는 檜山君의 시녀 英英과 金生이 비밀리에 사랑을 나

---

7) '天啓 6년(1626)'의 간기가 적힌 《花夢集》(북한 소재)에 〈운영전〉이 수록되어 있다.

8) 權侙(1583~1651)의 《釋老遺稿》 권 1에 〈余罹病久矣, 病中無聊莫甚, 使兒輩讀相思洞記, 至金生與榮伊相別之語, 漫吟爲却病之資〉라는 제목의 시가 있고, 李健

누는 내용으로서, 〈운영전〉과 그 소재가 유사하다. 그러나, 작품의 결말에서 회산군의 아내가 이들의 사랑을 이루어 주는 점에서, 문제의식은 보다 약화되어 있다.

趙緯韓(1567~1649)의 〈崔陟傳〉과 權韠(1569~1612)의 〈周生傳〉은 양란을 배경으로 하여 파란만장한 離合을 겪으면서 만들어 내는 남녀 주인공의 애틋한 사랑을 그린 작품이다.

〈최척전〉은 정유재란의 와중에 헤어진 부부가 천신만고 끝에 만남과 이별을 거듭하는 내용으로 엮어져 있다. 정유재란 때 왜군이 남원 땅에 쳐들어와 아내 옥영은 일본에 포로로 끌려가고 남편 최척은 명나라 군대를 따라 중국에 들어갔다가, 각각 일본과 중국의 상선을 타고 남지나해 해상에서 극적으로 만난다. 중국 땅에서 새로운 삶을 누리며 둘째 아들을 낳지만, 누르하치의 침략을 당해 최척은 명나라 군대에 종군하게 되어 다시 헤어진다. 구원병으로 출전한 조선의 군대와 명나라 군대는 패배하여 최척은 胡族의 포로가 되는데, 여기에서 최척은 조선 군대를 따라온 첫 아들을 만나 함께 도망해 조선 땅 남원으로 돌아온다. 그 사이 옥영은 둘째 아들과 며느리와 함께 살다가 배를 타고 조선으로 향하는데, 천신만고 끝에 조선 땅에 이르러 남원으로 돌아온다. 온 가족이 모두 해후함은 물론, 정유재란 때 조선에 구원병으로 출전한 명나라 군대에 종군했던, 며느리의 친정 아버지까지도 함께 만나게 된다. 〈최척전〉은 작자가 최척으로부터 들은 이야기를 적는 형식을 취하고 있으나, 기실 이별과 참화로 얼룩진 현실의 삶을 되돌려, 비록 허구의 세계에서나마 기이한 만남을 이루도록 엮음으로써 전란에 시달린 독자들의 아픔을 위로한 것이다.

〈주생전〉은 권필이 임진왜란에 구원병으로 출전하여 조선 땅에 온 명나라의 군사인 주생에게서 들은 이야기를 기록하는 형식을 취하고 있는데, 주생이 기생 배도와 노승상의 딸 선화와 삼각관계의 사랑을 나누다가 마침내 배도는 원망을 품은 채 병들어 죽고 선화와는 사랑을 간직한 채 이별하게되는 상황을 아름다운 문체로 엮어나갔다.

(1614~1662)의 《葵窓遺稿》 권 3에 〈題相思洞記〉라는 제목의 시가 있다.

양란을 배경으로 해 형성된 작품으로서, 전쟁에서 겪은 패배를 돌이켜 거꾸로 전쟁의 승리와 민중영웅의 형상을 만들어낸, 〈壬辰錄〉·〈林慶業傳〉·〈朴氏傳〉 등 한글로 창작된 歷史軍談小說 유형의 작품들이 또한 나타났다. 그 형성 시기는 17세기 중엽으로 여겨지는바, 전쟁 후 얼마의 시간을 지내면서, 관련되는 설화가 첨가와 윤색을 거치며 형성된 것으로 보인다.

〈임진록〉은 서로 내용이 다른 작품이 존재하여 이를 다시 세 계열로 나누어 볼 수 있는데, 공통적으로 특정한 주인공이 없이 임진왜란 때에 활약했던 수많은 인물이 등장하면서 인물들의 영웅화와 민족의식의 고양에 초점이 맞추어져 있다.

〈임경업전〉은 실제 역사에서 망해가는 명을 구하고 청에 대한 원수를 갚기 위해 노력했으나 소원을 이루지 못하고 오히려 沈器遠의 역모에 가담했다는 모함을 입어 억울하게 처형된 인물 임경업을 대상으로 삼아, 탁월한 능력의 인물로 허구화하였다. 〈박씨전〉은 가공의 인물 박씨를 주인공으로 하여 실존 인물 이시백의 부인으로 설정한 후, 박씨가 탁월한 능력으로써 병자호란의 치욕을 설욕하는 내용으로 엮어져 있다.

〈운영전〉·〈상사동기〉·〈최척전〉·〈주생전〉 등 17세기 전반에 나타난 소설들에서 상당한 장편화의 경향이 나타났거니와, 이제 17세기 후반에 들어서면 金萬重(1637~1692)의 〈九雲夢〉과 〈謝氏南征記〉를 필두로 하여 장편소설이 본격적으로 발전하여 이후 소설사에 웅대한 흐름을 형성한다. 장편소설은 이 시기에 확대되어 가는 사대부계급의 가문의식에 기반함으로써 이른바 家門小說이라는 유형을 이루었다.

양란을 거치며 나타난 지배체제의 균열을 지키기 위해, 이 시기 사대부계급은 16세기 사림파의 정계 지배로 확립되었던 正體性을 상실한 채, 이념적·정치적 반동화의 방향으로 나아간다. 禮論의 강화를 통해 차별질서를 공고히 해 지배질서를 회복코자 하였으며, 己亥禮訟·甲寅禮訟·庚申換局·己巳換局·甲戌換局의 치열한 권력투쟁을 거치며 상호 배타적으로 당파·문벌·가문의 내적 결속을 강화시켜 간다. 이러한 시대배경에 기인하여 가문의식은 강화되어 갔으며, 장편소설 또한 이러한 사대부계급의 세계관에 잇닿아 있다.

〈구운몽〉과 〈사씨남정기〉는 한글로 창작된[9] 본격적 장편소설로서, 소재·

기법·문제의식 등 여러 측면에서 뛰어난 성과를 보이며 문학사에 등장했고, 후대의 문학사에 더할나위 없는 영향을 끼쳤다.

〈구운몽〉은 16회의 장회로 이루어진 장편소설이다. 六觀大師의 명으로 동해 용왕을 뵙고 돌아오던 불제자 性眞이 팔선녀와 우연히 石橋에서 만나 희롱하고 나서, 인간계에 대한 미련 때문에 번뇌하던 중, 육관대사의 법력에 의해 인간계에 다시 태어나는 輪廻를 겪는다. 양소유와 팔미인, 즉 진채봉, 계섬월, 적경홍, 정경패, 가춘운, 이소화, 심요연, 백릉파로 각기 태어나 結緣하면서 인간세상의 부귀공명을 지극히 누린 후에 만년에 들어 인생무상을 깨닫고 다시 대사의 법력으로 꿈에서 깨니 이는 도량에서 참선하던 성진의 하룻밤 꿈이었나. 이에 불도에 귀의한 팔선녀와 함께 수도에 정진해 보살대도를 터득하고 극락왕생한다는 것이 〈구운몽〉의 전체 내용이다. 〈구운몽〉은 이처럼 작품 전체가 幻夢구조로 이루어져 있는데, 사상적으로 볼 때에 《金剛經》의 空사상의 내용을 작품의 전체 구조 속에 시현하고 있다. 불가의 청정담박함에 회의를 느끼고 속세의 부귀공명에 미혹되었던 성진은, 꿈 속에서 인간속세의 지극한 부귀공명을 체험하고 난 뒤 이번에는 속세에 대해 회의를 느끼고 불가의 세계로 돌아오고자 하는데, 육관대사는 이러한 성진을 오히려 질책한다. 육관대사는 현실과 꿈, 법계와 세속이 결코 둘도 아니며 하나도 아니라고 가르침으로써, 이 두 세계의 어느 것만을 부정하거나 긍정하지 않는 초월적 태도를 보인다.

> 또 네가 말하길, '제자가 인간의 윤회의 일을 꿈 꾸었습니다'라 하니, 이것은 네가 꿈과 인간세상을 나누어 둘로 보는 것이다. 너의 꿈이 오히려 아직 다 깨지 못하였구나. 莊子가 꿈에 나비가 되고, 나비가 또 변하여 장자가 되었음에, 장자가 '나비의 꿈에 장자가 된 것인가. 장자의 꿈에 나비가 된 것인가. 마침내 분간할 수 없다'라 하였으니, 어떤 일이 꿈(夢)이며 어떤 일이 참(眞)인지 누가 알겠는가. 지금 네가 性眞으로서 너의 몸이 되고, 꿈으로써 네 몸의 꿈이 되었은 즉, 너 또한 몸과 꿈으로써 하나가 아니라고 일컬을 것이다. 성진과 少游에게 있어, 어떤 것이 꿈이며, 어떤 것이 꿈이 아닌고(〈九雲夢〉, 姜銓燮本, 134쪽).

---

9) 金春澤은 '西浦(김만중)가 한글로 소설을 자못 많이 지었다'(《北軒居士集》 권16)라 언급하였으나, 〈구운몽〉의 경우 한문 원작설이 제기되어 있기도 하다.

〈구운몽〉에서 꿈 속 세계인 양소유의 일생은 곧 사대부의 출장입상과 가문창달의 이상이 구현되는 과정이다. 이러한 가문의식이 가장 잘 나타나는 부분이 작품의 후반부에서 양소유와 월왕이 양부의 전력을 쏟아 승마와 사냥으로 겨루고 미색과 풍악을 뽐내며 번성한 가문의 위세를 과시하는 '樂遊園경연대회'의 부분이다. 이처럼 〈구운몽〉에서 처음 구체화된, 사대부의 출장입상과 가문창달의 이상이 실현되는 줄거리는 이후 18, 19세기에 성행하게 되는 가문소설과 18세기 후반 이래 대중적 호응을 얻으며 쏟아져 나오는 일련의 통속적 영웅소설에 지속적으로 영향을 미쳤다.

〈사씨남정기〉는 남주인공 유연수를 중심으로 본처인 사정옥과 첩인 교채란이 벌이는 처첩 갈등으로 엮어진 작품이다. 〈사씨남정기〉는 봉건적 가족제도의 모순인 처첩갈등의 문제를 다루고 있고, 그것은 이 작품의 작자인 김만중 자신이 연루되어 귀양을 가기도 하는 사건인, 숙종을 중심으로 인현왕후와 장희빈이 벌이는 갈등의 역사사실을 연상시켜 주기도 하여 그 문제의식에 있어 주목된다. 또한 표현기교의 면에서도 악인형인 교채란과 동청 및 냉진 등의 인물형상이 사실적으로 묘사된 뛰어난 작품이다.

그런데 〈사씨남정기〉 또한 가문의식에 밑받침되어 있다. 작품의 전반부에서 사정옥과 교채란의 처첩갈등이 문제시되었음에도 불구하고, 작품의 후반부에서 사정옥은 현숙한 임씨를 다시 유연수의 첩으로 천거함으로써, 봉건적 가족제도의 모순인 축첩제도의 문제가 이 작품에서 궁극적으로 제기되고 있다고는 보기 어렵다. 〈사씨남정기〉에서 가문의식이 전형적으로 나타난 부분은 '糟糠下堂 舅姑感夢'의 장회에 해당되는 부분이다. 가문에서 방축된 사정옥이 시부모의 묘소를 찾아가 지키는 중, 꿈 속에서 시부모의 가르침을 입게 되는데, 이 대목 이후의 작품의 전개는 꿈에서 계시된 바의 예언의 틀을 따라 전개되며, 첩 교채란의 악행이 드러난 후 사필귀정을 고하는 家廟告禮로써 파란만장한 家禍를 매듭짓는 것으로 작품이 구성되어 있다. 〈사씨남정기〉에서 드러난 바와 같은 처첩간의 갈등과 그로 인해 가문의 위기가 닥치고 다시 궁극적으로 해소되는 줄거리는, 이후 18, 19세기에 성행하게 되는 〈玉麟夢〉·〈花門錄〉·〈一樂亭記〉·〈雙仙記〉를 비롯한 많은 작품에 수용되어, 선한 처와 악한 賜婚妻간의 갈등과 같은 처처갈등, 그리고 선한 처와 악한 첩간의 처첩갈등의 양상으로서 지속적으로 나타나게 된다.

〈구운몽〉과 〈사씨남정기〉를 이어 장편소설의 전통을 확립시킨 작품이 趙聖期(1638~1689)의 작으로 알려진[10] 〈彰善感義錄〉이다. 작품 전체에 걸쳐 무려 100명이 넘는 크고 작은 인물들이 등장하여 역사사실을 무대로 하면서 복잡다단한 사건들을 엮어가는 것으로 구성되어 있다. 〈창선감의록〉은 明의 嘉靖 29년(1550)으로부터 가정 말년(1566)에 이르는 기간인 16세기 중엽의 중국사회를 무대로 하여, 權奸 嚴嵩이 정권을 장악하는 데에서부터 사건이 발단하여 그가 실각하는 데에서 작품이 끝맺어진다. '세세명문거족'인 花氏家의 흥망성쇠를 중심으로 엮어진 이 작품은 〈사씨남정기〉와 유사한 구성 위에서 보다 많은 인물들이 복합적으로 얽혀진 양상을 보여준다. 주인공 화진은 화씨 가문의 둘째 아들로서 이상적인 인품을 소유하고 있는 반면, 맏아들인 화춘과 그를 낳은 심씨부인은 편협하고 용렬한 성격의 인물로 등장한다. 심씨부인과 화춘의 모해와 濁亂으로 해서 화씨 가문은 파멸지경에 이르게 되는데, 화춘의 애첩인 조녀(월향)와 조녀의 간부인 범한, 그리고 화춘의 친구 장평 등의 악인이 끼어들어 온갖 농간을 부림으로써 상황은 더욱 악화된다. 그러나, 엄숭이 조정에서 축출되어 정국의 전환이 오는 것과 함께 가문도 옛 영화를 회복하게 된다. 문벌세족의 가문내적 갈등과 정국변화에 따른 가문의 흥망을 다루고 있는 〈창선감의록〉의 내용은, 17세기 후반 여러 차례의 정치적 격변과 그로 인한 벌열의 확립 내지 가문의 몰락을 겪게 되는 조선의 현실을 연상시켜 준다.

〈구운몽〉, 〈사씨남정기〉, 〈창선감의록〉의 뒤를 이어[11] 〈蘇賢聖錄〉,[12] 〈玩月會盟宴〉,[13] 李庭綽(1678~1758)의 〈玉麟夢〉 등의 장편소설이 연이어 나오고,

---

10) 영남대본 〈창선감의록〉에는 '金道洙(1699~1733) 所述'로 기록되어 있기도 하다.

11) 이 밖에 17세기 후반의 작품으로는, 洪柱元(1606~1672)의 《無何堂遺稿》에 〈戱書諺書蘇生傳〉이라는 제목의 시를 통해 확인되는 〈蘇生傳〉, '崇禎紀元後丙辰(1676)'의 필사기가 적힌 〈한강현전〉(이수봉본), 일본 문인 雨森芳洲의 〈詞稽古之者仕立記錄〉에 1702년에 그를 통해 한국어 공부를 하였다고 기록한 〈淑香傳〉과 〈李白瓊傳〉 등이 있다.

12) 權燮의 《玉所稿》에 그 어머니 李氏(1652~1712)가 〈소현성록〉을 필사했다는 기록이 있다.

13) 趙在三의 《松南雜識》에는 〈翫月〉의 지은이가 安兼濟의 어머니 李氏夫人(1694

이러한 장편소설은 사대부가의 남녀 독자들을 향유층으로 하여 18세기에 대대적으로 발전하게 된다.

17세기 서사문학사에서 주목되는 현상의 또다른 하나는 민중의 의식을 짙게 담은 판소리가 형성되었다는 점이다. 판소리는 창과 사설, 그리고 창자의 동작과 고수 및 관중의 추임새 등이 어우러진, 종합예술이라 할만한 특이한 장르이다. 판소리의 기원은 호남지방의 단골무들이 부르는 敍事巫歌 또는 그 굿에서 유래하였으리라는 추정이 유력한데, 장편 구비서사시의 형식, 창과 아니리를 섞어 부르는 구연방법, 음악적 장단 및 선율구조와 창법 등의 많은 부분에서, 전라도 지방의 서사무가와 판소리는 서로 친연성을 보인다. 역대 판소리 창자 대다수가 이 지방의 巫家 출신이었다는 사실도 이러한 연관을 짐작케 해 준다.

판소리가 하나의 예술로서 발달하기 시작한 것은 17세기 후반으로 추정된다. 晩華 柳振漢(1711~1791)이 호남지방을 여행하다가 판소리 〈春香歌〉의 연행을 관람한 후 이를 한시로 옮긴 晩華本 〈春香歌〉가 지어진 것이 1754년이고, 이 가운데에 '濟州將留裵將齒'라는 기록이 있음으로 해서 〈배비장타령〉과 〈춘향가〉가 늦어도 18세기 전반에는 성립되어 있었음을 알 수 있다.

직업적 演戱로서 성공하기 위해 창자들은 다채로운 내용과 음악성을 갖추기에 힘써야 했고, 그 결과 18세기 중엽의 판소리는 상당히 높은 수준의 창악적 서사시로 발전하였지만, 초기 단계의 판소리는 내용과 표현이 모두 소박하였을 것이다. 전래하여 오던 설화를 근간으로 하여 윤색하고 개작하면서 성립된 작품들은 창자들의 師承 및 교류에 따라 전승되면서 부분적인 개작과 세련 즉 '더늠'의 형성에 의해 다채로운 내용과 음악성을 점차 축적해 가게 된다. 초기 단계의 판소리에 투영된 사회의식은 그 창자들이 중세적 신분질서에서 가장 낮은 지위에 속하는 천민이며 18세기 말까지는 평민층 청중들의 영향력이 압도적이었음을 볼 때, 평민적 세계관과 미의식이 주류를 이루었다고 하겠다.

~1743)으로 기록되어 있다. 이 〈완월〉은 〈완월회맹연〉을 가리키는 것일 가능성이 있다.

3) 한문학

16세기의 한문학은 서울을 중심으로 문인 학자층이 두텁게 형성됨에 따라 다양하게 분화되어 발전하였다.

관료로서 현달한 문인들의 문학을 흔히 館閣문학 혹은 官人문학이라 칭하는데, 그 문학적 경향을 일괄해 말하기는 어려울 것이다. 15세기 관인문학의 거두인 徐居正과 姜希孟의 뒤를 이어 이 시기에 南袞(1471~1527)이 문장가로 이름을 얻었는데 그는 영의정에까지 오른 인물로서, 현실을 벗어나는 아름다움의 세계를 추구하곤 하였다. 李荇(1478~1534)은 좌의정에까지 오른 반면 朴誾(1479~1504)은 갑자사화 때 귀양갔다가 25세의 나이로 사형당하는 불우한 삶을 살았으나, 함께 海東 江西派로 불리었는데, 이는 중국 송대에 黃庭堅과 陳師道가 기발한 착상과 참신한 표현으로 새로운 풍조를 일으킨 것을 이들이 재현했기 때문이었다. 朴祥(1474~1530)은 시에 뛰어나 이행·박은과 함께 평가되었다.

鄭士龍(1491~1570), 盧守愼(1515~1590), 黃庭彧(1532~1607)은 '館閣三傑'로 유명하였다. 세 사람 모두 대제학의 지위에 올라 시대의 문풍을 좌우하였는바, 시어를 치밀하게 다듬고, 분방하고 아름다운 세계를 추구해, 관인문학을 최고 수준에 올려놓은 것으로 평가받았다.

二八初夜秋 초가을 열엿샛날 밤
三千弱水前 삼천리 뻗은 약수가 앞에 놓였네.
昇平好樓閣 좋은 누각이 고요하매
宇宙幾神仙 우주는 거의 신선계로다.
曲檻淸風度 굽은 난간으로 맑은 바람 지나가고
長空素月懸 긴 하늘에는 흰 달이 걸려 있네.
愀然發大嘯 쓸쓸히 큰 울음소리 내며
孤鶴過蹁躚 외로운 학이 너울너울 시나가네 (盧守愼, 《穌齋集》 권 1, 〈十六夜喚仙亭〉).

이 시에서 느낄 수 있는 바와 같이, 노수신은 침울하면서도 老健한 맛이

있고, 분방하면서도 비장한 느낌을 준다는 평을 받았다.[14]

이러한 관인문학의 경향과 달리, 徐敬德(1489~1546), 李彦迪(1491~1553), 李滉, 曺植(1501~1572), 金麟厚(1510~1560), 李珥 등으로 이어지는 사림문학의 흐름이 16세기 문학의 주요한 한 흐름을 이루었다. 이들은 활발한 논변을 통해 철학적 깊이를 심화시키는 한편, 강호자연에 대한 사변적 인식을 문학에 표현하였다.

萬象紛然不可窮 삼라만상 어지러워 궁구할 수 없으나
一天於穆總牢籠 한 하늘이 深遠해 모두를 감싸고 있네.
雲行雨施神功博 구름 다니며 비 내리게 하니, 신령한 공덕 넓으며
魚躍鳶飛妙用通 물고기는 뛰고 솔개는 나니, 오묘한 작용 두루 통하네.
雖曰有形兼有迹 형상이 있고 자취도 있다 하나
本來無始又無終 본래 처음도 없고 끝도 없는 것.
沈吟默契乾坤理 우주의 이치와의 묵계를 나직히 읊조리며
獨立蒼茫俯仰中 창망한 천지 가운데에 홀로 섰네(李彦迪, 《晦齋集》 권 1, 〈感興〉).

이언적의 이 시는 道學詩에 속하는 것으로, 시를 통해 자신의 철학을 표현했다고 할 수 있다. 우주와 자아와의 교감이 그 주제인데, 모든 개체의 生滅이 처음도 없고 끝도 없는 우주의 영원성 안에 놓여 있다는 것, 인간 존재는 우주생명의 온전한 稟受者로서 우주와 함께 영원하며 우주와 병립하는 존재라는 인식이 드러나 있다. 선조 때에 정치의 중심 세력으로 자리를 굳힌 사림은 이후 朴淳(1523~1589), 高敬命(1533~1592), 成渾(1535~1598), 鄭澈 등을 배출하였다.

'穆陵盛世'라 불리는 이 시기에는 三唐詩人이라 일컬어지는 白光勳(1537~1582), 崔慶昌(1539~1583), 李達의 활동이 두드러지는데, 이들은 典故가 까다롭고 사변적인 宋詩를 배격하고, 한 순간에 포착된 인간의 진실된 감정을 감각적으로 표현하는 唐詩를 추구하여 하나의 경향을 이루었다.

朔吹沙榆落 삭풍 불어 물가 느릅나무 잎 지고

14) 金昌協, 《農巖集》 권 34, 雜識, 外篇.

河關驛路斜 강가 관문에 이르는 길은 비스듬한데
客中逢九日 나그네로 중양절을 만나거니
上馬折黃花 말 위에서 노란 국화 꺾어보네.
飄梗無常處 이리저리 떠돌아 일정한 거처 없어
良辰倍憶家 좋은 절기라 고향 집 더욱 그립네.
遙遙望孤戍 아득히 바라보면 외로운 변방
城樹憶悲笳 성의 나무에서 기억나는 슬픈 호드기 소리(李達,《蓀谷詩集》권 2, 〈端川九日〉).

이달은 뛰어난 재능을 지녔음에도 서얼이라는 신분 때문에 그 능력을 제대로 인정받지 못했고, 그 일생은 좌절과 방랑의 연속이었는데, 위의 시에는 그러한 외로움이 애절하게 표현되어 있다. 이달의 면모를 許筠은 다음과 같이 적은 바 있다.

그의 시는 맑고 새롭고 아담고 화려하여 … 신라, 고려 때로부터 唐詩를 배운 자가 모두 그를 따르지 못하였다. 이는 실로 思菴(朴淳)이 북돋아준 것이며 마치 陳涉이 漢 高帝(劉邦)를 열어준 것과 같은 것이었다. 이달의 이름은 이로부터 동국을 휩쓸었다. 사람들이 그의 시는 귀중하게 여기면서도 그 사람은 버리고 쓰지 않았다. 그러나 끝까지 그를 칭도한 이는 오직 詞林의 서넛 大家들이었고, 속인들이 그를 질투하는 자는 이루 헤아릴 수 없을 만큼 많았을 뿐더러 그를 더럽히고 모욕하여 刑網에 얽었으나 마침내 죽여서 그의 이름을 빼앗지는 못했다. 이달의 외모는 고상하지 못한 데다가 성격이 또 호탕하여 구속을 입지 않고 또 세속의 예법을 아랑곳하지 않았으므로 당시 사람들에게 미움을 입었다(許　筠,《惺所覆瓿藁》권 8, 〈蓀谷山人傳〉).

양란을 거치고 난 17세기에 들면, 한문학에서도 많은 새로운 변화의 흐름이 나타난다.

林悌와 權韠은 15세기에 방외인적 삶을 살았던 김시습의 뒤를 이은 비판적 문인이라 할 수 있는데, 이들은 당파의 이익에 얽매인 당대 지식인의 부도덕을 비판하고, 엄격한 자기성찰의 자세를 보여 준다.

獻賦論兵心事違 글 바쳐 병무를 논해도 마음과 일 어긋나니
此生蓬纍欲何依 이 몸 떠돌다 어디에 의지하려나.

風塵滿眼知音少 바람 먼지 눈에 가득, 날 알아주는 이 적어라.
海上千峯獨掩扉 바다 위 천 봉우리에 홀로 사립을 닫네(權韠, 《石洲集》 권 7, 〈書懷〉).

권필은 임진왜란 때 재상이었던 李山海와 柳成龍의 책임을 물어 그들을 참수해야 한다고 상소한 바 있으나, 그 주장은 받아들여지지 않았고 도리어 거친 비난을 감수해야 했다. 위의 시에는 자신의 뜻을 펼 수 없는 풍진 세상에서 뜻을 같이 할 친구조차 없을 때의 고독감이 절실히 담겨 있다. 李安訥(1571~1636)도 고답적인 표현을 멀리하고 절실하고 기발한 시상을 작품화함으로써 권필과 견주어 평가된다.

허균은 명문 집안 출신으로서, 아버지 許曄을 비롯해 형 許筬과 許篈, 누이 許蘭雪軒이 모두 문장으로 이름을 날렸으나, 그 자신 자유분방한 기질을 지닌 저항적 성향으로 '禮敎가 어찌 자유로움을 구속하리오'라 하면서 지배층의 규범을 거부하였다.

老妻殘日哭荒村 해 저문 황촌에 늙은 아낙 통곡소리,
蓬鬢如霜兩眼昏 헝클어진 센 귀밑머리에 흐릿한 두 눈.
夫欠債錢囚北戶 지아비는 빚 못 갚아 북호에 갇혀 있고,
子從都尉向西原 아들은 도위 따라 서원으로 갔다네.
家經兵火燒機軸 집은 병화로 베틀까지 탔고,
身竄山林失布褌 산 속에 몸 숨기다 베잠방이도 잃었소.
産業蕭然生意絶 먹고 살 길 막막해 살 뜻조차 없는데
官差何事友呼門 관리는 무슨 일로 또 부르는 것인지(許筠, 《惺所覆瓿藁》 권 2, 〈記見〉).

허균의 이 시에는 전쟁으로 인해 생활의 기반을 잃었는데도 관리들의 가렴주구에 시달려야 하는 怨民의 모습이 잘 그려져 있다. 허균은 〈豪民論〉[15]에서 원민은 평소에는 호소할 길 없는 억울함을 품고 묵묵히 순종하지만, 豪民이 나라의 어지러운 틈을 타서 반기를 들면 모의하지 않아도 스스로 결집하는 무서운 존재라고 논한 바 있다. 일생 동안 저항적인 삶의 태도를 견지

15) 許 筠, 《惺所覆瓿藁》 권 11.

했던 허균은 문학에 있어서도 전대의 典範을 모방하는 것을 거부했다. 그는 자신의 시가 그 누구의 시를 닮았다라고 평가되지 않고, 오직 '許子之詩'로 불려지기를 원했다. 문학이란 작가의 내면에 축적된 경험과 감정이 독특한 개성으로 겉으로 드러나는 것이라는 입장을 취한 것이다.

17세기에는 오랜 기간 동안 사대부의 전유물이었던 한문학의 영역에 중인층 작가들이 등장하였다. 崔奇男(1586~1668), 南應琛 등 《六家雜詠》의 시인이 17세기 전반에 등장하고 뒤이어 17세기 후반에 최기남의 아들인 崔承太, 林俊元 등 洛社 시인들이 활동하였다. 17세기 말엽에는 洪世泰(1653~1725), 高時彦(1671~1734), 鄭來僑(1681~1757) 등이 등장하여 18세기 초중엽까지 활동하며 중인문학을 발선시켰다.

> 交遊已絶嵇康懶 게으른 혜강처럼 교유를 끊고
> 禮法全疎阮籍狂 미친 완적처럼 예법을 무시하네.
> 榮辱不關身外事 영욕은 나와 관계없는 일이니
> 綠陰長晝坐匡床 한 낮 녹음 아래 평상에 앉아 있노라(崔奇男, 《龜谷集》 권 3, 〈閑中謾吟〉).

최기남의 이 시에는 신분 모순에 대한 자각이 짙게 투영되어 있다. 이 시에서 보이는바, 교유를 끊고 예법을 무시하는 자유로운 삶을 지향하는 것은, 자의적인 선택이라기보다는 영욕의 세계에 들어갈 수 없는 처지에서 선택할 수 있는 유일한 길이라고 할 수 있다. 최기남의 자전적 작품인 〈拙翁傳〉은 중인층의 사회적인 처지와 그들의 自意識을 잘 보여주는 작품이다.

> 세상에 졸옹이라는 사람이 있는데 어떠한 사람인지 알 수 없다. 농업·상업을 업으로 하지 않으며 그를 부르는 이름도 없다. 옷은 짧은 베옷이요, 먹는 것은 거친 음식이며, 집은 초가집이요, 외출할 땐 걸어다닌다. 사람들이 보고 조소하지 않는 이가 없지만, 빙긋이 오만한 기색이다. 외모와 언행이 남과 크게 다르지 않지만, 남들은 현달해도 그는 곤궁하며, 남들은 형통해도 그는 어려우니, 才德이 같지 않아서 그런 것인가. 아니면 稟受받은바 命에 厚薄이 있어서 그런 것인가. 저들의 達이 지혜로 얻은 것이 아니요, 그의 窮이 어리석음으로 잃은 것이 아니니, 모두 하늘이 그렇게 만든 것이요, 사람이 만든 것이 아니다. 그러니, 저들만 못한 것을 부끄러워 한다면, 본디 그러하게 된 이치를

모르는 것이다(崔奇男, 《龜谷集》 권 4, <拙翁傳>).

개인적 차이는 있으나, 홍세태를 비롯한 중인층 작가들은 대체로 자신들의 신분적 제약을 운명적인 것으로 받아들이고, 정치적 의미가 탈색된 자연에서 낭만적 삶을 지향했다. 자신의 능력에 대한 강한 자부심은 있었으나, 그것을 펼 수 없게 하는 현실의 모순을 극복하고자 하는 적극적 태도를 보이지는 못했다고 하겠다.

17세기는 文學論에 있어 중요한 변화가 나타난 시기이다. 특히 詩論으로서 天機論이 대두한 것은, 보편적 규범을 절대시한 중세적 사고로부터 모든 개체의 개성을 그 자체로 중시하게 된 중요한 변화이다.

그 이전 16세기 사림파의 문학론은 주자학적 道文一致觀으로서, 철학과 문학은 별개의 것이 아니라 수양을 통해 축적되고 개발된 작자의 '性情之正'을 표현한 것이 문학이라는 입장을 취하였다. 문학에 대한 도학파들의 이런 입장은 훈척세력들과 대결하면서 중앙정계에 진출하던 시기에 나온 것으로서, 지식인들에게 구도자적 태도를 강조함으로써 훈척세력과의 변별성, 도덕적 우월감을 과시하였다. 그러나 문학을 養心的·敎化論的 차원에 한정함으로써 인간 감정의 다양한 층위 중에서 이런 범주에서 벗어나는 것을 사장시키게 되었다.

> 시는 天機이다. 聲으로 울려나고 色澤으로 빛나는데, 淸濁雅俗은 자연에서 나오는 것이다. 聲과 色은 人爲로 만들어 낼 수 있으나, 천기의 妙는 인위로써 할 수 없는 것이다. 성이나 색만으로 같아질 수 있는 것이라면, 마음이 흐려진 무리도 彭澤(陶淵明)의 韻을 빌려 쓸 수가 있고, 속이 좁은 사람도 靑蓮(李白)의 詩語를 모방할 수가 있을 것이다. 그러나 같게 하려고 하면 광대꼴이 되고 흉내를 내면 거짓이 되니 대체 왜 그런가. 그것은 眞이 없기 때문이다. 眞이란 무엇인가. 천기를 일컫는 것이 아니겠는가(張維, 《谿谷集》 권 6, <石洲集序>).

張維(1587~1638)는 이처럼 시의 본질을 天機로 규정하였는바, 천기의 妙는 인위로써 가능한 것이 아니고 '眞'에서 우러난 것이라 하였다. 작자의 情을 자연스럽게 표현함으로써 개성적인 가치있는 작품이 산출된다는 것이다. "넓고 큰 우주는 크게 감싸 만물이 생겨나니, 形과 氣를 부여받아 천기가 스스로 울려나네. 각자 자기의 性대로 情을 펼치는 것이니 우리 인간이 보고 듣게 하려는 것은 아니네"[16]라 하여 개구리의 울음은 개성 그 자체로 아름다운 것이라고 설파한 장유의 다른 글에서도 그러한 인식이 드러난다. 천기론적 문학관은 김만중, 김천택, 洪大容 등으로 이어지면서, 명분론적 의식과 차별 질서에 결박되어 있던 중세적 질서를 벗겨내는, 의미 있는 문학관으로 확대된다. 중국문학에 대한 우리 민족문학의 의의, 한문문학에 대한 국문문학의 의의, 사대부문학에 대한 평민문학의 의의를 인정하는, 즉 이제껏 상대적으로 貶視되었던 문학의 영역을 두루 인정하는 점에서 그러하다.

17세기에는 또한 古文論이 활발히 논의되었다. 이 시기 고문론은 '文必秦漢, 詩必盛唐'의 주장 아래 글을 지으면서 표절과 난삽한 표현을 당연시했던 擬古文派를 반내하고 나온 것이다. 그러나 그 주안점은 논자마다 방향이 달랐다. 李植(1584~1647)은 〈作文模範〉[17]에서 老莊과 같은 異端之文을 멀리하고 聖賢義理之文인 四書와 六經을 익혀 글을 쓴다면 그것이 바로 고문이라고 주장하여 글의 내용을 강조한 반면, 허균은 〈文說〉[18]에서 고문을 '뜻은 깊지만 일상어를 사용하여 쉽게 지은 글'로 정의하면서 고문의 전범을 규정하는 태도를 비판하고 '서로 답습하지 않고 각기 일가를 이룬 글'은 모두 그 나름의 가치를 지닌다는 상대적 입장을 취하였다.

17세기에는 서울의 지식인들에게서 백과사전적 체계를 갖춘 책들이 대거 편찬되었다. 柳夢寅(1559~1623)의 《於于野譚》, 李睟光(1563~1628)의 《芝峰類說》 등이 그것인바, 전대로부터 있어 왔던 雜錄類의 전통을 이은 것이라 하겠으나, 인문과학뿐 아니라 자연과학에 대한 해박한 지식을 펼치는 새로움이 두드러진다. 이런 작업을 통해 주자학에 매몰되어 있었던 당대 지식인의 안이한 학문 태도를 비판하였는바, 이러한 상대적·다원론적 의식의 전환은 장유의 《谿谷漫筆》, 김만중의 《西浦漫筆》에서도 확인되는 것으로서, 17세기 개명된 지식인들의 흐름을 이루고 있다. 이러한 경향은 18, 19세기에까지 활발히 이어졌다.

〈張孝鉉〉

16) 張 維, 《谿谷集》 권 1, 〈蛙鳴賦〉.
17) 李 植, 《澤堂集》 권 14, 雜著.
18) 許 筠, 《惺所覆瓿藁》 권 12.

2. 미 술

1) 회 화

조선 중기는 시대상황이나 화풍상 특이한 양상을 띠었던 시기이다. 대내적으로는 심각한 사색당쟁이 치열하게 전개되었고, 대외적으로는 전국을 초토화시키고 수많은 문화재를 회진시킨 임진왜란과 정유재란, 국민적 자존심을 송두리채 실추시킨 정묘호란과 병자호란 등 대란이 어어져 정치·외교·경제·사회적인 측면에서 지극히 불안했던 시대였다. 그러므로 학문이나 미술을 위시한 예술과 문화가 꽃피기를 기대하기가 어려웠던 시대라 할 수 있다. 그럼에도 불구하고 이 시대에는 학문과 예술이 크게 발달하였다.

미술의 경우에도 마찬가지였다. 회화·서예·순백자와 청화백자 등의 도자기가 다양하고도 높은 수준으로 발달하였다. 특히 회화 분야에서는 여러 가지 화풍의 산수화·인물화·翎毛·화조화·墨竹·墨梅·墨葡萄 등이 독특한 양상을 띠며 발전하였다.

전반적으로 조선 중기의 회화는 조선 초기에 형성된 화풍들의 전통을 계승하여 절충, 변화시키고 그 시대 특유의 화풍을 형성하였다. 또한 우리 나라의 산천을 주제로 하여 사실적으로 그리는 實景 산수화의 전통을 더욱 굳히고 국가적 행사의 장면을 산수를 배경으로 하여 묘사하는 記錄畵가 발전하였다. 이 밖에 명나라로부터 南宗畵風을 받아들이기 시작하였다. 사실성을 중시하는 실경산수화와 기록화의 정착 및 남종화풍의 수용은 다음 시대인 조선 후기로 이어져 그 시대의 회화가 새로운 민족적 화풍으로 발전할 수 있게 하는 토대가 되었다.

조선 중기의 회화는 초기나 후기의 회화와 구별하여 보아야 할 독특한 양상과 당위성을 분명히 지니고 있다. 비단 화풍의 측면에서만이 아니라 그림에 표출된 사상적 측면에서도 마찬가지이다. 山水人物畵에서 은둔사상과 연관이 깊은 漁樵問答, 漁夫, 濯足, 觀瀑, 釣魚 등의 주제들이 자주 다루어진 점이나 선비의 節義를 상징하는 대나무와 매화가 선비화가들의 묵화에서 빈번하게 그려진 것도 치열한 사색당쟁, 참혹한 왜란과 호란 등으로 점철된 어지럽던 중기의 시대상을 대변하는 것으로 판단된다. 이러한 주제들이 武夷九曲 등 유교적 주제보다 훨씬 적극적으로 다루어진 것은 분명히 가볍게 볼 수 없는 현상이라 하겠다.

전반적으로 조선 중기에는 우리 나라 회화사상 어느 시대 보다도 墨法이 가장 높은 수준으로 발달하였던 점도 주목을 요한다. 물과 섞여서 드러내는 먹의 다양한 양상과 효능을 이 시대의 화가들은 잘 인식하고 있었음이 대부분의 대표적인 작품들에서 잘 드러난다.

이 밖에 화가 집안들이 여럿 생겼던 사실도 괄목할 만하다. 金禔 金祺 金埴－金㙻 집안, 李慶胤－李英胤－李浄－李澄 집안, 尹毅立－尹貞立 집안 등의 선비화가 집안들을 위시하여 李崇孝－李興孝－李楨 집안, 李明修－李正根－李正植－李泓虬－李記龍 집안 등을 비롯한 화원집안들이 생겨난 것은 좋은 예라 하겠다.[1)]

(1) 산수화의 제경향

조선 중기의 회화에 있어서도 가장 큰 비중을 차지하였던 것이 산수화였음은 초기나 후기의 경우와 다를 바 없다. 이 시대의 산수화는 대체로 초기의 전통을 계승하고 또 명나라로부터 새로운 화풍을 받아들여 다른 시대와 구분되는 특유의 양식을 형성하였는데 그 전반적인 경향은 다음과 같다.

① 安堅派 화풍의 계승
② 浙派系 화풍의 풍미
③ 남송 원체 화풍의 재현
④ 남종 화풍의 수용
⑤ 實景 산수화의 정착

이러한 경향들에 관하여 좀더 구체적으로 살펴보기에 앞서 지적하고 싶은 것은 이 시대 산수화단을 이끈 대부분의 대표적인 화가들이 한 가지 화풍에

1) 이 밖에도 화원집안으로 陽川許氏, 仁同張氏 등의 집안들이 주목된다. 安輝濬, 〈朝鮮王朝時代의 畵員〉(《韓國文化》 9, 서울大, 1988), 168~174쪽 참조.

만 집착하기 보다는 대개 두 가지 화풍을 구사하는 경향을 띠고 있었다는 사실이다. 金禔, 李澄, 金明國 같은 화가들은 안견파 화풍과 절파계 화풍을, 이정근은 안견파 화풍과 米法山水 화풍을, 윤의립은 안견파 화풍과 남송원체 화풍을 구사했던 점을 보아도 그러한 사실을 쉽게 확인할 수 있다. 그러한 두 가지 화풍을 구사함에 있어서 그것이 동시적인 것이었는지, 아니면 어느 한 가지 화풍을 따르다가 후에 다른 화풍으로 바꾸는 등 선후 관계가 있었던 것이지, 또 선후 관계가 있었다면 어느 화풍이 먼저 구사되고 어느 것이 나중에 구사된 것인지 등에 관하여는 대부분 단정을 짓기가 어려운 형편이다. 안견파 화풍과 절파계 화풍을 따랐던 경우에는 안견파 화풍을 먼저 구사하다가 후에 절파계 화풍을 수용했을 가능성이 높다고 추측되지만 기년작품이 극히 드물어서 그것을 사실로 단정짓기는 현재로서는 어렵다. 어쨌든 이러한 현상은 다른 시대의 회화에서는 찾아보기 어려운 독특한 현상이라 할 수 있다. 이 밖에 이 시대의 산수화들 중에는 안견파 화풍과 절파 화풍을 절충한 작품들이 제법 많은 것도 특이한 점이라 하지 않을 수 없다.

가. 안견파 화풍의 계승

조선 중기의 산수화에서 먼저 주목되는 것은 세종대에 배출된 최고의 거장 안견과 그의 추종자들에 의해 뚜렷한 전통을 이루었던 안견파 화풍이 이 시대에도 상당한 강세를 이루며 어어졌다는 사실이다.[2] 이 점은 조선 중기의 대표적 화가들이었던 김제, 이정근, 이흥효, 윤의립, 이징, 김명국 등의 작품들에서 쉽게 확인된다. 그 밖에도 필자미상의 이 시대 작품들 중에 안견파 화풍을 따른 것들이 적지 않아 그 영향의 심도를 엿보게 한다. 그러나 이 시대 산수화의 주된 흐름은 역시 안견파 화풍이기 보다는 뒤에 소개할 절파계 화풍임을 부인할 수 없고, 또 안견파 화풍조차도 초기의 것에 비하여 상당히 변모된 양상을 띠고 있어서 큰 시대적 변화를 드러내는 점이 주목된다.

조선 중기 산수화의 전반적인 흐름을 제일 먼저 나타낸 인물은 중종대의 권신이었던 金安老의 아들인 金禔이다.[3] 김제의 그림은 당시 崔岦의 문장,

2) 安堅과 그의 화풍에 관한 종합적 고찰로는 安輝濬·李炳漢, 《安堅과 夢遊桃源圖》(圖書出版 藝耕, 1993).

〈그림 1〉 〈한림제설도〉

김제, 1584년, 絹本淡彩, 53×67.2cm, 미국 클리브랜드미술박물관 소장.

韓濩의 글씨와 더불어 삼절로 일컬어질 정도로 높은 평가를 받았고 그 영향력도 매우 컸다고 믿어진다. 다양한 화풍과 주제를 다루었던 것으로 전해지고 있는 그는 특히 안견파 화풍과 절파계 화풍의 산수화를 잘 그렸는데 전자는 〈寒林霽雪圖〉, 후자는 〈童子牽驢圖〉로 대표된다고 할 수 있다(〈그림 1〉), (〈그림 4〉)[4].

1584년에 安士確이라는 사람을 위해서 그렸다는 款識가 적혀 있는 〈한림제설도〉는 눈이 내린 후 개인 겨울 경치를 묘사한 것으로 안견파의 전통을 보여준다(〈그림 1〉). 한쪽 縱半部에 치우친 偏頗構圖, 넓게 확산된 공간개념, 나무와 정자가 있는 근경의 언덕 모티프, 나무들의 표현에 보이는 蟹爪描法,

3) 李泰浩, 〈朝鮮中期의 선비畫家 金禔·金埴〉(《選美術》, 선화랑, 1984).
4) 安輝濬, 《韓國繪畫史》(一志社, 1995), 185~188쪽.

면 산들 위에 줄지어 서 있는 바늘 모양의 나무들 등은 비록 많이 변모되기는 했지만 그 근원이 안견의 傳稱 작품인 〈四時八景圖〉를 비롯한 안견파의 작품들에 있음이 분명하다.[5] 오른쪽 종반부에 나타나 있는 근경, 중경, 원경의 3단 구성도 역시 16세기 전반기의 안견파 작품들에서 종종 간취되는 특징이다.[6] 이처럼 이 〈한림제설도〉는 조선 초기 안견파 화풍의 전통을 계승했음을 분명하게 밝혀준다.

그러나 이 작품에는 주를 이루는 안견파 화풍의 영향 이외에 약간의 浙派的인 요소도 가미되어 있음이 주목된다. 거꾸로 매달린 듯한 모습의 主山이나 흑백의 대조가 심한 근경의 언덕 등의 표현은 안견파 화풍보다는 역시 명나라에서 전해진 절파 화풍과 관계가 깊은 것이 분명하다. 그러므로 이 〈한림제설도〉는 조선 초기 안견파 화풍을 위주로 하고 명나라로부터 들어온 절파 화풍을 약간 가미하여 제작된 작품이라고 할 수 있다. 김제의 작품에서 볼 수 있는 이러한 특징은 그 후의 조선 중기 화가들의 작품에서도 흔히 간취된다. 조선 중기의 화가들 중에서 연대적으로나 영향력에서 제일 앞섰던 김제는 앞으로 전개될 중기 산수화의 경향을 예시하고 있다. 즉 이 시대 산수화에서 보편적으로 찾아볼 수 있는 안견파 화풍, 절파계 화풍, 절충 화풍의 양상을 김제의 이 작품은 드러내고 있는 것이다.

김제는 뒤에 소개할 〈동자견려도〉에서 보듯이 절파 화풍도 적극적으로 구사하였다(〈그림 4〉). 그런데 그가 만 60세인 만년에 그린 〈한림제설도〉에서도 절파 화풍은 소극적으로, 안견파 화풍은 적극적으로 구사했음을 보여주고 있는데 이는 그가 만년까지도 보다 전통적인 안견파 화풍을 포기하지 않았었음을 말해준다. 이러한 경향은 조선 중기의 이흥효, 이징, 김명국을 비롯한 대표적인 화가들의 작품에서도 마찬가지로 나타난다.

조선 중기 안견파 산수화풍의 또 다른 일면은 이정근의 〈雪景山水圖〉에서 엿볼 수 있다(〈그림 2〉). 전반적으로 안견파 화풍을 따르고 있는 것은 분명

5) 安輝濬, 〈傳 安堅 筆 〈四時八景圖〉〉(《考古美術》 136·137, 한국미술사학회, 1978), 72~78쪽.

6) 安輝濬, 〈朝鮮初期 安堅派 山水畵 構圖의 系譜〉(《蕉雨黃壽永博士古稀紀念 美術史學論叢》, 通文館, 1988), 823~844쪽.

하나 조선 초기와는 현저하게 다른 면모를 보여준다. 우선 주산의 모습이 전에는 볼 수 없었던 특이한 형태를 지니고 있다. 마치 서양의 토스트용 빵덩어리 같은 형식화된 모습을 하고 있고 표면은 중첩되는 面으로 구성되어 있다.

〈그림 2〉 〈설경산수도〉

이정근, 16세기 후반, 絹本淡彩, 15.8×19.6cm, 국립중앙박물관 소장.

이정근의 〈설경산수도〉에 보이는 특이한 형태의 주산의 모습은 이홍효의 작품을 비롯한 중기의 일부 산수화에서도 엿보이고 있어 이 시대에 형성되고 유행했던 것으로 판단된다.[7] 또한 주산의 위치가 어느 한쪽으로 치우쳐 있지 않고 중심축 가까이로 옮겨지고 근경과 유기적으로 근접해 있는 것도 그 이전의 전형적인 안견파 산수화와 달라진 점이라 하겠다.

이러한 주산의 형태와 위치, 표면처리와 設彩法 이외에도 이 〈설경산수도〉는 다른 면에서도 중기적 양상을 보여준다. 그 중의 하나가 원근감, 거리감, 奧行感을 조선 초기의 안견파 산수화에서보다 훨씬 적극적으로 표현하고 있다는 점이다. 근경에서부터 중경, 후경으로 옮겨가면서 감상자의 시선은 멀고 깊은 곳으로 빨려들어 가게 된다. 이러한 점은 초기보다도 중기에 더욱 두드러지게 나타난다. 거리감과 오행감의 이처럼 두드러진 표현에 비하여 공간의 표현은 많이 협착해져서 초기의 안견파 산수화들과 차이를 드러낸다. 이 밖에 왼편 근경의 언덕에 소나무와 정자를 표현하기보다 종류가 다른 몇

7) 安輝濬, 《東洋의 名畵 1 : 韓國Ⅰ》(三省出版社, 1985), 圖 74~75쪽 참조.

〈그림 3〉 〈이금산수도〉

이징, 17세기 중엽, 絹本金泥, 87.8×61.2cm, 국립중앙박물관 소장.

그루의 나무들을 그려 넣은 것도 이전의 안견파 산수화에서는 볼 수 없었던 새로운 양상이다. 이처럼 이정근의 〈설경산수도〉는 형식화된 주산의 특이한 형태, 두드러진 오행감의 표현, 설채법, 樹枝法 등에서 그 이전의 안견파 산수화와는 현저하게 다른, 조선 중기 특유의 새로운 양상들을 보여준다. 힘이 빠진듯한 필법도 변화의 또다른 예의 한 가지라 할 수 있다.

김제의 〈한림제설도〉와 이정근의 〈설경산수도〉가 중기 중에서도 16세기 후반의 안견파 화풍이 지닌 특징들을 보여준다면 국립중앙박물관에 소장되어 있는 이징의 〈泥金山水圖〉는 그 뒤 17세기에 이루어진 변화를 잘 드러낸다고 볼 수 있다(〈그림 3〉). 검은 비단에 金泥를 사용하여 그려진 이징의 이 산수화에서 무엇보다도 주목되는 것은 주산이라고 불릴 수 있는 하나의 크고 뚜렷한 산이 사라지고 그 대신 뭉게구름처럼 무리를 이룬 작은 산들이 연이어 서 있는 모습을 하고 있다는 점이다. 이징 이전의 어느 산수화에서도 볼 수 없었던 새로운 현상이다. 화면에 군림하는 듯한 주산의 모습이 이징 이전에 이미 규모면에서는 작아지고 기능면에서도 축소되기 시작했던 것은 사실이지만 이처럼 여러개의 작은 봉우리들로 분산되어 사라지게 된 것은 일찍이 볼 수 없었던 파격적인 일이다. 이징의 이 국립중앙박물관 소장본 〈이금산수도〉에서 또 한가지 특히 눈길을 끄는 것은 근경의 정자와

〈그림 4〉 〈동자견려도〉

김제, 16세기 후반, 絹本淡彩, 111×46cm, 호암미술관 소장.

소나무가 서 있는 언덕이 화면의 중심축으로 끌려나와 있다는 점이다. 본래 안견의 傳稱作인 〈사시팔경도〉에서 전형적으로 보듯이 그림의 하단부 좌우 어느 한쪽 구석에 치우쳐 있던 이 언덕 모티프는 16세기부터 중심축을 향하여 옮겨가는 경향을 띠기 시작했던 것인데 그것이 17세기 이징에 이르러 더욱 현저해진 것이다. 그런데 이징의 이 작품에서는 그 언덕 모티프가 마치 우측의 구석에서 중심축까지 억지로 끌려나온 듯한 모습을 보여준다. 종래에는 부수적이었던 이 언덕 모티프가 이 작품에서는 중심적인 역할을 부여받고 있는 것이다. 이것도 새로운 변화임에 틀림없다.

공간은 확대 지향적이면서도 작은 산이나 언덕, 土坡 등으로 채워져 있어 초기의 안견파 산수화에서 볼 수 있는 '확트인 공간'의 변화된 모습을 보여준다. 반면에 거리감이나 오행간은 보다 강조되어 있다. 이러한 점은 이미 이정근의 〈설경산수도〉에서도 유사하게 나타났던 일이다.

이상 살펴본 몇 가지 특징들은 안견파 화풍이 조선 중기, 특히 17세기에 이르러 겪게 된 변화들을 보여주는 것이라 하겠다. 김제, 이정근, 이흥효 등을 거쳐 17세기로 이어진 조선 중기의 안견파 산수화풍은 이징에 이르러 더욱 큰 변화를 겪게 되었고 그 후로 김명국에 의해 추종되었다.[8] 그러나 17세기를 고비로 안견파 화풍은 절파 화풍에 자리를 양보하고 약 2세기에 걸쳤던 막강한 영향력을 상실하게 되었다.

나. 절파계 화풍의 풍미

조선 중기의 산수화에서 가장 강세를 띠며 풍미하였던 것은 역시 중국 명대에 戴進과 그의 추종자들에 의하여 형성된 浙派 계통의 화풍이라 하겠다. 절파라는 용어는 그 화파의 개조인 대진이 浙江省 출신인 데에서 연유한 것으로 15세기 전반기에 형성되었다고 볼 수 있는데, 남송대의 馬夏派 화풍을 위주로 하고 그 밖에 李郭派 화풍 등 다양한 요소들을 절충하여 창출된 화풍이다.[9] 우리 나라에는 명과의 외교관계를 통해 15세기에 전해져 소극적으로 수용되기 시작하였으나 그 본격적인 유행은 조선 중기에 이르러 이루어졌다.[10] 우리 나라에서는 이 절파 화풍이 한국적으로 많은 변모를 겪었으므로 그 변모된 화풍을 절파계 화풍이라고 부르는 것이다.

이 절파계 화풍이 조선 중기의 산수화 중에서 제일 먼저 엿보이는 것은 김제의 〈童子牽驢圖〉에서 부터이다(〈그림 4〉). 산수를 배경으로 어린 동자가 위험스러워 보이는 다리를 건너지 않으려고 고집을 부리는 나귀의 고삐를 당기며 안간힘을 쓰는 모습을 표현한 이 그림은 김제의 뛰어난 묘사력과 함께 절파 화풍의 강한 영향을 보여준다.

빗겨 솟아오른 모습의 주산, 주산의 표현에서 두드러져 보이는 흑백의 대조, 화면 전체에서 간취되는 강하고 거친 필묵법, 증대된 인물과 동물의 비중 등은 분명 절파 화풍에서 연유한 특징들이다. 종래의 안견파 화풍과는 명

8) 安輝濬, 위의 책, 圖. 102~105쪽 참조.

9) 鈴木敬, 《明代繪畫史硏究・浙派》(東京, 木耳社, 1968).
故宮博物院編, 《明代宮廷與浙派繪畫選集》(北京, 文物出版社, 1983).
Richard M. Barnhart et al, *Painters of the Great Ming : The Imperial Court and the Zhe School* (The Dallas Museum of Art, 1993).

10) 安輝濬, 〈韓國浙派畵風의 硏究〉(《美術資料》 20, 국립중앙박물관, 1977), 24~62쪽.

백하게 차이를 드러낸다. 이러한 차이는 이 〈동자견려도〉와 앞에서 살펴본 역시 김제의 작품인 〈한림제설도〉(〈그림 1〉)를 비교해 보아도 자명해진다. 같은 화가의 작품이면서도 추종했던 화풍의 차이에 따라 현저한 대조를 보여준다. 김제의 이 두 작품들이 보여주는 二元性은 앞으로 전개될 조선 중기 산수화단의 양대 조류, 즉 안견파 화풍의 계승과 절파계 화풍의 유행을 예시해 준다.

그런데 조선 중기 절파계 화풍의 산수화는 전체의 구성 면에서 두 가지로 대별된다. 그 하나는 김제의 〈동자견려도〉에서처럼 인물과 동물이 중시되긴 하지만 배경의 산수가 크고 중요하게 다루어진 이른바 大觀山水 또는 大景山水人物畵이고, 다른 하나는 인물과 동물이 중심이 되고 배경의 산수는 자게 표현되는 소위 小景山水 또는 소경산수인물화이다.

이 소경산수인물화의 대표적인 예로서는 咸允德의 〈騎驢圖〉를 들 수 있

〈그림 5〉 〈기려도〉

함윤덕, 16세기 후반, 絹本淡彩, 15.5×19.4cm, 국립중앙박물관 소장.

다(〈그림 5〉). 산수를 배경으로 나귀를 타고 詩想에 잠겨 있는 高士를 묘사한 이 작품은 소경산수인물화의 한 전형을 보여준다. 아마도 당나라 시대의 시인 杜甫를 나타낸 것으로 믿어지는 인물과 그가 탄 나귀가 그림의 핵심이 되고 주변의 산수는 그를 위한 무대장치와 같은 부수적 역할을 하는데 그치고 있다. 절벽과 나무가지가 이루는 삼각형 공간 안에 역시 삼각형을 형성한 선비와 나귀가 들어 차 있어 짜임새 있는 구성을 나타낸다.

이러한 인물 중심의 소경산수인물화의 전통은 15세기 조선 초기의 姜希顔이 그린 〈高士觀水圖〉에 이미 나타났던 것으로[11] 함윤덕은 그러한 전통을 계승한 것이라 하겠다. 함윤덕의 이러한 소경산수인물화는 또한 尹仁傑에게 전해졌다.[12] 소경산수인물화는 비단 이들의 작품만이 아니라 이경윤과 尹貞立, 김명국을 비롯한 여러 화가들의 산수화에서 찾아볼 수 있어 조선 중기에 대경산수인물화와 병존했던 경향임을 알 수 있다.

옆 모습만으로도 고아함이 엿보이는 선비의 얼굴표현, 시상에 잠긴 선비와 비척거리는 나귀의 자연스러운 어우러짐, 변화 있는 필선, 짜임새 있는 구성 등은 함윤덕의 기량을 드러내기에 족하다. 그러나 필력이나 필세가 약한 것은 아쉬운 점이라 하겠다. 또한 선비의 옷에 칠해진 연한 담홍색은 우리의 색채감각과 미의식을 반영하고 있다는 점에서 주목된다.

조선 중기의 절파계 화풍과 관련하여 가장 주목되는 인물은 李慶胤이라 하겠다. 그는 성종의 8남인 益陽君 李懷의 從曾孫으로서 비록 방계이기는 하지만 왕손의 혈통을 이어받았고 그의 동생인 李英胤, 차남인 李淨, 서자인 李澄과 함께 화가 집안을 이루었을 뿐만 아니라 다른 대표적 화가들과는 달리 오로지 절파계 화풍만을 구사했던 것으로 믿어지기 때문이다.

이경윤이 그린 것으로 전해지고 있는 작품은 여러 점 남아 있는데 한 점도 그 자신의 款識가 쓰여 있거나 圖印이 찍혀있어 진작으로 단정지을 만한 것이 없는 실정이다. 그러나 그의 작품으로 전칭되고 있는 그림은 예외없이 절파계 화풍으로 그려져 있어 적어도 그가 절파계 화풍에 전념했던 인물일

11) 洪善杓, 〈仁齋 姜希顔의 〈高士觀水圖〉 硏究〉(《정신문화연구》 27, 한국정신문화연구원, 1985), 93~106쪽.

12) 安輝濬, 앞의 글(1977), 36~38쪽.

가능성은 높다고 판단된다.

이러한 작품들 중에서 가장 믿을만하다고 생각되는 것은 바로 이경윤과 동시대인으로 유명한 문장가였던 崔岦이 1598년에 제찬한 〈詩酒圖〉를 위시한 호림박물관 소장의 山水人物帖의 그림들이다(〈그림 6〉).[13] 이 화첩의 그림들은 홍사문이라는 사람이 왜란 중에 모은 것으로 당시에 최립이나 홍사문이 이것들을 이경윤의 작품으로 비정하였음은 찬문의 내용에 의해 확인된다. 이경윤과 동시대인인 홍사문이 수집하고 역시 같은 시대의 대표적 문인이었던 최립이 1598년에 제찬을 했으며 일부 작품들의 화격이 뛰어난 점으로 미루어 볼 때 이 화첩의 일부 그림들이야말로 1598년경 이경윤 화풍의 진면목을 보여준다고 보지 않을 수 없다. 그 중에서도 〈시주도〉는 가장 대표적인 작품이라 하겠다. 그러나 이 화첩에 들어있는 모든 작품들이 이경윤의 것이라고 볼 수는 없다. 화격과 솜씨에 차이가 있기 때문이다.

〈그림 6〉 〈시주도〉

이경윤, 1598년 이전, 苧本水墨, 23×22.5cm, 호림박물관 소장

〈시주도〉는 소경산수인물화로서 한 선비가 墩 위에 앉은 채, 항아리를 안고 다가온 앳띤 모습의 소년을 바라보고 있는 모습을 묘사하고 있다(〈그림 6〉). 선비와 소년의 밝은 표정과 다정한 교감의 정확하고 능숙한 표현, 활달하고 거침없는 필법, 힘차고 변화있는 衣褶線, 세련되고 요채를 득한 묵법, 그림 전체에 넘치는 기운과 생동감 등 흠잡을 데 없는 뛰어난 작품이라 하겠다. 이 작품을 통하여 이경윤 회화의 성격과 수준을 가늠할 수 있다고 믿

13) 崔淳雨, 〈鶴林正의 山水人物帖〉(《考古美術》 7-4, 1966), 1~5쪽.

어진다.

이경윤은 소경산수인물화만 그린 것은 아니다. 대경산수인물화와 인물이 등장하지 않는 순수한 산수화도 그렸던 것으로 믿어진다. 현재 전해지고 있는 그의 전칭작품들이 이를 말해 준다. 이경윤의 이러한 전칭작품들 중에서 특히 주목되는 것은 국립중앙박물관 소장의 〈산수인물도〉이다(〈그림 7〉). 대자연을 배경으로 하여 근경에 자연풍광을 즐기는 선비 두 사람과 그들의 시동들, 그리고 한 마리의 丹鶴이 묘사되어 있어 고사들의 한가로운 삶을 주제로 표현하고 있음을 알 수 있다. 차를 끓이고 있는 시동과 그 옆에 서 있는 학의 한가로운 모습이나 평평한 바위 위에 놓인 책과 벼루와 도자기가 한담을 나누고 있는 고사들의 고아한 풍모를 더욱 돋보이게 한다. 멀리 중경에는 그들이 피해서 떠나온 번잡한 세상이 안개 속에 그 모습을 약간씩 드러내고 있다. 높은 탑이 서 있는 절의 모습도 약간 눈에 띈다.

'高士閑談'을 주제로 다룬 그림임에도 대자연의 모습이 오히려 압도적이다. 이러한 현상은 인물 중심의 소경산수인물화와는 현저한 차이를 드러낸다. 소경산수인물화가 인간의 중요성과 존엄성을 보다 강조해서 나타냈다고 볼 수 있다면, 대경산수인물화는 인간이 몸담아 살고 자신을 숨겨주는 대자연의 위대함을 두드러지게 표현하고 있다고 생각된다. 이러한 두 가지 상반되는 경향이 조선 중기에 병존하였고 동일 작가들에 의해 함께 그려졌다는 것은 인간과 자연을 똑같이 비중있게 다루었던 조선 중기 화단 특유의 현상을 말해주는 것으로 풀이된다.

이 〈산수인물도〉는 절파계 화풍의 특징들을 잘 보여준다. 비스듬이 서 있는 산들의 모습, 흑백의 대조가 뚜렷한 산과 언덕의 표면처리, 인물의 표현법, 나무의 묘사방법 등이 그 단적인 예들이다. 그러나 근경, 중경, 원경으로 이루어진 구도와 구성, 확대지향적인 공간처리, 기타 일부 樹枝法 등에서 안견파 산수화의 잔영이 엿보여 흥미롭다. 그리고 근경의 언덕이나 중경의 산들이 그림의 중심축에 위치하고 원경의 주산이 작아지고 수평을 이루듯 펴져 있는 점은 앞에서 살펴본 안견파 산수화들에서도 엿볼 수 있는 특징임이 주목된다. 특히 그의 서자인 이징의 안견파 산수화에서 그러한 현상이 더욱 두드러진 것은 시사하는 바가 크다. 아마도 이징이 그의 부친인 이경윤의 이

〈그림 7〉 〈산수인물도〉

傳 이경윤, 16세기 후반, 絹本淡彩, 91.1×59.5cm, 국립중앙박물관 소장.

러한 작품에서 착안하여 더욱 강조했던 결과가 아닐까 추측된다. 이경윤의 절파계 화풍은 그의 서자로서 인조대의 대표적인 화가였던 이징에게도 자연스럽게 전해졌을 것으로 믿어진다.

이징의 작품으로 전해지는 절파계 산수화로 대표적인 것은 역시 국립중앙박물관 소장의 〈煙寺暮鍾圖〉와 〈平沙落雁圖〉라 할 수 있을 것이다. 〈瀟湘八景圖〉의 일부였을 것으로 믿어지는 이 작품들은 대경산수화의 전형을 보여 준다.

〈연사모종도〉를 살펴보면 근경에 위치한 다리 위의 노승이 멀리 원경의 종각에서 울리는 종소리를 들으며 절을 찾아가는 모습을 대자연을 배경으로 표현하고 있는데 근경, 중경, 원경으로 구성된 편파3단구도를 지니고 있다(〈그림 8〉). 이러한 구도가 안견파 화풍과 관계가 깊은 것은 분명하나 산과 언덕의 형태나 흑백의 대조가 두드러진 표면 묘사 등에는 전형적인 절파계 화풍의 영향이 짙게 배어 있다. 화면의 중심축에 서 있는 쌍송, 강조된 깊이감과 거리감, 작아진 주산 등이 눈길을 끈다. 이러한 특징들은 조선 중기의 산수화에서 보편적으로 간취되는 것임을 이미 앞에서 몇 차례 강조한 바 있다. 또한 이경윤의 작품으로 전해지는 〈산수인물도〉에서도 나타나는 특징임을 확인하였다. 필묵법은 비교적 부드럽고 원만하다.

〈그림 8〉 〈연사모종도〉

이징, 17세기 중엽, 絹本淡彩, 103.9×55.1cm, 국립중앙박물관 소장.

이징은 안견파 화풍과 절파계 화풍을 추종하였지만 어느 화풍을 따르든 구도와 공간구성 등에서는 안견파의 전통이 기본이 되고 있었다고 믿어진다. 그는 이 두 가지 화풍 이외에도, 이들 화풍을 절충한 작품들을 다수 남기기도 하였다.

조선 중기의 절파계 화풍은 김명국에 이르러 더욱 큰 변화를 겪게 되었다. 이징 이후의 가장 대표적인 화원이었던 김명국은 국내는 물론 1636년과 1643년 두 차례에 걸쳐 일본에 통신사를 따라 다녀오면서 그 곳의 화단에까지 명성을 떨쳤다.[14] 그는 분방하고 다양하며 힘차고 활달한 화풍을 이루었다.

그의 작품으로 전해지는 절파계 화풍의 산수화로 가장 널리 알려진 것은 국립중앙박물관 소장의 〈雪中歸驢圖〉라 하겠다(〈그림 9〉). 눈

14) 洪善杓, 〈17・18世紀의 韓・日間 繪畵交涉〉(《考古美術》 143・144, 1977), 16~39쪽.
吉田宏志, 〈李朝の畵員金明國に ついて〉(《日本のなかの朝鮮文化》 35, 1977), 42~54쪽.

〈그림 9〉 〈설중귀려도〉

김명국, 17세기, 苧本淡彩, 101.7×55cm, 국립중앙박물관 소장.

길에 나귀를 타고 여행을 떠나는 선비와 동자, 그리고 그들을 배웅하는 인물을 주제로 다룬 이 그림에서 무엇보다도 눈길을 끄는 것은 배경의 산수임을 부인할 수 없다. 거대한 빙벽같은 주산과 원산이 화면을 버티듯 가로막고 서 있어 조선 중기의 다른 작품들에서 거의 일관되게 엿보이던 깊이감과 오행감의 강조를 찾아보기 어렵다. 앞으로 넘어질 듯 위압적인 주산의 형태, 주산과 원산의 능선을 따라 빗겨 이어져 내리는 윤곽선, 그리고 오른쪽 근경 모서리에 위치한 언덕 등 전체적인 구성이나 구도는 어딘지 아무래도 안견의 전칭작품인 〈사시팔경도〉 중의 '初冬'을 연상시켜 준다.[15] 안견파 화풍도 따랐던 김명국이 조선 초기 안견파 산수화의 구도를 토대로 크게 변화시켰을 가능성이 높다고 믿어진다. 그러나 자귀의 자국을 연상시키는 일종의 握鑿皴으로 텃취를 가하여 흑백의 대조를 강조한 주산의 표면처리, 강렬한 필묵법, 거칠게 묘사된 樹枝法 등은 전형적인 절파계 화풍을 반영하고 있다. 절파 중에서도 15세기 후반의 吳偉, 張路

15) 安輝濬, 앞의 책(1995), 圖 34.
———, 앞의 글(1978), 72~78쪽.

등 명나라 직업화가들 사이에서 유행했던 이른바 '狂態邪學'의 영향이 강하게 느껴진다. 거칠고 강렬한 필묵법을 특징으로 했던 광태사학파의 화풍이 호방하고 거침없던 김명국의 성격에 잘 부합하였던 것으로 믿어진다.

절파계 화풍은 김명국에 이르러 그 절정기를 맞이하였던 셈이다. 그러나 그를 고비로 하여, 절파계 화풍은 그의 제자인 曺世杰 등 일부 화가들에 의하여 추종되기는 하였지만 차차 시들게 되었고 18세기 조선 후기로 넘어가면 尹斗緖 등 일부 전통주의적인 화가들의 작품에 잔흔을 남긴채 南宗山水畵와 진경산수화의 거센 흐름에 밀려 그 꼬리를 감추게 되었다.

다. 남송 원체화풍의 재현

조선 중기의 산수화에서 안견파 화풍과 절파계 화풍에 이어 또 한 가지 주목되는 것은 남송대의 대표적 화원이었던 馬遠과 夏珪가 이룬 이른바 馬夏派 화풍이라고 일컬어지는 화원체 화풍이 다시 고개를 들었던 사실이다. 이 화풍이 절파 화풍의 모체임은 이미 앞에서 언급한 바 있다. 그런데 이 마하파 화풍을 위시한 원체화풍은 우리 나라에 전해져 조선 초기에는 李上佐의 작품으로 전칭되는 〈松下步月圖〉를 비롯한 일부 산수화에 그 영향이 엿보이고 안견파의 공간처리에서도 그 화풍의 수용이 간취된다. 그러나 조선 초기에는 안견파 화풍이 주를 이루었고 이 화풍은 부수적인 위치에 국한되었다고 볼 수 있다. 이러한 현상은 동시대인 일본의 무로마치(室町)시대 산수화의 경우 마하파 화풍이 절대적 우위를 점했던 사실과 좋은 대조를 보인다. 이는 한민족과 일본민족 사이의 미의식이나 기호의 차이에 기인한 결과라고 풀이된다. 이 때문인지 조선 중기에도 마하파 화풍은 안견파 화풍이나 절파계 화풍에 비하여 상당히 열세에 놓여 있었다.

조선 중기의 화가들 중에서 마하파 화풍 또는 남송 원체화풍을 제일 적극적으로 수용하여 자신의 화풍 형성에 십분 활용하였던 대표적 인물은 문인 출신인 尹毅立이다. 예조판서까지 지낸 윤의립은 동생 尹貞立과 함께 아마추어 화가집안을 이루었는데 그는 안견파 화풍을 따르기도 했지만 하규의 화풍을 적극 참조하였다. 조선 중기의 대표적인 화가들이 주로 안견파 화풍과 절파계 화풍을 구사했던데 비하여 윤의립은 안견파 화풍과 하규 화풍을 따

〈그림 10〉 〈사계산수도〉 중 '추경'

윤의립, 17세기 전반, 絹本淡彩, 22.2×21.5cm, 국립중앙박물관 소장.

랐다. 이것은 색다른 일이라고 하겠다.

윤의립의 작품들로 이처럼 하규의 화풍을 따른 대표적인 예는 4계절의 모습을 표현한 국립중앙박물관 소장의 산수화들이라 하겠다. 이 〈四季山水圖〉 중에서 '추경'을 일례로 살펴볼 필요가 있다(〈그림 10〉). 斧劈皴을 구사한 산과 언덕의 표면 처리법과 나무들의 표현방법은 분명 남송의 대표적 화원으로 마하파를 이룬 하규의 화풍을 반영하고 있다. 하규 화풍과의 이러한 명백한 연계성에도 불구하고 동시에 그것과 현저하게 다른 점들도 주목된다.

하규와 마원이 이룬 소위 마하파 화풍은 대자연의 일부를 잡아서 화면의 하단 한쪽 구석에 치우치게 포치하는 소위 一角構圖, 근경은 강조하고 원경은 안개 속에 묻히게 묘사하는 근경 중심적인 표현, 나지막한 산과 넘칠듯한 물이 대조를 보이는 이른바 殘山剩水式 산수를 특징으로 하는데 반하여, 윤의립의 이 작품은 그와 큰 차이를 드러낸다. 즉 잔산잉수식 산수도 근경 중심적인 표현도 일각구도도 이 그림에는 존재하지 않는다. 다만 근경에서 원경으로 거리가 멀어지면서 먹의 농도가 엷어지는 近濃遠淡의 묵법이 눈길을 끌 뿐이다. 그러나 윤의립의 이 작품에서 특히 주목되는 것은 쌍송이 서 있는 근경의 언덕이 화면의 중심축에 위치하고, 주산이 삼각형이기보다는 덩어리 형태를 지니고 있으며, 강 건너 원경의 집들이 땅에 꺼질듯 엎드린 모습을 하고 있는 점, 거리감이 강조된 점 등이라 하겠다. 이러한 점들은 남송대의 하규를 위시한 마하파보다는 조선 중기의 특징으로 보아야 할 것이다.

라. 남종화풍의 수용

조선 중기의 산수화와 관련하여 빼놓을 수 없는 획기적인 일은 南宗畵의 수용이라 하겠다. 중국에서 직업화가들이 아닌 순수한 문인 출신의 餘技畵家들에 의한 남종화의 발전은 그 시원이 당대의 王維까지 거슬러 올라간다고는 해도 실제로 새로운 화풍과 뚜렷한 전형을 이루며 중국회화사의 주된 흐름으로 자리를 잡게 된 것은 원대 말기의 黃公望, 吳鎭, 倪瓚, 王蒙 같은 4대가들에 의해서라고 할 수 있다. 이 원말 4대가들의 화풍은 명대 沈周, 文徵明 등으로 대표되는 吳派의 화가들로 계승되었다. 그런데 이 원말 4대가들과 명대 오파 화가들 중 적어도 황공망과 문징명의 그림이나 글씨는 조선 중기에 우리 나라에 전해졌다.16)

황공망이나 심주의 서화 이외에도 북송대의 米芾과 米友仁 부자에 의해 형성되고 남종화의 한 계보를 이루었던 米法山水畵가 조선 초기에 이어 중기에도 일부 화가들에 의해 구사되었다. 다만 조선 초기에는 주로 원대 高克恭계의 미법산수화가 참고되었던 반면 중기에는 이정근의 〈미법산수도〉에서 보듯이 명대에 새롭게 변화된, 또는 明代化된 미법산수화가 수용되었던 점이 주목된다.

이정근의 〈미법산수도〉에서는 오른쪽 하단으로부터 왼쪽 상단으로 이어지

16) 남종화의 개념, 전래와 수용, 변천 등에 관하여는 安輝濬, 〈韓國南宗山水畵의 變遷〉(《韓國繪畵의 傳統》, 文藝出版社, 1993), 250~309쪽.

는 길고 강한 斜線구도, 가까울수록 진하고 멀어질수록 열어지는 근농원담의 묵법과 그에 따른 거리감의 강조, 비에 젖은 습윤한 자연의 모습 표현, 산과 언덕의 표현에 보이는 횡장한 米點法 등이 주목된다. 이 밖에도 집이나 나무의 표현과 필묵법에서도 남종화의 영향이 드러난다(〈그림 11〉). 이정근의 이 작품은 남종화의 한 계보인 미법산수화가 조선 중기에도 새로운 양상을 띠며 직업화가에 의해 수용되고 있었음을 밝혀준다.

〈그림 11〉 〈미법산수도〉

이정근, 16세기 후반, 紙本水墨, 23.4×119.4cm, 국립중앙박물관 소장.

미법산수화 이외에 원말의 4대가의 한 사람인 황공망과 명대 오파의 중추인 문징명의 서화, 그리고 남종화의 대표적 화보라고 할 수 있는 〈顧氏歷代名人畵譜〉 등이 조선 중기에 전해져 당시의 남종화 수용에 큰 도움이 되었다고 믿어진다. 특히 顧炳이 1603년에 펴낸 《고씨화보》(상기 화보의 약칭)에 서문을 쓴 朱之蕃이 1606년에 명의 詔使로 왔던 것은 그 화보의 전래는 물론 남종화의 소개에도 큰 계기가 되었을 가능성이 높다고 생각된다.[17]

남종화의 영향을 많든 적든 받은 조선 중기의 산수화로는 李英胤의 〈倣黃公望山水圖〉(〈그림 12〉), 李楨의 〈寒江釣舟圖〉를 비롯한 산수화첩의 그림들, 麟平大君인 李渻의 〈一片漁舟圖〉 등이 남아 있다.[18] 이 작품들 중에서 남종

17) 安輝濬, 위의 책, 273~276쪽.
金起弘, 〈玄齋 沈師正의 南宗畵風〉(《澗松文華》 25, 한국민족미술연구소, 1983), 42쪽.

〈그림 12〉
〈방황공망산수도〉

이영윤, 16세기말~17세기초, 紙本水墨, 97×22.8㎝
국립중앙박물관 소장

화의 면모를 제일 적극적으로 보여주는 것은 이영윤의 〈방황공망산수도〉라고 할 수 있다.

이영윤의 이 〈방황공망산수도〉 오른쪽 상단에는 "대치(황공망의 호)도 초년에는 이러한 필법이 있었다"는 관지가 적혀 있어 황공망의 필법을 모방했음을 밝혀준다(〈그림 12〉). 동글동글한 礬頭들이 있는 산의 모습, 산의 표면 묘사에 보이는 일종의 披麻皴, 집과 활엽수의 표현 방법 등은 이 작품이 분명히 남종화법을 따랐음을 드러낸다. 그러나 〈富春山居圖〉로 대표되는 황공망의 화풍과는 상당한 거리가 있음을 부인할 수 없다.[19] 필법, 묵법, 준법 등에 현저한 차이가 있기 때문이다.

어쨌든 이러한 작품의 존재는 문헌기록과 함께 조선 중기에 남종화가 분명히 수용되기 시작했음을 밝혀준다는 점에서 의미가 크다고 하겠다. 조선 중기에 뿌리 내리기 시작한 원말 4대가나 명대 오파 화가들의 화풍이 다음 시대인 조선 후기에 이어져 본격적으로 풍미하고 또 그 화풍을 토대로 한국적인 진경산수화가 발달하게 되었던 사실이 크게 주목된다. 이러한 점에서도 중기의 남종화 수용은 각별한 의미를 지니고 있다고 할 수 있다.

마. 실경산수화의 정착

조선 중기의 산수화에서 주목되는 또 하나의

18) 安輝濬, 위의 책, 276~279쪽.

19) Osvald Sirén, *Chinese Painting : Leading Masters and Principles*(New York : The Ronald Press Co. and London : Lund Humphries,(1956), Vol. Ⅵ, Pls. pp. 64~72.

현상은 우리 나라에 실재하는 名山勝景을 화폭에 담아 그리는 實景山水畵가 꽤 성행하였다는 점이다. 필자미상의 〈關西名區帖〉, 李信欽이 그린 〈斜川莊八景圖〉, 韓時覺의 〈北關實景圖帖〉, 조세걸의 〈谷雲九曲圖〉, 南九萬이 찬한 〈咸興十景圖〉, 연세대박물관 소장의 필자미상 〈陶山書院圖〉 등은 그 대표적인 예들이다.[20] 비록 문무 양과의 과거시험을 주제로 다룬 기록화이기는 하지만 길주의 실경을 배경으로 하고 있다는 점에서 한시각의 〈北塞宣恩圖〉도 넓은 의미에서는 일종의 실경산수화로 고려될 수 있을 것이다.[21] 이징의 〈平壤圖〉와 그 밖에 이 시대에 제작된 繪畵式 지도들도 실경산수화와 관련하여 고려되어야 할 것이다.[22] 이처럼 실경산수화는 여행이나 지도제작과 밀접한 연관이 있나. 이 점은 조선 후기 진경산수화의 경우에도 마찬가지이다.

조선 중기에는 고려 후기와 조선 초기에 이어 많은 선비들이 금강산을 여행하고 그림으로 표현하였다. 금강산을 여행하고 그림으로 그렸던 화가로는 김제, 이경윤과 이영윤 형제, 李霆, 이숭효의 아들 李楨, 趙涑 등이 있다.[23] 특히 조속은 금강산의 전체 모습을 한폭에 그리기 보다는 '長安寺', '表訓寺' 등 8폭으로 나누어 보다 구체화시켜서 그리기 시작함으로써 금강산도의 변화를 이루었다.[24] 이들의 작품들은 현재 남아 있지는 않지만 분명히 조선 후

---

20) 朴銀順, 《金剛山圖 硏究》(弘益大 博士學位論文, 1994), 134~135쪽·276~277쪽·280~281쪽·285쪽의 도판.
李泰浩, 〈韓時覺의 北塞宣恩圖와 北關實景圖－鄭敾 眞景山水의 先例로서 17世紀의 實景圖〉(《정신문화연구》 34, 1988), 207~235쪽.
李建上, 〈〈北塞宣恩圖〉와 《北關誁唱錄》－韓時覺의 實景山水畵〉(《美術資料》 52, 1993), 129~167쪽.
兪俊英, 〈谷雲九曲圖를 중심으로 본 17세기 實景圖 發展의 一例〉(《정신문화연구》 8, 1980), 38~46쪽.
———, 〈曺世傑筆 谷雲九曲圖〉(《季刊美術》 19, 1981 가을), 171~186쪽.
洪善杓, 〈南九萬題 〈咸興十景圖〉〉(《미술사연구》 2, 홍익대, 1988), 139~148쪽 참조.

21) 李泰浩, 위의 글.
도판은 安輝濬, 앞의 책(1985), 圖 112~114쪽 참조.

22) 安輝濬, 〈韓國의 古地圖와 繪畵〉(《海東地圖(解說·索引)》, 서울大 奎章閣, 1995), 48~59쪽 참조.

23) 朴銀順, 《金剛山圖연구》(一志社, 1997), 59~64쪽.

24) 南鶴鳴, 《晦隱集》 권 2, 題趙滄江手畵帖後.
崔完秀, 〈謙齋眞景山水畵考〉(《澗松文華》 21, 1981), 39~60쪽.

기의 謙齋 鄭歚 일파의 금강산도에 영향을 미쳤을 것으로 믿어진다. 정선이 남종화법을 토대로 하였던 반면에 이 시대의 화가들은 주로 안견파 화풍이나 절파계 화풍으로 실경을 그렸기 때문에 화풍상으로 서로 차이가 있겠지만 적어도 구도나 구성, 산의 형태 표현 등에서는 정선이 이 시대의 화가들에게 어느 정도 신세를 졌을 가능성이 높다고 추측된다.

어쨌든 조선 중기의 실경산수화는 순수한 감상을 위한 것과 선비들의 莊園이나 유명한 누각과 정자 등을 담기 위한 것 등으로 대별되며, 화풍상으로는 대개 앞에서 지적하였듯이 안견파 화풍을 따른 것과 절파계 화풍을 지닌 것으로 구분된다. 조선 중기에 이처럼 실경산수화가 성행하게 되었던 것은 아마도 당시 일기 시작했던 여행풍조 이외에도 어지러운 세상을 피해 자연에 귀의하고자 하는 경향과 은둔사상이 팽배해 있었던 데에 기인한 것일 가능성이 짙다고 생각된다. 이 밖에 각종 契會圖 등도 당시 산수화와 인물화의 이해에 많은 참고가 된다.[25]

이상에서 살펴본 것처럼 조선 중기의 산수화는 조선 초기의 전통들을 계승하여 변화시키고 그 시대 특유의 화풍을 형성하였으며 후기의 회화가 새롭게 발전할 수 있는 토대를 마련하였다고 볼 수 있다. 또한 중기의 자연관이나 자연에 대한 사상 등이 배어 있고 또는 드러내고 있음이 간취되기도 한다.

(2) 인물화의 경향

조선 중기의 회화에서 산수화 못지않게 중요시되는 것은 역시 인물화라고 할 수 있다.[26] 인물화는 비록 산수화처럼 다양하거나 변화의 추이가 뚜렷하지는 않지만 그 시대 사람들의 모습과 생활을 반영하고 있고 또 당시 화가들의 묘사능력을 드러내고 있기 때문에 대단히 중요하다고 하겠다.

인물화는 대체로 특정인의 모습을 착실하게 담은 肖像畵, 자연을 향유하는

25) 조선 중기를 포함한 계회도의 전반적인 제경향에 관하여는 安輝濬, 〈韓國의 文人契會와 契會圖〉(《韓國繪畵의 傳統》), 368~392쪽 참조.

26) 조선 중기를 비롯한 우리 나라 인물화의 종합적인 정리는 孟仁在, 《人物畵》(韓國의 美 20, 中央日報社, 1985) 참조.

인간의 모습을 표현한 산수인물화(혹은 인물산수화), 인물의 요체를 간결하게 나타낸 禪宗畵, 궁중의 각종 행사를 묘사한 儀軌圖와 문인들의 계모임을 표현한 契會圖 등 여러 가지 記錄畵 속에 담겨 있는 인물화, 불교회화 속에 나타나 있는 불교인물화 등으로 구분해 볼 수 있을 것이다. 이것들 중에서 선종화와 불교인물화는 합쳐서 일반 인물화와 달리 道釋人物畵라고 부를 수도 있다. 이러한 몇 가지 종류의 인물화들 중에서 초상화, 산수인물화, 선종인물화, 이 세 가지만으로도 중기 인물화의 전반적인 특징과 경향이 대충 드러나리라고 믿는다.

가. 초상화

우리 나라의 초상화는 피사인물을 닮게 그리는데 그치지 않고 그 인물의 성격, 인품, 교양 등 내면적 정신세계가 얼굴에 배어나도록 표현하는 이른바 傳神寫照가 높은 경지에 이르게 되어 동양 최고의 수준을 형성하였다. 조선 중기의 초상화들은 이를 분명하게 밝혀준다. 이 시대에도 왕공사대부들의 초상화가 빈번하게 제작되었는데 현재 남아 있는 작품들은 대체로 복건(幅巾 혹은 幞巾)과 深衣 등 평복 차림의 사대부들 상과 烏紗帽와 團領의 관복을 입은 공신들의 상이 주를 이룬다.[27] 이 중에서 비교적 화가의 개성이 좀 더 잘 드러나는 것은 평복 차림의 사대부들 상이라 할 수 있다. 衣褶의 표현에서 어느 정도 화가의 재량권이 행사되어 있기 때문이다. 이의 대표적인 예로서 한시각의 작품으로 전칭되고 있는 필자미상의 〈宋時烈像〉을 들 수 있다(〈그림 13〉). 김장생의 제자로서 노론의 영수가 되었던 송시열은 畿湖學派의 대표적인 학자였던 만큼 영향력이 대단히 컸다. 이 때문인지 그의 초상화는 여러 본이 남아 있는데 그 중에서도 이곳에서 소개하는 국립중앙박물관 소장본이 가장 널리 알려져 있다(〈그림 13〉).

이 작품의 윗 편에는 송시열이 만 44세때인 1651년에 지은 自警贊과 정조가 1778년에 지은 御製贊이 적혀 있다. 그런데 이 초상화에 묘사된 송시열의 형모는 40대로 보기에는 너무 늙은 모습이어서 자경찬도 정조의 어제찬과 마찬가지로 누군가가 후대에 써 넣은 것으로 믿어진다.

---

27) 우리 나라 초상화의 종합적 고찰은 趙善美, 《韓國의 肖像畵》(悅話堂, 1983).

〈그림 13〉 〈송시열상〉

필자미상(전 한시각), 17세기, 絹本淡彩, 89.7 ×67.3cm, 국립중앙박물관 소장.

검은 복건과 까만 깃이 달린 鶴氅衣를 착용한 채 두 손을 모아 拱手 자세를 취하고 있는 상반신의 모습을 표현한 반신상으로 왼쪽 얼굴이 7분쯤 보이는 左顔七分面을 하고 있다. 짙게 주름진 안면, 고집스러워 보이는 넓적한 코, 가늘고 생기가 도는 긴 눈, 붉고 특징 있는 입술, 길게 늘어진 귀, 희고 긴 수염 등이 어우러져 당당하고 위엄있는 유학자의 모습과 품위를 잘 나타낸다. 특히 눈이 살아 있고 기가 넘치고 있어 전신사조의 전형을 보여준다. 얼굴의 주름, 눈썹, 수염, 귓속털에 이르기까지 세심하게 묘사되지 않은 부분이 없다. 털오라기 하나조차도 소홀히 다루어지지 않았다. 머리카락, 수염 한 오라기라도 합당하지 않으면 곧 다른 사람이 된다고 보았던 程子의 초상화관이 철저하게 준수되었다고 볼 수 있다.[28] 옅은 담홍색의 얼굴과 이마에 깊게 나 있는 주름들의 윤곽을 짙은 살빛의 지극히 가느다란 실선들로 나타내고 그 높낮이를 渲染으로 표현한 것도 눈길을 끈다. 그러나 조선 후기와 말기의 초상화들에서 쉽게 간취되는 두드러진 陰影法과는 현저한 차이를 나타내 그 제작

---

28) 程子의 肖像畵觀에 대한 조선 중기의 인식은 문종의 초상화에 관한 인조 때의 논의 중 영의정 尹昉의 언급에 잘 나타난다. 그는 "정자가 이르기를 초상화란 수염이나 머리카락 한 올이라도 맞지 않으면 이는 곧 다른 사람이 되니 모름지기 一毫의 차이도 없어야 한다"라고 인용하였다. 이를 통하여 조금도 차질 없는 정확한 묘사의 중요성이 초상화에서 제일 준수해야 할 사항이었음을 엿볼 수 있다(《仁祖實錄》 권 13, 인조 13년 5월 계해).

연대가 18세기 이전인 조선 중기임을 말해 준다. 대단히 정밀한 안면 묘사와는 대조적으로 의습은 가늘고 힘찬 鐵線描로 간결하게 표현되었다. 조선 초기 초상화의 전통을 계승한 이러한 의습 표현은 얼굴의 정밀묘사와 강한 대조를 보인다. 이와 같은 유형의 사대부 초상화는 중기 이후 더욱 뚜렷한 전통을 형성하고 하나의 계보를 이루었다.

조선 중기 초상화의 또 다른 유형은 많은 공신상들에서 잘 드러난다. 이러한 공신상은 국가적 차원에서 왕명에 의해 제작되었기 때문에 제작연대가 확실하고 또 당대 최고의 화원들에 의해 그려졌던 관계로 당시 초상화의 특성과 격조가 잘 드러나게 마련이다.

조선 중기에는 임진왜란을 위시하여 정변이 잦았던 관계로 여러 차례의 공신지정이 있었고 그에 따라 많은 공신상들이 제작되었다.[29] 이러한 공신상들은 대개 비슷비슷한 특징과 양상을 보여 주는데 그 대부분은 〈柳根像〉을 비롯한 대표작들에서 잘 드러난다(〈그림 14〉).

柳根은 퇴계 이황의 제자로 1572년 別試文科와 1587년 文臣庭試에서 모두 장원을 하였고 문장에 뛰어났던 인물이다. 1593년에는 謝恩副使로, 1601년에는 冬至使로 두 차례 명나라에 다녀왔으며 중국 및 일본과의 외교에서도 큰 몫을 하였다. 도승지, 한성부 판윤, 예조판서 등의 관직을 거쳤고 정묘호란 때 강화로 왕을 호종하다가 사망하였는데 후에 괴산의 花岩書院에 제향되었다.

이러한 유근이 紗帽와 團領의 靑玄袍를 착용하고 拱手 자세로 의자에 앉아 있는 모습을 그린 이른바 全身交倚坐像이 이 〈유근상〉이다(〈그림 14〉). 온화하고 이지적이며 잘 생긴 얼굴이 7분면으로 표현되어 있다. 뚜렷한 눈매, 담홍의 피부, 안면의 肉理紋, 반백의 수염 등이 정확하게 묘사되어 있다. 코와 안면의 높낮이도 잘 드러나 보인다. 두 마리의 공작과 모란꽃을 수놓은 雙孔雀牡丹胸背의 화려한 색채가 바닥에 깔린 彩氈의 강한 꽃무늬들과 좋은 대비를 이루고 있다. 또한 의자 밑으로 늘어져 내비친 포의 內工과 帖裏의 청록 색조가 마치 그 둘을 잇기라도 할 듯이 정삼각형을 이루고 있는 것도 인상적이다. 유근의 초상화에 나타나 있는 이러한 특징들은 지엽적인 차이와

---

29) 趙善美, 앞의 책, 183~255쪽.

〈그림 14〉 〈유근상〉

필자미상, 17세기, 絹本彩色, 180.5×103.5cm, 개인소장.

변화는 있을지라도 조선 중기의 공신상들에서 공통적으로 찾아볼 수 있다.

이상 살펴본 〈송시열상〉과 〈유근상〉을 통하여 조선 중기 초상화의 전반적인 흐름과 대체적인 양상 및 특징들을 대강 확인할 수 있다. 이러한 흐름은 조선 후기로 계승되어 서양적인 陰影法과 결합되면서 큰 변화를 겪게 되었다.

나. 산수인물화

조선 중기에는 인물의 모습이 산수화 속에 자주 등장하며 그 비중이 조선 초기에 비하여 더욱 커졌는데 그러한 추이는 함윤덕의 〈기려도〉와 이경윤의 〈시주도〉를 위시한 소경산수인물화에서 이미 확인한 바 있다(〈그림 5〉, 〈그림 6〉). 이러한 산수화 속의 인물은 초상화의 경우처럼 세밀하고 정확하지는 않지만 제약받지 않은 화가의 자유로운 솜씨와 표현방법을 드러내기 때문에 인물화의 또다른 측면을 엿보게 해준다.

함윤덕의 〈기려도〉와 이경윤의 작품으로 믿어지는 〈시주도〉에 관해서는 이미 앞에서 절파계 소경산수인물화로 소개했지만 산수보다는 인물의 비중

〈그림 15〉 〈어초문답도〉

이명욱, 17세기 후반, 紙本淡彩, 172.7×94.2cm, 간송미술관 소장.

이 더 커서 이곳에서 한번 더 짚어보고 넘어갈 필요가 있다. 인물화의 측면에서 이 작품들이 다시 관심을 끄는 이유는 첫째로 피사인물의 내면세계가 얼굴에 배어나도록 氣韻生動하게 표현된 점, 둘째로 필선의 운용이 유연하고 가변적인 점, 셋째로 채색이나 먹의 농남이 효율적으로 구사된 점 때문이다.

두 작품 모두 선비를 주인공으로 하고 있는데 그들은 한결같이 선비다울 뿐만 아니라 살아있는 사람처럼 생기가 넘친다. 그 원인을 찾아보면 결국 눈에 있음을 알 수 있다. 먼저 담묵으로 눈과 눈썹을 그린 후 먹이 마른 다음 농묵으로 畵龍點睛하듯이 작은 점을 찍어 넣어 눈동자를 표현하였다. 이렇게 함으로써 눈동자에 氣를 불어 넣었던 것이다. 이 때문에 눈과 얼굴이 모두 살아있는 사람처럼 생동감을 자아내고 있다. 변화 있는 필선의 구사와 먹의 농담도 그림을 생동감에 넘치게 하는데 기여한다.

조선 중기에는 인물의 비중이 훨씬 더 커지고 산수배경은 형시저오로만 남아있는 산수 속의 인물화도 나타났다. 이러한 종류의 인물화는 대개 어부, 또는 어부와 樵夫 등 은둔자를 표현한 것이다. 李崇孝의 작품으로 전칭되는 〈歸漁圖〉, 李明郁의 〈漁樵問答圖〉 등은 그 대표적인 예들이다. 특히 이명욱의 〈어초문답도〉는 조선 중기의 가장 대표적인 인물화라고 할 수 있다.

숙종이 가장 아꼈던 화원이었던 이명욱은 圖畵署 교수였던 한시각의 사위로서, 인조 때에 내조하여 궁중에서 이징과 함께 활동하였던 중국인 화가 孟永光의 화풍을 많이 참고하였다.[30] 〈어초문답도〉에서도 그의 영향이 엿보인다. 〈어초문답도〉는 서로 대화를 나누며 걷고 있는 어부와 나무꾼을 주제로 다루었는데 이 그림 속의 어부와 초부는 진정한 의미에서의 어부와 나무꾼이라기보다는 은둔생활을 하는 선비들임이 그들의 이지적인 얼굴에서 잘 드러난다(〈그림 15〉). 이러한 주제들은 은둔생활을 선망하던 당시의 어지럽던 시대상을 반영하고 있다고 볼 수 있다. 어부와 초부는 각기 기다란 낚싯대와 막대기를 어깨에 빗겨 메고 유쾌한 대화를 나누며 걷고 있다. 초상화 속의 얼굴들처럼 이목구비가 뚜렷하고 개성이 넘치는 안면 표정, 화기애애한 담소 분위기, 가볍고 활달한 걸음걸이, 등 뒤에서 불어오는 바람에 나부끼는 옷자락의 펄럭임 등이 주변의 빽빽한 갈대 숲과 어울려 화면 전체를 활력에 넘치게 하고 있다.

다. 선종인물화

조선 중기의 인물화에서 특기할 것 중의 하나는 禪宗 인물화가 김명국과 한시각에 의해 그려졌던 점이다. 본래 선종화는 중국의 경우 남송과 원대에 유행하였고 일본에서는 중세부터 현대에 이르기까지 줄곧 빈번하게 제작되어 왔던 것인데, 우리 나라의 경우에는 오직 김명국과 한시각만이 작품을 남기고 있을 뿐이다. 고려시대에는 선종화가 제작되었음이 문헌기록들을 통하여 확실시되나 남아 있는 작품이 없으며, 조선시대에 들어서서는 강력한 억불숭유 정책 때문에 선종화가 발 붙이기 어려웠다고 볼 수 있다. 그럼에도 불구하고 김명국이나 한시각이 선종화를 그리게 되었던 것은 널리 알려져 있는 바대로 그들이 통신사를 따라 수행화원으로 일본을 다녀온 것이 계기가 되었다고 믿어진다.[31] 김명국은 1636년과 1643년 두 차례, 한시각은 1655년에 일본에 다녀온 바 있다. 조선왕조의 화원들이 일본에 통신사의 일원으

30) 孟永光에 관하여는, 安輝濬, 〈來朝 中國人畵家 孟永光에 관하여〉(《全海宗博士華甲紀念 史學論叢》, 一潮閣, 1979), 677~698쪽 참조.

로 갔을 때에는 일본인들의 끊임없는 그림 주문에 시달리게 마련이었다.[32] 減筆法으로 짧은 시간 내에 빨리 그려낼 수 있는 선종인물화는 일본인들의 취향에도 잘 부합될 뿐만 아니라 제작시간이 짧게 걸려 안성마춤이었을 것으로 믿어진다.

〈그림 16〉 〈달마도〉

김명국, 17세기, 紙本水墨, 83×57cm, 국립중앙박물관 소장.

김명국은 유명한 〈達摩圖〉(〈그림 16〉)와 〈達摩折蘆渡江圖〉를 비롯한 여러 점의 선종화를 우리 나라와 특히 일본에 남기고 있다. 그 가운데서도 〈달마도〉는 김명국 선종화의 진수를 요점적으로 보여준다. 10여 번의 힘차고 빠른 붓질로 머리의 흰 두건과 옷을 단숨에 그려낸 것이 주목된다. 이 의습선들은 굵고, 힘차고, 빠르고, 다양하다. 둥글고, 각지고, 진하고, 연하다. 한마디로 변화무쌍하고 폭발적이다.

대상을 뚫어지게 응시하는 생기 있는 눈매, 찡그린 눈썹과 양미간, 오뚝하고 고집스러운 코, 굳게 다문 입, 덥수룩하고 짙은 수염 등이 한데 어울려 달마의 강한 성격을 유감없이 나타냈다. 역시 속필로 순식간에 그려낸 이 얼굴의 모습에서도 필묵의 다양한 변화를 엿보게 된다. 또한 이 얼굴이 의습과 대비되어 팽팽한 힘과 긴장감을 자아낸다. 오랜 시간 꼼꼼하게 온갖 정성을 기울여 그려내는 초상화와는 정반대의 현상을 뚜렷하게 보여준다. 이는 조선

31) 李東洲, 《日本 속의 韓畫》(瑞文堂, 1974), 58쪽. 이 밖에 通信使에 관해서는 國立中央博物館編, 《朝鮮時代通信使》(三和出版社, 1986) 참조.

32) 洪善杓, 〈通信使行과 韓日繪畫交流〉(《月刊美術》 2-9, 1990), 66~71쪽.
安輝濬, 〈韓日繪畫關係 1500年〉(《韓國繪畫의 傳統》), 406~439쪽.
吉田宏志, 〈17世紀から19世紀に至る時代の韓國繪畫と日本繪畫の關係〉(《韓國學의 世界化 II》, 제6회 국제학술회의논문집, 한국정신문화연구원, 1991), 58~67쪽.

중기 인물화의 양극을 대변한다고 하겠다.

(3) 동물화와 화조화의 경향

조선 중기 회화의 업적과 특징은 산수화와 인물화에 못지 않게 翎毛畵와 花鳥畵에서도 잘 나타난다.[33] 이 시대의 동물화나 화조화는 거의 대부분 순수한 수묵으로 그려져 있다. 채색과 관계가 깊은 화조화의 경우에도 濃彩를 사용한 富貴體보다는 수묵으로만 담백하게 표현하는 野逸體의 水墨寫意花鳥畵가 주를 이루었다. 이는 아마도 깔끔하고 담백한 미를 미덕으로 여겼던 유교미학사상의 영향에 기인했던 결과가 아닐까 추측된다. 조선 중기에 성리학이 극성했던 사실을 염두에 두면 쉽게 납득이 된다.

가. 동물화

조선 중기의 동물화는 주제의 측면에서나 화풍의 측면에서 특이한 양상을 보여준다. 우선 주제의 측면에서 볼 때 소, 특히 물소[水牛]의 그림이 전에 없이 유행하였던 사실이 주목된다.

조선 중기의 물소그림은 현재 전해지는 작품들에 의거해서 보면 金禔가 처음 그리기 시작하였던 것으로 믿어진다.[34] 그 후에 李慶胤도 그렸던 것으로 추정되나, 이 방면의 가장 대표적인 화가는 역시 김제의 손자인 金埴이라 하겠다. 김식의 동생인 金㙫도 소 그림을 잘 그렸던 것으로 알려져 있으나 남아 있는 작품이 불명하다. 결국 소그림은 김제-김식-김집 집안이 주도했다고 볼 수 있다.

그런데 이들의 소그림은 한결같이 자연 속에서 엎드려 잠을 자거나 한가한 시간을 보내고 있는 소들의 모습을 담고 있다. 극소수의 예를 제외하면 고삐가 매어 있거나 일체의 속박을 받는 일이 없이 완전한 자유를 누리고

---

33) 鄭良謨, 《花鳥·四君子》(韓國의 美 18, 中央日報社, 1985).
崔完秀, 〈朝鮮王朝 翎毛畵考〉(《澗松文華》 17, 1979), 43~56쪽.
安輝濬, 《繪畵》(國寶 10, 藝耕産業社, 1984), 231~240쪽.
李源福, 〈朝鮮中期 四季翎毛圖考〉(《美術資料》 47, 1991), 27~71쪽.
禹文晶 〈朝鮮時代 花鳥畵 硏究〉(《同大史學》 1, 同德女大, 1995), 447~486쪽.

34) 李泰浩, 〈朝鮮中期의 선비화가 金禔·金埴〉(《選美術》, 1984), 83~93쪽.

〈그림 17〉 〈우 도〉

김식, 17세기, 紙本淡彩, 98.5×57.5cm, 국립중앙박물관 소장.

있는 모습으로 그려져 있다. 이러한 모습의 소그림을 창출한 김제가, 중종 때 정권을 잡고 휘두르다 몰락한 金安老의 아들임을 고려하면 그 일가의 소그림들은 아마도 세파를 떠난 자연에의 귀의나 속박 없는 은둔생활에 대한 동경 같은 것을 담고 있을지도 모른다는 생각이 든다. 이와 관련하여 김제의 〈牧牛圖〉에 적혀 있는 "날마다 땅바닥에서 편히 잠자고 온갖 먹을 풀 앞에서도 무심하며, 고삐를 벗어나 허심탄회하니, 사람이 끌고 갈 것은 꿈도 안꾸네(露地日高眠 無心百草前 廓然繩索外 結不夢人牽)"라는 내용의 五言絶句의 시 한편은 시사하는 바가 크다.[35] 세속적인 욕심과 속박을 초탈한 無欲無碍의 경지가 잘 드러나 있다. 그렇다면 이 소그림들도 결국 〈어부도〉·〈어초문답도〉 등의 자유로운 은둔사상을 반영한 산수인물화들과 본질적으로 비슷한 사상적 배경을 지니고 있다고 볼 수 있을 것이다. 이러한 소그림들이 유독 조선 중기에, 그것

35) 이 글에서 소는 찬문을 쓴 필자 자신을, 百草는 百官의 벼슬자리를, 人은 임금을 상징하고 있지 않을까 추측된다. 도판은 《李朝の繪畫 : 隣國の明澄な美の世界》(大和文華館, 1996), 圖 32 참조.

도 김제—김식—김집 집안을 중심으로 하여 유행했던 사실은 이러한 추측의 신빙성을 강하게 뒷받침해 준다.

이 시대 소그림의 특색은 김식의 작품들에서 가장 잘 드러난다. 국립중앙박물관 소장의 〈牛圖〉를 일례로 보면 어미소와 젖을 빨고 있는 어린 송아지를 산수를 배경으로 표현하였는데 그 한가롭고 평화로움이 우선 돋보인다(〈그림 17〉). 근경의 언덕과 그 뒷편의 큰 나무 그리고 후경의 언덕이 이루는 공간의 중앙에 어미소와 송아지를 배치하여 주제가 시각적 핵심을 이루도록 한 구도가 주목을 끈다. 사실상은 나무 밑에 있는 소들을 표현한 樹下牛圖라 할 수 있다. 나무 밑에 어미소, 어미소 밑에 송아지를 배치한 구성도 흥미롭다. 소들의 몸은 음영법으로 괴량감이 나도록 표현되었다. 머리, 목부분, 복부, 둔부 등에서 음영법의 구사가 두드러지게 엿보인다. 밑을 향하여 곡선지게 구부러진 뿔, 흰 고리에 둘러싸인 듯한 검은 눈, X자 형의 주둥이, 검은 신을 받쳐 신은 듯한 굽, 점선으로 이어진 등줄기 등이 어우러져 천진무구한 소들의 모습을 돋보이게 한다. 화면 전체에 넘치는 평화롭고 서정적인 분위기, 어디에도 매이지 않은 자유로움, 일체의 욕심이나 사악함이 배제된 천진스러움, 어미와 새끼 사이의 넘치는 애정 등이 두드러져 보인다. 섬세하고 뛰어난 묵법도 간과할 수 없다. 이러한 여러 가지 특징들은 김제—김식 일파의 소그림들에서 거의 일관되게 간취된다. 이러한 유형의 소그림은 중기를 지나면서 후기에는 18세기 초 尹斗緖(1668~1715)에 약간의 영향을 미치고는 곧 자취를 감추었다.

나. 화조화

조선 중기에는 화조화에서도 다른 시대와는 구분되는 양상들을 나타낸다. 화려한 채색을 곁들인 富貴體보다는 수묵을 위주로 하는 野逸體의 화조화가 널리 유행하였다. 현재 전해지고 있는 절대 다수의 화조화가 수묵으로 그려진 사실에서 이를 쉽게 확인할 수 있다. 또 이곳저곳에 전해지고 있는 이러한 화조화들은 趙涑과 趙之耘 부자, 김식, 이징, 全忠孝, 李涵, 李夏英 등 일부 화가들의 것을 제외하면 대부분 작가가 밝혀져 있지 않다. 또 이징을 제외하고는 화원들이 화조화, 특히 수묵화조화를 적극적으로 그렸다는 증거가 많지 않다. 조속과 조지운 부자, 이함, 이하영의 예에서 보듯이 사대부 출신의 화가들이 주로 그렸던 것이 아닐까 추측된다. 그리고 이 시대의 화조화는 닭이나 집오리 같은 家禽들보다는 자연 속에 자유롭게 서식하는 각종 野禽들을 위주로 다루었음도 주목된다. 선비 출신의 화가들이 그린 이러한 그림들은 대체로 그것을 통하여 그린 사람의 뜻을 나타내고자 하는 것이 상례였기 때문에 보통 水墨寫意花鳥畵라고도 부른다.

〈그림 18〉 〈노수서작도〉

조속, 17세기, 絹本水墨, 113.5×58.3cm, 국립중앙박물관 소장.

이러한 수묵사의화조화 분야에서 가장 주목되는 인물은 조속이다. 그는 사대부로서 仁祖反正에 참여하여 공을 세웠으나 勳名을 사양했을 정도로 곧고 맑은 인품의 소유자였으며 만년에 눈이 멀 때까지 그림을 그렸던 것으로 전해진다.[36] 그의 작품으로 전해지는 것은 〈老樹棲鵲圖〉, 〈梅鵲圖〉, 〈水禽圖〉를 비롯하여 제법 많은 편이나 그 가운데서도 〈노수서작도〉가 가장 유력하다(〈그림 18〉).

나무가지 위에 쌍을 이루며 마주보고 앉아 있는 까치들을 주제로 다루었

36) 趙涑의 사람됨에 관하여는《顯宗改修實錄》권 19, 현종 9년 8월 경오에 실려 있는 그의 死亡記錄 참조.

다. 우리 나라의 대표적인 吉鳥인 까치를 주제로 택한 것부터가 관심을 끈다. 주제 자체가 대단히 한국적이기 때문이다. 또한 쌍으로 표현한 것도 재미있다.

화면을 메꾸듯 굽어지고 뻗친 나무가지들과 삼각형의 잎들은 깊이감이 없이 마치 평면 위에 모자이크 된 듯한 느낌을 준다.[37] 그 중앙에 한 쌍의 어미 까치들이 배치되어 있어 핵심을 이루며 보는 이의 시선을 독점한다. 이 때문에 주의하지 않을 경우 밑에 있는 또 한 쌍의 작은 새들은 자칫 놓치기가 쉽다. 중앙의 어미까치들이 밑의 한 쌍보다 훨씬 검고 강하게 표현되어 있다. 화면의 핵심을 이루게 하기 위해 의도된 듯 하다. 이처럼 가장 중요한 것이 화면의 중앙을 차지하도록 하는 구성은 이 시대 산수화나 산수인물화, 동물화 등에서도 일관되게 관찰되는 특징이다.

효율적인 구성, 힘찬 필법, 변화 있는 묵법에 힘입어 화면이 기운생동하게 느껴진다. 먹으로만 그려졌는데도 화려한 채색을 써서 완성된 작품 이상으로 서정적 표현효과가 크게 느껴진다. 조속의 이러한 화풍은 그의 아들 조지운을 비롯한 당대의 여러 화가들에게 영향을 미쳤고 그 영향의 잔흔은 후기의 趙榮祏의 일부 작품에서도 엿보인다.[38]

(4) 사군자화와 묵포도화의 경향

조선 중기의 회화에서 끝으로 특기하지 않을 수 없는 것은 四君子 그림과 포도 그림이다.[39] 이 시대에는 대나무, 매화, 난초, 국화 등 사군자와 포도의

---

37) Dietrich Seckel, "Some Characteristics of Korean Art II : Preliminary Remarks on Yi Dynasty Painting", *Oriental Art*, Vol. 15, No. 1 (Spring, 1979), pp. 62~73.

38) 趙榮祏, 《觀我齋稿》(韓國精神文化硏究院, 1984)의 도판 참조.
조영석에 관한 연구로는 姜寬植, 〈觀我齋 趙榮祏 畵學考〉(《美術資料》 44, 1989, 114~149쪽, 《美術資料》 45, 1990, 11~70쪽) 참조.

39) 鄭良謨, 《花鳥・四君子》(韓國의 美 18, 中央日報社, 1985).
洪善杓, 〈우리 나라 四君子그림의 역사〉(《韓國四君子展》, 예술의 전당, 1989).
許英桓, 〈韓國墨竹畵에 관한 연구〉(《文化財》 10, 1976).
———, 〈韓國墨梅畵에 관한 연구〉(《文化財》 11, 1977).
———, 〈韓國墨蘭畵에 관한 연구〉(《文化財》 12, 1978).
———, 〈韓國墨菊畵에 관한 연구〉(《文化財》 13, 1979).

그림이 독특한 양상을 띠며 발전하였기 때문이다. 사군자는 모두 선비들의 정신세계와 밀접한 연관이 있기 때문인지 크게 유행하였는데 그 중에서도 대나무와 매화가 가장 중시되었다. 또한 매화와 대나무(梅竹), 난초와 대나무(蘭竹) 등 두 가지를 함께 표현하는 경향도 두드러졌다. 결국 사군자 중에서도 대나무가 가장 중시되었고 국화가 제일 경시되었던 것으로 믿어진다. 淸節과 지조를 상징하는 대나무가 특히 선호되었던 사실은 사색당쟁이 치열했던 이 시대의 시대상과 관련지어 유념된다. 이들 사군자와 포도는 약간의 예외를 제외하고는 이 시대 회화의 전반적인 추세와 마찬가지로 수묵 위주로 그려졌다.

가. 묵죽화

사군자 梅·蘭·菊·竹 중에서도 조선 초기부터 가장 중시된 것은 대나무였다. 대나무는 초기부터 화원의 試取에서 산수와 인물을 제치고 일등 과목으로 정해졌을 정도로 중요하게 여겨졌다.[40] 사시사철 큰 변화없이 늘 푸르고, 속이 비어 있으면서도 지극히 단단하여 쉽게 부러지지 않으며, 마디기 뚜렷해서 문인들의 기개와 청절을 상징하기에 족하다. 또한 빳빳하고 날카로운 잎과 뚜렷한 마디는 그림으로 그리기에 쉽지 않다. 이러한 점들 때문에 옛부터 문인화가들이 즐겨 다루어온 소재라 하겠다.[41]

이러한 대나무를 우리 나라 회화사상 제일 잘 그린 인물이 灘隱 李霆이다. 세종대왕의 玄孫으로서 시·서·화에 모두 뛰어났던 그는 왜란 때에 오른팔을 적의 칼에 상하여 난후에는 왼손으로 그림을 그렸다고 전해진다. 또 비단 대나무만이 아니라 매화와 난초도 잘 그렸던 것이 동시대인 崔岦의 기록에 보이나 그의 매화와 난초 그림은 전해지지 않는다.[42] 대나무 그림도 전해지는 작품은 드물지만 한결같이 화격이 뛰어나다.

李源福, 〈朝鮮時代墨葡萄考〉(《東亞史의 比較硏究》, 一潮閣, 1987).
———, 〈朝鮮白磁에 나타난 葡萄畵〉(《美術資料》 39, 1987).

40) 安輝濬, 앞의 책(1995), 122~123쪽.

41) 이미 고려시대에 鄭叙, 李仁老, 安置民, 丁鴻進, 李嵓, 釋行 등이 묵죽화로 득명하였다. 이러한 전통은 조선시대로 이어졌다.
吳世昌, 앞의 책.

42) 吳世昌, 위의 책, 95~96쪽.

〈그림 19〉 〈묵죽도〉

이정, 1622년, 絹本水墨, 119.1×57.3cm, 국립중앙박물관 소장.

이 중에서 관지에 의해 제작연대가 분명하게 밝혀지는 것이 국립중앙박물관 소장의 〈墨竹圖〉이다(〈그림 19〉). 그가 만81세로 타계한 해인 1622년 봄에 月先亭에 앉아서 그린 것으로 믿어진다. 왼편 하단부의 언덕으로부터 솟아오른 대나무들을 묘사하였다. 먼저 이 언덕은 흑백의 대조가 강한 절파계 화풍으로 묘사되어 있어 당시 산수화단의 경향을 드러낸다. 화면의 중앙을 가로질러 서 있는 대나무는 농묵으로, 그 뒤편에 윗쪽 화면을 가득 채우고 있는 대나무는 담묵으로 그려서 원근을 나타내면서 동시에 강약을 대비시켰다. 구도와 구성, 공간처리, 먹의 조화가 한결같이 빼어남을 보여준다. 가늘고 유연한 줄기, 길고 날카로운 잎 등 모두가 하나하나 힘이 강하게 배어 있다. 80대 노인의 작품으로 믿어지기 어려울 정도이다. 이정의 대나무가 지니고 있는 이러한 특징과 경지는 그 후 아무도 능가하지 못하였다. 이정의 조카인 金世祿과 18세기의 柳德章이 그의 화풍을 따랐으나 비할 바가 못된다.

이정의 작품 중에는 검은 비단에 금니로 그려진 대나무 그림도 있고, 김세록의 대나무 그림 중에는 송화가루나 채색으로 제작된 것들도 남아 있어서 당시 대나무 그림의 또 다른 측면을 엿보게 한다.[43] 아마도 궁정취향의 반영일 가능성이 높다고 믿어진다.

나. 묵매화

매화도 대나무 못지 않게 선비들의 아낌을 받았다. 추위 속에 꽃을 피우고 그 청아함이 비길 데가 없기 때문일 것이다. 매화는 일찍부터 소나무, 대나무와 함께 歲寒三友를 이루며 고려 태조 王建의 능 내부 벽화에서 보듯이 고려시대부터 그려졌다.44)

매화 그림은 조선 초기에 문종, 鄭穰·李義 등에 의해 그려지다가 조선 중기에는 魚夢龍을 중심으로 하여 사대부 출신 화가들 사이에서 성행하였는데 그 배경에는 선비의 청아함과 고결함 그리고 꿋꿋함이 어느 때 보다도 요구되던 당시의 시대적 풍조가 담겨져 있지 않나 생각된다. 철저하게 채색을 피하여 수묵으로만 그려졌다. 따라서 붉고 아름다운 紅梅보다는 눈처럼 희고 청순한 白梅가 주로 그려졌다. 화풍의 측면에서도 독특한 양상을 보여주고 있어 주목된다.

조선 중기에 매화 전문의 화가로 제일 명성이 높았던 인물은 물론 어몽룡이다. 현감을 지낸 그는 묵죽의 이정, 묵포도의 황집중과 더불어 3절로 일컬어졌다. 그의 작품으로 전해지는 것 중에서 국립중앙박물관 소장의 〈月梅圖〉 한 점만 보아도 어몽룡이나 기타 이 시대 묵매 화가들의 화풍을 확인할 수 있다(〈그림 20〉). 둥근 보름달 아래 서 있는 매화나무들을 표현하였는데 굵고 늙은 나무들은 한결같이 부러져 있으며 가늘고 어린 나무들은 하늘을 향하여 힘차게 솟아 있음이 눈길을 끈다. 마치 新舊에 대한 어몽룡의 생각이 담겨져 있는 듯하다. 끔찍한 왜란, 자존심 상하는 호란, 신물나는 당파간의 정쟁, 이러한 것들을 지켜본 사람이면 기존의 것에 대한 실망과 좌절, 새로운 것에 대한 기대와 갈망 같은 것을 이러한 주제에 의탁하여 표현했을 가능성이 높다고 믿어진다. 아무튼 이 〈월매도〉는 단순한 시적인 주제의 표현일 수도 있지만 반면에 이처럼 조선 중기의 시대상과 조류를 상징하고 있을지도

43) 李 豫, 〈明末葉朝鮮李灘隱泥金畵竹〉(《文物季刊》 93-4, 山西省文物局, 1993). 李泰浩·兪弘濬, 《조선후기 그림과 글씨》(學古齋, 1992), 圖 5 참조.

44) 《시사저널》 제223호(1994. 2·3)를 비롯하여 일간지나 잡지 등에 보도된 바 있다.

〈그림 20〉 〈월매도〉

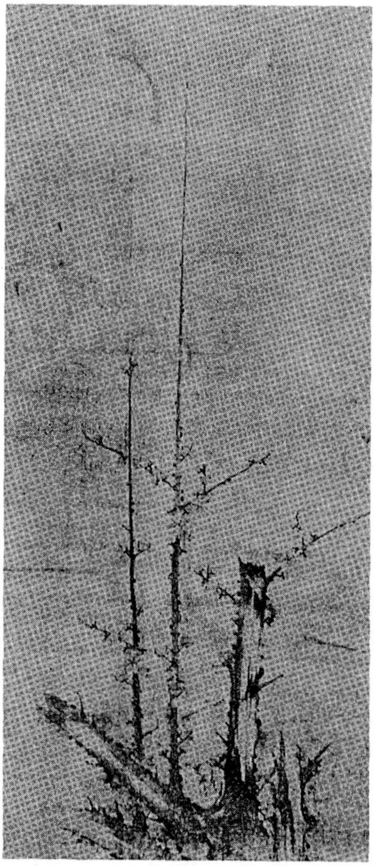

어몽룡, 17세기초, 絹本水墨, 119.4×53.6cm, 국립중앙박물관 소장.

모른다고 생각된다. 이와 관련하여 묵매가 조속과 조지운 부자, 許穆과 같은 문인들 이외에도 병자호란 때에 척화파로서 3학사의 한사람이었던 吳達濟가 묵매를 남기고 있음이 주목된다.[45]

중기에 어몽룡을 비롯한 문인화가들 사이에 유행했던 이러한 묵매화는 조선 후기와 말기로 이어졌으나 백매보다는 오히려 홍매가 자주 그려졌고 화풍도 변하게 되었다. 또한 일본의 화단에도 어느 정도 영향을 미쳤던 것으로 믿어진다.[46]

다. 묵란화

우리 나라의 난초 그림은 19세기의 金正喜로 대표되지만 조선 중기에도 이미 제법 널리 그려졌음을 주목할 필요가 있다. 비록 대나무 그림의 이정, 매화 그림의 어몽룡, 포도그림의 황집중처럼 난초를 전문으로 그려서 뚜렷한 업적과 명성을 남긴 특정한 화가는 없을지라도 이 시대에 난초 그림이 종종 그려졌던 것은 분명하다.

난초는 부드럽고 곡선진 잎, 단아하고 그윽한 향내음의 꽃 때문에 사랑과 아름다움, 향기와 우아함의 대명사로 치부된다. 또한 물 없이도 오랜 기간을

45) 《韓國繪畵 : 國立中央博物館所藏 未公開繪畵特別展》(國立中央博物館, 1977), 圖 132 참조.

46) 山內長三, 《朝鮮の繪 日本の繪》(東京, 日本經濟新聞社, 1984), 109~110쪽.

버티면서도 변함이 없다. 매우 예민한 특성을 지니고 있기도 하다. 이러한 여러 가지 특징들 때문에 난초는 君子를 상징하기도 한다. 이 밖에 중국에서는 자손의 번성을 뜻하기도 한다.47)

〈그림 21〉 〈난죽도〉

이징, (6曲병풍 부분), 1635년경, 絹本水墨, 116.0×41.8cm, 개인소장.

조선 중기의 난초 그림으로 제일 주목되는 것은 이징의 작품이다. 인조 때 최고의 산수화가였던 이징이 대나무와 난초를 조화시켜 그린 〈蘭竹圖〉 중의 난초 그림이 그것이다(〈그림 21〉). 비록 난초만을 단독으로 그린 작품은 아니지만 제작경위, 연대, 화가 등이 문헌기록들에 의해 소상히 밝혀져서 그 사료적 가치가 매우 높다. 즉 趙光祖의 曾孫婦인 柳氏가 조광조를 기리고 그가 제찬했던 尹彦直의 〈난죽도〉 8폭(임진왜란 때 회진됨)을 복원하기 위해 아들 趙松年으로 하여금 이징에게서 그려 받게한 것이 이 작품이다.48)

언덕 위에 자생하는 대나무와 난초를 그렸는데, 언덕의 표현은 절파계 화풍으로 되어 있고 대나무는 이정 화풍의 영향을 반영하고 있다(〈그림 21〉). 기는 다소 부족한 느낌을 주나 매우 세련된 가작으로서 난죽을 함께 표현한 대작이어서 그 회화사적 가치가 매우 높다고 하겠다. 특히 산수화의 전문가

47) C.A.S. Williams, *Outlines of Chinese Symbolism & Art Motives* (New York : Dover Publication, Inc.), p. 301.

48) 兪弘濬, 〈虛舟 李澄의 〈蘭竹屛〉 考證과 作品 分析〉(《조선후기 그림과 글씨》, 학고재, 1992), 123~134쪽.

인 이징이 난죽화에서도 이처럼 높은 경지의 작품을 남겼다는 점에서 더욱 그 의의가 크다. 더구나 조선 중기의 난초 그림에 관한 이해를 확실히 할 수 있게 하는 점에서 한층 더 소중하다고 생각된다.

한 그루의 난초는 대개 10여 개의 잎과 많은 꽃들로 구성되어 있다. 잎들은 농묵으로 된 것과 담묵으로 된 것이 자연스럽게 어울려 원근 향배를 나타낸다. 각각의 잎은 몸을 비틀며 위를 향하여 서 있는데 이러한 잎의 뒤틀림은 잎을 나타낸 선의 肥瘦와 太細의 변화에 의해 표현되어 있다. 특히 잎의 윗 부분이 가장 넓고 두툼한 것이 특징이다. 필선의 유연함, 먹색의 변화, 섬세한 꽃의 표현 등이 돋보인다. 이징의 작품에 보이는 이러한 특징들은 이 시대 다른 난초 그림들에도 나타나 있어 조선 중기의 시대양식임을 말해준다. 아직 鳳眼 등의 법식이 뚜렷하지 않음도 주목된다.

라. 묵국화

사군자 중에서 가장 적게 그려진 것은 국화이다. 국화는 색깔이 다양하고 예쁘며 가을에 만개하기 때문에 한가을을 상징하고 상쾌함, 즐거움, 퇴직 후의 안락한 생활, 은거 등을 상징하기도 한다.[49] 陶淵明이 은거하면서 시, 음악, 술을 즐기면서 국화를 기르고 감상했던 사실은 널리 알려져 있다. 이것이 후대에도 많이 참고되어 국화의 성가를 높이는 계기가 되기도 하였다.

국화는 조선 초기에 초충도나 가지 그림에서 함께 채색으로 아름답게 그려졌고 조선 중기에도 화조화나 난초그림에서 담채로 섬세하게 그려지기도 하였다.[50] 그러나 조선 중기에 국화를 그렸던 것으로 전해지는 화가는 영의정을 지낸 李山海 정도이다. 국화가 그다지 폭넓게 그려진 편은 아니다. 이산해의 작품으로 전해지는 〈菊花圖〉 한 폭이 남아 있어 관심을 끈다.[51]

오른쪽 상단에서 왼쪽 하단을 향하여 엇빗겨 늘어져 있는 가지에 몇 개의 꽃송이들과 잎들이 붙어 있는 모습을 표현했는데 필치가 여리고 아마추어적인 낌새가 짙다. 꽃송이들은 雙鉤로 정의된 花瓣들로 이루어져 있는데 모두

---

49) C.A.S. Williams, ibid, pp. 69~70.
50) 《李朝の繪畵 : 隣國の明澄な美の世界》, 圖 23~24, 30 참조.
51) 위의 책, 7쪽.
安輝濬, 〈鵝溪 李山海筆 〈寒菊圖〉〉(《讀書新聞》 348, 1977), 4쪽.

밑으로 처져 있어 삿갓 모양을 연상시킨다. 잎들은 潤墨으로 나타낸 후 진하고 가는 선들로 葉脈들을 표현하였다.

국화 그림은 후기에도 정조를 비롯해 일부 화가들이 그렸으나 대나무, 매화, 난초처럼 크게 유행하지는 않았다. 또한 주로 수묵으로 그려지는 경향을 띠었으나 화려한 채색화로 그려지기도 하였다. 이 밖에 詩箋紙 등에 목판화로 찍어내기도 하였다.

마. 묵포도화

조선 중기 회화에서 특기할 것 중의 하나는 수묵으로 그려내는 묵포도화가 전에 없이 독특하게 발달하였다는 사실이다. 포도가 고려시대의 象嵌靑磁나 조선 초기의 靑華白磁의 문양으로 종종 등장하고 또 간혹 신사임당 등 일부 화가에 의해 그림으로도 그려졌던 것이 사실이나 뚜렷한 畵目을 이루고 전문 화가를 배출하며 독자적 영역을 형성했던 것은 역시 조선 중기라고 할 수 있다. 조선 중기에는 黃執中을 필두로 李繼祜·洪壽疇 같은 사대부 출신의 화가들이 포도 그림에 일가를 이루었다. 이 밖에도 李齊賢·鄭慶欽, 그리고 鄭維升·鄭維漸·鄭維復의 3형제 등이 포도 그림을 잘 그렸던 것으로 전해진다.

포도가 그림이나 도자기의 장식문양으로 자주 등장하게 된 연유나 그 상징성에 관하여는 분명하게 밝혀진 바가 없으나 많은 열매를 맺으며 왕성하게 뻗어나는 특성을 지니고 있음을 보아 아마도 富貴多男 같은 것을 의미하지 않았을까 추측된다. 또한 둥근 열매, 넙적한 잎, 꼬불꼬불한 넝쿨 등을 지니고 있어서 입체성, 평면성, 旋曲性을 고루 갖춘 화제로 간주되었던 듯하다. 이러한 특성들 때문에 수묵화의 기법이 특히 발달하였던 조선 중기에 더욱 자주 그려지게 되었던 것으로 생각된다.

황집중의 〈墨葡萄圖〉는 조선 중기 포도 그림의 특징들을 잘 보여준다(〈그림 22〉). 우측 상단으로부터 좌측 하단으로 뻗어내린 줄기를 중심으로 한 대각선구도(斜線구도), 화면을 메꾸듯 표현한 평면구성, 힘차고 변화있는 줄기들, 둥글고 입체성이 뚜렷한 열매들, 벌레먹은 넙적한 잎, 마구 꼬인 넝쿨들이 모두 두드러져 보인다. 특히 강하고 힘차고 빠른 필법, 농담의 차이가 뚜

〈그림 22〉 〈묵포도도〉

황집중, 16세기 후반, 苧本水墨, 27.0×22.1cm, 국립중앙박물관 소장.

렷한 묵법, 직선과 곡선의 현저한 대비, 입체성과 평면성의 완연한 대조가 화면 전체를 터질듯 팽팽한 힘과 긴장감으로 넘치게 한다. 넝쿨들의 거침없는 표현은 아무것에도 얽매이지 않은 황집중의 자유로운 작화 태도와 숙달된 솜씨를 더욱 잘 말해준다.

이계호는 열매가 약간 길죽길죽한 포도를 즐겨 그렸는데 전반적으로 형식화된 경향을 띠었다. 조선 중기의 포도 그림은 홍수주를 거쳐 후기의 崔奭煥에게 이어졌는데 병풍을 이용한 화면의 대형화와 장식적 효과를 노린 형식화가 두드러지게 되었다.

〈安輝濬〉

2) 서 예

조선 중기에는 여말선초 이래 유행하던 松雪體가 지속되는 한편, 王羲之體 등의 古法이 다시 부상하면서 石峯體 등의 바탕을 이루었고 이후 널리 유행하여 서예계의 주류를 형성하였다. 대외적으로는 明의 서예가 일부 들어오기도 하였지만 明淸交替期에는 그 수용이 매우 제한적이었다. 이런 점에서 조선 중기의 서예는 종래의 서풍을 토착화하면서 내재적 성숙을 모색하여 갔다고 할 수 있다. 이 시기의 서예를 개관하면 다음과 같다.1)

첫째, 古法으로 복귀하는 현상이 일어났다. 姸媚한 필치의 송설체로부터

典雅한 필법으로 돌아가려는 움직임에 따라 왕희지체 등의 魏晉古法이 보다 널리 학습되면서 조선 중기 서풍의 주된 바탕을 이루었다. 한편 송설체는 지속적으로 토착화하였고 18세기 이후 일부에 의해 명맥을 이어가다가 퇴조하였다.

둘째, 석봉체가 유행하였다. 왕희지체를 토대로 숙련된 필치를 이룬 韓濩(1543~1605)의 석봉체는 왕실로부터 민간에까지 널리 파급되면서 큰 영향을 미쳤다. 또한 선조년간에는 寫字官 제도가 정비되어 이후 직업서가의 전통을 이루었는데 한호 등이 대표적인 사자관이었다.

셋째, 草書에서는 黃耆老·楊士彦 등이, 篆隷에서는 許穆·金壽增 등이 독특한 필치로 일가를 이루어 후대에 적지않은 영향을 끼쳤다.

넷째, 우리 나라 역대 명서가의 필적을 다수 간행하고 金石拓本을 수집·연구하는 등 서예의 학문적 기초가 다져졌다.

다섯째, 한글서체는 한글의 대중화와 함께 고유의 筆寫體로 진전되었다.

(1) 고법으로의 복귀

송설체는 姸麗·婉媚라고 하여 운필이 부드럽고 모양이 아름다운 장점이 있지만 반면 骨力이 부족하고 屈折과 起伏이 적어 쓴 사람의 기백이 잘 드러나지 않는 단점이 있다. 조선 중기에 들어서면서 이러한 外形美 위주의 글씨에서 벗어나 古格의 필의를 되찾으려는 움직임이 일어나기 시작하였다. 이에 鍾繇·왕희지를 위시한 魏晉書家의 고법이 이상적 목표로 널리 학습되기에 이르렀는데, 더욱이 송설체가 왕희지체로의 복고를 표방한 글씨였기 때문에 송설체의 유행 속에서도 이들 고법에 대한 관심은 변함없이 지속되었다. 이미 선초부터 왕희지의 법첩을 비롯하여 고법의 필적이 다수 실려있는《淳

---

1) 이 시기의 서예를 개관할 만한 자료는 다음과 같다.
國立中央博物館 編,《韓國書藝》(1980).
任昌淳 責任監修,《韓國의 美 6 ; 書藝》(中央日報社, 1981).
學古齋 編,《朝鮮中期의 書藝－退溪에서 正祖까지－》(1990).
예술의전당 編,《朝鮮中期書藝》(1993).
崔完秀, 〈韓國書藝史綱〉(《澗松文華》 33, 韓國民族美術硏究所, 1987), 61~67쪽.
李完雨, 〈朝鮮中期 書藝의 흐름〉(《朝鮮中期書藝》, 예술의전당, 1993), 244~260쪽.

化閣帖》이 국내에서 摹刻되었고 태종 16년(1416) 명에서 간행된《東書堂集古帖》이 큰 시차없이 국내에 유입된 사실에서도 그러한 상황을 짐작할 수 있다.

이러한 움직임을 이끈 사람으로서 自庵 金絿(1488~1534)를 들 수 있다. 中宗反正(1506) 이후 등용된 少壯道學者들은 성리학을 정치와 교화의 근본으로 삼아 왕도정치의 실현을 주장하였는데, 이러한 주장에 걸맞게 그들은 擬古的인 학문태도를 보이면서 서예에서도 위진고법을 추구하였다. 결국 훈구세력의 반대에 부딪혀 기묘사화(1519)의 피해를 입었던 그들이 바로 후세에 추앙받은 己卯名賢으로서 김구가 그들을 대표하는 서가였다.[2)]

김구 등이 추구하였던 글씨가 송설체의 영향을 벗어난 것은 아니었지만 그들의 움직임은 이후 고법을 통해 송설체의 姸媚한 자태를 덜어내는 계기가 되었다. 이에 聽松 成守琛(1493~1564)은 신묘한 운필로 蒼古한 기상을 보였고, 退溪 李滉(1501~1570)은 꼿꼿한 필획과 짜임으로 謹正한 서풍을 보였으며(〈사진 1〉), 頤庵 宋寅(1516~1584) 등은 송설체를 따르면서도 단아한 필치를 보였다. 이들이 당대를 대표하는 유학자로서 근정한 행동규범을 따랐던 것처럼 글씨에서도 그러한 경향을 보였는데, 이황이 元의 趙孟頫와 明의 張弼의 글씨가 성행하여 후학을 그르친다고 지적한 사례는 이를 잘 대변하고 있다.[3)]

이러한 경향은 다음 세대인 成渾(1535~1598)·李珥(1536~1584)·尹根壽(1537~1616)·韓濩(1543~1605)·金長生(1548~1631) 등에 의해 점차 진전되어 갔다. 성혼은 부친 성수침을 이어 雅趣있는 글씨를 보였고, 이이는 활달한 운필로 淸勁한 글씨를 이루었으며, 윤근수는 '永和體'라 일컬어질 정도로 왕희지체에 가까운 高古한 글씨를 보였으며, 한호는 왕희지체를 소화하여 石峯體를 형성하기에 이르렀다.

위진시대의 필적을 새긴 法帖은 오랜 세월을 거치면서 거듭된 摹刻으로 인해 원형에서 멀어지기도 하였는데, 그 중 왕희지체 小楷법첩인 〈樂毅論〉·〈東方朔畵像贊〉·〈黃庭經〉 등은 그 진위에 대한 의문이 지적되기도 했다.

---

2) 吳世昌 編,《槿域書畵徵》권 3, 金絿, 73쪽.
尹根壽,《月汀漫筆》(《大東野乘》권 57).

3) 李 滉,《退溪先生文集》권 3, 習書.

그럼에도 불구하고 이들은 위진고법의 학습을 위한 교본으로 널리 사용되어 조선 중기의 서예에 많은 영향을 미쳤다. 더욱이 한호가 이들을 학습하여 독자적인 서풍을 이루어내자 이후의 서예가들은 석봉체를 따르면서 한편으로 그 근원인 왕희지체에 대한 관심을 심화시켜 갔다. 이에 金集(1574~1656)·趙希逸(1575~1638)·吳竣(1587~1666)·李景奭(1595~1671)·李正英(1616~1686)·李俁(1637~1693)·趙相愚(1640~1718)·李震休(1657~1710)·李壽長(1661~1733)·李溆(1662~1723)를 비롯한 많은 晉體 서예가들이 속출하였고 마침내 위진고법은 조선 중기 서예의 주류를 형성하게 되었다.

〈사진 1〉 五言律詩(부분)

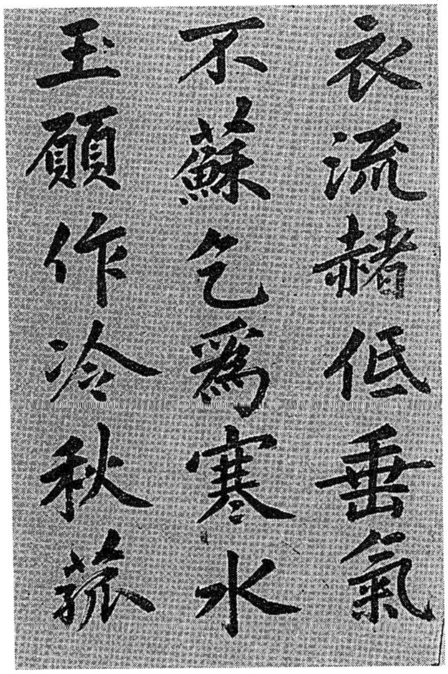

李滉, 紙本 57.5×33.5cm《退陶先生筆法》, 개인소장.

이러한 상황을 대변하듯 당시의 서예가 대부분이 고법을 표방하고 나섰는데 '魏晉筆法·晉體·王法'을 추구했다거나, '鍾王·晉人·右軍·二王'을 추종했다는 말이 바로 그것이다. 그런데 당시의 왕희지체는 朝鮮晉體라고 할 만큼 이미 조선의 미감에 맞게 토착화되었으며, 또한 이우의《臨池說林》, 이수장의《墨池揀金》, 이서의《筆訣》등 서론이 저술되어 고법에 대한 이론적 규모도 갖추어 갔다. 그 중에서 이서의《필결》은 조선시대 서론을 본격적인 단계에 끌어올린 것으로서 서법의 원리를《周易》에서 구하는 등 독특한 논리를 펴기도 하였다.

한편 松雪體는 蘇世讓(1486-1562)·金魯(1498~1548)·宋寅(1516~1584)·金玄成(1542~1621)을 비롯하여 석봉체가 유행한 이후에도 李好閔(1553~1634)·李弘胄(1562~1638)·尹新之(1582~1657)·申翊聖(1588~1668)·曺文秀(1590~1647)·柳赫然(1616~1680)·尹深(1633~1692)·沈益顯(1641~1683)·肅宗(1661~1720)·

〈사진 2〉 心經贊

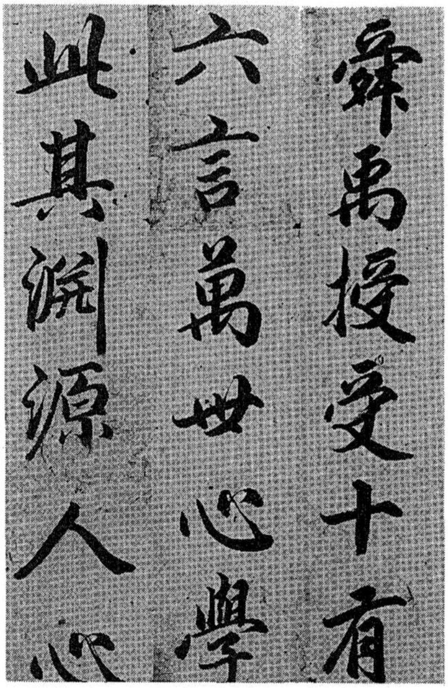

金玄成, 紙本 33.5×21.5cm《南窓楷眞帖》, 개인소장.

吳泰周(1668~1716) 등에 의해 지속되어 갔다. 그 중 南窓 김현성은 유려한 필치로 수많은 비문을 남긴 송설체의 대가로서 후대에 많은 영향을 끼쳤다(〈사진 2〉). 이들 송설체는 뒤로 갈수록 晉體와 서로 영향을 주고받는 등 토착화 현상을 보였으며, 18세기 이후로는 英祖(1694~1776)·趙榮祏(1686~1761) 등 소수에 의해 명맥을 이어가다가 퇴조하였다.

조선 후기 문헌에는 이들 송설체를 蜀體라고 불렀다. 이에 대해 李瀷(1681~1763)은 "송설의 서법을 사람들이 촉체라고 하는데 蜀이란 東坡를 가리키는 것이다" 하였고, 趙龜命(1693~1737)은 "우리 나라 서법은 대략 세 번 변하였으니 국초에는 蜀(촉체)을 배웠고 선조·인조 이후에는 韓(석봉체)을 배웠으며 근래에는 晉(진체)을 배우는데 규모는 점차 나아지나 氣骨은 떨어진다" 하였다.[4] 또한 李奎象(1727~1799)은 "촉체라는 것은 조맹부의 서법이다. 그런데 蜀의 뜻이 어디에서 나왔는지를 궁구하지는 못하였다. 黃運祚(1730~?)에게 들으니 '趙法은 東坡에서 나왔는데 동파가 蜀人이었으므로 촉체라고 이름한 것이다'라고 하였다" 하였으며, 柳得恭(1748~1807)은 "글씨에는 촉체가 있는데 趙松雪을 말한다. 충선왕 때 그의 필적이 다수 동쪽으로 전래되어 지금까지 그 체를 본받는다. 촉체라는 것은 肖體의 잘못인데 肖는 趙字의 반쪽이다" 하였다.[5]

---

4) 李 瀷, 《星湖僿說》 권 10, 詩文門.
趙龜命, 《東谿集》 권 6, 題從氏家藏遺敎經帖.

5) 李奎象, 《一夢稿》 書家錄 (《韓山世稿》 권 30).
柳得恭, 《京都雜志》.

그런데 동파[蘇軾]가 촉인이지만 그의 글씨를 송설체와 관련짓기는 어려우며 '趙'를 '肖'로 쓴 연유도 명확하지 않다. 이에 대해 혹자는 송설체의 별칭인 趙體가 뒤에 촉체로 잘못 읽혀져 蜀體라 쓰이게 되었는데 촉은 四川省을 가리키는 말로 조맹부와 무관하므로 字音의 訛變에서 생긴 혼동을 몇 백년간 잘못 사용하였다고 하였으며, 혹자는 조체라 하면 우리말로 욕이 되므로 촉체라 변형시켜 관용적으로 사용되었다고 하였다.[6]

(2) 석봉체의 유행

石峯 韓濩(1543~1605)는 "성장해서 왕희지가 글씨를 써주는 꿈을 두 번이나 꾸고서 이를 자부하였는데 그의 법첩을 얻어 臨하였더니 더욱 逼眞하였다"고 하였듯이,[7] 왕희지체를 독실하게 학습하고 이에 숙련된 필치로써 剛硬端正한 필의를 가미한 石峯體를 이루었다. 金正喜가 "비록 松雪의 氣味가 있으나 古式을 깨달아 지켰다"고 하였듯이[8] 그도 초기에는 당시 유행하였던 송설체를 배웠던 것 같다.

한호는 국가의 書寫업무를 담당하는 寫字官으로 활약하면서 선조의 인정을 받아 그의 적극적인 후원을 받았다. 특히 선조 16년(1583) 왕명으로 쓴 《楷書千字文》이 간행·반포되었고 뒤에도 여러번 중간되어 석봉체의 보급에 주된 역할을 하였다. 이밖에 행서로 쓴 《滕王閣詩序》·《石峯清妙草廬詩序》·《廣寒殿白玉樓上樑文》과 《草書千字文》 등도 판각되어 널리 유행되었다(〈사진 3〉, 〈사진 4〉). 또한 그는 奏請使나 遠接使의 일원으로 수차 참여하였고 왜란 때에는 명나라 군대나 조정에 보내는 외교문서의 書寫를 전담하면서 필명을 중국인에게도 널리 떨쳤다. 당시 명나라의 대표적 학자였던 王世貞(1526~1590)은 한호의 글씨를 보고 "성난 사자가 돌을 할퀴는 듯하며 목마른 준마가 샘물로 내달리는 듯하다"고 하였으며, 1606년 명나라 사신으로 조선에 온

6) 任昌淳, 〈韓國書藝概說〉(《韓國의 美 6 : 書藝》, 中央日報社, 1981), 183쪽.
崔完秀, 〈朝鮮王朝 書藝史 概說〉(《澗松文華》 46, 韓國民族美術硏究所, 1994), 68쪽.

7) 崔 岦, 《簡易集》 권 3, 韓景洪書帖序.
李廷龜, 《月沙集》 권 47, 韓石峯墓碣銘.

8) 金正喜, 《阮堂先生全集》 권 8, 雜識.

〈사진 3〉 石峯千字文

韓濩, 木刻本 45×28cm, 일본 國立公文書館 소장.

〈사진 4〉 石峯淸妙草盧詩序

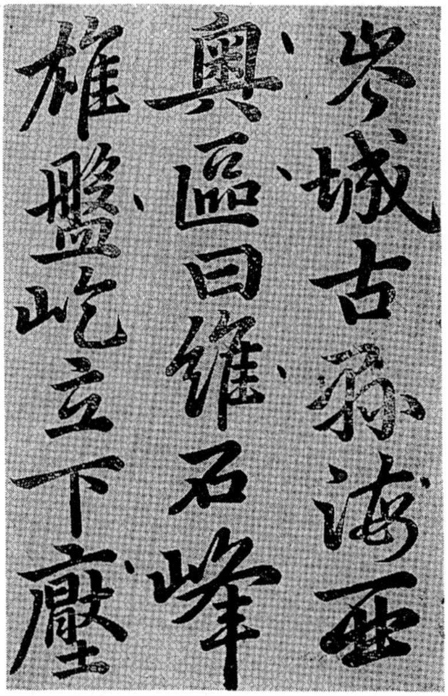

韓濩, 木刻本 37×23cm, 개인소장.

朱之蕃은 "해서가 매우 묘하다. 안진경의 위이요 왕헌지의 아래이니 조맹부와 문징명은 미치지 못할 듯하다"고 극찬하였다.[9]

이러한 명성과 함께 석봉체는 왕실을 비롯하여 高官으로부터 시골의 선비와 학동에 이르기까지 널리 유행하게 되었다. 더욱이 석봉체가 선조의 어필에도 영향을 미치자(〈사진 5〉), 元宗(1580~1619)·仁穆大妃(1584~1632)·義昌君 李珖(1589~1645)·인조·貞明公主(1603~1685) 등의 왕실이 석봉체를 따르게 되었고 민간에서도 많은 추종자가 나왔다. 그 가운데 吳竣(1587~1666)·李景奭(1595~1671)·金鑅(1611~?) 등이 유명하였는데, 특히 三田渡碑를 쓴 竹南 오준은 석봉체의 대가로서 한호에 비해 좀 거친 획법을 구사하였으며 吳始壽(1632~1681)·吳始復(1637~?) 등의 후손도 석봉체를 따랐다. 또한 宋浚吉

9) 許 筠,《惺所覆瓿藁》 권 18, 〈丙午紀行〉 4월 29일.

(1606~1672)·宋時烈(1607~1689) 등은 석봉체의 골격을 지키면서 肥厚한 획법을 가미하여 독자적인 서풍을 이루기도 하였다. 이밖에 석봉체는 사자관 글씨의 전형이 되어 이후 직업서가들에게 절대적 영향을 미치기도 하였다.

이러한 석봉체의 출현은 마치 조선의 성리학이 실천적 면모를 갖추게 되면서 문화전반에 걸쳐 조선의 고유색을 드러내는 조짐을 보여 鄭澈(1536~1593)이 한글문학인 歌辭文學을 일으킨 것이나 崔岦(1539~1612)이 國土愛를 바탕으로 한 寫生的 소재의 漢文學을 이룬 것이나, 李信欽(1570~1631)이 眞景風俗圖를 그려내기 시작한 것과 같은 맥락에서 이해될 수 있을 것이다.[10]

〈사진 5〉 宣祖御筆

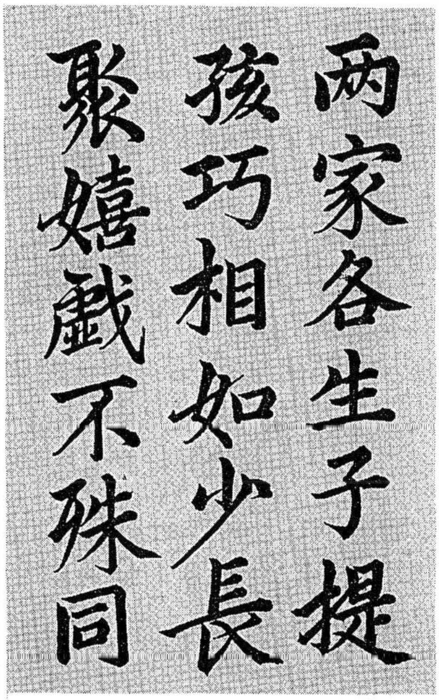

木刻本 49×34.7cm《列聖御筆》, 장서각 소장.

조선시대에는 承文院에서 事大交隣의 문서와 咨文·御牒·御製·御覽 등을 正書하는 서사업무를 맡아 보았다. 그런데 초기에는 서사담당관이 지정되지 않았으므로 소속 문신 가운데 글씨를 잘 쓰는 사람으로 하여금 이를 맡도록 하였다. 국가에서는 寫字者의 근무성적을 평소에 매겨 두었다가 근무평가에 참작하였으며 그 중 우수한 사람에게는 守令을 거치지 않고서도 4품 이상의 품계에 오를 수 있는 특전을 주기도 하였다.[11] 또한 승문원 하급직에 初任된 문과 출신자 가운데에서 書才를 육성하고 그들의 서체를 정비하기 위한 노력을 경주하기도 하였다.

---

10) 崔完秀, 〈韓國書藝史綱〉(《澗松文華》33, 1987), 61~62쪽.

11) 《經國大典》권 3, 禮典 奬勸의 승문원에 관한 세목에는, 문서 20건을 서사한 사람에게 考課에서 上 하나를 받은 것으로 쳐주고, 寫字에 뛰어난 사람은 비록 죄를 저질러 자리에서 물러나게 되더라도 重犯·私罪가 아니면 그대로 근무하도록 하는 특전을 명시하였다.

그러나 문신으로서 글씨를 잘 쓰는 사람이 적어 많은 양의 서사업무를 감당하기 어렵자 선조년간에는 士·庶人을 막론하고 글씨를 잘 쓰는 사람에게 軍職의 직함을 주고 冠帶를 하여 상근하게 하는 사자관이 생겨났다. 선조대를 대표하는 사자관으로는 韓濩·李海龍·李景良이 있으며, 이후 李福長(1570~?)·李誠國(1575~?)·金義信(1618~?)·李之翰(1604~?)·李翊臣(1631~1711)·李壽長(1661~1733) 등의 뛰어난 사자관이 배출되었다. 이해룡은 한호와 명성을 같이 한 사람으로 아들 李希哲도 사자관이었으며, 이경량은 한호 이후 선조의 총애를 받은 사람이었다. 이복장은 단정한 진체에 뛰어났고 이성국은 송설체를 잘 하였으며 이수장은 진체에 뛰어난 능필이었다. 그 중 한호의 아들 韓敏政(1567~?)을 비롯하여 이경량·이복장·김의신·이익신 등이 석봉체를 따랐던 사자관이었다.

사자관은 소속기관인 승문원 이외에도 奏請使·謝恩使·通信使 등의 使行에 참여하거나 都監 등의 한시적 기구에 차출되어 서사업무를 담당하기도 하였다. 숙종년간에는 40명 정도의 사자관이 정해졌으며 정조년간에는 그 중에서 뛰어난 사람 8명을 선발하여 奎章閣에 배속시켜 서사업무를 맡아보게 하였다. 이밖에 정부의 각 부서에서 서사업무를 맡아보던 하급직의 書吏들도 승문원 사자관과 같이 직업서예가의 역할을 수행하였던 사람들이다.

(3) 초서와 전예의 명가

조선 중기에는 草書에 뛰어난 서예가들이 다수 출현하였는데, 대체로 왕희지·懷素 등의 초서나 송설체에 기반하면서 조선의 독자적 풍취를 이루어 갔다. 한편 明의 초서풍도 일부 수용되었는데 특히 張弼(1425~1487)의 초서는 우리 나라에 적지않은 영향을 미쳤다. 대표적인 명서가로는 大字초서에 뛰어났던 自庵 金絿를 비롯하여 黃耆老·楊士彦 등이 유명하였다.

孤山 황기로는 회소와 장필의 초법을 가미시킨 독자적 서풍을 이루어 동방의 草聖으로 불리웠는데, 그의 骨氣있는 획법과 생동하는 운필은 낙동강가에 梅鶴亭을 짓고 유유자적한 處士로서의 면모가 잘 나타난다(〈사진 6〉). 그의 초서는 아우 黃榮老와 사위 李瑀(1542~1609) 및 柳夢寅(1559~1623)·李志定(1588~?) 등에게 영향을 주어 조선 중기 초서풍의 큰 줄기를 이루었다. 유

몽인은 장필과 崔興孝·김구·황기로의 초서를 널리 취합하여 유려한 초풍을 이루었으며, 이지정은 황기로의 초서를 활달하게 변화시켜 제자 李命殷(1627~?)과 조카 李夏鎭(1628~1682) 등에게 전수하였다.

〈사진 6〉 敬次(부분)

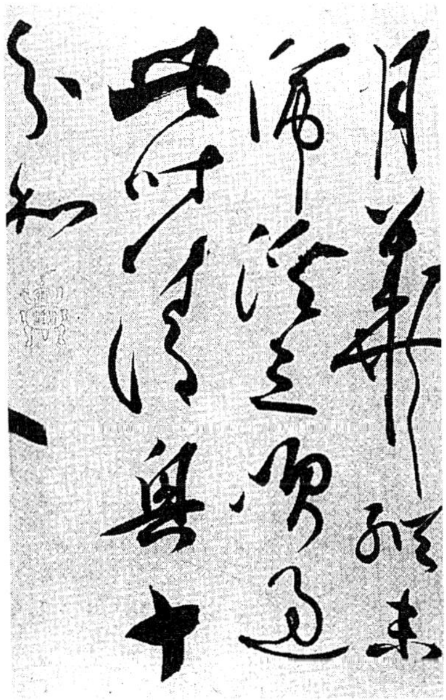

黃耆老, 紙本 原26×110cm, 개인소장.

청아한 시풍의 시조작가로도 유명한 蓬萊 양사언(1517~1584)은 자유스런 운필과 변화있는 章法으로 쇄탈한 초서풍을 이루었다(〈사진 7〉). 그는 강원도에서 지방관을 지내면서 금강산을 애호하여 자신의 호로 삼을 정도였는데, 대표적인 필적으로서 萬瀑洞 암반에 大字로 새긴 '蓬萊楓岳 元化洞天'의 奇古한 風骨은 그의 탈속한 심성을 잘 나타내고 있다. 그의 형제 楊士俊·楊士奇와 아들 楊萬古 등이 모두 글씨를 잘하였다.

이밖에 河西 金麟厚(1510~1560)는 淸秀한 필치의 《草書千字文》을 남겼으며, 玉峯 白光勳(1537~1582)은 유연한 운필로 妙態를 이루어 아들 白振南(1564~1618)에게 전수하였다. 鵝溪 李山海(1539~1609)는 송설체에 바탕한 자가풍의 초서를 이루었고 蒼江 趙涑(1595~1668)은 깔끔한 초서풍을 보였으며 童土 尹舜擧(1596~1668)는 圓筆勢가 풍부한 대자초서에 뛰어났다. 이밖에 車天輅(1556~1615)·車雲輅(1559~?) 형제는 放逸한 초풍을 보이기도 하였다.

한편 조선 중기의 篆書와 隷書는 대체로 종래의 서풍을 이어갔다고 할 수 있는데 일부 서예가들은 독특한 필법으로 이채를 띠기도 하였다. 그 중 전서는 小篆이 주류를 이루어 碑碣 등에 널리 사용되었으며 記錄畵나 篆刻에서는 古篆體가 널리 사용되었다. 대표적인 서예가로는 金尙容(1561~1637)·金光炫(1584~1647)·呂爾徵(1588~1656)·許穆(1595~1682)·李正英(1616~1686)·金振

〈사진 7〉 送別詩稿(부분)

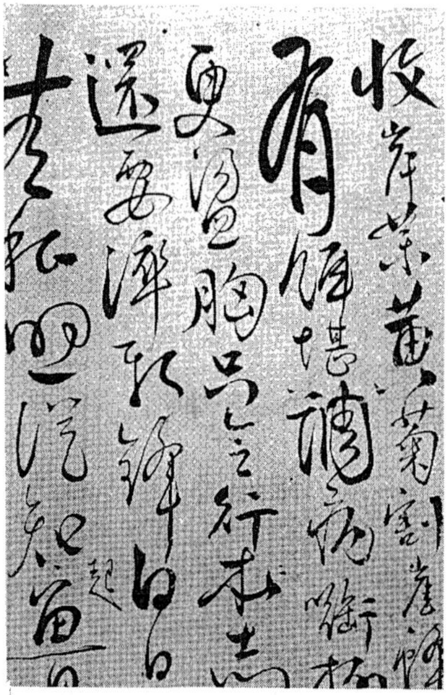

楊士彦, 紙本 原24×58.5cm 《權墨》, 성균관대박물관 소장.

興(1621~?)·金壽恒(1629~1689)·閔維重(1630~1687)·金昌協(1651~1708)·金鎭圭(1658~1716)·閔鎭遠(1664~1736) 등이 있다.

이들 가운데 仙源 김상용은 여러 전서체에 박통한데다 특히 엄정한 획법의 소전에 뛰어나 많은 頭篆을 남겼으며(〈사진 8〉), 그의 후손에서 다수의 전예 명서가들이 배출되었다. 松溪 김진흥은 도안적 전서체인 古篆體에 능통하여《篆大學》이란 篆字학습서와《篆海心鏡》이란 篆字韻書를 지어 고전체의 보급에 기여하기도 하였다. 또한 眉叟 許穆은 先秦儒學을 지향하면서 三代文字인 古文을 연구하여 특이한 전서체를 창안하였는데 대표작인 陟州東海碑에 잘 나타난다(〈사진 9〉). 그는 낭선군 李俁가 청에서 구입한 자료를 통해 고문연구를 심화시켰는데 특히 衡山神禹碑의 夏禹篆은 그가 蒼古한 필의를 이루는 계기가 되었다. 전서에 행서의 필의를 가미하고 행서에 전서의 필의를 구사하기도 한 그의 서풍은 李瑞雨(1633~?)·權珪(1648~1723)·權萬(1688~1725) 등으로 이어졌다.[12]

우리 나라의 예서는 고려시대까지 극소수이고 조선시대도 16세기 이전의 예는 매우 드물다. 서풍은 唐隷나 일부 漢隷를 근간으로 삼았지만 이를 충분히 소화해내지 못한 편이라고 하겠다. 이 시기를 대표하는 명서가로서 수많은 예서 비문을 남겼으며 전서에도 두루 통하였던 谷雲 金壽增(1624~1701)은 일부 漢隷碑拓을 접하기도 하였으나 이를 적극적으로 수용하지는 않은 듯하

12) 金東建, 〈眉叟 許穆의 篆書 硏究〉(《美術史學硏究》 210, 韓國美術史學會, 1996).

〈사진 8〉 李珥神道碑 頭篆

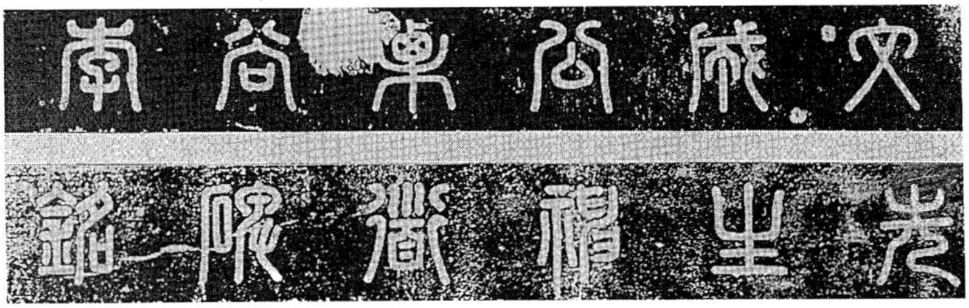

金尙容, 1631년 건립, 경기도 파주군 천현면.

다. 예서에 전서의 자형을 사용하거나 해서의 획법을 가미하는 등 독특한 필치를 보여 주목을 끌었다(〈사진 10〉). 이후 예서로 이름났던 金鎭圭(1658~1716)·金鎭商(1684~1755) 등도 김수증과 유사한 경향을 보였지만 획법에서는 隸法의 본령을 조금씩 터득해가는 면모를 보였다.

(4) 필적 간행과 금석 수집

조선시대에는 우리 나라 명서가의 필적을 새긴 각첩이 다수 간행되었다. 선초부터 왕희지의 蘭亭敍·東方朔畵贊, 조맹부의 證道歌·眞草千字文·東西銘·赤壁賦, 雪菴의 頭陀帖 등 중국의 필적뿐만 아니라, 金生·李嵒을 비롯한 우리 나라 역대 명서가들의 필적이나 비문을 摹刻·拓印하여 학습자료로 널리 사용하였다. 이러한 간행사업은 중앙에서는 校書館 등에 의해 이루어졌으며 지방에서는 관아를 비롯하여 사찰·서원·개인 등에 의해 이루어졌다.

우리 나라 명서가의 각첩으로는 여러 사람의 글씨를 한데 모은 集帖과 한 사람의 글씨만을 새긴 獨帖이 있다. 집첩으로는 安平大君 李瑢(1418~1453)이 간행한《匪懈堂集古帖》이 가장 이른 예로 알려져 있다. 현재 완본은 전하지 않으나 중국법첩을 모각한 부분과 안평대군의 발문이 붙어 있는 一本이 전하며 "김생의 글씨를《비해당집고첩》에서 보았다"는 기록이 있어[13] 중국과 우리 나라의 필적을 함께 새겼음을 알 수 있다. 이후《海東名迹》·《東國名筆》·

13) 朝鮮總督府 編,《朝鮮金石總覽》上, 188~189쪽, 太子寺朗空大師白月栖雲塔碑의 側面追記 (1509년, 李沆 記, 朴訥 書) 참조.

〈사진 9〉 陟州東海碑 藁本(부분)

許穆, 紙本 帖, 개인소장.

〈사진 10〉 宋國銓墓碣銘

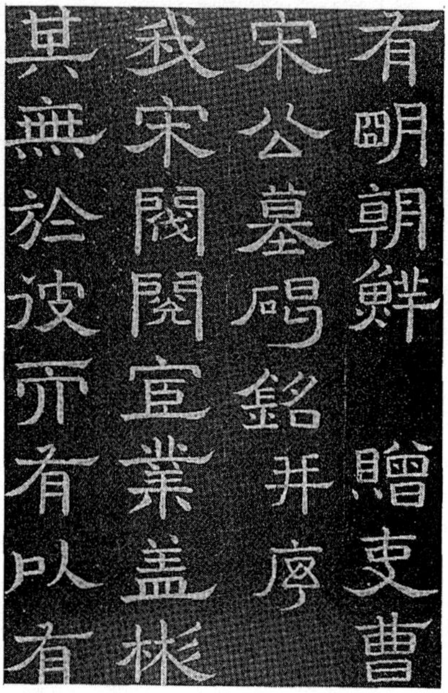

金壽增, 拓帖 1687년 건립, 개인소장.

《大東書法》 등 다수의 집첩이 간행되었다.

《海東名迹》은 申公濟(1469~1536)가 간행한 石刻本이다. 前冊에는 조선 문종·성종의 어필과 崔致遠·金生·靈業·坦然·李嵒·申德隣의 글씨가, 後冊에는 李岡·僧 慧勤·成石璘·朴礎·權近·李詹·鄭道傳·鄭摠·閔子復·河演·申檣·無名氏의 글씨가 실려 있다. 내용은 시문류이고 서체는 해행초인데 글씨가 정선되고 각법도 양호하다. 후에 이를 모각한 木刻本도 전한다.

《東國名筆》은 李俁가 간행한 석각본이다. 이 첩에는 김생·최치원·영업·무명씨·탄연·文公裕·이암·韓脩·성석린·신장·崔興孝·姜希顔·朴彭年·안평대군·成任·鄭蘭宗·成世昌·金希壽·김구·성수침·황기로·성종·송인·양사언·한호 모두 25명의 필적과 말미에 이우의 발문이 있다. 서체는 해행초이고 내용은 시문이나 비문의 일부를 모각하였는데 분량은 소략하지만 각법이 예리하고 탁법이 매우 정갈하다. 한편 체제와 내용이 유사한 《觀

瀾亭石刻》이란 첩도 이우의 간행으로 전한다.

《大東書法》은 李志定(1588~?)이 간행하였다는 목각본으로 간년은 미상이다. 신라의 金生에서 17세기 전반에 이르는 명서가 51명의 글씨가 실려 있다. 서체는 해행초이고 내용은 대부분 시문으로 일부 비문도 있는데 각법이 양호하고 글씨도 정선된 편이다. 이러한 집첩의 전통은 1859년 朴文會의《古今歷代法帖》일제강점기에 白斗鏞이 편집한《海東歷代名家筆譜》및 일본인 中村不折의《草露貫珠》등으로 이어졌다.

이밖에 조선시대 왕들의 글씨인 御筆을 모아 간행한《列聖御筆》도 있다. 현종 3년(1662) 嶺陽君 李儇·朗善君 李俁 등 종실의 주관으로 문종·세조·성종·인종·명종·선조·원종·인조·효종의 어필을 석각한《열성어필》첩이 간행되었다. 이후 숙종·경종·영조 초년에는 각각 선왕인 현종·숙종·경종의 어필이 더해져 증간되었으며, 영조 초년의 증간본에는 태조의 어필도 추가되었다. 한편 경종 초년에는 선조·인조·효종·현종·숙종의 어필을 목각한《열성어필》책이 간행되었는데, 여기에는 석각본에 없는 어필이 다수 실렸다. 조선시대 어필을 일람하거나 서적간행 수준을 살필 수 있는 좋은 자료이다.[14)]

獨帖으로는 김생의《田遊巖山家序》, 李嵒의《送李愿歸盤谷序》등을 비롯하여 李瑢의《擣衣篇》·《再送嚴上座歸南序》, 박팽년의《草書千字文》, 김인후의《草書千字文》, 황기로의《懷素上人草書歌》, 선조의《宣廟御筆》, 한호의《楷書千字文》·《草書千字文》·《滕王閣詩序》등이 유명하다. 이밖에 명현과 명서가의 필적이 敬慕와 글씨학습의 대상으로 무수히 간행되었다.

한편 조선 중기에는 金石拓本을 수집하는 등 金石學의 기초가 형성되었다. 금석문을 수집하거나 이의 釋文을 위한 고전적 의미의 금석학은 중국 宋代 이후로 진전되어 왔는데 조선시대에도 그러한 자취들이 보인다. 그 가운데 趙涑(1595~1668)은 신라·고려·조선의 명서가 87명의 금석탁본을 모아 金石帖 4책을 이루어 조선시대 금석학을 선도하였고, 金壽增·金昌肅 부자는 신라·고려 이후의 古碑탁본 180여 종을 수장하고 이에 대한 간단한 논고를

14) 李完雨, 〈朝鮮王朝의 列聖御筆 刊行〉(《文化財》24, 文化財硏究所, 1991), 147~168쪽.

시도하였으며, 李俁·李俣 형제는 신라·고려·조선의 금석탁본 300여 종을 모아 《大東金石帖》 7책을 이루었다. 이들의 수집활동은 조선금석학의 토대를 이루어 금석문의 학문적 가치를 높이는 한편 금석에 새겨진 문자의 서예적 가치를 인식하는 계기를 마련하였다.

(5) 한글서체의 필사화

한글은 반포 이후 왕실의 적극적인 보급에도 불구하고 결국 조정이나 관서의 공식서체로 사용되지는 않았으며 주로 여성이나 평민층에 의해 사용되었다. 그러나 가사·시조 등의 한글문학이 발전되고 경서 등의 언해사업이 지속적으로 추진되면서 한글은 점차 대중화되었고 이에 한글서체 또한 널리 사용되기에 이르렀다. 이 시기의 한글서체는 한글의 음운체계에 따라 글자의

〈사진 11〉 仁宣王后御札(부분)

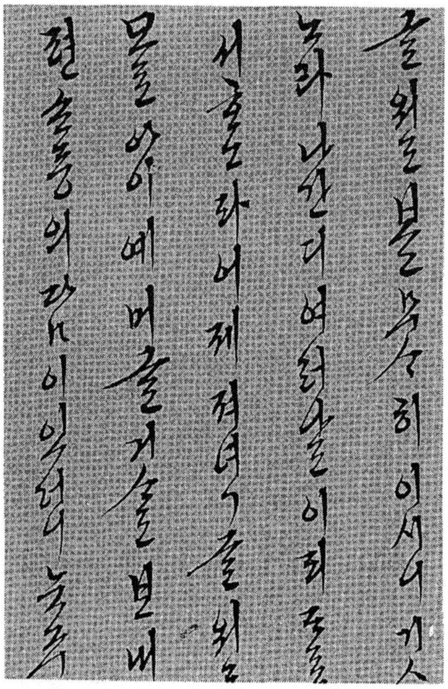

原26.3×11.8cm 《淑明宸翰帖》, 개인소장.

〈사진 12〉 淑明公主와 孝宗의 聯書

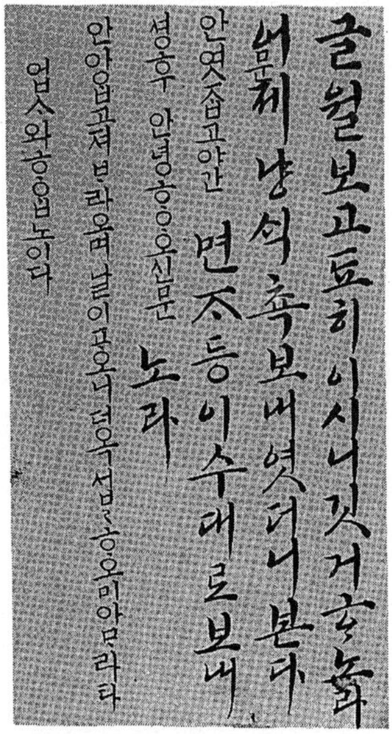

35.5×18.2cm 《淑明宸翰帖》, 개인소장.

공간을 일정하게 배분하던 반포 초기의 版本體로부터 글자의 공간과 크기를 자유롭게 하면서 필사체로서의 면모를 더욱 갖추어 갔다. 또한 이전의 한글·한문 혼용에서 한글만으로 정착을 보이면서 이어쓰는 흘림체도 정리되었다.

한글을 잘 쓴 인물로는 仁宣王后(〈사진 11〉)·莊烈王后·淑明公主(〈사진 12〉)·明聖王后·仁顯王后 등의 왕실 여성이 많은데, 그들의 편지글씨에서 이 시기 한글서체의 필사화 과정을 살펴볼 수 있다. 또한 일반인의 것도 적지않게 전하는데 특히 남성들이 여성에게 쓴 한글편지는 정제된 맛은 없지만 시원한 필치를 보여준다. 이밖에 한글서체는 판본에도 널리 사용되어 간결한 刻法에 의한 특유의 자체를 이루기도 하였다. 이후 조선 후기로 가면 한글서체는 소위 '宮體'라는 미려한 필사체로 더욱 발전하였다.[15]

〈李完雨〉

3) 조 각

미술사에서 중기라 할 수 있는 시기는 4분기법(初期·中期·後期·末期)으로 분류할 때 1500년경부터 임진왜란과 병자호란이 마무리된 1636년경까지라 할 수 있다. 이 시기를 5분기법으로 나눌 때는 조선조 前半期의 후기, 또는 조선조 제2기라 말하기도 한다.

불교를 극심하게 탄압했던 연산군이 퇴위당하고 중종이 재위에 오른 해가 1506년이니 대개 이 시기를 전후해서 미술은 한 번의 변모를 겪게 된다. 예술에 조예가 깊었던 연산군 당시에 명나라의 미술이 조선에 영향력을 다소 미치고 있는데, 이런 새로운 양식과의 교류접촉과 신흥하던 조선의 미의식이 조화되어 새로운 조선의 미술이 형성되고 있었다.[1]

이를 단적으로 나타내고 있는 작품이 경주 祇林寺乾漆觀音菩薩像(1501년)이다(〈사진 1〉). 나무 골조에 종이와 천을 덧대고 옷칠을 하여 완성되는 乾

15) 예술의전당 편, 《한글서예변천전》(1991) 참조.

1) 文明大, 〈朝鮮前期 彫刻의 硏究〉(《梨花史學硏究》 13·14, 1993).
———, 〈세종시대의 조각〉(《세종시대 미술》, 세종대왕기념사업회, 1986), 86~121쪽.

〈사진 1〉 기림사건칠관음보살상(1501년)

漆像들은 고려 때부터 유행했는데 이런 전통을 이어받은 조선조 제2기의 대표작이라 할 수 있다. 나무 대좌에 쓰여진 먹글씨에 의해서 1501년작으로 판명된 이 보살상은 나무대좌에 오른쪽 다리를 내린 半跏像이다. 높은 투각 보관, 다소 풍만한 얼굴, 단아한 이목구비, 표면을 밋밋하게 처리했지만 풍만한 체구, 두터워지는 옷과 굵지만 유려한 옷주름, 정교한 목걸이와 띠매듭, 재치있게 처리한 손발 등에서 당시의 뛰어난 솜씨로 만든 보살조각상임을 알 수 있다.

기림사의 대적광전의 塑造毘盧遮那三身佛像도 이 즈음에 조성된 것으로 판단된다. 法身 비로자나불과 報身격인 약사불상, 化身격인 아미타불상(〈사진 2〉) 등 삼신 불상은 手印만 다를 뿐 동일한 양식을 보여주고 있다.[2] 높은 육

〈사진 2〉 소조아미타불상

계, 길고 풍만한 얼굴, 장대한 상체, 건장하고 당당한 체구, 가슴의 양감은 없으나 불쑥 나온 배, 넓고 장대한 결가부좌의 다리, 그리고 두껍고 힘찬 通肩衣, 왼쪽 팔굽 상단의 Ω자 옷주름 등의 표현에서 같은 기림사의 1501년 건칠보살상 등 16세기 불상 양식들과 동일한 특징을 보여주고 있는 것이다. 이런 양식은 1482년작 天柱寺木佛坐像이 더 당당하고 건장한 면으로 진전되어 나타난 것으로 생각된다. 특히 본존불이 짓고 있는 지권인은 왼손 주먹 위에

2) 文明大, 〈毘盧遮那三身佛圖像의 形式과 祇林寺三身佛像 및 佛畵의 연구〉(《佛敎文化》 15, 1998), 77~100쪽.

〈사진 3〉 정덕 10년명 석지장보살상

오른손을 겹쳐 오른손 검지를 구부린 특징있는 모양을 나타내고 있는 등 이 불상의 작가는 재치와 능력을 구비한 佛師였다고 생각된다. 더구나 본존 복장 속에 봉안되었다가 도굴 미수에 그친 腹藏物은 고려와 조선 초기의 많은 寫經과 판경의 경전들로써 이 불상의 가치를 더욱 높여주고 있다.

이 시대의 작품으로 작은 小像들도 눈에 띈다. 正德 10년 銘(1515)이 있는 地藏菩薩像(개인소장)은 자연 岩盤形의 대좌 위에 안온하게 앉아 있는 단독 소상이다(〈사진 3〉). 앞으로 머리를 약간 숙인 채 미소를 띄고 있는 얼굴은 내면의 법열이 잘 형상화되어 있는데 무위사극락전 아미타불 협시의 지장보살상과 대비되고 있다.[3] 머리에 쓴 두건의 모양이나 단아한 신체의 세련미에서는 다소 떨어지겠지만 구제보살로서의 감화력은 이 보살이 더 잘 보여주는 것 같다. 그러나 평판적인 상체나 낮고 넓은 하체 등은 입체적인 양감이 떨어지고 생동감이 약화되었으며 수평적인 승각기 표현과 활력이 사라진 옷주름 등에서 작은 석조각의 일면을 알 수 있다.

이런 특징은 이보다 3년 앞선 1516년작 實相寺瑞眞菴 16나한석상에서부터 보이고 있다. 16나한상 가운데 지장보살상과 흡사한 두건 쓴 나한상은 얼굴

---

3) 柳麻里, 〈조선시대 조각〉(《韓國美術史》, 藝術院, 1984).

에 미소를 담뿍 띄고 있어서 자연스럽고 생기찬 모습을 나타내고 있다. 이런 표정과 함께 짧은 상체나 낮은 무릎, 양감없는 평판적 체구 등은 당대 작은 석조각의 한 경향을 적절하게 보여주는 것 같다. 암반형 석대좌를 신체와 함께 만든 것도 이런 면을 보여준다고 하겠다. 나한상들은 대개 한국식 두루마기를 입고 있는데 간결하고 힘있는 각법으로 활기를 띄게 하고 있다. 유일하게 명문을 남긴 나한상은 눈이 부리부리하고 얼굴이 범상으로 노선사의 표정을 잘 묘사하고 있는데 대좌 밑에 돌아가면서 10자의 명문(正德十一年化主敬熙)을 새기고 있다.

이런 양식은 기본적으로 16세기에 걸쳐 계속 조성되었다고 생각되지만 현재 많은 예는 알려져 있지 못한 편이다. 洪城 高山寺의 목불상도 이 계통으로 보이지만 복장물만 조사된 채 이동되어 행방이 묘연하다. 복장 조성기에 1543년작으로 기록되어 있으며, 造像經의 법식대로 복장물을 넣고 있다.4)

그러나 莞島 觀音寺의 목보살상의 예는 이 당시의 불상양식을 잘 보여주고 있다. 복장기에 의하여 1569년에 조성되었다는 것이 확인된 이 보살상은 아미타불의 협시상인 관음이나 대세지보살로 생각되는데 오른 다리를 세운 반가좌 변형자세의 보살상이다.

얼굴은 둥글면서도 단정하며 이목구비가 뚜렷하면서도 미소가 약간 남아 있어서 아직도 평판화가 덜 진전된 16세기 양식을 그대로 보여주고 있지만, 본질적으로 상체도 짧고 양감이 부족하여 평판적으로 변하기 시작한 체구의 특징을 보여주고 있다. 굵은 다리, 투박한 손, 두터워진 천의, 왼 팔굽의 Ω형 옷주름, 간결한 옷주름 등은 무위사목삼존상 등 초기 불상 특징이 어느 정도 남아 있으면서도 새로운 조선조 양식이 정착되어 가는 경향이 짙어지고 있기 때문이다. 임진왜란과 병자호란을 겪으면서 전쟁 기간에는 불사들이 한결 줄어들었을 것이다. 그래서 당시 작품들은 거의 남아 있지 못한 편이다.

그러나 임란이 끝나면서부터 불사들이 서서히 이루어지고 이와 함께 불상들도 점차 만들어지기 시작하였다. 1628년에 조성되었다고 생각되는 수종사 석탑내 金銅佛像群은 이런 경향을 알려주는 귀중한 작품들이다(〈사진 4〉).

4) 文明大, 〈高麗·朝鮮時代의 彫刻〉(《韓國美術史의 現況》, 藝耕, 1992), 221쪽.

〈사진 4〉
수종사 금동비로자나불상(1628년)

정상계주와 중앙계주가 표현된 높다란 육계, 팽만감과 볼륨감이 풍부한 얼굴과 얼굴 가득 미소띈 童顔, 짧고 통통한 상체, 낮고 작은 무릎, 그래서 어린이 같은 신체 비례, 그리고 두꺼워진 통견의 등은 16세기 전반기의 돌로 만든 小像들과 유사한 특징을 보여주고 있으면서도 훨씬 더 활력이 넘치는 것 같다. 貞懿大王大妃가 주조했다는 銘文으로 이들 수십 구의 작은 금동상들이 임란 직후에 왕실에서 발원, 시주하여 수종사탑을 열고 15세기 후반기에 이어 다시 봉안했던 것임을 알 수 있다.5)

이 불상보다 4년 앞서 조성된 佳山寺木佛坐像도 본질적으로는 유사한 양식을 보여준다. 큼직한 머리, 짧은 상체 등 童體的 신체비례는 수종사금동불상이나 16세기 불상의 특징과 비슷하며, 갸름하면서도 양감있는 얼굴과 덜 평판화된 체구, 앞으로 숙인 상체도 동일한 수법이다. 그러나 정상계주가 없고 이목구비가 너무 작고 단정해서 파격적인 미소가 없으며, 무릎이 큼직한 것 등은 달라진 모습이다.

이러한 동체적인 불상과는 다른 계통의 불상들도 여전히 조성되고 있다. 1630년에 조성되었다는 명문(崇禎 3년)이 새겨진 관악산 磨崖彌勒佛坐像은 얼

5) 林玲愛, 〈朝鮮時代 佛敎彫刻〉(《韓國佛敎美術大典-佛敎彫刻》, 한국색채문화사, 1994).

〈사진 5〉 관악산 마애미륵존상(1630년)

굴이 길고 통통하며, 상체도 늘씬하게 길어 앞서의 불상들과는 다른 인상을 주고 있다(〈사진 5〉). 3/4 측면관의 이 불상은 머리 부분은 부조로 새겼지만 신체는 線刻으로 새기고 있어서 선각 마애불의 전통이 계승되고 있음을 알 수 있는데, 선묘의 필선은 유려한 편이지만 해이된 면도 보여주고 있으며 앞으로 숙이고 어깨를 움추리고 있는 점 등은 당시의 특징이 보이고 있다.

이러한 장대한 불상계통은 대형 불상에서도 보이고 있다. 無量寺塑造阿彌陀三尊佛像은 1633년에 흙으로 조성한 거대한 소조불상인데 얼굴도 대형이지만 체구도 장대한 편이다(〈사진 6〉). 나발로 덮혀 있는 머리는 육계의 표현이 거의 없지만 정상계주와 중앙계주가 큼직하며, 얼굴은 方形이면서 박력이 넘치는 듯 근엄하게 보인다. 장대한 체구는 건장하게 보이지만 양감은 없으며, 결가부좌한 좌상의 무릎은 유난히 넓고 큼직한 편이다. 下品中生印을 짓고 있는 두 손은 역시 유난히 큼직하며, 통견한 두꺼운 법의는 平行階段式 굵은 주름을 표현하고 있고, 가슴의 내의 상단을 평행적이면서 꽃 모양 주름을 짓고 있다. 좌우의 관음과 세지보살상도 본존아미타불상과 함께 건장하고 근엄한 모습이며, 두꺼운 법의도 본존상과 흡사하지만 머리에 쓴 화려한 보관이나 원만한 얼굴은 다소 다른 면을 보여준다[6)]

이러한 불상자체의 양식적 특징과 함께 불상을 장엄케 하는 거대한 佛壇

〈사진 6〉 무량사 소조불상(1633년)

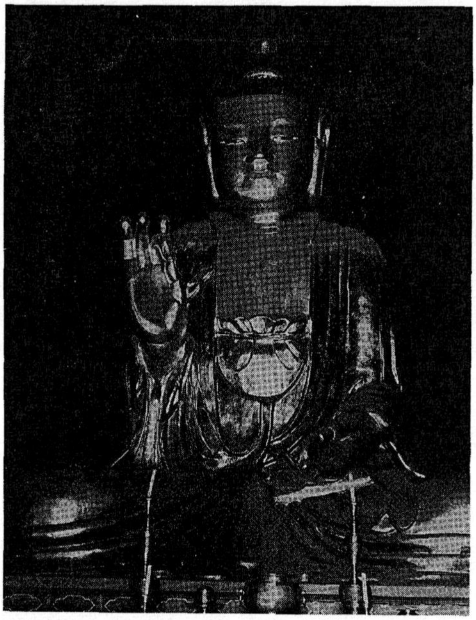

과 天蓋의 등장은 크게 주목된다. 특히 거대한 불단이 불전에 배치되어 이 위에 불상을 안치하게 된 시기가 언제인지 명확한 증거가 없다. 15세기 말 내지 이 시기에 조성된 불상이 불단 위에 배치되는 예도 있어서 일단 16세기에 등장해서 조선 후기에 보편화되었다고 볼 수 있을 것이다.

불단은 흔히 須彌壇이라고도 부르지만 대체적으로 나무로 된 네모난 方形壇을 설치하고 이 위에 삼존상이나 三佛五菩薩 등을 배치하는데 이들 상은 모두 각자의 대좌를 갖고 있다. 불단은 후불벽을 배경으로 그 전면에 걸쳐 배치하며, 불단 3면은 각기 공간을 구획하거나 구획 안에 十長生 등 각종 동식물을 부조하여 화려하고 장엄한 분위기를 나타내고 있다. 거대하고 화려하며 위엄있는 불단 위에 다시 대좌를 안치하고 그 위에 불상을 봉안함으로써 불상은 범접할 수 없는 높은 佛世界에 안주하는 지고의 존재, 즉 절대자로서 군림하게 된다. 본존과 예배자는 절대군주와 臣民과 마찬가지의 신분격차를 의도적으로 드러내게 하고 있으며 이것은 조선조의 정치상과 부합되는 중대한 변모라 생각된다.

〈文明大〉

6) 홍사준, 〈무량사 5층석탑 해체와 조립〉(《考古美術》 117, 1973).

4) 공 예

(1) 도자공예

16세기 전반은 조선 성리학의 발달에 따른 유교문화가 사회전반에 깊이 영향을 주어 鄕約의 보급과 書院의 성립 등이 이루어진 시기였다.

陶瓷에 있어 粉靑瓷는 官御用의 瓷器에서 민간용의 자기로 바뀌어 線刻, 剝地粉靑瓷와 鐵畵분청자(〈사진 1〉)의 15세기 후반의 양상이 계속 이어지면서 이들 분청자에 사용되었던 귀얄기법과 粉粧기법의 분청자가 주류를 이루면서 제작되었다.

〈사진 1〉 철화분청자

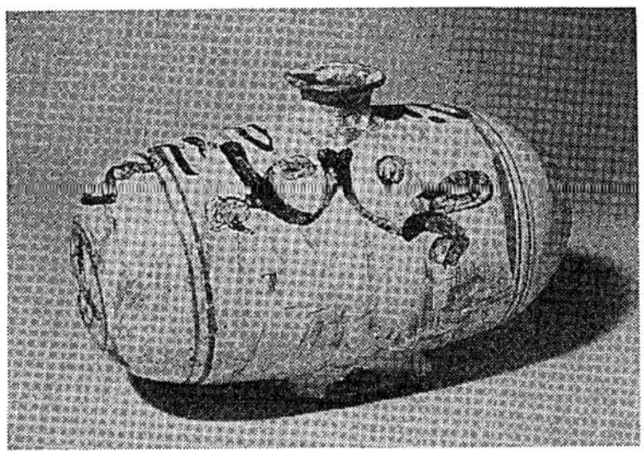

1963년 발굴조사된 光州의 忠孝洞 窯址의 퇴적층 조사에 의하면,[1] 印花분청자에서 귀얄분청자로, 귀얄분청자에서 백자로 변해가고 있는 모습을 퇴적층의 층위에 의해 알 수 있었으며 인화분청자가 쇠퇴기에 들어서면서 잡물이 섞이고 氣孔이 많은 粗質의 자기로 됨을 알 수 있었다. 이러한 胎土는 귀얄분청자의 초기엔 대접, 접시 등 모두 쇠퇴기의 인화분청자의 器形과 굽의 형태를 따르고 있다.

귀얄분청자는 선각, 박지, 철화분청자에 기본적으로 쓰이는 분장기법으로 귀얄이란 도구를 사용하여 백토를 칠한 후 다른 문양이 시문되지 않고 귀얄의 백토 붓자국만 남는 특징을 보여준다. 대개 분청자의 막그릇에 많이 보이며 백자와 함께 발견되는 예가 많고 거의 전국적으로 출토되며 대접의 경우 포개어 구운 것이 보통이다.

---

1) 崔熙淳, 〈光州無等山金谷窯址發掘調査〉(《業績報告書》 서울, 東亞文化硏究委員會, 1964), 57~60쪽.
金英媛, 〈朝鮮朝 印花粉靑의 編年的考察－光州金谷里窯址出土品을 중심으로－〉(서울大 碩士學位論文, 1980).

1501년의 〈粉靑瓷귀얄弘治14年銘墓誌〉와 1536년의 〈粉靑瓷귀얄鐵畵嘉靖15年銘墓誌〉, 1540년의 〈粉靑瓷粉粧嘉靖19年銘墓誌〉 등의 편년자료를 들 수 있다.[2)]

따라서 분청자는 크게 象嵌, 인화분청자 중심에서 귀얄, 분장분청자 중심으로 전화되어 갔으며 호남의 선각, 박지분청자와 충남의 철화분청자가 지방적인 특색을 보이면서 상감, 인화분청자의 뒤를 잇고 있음을 알 수 있고 점차 백자화되어 갔음을 전국의 분청자요지조사에서 확인할 수 있다. 인화분청자의 요지에서는 거의 백자를 발견하지 못하는데 귀얄분청자의 요지에서는 白瓷片을 발견하는 곳이 많다는 점을 들 수 있으며 器形의 변화를 보아서도 인화분청자에서 귀얄분청자로 다시 백자로 변화하고 있음을 알 수 있다.

16세기 전반에 백자의 발달은 더욱 촉진되며 양질의 백자, 청화백자의 제작이 15세기 후반을 이어 더욱 발전해 갔다. 廣州에 설치된 分院으로는 武甲里 분원의 뒤를 이어 鶴東里, 新垈里, 陶水里, 牛山里, 樊川里 등의 지역에서 활발하게 제작활동을 벌여 갔다. 이들 요지에서는 공통적으로 '天' '地' '玄' '黃' 銘의 백자접시, 대접, 사발들과 朝鮮靑瓷, 약간의 靑畵白瓷전접시片, 가는 모래받침의 순백자들이 匣鉢片들과 함께 발견되고 있다. 특히 '天' '地' '玄' '黃' 銘의 요지군은 1470년대에서 1550년대까지의 제작시기를 갖는 것으로 추정되며, 1986년 발굴조사된 廣州 樊川里窯址에서 출토된 〈1554年銘白瓷陰刻墓誌片〉으로 하한을 뒷받침할 수 있다.[3)]

이 시기의 백자편년자료로는 1501년의 白瓷胎缸, 1505년의 〈白瓷貞壽阿只氏胎缸〉, 1528년의 〈白瓷崇壽阿只氏胎缸〉, 1516년의 〈白瓷李頻墓誌〉와 明器들, 1538년의 〈白瓷朴成樑陰刻墓誌〉, 그리고 1508년의 〈白瓷靑畵淑儀文氏墓誌〉 등을 들 수 있다.

현존하는 白瓷靑畵梅鳥紋壺와 甁, 白瓷靑畵雲龍紋甁(〈사진 2〉), 白瓷飯盒, 白瓷甁, 盞, 대접, 항아리의 뛰어난 백자의 수많은 작품들이 이 시기의 것으로 추정되며 1550년대의 광주 번천리 5호요지에서 발견된 〈白瓷靑畵梅鳥紋전접시편〉이 이를 뒷받침해 준다. 이들은 가는 모래받침을 받쳐 구운 굽다리

2) 姜敬淑, 《韓國陶磁史》(粉靑沙器編年資料, 1989, 一志社), 318~321쪽.
3) 梨大博物館, 《廣州朝鮮白瓷窯址發掘調査報告－樊川里 6號, 仙東里 2號》(1986).

〈사진 2〉
백자청화운용문병

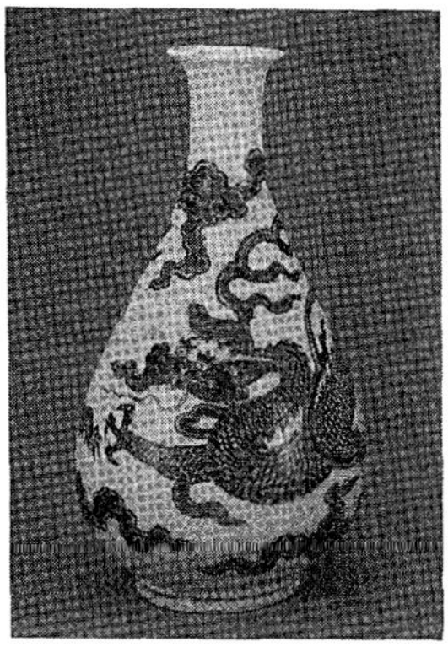

에 대접이나 접시의 경우 口部가 넓게 벌어졌고 內底에 넓은 圓刻이 깎여 있으며 釉色은 淡靑白色으로 器形은 풍만한 量感을 지녔다.

요컨대 16세기 전반의 백자는 본격적인 조선 중기의 백자, 청화백자의 세계를 보여준 시기였다. 16세기 전반의 도자는 귀얄, 분장분청자와 백자, 청화백자가 중심을 이루며 분청자의 귀얄, 분장화가 촉진되어 백자화되어 가며, 백자의 세계는 보다 확산되어 官御用 백자제작의 중심지로 광주지방에 설치된 분원이 그 중심 역할을 하였다.

16세기 후반의 분청자요지에서는 드물게 귀얄 분청자, 분장분청자와 함께 백자가 주로 발견되는데 분장분청자와 백자는 구별이 어려울 정도로 器形과 釉色에 있어 닮아가고 있다. 이 시기의 粗質白瓷로 昌原 頭洞里, 河東 白蓮里窯址에서 제작된 것으로 추정되는 막사발로, 그 당시 일본에서 茶盌으로 쓰여진 고려다완을 대표하는 井戶다완도 이러한 연질의 조질백자의 한 예이다. 이러한 정호다완계의 조질백자는 요지에서는 분장분청자와 함께 발견되고 있으며 일본에 남아 있는 문헌자료로도 1570년, 1580년대의 도자로 추정되고 있어 주목된다.

16세기 후반의 백자편년자료로는 1553년의 〈金以礪白瓷墓誌〉, 1554년의 광주 번천리 5호요지 출토의 〈白瓷陰刻墓誌〉, 1559년 〈韓紀白瓷陰刻墓誌〉, 1568년의 〈白瓷靑畵淑儀尹氏墓誌〉, 1569년의 〈全城君墓誌〉와 白瓷壺, 1577년 〈白瓷鐵畵宗室女李氏墓誌〉, 1578년의 〈白瓷鐵畵鄭大年墓誌〉, 1583년의 〈白瓷鐵畵申世霖墓誌〉, 1589년의 〈白瓷靑畵韓宗胄墓誌〉 그리고 萬曆年製(1573~1615) 〈白瓷靑畵草花七寶紋明器一括〉 등을 들 수 있다.[4)]

이들 편년자료를 살펴보면, 1550년대에 白瓷陰刻墓誌들과 1560년, 70년, 80년대에 철화백자, 청화백자의 제작이 활발했음을 알 수 있다. 특히 1554년 전후의 광주 번천리 5호요지 출토의 백자 중에서 기형으로는 접시, 대접, 瓶,

4) 尹龍二, 《韓國陶瓷史硏究》(朝鮮陶瓷史年表, 文藝出版社, 1993).

〈사진 3〉
백자청화초화칠보문명기

盒, 馬上杯, 祭器, 壺, 盞 등의 백자와 백자철화희준 그리고 백자청화매화문 전접시편이 있다. 이들은 모래받침과 태토빚음받침으로 받쳐 구워졌으며 유색은 회백색, 담청백색의 백자들로 오목굽, 죽절굽을 이루고 있었다. 특히 白瓷鐵畵線紋희준, 백자제기 등이 존재하며 철화기법이 사용되고 있는 점과 여백이 있는 청화백자의 매화문 전접시 등으로 보아 현존하는 여백이 있는 청화백자의 梅鳥紋甁, 壺 등이 1550년대에 제작되었음을 알 수 있다.

그리고 1569년 전성군묘지에서 伴出된 白瓷有蓋壺의 경우 蓮峰形의 꼭지 있는 두껑과 안으로 숙여 세워진 口部와 어깨에서 팽창되었다가 좁혀져 세워진 底部의 항아리의 형태는 현존하는 白瓷青畵梅鳥紋壺(국립중앙박물관 소장)가 이 시기를 전후해 제작되었음을 알려준다.[5] 또한 1589년의 廣川君墓誌와 함께 출토된 백자유개호의 예를 통해 현존하는 많은 명기들의 예가 이 시기를 전후로 하고 있음을 알려주고 있다. 萬曆年製 白瓷青畵草花七寶紋明器들(〈사진 3〉)(호암미술관 소장)의 盒, 托盞, 注子, 壺, 전접시 등도 1580년대의 시기로 추정되고 있어 이처럼 깔끔하고 간결한 초화문과 칠보문 등이 이 시기에 유행하였음을 말해주고 있다. 이 시기의 대표적인 요지로는 廣州 일대의 昆池岩里, 悅美里, 大雙嶺里, 觀音里의 '左' '右' '別' 銘이 출토되는 곳으로 양질의 백자와 그 주변에서 오목굽과 죽절굽의 백자가 출토되고 있다. 현존하는 〈白瓷青畵松竹人物紋壺〉(이화여대박물관 소장), 〈白瓷青畵葡萄紋전접시〉, 〈白瓷鐵畵線紋甁〉, 〈白瓷鐵畵人物紋明器〉(호암미술관 소장)의 예를 들 수 있다.

이처럼 16세기 후반은 철화백자의 등장과 청화백자의 제작, 분청자의 소멸과 井戶茶盌 등의 조질백자의 제작이 이루어졌던 시기이다.

17세기 전반은 임진왜란의 막대한 피해를 채 복구하기도 전에 병자호란이

---

5) 鄭良謨, 〈李朝陶磁の編年〉(《世界陶磁全集》 19 - 李朝 - 東京, 小學館, 1980).

발발하여 정치, 경제적으로 어려운 시기였다. 이러한 어려움의 시기를 반영하듯 백자 제작도 활발하지 못해 분원조차도 窯場을 쉬기까지 하는 어려움이 있었으며 특히 청화백자의 제작이 靑畵顔料를 구하지 못해 현재 남아 있는 예가 거의 없으며 대용으로 鐵砂顔料를 사용하여 제작한 철화백자의 제작이 활발했던 시기이기도 하다.

이 시기의 편년자료로는 1609년의 〈백자사리합〉, 1626년의 〈백자접시형胎誌〉와 〈白瓷仁興君第一女胎壺〉, 1627년의 〈백자접시형태지〉와 〈白瓷仁興君第二小主阿只氏胎壺〉, 1632년의 〈白瓷仁興君第三小主접시〉 등의 자료와 廣州 일대의 요지에서 발견되는 간지명으로 17세기 전반경으로 추정된 요지들을 들 수 있다.

17세기 전반 백자의 특색을 광주의 요지를 중심으로 알아보면,[6] 임란 이후에 처음 설치되는 가마는 1598년에서 1605년경으로 추정되는 亭支里요지로, 출토되는 백자편들은 짙은 회백색의 백자들이 태토빚음눈받침과 굵은 모래를 받친 오목굽의 접시, 盌, 鉢片이 발견되며 드물게 철화백자편이 발견된다. 또한 '左' '右' 銘이 쓰여진 백자의 접시, 대접편이 발견되고 있어 16세기 후반의 백자 器皿을 그대로 이어받고 있으나 임란으로 인한 어려운 생활을 반영하듯 어두운 회색, 회백색의 백자로 거칠게 구워진 모습이다.

이러한 정지리요지를 이은 가마터로는 炭筏里요지로 '丙午' '丁未' '戊申' '己酉' '庚戌' '辛亥'의 간지명이 있는 백자접시, 대접편이 발견되며 유색은 정지리처럼 회백색으로 태토빚음눈받침과 굵은 모래받침 그리고 가는 모래받침의 안으로 숙여진 굽다리의 백자가 제작된 곳이다. 〈王子仁興君第一女白瓷접시形胎誌〉의 굽다리에 '丙午右' 銘이 이 요지 발견의 '병오' 명 접시편과 유색, 굽다리, 字體 등이 똑같아 1606년 탄벌리요지에서 제작되었음을 알 수 있으며 같이 발견되는 간지명으로 보아 약 1606년부터 1611년 전후로 제작 활동의 시기를 알 수 있다. 淡灰靑色의 백자가 주류를 이루면서 처음으로 간지명이 쓰여졌음과 1609년의 백자사리함도 이 요지의 것으로 모래받침으로 구워져 있다.

---

6) 尹龍二, 〈朝鮮時代分院의 成立과 變遷에 관한 硏究〉(1)(2)(《考古美術》149, 151, 韓國美術史學會, 1981).

1613년부터 1617년을 전후한 시기에 제작활동을 한 鶴東里요지 출토 백자편들도 회백색이 짙은 백자로 주변 요에서는 오목굽의 백자접시, 사발편들이 발견되고 있어 지속되고 있음을 알 수 있다.

1620년대의 胎항아리와 胎誌石으로 왕자 인흥군의 제1녀와 제2小主 예의 1626년, 1627년으로 추정되는 '丙寅右' 銘과 '丁卯左' 銘이 있다. 이 두 개의 태항아리와 접시형 지석은 담청회백색의 백자로 항아리의 몸체는 초기에 비해 낮아지고 둥글게 벌어졌으며 두껑은 접시형을 이루었고 굵은 모래를 깔아 제작하여 이 시기의 태항아리와 접시의 기준을 제시하고 있는 점이다.

다음의 1631년부터 1636년까지는 '辛未' '癸酉' '丙□' 銘의 간지가 출토되는 祥林里요지를 들 수 있다. 이 가마터로부터 수집되는 백자는 접시, 대접, 항아리, 제기, 지석편들로 철화의 운문, 글씨 그리고 백자태토의 청자가 함께 발견되고 있다. 담청의 회백자와 회청색 백자가 가는 모래받침으로 제작되었으며, 항아리는 예각의 口緣을 지닌 둥근 모습이었고 띠문이 있는 제기와 햇무리굽의 사발편이 발견되고 있다.

1640년에서 1649년까지 10년간 제작활동을 하였던 仙東里요지에서는 '庚辰' '辛巳' '壬午' '癸未' '甲申' '乙酉' '丙戌' '丁亥' '戊子' '己丑' 銘의 백자편이 발견되었다.

출토되는 백자는 사발, 접시를 비롯하여 전접시, 병, 합, 장군, 제기, 明器, 항아리, 扁瓶, 대접 등의 다양한 백자편들과 철화의 雲龍, 竹, 梅花, 葡萄, '祭' 銘의 글자, 지석편의 백자들과 백자태토의 청자접시, 사발, 제기 등이 함께 발견된다. 회백색과 담청색을 띤 백자가 가는 모래받침으로 받쳐 구워졌으며 햇무리굽의 사발편도 발견된다. 청화로는 '祭' 명과 원이 그려진 접시편이 출토되어 이 시기의 청화백자에 대한 존재를 확인할 수 있다. 주변의 요지에서는 오목한 굽에 짙은 회백자로 굵은 모래받침에 받쳐 구운 막사발과 접시가 함께 출토되고 있다.

따라서 17세기 전반은 담청회백색, 회백색의 백자가 주로 제작되어, 철화의 운용문, 초문, 매죽문이 그려진 항아리, 병과 지석, 그리고 명기류 들이 제작되었으며 '祭' 명이 쓰여진 접시류가 등장하고 있고, 햇무리굽의 사발과 오목굽의 보편적인 모습 그리고 띠문이 있는 簠 등의 제기가 등장한다. 또한

〈사진 4〉
백자철화운용문항아리

드물게 1640년대의 청화백자가 등장하며 백자태토의 청자가 계속 제작되어 중기 도자의 특색인 회백자에 철화문양 중심으로 바뀌고 있음을 알 수 있다. 常沙器라고 불리는 굵은 모래받침의 막백자의 제작이 전국적으로 이루어져 생활용의 자기로 널리 쓰이게 된다.

현존하는 〈白瓷鐵畵雲龍紋항아리〉(〈사진 4〉)와 〈白瓷鐵畵詩銘竹紋항아리〉(이화여대박물관 소장) 등이 이 시기를 대표하는 백자로서 오목굽의 회백자가 전국적으로 널리 제작되고 있었다.

17세기 후반의 도자는 백자의 전국적인 확산과 사용 그리고 회백색의 백자에서 乳白色의 백자로 바뀌어 가며 둥근 달항아리의 제작과 철화기법으로 자유롭게 운용문, 초문, 매죽문 등이 시문된 철화백자의 발전과 초화문의 간결한 청화백자의 등장이 이루어진 시기였다.

이 시기의 편년자료로는 1656년의 〈白瓷胎항아리〉와 1677년의 〈白瓷鐵畵詩銘전접시〉, 1671년의 〈白瓷鐵畵韓應寅誌石〉, 1696년의 〈白瓷靑畵金希禹誌石〉 등과 廣州 일대의 요지 출토 백자자료가 있다.

1650년대의 요지로 '己丑' '庚寅' '辛卯' '壬辰' '癸巳' 銘이 발견된 松亭里요지를 들 수 있다. 선동리요지에서 출토되는 백자와 거의 비슷하여 담청백색의 백자와 청자, 청화백자, 철화백자의 접시, 대접, 호, 사발, 합, 병 등이 다양하게 발견되며 철화로는 죽, 매, 용, 초문과 청화의 초문 등이 시문된 백자가 출토되어 1640년대와 비슷함을 알 수 있다. 주변 요에서 발견되는 오목굽의 굵은 모래받침의 조질백자의 양상도 비슷하다.

1660년대의 柳寺里요지에서는 '辛丑' '癸卯' '甲辰' 銘의 백자와 청자, 철화백자도 송정리요지와 같이 발견되고 있다. 햇무리굽의 사발편들과 백자태토의 청자편도 그대로 발견되어 1640년대의 도자의 양상이 계속 이어졌음을 알 수 있다.

1670년대와 新垈里요지에서는 '甲寅' '丙□' 銘의 간지명이 발견되고 있으며 백자태토의 청자와 햇무리굽 사발편이 발견되지 않아 주목된다. 회백색, 담청회백색의 백자에 철화로 자유롭게 운용문, 초화문, 국문, 죽문 등이 생략되거나 간략하게 시문된 철화백자의 대표적인 요지이며 이들이 많이 제작되었던 시기였음을 말해주고 있다. 주변의 오목굽 모래받침 백자는 계속 제작되었으며 內底에 圓刻이 없는 백자접시나 '祭' 명이 쓰여진 철화백자 접시류가 많아지고 있다. 1677년의 〈白瓷鐵畵丁巳銘詩銘전접시〉는 이 시기의 것으로 보이며 전국의 수많은 백자가마에서 자유롭게 시문된 철화의 초문병, 호들은 이 시기 전후의 것으로 추정되고 있다.

1680년대의 요지로 《承政院日記》 숙종 2년의 기록에 보이는 '塔立洞分院'은 현재 廣州郡 草月面 池月里요지로 추정되며, 회백자와 담청회백자의 제작이 이루어진 시기로 철화의 '甲' 명과 초문이 시문된 철화백자의 제작이 있었다. 접시 사발, 합, 호, 전접시 등이 계속 제작되지만 백자태토의 청자나 햇무리굽 사발의 제작은 없으며 점차 밝은 백색의 백자가 제작되기 시작했음을 알 수 있다. 유명한 〈白瓷鐵畵雲龍紋항아리〉(국립중앙박물관 소장)처럼 운용문을 대범하게 생략하며 자유롭고 활달하게 그린 철화의 항아리와 〈白瓷鐵畵虎紋항아리〉(〈사진 5〉)(日本 大阪市立東洋陶瓷美術館 소장)처럼 해학스런 철화의 호랑이 그림 항아리 역시 이 시기의 백자의 예로 들 수 있다.

〈사진 5〉
백자철화호문항아리

1690년대의 백자가마터는 확실하지 않으나 점차 회백자에서 유백자로의 전환이 이루어졌던 시기로 추정된다.

17세기 후반의 백자는 회백색의 바탕 위에 철화백자의 全盛을 이루어 다양한 철화의 초문, 운용문의 항아리들이 이 시기의 도자의 특색이며 그 절정은 1670년대, 1680년대의 신대리요지, 池月里요지 출토의 철화백자로 뒷받침되고 있다. 특히 1670년대부터는 백자태토의 청자 제작이 사라지고 간지명도 점차 없어지며 햇무리굽의 사발도 사라지고 있다. 둥근 항아리와 그 위에 자유로운 필치로 운용문, 초화문을 그린 항아리들이 널리 제작되게 된다.

이처럼 16, 17세기 도자의 특색은 분청자의 소멸과 조질백자(井戶茶盌 등)의 등장,[7] 그리고 17세기에 들어서 전국적으로 굵은 모래받침의 회백자 제작이 널리 성행하며, 관영 沙器工場으로 廣州에 설치된 분원에서의 활발한 백자의 제작, 문헌의 기록에 의한 10년을 단위로 한 가마터의 이동과 출토 백자편의 변화를 알아보았다. 특히 철화백자의 활발한 제작과 회백자, 明器類의 다양한 남녀 인물상과 말, 그리고 소형의 그릇들의 모습과 17세기 말에 들어서서 銅畵白瓷의 등장과 乳白色 백자의 등장은 새로운 조선 후기 백자의 시작을 알려주고 있다.

(2) 금속공예

조선 중기의 梵鐘은 통일신라와 고려의 범종의 기본양식을 계승하면서도 전체적으로 볼 때 중국 범종의 형태를 전반적으로 받아들여 제작되었다.

조선 중기 범종으로는[8] 1580년의 〈石南寺萬曆八年銘梵鐘〉, 1581년의 〈泰安寺萬曆九年銘梵鐘〉, 1583년의 〈廣興寺萬曆11年銘梵鐘〉, 1569년의 〈白蓮寺隆慶三年銘梵鐘〉의 예처럼 통일신라, 고려 범종의 형태와 양식을 갖춘 범종들과 1634년 〈普光寺崇禎七年銘梵鐘〉, 1644년의 〈龍興寺順治元年銘梵鐘〉, 1654년의 〈麻谷寺順治11年銘梵鐘〉, 1657년의 〈仙巖寺大覺庵順治14年銘梵鐘〉, 1683년의 〈華溪寺康熙22年銘梵鐘〉, 1689년의 〈開巖寺康熙28年銘梵鐘〉의 예처럼 본래의 전통양식이나 중국 범종의 형식을 혼합한 형태를 지닌 범종의 예들이 있다.

이들은 龍鈕 부분의 龍頭에서 單龍과 甬筒이 雙龍으로 변화하고, 音管이 직립되어 있던 것이 鐘頂인 夫板 중앙에 단순한 圓孔으로 변화되어 있고, 범종의 上帶와 下帶에 평범한 모란문, 국화문 등으로 시문하고 있다. 또한 상대에 붙어 있는 乳廓을 상대와 떨어져 독립되게 배치하고 있고 유두 역시 도식화되거나 단순한 突起乳로 처리하고 있다. 그리고 鐘身에 표현한 飛天像

---

7) 尹龍二, 〈朝鮮陶瓷의 變遷〉(《朝鮮時代陶瓷名品圖錄》, 德園美術館, 1992), 141~145쪽.

8) 李浩官, 〈朝鮮의 金屬工藝〉(《韓國美術史》, 藝術院, 1984), 497~501쪽.

이나 보살상, 여래상 대신 頭光과 寶冠을 갖추고 장식을 한 線刻의 보살입상을 배치하거나 梵字로 대신하거나, 八卦를 배치하는 예도 있다.

17세기의 범종부터는 중국 범종의 모방형식을 거의 따르고 있는 변질적인 범종으로 변모하여 가고 종신의 두께도 두꺼워져 가며 口緣部도 'ㄴ'字形으로 두꺼워져 간다. 전통적인 미적 감각과 음질을 상실한 형태로 변해가고 있음을 보여주고 있다.

〈尹龍二〉

5) 건 축

(1) 일반건축양식

조선 중기에 조영된 건축은 그 구성재료에 따라 목조건축·석조건축·전축건축 등으로 크게 나눌 수 있다.

목조건축은 초기와 마찬가지로 민도리집계와 포집계로 나누어지고, 민도리집계는 납도리집과 굴도리집으로, 포집계는 주심포식, 다포식, 익공식으로 나누어진다.

민도리집의 변화는 지금까지의 자료로는 큰 변화를 찾을 수 없으나, 주심포식은 중기에 접어들면서 헛첨차 없이 栱包가 짜여질 때가 많다. 주두와 소로의 굽면은 사면이고 굽받침이 없으며, 연화두형 수식은 점차 장식적이 되어간다. 다포식 건축은 내외 출목수가 증가하며, 특히 내출목수가 외출목수보다 더 많다. 또 기둥과 기둥 사이의 평방 위에 놓이는 주간포(공간포) 수가 증가하며, 특히 어간의 공간포가 더 많이 놓인다. 살미첨차의 끝단 쇠서의 모양은 점차 섬약해져 가며, 안쪽으로는 교두형에서 점차 아래위 첨차들이 하나의 판형으로 조각되어 장식화하는 경향이 된다. 익공양식은 조선 초기에 발생하여 중기에 들어서면서 점차 정형화되기 시작한 것으로 판단된다. 인조 25년(1647)《창덕궁수리도감의궤》에 의하면, 익공을 立工으로 표기하다가 정조 18년(1794)《화성성역의궤》에서는 도설과 함께 翼工으로 표기, 익공양식이 정형화되어 감을 알 수 있다.[1)]

석조건축은 성곽과 석탑, 석조부도, 석등, 석조다리(석교) 등과 목조건축의 기단을 이루는데, 초기에 토성으로 쌓았던 부분도 석성으로 바꾸어지나 탑 건축은 점차 퇴화되어 가는 경향을 보인다. 특히 목조건축의 기단에서는 가구식 기단보다는 장대석 바른층쌓기 기단으로, 또 사찰이나 일반주택에서는 막돌허튼층쌓기 기단으로 변화되어 가는 것을 볼 수 있다.

전축건축 역시 탑 건축이 주류를 이루는데 큰 변화는 찾아 볼 수 없다.

(2) 도성과 궁궐

조선 중기는 임진왜란과 정묘호란, 병자호란 등으로 말미암아 건축물들이 병화로 잿더미가 되었으며 반면 불타버린 건축물들을 다시 짓는 건축공사가 있어 그 어느 시기보다도 건축조영활동이 활발하였다.

조선 초기 개국과 더불어 축조되고 정비되었던 한양의 도성은 애초 土築으로 되어 있던 부분을 세종 4년(1422)에 돌로 고쳐 쌓아 석축성을 이루었으며 세종 29년에는 도성의 정문인 남대문도 개축하였다.

이 도성의 정문 崇禮門[남대문]은 성종 10년(1479)에 중수공사가 있어 立柱上樑되었다. 이후로는 1962년의 완전 해체수리 때까지 중수나 개축의 기록을 찾을 수 없어 오늘의 남대문은 조선 초, 중기의 건축양식을 보여주는 중요한 건축이 되었다.

남대문은 장대석바른층쌓기로 커다란 陸築을 쌓고 중앙에 장대석으로 홍예(虹)를 틀어 커다란 문짝 두 장을 달아 사람들이 통행할 수 있도록 하였다. 육축 위에는 문루를 세웠는데 문루는 중층 우진각집으로 정면 5칸 측면 2칸이다. 공포는 다포식으로 1층은 내외2출목이고 2층은 외3출목 내2출목으로 살미첨차의 끝단은 강직한 수서로 되어 있고, 안쪽은 교두형이다. 용마루 끝에는 취두를 놓았고, 추녀마루에는 용두와 잡상을 놓아 장식하였다(〈도면 1〉).

조선 중기에 이루어진 궁궐건축으로는 昌慶宮이 있다. 이 궁궐은 세종이 즉위하면서 상왕이 된 태종을 위하여 지었던 壽康宮 자리에 새로이 성종 14년(1483)에 공사를 시작하여 15년에 완공한 離宮이었으나, 역대 많은 임금들

1) 주남철, 《한국건축의장》(일지사, 1997), 120~126쪽.

〈도면 1〉 서울 남대문

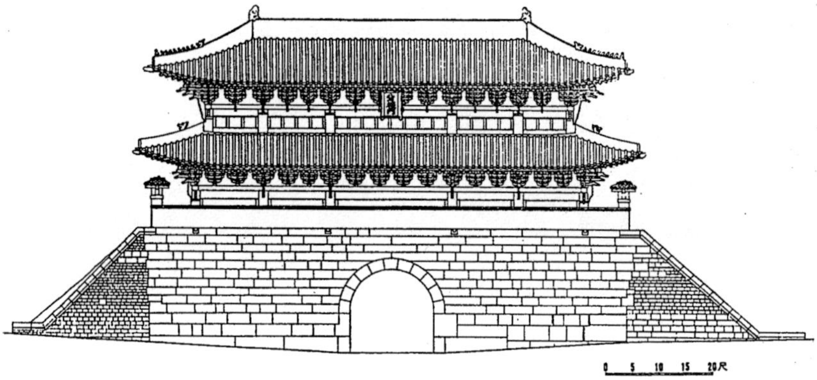

이 이궁에서 지낸 조선왕조 삼대 궁궐의 하나이다(〈도면 2〉).

선조 25년(1592)에 임진왜란으로 불타 광해군 8년(1616)에 다시 지었는데 성종 때의 배치를 그대로 따르면서 당시의 건축양식으로 지었다고 판단된다.

조선시대의 궁궐은 남향함이 통례인데 이 창경궁의 정전인 명정전과 명정문, 궁궐의 정문인 弘化門 등이 모두 동향한 예외적인 궁궐이다. 때문에 광해군 중건 때 이들을 남향으로 하자는 논의가 있었으나, 만약 남향으로 할 때에는 含春苑 쪽으로 뻗은 남쪽 구릉의 지맥을 잘라내야 하는데 이 지맥은 경복궁, 창덕궁, 창경궁과 종묘의 內靑龍의 맥이어서 이를 보호해야 함으로 본래대로 동향으로 배치하였다.[2] 이 사실은 조선 초기부터 건축에 강한 영향을 주었던 풍수지리설이 여전히 큰 영향을 주어왔음을 알 수 있다.

창경궁은 동향한 궁성의 정문 홍화문을 들어서면 앞에 북에서 남으로 흐르는 禁川 위에 세운 금천교인 玉川橋가 있고, 이 다리 건너쪽에 정전의 정문인 明政門이 서 있다. 이 문의 양쪽으로는 月廊이 줄지어 서 있고 양 끝단에서 'ㄱ'자로 서쪽으로 꺾이어 뻗어나가 正殿 明政殿을 감싸면서 끝나게 된다.

---

2) 서울특별시사편찬위원회, 《서울특별시사고적편》(1963), 227쪽.
《光海君日記》 권 92, 광해군 7년 7월 병진·8월 임오.

〈도면 2〉 창덕궁·창경궁 배치도

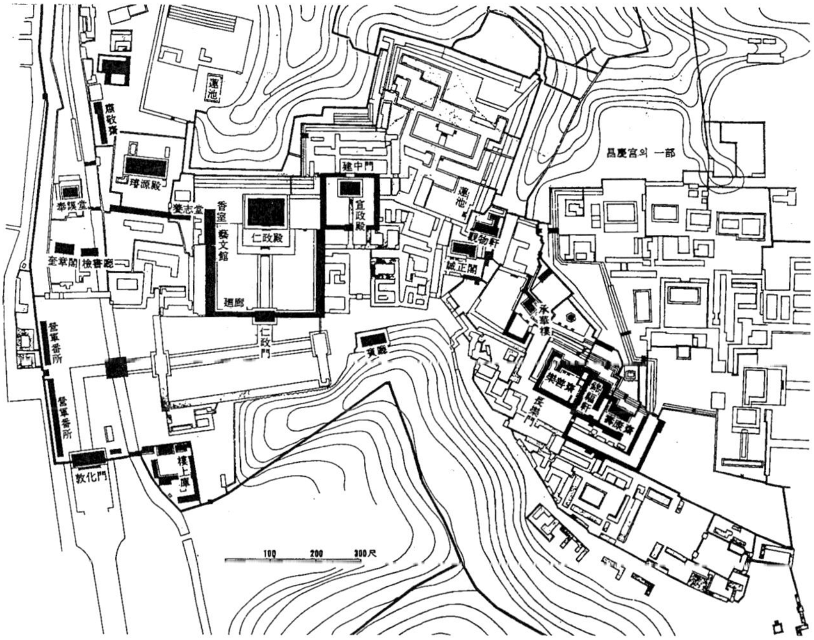

명정문을 들어서면 서쪽으로 동향한 정전인 명정전이 자리잡고 있다. 이 명전전의 남서쪽으로 편전인 문정전이 남향하여 있고, 그 서쪽으로 崇文堂이 서 있다. 이들 전각 이외에 동향의 景春殿, 남향한 歡慶殿, 通明殿 등이 서 있다. 그리고 이들 전각들 주위로는 많은 회랑들과 담장들이 둘러 있어 크고 작은 마당들을 이루고 있다.

정전인 명정전은 광해군 8년 다시 지을 때의 건축양식을 이루고 있는데, 장대석 바른층쌓기한 두 단의 높고 넓직한 月臺 위에 장대석 한벌대의 기단을 쌓고 이 위에 다듬은 초석들을 놓아 두리기둥을 세웠다. 정면 5칸, 측면 3칸의 단층으로 다포식 공포를 짜 어간과 협간에는 2구씩, 측간에는 1구씩 놓았다. 공포는 외3출목 내4출목으로 초제공부터 삼제공까지 앙서[仰舌]로 되어 있고, 안에서는 翹頭形으로 되어 조선 중기의 공포양식을 보여준다. 내부는 고주들을 측면 어간 앞 쪽 기둥열에 맞추어 세우고 안 쪽 어간에 옥좌를

〈도면 3－1〉 명정전 입면도

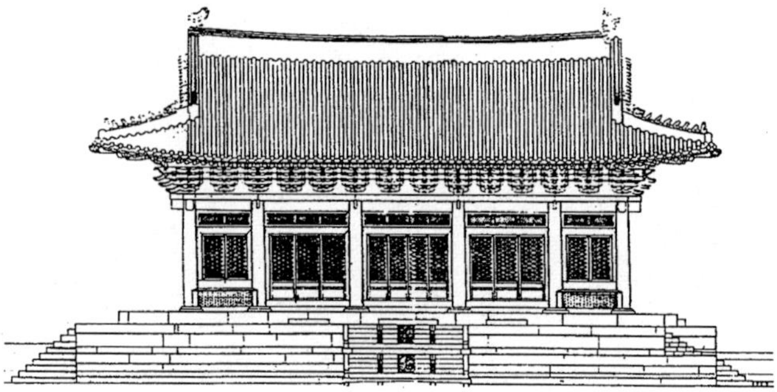

두었다. 바닥은 방형전돌을 깔고 천장은 우물천장인데 중앙에 寶蓋天障을 만들고 봉황 한 쌍을 나무조각으로 만들어 매달아 놓았다. 처마는 부연을 단 겹처마이고, 지붕은 팔작기와지붕으로 용마루 끝에는 鷲頭를, 합각마루와 추녀말에는 龍頭를, 추녀마루 위에 雜象들을 놓아 위엄을 갖추었다(〈도면 3－1, 3－2〉).

명정문 또한 명정전과 같은 광해군 때의 건축으로 생각되는데 정면 3칸 측면 2칸의 단층팔작기와지붕을 이루고 있어 다른 궁궐의 정전문들이 우진각 지붕을 이루고 있는 것과는 다른 특성이 있다. 공포는 외2출목 내3출목 다포식공포로, 밖으로 소로만을 두고 외1출목의 첨차들을 생략하였는데 이런 수법은 희귀한 것이다. 살미첨차들은 교두형으로 되어 조선 중기의 양식을 보여준다.

홍화문은 창경궁 궁성의 정문으로 광해군 8년(1616)에 중건된 모습을 이루고 있다. 정면 3칸 측면 2칸으로 중층우진각기와지붕을 이루고 있다. 공포는 외2출목 내3출목 다포식공포로 살미첨차의 바깥단은 명정문처럼 수서로 되어 있고, 안쪽은 교두형으로 조선 중기의 첨차양식을 이루고 있다. 본래 장대석바른층쌓기의 기단을 두고 다듬은 초석을 놓아 두리기둥을 세웠었는데 현재처럼 도로 위에 초석이 놓여진 것은 일제의 의도적인 개작인 것이다.

通明殿, 숭문당, 환경전 등 기타의 전각들은 모두 창경궁 창건 때 건립되어 인조 때와 순조 때 불타 순조 때 다시 지은 조선 후기의 건축들이다.

〈도면 3-2〉 명정전 평면도

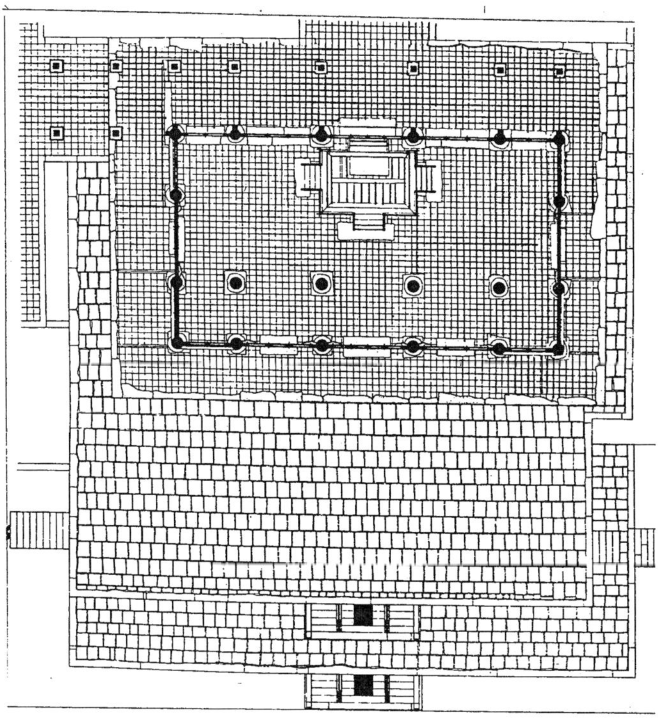

조선 중기에 건축된 궁궐건축으로는 창경궁 이외의 궁에서는 별로 없고 창덕궁의 宣政殿이 있다.

(3) 읍성과 관아, 객사

각 지방마다 읍성이 축조되고 읍성 속에는 관아와 객사, 병영 등을 건립하여 행정이 원활하게 이루어 지고 백성들이 안심하고 생업에 종사토록 하였다. 조선시대의 읍성들은 대부분 이미 조선 초기에 그 기틀이 마련, 축조되었고, 또 고려 때 더 일찍이는 삼국시대까지 거슬러 올라가 축조되어 조선 중기에는 개보수 등의 공사가 주로 이루어 졌다. 그러나 교동읍성·청주읍성·고창읍성·영천읍성·울산읍성 등은 중기에 축조되었다.[3]

喬桐邑城은 강화도 교동면 읍내리에 있는 인조 7년(1629)에 축조된 석축성으로 둘레 305m, 높이 2.4m로 동 남 북에 성문을 세웠다.

淸州邑城은 오래전에 축성된 것으로 판단되나, 성종 18년(1487) 2월에 성답게 축조된 것으로 알려져 있다. 형태는 남북이 긴 장방형의 모를 죽인 抹角방형으로 기록상 둘레는 3,648척, 높이 8척, 여장 높이 5척이다. 성내에 우물 13개소, 포루 8개, 성문은 동서남북 4개의 대문을 두었다. 또 남문과 북문에는 甕城이 있다. 성내에는 官衙인 淸州東軒, 望仙樓, 淸寧閣 등이 지어졌는데 현재 이들 건물만이 남아 있다.

관아건축은 중앙 관아와 지방 관아로 나누어 지는데, 중앙관아는 議政府, 宗親府 등의 관아와 이조, 호조, 병조 등의 六曹 관아들이 있고, 지방 관아로는 각 도에 관찰사가 정무를 보는 監營을 세우고, 각 관찰사 밑에 부, 대도호부, 목, 도호부, 군, 현 등으로 구분된 행정단위가 있고, 이의 공적 업무를 보는 관아로 東軒이 건립된다.[4]

江原監營은 고려 성종 4년에 초창되었는데 선조 때 임진왜란으로 소실되어, 현종 원년(1660)에 원주목사 李後山이 다시 지었다. 현재 몸채인 宣化堂과 문루, 부속채인 청운당만이 남아 있다. 선화당은 정면 7칸 측면 4칸으로 내부에 고주를 세워 외진과 내진으로 구분하여 외진 바닥은 기단상부의 마감처럼 전돌마감이고 내진은 외진바닥보다 한단 높이하여, 우물마루와 장마루로 마감하였다. 공포는 이 익공양식으로 출목은 없으며, 초익공은 연화초각의 앙서로, 이익공은 연봉을 조각한 수서로 이루어져 있다. 이 고주칠량 겹처마의 팔작기와집을 이루고 있다. 문루는 정면 3칸 측면 2칸의 겹처마 팔작지붕의 중층 누문이다.

金堤東軒은 현종 8년에 건립하였고 숙종 25년(1699)에 중수하였다. 정면 7칸 측면 4칸의 단층 겹처마 팔작집이다. 세벌대의 기단 위에 막돌초석을 놓고 두리기둥을 세워 연봉을 조각한 이익공양식의 공포를 짜 결구하였는데 보머리도 봉두형으로 조각하였다. 본래 내부에 온돌방이 양쪽에 있었다고 하나 현재는 바른쪽에만 4칸 크기의 온돌방이 있고 나머지는 우물마루로 마감

---

3) 孫永植, 《韓國城郭의 硏究》(문화재관리국, 1987), 247~250쪽.

4) 朱南哲, 〈宮衙建築에 관한 硏究〉(《建築》 28-116, 대한건축학회, 1984).

되었다. 동헌의 뒷쪽으로 살림채인 內衙가 자리를 잡고 있는데, 'ㄷ'자형 평면으로 중앙에 대청을 두고 좌우로 온돌방과 부엌을 둔 전형적인 살림집의 모습을 이루고 있다. 가구는 오량이며, 홑처마 팔작기와지붕을 하고 있다(〈도면 4-1, 4-2〉).

〈도면 4-1〉 김제동헌(평면도)

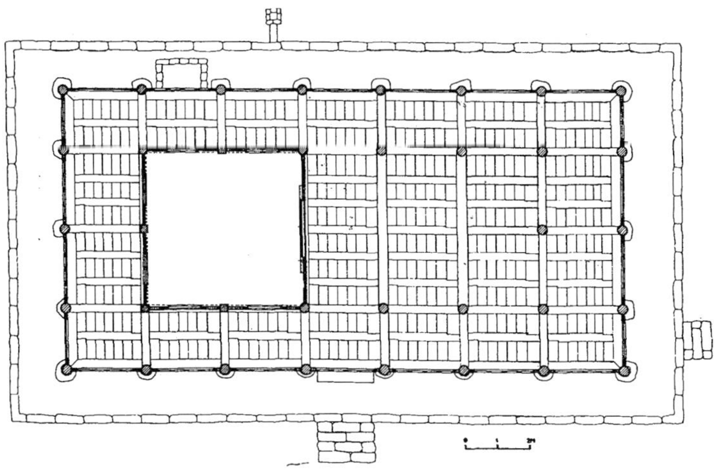

客舍건축은[5] 殿牌와 闕牌를 감실에 모셔놓고 초하루와 보름에 지방의 수령이 向闕望拜의 의식을 거행하며, 또 사신을 맞이하여 접대하는 곳이다. 중국사신이 머무는 송도의 太平館과 같은 객사에는 임금을 상징하는 전패와 중국의 천자를 상징하는 궐패를 모신 龕을 모셔두지만, 기타 객사에서는 전패만을 모셔둔다.[6] 읍성내의 동헌 가까이에 건립하는데, 구성은 정청과 좌우 익헌, 고직사, 루, 객사문 등으로 구성된다, 정청에 궐패와 전패를 모시고 좌우 익헌에는 온돌방을 두어 사신이 머무르게 하고 루에서는 잔치를 하며, 고직사에서는 음식장만 등의 뒷바라지를 하게 된다. 조선 중기에 건립된 객사

5) 朱南哲, 〈客舍建築에 관한 研究〉(《대한건축학회논문집》 2-3, 대한건축학회, 1986).

6) 주남철, 《한국건축사》(대한건축학회, 1996), 485쪽.

〈도면 4-2〉 김제동헌(종단면도)

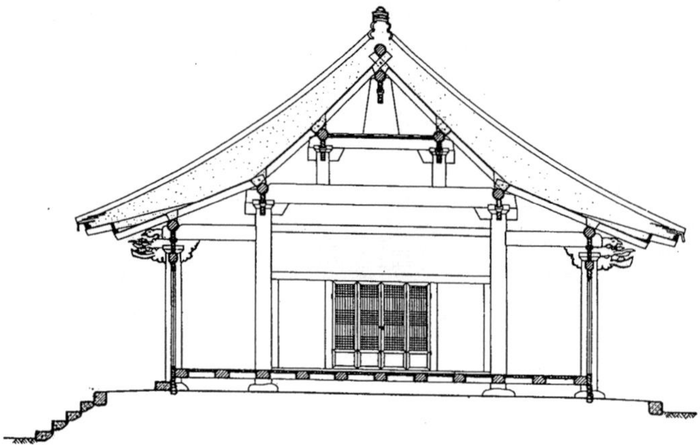

건축으로 현존하는 것으로는 전주객사(1471년 중건), 거제객사(1489년), 무장객사(1581년), 밀양객사(1652년), 부여객사(1704년), 선성현객사(1712년), 낙안객사(1722년), 완도객사(1722년) 등이 있다.

부여객사는 정청과 좌우 익헌만이 남아 있는데 정청은 정면 3칸, 측면 3

〈사진 1〉 부여객사

칸이고 좌우로 반칸 떨어져 좌우 익헌이 정면 3칸 측면 2칸으로 자리잡고 있다. 정청은 단층 맞배집으로 이익공양식이고, 좌우익헌은 단층의 초익공양식으로, 지붕의 용마루는 정청보다 한단 낮은데, 정청쪽의 지붕은 맞배지붕으로, 끝단은 팔작지붕을 이루고 있다(〈사진 1〉).

(4) 유교건축

조선은 개국과 더불어 유교관계의 건축이 활발하였다. 유교건축으로는 한양의 문묘와 성균관, 오부학당, 지방의 향교, 서원, 정사들이 있다.

성균관은 조선시대 최고의 교육기관으로 尊賢 공간인 文廟 영역과 講學 공간인 明倫堂 영역으로 구성되어 있다. 태조 6년(1397)에 문묘를 창건한 이래, 세종 때 편액하는 등 정비되었으나, 임진왜란으로 불타 선조 때 다시 짓게 되었다. 大成殿은 선조 34년(1601)에 다시 짓기 시작하여 선조 35년에 완공하고, 선조 36년부터 東廡와 西廡를 지어 37년에 완공하였다(〈도면 5〉, 〈사진 2〉). 또 선조 39년 무렵에 명륜당이 중건되었다.[7]

대성전은 문묘라고도 하는데, 이 건물 속에는 孔子의 위패를 한 가운데 모시고 四聖, 孔門十哲, 宋朝六賢의 위패들을 좌우에 배향하고, 대성전 앞 쪽 좌우에 늘어선, 동무와 서무에는 중국 名賢 47위와 우리 나라 명현 18위의 위패를 모신다.

대성전은 장대석 바른층쌓기한 높은 기단 위에 다듬은 초석을 놓고 두리기둥을 세워 공포를 짜 올린 다포식 건축이다. 평면은 정면 5칸 측면 4칸으로 전면에 개방된 퇴간을 두었다. 공포의 양식은 내외2출목으로 바깥단은 강직한 앙서로 안으로는 교두형이며 특히 보머리는 三盆頭形으로 되어 초기의 다포식 양식을 보여주고 있다.

처마는 겹처마이고, 팔작기와지붕의 용마루 끝에는 취두를, 합각마루와 추녀마루에는 용두를 놓고, 또 잡상을 추녀마루에 놓아 장식하였다.

명륜당은 중앙에 정면 3칸 측면 3칸의 본단을 세우고, 좌우로 정면 3칸 측면 2칸의 익헌을 붙여 지었다. 공포의 양식은 본당은 이익공, 양익헌은 초

---

7) 朱南哲, 《韓國建築美》(일지사, 1983), 366~372쪽.
《국역太學志》(成均館, 1994).

〈도면 5〉 문묘 배치도

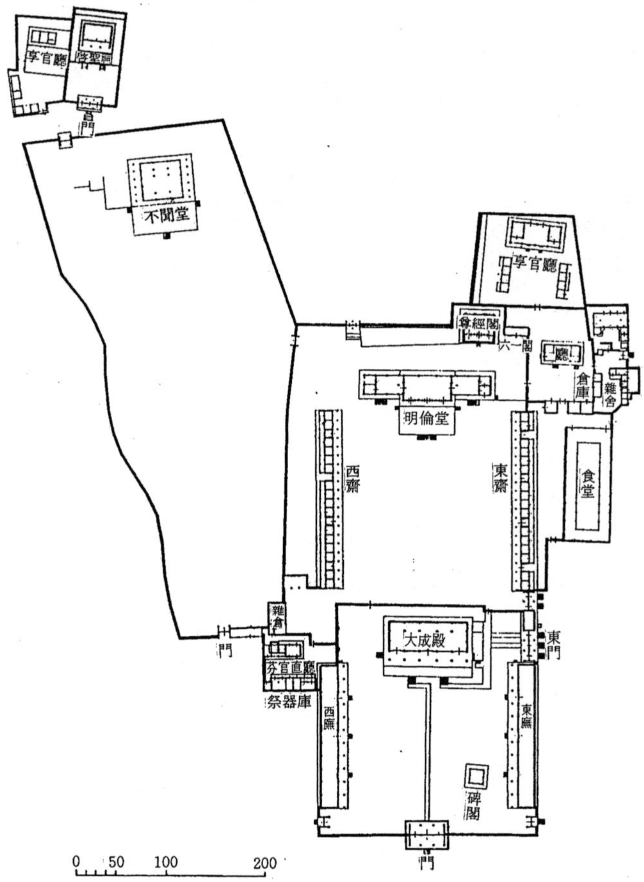

익공이고, 지붕은 본당을 맞배지붕으로 좌우익헌은 끝단에 팔작기와지붕을 이루고 있다(〈사진 3〉).

지방의 향교건축으로 조선 중기에 건립된 건축으로는 경주향교, 나주향교 대성전을 대표적으로 들 수 있다. 경주향교8)의 창건은 고려시대로 전하나, 현재의 건축은 임진왜란 이후인 선조 33년에 중건한 것이 전하여 온다. 대성

8) 朱南哲, 위의 책, 376~379쪽.

〈사진 2〉 대성전

〈사진 3〉 명륜당

전은 장대서 바른층쌓기한 높은 기단 위에 주좌를 쇠시리한 다듬은 초석들을 놓고, 배흘림이 있는 두리기둥들을 세워 공포를 기둥 위에만 짜올린 주심포식 건축이다. 기둥머리에서 끝단이 수서로 된 헛첨차를 끼워 이 위에 소로를 놓아 출목첨차를 받치고 있다. 주두 위에도 수서로 된 살미첨차를 놓아 출목첨차와 맞물려 짜임을 이루고 있다. 지붕은 맞배기와지붕이고 활주를 세웠다. 이 향교의 명륜당과 정문의 구조양식이 특이한데, 명륜당에서는 퇴간 안 쪽의 기둥의 공포는 주두 위와 창방 위 주두 좌우에 높은 소로 위에 첨차를 놓고 출목첨차 없이 첩첩이 첨차들만 쌓아 도리를 받치고 있다. 또 정문에서는 기둥에 주두없이 보 머리의 끝단에 기둥굵기로 구멍을 내어 기둥을 끼워 그 위로 도리와 장여를 받치고 있는데 이런 구조는 다른 건축물에서는 찾아보기 힘든 것이다.

나주의 문묘대성전은 건축연대는 알 수 없으나, 17세기에 건축된 주심포식 건축이다. 장대석 바른층쌓기한 기단 위에 연꽃잎을 조각한 다듬은 초석들을 놓고 배흘림 두리기둥을 세웠다. 공포는 기둥 웃몸에서 헛첨차를 놓고, 소로를 두어 주두 위로 뻗어 나온 살미첨차와 결구하여 외1출목공포를 이루고 있다. 일반적으로 주상 주두 위에 소첨차와 대첨차를 놓아 외1출목공포를 이루는데 소첨차만으로 도리밑 장여를 받치고 있음이 특이하다. 지붕은 겹치마의 팔작기와지붕을 이루고 있다(〈사진 4〉).

유교건축으로서의 서원건축은 중종 37년(1542) 풍기군수 周世鵬이 祠廟를 건립하고 고려 때의 安裕의 제사를 지내기 시작하여, 중종 38년에 白雲洞書

〈사진 4〉 나주향교 대성전과 서무

院을 건립하면서 부터이다. 그 후 명종 5년(1550)에 李滉이 군수로 부임하고 나라에 고하여 紹修書院이라는 편액을 하사받음으로써 賜額書院이 시작되었다.

소수서원은 서원건축의 초창기 건축이니 만큼 배치에 있어 어떤 체계를 찾아볼 수 없다. 냇물을 바른쪽에 끼고 진입하면 일각대문과 마주하게 되고 이 문을 들어서면 강당인 명륜당이 동향으로 자리잡고 있어, 그 측면을 바라보게 된다. 일신재와 직방재는 명륜당 북측 측면에 직교하여 남향하고 있고, 사당은 명륜당 서쪽 깊은 터에 따로 쌓은 담장 속에 남향하여 있다. 지락재, 학구재, 경판고들이 사당이나 명륜당의 중심 축들과 어긋나게 자유롭게 자리잡고 있음이 초창기의 서원배치 모습을 보여주고 있다. 강당인 명륜당은 정

〈도면 6〉 소수서원 배치도

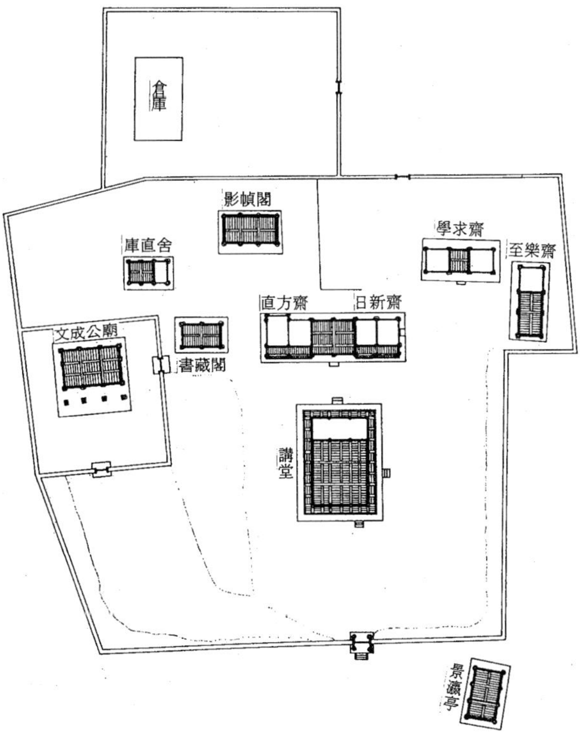

〈도면 7－1〉 도동서원 배치도

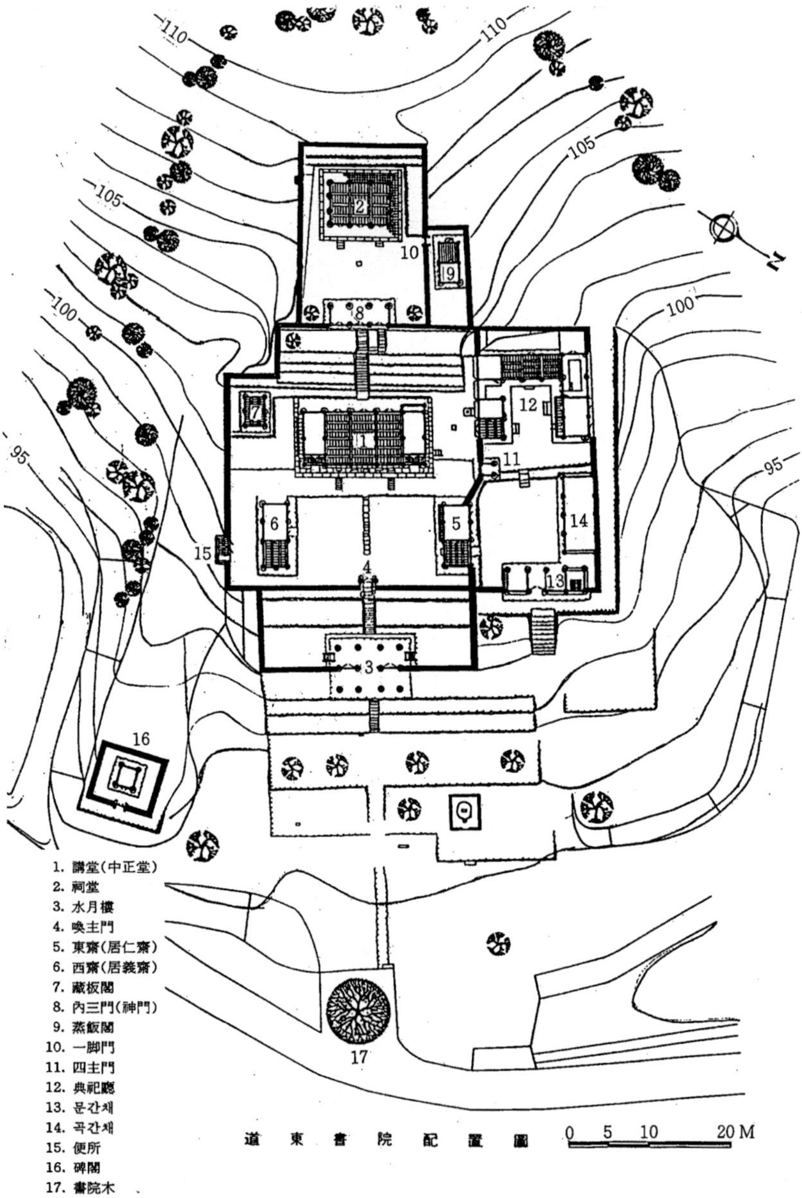

〈도면 7-2〉 도동서원 중정당 입면도

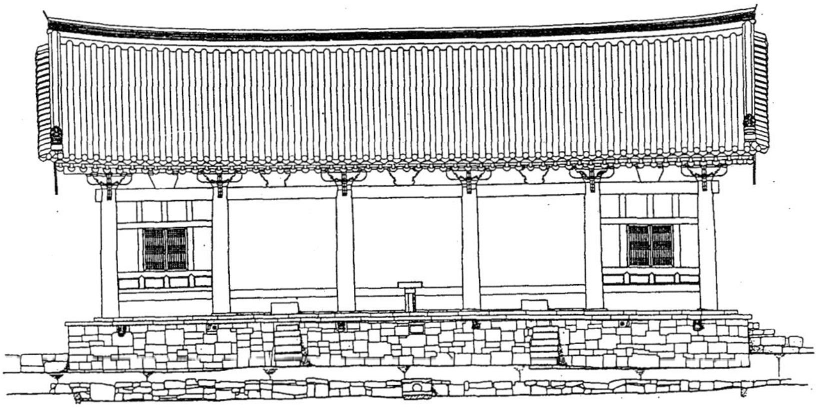

면 4칸, 측면 3칸의 단층 팔작기와집으로 기둥 위에 주두를 놓고 앙서로 된 익공을 하나 놓아 결구한 초익공식 공포를 이루고 있다. 가구는 오량으로 종보 위에 파련대공을 놓아 종도리를 받치고 있다. 서원에서의 존현공간은 사묘만으로 구성된다. 그 까닭은 향교에서는 공자와 사성, 십철 등 여러 현인들의 위패를 봉안하여야 하지만 서원은 건립할 때부터 어느 특정 현인을 향배하기 위한 것이기 때문에 사묘 하나만을 건립하는 것이다. 소수서원에 주향된 현인은 문선공 안유로서, 문선공묘는 정면 3칸, 측면 3칸의 단층 맞배집으로 전면은 퇴간으로 개방하였다. 공포는 초익공식이다(〈도면 6〉).[9)]

道東書院은 선조 38년(1605)에 金宏弼의 덕행과 학문을 기리기 위하여 창건하였고, 선조 40년에 사액서원이 되었다. 이 서원의 배치는 서원건축의 정형을 보여준다. 넓은 마당에서 누문을 통하여 들어서면 강학공간이 되고 이 마당의 안쪽에 강당인 중정당이 자리잡고 그 전면 좌우로 동재와 서재가 자리잡고 있다. 강당 뒷쪽으로는 급경사의 언덕이고 여기에 계단이 있어 내삼문에 올라서게 되고 전면에 김굉필의 위패를 주향한 사묘가 자리잡고 있다. 내삼문 좌우로는 담장이 세워져 상낭의 좌우로 둘러쌓은 담장과 만나 뒤쪽으로 연장되어 사묘를 둘러싸게 된다. 사묘의 측면에는 경판고가 자리잡고,

9) 朱南哲, 위의 책, 398~401쪽.

그 아랫터 강당의 측면에 교직사가 있어 서원의 살림을 맡아 한다.

도동서원의 강당인 중정당은 정면 5칸, 측면 2칸의 단층맞배집으로 중앙 3칸주간이 대청이고 좌우 1칸주간이 방으로 구성되어 있다. 기단은 다듬은 돌 허튼층쌓기한 후 갑석을 놓아 마무리하였으며, 전면 좌우 석계 안쪽으로 龍頭를 조각하여 꽂아 장식하였다. 공포는 외1출목의 주심포식이다. 사당은 단층맞배집으로 주심포식 건축이다(〈도면 7-1, 7-2〉).[10]

(5) 사찰건축

조선시대는 개국과 더불어 숭유억불정책을 쓴 만큼 사찰건축의 초창은 활발하지 못하였다. 그러나 고려 때까지 창건된 많은 기존의 사찰에서, 특히 임진왜란으로 불탄 여러 전각들이 중건됨으로써 개별적인 사찰건축의 조영은 활발하였다.

화엄사는 임진왜란으로 거의 전사찰이 불타서 임진왜란 이후에 다시 짓게 되어 중기의 사찰모습을 잘 보여준다. 인조 8년(1630)에 覺性이 중건을 시작하여 인조 14년에는 대웅전을 비롯한 여러 건물들을 짓고, 숙종 28년(1702)에는 性能이 장육전을 중건하였는데 숙종은 이를 覺皇殿이라 사액하고 선교양종 대가람으로 격을 높였다. 오늘날까지 전해 내려오는 배치를 살펴보면 일주문을 들어서면 금강문이 이 문의 축과는 어긋난 축상에 자리잡고, 금강문에서 다시 비껴 축상에 천왕문이 자리잡고 있다. 천왕문을 지나 여러 단의 돌계단을 딛고 올라서면 보제루 앞이 되고 오른쪽으로 돌아 또 몇 단의 돌계단을 올라서면 동서 탑들이 서 있는 대웅전 아래 마당에 이른다. 이 때 천왕문과 보제루 중심축은 서로 어긋나며, 동탑과 서탑의 동서축도 서로 어긋나는데 이는 산지가람에서 공간의 균형을 이루면서 자연의 지세에 조화되도록 조영하는 조형의식에 따른 것이다. 사찰의 중심 전각인 대웅전은 탑이 서 있는 아래 마당보다 높은 웃마당에 보제루의 전각들인 면부전, 원통전, 나한전들이 건립되어 전체적으로 비좌우대칭균형의 배치체계를 이루고 있다(〈도면 8〉).[11]

---

10) 朱南哲, 위의 책, 412~415쪽.
11) 朱南哲, 위의 책, 279~281쪽.

〈도면 8〉 화엄사 배치도

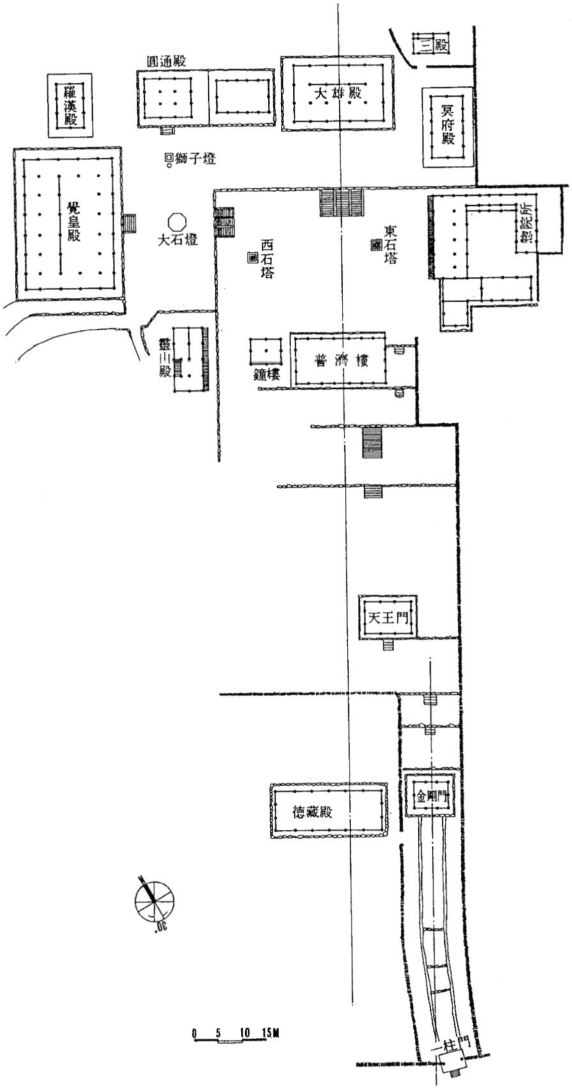

神勒寺 祖師堂은 예종 원년(1469)에 건립된 정면 1칸, 측면 2칸의 단층팔작 기와집이다. 공포는 내외1출목 다포식으로 첨차의 단부는 교두형이고 쇠서는

〈도면 9-1〉 도갑사 해탈문 공포(1)

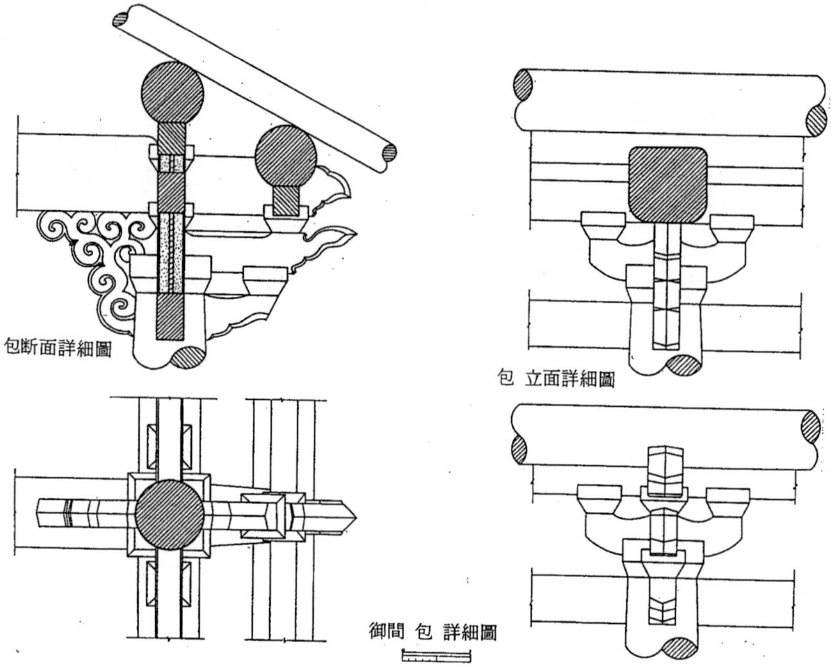

강직하고 내부의 천장을 모두 우물천장으로 처리하였다.12)

道岬寺 解脫門은 성종 4년(1473)에 건축된 정면 3칸, 측면 2칸의 단층맞배집으로 주심포식건축이다. 공포는 외2출목으로 헛첨차를 내어 소로를 얹어 앙서로 된 살미첨차를 받치고 안쪽에는 보아지를 두었다. 내부의 가구에서는 솟을합장으로 종도리를 결구하고 포대공으로 종도리를 받치며, 전후 평주사에 우미량을 얹어 다른 쪽 끝단은 중도리를 받치는 공포에 짜여 마무리되고 있다(〈도면 9-1, 9-2〉).13)

開心寺 대웅보전은 성종 15년에 중창된 정면 3칸, 측면 3칸의 단층맞배집으로 다포식건축이다. 약한 배흘림이 있는 기둥과 우주의 귀솟음이 있으며,

12) 朱南哲, 위의 책, 298~301쪽.
《韓國의 古建築》 8 (문화재관리국문화재연구소, 1986).

13) 《韓國의 古建築》 1 (문화재관리국문화재연구소, 1973).

〈도면 9-2〉 도갑사 해탈문 공포(2)

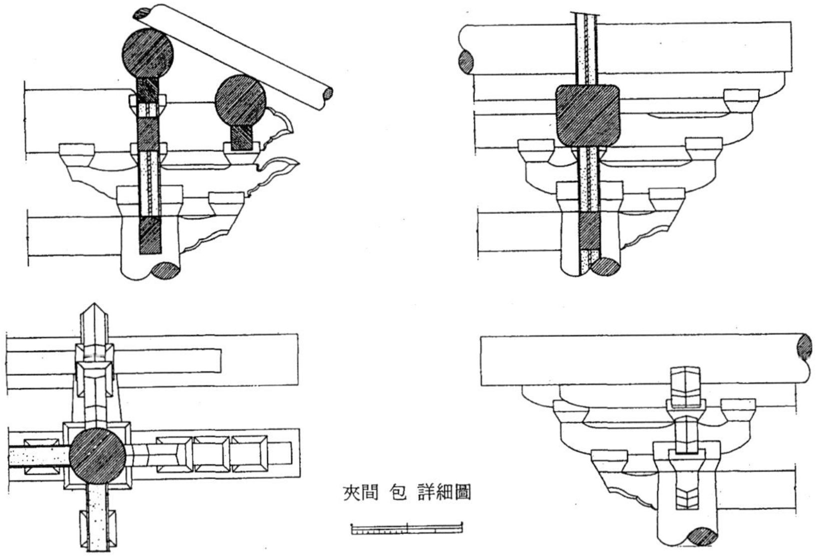

夾間 包 詳細圖

공포는 외2출목 내3출목으로 첨차의 단부는 교두형이며 특히 종도리를 파련대공이 받치고 솟을합장으로 결구하고 있음이 조선 초기 건축인 무위사극락전의 구조와 닮은 점이다.[14)]

임진왜란 이후에 지어졌거나, 불탄 것을 다시 지은 건축으로는 법주사 팔상전(1605년), 관룡사 대웅전 및 약사전(1617년), 전등사 대웅전(1621년), 금산사 미륵전(1635년), 화엄사 대웅전(1636년), 통도사 대웅전(1645년), 용문사 대장전(1670년), 쌍봉사 대웅전(1690년), 화엄사 각황전(1697년) 등이 있고, 또 임란 전후로 지어진 건립연대를 알 수 없는 건축으로는 선운사 대웅전, 무량사 극락전, 봉정사 화엄강당 및 고금당, 장곡사 하대웅전, 쌍계사 대웅전 등이 있다.

관룡사 약사전은 정면 1칸, 측면 1칸의 단층 맞배집으로 공포를 네 기둥 위에만 짜올린 주심포식건축이다. 주산의 창방 위에는 화반도 없고 특히 창방머리를 첨차로 이용한 점이 특이하며 또 단칸이면서 7양가구로 우미량을 사

---

14) 《韓國의 古建築》 2 (문화재관리국문화재연구소, 1975).

〈도면 10〉 법주사 팔상전 입면도(수리전)

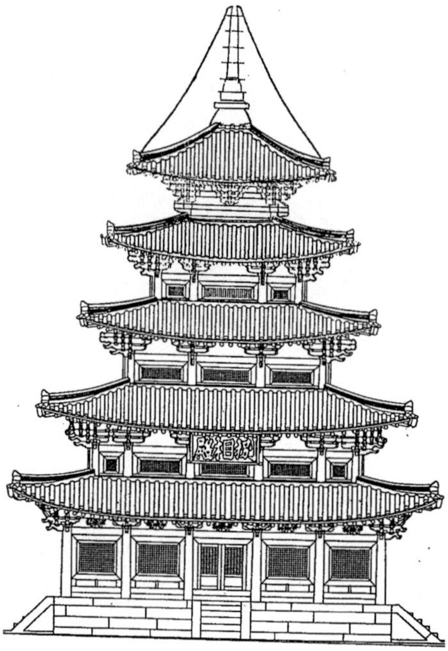

용한 점도 주목되는 점이다.[15)]

법주사 팔상전은 5층으로 3층의 쌍봉사 대웅전과 함께 단 두 개의 현존하는 목조탑이다. 정유재란 때 불타 선조 38년(1605)에 다시 지은 건축이나, 이 때의 양식으로 이루어졌는지는 의문이다. 장대석바른층쌓기의 비교적 높지 않은 기단 위에 정면 5칸, 측면 5칸의 정방형 평면 속 중앙에 심주를 세웠고 모서리에 고주를 세워 변주와 모서리 기둥에 퇴보를 놓고 이 퇴보 위에 2층의 변주를 세웠으며 같은 방법으로 2층, 3층 등이 이루어 진다. 공포는 2출목으로 1층은 주간에도 공포를 짜고, 2, 3, 4, 5층 모두 기둥 위에만 공포를 짜올려 놓았으나, 공포의 양식은 波蓮刻을 갖는 다포양식을 이루고 있음이 특이하다(〈도면 10〉).[16)]

금산사 미륵전은 정유재란 때 소실되어 인조 13년(1635)에 다시 지어 그 후 4차례의 중수를 거쳤다. 미륵삼존불을 모신 유일의 3층 불전이다. 정면 5칸, 측면 4칸의 평면으로 내부에 4개의 고주를 앞뒤로 세우고 고주와 변주에 퇴량을 걸어 퇴량 위에 2층의 변주를 세웠으며, 3층의 변주는 1층의 고주가 연장되어 변주로 되었다. 공포는 내외2출목으로 살미첨차의 끝단은 앙서로 되어 있고 연봉으로 장식되었으며 안쪽은 한판으로 붙어 있다. 특히 앙서들은 살미첨차에 붙인 것으로 하나의 부재로 된 것과 비교할 때 격이 떨어진다.[17)]

15) 《韓國의 古建築》 6 (문화재관리국문화재연구소, 1984).
16) 朱南哲, 앞의 책(1983), 289~292쪽.

(6) 주 택

조선 초기 세종 13년(1431)에 반포된 주택의 크기와 장식을 제한한 家舍規制는 신분계급에 따라 집의 크기와 장식을 달리하게끔 한, 왕권사회의 일면을 보여준다. 이 때에는 단지 칸수[間數]만으로 집의 크기를 제한하여 기둥사이, 즉 주칸을 크게 잡을 때 같은 칸수로도 보다 큰 집을 지을 수 있는 결점이 있었다. 때문에 세종 22년과 31년 두 차례에 걸쳐 부재의 크기를 제한하였었는데, 《경국대전》이 반포된 예종 원년(1469)에는 단지 대군 60칸, 군·공주 50칸, 옹주·종친·2품 이상 40칸, 3품 이하 30칸, 서인 10칸으로 칸수만을 다시 제한하는 법이 반포되었다. 그러나 이러한 법은 잘 지켜지지 않았고 보다 크게 집을 짓는 사람들이 많았던 것을 알 수 있다.[18)]

중기에 건축되어 오늘날까지 남아 있는 주택들로는 강릉 오죽헌, 강릉 해운정, 강원도 명주군의 임경당, 회덕 동춘당과 고택, 회덕 제월선생고택, 예산 이참판고택, 하회 양진당, 하회 충효당, 의성 김씨대종가, 월성 손동만씨가, 월성향단, 월성 관가정, 해남 녹우당 등을 들 수 있다.

월성 香壇은 회재 이언적(1491~1553)이 경상감사로 있을 때 지은 중기의 건축으로 이의 평면은 '用'자를 기본으로 한 것이다. 높은 언덕 위의 일각대문을 들어서면 앞에 줄행랑채가 자리잡고, 이보다 한단 높은 터에 사랑채가 모양의 안채와 연이어져 건립되어 행랑채와 더불어 길상문자인 '用'자를 이루게 되는 것이다.[19)]

해남의 윤고산 고택인 녹우당은 조선 중기의 주택건축으로 일자형 사랑채, ㄷ자형 안채, 일자형 대문간채, 광채들이 넓은 울 안에 자리잡고, 여기에 사당간이 건립된 대가이다. 특히 울 밖에는 사당이 두 채 서 있는데 이는 불천지위의 사묘인 고산 사당과 어초은 사당이다. 또 이 주택에서 주목되는 것은 사랑채 앞에 설치한 차양과 부엌 상부에 가설한 덫지붕이다(〈도면 11〉).[20)]

---

17) 朱南哲, 위의 책, 285~287쪽.
18) 朱南哲, 《韓國住宅建築》(일지사, 1980), 54~55쪽.
19) 朱南哲, 위의 책, 166~167쪽.
20) 朱南哲, 위의 책, 179쪽.
———, 앞의 책(1983), 175~178쪽.

〈도면 11〉 해남 윤고산 고택 평면도

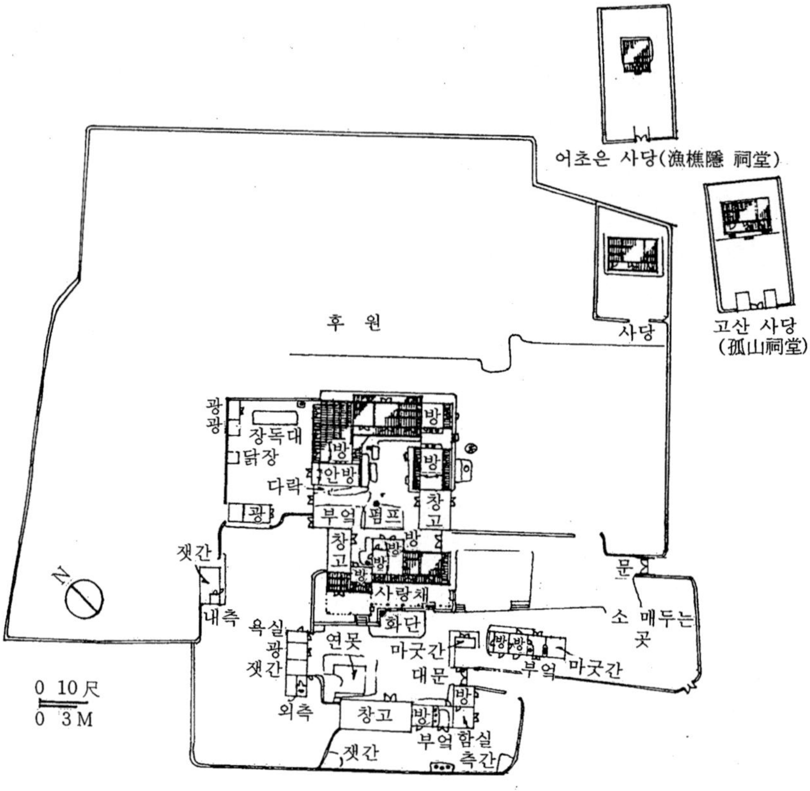

(7) 석탑 · 부도

석탑, 석등, 부도, 전탑은 모두 불교관계의 건축조영물인 만큼 조선왕조가 숭유억불을 국시로 하였던 까닭에 그 어느 때보다도 이들의 조영활동은 둔화되었다. 또 불교국가이었던 고려의 석탑 등을 기반으로 한 조영도 임진왜란을 겪고서는 단절된 상태에 이르렀다고 할 수 있다.

비록 그 수는 적다하더라도, 조선 중기에 건축된 현존하는 중요한 석탑건축으로는 성종 3년(1472)에 건립된 것으로 추정되는 신륵사 다층석탑, 성종 24년 건립 추정의 수종사 8각5층석탑, 중종 15년(1520) 건립 추정의 벽송사 삼

〈사진 5〉 낙산사 7층석탑

층석탑 등이 있다.

벽송사3층석탑은 신라석탑조형을 충실히 따른 것으로, 2층기단 위에 3층의 탑신과 상륜부를 둔 방형석탑이다. 상하 기단은 각각 단일석으로 되어 있는데 우주와 탱주가 조각되어 있고, 기단 위는 탑신석과 옥개석들이 단일석으로 되면서 우주와 탱주를 조각하였다. 옥개석받침은 1층과 2층은 4단, 3층은 3단으로 되어 있다. 상륜부는 露盤과 覆鉢 위에 보주가 놓여 있다.[21)]

낙산사7층석탑은 일반탑처럼 방형이나, 기단에 연화무늬가 조각되어 있고, 옥신석 아래에 두꺼운, 보다 넓은 돌로 받쳐져 있는데, 이는 목조탑에서 퇴를 내고 난간을 두른 모양을 간략하게 조형화한 것이라 생각된다(〈사진 5〉).[22)]

부도로는 성종 11년(1480)에 건립된 것으로 추정되는 복천암 秀庵和尙塔과 學祖灯谷和尙塔(1514년 건립추정), 新興寺址廬閑堂塔(1582년 건립추정) 등을 들 수 있는데 고려시대보다 퇴화된 모습을 볼 수 있다.[23)]

〈朱南哲〉

21) 秦弘燮, 《文化財大觀, 寶物編》(文化公報部文化財管理局, 1968), 570쪽.
鄭永鎬, 〈(2)탑파와 석조미술〉(《韓國美術史》, 예술원, 1984), 552~553쪽.
22) 秦弘燮, 위의 책, 506쪽.
鄭永鎬, 위와 같음.
23) 鄭永鎬, 위의 책, 559쪽.

3. 음 악

한국음악사에서 조선 중기의 음악은 앞 시대의 음악을 많이 이어 받았지만 이것이 점차 변질되고 또한 새로운 음악이 민간 선비사회에서 발달하는 점에서 조선 초기의 음악과 다르고, 한편으로 이 시기의 말엽에 정립된 정악이 더욱 다양하게 발달하고 판소리, 산조 등의 민속악이 크게 대두되는 후기의 음악과도 구별된다.

조선 중기의 음악은 이 시기를 전후하여 편찬되고 현전하는《時用鄕樂譜》·《大樂後譜》·《俗樂源譜》등의 관찬악보와《琴合字譜》·《梁琴新譜》·《玄琴東文類記》·《二水三山齋本琴譜》·《增補古琴譜》·《新增琴譜》·《韓琴新譜》·《漁隱譜》등의 거문고 악보에 대부분 기록되었다.

1) 궁정음악의 전승과 변화

조선 중기의 궁정음악은 초기로부터 전승된 것이고, 광해군 2년(1610)과 효종 6년(1655)의《樂學軌範》복간사업처럼 음악전승 노력의 결과이다. 그러나 한편 그 음악 내용은 중종 13년(1518)의 樂詞改撰[1]이나 임진왜란과 병자호란 같은 여러 요인에 의하여 초기의 것과 많이 달라졌다. 그리고 일단 달라진 조선 중기 궁정악은 대개 영조대까지 그대로 이어진다.

이 시대의 궁정음악으로는 종묘제향에 쓰이는 保太平과 定大業, 조회연향에 쓰이는 與民樂, 步虛子, 靈山會相, 靖東方曲, 洛陽春, 井邑, 임금의 행차에 쓰이는 고취음악으로 笙歌寥亮과 雙花曲, 그리고 문묘 등의 제향에 쓰인 아악곡 등이 악보에 기록되었다.

(1) 보태평과 정대업

조선 중기부터 보태평과 정대업은 순전히 종묘제향악으로만 쓰였고, 향악

---

1)《中宗實錄》권 32, 중종 13년 4월 기사.

정재로서의 보태평과 정대업은 그 전승이 끊어졌다.

궁정음악에서 가장 중요한 것은 항상 종묘제향악이었다. 그러므로 조선 중기에 이르러서 겪은 여러 전란과 掌樂院 樂工과 樂生의 태부족[2]에도 불구하고 그 음악은 대개 그대로 이어졌다. 다만 보태평에는 약간의 변화가 생겼다.

중기 보태평은 인조 4년(1626)에 새로 지은 《宣祖樂章》 重光章(선율은 기존의 제11곡 繹成과 같음)이 제9곡 貞明 아래 첨입되어 전기의 그것과 달라졌고, 따라서 전기의 11곡에서 12곡으로 늘어났다. 그리고 12곡이 불합리하다는 논란이 이후 끊이지 않았지만, 이 12곡의 보태평은 오랫동안 당시의 연주 관행대로 종묘 各室에 한 곡씩 따로 연주되었다. 이러한 연주법은 영조대에 이르러 全曲을 通奏하는 방법으로 바뀌었고, 제8곡 龍光과 다음곡 貞明을 합하여 한 곡으로 만들어서 다시 보태평이 11곡을 이루게 되었다.[3]

본래 보태평과 정대업은 주로 향악에 기초하여 창제되었다. 따라서 각 곡의 길이도 들쑥날쑥하고, 《世祖樂譜》에 기록된 것처럼 그 박자와 리듬도 향악의 특색을 그대로 지녀서 불규칙적이고 복잡하다. 이러한 본래의 박자와 리듬이 조선 중기 이후 점차 변질되어서 1음 1박화 되는데, 그러한 박자의 변질은 영조대를 전후하여 이루어졌을 것으로 추측된다. 영조대에는 위에 언급한 것처럼 보태평, 정대업이 재정비되었고, 또한 여민락이 향악곡 중에서 화평한 좋은 악곡이므로 가능한 여러 향악곡의 박자와 리듬을 여민락과 비슷하게 정비하여야 한다는 논의도 있었다.[4]

보태평과 정대업의 리듬변화의 조짐은 악보에서도 발견된다. 즉 《대악후보》와 《속악원보》에 기록된 음악은 《세조악보》에 비하여 선율과 가사가 육대강에 고르게 배치되었다(〈악보 1〉). 이러한 정간기보의 변화 추이는 보태평과 정대업의 리듬이 평이하게, 즉 점차적으로 1음 1박으로 향하는 단계적 현상으로 해석된다.

---

2) 宋芳松, 《樂掌謄錄硏究》(嶺南大 民族文化硏究所, 1980), 130쪽.
3) 김종수, 〈조선후기 宗廟樂章 논의〉(《한국음악연구》 17·18, 한국국악학회, 1990).
4) 《英祖實錄》 권 106, 영조 41년 10월 계축.

〈악보 1〉 《세조악보》·《대악후보》·《속악원보》의 형가 비교

《세조악보》

潢					潢			汰	㳞				㳞		汰
於					皇			聖					翼		

《대악후보》

潢					潢			汰		㳞			㳞		汰
於					皇			聖					翼		

《속악원보》

潢					潢			㳞					㳞		
於					皇								翼		

한편 조선 중기의 보태평과 정대업은 초기의 제향악과 달리 그 편성규모에서도 축소되었다. 인조 7년(1629)과 21년의 기록에 의하면 당시 종묘(영녕전 포함) 제향악의 악공수는 登歌 20명, 軒架 22명, 文舞와 武舞 각 36명으로 되었고,[5] 이러한 편성은 향후 거의 변함없이 후기까지 이어졌다. 참고로 숙종대의 종묘제향악의 악현은 다음 〈그림 1〉과 같다.[6] 성종대에 비하여 특히 헌가가 단출하게 되었고, 거문고·가야금·향비파 같은 현악기가 없어진 것이 이 시기 악현의 특색이다.

〈그림 1〉 숙종대의 종묘악현

(등가)

北

西	어						축	東
	향비파	방향	가야금	박	현금	아쟁	향비파	
	당적	대금	歌		歌	대금	퉁소	
	편경	피리	장고		절고	장고	편종	

5) 《仁祖實錄》 권 20, 인조 7년 6월 갑술.

6) 《宗廟儀軌》(《한국음악학자료총서》 권 19, 국립국악원, 1987), 25쪽. 원 그림에는 축만 있고 어가 없어서 이상하다. 따라서 등가와 헌가 악현에 어를 보완하였다.

(헌가)

	조축									
	편종	대금	당적	어	박	노도	축	대금	편경	
西	歌(兼小金)	훈	피리				피리	중금(兼太平簫)	歌(兼大金)	東
	지	소금	장고	진고		장고	당비파	방향	해금	

南

(2) 여민락

15세기에는 《세종악보》에 수록된 것과 같은 與民樂慢과 《금합자보》의 여민락 같은 與民樂令이 있었다.[7] 그리고 이 여민락과 여민락령은 모두 임금의 행차에 주로 연주되었던 악곡이었다.[8]

조선 중기의 여민락만과 여민락(令)은 《肅宗實錄》의 進宴 기록에 더러 보인다.[9] 그런데 그 진연의 기록에는 여민락만과 여민락이 초기의 그것처럼 임금의 행차에 쓰였을 뿐만 아니라, 연향에서 呈才반주에도 사용된 것처럼 되었다. 그러므로 일견 이 시기의 여민락만은 舞鼓를, 여민락은 향발무와 광수무를 반주하였던 것으로 보기 쉽다. 그러나 여민락만도 실제 정재반주로 쓰였을지는 의문이다. 진연의식과 절차 등을 보다 정밀하게 기록한 숙종 45년의 《進宴儀軌》 기록에는 여민락만이 무고정재를 반주하지 않았다.[10]

조선 중기 여민락만과 여민락의 차이를 구체적으로 논의하기는 어려우나, 여민락만은 《속악원보》 권 5(智)의 기록처럼 선율과 박자가 비교적 단조로운 것이고, 여민락은 그보다 선율이 복잡하고 장단이 뚜렷한 음악이었을 것이다.

한편 이 시기의 여민락이 반주한 향발무는 보허자(령)도 반주하였다. 따라

---

7) J. Condit, 〈여민락의 변천〉(《동양음악논총》, 한국국악학회, 1976), 231~264쪽.

8) 《樂學軌範》 권 2, 時用俗部祭樂, 時用賀禮及宴享樂.

9) 《肅宗實錄》 권 44, 숙종 32년 8월 임자 · 권 55, 숙종 40년 9월 정사 · 권 63, 숙종 45년 4월 경신.
진연 관련연구는 金英峰, 〈朝鮮朝 儀軌에 나타난 宴禮樂의 變遷〉(《민족음악학》 14, 1992) 참조.

10) 《進宴儀軌》(《한국음악학자료총서》 권 30, 1987), 27~28쪽.

서 여민락은 적어도 보허자와 그 음악내용이나 구조에서 유사하였을 것이다. 그리고 실제 여민락과 보허자는 함께 《속악원보》 권 5에 다음 〈악보 2〉처럼 함께 기록되었고, 그 음악이 상호 매우 비슷하다.

〈악보 2〉 《속악원보》의 여미락관보와 보허자관보

여민락(령)

潢			南			潢				潢			南			潢			
南			潢			潢	林	太	林	潢	南	林	潢	南		潢	南	潢	南

보허자(령)

仲			仲			仲				潢			南			潢		南	潢
南			林			潢		南	林	潢			南			潢	南	汰	南

조선 중기의 여민락만은 임금의 행차시에 다음 〈그림 2〉와 같은 편성의 전정헌가로 연주되었을 것이다.[11] 이 시대의 전정헌가는 초기의 그것에 비하여 규모가 상당히 작아진 것이고, 또한 현악기가 빠져서 그 편성내용에서도 초기와 상당히 달라졌다.

〈그림 2〉 인조대의 전정헌가

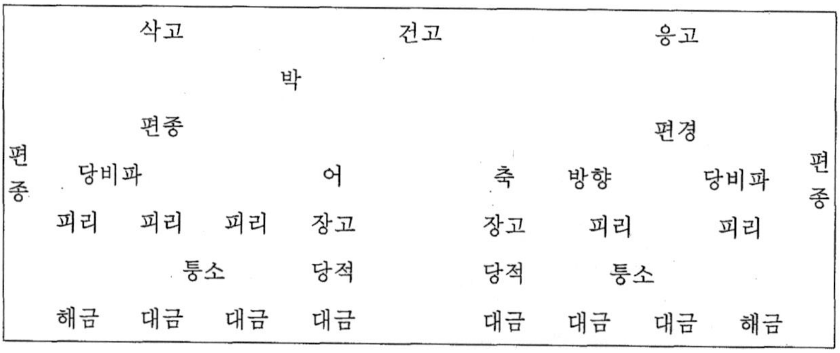

11) 인조대의 전정헌가 그림은《樂學軌範》권 2, 時用殿庭軒架의 악현을 참고하여 인조대의 인원으로 재구성한 것이다.

(3) 보허자와 낙양춘

조선 초기에 보허자는 수보록·수명명 등의 당악정재에 쓰였고, 낙양춘은 참신사배와 배례 등에 쓰여서 그 용도가 서로 달랐다. 그리고 이러한 전통은 중기까지도 이어졌다.

그런데 조선 중기의 보허자(령)는 여민락처럼 향악정재인 향발무와 광수무에 쓰였다. 그러므로 보허자는 당악정재가 아닌 향악정재를 반주하는 점에서 초기의 보허자와 달라졌을 것이고, 앞에서 살펴본 것처럼 이미 여민락과 비슷한 향악 기악곡이 되었다(〈악보 2〉).

한편, 낙양춘은 중기의 진연에서도 춤의 반주로는 쓰이지 않았고, 진작시에만 연주되었다. 따라서 낙양춘은 전기와 비슷한 용도로 사용되었다. 그리고 그 음악은 무용반주로 쓰이지 않은 점에서 조선 중기에 이미 장단이 없어지고 리듬이 평이하게 바뀐 다음 〈악보 3〉과 같은 기악곡이 되었을지도 모르겠다.

〈익보 3〉 《속악원보》 권 6의 낙양춘

黃		黃		太		太	太		黃		太	太	黃		南
潢	潢		南		潢	潢	南	林		林	林	仲		南	南
無	林		林		林	林	仲	汰		潢	潢	南	林		林

(4) 영산회상

조선 초기의 영산회상은 《악학궤범》의 정재 학연화대처용무합설에 기록된 것처럼 노래로 불리웠고, 만과 령이 있었다. 그러나 중종대에 그 가사가 壽萬年詞로 바뀐 후에는 조선 중기에 영산회상이 연주되었다는 기록이 잘 안 보인다. 그럼에도 숙종 말이나 영조 초엽에 영산회상이 연향악곡의 하나로 사용되었을 것으로 추측된다.

《대악후보》에 수록된 조선 중기의[12] 영산회상 〈악보 4〉에는 제1소행의 현

12) 李惠求, 《井間譜의 井間 大綱 및 장단》(세광음악출판사, 1987), 108쪽의 악보

악영산회상 선율외에도 제2소행에 평조회상의 원곡이 기록되었고,[13] 악보 제3행 중간에는 '擧吹'가 있어서 그 대목부터 관악영산회상이 시작된다는 것을 암시한다. 그리고 그 관악영산회상은 《속악원보》에 기록되었고, 鄕唐交奏라는 곡명으로 이후 조선 후기의 처용무 반주에 쓰이게 된다.[14]

〈악보 4〉 《대악후보》의 영산회상

靈	下二			下二			下二		下二	下一	下二		宮	下一			下二		宮	上一
	宮下一	下三		下一			下三	宮	下三	下四	下一	上一	下一	宮			下三	下二	下一	上一
山	宮			宮			宮	上一	宮	下一	上二	上一	宮	下一			宮	上二	上一	上二
	上一	下一	下三	下三			下一	上一	下一	上一	上二			上一			上二		上一	上二
會	上一			上一			上一		上一	宮	上一		上二	上一			上二	上三	上二	上一
	上三			下一			上二	上一	下一	下三	上一下一	下一	上一	下一			上二	上三	上二	上一

《대악후보》 영산회상의 '擧吹'부터 시작되는 《속악원보》의 관악영산회상은 1행 20정간의 정간보에 기록되었지만, 그것은 다음 〈악보 5〉처럼 이미 장단의 길이가 불일정하게 되었고, 4장으로 구성된 악곡이다.[15]

〈악보 5〉 《속악원보》의 영산회상

(1)	上一		宮	上一	上一	宮	上二		上三	上二	上一		上二	上二		上一

참조.

13) 황준연, 〈大樂後譜 영산회상의 제2선율〉(《國樂院論文集》 1, 국립국악원, 1989), 67~92쪽.

14) 《正祖實錄》 권 42, 정조 19년 윤2월 을미.

15) 황준연, 《俗樂源譜의 영산회상》(한국정신문화연구원 박사학위논문, 1990).

宮		下二	下二	宮	上一	宮	上一		

(2)

上三	上二	上一	宮	下二			下二	宮	上一

上三			上二	上三			上二		

上一		上二	上一	上二	上三	上二	上一		上二	上二			上一

宮		下二	下二			宮	上一	宮	下一

(3)

上二		宮	上一	上二	上二	上一		宮	下一

宮		上二	上三			上二			上一	宮		上一	上二	上一	上二

宮		下一	下一	宮	上一	宮	上一		

(4)

上一	宮	下二	上一		宮	下二	宮	下二	下三	上一	上二	上一	宮

下二	·	下二	宮	上一		上二		上二	上一

宮		下二	下二			宮	上一	宮	下一

(5) 정읍과 동동

井邑과 動動은 중종 때 가사가 개찬되었다. 그러한 사실은 중기에 이르러 그 음악도 변질되었음을 짐작케 한다.

정읍은 본래 조선 초기에 무고정재 등에서 노래와 반주로 쓰였고, 만기 중기 급기의 세 틀로 되었었다. 그러나 조선 중기의 정읍(만기)은 세 틀로 된 것이 아니고 진연에서 아박무와 무고정재의 반주음악으로 쓰이지만 노래로는 불려지지 않아서, 초기의 음악에서 많이 변화된 기악곡일 것으로 보인다.

그리고 그것은 사설없이 선율만 기록된《대악후보》의 정읍과 같은 것으로 추측되고, 그 음악은 선율이 복잡하게 된 점에서 이미 본래의 만기가 아닐 것이다.

한편 초기에 아박무의 노래와 반주로 쓰였던 동동은 조선 중기의 진연 기록에는 보이지 않는다. 그러나 사설이 없고 정읍과 함께 기록된 점에서《대악후보》의 동동도 이 시기의 것으로 짐작된다.

《대악후보》의 정읍과 동동은 다음 〈악보 6〉처럼 악곡의 머리선율이 완전히 동일하며, 전체적인 음악내용도 매우 유사하다. 그리고 이 두 곡은 공통적으로 선율에 동음반복이 많은 특색을 보인다.

〈악보 6〉 《대악후보》의 정읍과 동동

宮			上二		上二	上一	上二	上二			上二		上二	上一	上二
上二			上二		上二	上一	上二	上二			上二		上二	上一	上二

(6) 유황곡과 정동방곡

유황곡과 정동방곡은 모두 조선 초기에 제정되었고,16) 성종대까지도 문소전, 연은전, 둑제 등에서 한문악장을 가진 제악으로 쓰였다.

중기의 유황곡과 정동방곡은 진연에 쓰여서 초기와 그 용도에서 달라졌다. 그리고 이 악곡들은 진연에서 탕을 올릴 때 연주된 점에서 춤의 반주에는 적합한 음악이 아니었을 것이고, 보태평과 정대업처럼 그 리듬이 이 무렵에는 평이하게 변질되었을 것으로 보인다.

《대악후보》의 유황곡 〈악보 7〉과 정동방곡은 조선 중기의 기록으로 보인다. 그 기록에는 사설이 없어서 그것이 이미 기악화된 곡들임을 알 수 있고, 장고형과는 무관하게 정간보의 선율리듬도《시용향악보》의 관련 악곡17)의

16) 張師勛,《國樂論攷》(서울大 出版部, 1966), 55~80쪽.

17)《大樂後譜》의 유향곡은《時用鄕樂譜》의 風入松 제25~46행의 선율과 유관하다.

정간리듬과는 조금씩 달라서 본래의 박자가 무너지고 변질된 리듬의 후대의 악곡과 비슷하게 변한 모양을 보인다.

〈악보 7〉 《대악후보》의 유황곡

潢			㴢		汰			潢			㴢		汰		
潢			㴢		汰	㴢	汰	潢					汰		潢

조선 중기의 진연에서는 이외에 千年萬歲曲·五雲開瑞朝曲·淸平曲·桓桓曲·夏雲峰·太平年之樂 등의 악곡들도 또한 연주되었다. 그러나 이러한 악곡들은 기록된 악보가 현전하지 않아서 그 음악내용을 자세히 알 수 없다. 그리고 일견 이 악곡들을 그 명칭으로 미루어 고려 이후 수입된 당악곡의 유음일 것으로 추측할 수도 있으나, 그것이 조선 전기까지 사용되었던 같은 이름의 당악곡들과 동일한 곡일지는 의심스럽다. 왜냐하면 천년만세·청평악·오운개서조 등의 악곡들이 비록 성종대에는 獻仙桃 등의 여러 당아정재에서 사용되었으나,[18] 숙종대의 진연에서는 이 악곡들이 그러한 당악정재와는 무관하게 사용되었기 때문이다. 그러므로 이 시기의 위의 악곡들은 당악정재를 반주하지 않은 점에서 당악곡이 아닐 것으로 판단된다.

또한 오운개서조 외에 천년만세·청평곡·하운봉·태평년지악 등은 무용반주에 쓰이지 않았고 주로 탕을 올릴 때(進湯)에만 연주되었으므로, 일정한 장단이 없는 비교적 평이한 자유로운 박자의 음악이었을 것으로 추측된다.

(7) 생가요량과 쌍화곡

생가요량과 쌍화곡은 여민락만과 더불어 임금의 출입과 行幸 등에 연주되는 고취악의 일종이다.

궁정의 상설악대인 殿庭軒架에 의하여 연주되던 생가요량은 고려시대부터 황궁악으로 연주되었던 것이고,[19] 쌍화곡은 성종 때 쌍화점을 개작한 악곡이

18) 《樂學軌範》 권 4, 時用唐樂呈才圖儀.
19) 李惠求, 〈笙歌寥亮〉(《韓國音樂論叢》, 수문당, 1976), 157~171쪽.

다.[20] 그리고 이 두 악곡은 장고형에서는 서로 다르지만 8정간 단위로 장고점이 붙는 리듬이 서로 비슷하여 양식적으로 유관하다 하겠다. 《시용향악보》 쌍화곡의 기본박자는 다음 〈악보 8〉과 같고, 생가요량의 그것도 대개 비슷하다.

〈악보 8〉 《시용향악보》의 쌍화곡

宮								上二							
上二								上一							

한편 생가요량은 관현합주의 취타와 연관되었고, 쌍화곡은 후대에 삼현육각의 길군악으로 이어진 것으로 미루어 보면, 이 시대의 생가요량과 쌍화곡은 장단절주가 일정하고 뚜렷한 악곡이었을 것이다.[21]

위에서 언급하였지만, 조선 중기의 전정헌가는 그 편성규모가 축소되면서 특히 전대에 많이 쓰였던 가야금·거문고·향비파·아쟁 등의 현악기가 빠졌다. 따라서 그 음악이 해금·피리·대금·당적·퉁소 등과 같은 관악기 위주의 성격으로 바뀌게 되었고, 생가요량과 쌍화곡은 이 시기에 이미 관악곡처럼 연주되었을 것이다.

(8) 제향아악

임란 이후 회례아악은 영조대에 잠시 복원되었을 뿐이어서 조선 중기의 회례아악은 거의 유명무실한 형편이었다.[22]

반면에 중기의 제향아악은 초기와 마찬가지로 社稷, 文廟, 山川, 先農, 先蠶 등의 제사에 지속적으로 사용되었다. 그리고 그 아악곡은 다음 〈악보 9〉와 같은 성종대의 祭樂[23]을 그대로 썼을 것이다.

---

20) 李惠求, 〈雙花店〉(《韓國音樂序說》, 서울大 出版部, 1967), 125~137쪽.

21) 황준연, 〈쌍화곡과 길군악〉(《민족음악학》 14, 서울대 동양음악연구소, 1992), 1~21쪽.

22) 《英祖實錄》 권 106, 영조 41년 10월 계축.

〈악보 9〉 시용아부제악 황종궁

黃南林姑 太姑南林 應南蕤姑 南林黃太
黃南太黃 應南黃姑 太黃南林 南姑太黃

조선 중기 제향아악의 편성도 초기에 비하여 상당히 축소된 것이다. 인조대의 편성은 登歌 22명, 軒架 20명, 文舞·武舞 각 36명으로 당시 종묘의 편성규모와 비슷하게 되었다.[24] 그리고 그것은 향후 정조대까지도 달라지지 않고 계속 이어졌다.[25]

이 시대 제향아악의 등가는 앞 시대에 비하여 歌 24명이 4명으로, 琴·瑟이 각 6명에서 각 2명으로 감소되고, 管 등의 수종의 악기가 없어졌고, 또한 헌가는 編鍾·編磬 각 9架가 각 1가로 줄었고, 管·簫 등 각각 10명씩 담당하던 여러 관악기의 인원이 평균 2명으로 축소된 것이다. 조선 중기의 등가와 헌가악현은 아악편성의 최소 요건만을 갖춘 것이었다.

이상에서 살펴본 조선 중기 궁정음악의 여러 악곡들은 그 악곡내용에서 대체로 새로워졌나. 특히 세향의 외의 조회·연향 악곡들은 대부분 노래가 탈락한 기악곡의 형태로 바뀌게 되었고, 그러한 기악곡도 장단이 분명한 것과 그렇지 않은 것으로 양분되는 발달양상을 보인다고 하겠다.

2) 단가의 발생과 전개

조선 중기에는 민간에서 관현반주가 따르는 단가형의 노래 大葉·慢大葉·北殿·中大葉·數大葉 등이 대두되었고, 차례로 지속적으로 애호되었다. 이 조선 중기의 새로운 악곡들은 각각 독특한 방법으로 발전하여 많은 파생곡을 낳았고, 특히 삭대엽은 조선 중기 이후 선비음악의 중심 악곡으로 발전하게 되었다.

이 시기의 단가들은 모두 그 형식이 旨와 餘音으로 되었고, 거문고·笛·

---

23) 《樂學軌範》 권 2, 時用雅部祭樂.
24) 《仁祖實錄》 권 20, 인조 7년 6월 갑술.
《增補文獻備考》 권 105, 樂人.
25) 宋芳松, 《韓國音樂通史》(一潮閣, 1984), 381쪽, 《춘관통고》 소재 악현참조.

가야금·비파·해금·아쟁·장고·북 등의 관현반주로 노래되었다.

(1) 대 엽

대엽은 이득윤의 《玄琴東文類記》(1610)에 처음 기록되었지만, 그 악곡의 구조와 양식으로 미루어 만대엽보다 선행하는 악곡으로 보인다. 내재적인 다섯 개의 지와 여음으로 구성된 대엽은 대체로 앞 시대의 長歌인 眞勺이 해체되어서 그 일부, 즉 대엽 부분이 독립하여 발생한 악곡일 것으로 추측된다. 《현금동문류기》에 수록된 大葉·平調大葉(一名 洛水調)·大葉(金從孫) 등의 세 대엽곡은 기록은 소략하지만, 관찰하면 선율이 다섯개로 구분되고 따로 於兒音 같은 여음이 있어서, 그 형식이 만대엽과 비슷하게 된 것임을 알 수 있다.[26] 또한 제2강에서 시작되고 平調인 그 선율도 비교적 단순하지만 평조 만대엽의 선율과 비슷하다. 《현금동문류기》 대엽의 머리선율을 6대강 악보로 옮기면(첫행 16정간) 다음 〈악보 10〉처럼 음악이 제2강에서 시작된다.

〈악보 10〉 《현금동문류기》의 대엽

	大五 母	大四 母	大二 長 聲未絶	(大二)	大一 長

대엽의 樂調는 평조인 점에서 만대엽과 같으나 그 宮은 다르다. 대엽의 궁은 林鍾이 아닌 仲呂(大四)이다. 때문에 이것을 특별히 洛水調라고 불렀던 것 같다. 그리고 이 낙수조는 그 궁이 중려인 점에서 《악학궤범》의 七指 중 二指 평조에 해당되므로(실제 거문고 지법은 다르다), 三指로만 남겨진 《梁琴新譜》 이후의 낙시조에 비하여 古形의 향악조라 하겠다.[27]

(2) 만대엽

만대엽은 時調詩와 같은 길이의 사설(오나리)을 거문고·笛(대금)·장고·

26) 황준연, 〈大葉에 관한 연구〉(《예술원논문집》 24, 대한민국예술원, 1985), 101~138쪽.

27) 洛水調 大葉의 음계는 황종(下二) 태주(下一) 중려(宮) 임종(上一) 무역(上二)으로 되었다.

북 등의 여러 악기의 반주에 맞추어서 노래부르는 독특한 성악곡이다. 불일정한 길이의 다섯개의 旨와 餘音으로 구성된 만대엽은 16정간 6대강 1행 악보 15행 길이의 노래로 앞 시대 악곡에 비하여 길지 않은 단가이다.

이러한 만대엽을 흔히 가곡의 祖宗이라 하여 중대엽과 삭대엽보다 선행하여 발생한 것으로 인식하여 왔으나, 만대엽·중대엽·삭대엽은 동시 발생의 악곡으로 보는 것이 타당할 것이다.[28] 그리고 이 세 악곡은 그 사설과 장단, 형식 등의 악곡구조에서 동일하고, 그 선율에서도 유사하며, 다만 빠르기만 서로 달랐을 것이다. 그러므로 이 세 악곡은 동시에 애호되지는 않았고, 시대에 따라서 순차적으로 애호되었을 것이다.

만대엽은 세 악곡 중 가장 먼저 애호되었지만, 노래로 불려진 기간은 중대엽이나 삭대엽에 비하여 그리 길지 않았다. 《금합자보》 등에 기록된 만대엽은 모두 임종궁의 平調로 되었고, 여타 악조의 만대엽은 보이지 않는다. 따라서 만대엽은 오직 평조로만 불리워졌을 뿐이고, 그 사실은 이 노래가 처음 얼마간 불려지다가 곧 중대엽이 대두되어 불려지지 않게 되었음을 말해준다. 다음 〈악보 11〉은 《금합자보》 만대엽의 첫행(16정간)이다.

《악보 11》 《금합자보》의 만대엽

	上一 大六 清 오	宮 大五 나	宮 上一宮 大五大六大五	下一 大三文	下二 下一 大二 大三 리

만대엽은 五旨와 餘音으로 된 그 노래(심방곡) 양식을 중대엽에 물려 주었지만, 한편으로 《양금신보》 〈악보 12〉에 기록된 것처럼 음수가 많아지고 박자도 늘어나서 長大葉으로도 불리웠고, 거문고 다스름 같은 독주곡으로 탈바꿈하여 오랫동안 선비들에게 애호되었다.[29] 그리고 성악이든 기악이든, 만대엽은 평조로 된 악곡이기에 항상 그 곡상이 '從容閑遠 自然平淡'하다고 하겠다.[30]

---

28) 《梁琴新譜》(《한국음악학자료총서》 14, 1987).
29) 황준연, 〈양금신보 만대엽의 해독〉(《한국음악연구》 12, 1982), 30~45쪽.
30) 《玄琴東文類記》(《한국음악학자료총서》 15, 1987), 5쪽.

〈악보 12〉 《양금신보》의 만대엽

	商 商 宮 大六 上同 淸 딩 스렝 당
宮 商 宮 羽 徵 大五 大六 大五 上同 大三 文 사랭 딩 다 둥 덩	徵 宮 大二 ㄴ 스렝 쳥

(3) 북 전

《대악후보》와 《악학궤범》에 그 음악과 사설이 기록된 조선 초의 北殿은 장가였다. 그러나 조선 중기에 이르면 본래의 장가 북전은 사라지고, 새로 짧은 단가 북전이 나타난다.

장가 북전의 大葉 부분이 독립하여 성립된 단가 북전은 《금합자보》에 만대엽과 함께 처음 기록되었고, 그것은 세개의 旨(후기의 章)로 된 6행의 노래와 짧은 1행의 餘音으로 되었다. 그리고 이 북전은 笛譜를 병기한 만큼 당시 이미 널리 유포되었던 악곡이었다.

《금합자보》 북전은 사설구조에서는 만대엽과 동일하지만 그 음악은 전혀 다르다. 즉 북전의 악곡구조는 각 3행의 사설을 동일한 2행 길이의 3지에 배분하였고, 음악이 제2강에서 시작한다. 더욱이 《양금신보》에 기록된 북전은 3대강 악보로 되어서 6대강(16정간) 악보에 기록된 《금합자보》의 북전과도 그 정간법이 다르게 되었다. 그러므로 북전은 그 박자가 이미 8박자로 된 음악이고, 그 선율이 5박과 8박의 구조로 시작되는 악곡임을 알 수 있다. 《양금신보》의 북전은 다음 〈악보 13〉처럼 되었다.

〈악보 13〉 《양금신보》의 평조북전

			호 大二 스렝	리 大五大二 다 덩	누 거 大三大五 두 당		
괴 方二 스렝		어 方四方五 도 딩	方四 스렝		시 方二 스렝		듣 上同方四 도 딩

처음에는 林鍾宮의 平調북전이 애호된 듯하고, 후에 黃鍾宮의 羽調북전과 계면조 등 여러 악조의 북전이 불려졌고, 각 북전의 머리선율을 변화시키는 제2북전도 파생되어 북전은 그 곡수와 내용이 다양해졌다. 북전은 일명 後庭花로도 일컬어지며 18세기 말까지 널리 연주되다가, 그 선율을 이어받아서 새롭게 대치한 시조가 조선 후기에 대두되면서 사라졌다.[31]

(4) 중대엽

중대엽은 17세기 초의 《양금신보》에 처음 기록되었고, 그 악곡의 구조나 형식이 만대엽과 거의 같다. 그러한 이유 때문에 중대엽은 만대엽을 곧 대치하였다. 그리고 처음 보이는 《양금신보》의 중대엽은 이미 평조·우조·평조계면조·우조계면조 등의 여러 악조로 노래되었고, 제2곡(이몸이)도 생겨서, 그 노래의 유행이 오래 지속되었음을 보여준다.

중대엽이 만대엽을 대치한 이상, 그 노래의 빠르기도 대체로 만대엽이 노래로 불려졌을 때의 빠르기와 거의 같았을 것으로 추측된다. 이유는 《양금신보》의 중대엽이 《금합자보》의 만대엽과 악곡구조에서 거의 동일하기 때문이다. 《양금신보》 중대엽(心方曲)의 첫 행(16정간)은 다음 〈악보 14〉와 같다.

〈악보 14〉 《양금신보》의 평조중대엽

		오 나 大五大三大六 사랭 딩	大五 사랭	淸 당	리 大五 大三 사랭 등

중대엽은 만대엽과 사설과 악곡구조에서는 동일하나, 박자와 장단에서는 조금 다르다. 즉 만대엽은 제2강(1·2·4旨)과 제1강(3·5旨)에서 노래가 시작되나, 중대엽은 제3강과 제1강에서 노래가 시작된다. 따라서 각 지의 길이와 박자 구조에서 중대엽은 만대엽과 다르다. 중대엽은 또한 우조와 같은 높은 음역으로도 불려져서, 그 노래가 만대엽보다 높다. 또한 중대엽은 제2곡, 제3곡(제4곡)을 파생하여 만대엽보다 다양한 선율로 노래되었다.

31) 황준연, 〈北殿과 時調〉(《세종학연구》 1, 세종대왕기념사업회, 1986), 115~147쪽.

중대엽이 만대엽과 다른 가장 큰 특징은 계면조로도 불려진 점이다. 계면조 중대엽은《양금신보》에 기록된 〈악보 15〉처럼 그 선율에 宮보다 단3도 높은 上一이 많이 쓰인다. 이 上一은 본래 우리 나라 고유의 계면조의 성격을 결정짓는 음이다.[32] 그러므로 계면조 중대엽의 선율은 만대엽이나 평조 중대엽과 달리 '悲愁怨恨 哀慕感激'한 느낌을 준다.[33]

〈악보 15〉 《양금신보》의 우조계면조 중대엽

		宮 方四 사랭	商 方六 딩	商 上同 스렝	宮 方四 당	宮 上同 사랭	方六

한편 중대엽은 삭대엽이 대두되면서,《신증금보》이후 만대엽처럼 노래로는 더 이상 불려지지 않게 되었고, 장단·박자가 허물어진 기악곡으로만 한동안 연주되었다.

(5) 삭대엽

노래로 불려진 삭대엽의 완형은 17세기 후반의《증보고금보》에 처음 보이는데, 대체적인 악곡구조는 중대엽과 거의 같다. 그러나 삭대엽은 노래선율이 중대엽에 비하여 단순하고, 중대엽과는 달리 우조와 (우조)계면조가 평조보다 선행하여 기록되었다.《증보고금보》의 삭대엽은 다음 〈악보 16〉처럼 선율이 비교적 높게 시작한다.

〈악보 16〉 《증보고금보》의 우조삭대엽

		千 方五 스렝	方八 딩	里 方七 스렝		外 上同 딩

삭대엽이 중대엽을 대치한 정확한 시점은 명확하지 않으나 이미《증보고금보》시절부터 삭대엽이 중대엽과 함께 노래로 불려졌다. 그리고 얼마 후

32) 황준연, 〈한국전통음악의 樂調〉(《국악원논문집》5, 국립국악원, 1993).

33)《玄琴東文類記》, 5쪽.

곧 《신중금보》와 《한금신보》에 이르면 삭대엽은 중대엽을 대치하여 불려졌고, 각 악조의 악곡들이 모두 제2곡, 제3곡(제4곡) 등을 파생하여 그 노래의 곡수가 많아졌고 내용도 다양해졌다. 이러한 삭대엽 제2, 제3 등은 각각 삭대엽 본곡의 머리선율을 변주한 곡이다. 예를들면, 《한금신보》의 羽調삭대엽 제3은 선율이 다음 〈악보 17〉처럼 매우 높게 시작한다.

〈악보 17〉 《한금신보》의 우조삭대엽 제3

		方十 소 싸렝 딩	方八 사렝	方九 딩	方八方七大九 다 로 둥

초기의 삭대엽은 그 음악적 특징이 여러 가지로 중대엽과 닮았다. 박자와 형식, 악조, 사설붙임 등 대부분의 악곡구조에서 삭대엽은 중대엽과 비슷하다. 특히 빠르기에 있어서도 처음에는 분명히 삭대엽이 중대엽보다 빨랐을 것으로 보이나, 중대엽 노래가 소멸한 뒤에는 삭대엽의 빠르기도 중대엽과 비슷하게 느려졌을 것으로 추측된다. 삭대엽이 중대엽과 다른 점은 우조 노래가 평조 노래보다 더 선호된 점이다. 이러한 사실은 영산회상에서 음역이 높은 영산회상甲彈이 파생된 사실과 더불어 조선 중기의 음악적 취향이 평조에서 우조로 바뀌었음을 알게 한다. 즉 이 시기에는 꾸준히 높은 음역의 선율이 새로 개발되고 애호되었다 하겠다.

조선 중기의 삭대엽은 중대엽을 대치하여 발전을 거듭하면서 점점 더 많이 애호되었고, 많은 곡을 잇대어서 連唱하는 조선 후기의 가곡으로 이어졌다. 즉 삭대엽이 비약적으로 발전하여 긴 가곡 한 바탕을 형성한 것은 여러 歌壇이 조성되고 그 활동이 두드러지는 조선 후기에 이루어지므로, 조선 중기의 삭대엽은 후기에 가곡을 꽃피우기 위한 토양을 풍성하게 한 셈이다.

이상에서 살펴본 대엽·만대엽·북전·중대엽·삭대엽 등의 악곡은 공통적으로 조선 중기에 성립되었다. 그리고 대엽은 곧 만대엽에 대치되고 소멸되었고, 다시 만대엽은 중대엽에, 중대엽은 삭대엽에 그 노래가 각각 대치되면서 조선 중기에 사라졌다. 그러나 북전과 삭대엽은 그 노래가 계속 불려져서 조선 후기에 이어지는데, 그 이유는 두 노래가 조선 중기에 생성하고 소멸한 여러 노래를 대표하는 두 가지 구조적 특징을 가졌기 때문으로 보인다. 즉 삭대엽은 악곡구조가 3구 6행의 기본틀로 되었고, 북전은 3구 3행의 기본틀로 되었다.

3) 기악풍류의 성립과 발달

선비들이 즐기던 음악으로서의 풍류는 고려 때부터 면면히 이어져 온 것이지만, 그 음악이 폭넓게 애호되어 독자적인 양상으로 발달하게 되고 악보에도 많이 기록된 것은 조선 중기부터라 하겠다. 이 시대의 기악풍류는 영산회상·여민락·보허자로 대표되는데, 이러한 악곡들은 모두 궁정에서 전승되던 대규모 편성의 관현합주 음악이지만 중기에 이르러서는 민간의 풍류로 채택되고 발전하게 된다.

이 시대의 민간풍류는 거문고·가야금 등의 현악기가 중심이 되고, 대금·피리 등의 일부 관악기가 더불어 연주되는 房中樂의 형태를 보인다.

(1) 다스름

다스름[調音]은 장단이 없고 박자가 자유로운 거문고 독주음악이다. 이 시기에 널리 연주되었던 영산회상·여민락·보허자 등과 함께 다스름은 조선 중기에 거문고 독주음악으로 선비들에게 애호받은 풍류의 하나이다.

조선 중기의 다스름은 《양금신보》와 《현금동문류기》에 처음 기록되었다. 그런데 정간보인 《양금신보》에 기록된 다스름은 그 기보 방식이 같은 악보의 만대엽과 동일하게 되었고, 또 그 일부선율(제8~9행)도 만대엽의 여음 선율과 같다. 그러므로 다스름은 본래 만대엽처럼 느리게 연주되었을 것으로 판단된다.

한편 이 시기의 다스름 선율은 대현3괘의 낮은 음부터 유현10괘의 높은 음까지 두루 여러 음을 거치는 것으로 되어서, 당시 유행하던 악곡들보다 그 음역이 상당히 넓은 것이 특색이다. 다스름은 차츰 곡수가 많아져서 《한금신보》에는 4곡이나 기록될 만큼 지속적으로 애호되었다.

(2) 영산회상

영산회상은 조선 초에 성악곡으로 불려졌고, 그것은 다음처럼 간단한 향토조의 선율이었을 것으로 추측된다(〈악보 18〉).34)

《악보 18》 영산회상의 기본선율

가사	靈	山	會	相	佛	菩	薩
선율	下二	宮	上一	宮	上二上一	宮	上一下一

이 간단한 황종궁 계면조의 노래선율은 거문고로 연주되면서 많은 間音을 추가하여 기악풍류 영산회상으로 탈바꿈하였고, 그것이 효종 2년(1651)의 《이수삼산재본금보》에 처음 기록되었다. 다음 〈악보 19〉는 《이수보》 영산회상의 첫 행이다. 가사 '靈'에 해당하는 下二(大五)의 연속으로 선율이 형성되었음을 짐작할 수 있다.

《악보 19》 《이수삼산재본금보》의 영산회상

靈	大五 스렁	上同 上同 大七 스렁 더 디	大五 大八 大七 스렁 다 등	ㄴ 方四 方六 스렁 다 딩

풍류 영산회상이 성립되는 자세한 과정은 미상이다. 그러나 《양금신보》에는 영산회상을 '舞蹈之節' 이라 하여 싣지 않았고, 《현금동문류기》에는 영산회상·여민락·보허자를 모두 '別曲'이라 하여 거문고로 연주하는 만대엽·북전·중대엽과 구별하였으므로, 이 시기 이후에 차츰 영산회상이 거문고 중심의 풍류음악으로 정착되었음을 알 수 있다.

초기의 풍류 영산회상은 선율이 단조롭고 음역도 매우 좁다. 출현음이 宮을 중심으로 아래로 下二, 위로 上二에 이르는데 불과하다. 또한 위의 악보처럼 4대강 악보의 7행 길이로 된 《이수보》의 영산회상 선율에는 동음 반복이 아주 많다. 특히 4대강의 첫 박에는 대부분 '스렁' 또는 '사랭'으로 되었는데, 그 음들은 행의 첫 박에 나오는 음들을 반복하는 경우가 많다. 따라서

34) 《樂學軌範》에 기록된 초기 영산회상은 女妓와 樂工에 의하여 回旋하며 일제히 불려진 점에서 메나리토리의 단순한 노래일 것으로 추측된다.

당시의 영산회상은 템포가 느리고 음높이의 변화도 많지 않아서, 유유한 선율진행으로 된 것임을 짐작할 수 있다.

처음에는 '周而復始'로 단순히 반복 연주되던 영산회상은 경종 4년(1724)의 《한금신보》에 이르러 靈山會上還入과 靈山會上除指를 파생하였다. 이 초기 변주곡은 그러나 本曲과 별로 선율이 달라지지 않았고, 다만 템포가 약간 빨라졌거나 가락이 조금 간략해졌을 뿐으로 보인다. 그리고 이 변주곡은 靈山會相甲彈의 파생으로 이어졌고,[35] 갑탄이 파생되는 시기에 영산회상도 길이가 조금 길어졌다.

영산회상에서 파생된 새로운 악곡인 영산회상갑탄은 정조 3년(1779)의 《어은보》에 처음 기록되었다. 이 곡은 영산회상의 머리선율을 제하고 선율을 높게 변주한 악곡인데, 영산회상이 거문고 유현4괘로 타는데 비하여 유현7괘로 연주한다. 따라서 영산회상갑탄은 그 宮이 영산회상보다 4도 높게 轉調된 악곡이고, 그 결과 본래의 계면조도 허물어진 악곡이 되었다.[36] 영산회상갑탄의 음계를 초기 영산회상의 음계와 비교하면 다음 〈표 1〉과 같다.

〈표 1〉 영산회상의 음계

	下二	下一	宮	上一	上二	上三	上四
영산회상	大五 林	大七 無	方四 黃	方六 夾	方七 仲	–	–
영산갑탄	大八 黃	– –	方七 仲	方八 林	方十 無	方十一 潢	方十二 汰

조선 중기의 풍류 영산회상은 이상과 같이 영산회상 한 곡이 오랫동안 애호되다가, 후에 선율을 높게 올려서 변주하는 갑탄을 파생시켰다.

(3) 보허자

보허자는 《高麗史》에 기록된 詞樂의 하나이나, 조선 중기에 이르면 민간

35) 홍선례, 〈漁隱譜의 靈山會上 甲彈〉(《한국음악연구》 10, 1980), 25~62쪽.

36) 영산회상갑탄의 악조는 향악기의 구조적 특성 때문에 본래의 황종궁 계면조가 (4도 높게 변주된 결과) 중려궁의 평조로 변질된 것이다.

풍류로 정착된다. 사악 보허자의 본래 선율은 다음에서 알 수 있는 것과 같이 단순한 노래선율이었을 것으로 추측된다. 尾前詞의 첫 구절만 적으면 〈악보 20〉과 같다.

〈악보 20〉 보허자의 기본선율

가사	碧	烟	籠	曉	海	波	閑	
선율	下三	下一	宮	宮	下三下二	下一	上一宮	宮

사악 보허자가 풍류로 변환한 시점도 분명치는 않다. 다만 《금합자보》와 《이수보》에 기록되어서 대개 영산회상과 같은 시기에 풍류로 정착된 것으로 보인다. 下三(大四) 한 음에서 발전한 《이수보》 보허자의 첫 행은 〈악보 21〉과 같다.

〈악보 21〉 《이수보》의 보허자

碧				
	大四 스렝	上同 大二 上同 스렝 디 덩ㅈ	大五 大四 大二 스렝 디 등	大四 淸 力四 스렝 덩 당

《이수보》의 보허자는 길이가 훨씬 길고 선율이 황종궁의 평조로 된 점에서 같은 악보의 영산회상과 다르지만, 그 외의 음악적 특징은 영산회상과 매우 비슷하다. 즉 선율에 동음반복이 많고 '사랭' 또는 '스렝'이 많아서 느린 음악임을 알 수 있다.

풍류 보허자는 《신증금보》에 이르러 '片'(후기의 章)의 구분이 생기고, 《한금신보》에 이르러 영산회상처럼 步虛子本還入·步虛子數還入·步虛子除指 등을 파생하였다.[37] 이러한 초기 파생곡들은 위에서 언급한 영산회상의 초기 파생곡들처럼 보허자를 조금씩 변주한 것이다.

(4) 여민락

풍류 여민락으로 보이는 악곡은 〈신증금보〉에 보인다. 그 여민락은 띄어

37) 張師勛, 〈步虛子論攷〉(《國樂論攷》, 서울大 出版部, 1966).

쓰기에 의하여 〈이수보〉의 영산회상이나 보허자처럼 1행이 4대강으로 되었음을 알 수 있고, 각 대강의 첫 음은 역시 '스렝' 또는 '사랭'으로 되어서 그 선율의 특징이 앞의 두 악곡과 아주 비슷하다.

초기 풍류 여민락은 전10장을 구비하였고, 그 기록된 음표수가 일정하고 처음부터 끝까지 템포의 변화(후대의 악곡에서 발견되는 것)가 거의 없었던 것으로 보인다. 여민락은 이후 《한금신보》·《어은보》로 이어지면서 차츰 間音이 많아지는 변화를 겪는다.[38]

이상 살펴본 영산회상·보허자·여민락 등의 조선 중기 풍류악곡들은 공통적인 발달양상을 보인다.

즉 거의 같은 시기에 궁정악곡에서 민간 풍류음악으로 정착된 이 악곡들은 그 선율이 공통적으로 간단한 한문사설의 노래에서 발전한 것이다. 그러한 이유에서인지 또한 세 악곡은 박자와 장단구조가 완전히 동일하게 되었다. 이 세 악곡은 또한 후대로 전승되면서 공통적으로 선율이 번다해지고 간음이 많아졌으며 그 빠르기도 느리게 변화하였다.

영산회상·보허자·여민락은 궁정음악으로 면면히 이어졌을 뿐만 아니라, 민간에서도 지속적으로 애호된 대표적 풍류음악이었다.

4) 향악조

조선 중기의 향악조는 초기의 것을 이어받아 새롭게 변화하였다. 《악학궤범》에 정리된 조선 초의 여러 宮, 즉 七指는 중기에 많이 소멸되고 간략화되어 평조(낙시조)와 우조로 정리되고, 다시 우조보다도 더 높은 중려궁도 생겨난다. 또한 고유한 음계로서의 평조와 계면조 외에는 하림조, 최자조 같은 특별한 조선 전기의 향악조가 중기에는 더 이상 보이지 않는다.

한편 이 시기의 말엽에 이르면 본래 감상적인 분위기의 계면조 음계가 독특하게 변화되어 아정한 분위기의 악조로 바뀐다.

---

38) 李惠求, 앞의 책, 119쪽 악보참조.

(1) 향악조의 궁

선조 5년(1572)의《금합자보》와 광해군 2년(1610)의《양금신보》에는 평조(三指)궁과 우조(六指・八調)궁 두 가지만 보인다. 이처럼 조선 중기의 대부분의 악곡들은 대현5괘 임종궁인 평조로 되었거나 유현4괘 황종궁인 우조로 된 것이었다. 그러나 이처럼 평조와 우조 두 악조로 통일되기 전에는 평조보다 더 낮은 중려궁도 한 때 쓰였다. 즉 광해군 12년의《현금동문류기》에는 洛水調 대엽이 기록되었다. 이와 같은 악조명은 다른 기록에서 발견되지는 않으나 대현4괘를 궁으로 하고 있는 점에서《악학궤범》에 보이는 二指宮과 관련된 것으로 보인다. 그리고 이 대엽은 만대엽보다 선행하는 악곡으로 믿어지므로, 조선 중기 초엽에 잠시 쓰였으나 대엽곡과 함께 소멸된 것으로 여겨진다.

한편 조선 중기 대부분의 악곡들의 궁이 평조나 우조로 되었지만, 오랜 기간에 걸쳐서 그것들은 차례로 선호되었던 것 같다. 즉 궁이 가장 낮은 중려궁의 낙수조는 임종궁의 평조가 대치하였고, 평조는 서서히 우조가 대치하였다고 볼 수 있다. 그러한 일련의 추이는 낙수조 대엽을 평조 만대엽이 대치한 점, 중대엽에 처음 우조가 생긴 점, 삭대엽은 처음부터 우조가 평조보다 더 애호되었던 점, 그리고 결국 평조 삭대엽은 소멸되고 우조 삭대엽만 남게된 점 등의 여러 사실로 알 수 있다.

조선 중기의 宮의 상향 추이는 우조보다 더 높은 태주궁과 중려궁의 출현으로 이어진다. 궁정의 고취악대가 연주하였을 것으로 추정되는 조선 중기의 쌍화곡이 태주궁의 현전 길군악과 관련된 사실과, 또한 영산회상갑탄이 중려궁으로 변주된 악곡이라는 점이 그러한 예일 것이다. 그리고 연향악에 속하는 관악영산회상은《대악후보》영산회상의 擧吹 이하의 악곡이라는 점도 조선 중기에 궁이 높아진 추이의 반영일지도 모르겠다. 그러나 한편《대악후보》영산회상의 제2선율처럼 궁이 낮게 변주되어 탁무역궁으로 바뀌는 악곡도 생겼다.

조선 중기의 여러 악곡에 나타난 궁과 그 음계(평조)를 정리하면 다음 〈표 2〉와 같다.

〈표 2〉 조선 중기 향악조의 궁

宮	下二	下一	宮	上一	上二	비 고
탁중려궁	황종	태주	중려	임종	무역	낙수조 대엽
탁임종궁	태주	고선	임종	남려	황종	평조만대엽
탁무역궁	중려	임종	무역	황종	협종	초기평조회상
황 종 궁	임종	남려	황종	태주	중려	우조삭대엽
태 주 궁	남려	황종	태주	고선	임종	쌍화곡
중 려 궁	황종	태주	중려	임종	무역	영산회상갑탄

(2) 계면조의 음계변화

고래로 평조와 계면조는 우리 나라의 대표적 악조이다. 본래 평조는 화평하고 계면조는 비감하다. 그러한 이유에서인지, 조선시대에는 두 악조 가운데 항상 평조가 계면조보다 더 애호되었다. 《시용향악보》에는 평조 악곡이 계면조 악곡보다 월등히 많으며, 대엽곡과 만대엽도 평조로만 연주되었다. 또한 옛 악보에도 대부분 평조 악곡이 계면조 악곡에 선행하여 기록되었다. 그리고 《양금신보》에서는 평조계면조의 악곡은 실제 연주에서도 어려운 것으로 취급되었다.

평조 악곡은 악상이 평담하기 때문에 계면조보다 더 애호되었고, 또한 계면조 악곡들은 악상이 비감하여 상대적으로 평조보다 덜 애호된 것이라고 한다면, 계면조의 음계 변질은 필연적인 결과라고도 하겠다. 그 변질된 새 계면조는 본래 계면조의 上一이 上二만큼 높아져서 궁과의 간격이 넓어진 것이며, 그에 따라서 그 악상이 더 이상 비감하지 않게 된 것이고, 그 곡들은 결과적으로 평조처럼 담담한 악곡이 되었기 때문이다.[39]

변질된 계면조는 본래의 계면조와 다르고, 다음 〈표 3〉처럼 오히려 평조 음계와 가깝게 되었다.

계면조의 음계변화가 어느 때에 일어난 현상인지 단정하기는 어려우나, 대개 18세기의 《어은보》에서 변화가 시작된다 하겠다. 즉 《어은보》의 羽調樂時調는 같은 악보의 여타의 계면조 악곡과 그 지법이 달라서 변질된 계면조인 것을 알 수 있다. 그리고 이 신종의 계면조 악곡은 그 곡상이 종래의 계

39) 황준연, 〈평조와 계면조의 특성〉(《한국음악연구》 20, 1992), 178~188쪽.

면조와 다른 것이어서인지, 계면조임에도 제목이 우조낙시조라고 기록되었다. 그리고 이러한 계면조의 변화는 《遊藝志》의 가곡과 영산회상에서는 완전히 뿌리를 내리게 된다.

〈표 3〉 계면조음계와 평조음계 비교

宮	下二	下一	宮	上一	上二	비 고
황종궁	임종	무역	황종	협종	중려	본래의 계면조
황종궁	임종	–	황종	–	중려	변질된 계면조
황종궁	임종	남려	황종	태주	중려	평조

가곡에서 비롯한 음계변화는 풍류로 이어졌고, 다시 종묘제향악의 정대업 음계의 변질로 이어진 것 같다. 정대업의 계면조 구성음 宮과 下五 황종이 장2도 낮아져서 무역으로 바뀜으로써 그 음계가 평조화되었는데, 그것은 대개 이 시기에 이루어진 것으로 추측된다.

계면조의 上一이 없어지는 음계변화로 가곡과 풍류의 평조는 물론 계면조 악곡까지도 거의 평담한 악상을 지니게 되고, 그러한 계면조 음악의 혁신은 곧 正樂의 성립이라고 할 수 있다. 정악은 어디까지나 비감하지 않고 아정한 음악이기 때문이다.

5) 음악유산

조선 중기 음악사는 궁정 안에서의 향악곡의 발달과 궁정 밖에서의 노래와 풍류의 형성 발전의 시기이며, 음악이 완전히 조선 고유색을 띠게 되는 시기이다.

궁정안의 제향악과 조회, 연향악은 앞 시대에 비하여 전반적으로 규모에서 축소되었지만, 그 음악은 서서히 새로워진다. 즉 조선 초기의 연향에서 많이 쓰였던 당악곡은 이 시기의 지역에서는 거의 사라져 향악화되었고, 박자와 선율이 서서히 변질되어 독자적인 음악체계를 이루게 되며 대부분 관악곡으로 변질되었다. 그 결과로 궁정악에서 당악곡과 향악곡이란 갈래체계가 허물어졌고, 그 음악들은 오히려 조회·연향에서 무용반주에 쓰이는 여민락·보허자 같은 장단이 분명한 동적인 악곡과 무용반주에 쓰이지 않는 낙양춘·정동방곡 같은 정적인 악곡으로 각각 발달한 것으로 판단된다.

조선 중기에는 궁정 밖에서의 음악이 또한 두드러졌다. 북전·중대엽·삭대엽 같은 관현반주의 새로운 노래와, 영산회상 등의 거문고 중심의 기악합주인 풍류음악이 생겨나고 발달하여 선비사회에서 지속적으로 애호되었다. 뿐만 아니라 오랫동안 갈고 닦여진 노래와 풍류는 점점 세련된 음악이 되어, 결국 계면조 음계의 변화와 더불어 독특한 기품을 발산하는 정악을 성립시켰다.

그러므로 조선 중기에는 궁정 안과 밖에서 고유한 우리 나라의 고전적 악곡들이 성립되어 훌륭한 음악유산으로 후세에 전해졌고, 그리고 그 음악유산은 바로 조선 중기 이후 이룩한 한민족의 독자적인 문화예술 전반의 빛나는 성과의 하나라 하겠다.

〈黃俊淵〉

4. 민 속

조선 중기는 《經國大典》의 편찬과 함께 중앙집권적 관료체제가 완성된 시기로서, 경제적으로는 농업을 바탕으로 한 장시가 읍치를 중심으로 발달하기 시작한 때였다. 사회적으로는 《國朝五禮儀》의 편찬과 함께 《朱子家禮》가 본격적으로 보급되어, 주자학적 의례체계가 확립된 시기라고 하겠다. 이러한 시대적 배경은 임진왜란이나 병자호란과 같은 사건을 겪으면서도 변함이 없었다.

한편으로 이러한 시대적 배경과 사건들은 지역에 따라 새로운 민속을 형성하게 되는 계기를 마련해 주고 있다. 정치적으로나 학문적으로 명망이 높은 인물들과 왜란이나 호란을 극복하는데 공헌한 인물들을 숭배하는 풍속이 새롭게 등장하고 있는 것이다. 그리고 한편으로 일상생활의 사회적 단위인 마을도 전통적인 성격을 띠고 있는 것 이외에, 새로이 동족마을이 형성되기 시작하였으며, 생활조직도 부계를 중심으로 한 친족조직이 중요한 의미를 갖게 되었다.

이러한 배경을 갖고 있는 조선시대 중기의 민속을 전체적으로 파악할 수 있는 문헌자료는 현재 전해지지 않고 있다. 다만 成俔(1439~1504)의 《慵齋叢話》에 남아 있는 기록에 의해 간략하게나마 파악할 수 있다. 그리고 《國朝五禮儀》를 통해서 왕실과 관료체제의 민속을, 《新增東國輿地勝覽》 및 읍지 등을 통해서 일부 지방의 민속이 부분적으로 밝혀지고 있다. 그 밖에 몇몇 禮書를 통해서 주자학적 의례체계에 의해서 형성되는 민속을 밝힐 수 있다. 현재까지 알려진 문헌자료에 나타나는 이 시기의 민속을 정월부터 차례로 파악하기로 한다.

《국조오례의》에 의하면, 정월 초하루 丑時 1刻[1)]에 종묘에서 大祀로 享儀를 올린다. 날이 밝으면 궁궐에서는 왕이 왕세자와 문무백관을 거느리고 중국 황제에 대한 望闕禮를 행한다. 이어서 왕은 왕세자와 백관, 왕세자빈으로부터 朝賀儀를 받는다. 그리고 중궁에서는 왕비가 命婦, 왕세자, 왕세자빈, 백관으로부터 조하의를 받는다. 조하의가 끝나면 각각 會儀宴을 갖는다. 그리고 상순에 날을 잡아 七祀 중에 小祀로 司命祭와 司戶祭를 올린다.

모든 관청은 3일 동안 일을 하지 않으며, 벼슬아치들은 다투어 친척과 동료들의 집에 가서 名刺를 문안에 던지는데, 대가집에서는 미리 함을 설치하여 받는다.[2)] 그리고 성현의 《용재총화》에 의하면 초하루에 서로 집으로 찾아가서 인사를 나누는 것을 세배라고 한다. 또한 大夫와 私庶人 모두는 가묘에서 조상의 신주를 내어 모시고 俗節告祭·祠堂參禮를 지내거나, 또는 墓祭를 지낸다.[3)]

---

1) 《國朝五禮序例》에 의하면, 왕실과 국가의 행사로 규정된 모든 제의의 시각은 축시 1각으로 통일되어 있다.

2) 成 俔, 《慵齋叢話》 권 2.
柳得恭, 《京都雜志》에는 이것을 歲啣이라고 하였다.

3) 《국조오례의》에 의하면 그 밖의 속절고제는 한식·단오·추석·동지·납일에도 지내도록 되어 있다. 李彦迪, 《奉先雜儀》와 李珥, 《祭儀抄》에 의하면 祠堂參禮라고 되어 있으며, 그 밖에 동지와 삭망에, 그리고 묘제는 한식·단오·추석에도 지내도록 되어 있다.
한편 묘제는 《朱子家禮》를 따라서 3월 상순에 택일을 하여 지내도 괜찮다고 또한 초하루 아침에 사람을 만나 이름을 불러 대답하면, 내 어리석은 것을 사가라고 한다[4]. 이날은 모두 일하지 않고, 모여서 윷놀이(梟盧戲)를 하며 다투고, 술을 마시며 논다. 새해에 들어 子日, 午日, 辰日, 亥日에도 이와 같이 한다. 그리고 아이들은 다북쑥을 모아서 동산에서 불을 지르면서, 해일에는 수퇘지 주둥이를 지진다고 하며, 자일에는 쥐를 지진다고 한다.[5] 《松都志》에 의하면 開城府에서는 여자 아이들은 蹴鞠戲[6]를 하고 놀며, 남자들은 投石戰을 하는데 죽고 다치는 것을 가리지 않는다. 濟州牧에서는 淫祠를 숭상하는데, 산·늪·냇물·연못·언덕·물가·평지·나무·돌 등이 있는 곳에 고루 신사를 만든다. 그리고 매년 초하루부터 보름까지 巫覡이 神纛을 받들고 儺戲를 행한다. 징과 북을 울리며 신독을 안내하여 동리로 들어가면 사람들이 다투어 재물과 돈을 내놓으며 굿을 한다[7].

입춘이 되기 전에 궁궐에서는 문신을 모아 五, 七言律詩나 絶句로 立春延祥詩를 짓도록 하여, 잘 지은 것을 골라 입춘시에 맞춰 궁문에 붙인다.[8] 보름이 되기 전에 궁중에서는 內農作을 한다. 14일에 承旨 이하 監造官·監掌官 등을 2패로 갈라서 후원의 좌우에 짚·김·벗나무 껍질 등으로 周公의 故事와 山色·奇花·異草·蟲漁·禽獸·인물 등을 만들어 농사의 어려움을 나타내도록 하며, 왕 이하 백관들이 이것을 보고 잘된 편에 상을 내린다.[9]

되어 있다.

4) 沈守慶, 《遣閑雜錄》.
柳得恭, 《京都雜志》에 의하면, 보름날 새벽에 더위를 판다고 되어 있다.

5) 成 俔, 《慵齋叢話》 권 2.
柳得恭, 《京都雜志》 正月에 의하면, 이 놀이를 궁중의 행사로 기록하고 있으며, 또한 쥐날에는 시골에서 콩을 태우면서 쥐주둥이 지진다고 여러번 주문을 왼다고 하였다.

6) 鄭昌順이 증보한 《松都志》 風俗에 의하면, 蹴板戲로 되어 있는 것으로 보아, 蹴鞠은 蹴板의 오기로 보여진다.

7) 《新增東國輿地勝覽》 권 38, 濟州牧 風俗.
洪錫謨, 《東國歲時記》 正月에 의하면 이것을 花盤이라고 부른다고 하였다. 金邁淳의 《洌陽歲時記》에는 "초하루에 지방관청에서는 優人들이 허수아비의 탈을 쓰고 바라를 울리고 막대기를 휘두르며 호령을 하고 무엇을 쫓는 시늉을 하면서 두루 몇 바퀴를 돌다가 나가는데, 이것은 儺禮에서 끼쳐진 것이다"라고 기록하고 있는 것으로 보아, 조선 중기에도 지방의 주현에서는 이러한 풍속이 있었을 것으로 보인다.

8) 《成宗實錄》 권 260, 성종 22년 12월 을축.

江陵都護府에서는 동지에 五穀種子를 항아리에 담아 흙집에 두었다가, 입춘에 이르러 獻官을 뽑아 봄맞이 의례를 행하고 土牛로 밭을 가는 놀이를 한 다음에, 항아리의 종자를 꺼내어 가장 많이 불은 것으로 그 해의 흉풍을 점친다.10)

보름날에 사당에 薦獻儀를 드리는데, 시식으로 약밥[藥飯]을 올린다.11) 이날 경도에서는 아이들이 연날리기를 하는데, 연이 떨어지는 집은 그 해에 반드시 액이 생긴다고 믿는다.12) 그리고 남녀들이 무리를 지어 12개의 다리를 건너면 그 해의 액을 넘긴다고 하여 踏橋를 한다.13) 개성부에서는 남녀 모두 횃불을 들고 높은 곳에 올라 달을 맞으면서 그 해의 복을 빌며, 또 달이 일찍, 늦게, 높게, 낮게 뜨는가를 살펴 흉풍을 점친다.14) 경상도 善山縣에서는 보름날 동리에서 줄다리기를 한다.15) 安東都護府에서는 16일에 성안에 있는 개울을 경계로 좌우로 나누어 석전을 하여 승부를 겨룬다.16)

2월 1일에 왕이 신하들에게 栢層을 하사하는데, 實栢子를 솔잎에 하나씩

9) 《中宗實錄》 권 19, 중종 9년 정월 무인·임오.
柳得恭, 《京都雜志》에는 이 행사는 祈豊을 위해서 하는 것이라고 설명하고 있으며, 이 내농작은 시골에서 짚을 묶어 깃대모양을 만들고 장대 끝에 붙들어 매어 집 곁에 세우고 긴 새끼를 내려뜨려 고정시키는 禾積이나 여항의 禾竿과 같은 것이라고 기록하고 있다.

10) 《臨瀛誌》 권 2, 祀典.

11) 李 珥, 《祭儀抄》에 의하면 이 밖에도 천헌의를 올리는 날은 3월 3월, 5월 5일, 6월 15일, 7월 7일, 8월 15일, 9월 9일, 납일로 되어 있다.

12) 《明宗實錄》 권 32, 명종 21년 정월 정미.
柳得恭, 《京都雜志》에 의하면, "보름날 厄자를 연에 써서 해질 무렵에 줄을 끊어 날려 보낸다. … 우리 나라의 풍속은 겨울부터 정월 보름까지 날린다. … 매년 정월 보름전 하루 이틀은 수표교 연변 상하를 따라 연싸움을 구경하는 사람들이 담을 쌓듯이 모여 선다. … 그러나 보름날이 지난 다음에는 다시 연을 날리지 않는다"고 기록하고 있다.

13) 《明宗實錄》 권 28, 명종 15년 5월 신미.
柳得恭의 《京都雜志》에는 답교가 성한 곳으로 대광통교, 소광통교, 수표교를 들고 있다.

14) 횃불을 들고 달을 맞는 것은 송도에만 있는 풍속이나, 달을 보고 점치는 것은 8도가 같다고 하였다(金堉, 《松都志》). 艮方에서 달이 뜨면 풍년이 들 징조라고 하였다(柳希春, 《眉巖日記》).

15) 《秋官志》 審理 獄案.

16) 《新增東國輿地勝覽》 권 24, 安東大都護府 風俗.

끼고 붉은 종이로 감싸서 붉은 칠을 한 자루를 대어 만든다.[17] 한식에 종묘에서는 대사로 향의를 올린다. 이날 조상에게 속절제, 헌식례를 올리거나, 또는 묘제를 올린다.[18] 그리고 上丁日에 경도와 지방의 주현에서 文宣王廟에 중사로 釋奠祭를 올리며, 매월 삭망에도 奠을 올린다. 또한 上戊日에는 경도와 지방의 주현에서 대사로 社稷祭를 올린다. 한편으로 상순에 날을 잡아 風雲雷雨祭와 山川城隍祭, 그리고 嶽海瀆祭,[19] 名山大川祭,[20] 歷代始祖祭[21]를 중사로 올린다. 경칩에 소사인 纛祭를 지내며, 임란 이후에는 關王廟[22]에도

---

17) 《中宗實錄》 권 17, 중종 8년 2월 경자.

18) 《國朝五禮儀》.
李彦迪, 《奉先雜儀》.
李　珥, 《祭儀抄》.
柳得恭, 《京都雜志》에 의하면, 경도에서는 정조, 한식, 단오, 중추에 성묘를 하는데, 한식과 중추에 가장 성하다고 하였다.

19) 같은 날 지방의 신사에도 향축을 내려 지내도록 하는데, 그 지역은 다음과 같다.
南嶽神(智異山, 전라도 南原), 中嶽神(三角山, 도성 북쪽).
西嶽神(松嶽山, 경기 開城), 北嶽神(鼻白山, 영안도 定平).
東海神(강원도 襄陽), 南海神(전라도 羅州), 西海神(황해도 豊川).
南瀆神(熊津, 충청도 公州 ; 伽耶津, 경상도 梁山).
中瀆神(漢江, 도성 남).
西瀆神(德津, 경기 長湍 ; 平壤江, 평안도 平壤 ; 鴨綠江, 평안도 義州).
北瀆神(豆滿江, 영안도 慶源).

20) 같은 날 지방의 신사에도 향축을 내려 지내도록 하는데, 그 지역은 다음과 같다.
東名山神(雉岳山, 강원도 原州).
南名山神(鷄龍山, 충청도 公州 ; 竹嶺山, 충청도 丹陽 ; 亐佛山, 경상도 蔚山 ; 主屹山, 경상도 聞慶 ; 錦城山, 전라도 羅州).
中名山神(木覓山, 도성내 남쪽).
西名山神(五冠山, 경기 長湍 ; 牛耳山, 황해도 海州).
北名山神(紺岳山, 경기 積城 ; 義館嶺, 강원도 淮陽).
南大川神(揚津溟所, 충청도 忠州 ; 揚津, 경기 楊州).
西大川神(長山串, 황해도 長淵 ; 阿斯津松串, 황해도 安岳 ; 淸川江, 평안도 安州 ; 九瀷津水, 평안도 平壤).
北大川神(德津溟所, 강원도 淮陽 ; 沸流水, 영안도 永興).

21) 역대시조제는 지방에서만 지내는데, 그 내용과 지역은 다음과 같다.
三聖祠(황해도 文化 : 桓因 · 桓雄 · 檀君).
崇靈祠(평안도 平壤 : 檀君 · 東明王).
崇仁殿(평안도 平壤 : 箕子).
崇德殿(경상도 慶州 : 朴赫居世王).
溫祚王廟(충청도 稷山 : 溫祚王).
崇義殿(경기 麻田 : 고려 太祖 · 顯宗 · 文宗 · 元宗).

소사로 제사를 지낸다. 또한 경칩 후 吉亥日에 중사로 先農祭를 지낸다. 춘분후 剛日에 馬祖祭를 지내며, 李珥의 《祭儀抄》에 의하면, 춘분에 조상에게 時祭를 올린다. 2월과 8월의 中丁日이나 下丁日에 전국의 書院에서 향사를 올린다.

2월 초하루를 花朝라고 하며, 이른 새벽에 솔잎을 문앞에 뿌린다. 전하는 말에 의하면, 빈대를 미워하여 솔잎으로 찔러 물리치기 위한 것이라고 한다. 이날 제주목의 歸德·金寧 등과 같은 지방에서는 장대 12개를 세워 놓고 신을 맞아다가 제를 지내며, 涯月에 사는 사람들은 나무로 말머리를 만들어 채색비단으로 꾸며서 躍馬戱를 하면서 신을 즐겁게 해준다. 보름에 이르러 그치는데, 이것을 然燈이라고 한다. 또한 이 달에는 배를 타는 것을 금한다.[23]

《국조오례의》에 의하면, 3월 吉巳日에 왕비가 명부들을 거느리고 중사로 先蠶祭를 지낸다. 청명 3일 전에 지방의 주현에서는 城隍發告祭를 지내며, 청명에 경도와 주현에서 소사로 厲祭를 지낸다. 《국조오례의서례》에 의하면 중정일에 宣武祠에 소사를 올린다. 3월 3일은 삼짇날, 上巳日, 踏青節이라 하며, 주현에서 鄕射禮를 한다.[24] 조상들에게 천헌의[25]를 드리고, 모두 교외에 나가 노는데, 꽃이 있으면 꽃술을 지져서 술과 함께 먹으며,[26] 또 성현의 《용재총화》에 의하면 새 쑥을 따서 雪餻를 만들어 먹는다.

4월 상순에 날을 잡아 七祀 가운데 司竈祭를 소사로 올린다. 8일은 석가여래가 탄생한 날이라고 하여 燃燈을 한다. 봄에 아이들이 종이를 잘라 기를

---

22) 임란 이후에 생긴 신사로는 관왕묘를 비롯하여, 중국의 인물을 모신 宣武祠(邢玠, 楊鎬), 愍忠壇(戰亡 明軍將士), 武烈祠(石星, 李如松, 楊之, 李如柏, 張世爵) 등과 함께, 조선의 인물을 모신 忠愍祠(李舜臣, 李億祺, 安弘國) 등이 있는데, 춘추로 향축을 내려 제를 지내게 하고 있다.

23) 《新增東國輿地勝覽》 권 38, 濟州牧 風俗. 이외에 춘추로 남녀가 무리를 지어 廣壤堂과 遮歸堂에 모여 주육으로 제사를 지낸다는 기록도 보인다.

24) 《成宗實錄》 권 245, 성종 21년 9월 갑신.
《新增東國輿地勝覽》 권 34에 의하면, 전라도 龍安縣의 풍속에 춘추로 향음주례와 향사례를 한다고 기록되어 있다.

25) 李 珥, 《祭儀抄》.
金邁淳, 《洌陽歲時記》에 의하면, 우리 나라에서는 시제보다는 기제를 중히 여겼는데, 본조 중엽부터 시제를 중히 여기게 되어 삼짇날과 중양절에 많이 지낸다고 하였다.

26) 진달래 꽃으로 花煎을 만들어 먹는다고 하였다(柳得恭, 《京都雜志》).

만들고 물고기 껍질을 벗겨서 북을 만들어 무리를 지어 길거리를 돌아다니며, 등불켜는 기구를 구걸하는데, 이를 呼旗라고 한다. 그리고 이날이 되면 집집마다 장대를 세워 등을 거는데, 부자집에서는 크게 채색한 등대를 세워 층층이 불을 밝혀, 마치 하늘에 별이 떠 있는 것과 같았다. 사람들은 밤새도록 놀면서 구경하며, 무뢰한 소년들은 혹 쳐다보고 돌을 던져 맞추면서 좋아한다.[27] 金堉의 《송도지》에 의하면 개성부에서도 관등을 아주 성하게 한다. 熊川縣에서는 매년 4월과 10월에 熊山神堂에서 신을 맞아 하산하여 종과 북을 울리면서 잡희를 하며, 원근의 사람들이 다투어서 제를 지낸다.[28]

5월 2일에 궁궐에서는 문신들을 모아 端午帖子를 짓게 한다.[29] 5일 단오에, 종묘에서는 대사로 향의를 지내며, 왕은 관원들에게 貼扇을 하사한다.[30] 일반에서는 조상들에게 속절제, 헌식례, 천헌의를 올리거나,[31] 묘제[32]를 지내며, 시식으로 艾餠을 올린다. 이이의 《제의초》에 의하면 하지 후 강일에 소사로 先牧祭를 지낸다. 그리고 하지에도 조상에게 시제를 올린다.

또한 단오날에는 艾虎를 문에 걸며, 창포를 술에 띄운다. 아이들은 쑥으로 머리를 땋고, 창포로 띠를 하며, 또 창포뿌리를 뽑아서 수염처럼 붙였다. 사람들은 길거리에 큰 나무를 세우고 그네를 뛴다. 여아는 모두 아름다운 옷으로 단장하고 길거리에 들끓어 채색한 줄을 잡고 서로 다투고, 소년들이 무리로 몰려와서 이것을 밀고 끌고 하여 더없이 음란하기까지 하였다고 한다.[33] 김육의 《송도지》에 의하면 개성부에서도 남녀가 정장을 하고 그네를 뛰고,

---

27) 지금엔 불교를 숭상치 않으므로 혹 연등놀이를 한다 하더라도 그 전의 번성함과 같지 못하다고 하였다(成俔, 《慵齋叢話》 권 2).

28) 《新增東國輿地勝覽》 권 32, 熊川縣 祠廟.

29) 《成宗實錄》 권 165, 성종 23년 5월 신미.

30) 柳希春, 《眉巖日記》 1책, 무진 5월 5일.

31) 《國朝五禮儀》.
李彦迪, 《奉先雜儀》.
李 珥, 《祭儀抄》.

32) 李彦迪, 《奉先雜儀》.
李 珥, 《祭儀抄》.

33) 이를테면 종루 뒤에서 그네를 매고 남북으로 나누어 승부를 겨루었는데, 풍기가 문란하였다고 한다. 이러한 현상으로 말미암아 조정에서 이를 금지하여 지금은 성행하지 않게 되었다고 했다(成俔, 《慵齋叢話》 권 2).

씨름을 하여 승부를 겨루며, 말달리는 재주를 비교하는데, 말달리는 놀이는 다른 곳에서는 하지 않는다고 하였다.

김해도호부에서는 매년 4월 8일에 아이들이 석전을 연습하다가 단오날에 이르면 장정들이 좌우로 나누어 깃대를 꽂고, 북을 울리고 소리를 지르며 석전을 하여 승부를 가른다.[34] 軍威縣에서는 매년 단오날에 首吏가 사람들과 함께 말을 타고 깃발을 들고 북을 치며, 金庾信祠에 가서 신을 맞아다가 거리에서 논다.[35] 固城縣에서는 1일부터 5일까지 사람들이 모여 2대로 나누어 성황사의 신상을 모시고 採旗를 들고 거리를 돌면, 사람들이 다투어 주찬으로 제를 올린다. 끝나면 儺人들이 백희를 베푼다.[36] 安邊都護府에서는 霜陰神祠에 宣威大王의 부인을 모시고 있는데, 매년 단오가 되면 성황사에 모신 선위대왕을 함께 모시고 함께 제를 지낸다.[37]

三陟都護府에서는 烏金簪祭를 지내는데, 사람들이 오금으로 만든 비녀를 소함에 가득 담아 동헌 동쪽 모퉁이에 있는 나무 아래에 두었다가 매년 단오가 되면 아전이 꺼내어 받들고 제를 지낸 후, 다음날 다시 보관한다.[38] 許穆(1595~1682)의 《陟州誌》에 의하면, 효종 4년(1653)에 府使 鄭彦璜이 오금잠제를 금하였으며, 이듬해에는 부사 李之馧이 성황사의 목상을 없애고 사판을 모신 것으로 되어 있다.[39] 이것은 당시에 전통적인 의례체계가 관권에 의해서 유교적 체제의례로 바뀌고 있는 상황을 잘 나타내 준다.

6월 土旺日(입추 전 18일)에 궁궐에서는 七祀 가운데 소사로 中霤祭를 지낸다. 15일은 유두라고 하며, 궁궐에서는 당상관에게 얼음을 하사한다.[40] 이이의 《제의초》에 의하면 조상에게 천현의를 올리는데, 시식으로 水團을 올린

---

34) 《新增東國輿地勝覽》 권 32, 金海都護府. 그 밖에 매년 춘추에 노인들이 金首露王陵에 모여 제를 올린다.
35) 《新增東國輿地勝覽》 권 25, 孝靈縣 祠廟. 신사는 현의 서악에 있는데, 속칭 三將軍堂이라고 한다고 기록되어 있다.
36) 《新增東國輿地勝覽》 권 32, 固城縣 祠廟.
37) 《新增東國輿地勝覽》 권 49, 安邊都護府 祠廟.
38) 《新增東國輿地勝覽》 권 44, 三陟都護府 風俗.
39) 金宗彦, 《陟州誌》에 의하면, 烏金簪과 함께 있던 화상을 없애고, 사판을 성황당에 모신 사람은 金孝元으로 되어 있다.
40) 柳希春, 《眉巖日記》 3책, 기사 6월 15일.

다.《용재총화》에 의하면 이것은 水團餠이라고도 하는데, 대개 회화나무 잎 가루를 냉수에 일어 먹던 유속이라고 한다. 김육의《송도지》에 의하면 개성부에서는 東流水에 머리를 감아 상서롭지 못한 것을 없애고 모여 술을 마시는 것을 流頭飮이라고 하며, 또 머리를 풀고 폭포물을 맞으면 어질병이 없어진다고 하는데 이것을 打頭會라고 부른다.

7월 상순에 날을 잡아 七祀 가운데 國門祭와 公厲祭를 소사로 올린다. 13일에 지방의 주현에서는 성황발고제를 지내며, 15일에 경도와 주현에서 소사로 厲祭를 지낸다. 입추 후 진일에 靈星祭를 소사로 지낸다. 이이의《제의초》에 의하면 칠석에 조상들에게 천헌의를 올린다. 김해도호부에서는 6월 그믐에 긴 장대를 세우고 잡악으로 太宗神을 모신 다음 7월 10일까지 角低戱를 하는데, 이것을 七夕戱라고 한다.[41] 7월 보름을 百種이라고 부르며, 절에서 백가지 꽃과 열매를 모아 盂蘭盆을 베푼다. 서울에 있는 여승의 암자에서 심하여, 부녀가 많이 모여들어 미곡을 바치고 돌아간 어버이의 영혼을 불러 제사지낸다. 가끔 중이 탁자를 길가에 놓고 제를 지내기도 한다.[42] 김육의《송도지》에 의하면 이것은 특히 개성부에서 성하다고 하였다. 전라도 礪山縣에서는 7월 보름에 鵲旨라는 곳에서 충청도 恩津縣 사람들과 모여 手搏戱를 하며 승부를 겨룬다.[43]

8월 상순에 날을 잡아 풍운뇌우제와 산천성황제, 嶽海瀆祭, 명산대천제, 역대시조제를 中祀로 지낸다. 추석에 종묘에서는 大祀로 향의를 올린다. 상정일에 문선왕묘에 중사로 석전제를 올린다. 상무일에는 경도와 지방의 주현의 사직단에서 대사로 사직제를 올린다. 추분에 老人星祭를 소사로 지내며, 추분 후 강일에 소사로 馬社祭를 지낸다. 일반에서는 추석에 속절제, 헌식례, 천헌의를 올리거나 묘제를 올린다.[44] 그리고 이이의《제의초》에 의하면 추분에 시제를 올린다.

---

41)《見睫錄》권 1, 風俗.
42) 成 俔,《慵齋叢話》권 2.
43)《新增東國輿地勝覽》권 34, 礪山郡 山川.
44)《國朝五禮儀》.
李彦迪,《奉先雜儀》.
李 珥,《祭儀抄》.

《용재총화》에 의하면 중추에 달구경을 한다. 제주목에서는 매년 8월 보름날에 남녀가 함께 모여 노래하고 춤추며 좌우로 편을 갈라 큰 줄의 양쪽을 잡아당겨 승부를 겨룬다. 줄이 만약 중간에서 끊어져서 양편이 모두 땅에 자빠지면 구경꾼들이 크게 웃는데, 이것을 照里戲라고 하며, 그네도 뛰고, 닭을 붙잡는 놀이(捕鷄戲)도 한다.45)

9월의 霜降에는 독제와 관왕묘제를 각각 소사로 지내며, 중정일에는 선무사에서도 소사를 지낸다.46) 또한 9일에는 주현에서 향사례를 올린다.47) 重陽에 조상에게 헌식례,48) 천헌의49)를 올린다. 그리고 登高라고 하여 높은 데 올라가서 논다.50)

10월 초하루가 되기 3일 전에 지방 주현에서는 성황발고제를 지내며, 초하루에 경도와 지방 주현에서 소사로 厲祭를 지낸다. 그리고 상순에 날을 잡아 七祀 가운데 國行祭를 소사로 지낸다. 충청도 報恩縣의 俗離山에는 大自在天王神이 매년 10월 寅日에 내려와 45일 동안 法住寺에 머무는데, 사람들이 음악을 갖추어 맞아 모신다.51) 熊川縣에서는 매년 10월에 웅산신제를 올린다.

11월의 첫 庚申日에 궁궐에서는 밤을 새는데52) 庚申守夜라고 하며, 일반에서도 밤을 샌다.53) 동지에 종묘에 대사로 향의를 올리며, 동지 후 강일에 소사로 馬步祭를 지낸다. 이날 조상에게 속절제,54) 사당참례,55) 또는 시제를 올리는데, 시식으로 팥죽(豆粥)을 올린다.56)

12월 臘日57)에는 종묘에서 대사로 향의를 올리며, 경도에서만 대사로 사

45) 《新增東國輿地勝覽》 권 38, 濟州牧 風俗.
46) 《國朝續五禮儀序例》 권 1.
47) 《成宗實錄》 권 245, 성종 21년 9월 갑신.
48) 李彦迪, 《奉先雜儀》.
49) 李 珥, 《祭儀抄》.
50) 成 俔, 《慵齋叢話》 권 2.
51) 《新增東國輿地勝覽》 권 16, 報恩縣 祠廟.
52) 《燕山君日記》 권 28, 연산군 3년 11월 경신.
53) 成 俔, 《慵齋叢話》 권 2.
54) 《國朝五禮儀》.
55) 李彦迪, 《奉先雜儀》.
李 珥, 《祭儀抄》.
56) 李 珥, 《祭儀抄》.
57) 조선시대에는 동지 후 셋째 未日을 臘日로 삼았다(金邁淳, 《冽陽歲時記》).

직제를 올린다. 이날 조상에게 속절제[58]나 천헌의[59]를 올린다. 개성에서는 12월 하순에 맹인들이 무리를 지어 朋宋를 만들어 들고, 밤에 북을 두드리면서 길거리를 돌며, 미곡을 걷으면서 복을 빌어주는데, 그믐에 그친다.[60]

그믐 전날에 궁궐에서는 儺戲를 하며,[61] 이 때 신하들은 輪木을 던지는 놀이를 한다.[62] 《용재총화》에 의하면 민간에서도 이 나희를 모방하여, 푸른 죽엽, 붉은 荊枝, 익모초 줄기, 桃東枝를 한데 합하여 빗자루를 만들어 살창문을 두드리고, 북을 치고 방울을 울리며 문 밖으로 몰아내는 흉내를 내는데, 이것을 放枚鬼라고 한다.

또한 《용재총화》에는 그믐날 이른 새벽에 그림을 대문과 창문에 붙이는데, 處容, 角鬼, 鍾馗, 幞頭官人, 介胄將軍, 珍寶를 든 부인, 닭, 호랑이와 같은 것을 그린다.[63] 이것을 歲畵라고 부르는데, 왕이 신하들에게 하사하기도 했다.[64] 그믐날에 서로 찾아보고 인사하는 것을 過歲라고 한다.[65] 이날 밤에

---

58) 《國朝五禮儀》.

59) 李 珥, 《祭儀抄》.

60) 金 堉, 《松都志》.
柳得恭, 《京都雜志》에서는 이것을 法鼓라고 하였으며, 정월 초하루의 행사로 기록하고 있다.

61) 成俔은 儺戲에 대하여 "어린애 수십 명을 모아서 侲子를 삼아 붉은 옷과 두건을 씌워 궁중에 들여보내면 관상감에서 북과 피리를 갖추고 方相氏와 함께 새벽에 이르러 쫓아낸다"라고 간략하게 기록하고 있다(成俔, 《慵齋叢話》 권 2).

62) 輪木은 12면에 각각 하나씩 동물의 이름을 새긴 것으로 3개를 던져서 獅자가 많이 나오는 사람이 이기는 놀이를 말한다(《中宗實錄》 권 60, 중종 22년 12월 임신).

63) 조선 후기의 歲時記類에서는 모두 歲畵를 정월의 풍속으로 기록하고 있다.
柳得恭, 《京都雜志》에서는 세화의 내용으로 壽星, 仙女, 直日神將을 들고 있으며, 궁문의 양쪽에 황금갑옷을 입고 하나는 도끼를, 하나는 節을 든 2장군의 그림을 붙이거나, 붉은 도포와 검은 사모를 한 인물상을 겹대문에 붙이기도 하는데, 이것을 門排라고 부르며, 이 2장군은 葛將軍과 周將軍이라고 설명하고 있다. 그리고 척리와 항간에서도 이 그림을 얻어다 문에 붙이기도 하며, 문설주에도 귀신의 머리를 그려 붙인다고 하였다.
金邁淳, 《冽陽歲時記》에 의하면 세화는 도화서에서 그려 올리는데, 금갑신장은 대궐문에 붙이고, 신선·닭·범그림은 벽에다 마주 붙인다고 하였다.

64) 《燕山君日記》 권 20, 연산군 2년 12월 을해.

65) 成 俔, 《慵齋叢話》 권 2.
洪錫謨, 《東國歲時記》에는 이것을 舊歲拜라고 하였다.

눈이 오면 풍년이 든다고 한다.[66] 황해도 延安都護府에 있는 臥龍池의 물이 얼었다가 깨지는 것을 보고 사람들은 용이 가는 것이라고 말하고, 그 얼음이 깨지는 방향을 보고 흉풍과 장마를 점친다.[67]

이상에서 보았듯이, 조선 중기의 민속은 다음과 같이 3종류의 성격으로 나타나고 있다. 첫째로 새로운 지배계층과 서울의 풍속으로서, 구체적으로 조선의 왕실과 서울을 중심으로 완성된 중앙집권적 관료체제의 儒敎儀禮的 풍속이 특색을 이루고 있다. 둘째로 지방 주현의 풍속으로서, 새로운 관료체제의 유교의례적 풍속에도 불구하고, 고려시대 이래로 지방의 주현과 읍치, 그리고 마을을 중심으로 발달한 巫佛中心의 전통적인 祝祭形式의 풍속이 아직도 상당히 남아 있다. 그러나 지방에 따라 그것도 관의 힘에 의해 유교적 체제의례의 형식으로 변하고 있는 모습을 보이고 있다. 셋째로 새로운 사회적 이념인 주자학에 의해서 형성된 풍속으로서, 관왕묘나 서원, 그리고 시제 등에서 보듯이, 주자학적 사회체계와 역사적 사건에 의하여 새롭게 등장한 친족집단의 조상숭배와 인물숭배의 풍속 등이 등장하고 있다. 넷째, 農業과 관련된 민속으로, 밭농사에 관한 것이 주가 되고 있는 것으로 보아, 아직은 논농사에 관련된 풍속이 본격적으로 발달하지 않았을 것으로 보인다.

〈張哲秀〉

5. 무용 · 체육

1) 무 용

(1) 정재무

斥佛崇儒의 정책을 채택한 조선왕조는 고려 때의 燃燈會와 八關會 등은 公儀로서 계승하지 않았으나, 고려 전래의 의례행사들은 그대로 계승하여 고

66) 柳希春, 《眉巖日記》 6책, 신미 정월 1일.
67) 《新增東國輿地勝覽》 권 43, 延安都護府 山川.

려의 풍속을 살려갔다.

태조는 즉위 후 고려시대의 관제·법령 등을 전면적으로 개편하였으나 樂舞는 개국위업을 축원하기 위한 새로운 노래와 그에 맞춘 呈才가 더러 있었을 뿐 대부분 고려의 것을 답습하였다.

鄭道傳은 태조 때 조선의 창업을 頌詠한 文德歌를 지었는데 궁중연회에서 자주 연주되었다. 태조는 한양 新宮에서 이 곡을 연주할 때 정도전에게 "이 곡은 경이 지은 바니 마땅히 일어나 춤을 추라"고 하니 정도전이 즉시 일어나 춤을 추었다는 일화가 전한다. 이렇듯 문덕곡은 작곡되어 연주되면서 곧 이어 정재로서 제정되었던 것 같다.[1] 또한 태조 2년(1393) 7월 정도전이 夢金尺·受寶籙의 두 신악을 지어 올리고[2] 그 해 10월에는 典樂署에서 정재로 구성되어 궁중 宴儀에서 연출되었다.

그 내용을 살펴보면 몽금척은 金尺이라고도 하며 태조가 潛邸에 있을 때 神人이 꿈에 나타나 태조의 바탕이 문무를 겸하고 있으며 民望이 속함을 이르고 금척을 주었다고 한다. 즉 하늘의 뜻을 받아 나라를 건국했다는 것을 樂舞化하였다. 몽금척의 구성은 唐樂呈才 양식을 도입한 춤으로《樂學軌範》과 조선 말기의《各呈才舞圖笏記》에 전한다. 그리고 수보록 역시 태조가 잠저에 있을 때의 일로 한 사람이 智異山 石壁 중에서 異書를 얻어 바친 일이 있었는데, 壬申年 태조 등극에 이르러 과연 그 말이 들어맞은 일을 찬양한 것이다. 수보록은《악학궤범》에만 전하며《각정재무도홀기》에는 전하지 않는다.

태조의 금척·수보록과 비슷하나 태종의 사적을 칭송한 것으로는 태종 2년(1402) 6월 河崙이 지어 올리고 樂舞化한 覲天庭과 受明命이 있다.[3] 이른바 전자는 태조의 꿈과 도참의 일이요, 후자는 태종의 行狀의 일임이 약간 다를 뿐이다. 근천정은 태종이 아직 왕위에 오르기 전에 天庭, 즉 중국 조정에 들어가 황제의 眷禮를 받고 돌아왔는데, 모든 백성이 이 일을 기뻐하여 지은 樂章이다.[4] 수보록 등과 함께 會禮·冬至·正朝·9월 養老宴에 쓰였다

1) 성경린,《한국의 무용》(교양국사총서 24, 세종대왕기념사업회, 1976), 130쪽.
2)《太祖實錄》권 4, 태조 2년 7월 기사.
3)《太宗實錄》권 3, 태종 2년 6월 신유.

한다.

수명명도 역시 태종이 왕위에 오르기 전에 중국에 갔다가 誥命, 休帖, 印章과 冕服 등을 중국의 천자로부터 받아서 돌아온 것을 기뻐하여 지은 것이다. 근천정과 함께 使臣宴에 쓰였다 한다. 사신연에 주로 쓰였던 것으로는 근천정과 수명명 외에 荷皇恩과 賀聖明 · 聖澤[5]이 있다. 이 중 하황은과 하성명은 卞季良이 왕명을 받아 지어 올린 것으로 하황은은 세종 원년(1419) 정월에[6] 하성명은 12월에[7] 창제되었다.

하황은은 태종이 父王의 명을 받아 國事를 받게된 것을 기쁨에 넘쳐 추는 춤이며, 하성명은 태종 때 시작된 聖明을 경축하는 춤이다. 세종 2년(1420) 4월에 太平館에서 중국 사신이 賀聖明歌의 簇子를 보고 轉寫해 준 것을 청한 사실에 비추어 후자를 걸어놓고 연출하는 악무였다고 한다. 성택은 임금의 거룩한 恩澤이 사방 모퉁이까지 골고루 빛을 발함을 형상화한 것이다. 성택의 구성은 竹竿子 2인, 簇子 1인, 中舞인 仙母 1인과 左右挾舞 8인으로 이루어 졌다. 먼저 奉簇子 · 奉竹簇子가 들어와 죽간자의 구호가 있고, 이어 선모와 좌우협무 8인이 들어선 다음, 선모가 조금 앞으로 나서서 致語를 하고 물러나 제자리에 서면 賀聖朝令에 맞추어 聖澤詞를 창한다.

끝나면 선모와 좌우협무의 北向舞, 다음 선모는 제자리에 있고 협무만의 回旋舞, 이윽고 四方 · 四隅로 八卦를 형성하면서 서면 선모가 坎妓를 향해 左旋回舞를 시작하고, 坎 · 震 · 离 · 兌 四方妓 4인과 對舞한 다음에는 선모가 艮妓를 향하여 다시 회무를 시작해 艮 · 巽 · 坤 · 乾 四隅妓, 舒手와 더불어 사방기 4인은 斂手足蹈하고 선모와 사우기 4인은 대무를 하고, 끝나면 선모도 협무와 함께 회족무를 추고 돌아와 처음의 대형으로 서면 죽간자가 구호를 부르고, 끝나면 죽간자와 簇子가 물러나고 이어 선모와 협무 8인도 차례로 물러나면 춤이 모두 끝난다.[8]

이상과 같은 정재를 추어온 사람들은 고려시대에는 女伶, 즉 敎坊의 여제

4) 성경린, 앞의 책, 132쪽.
5) 《世宗實錄》 권 40, 세종 10년 5월 정축.
6) 《世宗實錄》 권 3, 세종 원년 정월 계축.
7) 《世宗實錄》 권 6, 세종 원년 12월 무술.
8) 《世宗實錄》 권 40, 세종 10년 5월 정축.

자만이 정재를 추었으나, 조선 초 세종 때부터는 外進宴에는 舞童이, 內進宴에는 여령이 각각 춤을 추었다. 세종 13년(1451) 12월 慣習都監使 朴堧이 會禮宴에 女樂을 쓰지 말도록 상언하여 각 도에서 11세 이상 13세 이하의 어린 남자아이를 서울로 올려 보내게 하여 舞童으로 대체하였다. 그러나 11세부터 13세까지의 어린 소년들이 舞樂을 거쳐 정재를 익힐만 할 때가 되면 이미 체모가 건장하여 오래 쓸 수 없는 폐단이 생기자, 8세 이상 10세 이하로 나이를 낮춰 뽑았다. 이른바 이 무동들은 고종 때까지 外宴에서의 정재를 담당하였다.

세종 27년 4월 權踶·鄭麟趾·安止 등이《龍飛御天歌》를 지어 올렸는데 이 노래를 부르며 추는 정재로 鳳來儀가 있다.《世宗實錄》에 실린 봉래의에 관한 악보를 보면 前引子·進口號·與民樂·致和平·醉豊亨·後引子·退口號로 구성되어 있다. 처음 竹竿子가 나가 진구호를 부르고 좌우로 벌려 서면, 舞妓 8인이 折花舞로 나갔다가 八手舞로 물러나 여민락령의 반주로 龍歌의 海東章을 노래하고 이어 根深章·源遠章·昔周章·今我章·狄人章 다음에 右旋·回舞에는 野人章에서 千世章·子子章·嗚呼章까지를 繼唱하고, 끝나면 四方作隊인체 모두 북쪽을 향하고, 이번에는 치화평 三機를 노래하는데, 이것은 용가의 우리말 노래가 된다. 이 춤은 祖宗積累의 심원함과 綿造의 가난함을 표현한 것으로 주악으로는 唐樂과 鄕樂을 섞어서 연주하나, 致和平舞와 醉豊亨舞로 변할 때에는 향악만 연주한다.

男樂과 女樂이 있으며, 다른 향악정재는 엎드려 俛伏하여 시작하고 끝나지만 이 봉래의는 奉竹竿子 두 명과 무기 8인이 나와서 정위치에 서면 곧 춤이 시작되는데, 주악과 拍의 소리에 맞추어 절차를 따라서 구호와《용비어천가》를 부르며 足蹈·對舞·背舞·回舞를 하다가 치화평무로 바뀌어 죽간자가 처음 위치에 오면 춤이 끝나는 것이 다른 향악정재와 다르다. 이 춤은 아름다운 무작보다도《용비어천가》의 노래를 수도 없이 불러대는 가무의 압권이라 할 것이다.

한편 정재 중에는 왕이 친히 지은 악무가 있는데 保太平과 定大業이다. 이 두 정재는 세종 29년 조종의 문덕을 기리기 위하여 직접 창작하여 會禮樂으로 쓰던 것으로, 세조 9년(1463)에는 崔恒으로 하여금 가사를 줄이게하고[9] 樂調도 줄이게 하는 동시에 林鍾平調를 黃鍾平調로 바꾸어 세조 10년 정월부터 종묘제례악으로 채택되는 변화를 갖는다.[10] 이 중 보태평은 文舞로서 왼손에 籥을 들고 오른손에 翟을 들고 36명이 추는 춤이며, 정대업은 武舞로서 《악학궤범》에 의하면 각종 儀物을 든 35명이 동 · 서 · 남 · 서쪽에 도열한 가운데서 36명이 칼과 창과 弓矢로 춤추는데, 특히 宣威에서는 曲陣 · 直陣 · 銳陣 · 圓陣 · 方陣 등의 진법에 의하여 춤춘 점이 주목된다.[11]

이와 같이 진법에 따라 추던 정대업 중 선위의 진법구성은 조선 말기에 이르러 변모되며 진법에 의한 佾舞는 없어지고 전 과정에 있어서 칼과 창만 들고 추게 되었다. 보태평과 정대업의 舞譜는 조선 말기의 《時用舞譜》에 전한다.

다음으로 曲破는 《高麗史》에 언급되어 있으나, 樂志에 춤의 절차에 대한 기록은 없고,[12] 《惜奴嬌曲破》에 樂詞만 전하고 있다. 曲破呈才는 오래 쓰이지 않아 아는 이가 없었다는 기록으로 미루어[13] 《악학궤범》에 전하는 곡파정재는 그후 再演한 것이라 하겠다.

또한 《고려사》 악지에는 보이지 않고, 《악학궤범》에만 그 춤의 절차가 전하는 것으로 보아 세조 말엽이나 성종 때에 창작된 것으로 생각되는 六花隊는 여섯 가지 꽃을 상징하는 6인의 舞妓와 致語人 1인, 죽간자 2인으로 이루어져 있다. 먼저 죽간자가 問花心詞를 부르면 치어인은 花心答詞로 대답하는 문답식의 和唱을 하는 것이 이색적이다.

이 밖에 조선시대를 걸쳐 빠지지 않고 가장 많이 즐겨 추던 춤인 響鈸과 鶴舞 · 蓮花臺舞 · 處容舞가 종합된 鶴蓮花臺處容舞合設, 그리고 임금이 대궐로 돌아올 때 大駕의 행로에서 베풀어졌던 敎坊歌謠 등이 있다.

향발정재는 향발이라는 작은 타악기를 좌우수 모지와 장지에 매고, 장단에 맞추어 이를 치면서 추는 춤이며, 학연화대처용무합설은 儺禮 때 추던 장엄

---

9) 《增補文獻備考》 권 94, 歷代樂制 4.
《世祖實錄》 권 31, 세조 9년 12월 을미.
10) 《世祖實錄》 권 48, 樂譜舞圖附考定.
11) 成 俔, 《樂學軌範》 권 5, 123쪽.
12) 《高麗史》 권 71, 志 25, 樂 2.
13) 《世宗實錄》 권 29, 세종 7년 9월 계축.

한 의식절차이던 것으로 이 중 학무는 교방가요에서도 추어지는 정재이다.

특정한 춤은 아니나 임금이 궁궐로 돌아올 때 임금을 즐겁게 하기 위하여 의례적으로 演行되었던 교방가요는 화려한 설비를 갖추고 바닥에는 바퀴 4개를 달아 끌고 다녔으며, 1백 명의 여기가 동원되었다. 大駕가 대궐에 들어가기까지 가요와 학무, 연화대, 금척 등이 이어진다.

이상과 같이 건국 초부터 쌓아올린 악무의 제도는 성종대에 와서《악학궤범》의 편찬으로 완전히 꽃피우며 정리되기에 이르렀다. 그러나 성종의 뒤를 이은 연산군은 안정된 정치와 문화의 성시를 이룬 성종대와는 달리 향락과 폭정을 일삼아서 국가의 질서는 몹시 어지럽고 문화는 날로 퇴폐하여 졌다. 연산군은 성균관을 폐하여 이 곳을 宴樂의 놀이터로 만들었으며, 원각사를 폐하여 승려를 내쫓고, 掌樂院을 聯芳院으로 개칭하여 여기들을 이곳에 머무르게 하였다.[14] 따라서 궁녀의 수가 막대하였고 처용무를 기생으로 하여금 전습케 하였으며, 왕이 친히 豊頭舞라 전해지는 假面舞를 추기까지 하였다. 그러나 이러한 지나친 향락은 결국 中宗反正을 불러왔다. 중종이 즉위한 후에는 연산군 때의 기녀들을 찾아 처벌하였고, 기승을 부렸던 여악에 대한 시비가 그치지 않았다. 따라서 중종 2년(1507)에는 成希顔의 상언으로 內宴에서만 여악을 쓰도록 하고 正殿會宴에는 여악을 쓰지 않도록 하였다. 또한 중종 5년에는 각종 연례악을 새로이 제정하였는데, 이에 쓰이는 정재는 태종 때 제정한 것과 거의 같다.[15]

선조 때는 임진왜란으로 악무가 잠시 끊어지고《악학궤범》이 불타기까지 하였다. 그 뒤 병자호란으로 백성들의 생활은 말이 아니었고, 악공과 악생들이 죽거나 포로가 된 자가 많아 각종 제사에까지 악무가 쓰이지 못하였다.

인조 25년(1648) 정월, 종묘 春享大祭에 다시 음악과 무용이 쓰이기[16]까지 10년의 기간이 걸렸다. 태조에서 성종에 이르기까지 조선 초의 악무는 고려의 문화를 바탕으로 조선의 예악이 부흥 정리되었으나 연산군으로 이어지는 조선 중기의 악무는 연산군의 문란한 폭정과 두 차례의 난으로 성대하게 치

---

14) 성경린, 앞의 책, 162쪽.
15) 성경린, 위의 책, 164쪽.
16) 성경린, 위의 책, 167쪽.

러졌던 각종 呈才舞들이 간소화되고 중단되는 상태에 이르러, 조선 중기의 정재무는 영 · 정조 때 퇴폐한 악무를 부흥하고자 노력하기까지 암흑기를 맞이하게 되었다.

(2) 일 무

佾舞는 역대 제왕의 신위를 모시는 종묘제례와 薛聰, 崔致遠 등의 우리나라 성현들과 孔子를 비롯한 그의 제자들을 기리는 문묘제례에서 쓰이는 춤으로 列을 지어 추는 엄격한 형식을 갖추고 있다.

원래 일무는 지위에 따라 八佾舞, 六佾舞, 四佾舞, 二佾舞의 4종류가 있는데 이러한 일무는 주나라 때 비롯된 것으로 고려 예종 11년(1116)에 송으로부터 우리 나라에 들어왔다고 한다. 이 때 수입된 일무의 舞制는 雅樂의 전래와 더불어 6열 6행으로 36명이 추는 6일무가 들어왔는데 그 뒤 親祠登歌와 軒架에 보면 한 줄 8명씩 6줄에 6일무를 썼고, 有事攝事登歌와 軒架에는 한 줄 8명씩 4줄에 32명의 4일무로 바뀐 것을 알 수 있다. 그러나 조선시대에는 文宣王廟 즉 공자를 모신 문묘제향에는 천자가 행하는 제의라고 해서 조선 초기부터 현재까지 64명이 추는 8일무를 쓰고 있다. 그리고 일무는 그 안에 문무와 무무로 나뉘어지는데 문무는 왼손에 籥, 오른손에 翟을 들고 추며, 무무는 왼손에 干과 오른손에 戚을 들고 춘다. 또한 조선 초 종묘제례 때 쓰던 일무의 형식으로는 세종 때 회례연에 사용되던 보태평과 정대업의 육일무가 한 줄 8명씩 6줄에 48명이었는데 세조 9년(1461) 이후 종묘제례악으로 개작되어 종묘와 영령전 제향 때에 쓰였는데 한 줄에 6명씩 6줄에 36명의 육일무가 채택되었다.《악학궤범》에 수록된 것을 보면 종묘에서 연출하던 일부는 춤의 내용에 대해서는 아무런 설명이 없고 겨우 일무의 순서만을 알 수 있을 뿐이다.17)

먼저 迎神에는 保太平之樂을 아뢰고 保太平之舞를 추는데, 춤은 熙文舞가 九變이다. 奠幣에 또한 보태평의 악무로 춤은 熙文舞이다. 進饌에는 豊安之樂으로 춤은 없다. 初獻에는 보태평지악을 아뢰고, 보태평지무를 추는데 11

17) 成 俔,《樂學軌範》권 2, 時用俗部祭樂.

聲이다. 亞獻·終獻은 함께 정대업지악·정대업지무로 11성이다. 徹籩豆에는 雍安之樂, 送神에는 興安之樂으로 일무는 없다. 永寧殿의 악무가 또한 종묘와 거의 같다.

위와 같은 종묘의 6일무는 광무 원년(1897)에 64명의 8일무로 바뀌어 썼고, 1910년 이후로는 다시 8일무를 써 왔는데 1960년대 李氏 종친회에서 종묘 제향을 주관하여 받들게 되면서 다시 8일무를 채택하여 현재까지 이르고 있다.[18]

(3) 나례희와 처용무

태조 이성계는 유교를 통하여 나라 이념을 확고하게 하면서도 前朝의 儺禮나 山臺雜劇은 그대로 계승하여 더욱 성행하였다. 태조는 조선개국을 맞아 고려의 유풍인 팔관회와 연등회의 의식을 파한다고 하면서도 고려 풍속의 하나인 나례나 산대잡극은 그대로 지속시켜 왔으며 나라의 기강을 확립하고자 모든 巫覡들의 淫祀는 금지시키면서도 종묘와 사직을 숭배하여 그 제사에는 물론, 사신들을 맞이할 때면 으레 綵棚山臺하에 나례를 베풀고 雜戲百般으로 이들을 기쁘게 하였다.[19]

태조 2년(1393) 2월 계룡산에 갔다가 개경으로 돌아올 때 結綵儺禮가 거행되었고,[20] 같은 해 10월에 典樂署에 武工房을 설치하여 武樂을 습득케 하고 夢金尺 등 신악을 일으키기도 하였다.[21]

태조 7년에는 명나라 사신을 맞이한 최초의 기록으로 같은해 6월에 있었던 雜伎綵棚[22]이 있으니 잡기놀음이 상연되었음을 추측할 수 있다.

태종대에는 명나라 사신들을 위한 산대나례와 백희는 물론 새 도읍지 한양에 행차하여 그의 즉위를 太廟에 고하고 개경으로 환궁할 때는 모든 군신이 나와 山棚結綵, 儺禮百戲를 펼치면서 숭인문 밖에서 맞이하였고, 그 때 성균관 생도와 교방창기 등은 가요를 하고 백관들은 술잔을 받쳐 하례를 베

18) 장사훈, 《한국무용개론》(대광문화사, 1992), 41쪽.
19) 《太祖實錄》 권 1, 총론.
20) 《太祖實錄》 권 3, 태조 2년 2월 임인.
21) 《太祖實錄》 권 4, 태조 2년 10월 기해.
22) 《太祖實錄》 권 14, 태조 7년 6월 정묘.

풀었다.[23] 태종은 便殿에서 나례백희를 구경하였으며[24] 雅樂·典樂·遷轉의 법을 정하여 종묘에서는 아악을 燕享에서는 향악과 당악을 사용토록 하는 등 이를 숭상하였다.[25]

세종대에도 胎室을 晋州로 移安할 때 그 安胎處에다 채붕을 세워 나희를 베풀었으며,[26] 또한 迎使 때에는 나례를 금하고 채붕만을 세워 사신들을 즐겁게 하였다.[27] 세종 8년(1426) 12월 除夜에는 구나와는 상관없이 잡기와 나인들에게 목면을 하사하기도 하였으며, 또 세종 25년 정월에도 처용무가 처음으로 등장하는데 여기서는 女妓를 제외하고 남자를 기용하였다.

조선시대의 산대희는 나례·나희·산대나례·산대잡희 등으로 그 명칭을 혼용하였으며 나례도감 또는 산대도감으로 관장하여 중국 사신을 영접할 때와 季冬儺禮儀 때, 祔廟還宮 때, 宗廟親祭 때, 謁聖 때, 이 밖에 行幸 때, 安胎 때, 進豊呈 때, 地方長官 등의 환영 때 內農作 때와 각종 宴樂歡娛 때에 광범위하게 쓰여졌으며, 그 종류도 다채로와졌으나 기본적으로는 고려의 산대잡극이나 나희의 내용과 크게 차이가 없었던 것 같다.

문종 즉위년(1450) 6월의 迎詔 때 나례의 설치여부에 대한 논의를 통해 조선시대 나례희의 특색을 엿볼 수 있다. 즉 '戱譃'의 내용을 廣大의 '西人, 注叱, 弄鈴, 斤頭' 등 規式之戱와 水尺(俳優)의 '僧廣大' 등 笑譃之戱와 樂工들의 '音樂'의 세 부문으로 나누고 있는데, 고려의 백희와 음악 양부에 비해 소학지희가 뚜렷이 독립된 것과 《악학궤범》의 학연화대처용무합설조로 보아 驅儺 후의 歌舞部가 확장된 것을 특색으로 들 수 있겠다.[28] 위에서 든 규식지희 즉 백희의 내용에서 '서인'은 혹시 '西胡戱'를 말한 것인지 불명하며, '주질'은 줄광대 즉 줄타기, '농령'은 弄丸系의 밤마리 대 廣大패의 竹방울받기 같은 것, '근두'는 筋斗樸跌을 말한 것 같다. 모두 散樂계통의 奇伎曲藝로서 萬物草에는 '山臺'를 '근두박질'이라고 새긴 것으로 보아 산대에서도 놀던 대

23) 《太宗實錄》 권 1, 태종 원년 4월 임술.
24) 《太宗實錄》 권 15, 태종 8년 4월 임진.
25) 《太宗實錄》 권 17, 태종 9년 4월 기묘.
26) 《世宗實錄》 권 6, 세종 즉위년 11월 신해.
27) 《世宗實錄》 권 24, 세종 6년 5월 계묘.
28) 崔正如, 〈산대도감극성립의 제문제〉(《계명대학교 논문집》 1, 1973).

표적인 演目의 하나였던 것을 알 수 있다.[29]

역대 구나와 進宴에서 반드시 추어오던 처용무는 성종대에 《악학궤범》에 있는 바와 같이 학연화대처용무합설로서 歌舞劇으로 종합되었던 것을 알 수 있다.

처용무는 왕조의 교체에도 불구하고 신라말의 구나적인 성격의 춤으로 시작되어 고려시대에는 한층 그 기상이 강렬해 지더니 조선시대도 구나무로써 궁중의 잡귀를 쫓는 나례의 중심적인 의식무가 되었을 뿐만 아니라 궁중의 연악무로 고관들이나 심지어 국왕까지도 춤을 추었으며 외국 사신의 접대연에서도 추어졌다.

고려 말 李穀의 시에 의하면 처용무가 二人舞였으며, 成俔의 《慵齋叢話》에는 赤色面에 黑布紗帽의 一人舞를 읊고 있다. 그 후 처용무는 중국의 五方舞의 영향으로 五方處容舞로 확대되고,[30] 세종과 세조대의 대수정을 거쳐 처용무는 《악학궤범》 에 보이는 대로 학연화대처용무합설로 종합가무극이 되었다.

조선시대의 처용무는 궁중정재의 합설무로 가무되었을 뿐만 아니라 사대부들의 공사석의 宴樂에서도 오방처용무가 演舞되었음은 檀園이 그린 것으로 전해지고 있는 平安監司歡迎圖(〈그림〉)나 士大夫家의 壽宴을 기록한 필자미상의 湛樂宴圖의 오방처용무도에서도 알 수 있다.

《악학궤범》에는 12월 晦日 하루 전날 궁중에서 연행되던 나례 때 처음과 마지막 두 차례에 걸쳐 처용무를 추었다. 처음에는 오방처용무만 추고, 마지막에도 역시 오방처용무를 추되, 足蹈歡舞 또는 搖身極歡이라는 설명에서 보듯이 처음과 다른 점이 있고, 더욱이 처용무에 이어 학무와 연화대 정재를 연출한 다음 彌陀讚·本師讚·觀音讚을 노래하였다.[31]

즉 처음의 처용무는 구나하는 의식적인 춤이고, 마지막의 처용무와 이에 이어 학무, 연화대무 및 미타찬 이하 불가를 화창하는 장면은 다분히 오락적인 요소를 띠고 있다.[32]

---

29) 이두현, 《한국의 가면극》(일지사, 1979), 84쪽.
30) 車柱環, 《당악연구－고려사악지－》(汎學圖書, 1976), 70～73쪽.
31) 成 俔, 《樂學軌範》 권 5.
32) 장사훈, 앞의 책, 151쪽.

〈그림〉 평안감사 환영도(처용무)

조선 중기에 접어들어 임진왜란 이후부터는 세말나례의 풍속은 사라졌고 따라서 처용무도 얼마간 자취를 감추는 듯했다. 그러다가 광해군대에 이르러 다시 살아났지만 인조대에 이르러서는 나라의 긴축재정으로 점차 식어갔다. 그리고 숙종대 이후 조선 후기에는 예전의 종합 연출된 학연화대처용무부설이 아니고 세 가지 춤이 각각 독립되어 공연되었다. 그러나 《교방제보》(1872)에 연화대무에 학무를 겸하는 것이라고 하여 연꽃 속에서 나온 두 童女가 두 학을 각각 타고 추는 춤이 있어 합설무의 잔영을 보여주고 있으며, 조선 말기의 《궁중정재무도홀기》에 의하면 성종대에 연출되던 그 마지막 처용무의 잔영으로 미타찬 이하 불가가 끼어 있는 것이 주목된다.

이 밖에 궁중가무에는 연산군대에 豊頭舞라는 것이 있어 왕이 스스로 가면을 쓰고 춤을 잘 추었다는 기록이 보이나 어떠한 가면무였는지 후세에 전하지 않아 알 수가 없다.

다음으로 迎使 때의 산대잡희의 내용을 구체적으로 읊은 것으로 성종 19년(1488) 3월에 내조한 명의 사신 董越의 〈朝鮮賦〉가 있다. 그가 평양, 황주 및 서울 광화문에서 본 산대잡희의 내용은 吐火, 曼衍魚龍之戱, 舞童, 筋斗(근두박질), 줄타기, 攝獨趫 즉 竹廣大 등 散樂百戱와 사자·코끼리 등의 假像의 陣列이었다. 만연어용지희의 '曼衍'은 漢의 張衡의 시 〈西京賦〉에도 보이는데 龍陀熊虎의 假頭를 쓰고 춤추는 놀이이다. 여기서는 魚龍과 곰의 가두무가 나왔던 것 같다.

한편 성종대의 성현의 〈觀儺詩〉에 보면 채붕을 시설하고 울긋불긋 화려한 의상을 입은 무용수가 종횡으로 난무하는 모습과 弄丸, 줄타기(步索), 꼭두놀음, 솟대놀이(長竿戱) 등을 나례의 놀이로 읊었는데 모두 이른바 산악백희인 규식지희에 속하는 놀이들이다.

(4) 광대 소학지희

조선시대의 산대나희에서 주목할 것은 위에서 살펴본 규식지희와 가무뿐만 아니라 잡희, 창우지희 또는 배우희라고 불리던 소학지희의 活劇的 전개일 것이다. 고려의 조희 이래로 직업배우에 의한 여러 가지 소학지희가 《조선왕조실록》과 기타의 문헌에 보인다.

세조 10년(1464) 12월 나례 때에 逐疫優人이 있어 잡희로써 스스로 문답하여 탐관오리와 항간에서 일어나는 일들을 거리낌 없이 연출하였다고 하였고, 또 세조 14년 5월에는 본시 우인이던 冶匠 高龍이 '盲人醉人之狀'을 잘 놀았다고 한다.

연산군 5년(1499) 12월에는 孔潔이란 배우가 나례 때에 李紳의 悶農詩를 읊고, 또 三綱領八條目 등을 논하여 몹시 무례하였으므로 의금부에 내려 杖 60에 驛卒에 속하게 하였다.[33]

연산군 11년 12월에는 孔吉이라는 배우가 이상적인 군주는 만나기 어렵지만, 훌륭한 신하야 언제든지 있게 마련이라는 내용으로 소학지희를 벌이다가 매를 맞고 귀양갔다. 연산군 같은 暗主에 대하여 당시의 배우들이 목숨을 걸고 저항한 사실을 이로써 알 수 있겠다.

또 중종 22년(1528) 12월에는 나례 때 정재인으로 하여금 民間疾苦와 救荒 절차를 놀이로써 연출케 한 사실도 보인다. 중종 때의 魚叔權의 《稗官雜記》에는 定平府使 말안장 사는 놀이와 巫稅布 놀이가 소개되어 있다. 첫째는 중종대의 정평부사 具世璋이 탐욕이 심하여 한번은 말안장 장수를 불러들여 여러 날을 두고 값을 깎고 홍정하다가 마침내 官貨로 말안장을 사들였다. 그 모양을 배우가 歲時에 御庭에서 놀이로 놀아 왕이 정평부사의 장죄를 다스리게 되었다. 둘째는 관부에서 거둬들이는 무세포가 너무 심하여 매번 收稅吏가 오면 巫家에서는 술과 음식을 갖추어 대접하며 그 기한을 늦추려고 야단법석을 떠는데 그 모양을 배우가 역시 세시에 어정에서 놀이로 보여주어 왕이 무세를 면제하여 주었다는 이야기이다. 이 놀이들은 모두 사회비판을 보여준 놀이들인데 어숙권은 "배우도 능히 貪汚를 彈駁한다" 또 "배우도 백성에게 도움이 된다"라고 평하고 있다.[34]

이와 유사한 사회풍자놀이는 필자미상의 《芝陽漫錄》에도 있다. 명종 22년(1567)의 일로, 왕이 창우희를 구경하였다. 배우가 都目政事 즉 벼슬아치의 성적을 평가하여 벼슬자리를 떼어버리거나 더 좋은 데로 승진시키거나 하던 일을 놀이로 보여주었다. 즉 이조판서와 병조판서가 서로 못난 조카와 사위

33) 《燕山君日記》 권 35, 연산군 5년 12월 갑인.

34) 魚叔權, 《稗官雜記》 권 2.

에게 情實을 쓰는 내막을 연출함으로써 왕이 크게 웃었다고 한다.

이상 몇 가지 예에서 볼 수 있듯이 15~16세기의 광대 소학지희는 배우들이 일정한 인물과 일정한 사건에 관련된 주제를 전개하는 연극을 연출하였고, 그것도 獨演形態만이 아니고 다수의 등장인물에 의하여 사회비판이나 시사풍자의 내용을 명절이나 군중들이 모이는 시기에 보여주었으며 궁중의 나희에도 포함되어 있었음을 알 수 있다.

(5) 나례우인

조선시대의 연희문화는 ① 妓(장악원기, 내의원기, 혜민서기, 외방봉상기, 현수), ② 工(악공, 장악원악공, 외방봉상악공, 악생, 가동, 무동), ③ 배우(광대, 재인, 수척), ④ 花郞(兩中, 群中), ⑤ 社堂, ⑥ 巫女, ⑦ 農民(民俗的)들에 의하여 유지되었다.

이들 가운데 妓·工·俳優가 그 주류를 이루었고, 나례나 明使·淸使 영접이 있을 때, 또는 野人, 倭人 接禮에 있어서 이들이 서로 모여 肄習을 하고 봉행한 것으로 되어 있다. 그러나 평소 관가에 매여 있는 교방기녀나 악공, 악생은 고사하고 지방봉상에 의한 악공이나 악생·창우까지도 巫系에 속한 광대나 水尺으로 대치하여, 이것이 조선시대의 연희문화를 수정하는 근본적인 계기가 되었다.[35]

이러한 현상은 특히 임진·병자 양란 후 조정의 악사들이 많이 죽거나 포로가 되어 그 응급책으로 재인·광대를 각 고을에서 봉상시킨 뒤부터 두드러졌다. 그 뒤에도 해마다 여러 명씩 봉상되는 소임에 응하기 위해 巫契가 전국적으로 조직되었다. 천민이며 무당의 서방인 각 고을의 재인광대는 才人廳에 소속되어 수령의 행차 때 선두에서 三絃六角을 연주하고 연회 때에는 여러 가지 놀이와 재주를 연출하였다. 그리고 여러 고을의 재인청이 모여 각도의 大房이 되었다. 그리고 대방에는 右道都山主와 좌도도산주가 있었으며, 그 밑에 執綱, 公員, 常務를 두어 서무를 맡겼다. 이 팔도의 都廳이 전국적으로 모여 八道都大房, 八道都山主, 都執綱都常務 등의 여러 소임을 두고 지방의 향연에서부터 서울에서의 나례 등 모든 연예적인 행사에 재인광대를 참

---

35) 金東旭,《한국가요의 연구》(을유문화사, 1961).

가시켰다.

그들이 선출되어 왕궁의 나례나 산대잡희를 위해 서울로 왕래할 때에는 호조에서 발급받은 圖書(일종의 증명서인 完文)를 갖고 전국의 관아와 사찰을 돌면서 乞量이라고 하여 비용을 벌기도 하였다.[36] 광해군 13년(1621) 10월에 희자에게 米布를 급송하는 일에 관하여 왕의 독촉이 있어 좌우나례청에 속한 희자 360명에게 전례에 따라 綿布 각 한 필씩 마련하여 나누어 주었다.

성종 때에는 執義 李命崇이 "식량을 휴대하고 상경한 나례우인들을 다수 서울에 머무르게 하기 어려우니 돌려보내는 것이 어떻겠느냐"고 아뢴데 대해 성종은 "나례는 조종조부터 행해오던 것이니 지금 경솔히 바꿀 수 없으며, 우인들은 대체로 농사를 짓지 아니하고 乞糧으로 살아가는 자들이고, 또 서울에서 멀지 않은 이틀 정도의 거리에서 온 자들이니 이미 상경한 이상 正朝가 지나 내려보냄이 좋겠다"라고 하였다.[37] 중종 때에는 사헌부와 사간원에서 "歲時의 逐疫行事는 좋으나, 觀儺는 즉 잡희로서 絃手재인들이 버릇없이 궁궐에 출입하여 사람들로 하여금 방자하게 만드니 이를 폐지하여 달라"고 하였다. 이에 대하여 중종은 "관나가 雜戲라고는 하지만 이는 古風을 전하는 것이며, 하물며 이를 보는 자들이라고 하여 다 방자하게 되는 것은 아닐 것이다. 세시는 索寬한 고로 옛부터 이를 행하여 온 것이요, 지나친 놀이는 아니다"고 하여 그 청을 들어주지 않았다.[38]

중종 36년(1542) 5월에는 〈賑恤廳節目〉의 하나로 정재인, 백정 등은 본시 항산이 없는 자들로 우희를 전업으로 하여 마을을 돌아다니며 乞糧을 하나 실은 각탈과 다름없으며, 이들은 민가에 기생하여 작폐가 심하며, 올해 같은 흉년에는 그 도둑질함이 전보다 더할 것이니 이들이 경내를 돌아다니는 것을 일체 금하도록 하였다.[39]

특히 社堂에 관한 기록은 세조 11년(1466) 8월에 처음 보이는데, "社長이라고 하는 자가 가짜 勸善文을 가지고 원각사 녹화승인 양 촌락을 횡행하며

---

36) 金東旭, 《국문학사》(日新社, 1976).
37) 《成宗實錄》 권 136, 성종 12년 12월 정사.
38) 《中宗實錄》 권 1, 중종 원년 11월 갑오.
39) 《中宗實錄》 권 95, 중종 36년 5월 기해.

민폐를 끼치고 있으니 각 고을 수령들은 이런 자들은 僧俗을 가리지 말고 잡아 올리라"고 하였다.[40]

태종 6년(1406) 4월부터 寺社革罷政策을 실시한 지 반세기가 넘는 세조대에 이르러서는 무시 못할 동냥승들의 기형적 집단이 생겨나게 되었음을 알 수 있다. 감시와 멸시, 학대의 손길을 피하여 몸에 지니고 있는 밑천만으로 살아야 하는 그들로서는 惡의 집단이라 규탄을 받더라도 賣淫, 盜賊, 念佛, 歌舞 등으로 사는 길 밖에 없었다.[41] 그 후 이들에 관한 기록이 예종, 성종, 중종, 선조대에 이르면서 심심치 않게 보이고, 선조 40년(1607)에는 '男爲居士, 女稱社堂'으로 이름이 바뀌고, 이후의 문헌들, 예컨대 《星湖僿說》·《芝峰類說》·《五洲衍文長箋散稿》·《牧民心書》 등에는 그대로 그 이름이 전해 내려오고 있어 이미 특수 집단으로 정착되었음을 알 수 있다.

조선 전기의 연예문화가 관에 의해 주도되고 산대나례도 공의로 거행되었지만, 그것에 대한 일반의 호기심은 대단하여 산대희가 거행될 때는 민중이 운집하였고, 觀劇은 점차 일반화하여 갔다. 그러나 조선시대의 선비들은 그들의 유학적 견지에서 매번 산대희의 거행을 비난하고, 특히 풍교상의 이유로 일반의 관람과 부녀자의 참관을 반대하는 의견이 분분하였다. 세종 13년(1431) 7월 대사헌 申槩 등이 올린 상소문이나 선조 39년 4월 迎詔使三度習儀之日의 기사 등에서도 사족과 부녀자에게 觀儺戱禁令을 내리고자 한 예를 볼 수 있다.

조선 중기에 접어들면서 임진왜란과 병자호란 등을 겪은 약 반세기 간은 사회적으로 일대 혼란기로서 나라는 전쟁으로 황폐해졌고 그 위에 흉년까지 겹쳤다. 따라서 백성들의 생활이 말이 아니었는데, 나라에서는 비싼 조세를 물려 그 핍박과 궁핍함이 형언하기 어려웠다. 그리하여 임진왜란 이후부터는 나라에서 연례행사처럼 거행되던 歲末儺禮의 풍속은 사라지고, 明使 내왕시와 부묘환궁시에도 전대의 채붕산대 및 백희가 얼마간 자취를 감추는 듯하였다.

광해군대에 다시 이 풍습은 살아나 나례백희와 처용무, 결채헌가, 잡상우

---

40) 《世祖實錄》 권 36, 세조 11년 8월 무자.

41) 崔正如, 앞의 글.

희 등이 전대에 못지않게 극성을 부렸지만 인조 때에는 나라의 긴축재정으로 점차 식어갔다. 인조 원년(1623) 3월에 임금은 앞서 광해군이 종묘친제 후 환궁할 때면 나례도감에서 雜像과 沈香山을 시설하고, 팔방에서 모은 戲子와 기생들이 온갖 재주를 보이게 하여 인력의 허비가 많았음을 감안하여 예조의 청대로 침향산을 거리에서 불사르고 또 嗣位 후 祔廟還宮 때 儒生耆老들이 올리던 결채헌축지례도 정지시켰다.

백성들의 원성과 인조의 긴축재정, 그리고 명 · 청간의 정권교체기로 채붕산대와 이를 주관하던 산대도감이 자연히 해체되었으며, 그에 예속되었던 나례산대인은 물론, 당시 이들과 더불어 살았던 우인, 광대와 관원, 이배들은 결국 새로운 호구시책의 길을 모색해야만 하였다.

재주있고 기예에 능한 사람들은 짝을 지어 마을에서 마을로 유랑하며 그 본업인 규식지희와 소학지희를 연출하며 호구를 유지했다. 이들은 나중에 천직으로 사당패, 풍각쟁이, 걸립패, 굿중패, 그리고 탈춤 · 덧뵈기패 등으로 분화되어 갔다.[42] 그리고 이 때는 조정과 양반관료들의 기강이 해이해져서 품계를 사고 파는 일까지 벌어지고 있었다. 또 다른 한편으로는 사회전체의 인식변화로 서얼허통의 법과 노비속량제가 실시되었다. 아울러 그 때까지 있어온 모진 규범과 허례허식은 서민의식의 각성과 신장으로 점차 파괴되어 나갔으며, 이에 따라 민간에서 민속춤과 민속극이 차츰 형성되어 가고 있었다.

〈宋壽男〉

2) 체 육

조선시대의 체육의 특징으로는 첫째, 귀족들의 독점적인 활동들에서 파생되어 새로운 형식의 놀이들이 민중들에게 파급되어 갔고 둘째, 전혀 새로운 형식의 종목들이 보급되었으며 셋째, 후기로 갈수록 경기로서 일반화된 종목들의 양적 증가현상을 볼 수 있으며 넷째, 각종의 활동들이 각각의 절기별로 계절적 특성에 알맞게 정착되어 연중행사로 정례화되어 갔음을 들 수 있다.

---

42) 張漢基, 《韓國演劇史》(東國大 出版部, 1986), 112~113쪽.

그리고 성균관과 향교의 행사에 전통적 習武活動인 弓射를 도입하여 이것을 무사들의 군사적 목적에 국한시키지 않고 인간교육의 수단으로 활용함으로써 弓射活動의 가치를 확대시켰음을 볼 수 있다. 이러한 행사를 통하여 활쏘기는 대중의 일상생활과 밀접하게 되었고 조선 중기 이후에 사회체육활동의 양상인 클럽(Club) 활동으로 더욱 활발히 전개되어 오늘날의 弓道技로 이어졌다.

(1) 성균관에서의 대사례

고대 중국에서의 射禮에는 大射禮·賓射禮·燕射禮·鄕射禮 등이 있었는데 이러한 행사를 시작하기 전에는 주연이 베풀어졌다. 대사례에서는 군신의 예를 갖추고 향사례에서는 장유의 차례를 분명히 한 다음 활을 쏘았는데 이러한 행사에는 덕이 있는 자의 선발, 제후가 추천한 선비의 시험, 군신 상호간 禮와 樂을 배우는 의미가 담겨져 있다. 이러한 중국의 사례는 조선시대 이전에 전래되었을 것으로 짐작되지만 사료의 미비로 확인할 수 없고 다만 성균관에서 대사례를 실시한 기록이 성종 8년(1477)에 처음으로 나타난다.

성종 8년 왕이 대학에서 大射를 행하고 列邑에서 飮射禮(鄕飮禮와 鄕射禮)를 하라고 명한 것이 그 시초로 되어 있다.[1] 성균관에서 생활은 학업과 덕행의 연마가 주된 목적으로, 과거준비를 위한 과정도 포함되기도 하였지만 그 생활 자체는 전통적 선비의 육성에 있었다. 이 점에서 유생들의 弓射 활동이 주목된다.

대사례에 사용되는 궁은 禮弓 또는 角弓이며, 화살의 길이는 三尺이고 깃은 매우 크다. 또한 《論語》에는 "군자는 다투는 일이 없으나, 활쏘는 데만은 예외다. 활쏘는 곳에 올라가고, 내려오고, 술마시고 할 때에는 서로 揖하고 사양하고 하니 활쏘는 데 다투는 것은 君子답다"[2] 라고 하여 예를 갖추고 실시되는 활쏘기만은 군자가 할만한 가치를 지닌 것으로 말한다. 이는 활쏘는 활동 자체보다도 행동에 미덕을 갖추도록 하는 내용의 말이다. 또한 "활

1) 韓基彦, 《韓國敎育史》(博英社, 1983), 124쪽.
2) 《論語》 권 3, 八佾.

쏘는 데는 과녁 뚫는 것을 주로 하지 않는다"[3]고 한 것은 사람의 힘이 같지 않기 때문인데 이것은 옛날의 활쏘는 방법으로 마음자세를 주로 하고 힘을 주로 하지 않는다는 것을 뜻한다. 그러한 태도를 이용한 한 예로 신라시대에는 弓箭法으로 인재를 등용하였고, 중국에서는 활쏘기를 가지고 그 사람의 덕의 유무를 판단할 수 있다 하여 관리를 선발할 때 이용하기도 하였다.

예를 갖추어서 하는 활쏘기에는 大射 · 賓射 · 燕射 · 鄕射가 있는데 대사의 규모가 가장 컸다. 대사에서는 나라에 제사가 있을 때 참례시킬 사람을 뽑는데 많이 명중시키는 사람이 우선적으로 뽑히므로 군자는 궁술을 다투게 된다. 그러나 昇降飮酒 등의 절차에 여전히 揖讓을 하여 군자의 미덕을 발휘하도록 되어 있다.[4] 또한 이 대사는 많이 명중시키는 사람을 선발하기 때문에 경기적 의미를 갖는 활쏘기 대회라 할 수 있다.

이러한 의의를 지니는 활쏘기가 성종대에 실시된 것과 대사례를 관장하는 六一閣의 존재는 성균관의 유생들에게도 활쏘기의 기회를 부여한 것으로 짐작할 수 있다. 비록 그들이 상류층의 자제들이라 육예의 소양은 어느 정도의 수준을 유지하고 있다고는 할지라도 대사례의 경쟁적 성격상 개인적인 노력이 있었을 것으로 보인다. 이를 뒷바침 할 수 있는 자료의 예를 들면 洪敬孫이 소년시절 성균관에 있을 때 지은 發願詩로 "李石亨은 글을 잘 써서 亨書라 하였고, 曺桀는 활을 잘 쏘아 善射라 하였으며, 李仁堅은 연소한 사람으로 등과하여 이름을 날렸다"[5]는 구절이 있는바, 이는 성균관에서 공부하며 모범이 될 대상인을 선정하여 그와 같이 되고자 하는 소망을 읊은 것으로 보인다. 여기에 조계가 활을 잘 쏘아 선망의 대상이 되었음은 활쏘기도 그들이 갖추어야 할 하나의 목표로 보아야 할 것이다. 따라서 비형식적인 절차라도 활쏘기 활동이 있었을 것으로 추측할 수 있다. 만약 성균관의 생활에서 활쏘기의 기회가 없었다면 그들은 활을 쏠 기회를 상실하게 된다. 왜냐하면 學令을 보면 매월 8일과 23일에는 모든 諸生들이 집에 돌아가 의복을 세탁하는 것을 허용한다. 그 날은 친지와 옛 벗을 만나보되 활쏘기, 장기와 바둑,

3) 위와 같음.
4) 車柱環, 《東洋의 智慧》(乙酉文化社, 1972), 19쪽.
5) 成 俔, 《慵齋叢話》 권 6.

사냥, 구경, 낚시질 등 그 밖의 유희를 일삼아서는 안 된다. 이를 어기는 자는 벌준다고 한다.6) 성균관 밖에서의 행동규칙에 활쏘기를 금하고 있는 것이다. 이렇게 되면 대사례에서 과녁을 많이 맞추기는 커녕 활 시위조차 잡아당기기가 어려웠을 것이다. 따라서 어떠한 형태가 되었던지 간에 활쏘기는 실시되었을 것으로 추측된다. 따라서 성균관에서의 활쏘기는 오늘날 학교체육의 목적과 유사한 의미를 지니는 것으로 생각할 수 있고, 그 실행 방법을 현대적 의미로 풀이한다면 잠재적 교육과정(Hidden Curriculum)의 성격을 지니는 것이라 하겠다.

(2) 향교의 향사례

향교의 향사례는 성균관의 대사례와 마찬가지로 禮讓訓鍊에 목적을 두었으며 보조적 교육행사로 중요시하였던 것이다.

해마다 춘추 두 차례에 孝・悌・忠・信하고 예를 좋아하는 이를 주빈으로 맞고 揖讓과 酒盃의 궁사와 음악으로 손과 주인이 서로 즐겨하되 예의를 엄중히 하는 것이었다. 향음례・향사례가 모두 덕행이 있는 이를 표창하는 동시에 군중에게 존경심을 길러 一鄕으로 하여금 모범이 되라는 것이었으니, 곧 사회를 교육시키는 의의로 장려하였던 것이다.

향사의 절차를 간략히 살펴보면 다음과 같다.7)

① 해마다 3월 3일과 9월 9일에 行禮하고 하루 전에 주인이 손에게 알린다.

② 그 날에 壇을 만들고 90보 밖에 과녁을 세운다.

③ 손을 영접하고 술마시는 절차는 향음례 때와 같고, 다만 술마시는 횟수가 2회 적은 것이 다를 뿐이다(향음례에서는 5회).

④ 司射가 단에 올라 활을 쏘면 손과 주인이 짝을 같이 하여 셋을 꽂고 하나는 끼고 차례로 활을 쏘며 화살이 나아갈 때마다 奏樂을 울린다.

⑤ 쏘기를 마치면 사사가 제자에게 명하여 술상을 베풀고 활을 맞추지 못한 자에게 벌주를 준다.

⑥ 손을 보내는 절차는 향음주례 때와 같다.

---

6) 韓國教育史硏究會編, 《韓國教育史》(教育出版社, 1984), 129쪽.

7) 韓基彦, 앞의 책, 124~125쪽.

이와 같이 향사례는 예를 중심으로 실시되었다. 다른 한편의 의미로 향사례는 향민의 체질향상과 상무정신의 함양에서도 그 의의를 찾을 수 있다.

이와 같은 활쏘기 활동은 군사적 의의보다는 현대적 개념에 부합되는 체육활동으로 가치를 부여할 수 있다고 본다.

(3) 방 희

擊毬는 고문헌에 打毬·擊毬·抛毬·杖毬·棒戱 등으로 기록되어 있는바 조선시대의 격구는 말을 타고 실시하는 騎馬격구와 徒步격구로 나누어서 파악할 수 있다.

문헌상으로 볼 때 양쪽 모두를 '擊毬(打毬)'로 기술하고 있지만 내용으로 판단하여 보면 전혀 다르며 도보격구는 오늘날 골프경기의 원형으로 간주되는 것으로 15세기의 朝鮮王朝實錄에는 '棒戱'로 나타나며 이 경기는 중국의 '捶丸'과 내용이 같다.

중국에서 추환이 유행한 때는 宋代로 당시에 이미 경기 방법 및 용구에 대하여 서술한 丸經이 있었다 한다. 이는 경기의 분포가 넓었음을 대변하여 주는 것이고 이 경기는 元代에도 계속되었다.

우리 나라에는 고려시대에 이미 격구가 중국으로부터 전래되어 활발히 전개된 기록이 여러 곳에 보이는 것으로 보아 추환도 유사한 도입경로를 거쳤을 것으로 추측되나 문헌상 확인할 수는 없다.

이 방희에 대한 기록은 《世宗實錄》에 처음 나타난다. 조선 초기의 기록이지만 인용하면 다음과 같다.

> 태상왕과 왕은 날씨가 매우 추워서 교외에 나가지 못하고 신궁의 내정에서 打毬를 하였다. 내년 봄에 이르러 그친다. … 격구의 법은 分曹하여 승부를 겨룬다. 棒은 狀匙같고, 크기는 손바닥만 하다. 물소의 가죽을 써서 이를 만들었다. 두터운 대로 자루를 만든다. 공의 크기는 계란만 하고 碼碯 혹은 나무로 만든다. 땅을 파서 주발만한 구멍을 파는데 이를 窩兒라고 한다. 혹은 전가을 사이에 두고 혹은 계단 위에 혹은 평지에 구멍을 만든다. 치는 사람은 혹은 무릎을 꿇고, 혹은 서서 棒으로 공을 치는데 毬는 騰越, 斜起, 輪轉하기도 한다. 毬가 구멍에 들어가면 점수를 얻는다. 규칙이 대단히 복잡하다(《世宗實錄》 권

14, 세종 3년 11월 갑신).

이와 같이 상세하지는 않지만 경기의 용구, 경기장, 경기법의 개요를 서술하고 있다. 그리고 등월, 사기, 윤전 같은 용어는 毬의 구질을 설명하는 것으로 오늘날 골프에서의 런(Run), 스라이스(Slice), 훅(Hook) 등과 대비가 된다.

《世祖實錄》에는 이보다 더 상세한 내용이 있다.

> 격구법은 수인 혹은 10인 또는 수십 인을 좌우로 나누어서 승부를 겨룬다. 棒의 모양은 손바닥 크기의 匙와 같고 대나무와 물소 가죽으로 만든다. 가죽이 엷으면 공이 높이 뜨고 두꺼우면 공이 높이 뜨지 않는다. 또한 兗棒이 있어 毬를 치면 뜨지 않고 구른다. 구는 나무 혹은 碼磁를 쓰고 크기는 계란같다. 땅을 파서 주발만한 구멍이 위치한 곳의 형편에 따른다. 한 번 쳐서 들어가지 않으면 구가 멎은 곳에 따라 두세 번 이를 쳐서 들면 1점을 얻는다. 한 번 쳐서 들어가면 다른 구를 칠 수 없으며 그만 둔다. 이후는 같다. 한 번 친 구가 다른 구에 닿으면 그만둔다. 이후 역시 같다. 혹은 서서 치고 혹은 무릎을 꿇고 친다. 규칙이 매우 많다(《世祖實錄》 권 2, 세조 원년 9월 경진).

이 기록들을 통하여 보면 경기의 인원(경기규모), 봉의 형태 및 제작법, 공의 제작법, 경기장 시설법, 봉의 용도 및 특성, 득점법, 경기규칙, 그리고 경기가 주로 실시되는 시기를 알 수 있으며 이는 현대의 골프경기와 거의 같은 형식임을 알 수있다.

특히 태종 때에는 惠正橋 길거리에서 아이들이 打毬를 하는 장면이 묘사되어 있는데,[8] 이는 이 시대에 방희가 상류층뿐만 아니라 아이들에게까지 폭넓게 일반화되어 있었음을 말해주는 것이다.

(4) 격 구

방희에서 지적한 바와 같이 擊毬는 기마격구를 지칭하기도 하는데 조선시대에 와서는 경기로서의 격구뿐만 아니라 조선왕조를 일으킨 태조가 궁술과 격구의 솜씨가 탁월하였다는 점이 《龍飛御天歌》를 비롯한 여러군데 기록에

---

8) 《太宗實錄》 권 25, 태종 13년 2월 기묘.

나타난다. 세종 7년(1425)에는 武科試取의 한 과목이 되었으며, 정조 때 二十四般武藝의 하나로 정해져 擊毬譜가 《武藝圖譜通志》에 수록되어 있다.

또한 격구는 무과의 필수 과목으로 그 진행과정이 《經國大典》에 상세히 나와 있다.

> 出馬旗 아래로부터 杖을 馬頸에 橫置한 채 毬旗 아래에까지 달려와서 排至로써 毬를 움직이고, 持彼로써 돌리는데, 杖의 안 쪽으로 비스듬히 구를 당기어 공중으로 높이 솟아오르게 하는 것을 배지라 하고, 장의 바깥 쪽으로 구를 밀어 당기면서 던지는 것을 지피라고 한다. 배지할 때나 지피할 때에 반드시 장을 말 가슴에 대이게 하는바, 이것을 割胸이라고 한다. 이렇게 하기를 3회 하여 끝나면 곧 말을 달려서 격구한다. 비록 3회가 끝나더라도 그 형세가 격구할 수 없으면 4, 5회를 하여도 무방하다. 격구를 시작할 때에 종으로 치지 않고, 장을 횡으로 곧바로 잡아 馬耳와 나란히 하는바 이것을 比耳라고 한다. 이렇게 두 번 또는 세 번 비이한 뒤에 손을 들어 종으로 구를 치는데, 이 때 손을 높이 올려도 장은 밑으로 드리워지는바 이것을 垂揚手라고 한다. 수양수의 동작에는 定數가 없으며, 구를 毬門으로 내보내는 것으로 度數를 헤아린다. 수양수의 동작 때에 몸을 옆으로 놀려 仰臥하고 장으로써 馬尾에 견주는바, 이것을 防尾라고 한다. 구가 문으로 나간 후에는 구를 치지 않더라도 짐짓 수양수의 동작을 하고, 또 장을 馬頸에 橫置한 채 出馬旗 아래로 돌아온다. 혹시 비이할 때에 미쳐 수양수의 동작을 하지 못하고 구가 문을 나간 경우에는 毬門 안에서 짐짓 수양수의 동작을 하고, 또 구문 밖에서도 짐짓 수양수의 동작을 한다. 혹시 구가 구문 앞에 이르러 멈추려 할 때에는 다시 쳐서 구문 밖으로 내보내어도 무방하다. 시설은 出馬標는 置毬標로부터 50보 떨어져야 하고, 置毬標는 구문과 300보 떨어져야 하며, 구문의 너비는 5보라야 한다. 용구는 장의 匙部는 길이가 9촌, 너비가 3촌이며, 柄部의 길이는 3척 5촌이고, 구의 둘레는 10척 3촌이다(《經國大典》 권 4, 兵典 試取).

시설과 용구는 규격 그리고 장으로 구를 다루는 기술에 대하여 설명하고 있는 것을 볼 수 있다.

이러한 동작들은 격구의 기본 기술을 지칭하는 것으로 이것이 試取의 한 과목으로 활용되었다 함은 기본 기술의 연습과 함께 그것을 활용한 경기활동의 존재를 짐작할 수 있는 것이다.

그러나 격구는 조선 중기 이후 서서히 소멸되어 정조가 《무예도보통지》의 편찬을 명하였을 때에는 이 경기에 대하여 아는 사람이 없었다고 한다. 이렇게 소멸된 원인은 운동 자체에 소요되는 말과 장비의 보급이 여의치 못해 대중화에 실패하였기 때문인 것으로 생각된다.

〈林榮茂〉

6. 의식주 생활

1) 의생활

(1) 시대배경 및 의생활

조선 중기의 의생활 제도는 몇 편의 문헌자료와 실물에 의해 참조된다.

문헌은 《朝鮮王朝實錄》과 특히 성종 5년(1474)에 반포된 《經國大典》 및 《國朝五禮儀》가 있다. 중기 明代까지는 中國制를 받아들이지만 淸代부터는 《大明會典》을 근거로 제작, 수급하였다. 물론 官服制度는 삼국통일기부터 시작된 請賜 및 賜與에 의해 실시되어 오던 '二等遞降原則' 준수를 기반으로 하지만, 일반인들은 국속을 고수한다. 따라서 국속과 중국제를 혼용하는 '이중구조'는 계속되면서 前期에 거추장스러웠던 옷은 임진·병자 양란 이후 기능적이고 활동적인 옷으로 바뀌고 차츰 便服과 笠制의 국속화가 정착되는 기틀이 마련된다.

실물은 出土遺物[1]이 좋은 자료가 되고 있다. 이는 1960년대 이후부터 새 도시건설 등으로 인해 墓를 이장하는 과정에서 수습된 것들이다. 이것들은 墓主의 연대나 신분이 뚜렷할 뿐더러 유물의 형태나 옷감·무늬·바느질법에 이르기까지 당시 시대상을 반영하고 있어 매우 정확한 資料原이 된다. 다만 색상은 대부분 누런 '緗色'으로 변한 상태로 출토되기 때문에 색채 구별

1) 조선시대 출토유물 복식자료는 단국대학교 石宙善記念民俗博物館을 비롯하여 충북대학박물관·국립중앙박물관·국립민속박물관·온양민속박물관 등에 소장되어 있다. 이 가운데서도 단국대학교에 가장 많다.

이 어렵다는 취약점이 있다. 출토물은 보통 의류 20~50점 씩 나오는데 墓主의 신분이나 세력에 따라 수량이나 옷감·문양 등이 다르다. 상류층은 수량이 많고 옷감도 중국산 비단류가 많다. 아래 계층일수록 수량이 적으면서 옷감은 대부분이 國産 명주나 무명이고 솜옷과 솜이불류가 많다. 예를 들면 왕족인 耽陵君(선조의 증손 ; 1636~1731)이나 淸衍郡主(思悼世子의 女 ; 1754~1821) 묘의 출토물 가운데서 옷에도 솜옷은 없고 모두 홑이나 겹이며 옷감도 무늬와 재질이 좋은 중국 비단류가 대부분이다. 수량도 탐릉군은 70여 점이나 되고 청연군주는 남편과의 合葬墓에서 의류와 부장품이 약 200여 점이었다.[2) 반면 경북 達城에서 출토된 평민이었던 晉州河氏(1580~1646) 것에서는 70여 점 중에서 60여 점이 무명이었으며, 거의 다 솜옷이나 솜이불이었다.

(2) 의생활 변모의 3단계

중기의 복식도 전래의 기본구조와 변함이 없이 머리에 쓰고, 몸에는 상하로 분리된 옷 위에 袍를 덧입으며, 발에는 신는 三分被覆 형식이다. 또한 이 시기의 의생활은 3단계의 변화 과정을 거치고 있는데 이는 국내외의 정세변화와 밀접한 관계를 보인다. 제1기는 안정기, 제2기 혼란기, 제3기 戰後 극복 및 부흥 전초기라고 하겠다.

제1기는 《경국대전》 반포 후부터 임진왜란 전까지 약 120여 년간, 제2기는 약 50여 년 동안 양란으로 인한 물자고갈·경제적 타격과 함께 중원에서는 명과 청이 교체되는 시기, 제3기는 약 90여 년간이다.

의생활의 변화과정을 출토물로 살펴보면 제1기(1470~1590년대)인 임란 前 의복은 지나칠 만큼 '長廣形'이므로 비실용적이긴 하지만 풍성함과 안정감을 주는 것이 특징이다. 특히 袍類의 '이중형 깃', '이중 고름', '이중 무'라든가 帖裏의 잔주름 처리나 섬세한 바느질과 제작기법에서 보이는 기교와 멋과 풍족함은 당시 안정된 사회분위기를 잘 반영하고 있다.

제2기(1590~1640년대)는 양란의 여파로 상하 모든 계층에서 의복의 간소화와 실용화로 대별되는 현실 적응현상이 나타나기 시작한다. 表衣로 철리가

---

2) 石宙善, 《韓國服飾史》(寶晉齋, 1971), 145쪽.

정착되고 道袍가 등장하는 점을 들 수 있다.

제3기(1640~1720년대)인 회복기에는 제2기의 연장선상에서 실용과 간소화의 필요성이 요구되면서 氅衣類가 새로운 袍로 등장하고 이들은 조선 후기까지 계속되어 국속화가 이루어진다. 그러나 포류에서 깃과 무·고름 등이 실용과 간소함의 일원으로 '短小化'로 정비되는 반면 소매는 '廣袖化'로 변한다. 저고리류에서도 袍類의 변화와 같은 현상이 뚜렷하게 나타난다.

(3) 《국조오례의》와 《경국대전》의 복식

조선 초기는 고려말의 明制에 의한 중국제 冠帽와 袍를 이어받다가 《경국대전》 반포 후 법령에 의한 관복제가 실시되고, 그 후 영조대의 《續大典》과 정조대의 《大典通編》 등에 의해서 재정비된다.

가. 《국조오례의》에 나타난 왕의 복식

五禮는 家·吉·賓·凶·軍禮로 국가의식을 규정하고 있는데, 왕의 복식에는 冕服·朝服·常服·便服이 있다.

면복은 '君王의 표신'이며 '祭服 및 대례복'이다. 관은 冕旒冠을 쓰고 옷은 袞服을 입는다. 곤복에는 衣·裳·中單·蔽膝·革帶·佩玉·大帶·綬를 갖추어 입고, 버선[襪]과 신발[舃]을 신고 손에는 圭를 든다(〈사진 1〉).

조복은 '受陪臣朝見之服'으로 遠遊冠과 降紗袍에 상·중단·폐슬·패옥·수·버선·신발[舃]을 갖춘다.

상복은 평상 執務服으로 翼善冠과 袞龍袍이며, 속에는 褡䕶와 帖裏를 입는다.

편복은 일상복으로 사대부와 같이 國俗의 관을 쓰고 袍에 저고리와 바지 차림에 衣冠을 갖춘다.

나. 《경국대전》에 나타난 백관복식

백관복식에는 祭服·朝服·公服·常服 외에 戎服이 있고 武官에게는 戰服이 있는데, 관직에 따라 의·관·부속·장식물 및 鞍具에 이르기까지 차등있게 정하였다.

제복은 왕이 종묘와 사직에 제사지낼 때 입으며, 구조는 祭冠을 쓰고 靑

〈사진 1〉 면복도

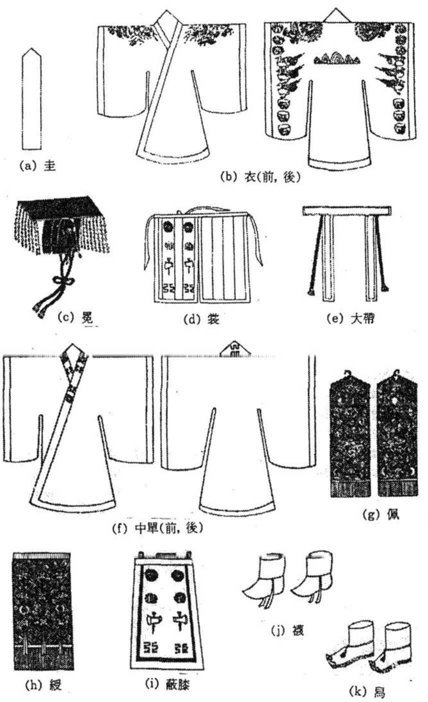

*國朝五禮儀 序禮, 殿下면복

綃衣에 白綃方心曲領을 달고 赤綃裳·白綃中單·폐슬·대대·혁대·패옥·수·襪[버선]·鞋를 갖추고 홀[圭]을 든다.

조복은 '金冠朝服'이라고도 한다. 大祀·경축일·元旦·동지·詔勅반포와 進表에 입으며, 구조는 제복과 같으나 금관을 쓰고 제복의 청초의 대신에 적초의를 입고 방심곡령이 생략된다.

공복은 公事 사은 관계로 배알할 때와 재외 문무관이 공사에 참여할 때 입는다. 幞頭를 쓰고 袍·帶·靴·笏을 갖추는데 포의 색과 대의 장식, 홀의 재료로 품위를 구별한다.

상복은 문무관의 평상집무복이다. 紗帽에 포·대·말·화를 갖추고 포에는 胸背를 단다.

이 밖에 부분별로《경국대전》에 제시된 내용을 보면 관은 조복과 제복에 梁冠, 상복에 紗帽, 공복에 복두이며, 하급에서는 巾이나 帽類를 쓴다. 옷의 깃은 조복과 제복은 直領, 상복과 공복은 團領이다. 대는 계급에 따른 角帶를 띤다.

홀은 조복·제복·공복에 드는데 당상관은 象牙를, 당하관은 木이다. 패옥은 조복과 제복에 치는데 당상관은 燔青玉, 당하관은 燔白玉이다. 버선은 白布로 만들고, 신은 조복과 제복에는 鞋를, 공복과 상복에는 靴를 신는다.《경국대전》形典에는 계층에 따라 색과 직물 장식물 보석 기물 안구 등에 대한 禁制가 있다.

(4) 일반 편복 구조

便服이란 일상복 및 일반인의 의례복을 말한다. 이는 관복 즉, 중국제의 관리용 복식에 대응됨을 뜻하며 왕으로부터 下賤에 이르기까지 착용되는 우리 나라 고유 복식이다. 신분계층에 따라서 종류·색·크기·옷감 등에 대한 귀천·상하의 이원적 규제가 심하였다. 관과 옷·신발 등 신체에 被服되는 모든 것이 포함된다.

가. 남자 모자

머리에 쓰는 모자를 총칭하여 '冠'이라 하며 용도와 형태에 따라 다시 冠·笠·巾·帽로 분리된다. 관은 예로부터 衣冠을 갖추는 것이 예의 근본이라 하여 다른 어떤 것보다도 중시하였으며 아울러 발달하였다. 쓰는 것에는 크게 의례와 일반용으로 나뉘는데 이와 함께 방한이나 노동을 겸하는 실용적인 것도 있다.

〈사진 2〉 모자류

*흑립·방관·탕건·복건, 姜熙彦(1710~1782), 《韓國의 美 19》

일반적인 외출용 모자는 平凉子계통의 패랭이·草笠·黑笠·白笠·朱笠·戰(氈)笠과, 方笠계로 방갓·삿갓이 있다. 巾은 儒巾·網巾·宕巾·幅(幞·福)巾·孝(屈)巾 등이 있다(〈사진 2〉).

가) 관·건

冠은 양반층이 평소 집에서 쓰는 것을 말한다. 이는 笠子가 번거롭기 때문에 대용품으로 사용된 것이다. 재료는 주로 말총[馬尾]이다. 종류는 형태에 따라 程子冠·朱子冠·方冠·四方冠·冲正冠·東坡冠·章甫冠·臥龍冠·廉溪冠 등으로 나뉘는데, 본래 중국에서 '巾'이라 불리던 것을 우리 나라에서는 상위 개념으로 '冠'이라고 한 것이다. 이 밖에 집에서 쓰는 宕巾이 있다.

巾에는 남아나 노인들이 쓰는 흑색의 羅나 紗로 만든 幅巾이 있고 유생들이 쓰는 儒巾과 喪主用인 孝(屈)巾이 있다.

관의 부속물로는 머리카락을 수습하는 망건이 있고, 여기에는 貫子와 風簪이 달려 있다.

나) 입

笠 중에서 가장 오래된 것은 패랭이였다. 이것은 笠子가 다양해지면서 조선 후기에 와서는 하층에서 이용되었다.

草笠은 조선 후기에 사용되다가 점차 관례를 치른 총각들이 결혼 전까지 썼던 것으로 조선 말까지 이용된다. 패랭이와 초립이 하층용으로 전락된 것은 성종 이후 黑笠의 완성과 보급 및 巾制의 다양화에 따른 일반적인 추세였을 것으로 생각된다.[3)]

조선시대 笠制로 가장 대표적인 것은 黑笠[갓]이다. 양반의 전용물이었으며, 성종대 이후 정착된다. 帽[대우]와 凉太[차양]로 한 틀을 이루며, 재료는 말총과 대나무·布·紗이다. 그러나 그 가운데서도 계층에 따라 크기·섬세도·재료가 다르다. 재료에 따라 명칭도 眞絲笠·陰陽(絲)笠·馬尾笠·猪毛笠·竹絲笠·布笠·朱笠·白笠·竹猪毛笠 등 매우 다양하다.

갓이 조선시대 모자의 대표적인 것인 만큼 시대에 따라 높낮이와 차양의

3) 姜淳弟,《우리 冠帽의 始末에 관한 연구》(서울여자대학교 박사학위논문 1992), 109쪽.

〈그림 1〉 조선시대 남자입제의 변천

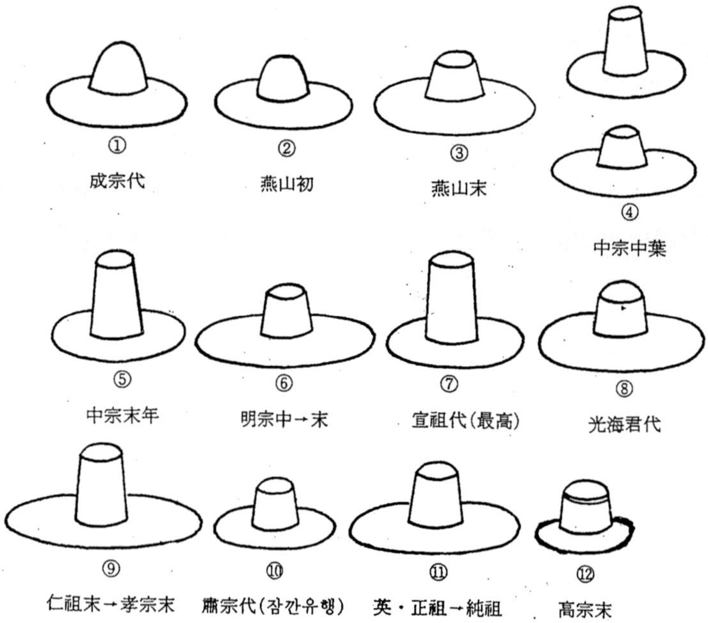

너비가 변하며 형태에 대한 논의가 매우 빈번하게 나타나고 있다(〈그림 1〉). 帽頂은 초기에는 둥글고 중엽에 오면 납작하여 원통형이 된다. 國初의 帽는 높고 차양이 좁은 僧笠 비슷한 형이었다. 성종대에 오면 모정은 둥글고 양태가 넓어지고(〈사진 3〉), 연산군대에는 모체가 뾰족하므로 연산군 10년(1504)에는 見樣을 주어 만들게 하였다.[4] 중종대는 市人들이 함부로 笠制를 정하여 만들므로 중종 25년(1530)에는 형식을 고쳐 정하고 어긴 장인을 벌주도록 하였다.[5] 명종대는 대우가 점점 낮아져서 승립형이 된다. 이때 喪에 白笠이 정으로 사용된다.[6] 선조대가 되면 대우는 높고 양태가 좁아지며, 광해군대는 식양태가 매우 넓어지고, 인조대는 높고 넓은 큰 갓이 유행하였다. 효종대는

4) 《燕山君日記》 권 53, 연산군 10년 5월 정사.
5) 《中宗實錄》 권 68, 중종 25년 5월 정미.
6) 《大東野乘》 권 14 (石潭日記, 권 上).

〈사진 3〉 흑 립

*김시습(1435~1493) 초상화
《韓國의 美 20》

〈사진 4〉 솜모자

*출토물(金極, 1569~1598)
전남영암, 김해김씨 종친소장

양태가 문을 출입 할 때 방해가 될 만큼 넓었고,[7] 숙종대는 단소화하자 다시 舊制에 따르도록 하였으며,[8] 순조대는 매우 넓었으나 고종대는 1895년 衣制개혁 이후 단소화되었다.

戰笠은 군인용이며 재료가 毛이기 때문에 '氈笠'이라고도 하였다. 후기에 와서 상류층 무관이 쓰는 것은 안쪽에 옷감을 넣어 '안울림 벙거지'라 하고, 下輩들이 쓰는 것은 털로만 만들어 '벙거지'라 하였다.[9]

다) 모

중기 帽 중에서 가장 특징적인 것으로 '감투형 방한모'가 있다. 金函(1569~1598)이나(〈사진4〉), 求禮孫氏(1576~1626), 1600년대 초의 羅州鄭氏 등 임란 전후 묘에서만 몇 개 출토되고 있다. 겉은 6~7合의 헝겊을 이었으며 옷감은 겉은 남색의 공단이나 무명으로, 안은 무명, 속에는 솜이나 쇠털[牛毛]로 채웠다.

선조 26년과 28년에 옷의 소매를 줄이는 窄袖令을 내리면서 모자도 감투형의 '小帽子'를 쓰도록 하자 반대의 상소가 올라오고, 32년에는 의관제도를 복구시키는 것[10]으로 보아 이런 형태의 모자

7) 《孝宗實錄》 권 18, 효종 8년 정월 계축.
8) 《肅宗實錄》 권 23, 숙종 17년 2월 을미.
9) 崔南善, 《朝鮮常識問答》 風俗篇 (東明社, 1948), 109쪽.
10) 《宣祖實錄》 권 40, 선조 26년 7월 갑인 · 권 64, 선조 28년 6월 병오 · 권 108,

는 일시적으로 이용되었음을 알 수 있다.

나. 포

중기의 포류에는 관복인 團領 외에 답호·철리·直領·腋注音·長衣·道袍·창의류가 있다. 양란을 겪는 동안에는 겉옷으로 철리 이용이 보편화되며, 포의 소매는 일시적으로 착수화 현상이 일어난다. 이 중에서 액주음은 임란 후에는 실물로는 보이지 않는 대신 도포와 창옷류가 생성된다.

각 기별로 형태적인 특징은 제1기에는 길이가 길고 품도 매우 넉넉하여 장광형이던 것이 2기와 3기에 이르면 차츰 단소화 현상이 나타난다. 길이는 포류 중에서도 단령이나 액주음·직령포에는 '前短後長'형이 있는가 하면 뒤가 엉덩이 길이까지 짧은 것도 있다.

소매길이와 옷길이는 제1기에는 1:1의 같은 비율로, 길이는 길고 품이 넉넉하였다. 소매 크기는 비실용성에 대한 폐단으로 중종대에는 여러 번 논의되는데 중종 32년(1537)에는 우리 나라 사람의 의복은 소매가 길고 넓어 땅에 끌려서 불편하고 특히 명나라 사신의 웃음거리가 되니 《大明會典》에 의해 고치자고 한다.[11] 옷의 크기 때문에 임란 때에도 명나라 사신에게 책망당했다 하니 表衣의 광활함이 임란까지 계속되었음을 알 수 있다.

깃은 너비 중심을 따라 길이로 2등분으로 나누어 중심을 이은 '이중형 깃'이 1기와 2기의 특징이며 3기가 되면 보이지 않는다.

무는 團領이나 直領에서는 옆으로 뻗어 내려가 '이중직선'형으로 겹쳐 있던 것이 3기에 가면 단령에만 남게 되고 한편 뒤쪽으로 넘겨지면서 겨드랑이 위쪽에서 겹쳐 고정시킨다.

옷여밈은 오른쪽에서 여미는 右衽이며 좌우가 마주 푹 싸여서 품은 매우 여유롭게 넓다.

옷고름은 우측 옆 겨드랑이에서 매게 되었다. 고름은 주로 자주색 계통이며 단령이나 철리·직령에는 단순히 여미는 끈과 같은 구실로 길이 40cm에 너비 2cm 정도의 좁고 짧은 쌍고름을 상하로 달았는데 모두 연결 부분은 고

선조 32년 정월 무자.

11) 《中宗實錄》 권 83, 중종 32년 정월 정해.

리형으로 만들었다.

소매통 너비는 1기 때는 40cm 정도로 다른 시기에 비해 좁은 편이고, 임란 후 안정기가 되면 廣袖化로 변하는데 이는 다른 부분이 단소화·간소화 되는 반동작용으로 일어나는 현상이다. 특히 효종 8년(1657)에는 큰 갓에 옷은 크고 소매가 길어 보행에 불편을 줄 정도라고 하였다.[12)]

동정은 매우 넓어 4~5cm 너비에 길이는 50~60cm 정도이고, 주로 명주나 綿으로 하였다.

가) 단 령

문무관의 평상시 집무복으로 깃은 둥근형[團領]이며 胸背를 달았다(〈사진 5〉). 초기 것은 옆트임이 직선으로 내려가고 무는 이중무이며, 깃의 너비는 좁고(2cm 정도) 前單後長型(전 133cm, 후 122cm)이 많다. 관복이므로 옷감은 雲

〈사진 5〉 단 령

*출토물(나주정씨, 1508~1572)
단국대석주선기념민속박물관 소장

紋이나 雲寶紋·단·사 등 최고급 직물들로 하였다. 중·후기에 오면 무는 하나이면서 뒤로 넘어가고 소매는 질구통의 곡신과 같은 모양인 두리소매가 되며 점점 넓어진다. 또한 초기에는 홑이던 것이 후기에 오면서 이중(겹)으로

12) 《孝宗實錄》 권 18, 효종 8년 정월 계축.

합쳐 한 벌로 처리된다. 이 때 겉의 깃은 團領이며 안[中單]은 直領이다. 옷고름도 쌍이던 것이 하나로 된다.

나) 첩 리

조선시대 전반에 걸쳐 常服·便服·中衣로 이용되었으며, 戰時에는 '戎服'이라 하여 상하 계층이 모두 공복으로 이용되었다. 융복으로 정착된 것은 임란 초에 상하 계층 모두가 통상예복으로 입던 것을 융복으로 개혁하고 백관에게 劍을 차도록 한 후부터이다.[13] 따라서 중기 이후부터 문무관의 공복인 동시에 무관에게는 평상복으로, 하급직은 통상예복으로 통용된다. 출토된 의류 중에서도 가장 많으며, 특히 1기와 2기 때 더 많다(〈사진 6〉).

〈사진 6〉 첩 리

*출토물(나주정씨, 1508~1572)
단국대석주선기념민속박물관 소장

명칭은 주로 포 안에다 속옷[裏衣]으로 입을 때는 帖裏로, 宮에서 表衣로 입을 때는 天益, 무관복일 때는 天翼이라고 하였으며, 색은 적·청·홍이 많고 초록·紫·鴉靑 등도 있다.

형태는 上衣下裳의 '上下緣綴式'이며 직령깃에 여밈은 交衽이다. 옷감은 명주가 가장 많고 비단과 모시도 있으며, 홑·겹·솜·누비 등이 있어 사계절 다용도로 착용되었음을 알 수 있다.

13) 《宣祖修正實錄》 권 26, 선조 25년 4월 경인.

상과 하[裳]의 길이는 비례가 초기는 1 : 1이던 것이 중기는 1 : 2로, 말기가 되면 1 : 3이 된다.

裳은 너비는 명주 12~14폭(1폭의 너비 35~38cm)이며, 주름은 초기에는 0.1~0.2cm의 잘고 정교하지만 차츰 후기로 갈수록 넓어져 1~4cm가 된다.

소매구조는 몸판에 달린 것과 매듭단추로 연결되고 분리시킬 수 있는 연결과 분리형[二段] 두 가지가 있다. 양란기에는 二段化 현상이 다른 시기에 비해 두드러진다. 이는 상황에 따라 길고 짧은 소매를 알맞게 활용할 수 있도록 고안된 것이다.

옷고름은 2개였던 것이 하나로 되고 깃도 이중형이 하나로 되며 너비도 좁아진다.

다) 직 령

주로 사대부의 편복이면서 아래 계층에서는 공복으로 초기부터 중기까지 계속 이용되었다. 直領에 交衽이고 소매는 長袖이며 옆선이 직선 트임에 이중무가 달렸고 전단후장형이 많다(〈사진 7〉). 후기가 되면 도포와 창의류에 의해 사라진다.

〈사진 7〉 직 령

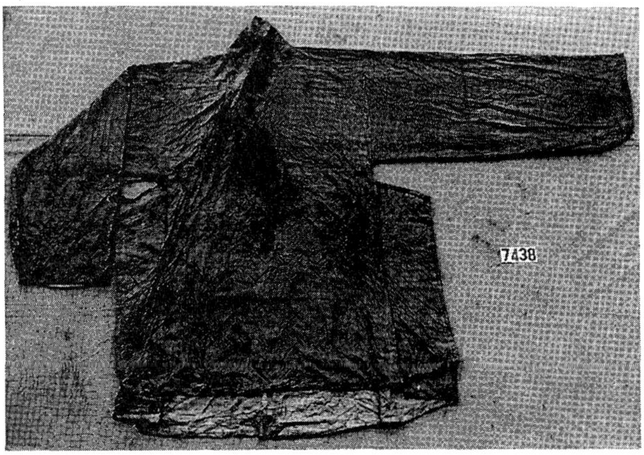

*출토물(백진이씨, 1616~1666)
단국대석주선기념민속박물관 소장

라) 액주음

세종 28년(1446) 하류층의 단령 사용을 금하면서 철리·직령과 함께 단령 대신 입도록 하였으며,14) 왕실에서 서민에 이르기까지 모두 입었다. 직령에

〈사진 8〉 액주음(1)

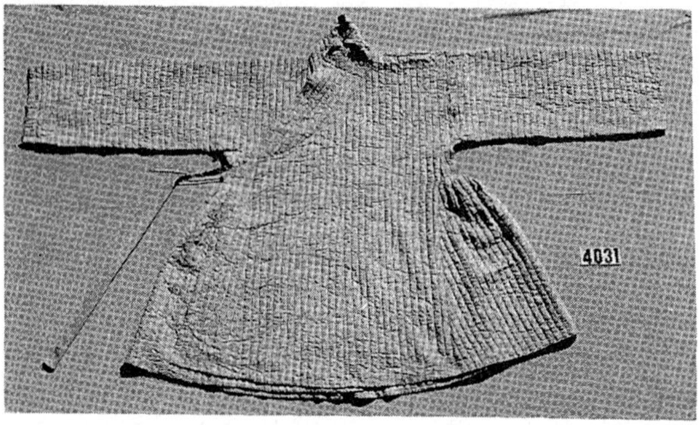

*출토물(남양홍씨, 1450년경)
단국대석주선기념민속박물관 소장

〈사진 9〉 액주음(2)

*출토물(나주정씨, 1508~1572)
단국대석주선기념민속박물관 소장

14) 《世宗實錄》 권 112, 세종 28년 5월 임진.

교임이며 특징은 겨드랑이 아래 무의 상부에 앞뒤로 약 10cm 너비의 잔주름을 잡았다. 소매는 드물게 이단연결형도 있다. 옷감은 명주·무명·공단·모시로 홑·겹·누비(〈사진 8〉)·솜 등 사계절용으로 만들고 색은 백색이나 아청색이다(〈사진 9〉).

이 시기의 다른 포류에 비해서 가장 실용적이다.

마) 답 호

왕 이하 관리는 평상복으로, 하급직에 이르기까지 制服으로 이용하였다. 첩리 위에 간편하게 입는 것으로 명칭은 시대와 형태에 따라 半臂衣·褙子·快子·蒙頭里·戰服 등 다양하게 변한다(〈사진 10〉). 깃은 직령이며 무는 초기에는 옆이 트인 직선 이중형에 소매는 반소매이던 것이 중기에 오면 소매와 옆의 직선무가 사라지면서 후기로 갈수록 뒤가 트이고 이깨선이 좁아지는 戰服으로 바뀌고 근대까지 이어진다.

〈사진 10〉 답 호

*출토물(전주이씨 탐능군, 1636~1731) 단국대석주선기념민속박물관 소장

다. 저고리

저고리[赤古里]라는 명칭은 세종 2년(1420) 元敬王后 遷遵衣[15]에 처음 나온다.

명칭이 다양하고 정확한 형태를 알기 어려울 정도로 많으며 袍처럼 크기와 형태에 따라 3기로 나눌 수 있다(〈사진 11〉).

제1기는 품이 체격에 비해 1.5배 이상이나 되어 매우 넉넉하고, 크기나 색상·바느질·옷감 등을 보면 조선 전반에 걸쳐 가장 안정되고 화려하며 중

15) 《世宗實錄》 권 9, 세종 2년 9월 무인.

〈사진 11〉 저고리

*출토물(전주이씨 탐능군, 1636~1731)
단국대석주선기념민속박물관 소장

후한 형태를 지니고 있다.

제2기는 전체적으로 조금씩 단소화한다. 깃[16]은 섶과 연결되는 위치가 이동되면서 1기 때의 깃 모서리가 네모반듯한 목판형에서 초기 깃 모서리 반쪽이 斜線化한 당코형으로 바뀌기 시작한다.

제3기 1600년대 후반기는 전체적인 치수가 제1기에 비해 30% 감소된다. 품도 체형과 같은 치수가 되고 깃도 목판형은 완전히 사라지고 당코깃 초기형이 정착된다.

특히 출토물을 통해 보면 옆선은 트임이 있는 것과 없는 것이 있는데 트임이 있는 것은 후기에 와서 唐衣로, 막힌 것은 저고리로 발전된 것으로 볼 수 있다.

가) 단 형

길이가 50~60cm 정도로 이 시기 저고리 중에서는 짧은 것들이다. 錦織段이나 金箔·무늬단을 사용하였고 주로 '三回粧'으로 된 것이 많으므로 의례용으로 본다. 품도 넉넉하고 겨드랑이 밑에는 너비 3~5cm가 되는 사각형의 무[襠]를 달았는데, 이 당은 특별히 화려한 붉은색 계통의 무늬가 있는 비단으로 하였다. 주로 겹옷이 많고 솜옷도 더러 있다(〈사진 12〉).

---

16) 조선시대 여자저고리에는 크기의 변화 외에 깃의 형태 변화가 두드러지는 것이 특징이다. 변화 과정은 목판형 깃 → 당코깃 초기형(목판형 당코깃) → 당코깃 후기형 → 동그대형 깃으로 변한다. 이런 명칭은 일반적인 명칭으로 공식 학술 용어로 명명된 것은 아니다. 남자 저고리는 주로 끝이 뾰족한 칼깃형(〈사진 11〉)으로 변화가 없다.

〈사진 12〉 삼회장저고리(단형)

*출토물(청주한씨, 1550년경)
단국대석주선기념민속박물관 소장

나) 장 형

모양은 단형과 같으나 길이가 70~80cm 정도로 길다. 명주나 면에다 솜옷이나 누빈 것이 많고 색은 素色이나 청색으로 일상복이나 방한용이라고 볼 수 있다(〈사진 13〉).

〈사진 13〉 저고리(장형)

*출토물(남양홍씨, 1450년경)
단국대석주선기념민속박물관 소장

다) 옆트임형

겨드랑이 아래로 트인 것이다. 길이는 긴 저고리와 비슷하지만 좀더 풍족하고 여유가 있다. 단형의 삼회장저고리처럼 옷감은 고급이고 바느질이나 구성이 정교하며 끝동이나 깃·섶·회장 쪽에 色緞이나 織錦緞을 대었거나 금박을 하여 매우 화려하다. 저고리 위에 덧입는 웃옷이며 얇게 솜을 넣은 것이나 겹옷이 많다. 트인 옆선은 매우 곱게 완만한 곡선으로 처리되고 있어 이 형은 후기에 와서 길이는 길면서 품이 왜소한 唐衣의 앞선 단계라 볼 수 있다(〈사진 14〉).

〈사진 14〉 옆트임저고리

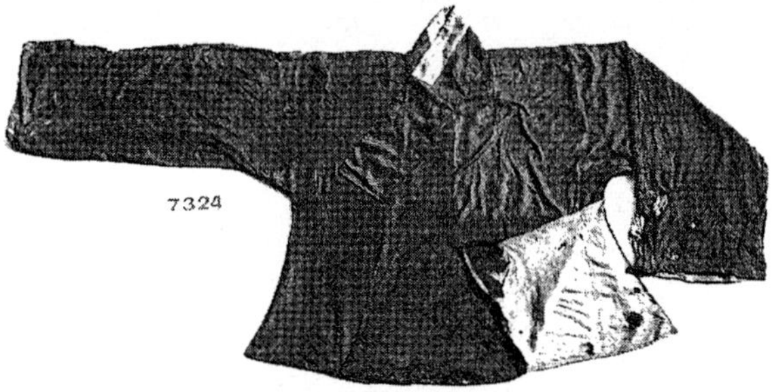

*출토물(나주정씨, 1508~1572)
단국대석주선기념민속박물관 소장

〈高富子〉

2) 식생활

(1) 의례음식의 규범 정립

조선시대 중기에 이르면 혼례·제례를 행할 때의 음식규범이 정비되고, 생일을 축하하고 연회를 베풀 때의 음식차림에도 준행이 이루어진다. 특히 조선시대 중기는 우리 나라 가족윤리와 제도가 크게 달라지는 시대이다. 유교이념이 도덕의 기본이 되면서 혼인제도가 고래의 壻留婦家 또는 男歸女家에서 親迎으로 바뀌고, 재산상속이 아들·딸 균분에서 장자위주로 편중되고, 가계 및 제사상속이 철저한 부계 장자상속으로 바뀌었다. 따라서 아들을 존중하고 아들을 통한 가문의 번성을 강조하게 되었으며, 효도와 조상숭배의 도덕관이 가족윤리의 기본을 이루었다. 이러한 환경에서 혼례와 제례의 의식이 《주자가례》를 준행하였으며, 이에 맞게 의례음식의 규범이 형성되었는데, 일부층에 국한되지 않고 보편적인 시행준칙으로 뿌리를 내렸던 것이다.

가. 혼례음식의 규범

고려시대의 혼례음식풍습의 상세한 내용을 확인하기는 어렵지만 《高麗圖經》에 "귀인사족은 대체로 홍례의 聘幣를 쓰지만 일반은 오직 술과 떡으로 기쁨을 표한다"[1]고 하였다. 이에 비하여 조선시대 혼례는 혼례절차는 물론 혼례음식의 규범이 엄격하였으며, 그 중 納幣의식·見舅姑禮를 행할 때의 음식규범과 그 다음에 행하는 舅姑饗之의 음식규범이 정해졌다. 모두 부부화합·자손번영·시가에의 합체·경축의 의미를 상징한 것이다.

① 납폐례의 봉채떡 : 납폐함을 받을 때에 봉채떡(奉采餠)을 준비하며, 봉채떡시루를 상 위에 놓고 붉은 보를 덮고, 그 위로 함을 받아 놓는다. 봉채떡은 부부화합을 상징하여 차시루떡 두켜를 앉히고 붉은 팥고물을 얹어 찌는데, 붉은 팥고물은 僻邪의 뜻을 상징한다.

② 현구고례의 폐백음식 : 현구고례는 신부가 결혼을 하고 처음으로 시부모께 인사를 드리는 의식으로, 이 때 신부가 시부모께 드릴 폐백으로 음식을 준비한다. 《大典會通》 禮典에는 "술 1盆, 肴饌 5그릇으로 한다"로 되어 있고, 《사례편람》(춘)에는 "대추와 밤을 시아버지께 올리고 뵙고(절하고), 육포를 여러 단 포갠 것을 시어머니께 드리고 뵙는다"고 되어 있다. 대추와 밤은 결실을 상징한다.

③ 구고향지의 큰상 : 시부모가 새 며느리를 환영하는 의미의 '큰상'을 차린다. 큰상은 경축용 상차림으로 일명 高排床 또는 望床이라 하며, 한국의 상차림 중 가장 화려한 차림이다. 각종 과일·견과·한과·떡·포·적 등을 원통형으로 높이 고여 올리고 床花를 장식하는데, 높이 고이는 기술을 '굄새'라 한다. 큰상을 받는 사람 앞으로 장국상(국수장국상, 면상)을 차린다. 음식을 높이 고여 담는 풍습은 고래의 것이지만 이것이 축하용 상차림으로 규범화된 것은 조선 중기에 이르러서이다. 《慵齋叢話》에서 "밀과(유밀과)의 모양이

1) 徐 兢, 《高麗圖經》 권 22, 雜俗.

모두 새나 짐승(길한 짐승일 것임)의 모양이다"했으나,《星湖僿說》권 5의〈粔籹密餌〉에서, "한과(유밀과)는 밀가루와 꿀로 반죽하여 자연 과일의 모양으로 만들던 것인데 높이 고여 올리는데 불편하여 모나게 잘랐다"고 기술하고 있다. 유밀과는 잔치·제향의 필수품의 하나로《대전회통》刑典에는 "헌수·혼인·제향 이외에 유밀과를 사용하는 자는 杖 60도로 한다"고 되어 있다. 유밀과의 재료인 밀가루와 꿀 등이 품귀했기 때문이다.

한편 큰상의 굄새는 밤·대추·잣·호도·은행·곶감·사과·배·감·귤·약과·강정·산자·다식·사탕(옥춘당·원당) 등을 고일 때에는 매단마다에 종이를 붙여 깔면서 원통형으로 고인다. 다식·강정·사탕 등은 색깔을 나선형으로 맞추고, 잣·은행 등은 글자가 형성되도록 하면서 쌓아 올린다.

굄새의 솜씨는 특별한 숙달이 필요하다. 높이는 대체로 20cm에서 70cm의 높이로 괸다. 떡은 1.2cm 정도의 두께로 찐 백편·꿀편·신감채(승검초)편 등을 편틀(떡을 고이는 그릇)의 크기에 맞추어서 높이 고이고 그 위로 석이단자·대추단자·은행단자·주악 등 작은 모양의 떡을 고여서 보기 좋게 한다. 마른 문어다리와 마른 전복은 꽃 모양으로 예쁘게 오려서 높이 고인다.《屠門大嚼》에 "花鰒은 경상우도에서 전복을 저며서 꽃 모양으로 한다. 큰 것은 얇게 저며서 만두 모양(전복쌈)으로 하면 또한 좋다"[2]고 기술하고 있다. 먹기 좋도록 한 것이다.

장국상(면상)은 국수장국·김치·냉채·잡채·전·편육·찜·떡·한과·과일·화채 등을 차리며 잔치상의 기본이다. 간단하게 차린 장국상은 평소의 손님 대접 또한 점심용이 된다.

나. 생일축하음식의 관행

생일축하의 음식 규범은 아침에 흰밥과 반찬으로 차린 반상차림을 하여 가족이 모이고, 점심에는 국수처럼 壽를 길게 누리라는 의미로 국수장국상을 차린다. 생일의 손님 초대는 보통 점심에 장국상 차림으로 대접한다. 생일축하용 특별 음식으로 보편적인 것은 떡이며 다음과 같다.

① 어린이의 생일떡 : 어린이 생일떡으로 기본 품목은 백설기와 차수수경

2) 許 筠,《屠門大嚼》海水族類 花鰒.

단이고, 돌에는 이외에 오색으로 작은 모양의 송편을 빚는다. 백설기는 神聖의 상징이고, 붉은 수수팥경단은 僻邪의 상징이며, 오색의 송편은 오행과 오덕의 조화를 상징한 것이다. 모두 어린이의 건강한 성장을 바라는 보호와 염원을 음식에 담고 있다.

② 獻壽의 큰상 차림과 연회 : 부모의 회갑·칠순·회혼에 자손이 '큰상'을 차려 헌수의 예를 올리고 경축한다. 큰상은 다복할 때 받을 수 있는 상차림이므로 높이 고인 음식을 헐면 頒福의 의미로 반드시 여러 사람에게 나눈다. 헌수의 예가 끝나면 연회를 한다.

《增補文獻備考》 권 95에 사대부의 연회에 대하여 "첫잔(술잔)을 돌리고 두 번째의 잔을 돌릴 때 술안주를 내온다. 세번째 잔을 돌릴 때 다시 안주를 내온다. 이렇게 해서 술잔을 7회, 안주를 6회 올리는데, 진행에 따라서 歌鹿鳴, 金剛城調, 五冠山, 紫霞洞, 勸農歌 등의 주악이 따른다"라고 하여 그 규범이 잘 나타나 있다.

③ 궁중의 잔치 : 궁중에서 잔치를 할 때의 음식 차림은 역대의 《진찬의궤》·《진연의궤》·《진작의궤》 등에서 상세하게 알 수 있으며, 여기서 그 시대의 음식의 발달상을 알 수 있다. 그 중 순조 27년(1827)에 순조가 그의 모후를 위하여 慈慶殿에서 베푼 잔치에 관한 《진작의궤》의 내용에서 음식을 보면 다음과 같다.

대전·중궁은 물론이고 어린 옹주에게도 큰상차림을 하였으며, 대전·중궁에는 높이 1.8~1.1척(전유어·회·정과와 같이 높이 고일 수 없는 것은 낮게 하였다), 세자궁·세자빈궁에는 높이 1.3~0.6척, 옹주에게는 1~0.5척의 높이로 고였다. 음식의 종류는 부류별로 다음과 같다.

음식부류	내 역
떡	메시루떡 4종·찰시루떡 3종·조악 6종·잡과병·석의단자·약식
한과	약과·연약과·다식과·만두과·연사과(홍·백색 각각)·강정 3종·요화 3종·다식 4종·율란·조란·생강란·녹말병·각색정과 7종
당류	사탕·귤병·팔보당·옥춘당·어과자·오화당·밀조(대추조림)·인삼당
과일	밤·대추·잣·배·석류·유자·홍시·용안·여지·곶감

찬물　재육(육포 어포 13종 등)·편육·화양적·전유화 7종·전복초·홍합초·갑회·각색 어채·연저증(연한돼지고기찜)·전치수(꿩요리)·보어찜

화채　배숙·화채

탕　금중탕·잡탕·추복탕

국수　목면(메밀국수)

이상과 같은 여러 종목을 총 46그릇으로 고여 큰상을 차렸으며, 이러한 음식이 오늘날까지 전통적인 경축행사음식으로 이어져 있다.

다. 제례음식의 규범

宋時烈의 《季女書》에서 "제사는 정성으로 정결하게 할 것이며 … 많이 장만하면 자연 불결하니 쓸 만큼만 장만하고, … 일년 제수들 것을 생각하여 부족하고 박함이 너무 뚜렷하지 않도록 하라"고 하였다. 이것이 조선시대 가정의 제수에 대한 기본 태도이다. 《사례편람》(冬)에 기록된 四時祭를 행할 때의 제수는 다음과 같으며, 이외에 각 명절에는 각 명절음식으로 제를 지낸다.

음식부류	내 역
술	
과일	과일은 6품을 쓴다. 나무열매로서 먹을 만한 것이면 쓰지 않는 것이 없다. 金長生은 준비된 것이 없으면 4품 또는 2품도 좋다고 했으며 공자는 복숭아는 하품이므로 제사에는 쓰지 않는다고 했다.
脯	건어·건육을 총칭한다.
醢	식혜·어해(젓갈)
밥	흰 쌀밥
米食	품목은 없으나 관례로는 녹두거피편·흑임자편에 주악 단자 등을 고인다.
麵食	국수나 만두류
羹(국)	大羹(양념을 하지 않은 고기국), 鉶羹(고기와 채소를 양념을 해서 끓인 국), 菜羹(채소만으로 끓인 국)을 쓴다.
淸醬	장은 음식의 기본이므로 빠지면 안된다. 《주자가례》에는 초첩을 쓰지만 장이 있으면 필요없다.

소채	김치 · 숙채(나물)
고기 · 생선	고기와 생선을 각 1기로 한다(생선과 고기로 지진 전유어 등)
炙	초헌을 할 때 한 꼬치(간을 꼬챙이에 꽂아서 군 것), 아헌과 종헌을 할 때 고기 각 한 꼬치를 올린다. 송시열은 삼헌에 각각 한 가지씩이나 다소는 형편대로 한다고 하였다.
차	우리 나라 풍속으로는 숭늉으로 한다.

(2) 가정 상비식품의 발달

조선 중기는 대가족 생활환경에서 상비식품의 가공기술과 의례음식 및 안주요리의 솜씨가 발달하여, 음식문화의 전통이 정비되는 시기이다. 대가족생활은 여러 연령층이 모여 있으므로 기호와 영양관리의 내용이 다원적이어서 마치 현대의 단체식 운영과 같은 실태에 있었다. 더욱이 식품의 가공·조리의 일체를 가정에서 주부의 관리 아래 실시하였으며, 빈번한 관혼상제 의례와 빈객을 위한 음식차림을 전적으로 가정에서 수행하였다. 따라서 한 가정의 음식 솜씨가 그 가정의 격조를 내변하는 것이 되었으며, 이런 환경에서 가정음식의 유형으로 발달한 솜씨가 대를 이어 전수되고 발전함으로써 맛이 조화롭고 보기에 섬세한 음식으로 발전되었다. 그 중 상비식품의 가공기술은 일반적인 기술로 보편화되어 한국음식의 맛의 기본을 이루었고, 노인의 건강관리를 위한 보양식 관리 솜씨가 발달하여 음식문화의 격조를 이루었다.

가. 보양음식의 상비

保養食은 평소에 상용하는 음식 이외에 어린이·노인·병후의 회복 또는 평소의 건강관리를 위한 특별 음식류를 말하며, 우리의 보양식은 특히 약재를 혼합한 음청류와 술·죽으로 발달하였다. 보양식의 발달은 조선 초기부터 적극적으로 연구되었던 향약연구가 식생활에 적용된 결과이다. 우리 음식문화에 내재하는 식생활의 합리성을 확인할 수 있는 것이다.

① 음청류 : 신라·고려시대에는 녹차가 성행하였으나 조선시대에 이르면 녹차를 마시는 풍습이 고려시대에 비해 크게 쇠퇴하였다. 사찰에서는 차를 계속해서 숭상하였으나 궁중이나 사가에서나 차에 관한 관심이 줄었다. 조선

시대 節祀를 차례[茶禮]라 하였지만 명칭뿐이었고 차를 올리는 일은 없었다. 《사례편람》에도 "우리의 풍속으로는 차를 쓰지않고 숭늉을 쓴다"고 하였듯이 녹차가 숭늉으로 대치되었다. 이런 사실은 녹차의 산출량이 극히 제한되었기 때문이다. 이런 환경에서 생약제의 연구결과를 수용하여 여러 가지 약재를 활용한 것, 견과류를 이용한 음청류가 발달하였으며, 《增補山林經濟》·《林園十六志》의 〈鼎俎志〉·《東醫寶鑑》 등에 수록되어 있는 것 중 몇 가지를 소개하면 다음과 같다.

음청류명	만드는 법
醍醐湯	여름 더위를 가시는데 좋은 음료. 烏梅肉·縮砂·白檀香의 가루를 꿀에 재웠다가 끓인 물로 개어서 보관한다. 필요할 때 어름물에 탄다.
水芝湯	마른 연밥을 매우 볶아서 말린 가루·감초를 약간 볶아서 말린 가루를 소금을 조금 넣고 끓여 두고 점복한다.
杏酪湯	살구씨를 끓는 물에 담갔다가 식으면 다시 끓는 물에 담그기를 5회 거듭한 다음에 속껍질을 제거하고, 곱게 갈아서 꿀을 넣고 고르게 섞어 잠깐 끓여 식혀 보관하다. 끓는 물에 타서 마신다.
鳳髓湯	잣과 호도(속껍질 벗긴 것)를 같은 분량으로 섞어서 매우 곱게 갈아 꿀에 재워두고 끓는 물에 타 마신다.
薑橘茶	귤과 생강·작설차를 함께 차로 달여 꿀을 타서 마신다.

이 밖에 枸杞茶·當歸茶·決明子茶·山査茶·薑竹茶·유자차·모과차·국화차·포도차·자소차·녹두차·오미자차 등이 많이 쓰였다.

② 죽 : 우리 나라 죽요리는 粒食型과 粉食型 두 체계로 발달하였으며, 그 중 분식형 죽요리는 약재나 견화류를 이용한 보양식형의 음식으로 발달하여 노인봉양 식품으로 많이 쓰였다. 조선시대 가정은 노령의 부모를 봉양하였으므로 아침 일찍 눈을 뜨는 노인에게 早飯이라 하여 아침식사에 앞서 분식형 죽을 대접하였다. 이에 대비하여 분식형 죽에 필요한 재료를 다음과 같이 상비할 필요가 있었다.

心末(무리심)과 鹽湯 : 심말은 쌀을 물에 담갔다가 곱게 갈아서 가라앉혀 앙금을 내렸다가 건져서 말린 것으로 여러 가지 죽의 기본으로 썼다. 염탕은 정제염 대신 소금물을 반으로 농축하여서 가라앉혔다가 거른 것으로 죽에

간을 하는데 썼다.

여러 가지 죽의 재료 : 연뿌리의 녹말 · 마의 가루 · 가시연밥의 녹말 · 마름 열매의 녹말 · 율무쌀의 앙금가루 등을 말린 것, 흑임자 볶은 가루 · 찹쌀미수가루 · 멥쌀미수가루 등을 준비하고, 밤 · 대추 · 잣 등을 준비한다. 이런 재료 등으로 각각 우분죽 · 서여죽 · 감인죽 · 능실죽 · 의의죽 · 흑임자죽 · 養元粥(찹쌀미수가루 · 멥쌀미수가루 · 찹쌀가루 · 멥쌀가루로 쑨 죽) 등을 쑨다.

나. 가양주의 상비

조선시대 가정의 상비식품으로 가양주가 필수 품목이었다.《農家月令歌》정월령에서 "며느리 잊지말고 素麴酒 말하여라", 6월령에는 "누룩을 디디어라 유두곡[流頭麴]을 해느니라", 8월령에 '新稻酒', 12월령에 "주준(술항아리)에 숨들이니" 등의 표현이 있듯이 계절에 맞는 술을 각 가정에서 빚어 상비하였다. 가양주의 양주법이《음식디미방》에 51종,《증보산림경제》에 57종,《閨閤叢書》에 15종 수록되어 있고 그 내용이 매우 상세하다. 이런 사실은 가양주의 상비행사가 주요 품목일 뿐 아니라, 가정주부가 술빚기의 기술을 숙달하고 있었음을 알 수 있다. 특히 조선 중기에 이르면 그 전대에 비하여 멥쌀로 빚은 술보다 찹쌀로 빚은 술이 많아지고, 單釀酒에 비하여 重釀酒가 월등하게 많아지며 三釀酒, 四釀酒 등도 여러 종류에 이른다. 즉 양주기술이 고급화하였으며, 한편 소주의 선호도가 증대함에 따라 고급술을 소주를 내리는데 쓰이게 되었다. 계절에 따라서 인삼 · 오가피 · 천문동 · 구기 · 복령 · 당귀 · 지황과 같은 약재를 첨가한 술을 위시하여, 매화 · 진달래 · 창포 · 연입 · 松花 · 松筍 · 복숭아꽃 · 국화와 같은 계절의 향을 첨가한 여러 가지 술을 기호품으로 상비하였다. 꽃의 향이나 약재를 첨가할 때에는 술을 빚을 때 첨가하여 함께 발효시키는 방법과 소주를 내린 것에 첨가하여 일정 기간 침지시키는 방법이 있다.《음식디미방》(1599~1680)에 수록된 여러 가지 술중에서 몇 가지를 소개하면 다음과 같다.

술이름	재료와 술빚기 법
부의주	單釀酒의 하나이다. 찹쌀 1말을 백세하여 충분하게 쪄서 식히고, 누룩가루 1승을 물에 풀어 섞어서 독에 넣는다. 3일이면 익어서

말갛게 개미가 뜨고 맛이 맵고 달아서 여름에 쓰기에 좋다.

벽향주 二釀酒의 하나이다. 백미 2말 5승을 가루로 하여 더운 물 3말로 죽을 쑤어 차게 식힌 다음에 누룩 4승과 밀가루 2승을 섞어 밑술을 하고, 4~5일 후에 백미 3말 5승을 백세하여 물을 담가 하룻밤 재웠다가 충분하게 쪄서 물 3말에 풀어 차게 식힌 다음 누룩 2승과 함께 덧술을 한다. 2주일 만에 쓴다.

소곡주 이양주의 하나이다. 백미 7말 5승을 백세하여 물에 불려 가루로 하여 더운 물로 죽을 쑤어 식힌 다음 누룩가루 7승과 밀가루 5승을 섞어서 밑술을 한다. 밑술이 익은 다음 백미 7말 7승을 백세하여밥으로 쪄서 차게 식히고 누룩가루 3승을 섞어서 덧술을 한다.

삼해주 삼양주의 하나이다. 정월 첫 亥日에 백미 2말을 백세하여 하룻밤 물에 담가 재웠다가 가루로 하여 끓인 물 3말에 담가 잘 개어서 식혀 누룩 3승, 밀가루 1승 5홉을 섞어 밑술을 한다. 두 번째 해일에 백미 3말을 백세하여 물에 담가 하룻밤 재웠다가 가루로 하여 끓는 물 4말 5승에 개어서 식혀 밑술독에 넣어 첫번째의 덧술을 하고, 세번째의 해일에 백미 5말을 백세하여 물에 담가 재웠다가 밥으로 쪄서 끓는 물 7말 5승꼴로 풀어서 술독에 넣어 두번째 덧술을 한다.

(위의 방법은 정월에 삼해주 10말을 빚는 방법이며, 술의 분량에 따라서 재료비율과 방법이 다르다)

다. 장류와 기타 식품의 상비

《증보산림경제》에서 "장은 모든 음식 맛의 으뜸이다. 집안의 장맛이 좋지 못하면 좋은 채소와 고기가 있은 들 좋은 음식을 할 수 없다. 설혹 촌야에 고기가 귀할지라도 여러 가지 좋은 장이 있으면 반찬에 아무 걱정이 없다"3) 고 기술하고 있으며, 이것이 곧 우리 나라 장류의 위치이다

이같이 장류는 우리 음식의 기본 조미료이고 동시에 단백질의 필수 공급원이었으므로 좋은 장류는 가족의 건강을 유지하는 필수 기본 식품이 되고 있다. 그런데 장류는 발효식품이어서 메주쑤기·장담기·장의 비축관리 등 여러 과정에서 온도와 습도·일조량 등 환경조건과의 상관성에 대한 원리 터득이 필요하였다. 따라서 조선시대 가정주부는 장독의 선정·관리·메주쑤

---

3) 《增補山林經濟》 권 7, 醬諸品.

기 · 장담기 등의 기술을 대를 이어 습득하였으며, 이러한 과정에서 체험을 통한 기술의 타당성이 긴 역정에서 여과되어 과학적이고 합리적인 것으로 형성되었다.

조선 중기에 각 가정에서 가공하던 장류는 크게 두 체계로 구분된다. 하나는 장기간 숙성시켜서 연중 비축하는 상용 장류이고, 또 하나는 계절에 따라 단기간에 숙성시켜서 그 계절에만 먹는 단기 장류로 구분된다. 장기숙성시켜 연중상비하는 장류로는 간장 · 된장 · 고추장과 지역에 따라 막장이 있다. 단기숙성 장류로는 입춘절, 즉 초봄의 담북장[淡水醬], 여름의 汁醬, 초가을의 靑太醬, 겨울의 戰國醬[청국장] 등이 있다. 단기숙성 장류는 모두 된장 單用醬으로 계절에 맞추어 맛이 다른 장류를 담가 밥상의 변화를 주고 식욕을 새롭게 했던 것이다.

(3) 향토음식의 발달

향토음식은 각 고장의 지리적, 역사적 환경의 영향으로 고유하게 형성된 음식으로 음식문화의 큰 장을 형성한다.

한반도의 강토가 적으면서 기후구가 다양하여, 고래로부터 식품 산출이나 조리 · 가공법이 기후 · 풍토에 따라서 향토성을 형성하였고, 한편 상고시대로부터 이어오는 정치적인 판도의 영향이 향토음식 형성의 커다란 요인이 되었다. 특히 조선 중기에 벼농사의 이앙법이 실시되는데, 이것은 농법의 개혁일 뿐 아니라 廣作農의 촉진 동기를 이루어, 부농층이 생기는 등 농촌사회 발전의 동기가 되었고, 상업의 전반적인 발전, 장시의 확대, 士林의 신장 등 향토문화의 신장이 활발해지면서, 토산 식품을 중심으로 향토음식이 발전하여, 한국음식문화의 다양성을 형성하여 갔다.

가. 한국의 자연환경과 향토음식

《임원십육지》의 〈정조지〉에 "남쪽 사람은 쌀밥을 잘 짓고, 북쪽 사람은 조밥을 짓는다. 모두 풍속에 따름이라"고 하였다. 농업기술이 현대화되기 이전에는 각 지역의 풍토에 따라서 多産穀이 달랐으므로 상용주식의 향토성이 형성되었던 것이다. 즉 우리 나라는 벼농사를 위주로 하여 왔지만 기온이 낮은 북쪽 산간지역은 좋은 기장을 산출하여 쌀·기장·팥으로 지은 세아리밥, 찰기장으로 만든 '노티'와 같은 별미 음식을 형성하였다. 벼농사 지역인 서남 일대에서는 쌀로 만든 '백당'과 '백산자'가 특미를 자아낸다.

삼면의 바다는 한류와 난류가 교차하므로 한류성 어류와 난류성 어류가 계절에 따라 회유하여 어류가 다양하고 계절성과 지역성이 있어 향토음식 발전에 큰 요인이 되고 있다. 특히 조선 중기에 이르면 겨울철에 서북해안의 명태가 다획되었으므로 그것을 추위 속에서 凍乾하여 '북어'로 만들어 오늘날까지 명물이 되고 있다. 비교적 고온 다습한 서해안의 다획 어류인 조기는 다획기가 더운 때이므로 즉석에서 염장을 하여 '자반조기'·'굴비'·'조기젓'으로 가공하여 17세기에 널리 유통되었다. 청어는 북쪽의 것이 좋았는데 시대에 따라서 회유량에 변동이 컸으며 특히 18세기 초에 다획되었다. 이것을 烝乾한 것을 정미용으로 썼다. 남해안의 멸치는 19세기 초에 이르러 다획되었다. 이같이 우리 나라는 각 고장의 자연조건이 명산물을 자아내게 하고 있다.

나. 향토문화의 신장과 향토음식의 발전

조선 중기에 이르면 농법의 개선, 鄕市의 발전, 사림문화 증진 등 농촌문화의 신장 환경에서 우리 나라의 향토음식이 뿌리를 내렸다.

대동법의 전면적 시행으로 미곡의 가치가 커지면서 미곡증산의 욕망이 적극적으로 증대하고, 수리공사가 확대되어서 모내기법 실시의 위험도가 감소되면서, 17세기에 이르면 모내기법이 실시되었다. 이것은 농법의 개량일 뿐 아니라, 廣作을 가능하게 하여 농촌사회경제의 발전 동기가 되기도 하였다. 한편 서울의 육의전이 경영되면서 특히 각 지방의 명물 건어물(문어·해삼·전복·김·건대구 등)의 서울 수송이 빈번해지고, 지방의 장시가 확대되어 설혹 교류지역에 한계가 있었지만 물품의 교류가 확대되고, 어장의 연안에 설치된 旅閣의 발전, 江商·松商과 같은 지역 私商의 활동 증대 등 각 향리의 생활문물의 확대증진이 향토식 발전의 큰 동기로 작용하였다.

한편 임란 이후 잇따른 사화 중에서도 향촌에 農莊을 가지고 확고한 기반을 형성한 사림세력은 중앙정치에 진출할 뿐 아니라, 향리에서 서원·향약 등을 토대로 발전하였으며, 이런 환경이 향토음식 발전에 직접 작용하였다.

즉 서원은 선현의 사묘를 모시고 춘추로 제사를 지냈으며, 또한 이러한 기구를 중심으로 향촌의 선비와 유생들이 학덕과 연륜이 높은 이를 모시고 잔치를 하였는데, 이러한 행사의 내용을《鄕飮酒禮攷證》(1797년)에 수록하고 있다. 따라서 빈번한 향음의 모임이 향토음식 발전의 직접 요인으로 작용하였다.

다. 향토음식의 실제

향토음식으로 전승된 품목은 많으나 그 형성을 시대적으로 논증하기는 어려우므로 김치와 젓갈 몇 가지 음식에 내재하는 향토적인 특성의 일단을 예시하고자 한다.

① 김치의 향토성 : 김치는 채소 발효식품이므로 각 고장의 김치 가공법은 채소의 특성과 환경, 기온 조건에서 형성되어 왔다. 즉 기온이 낮은 고장은 높은 고장에 비하여 김치를 싱겁게 담아서 채소의 신선한 맛이 보유되게 하였고, 남쪽은 짜게 담는 반면에 맛을 보완하기 위하여 다량의 젓갈과 찹쌀죽 등을 첨가하였다. 남쪽 지방의 김치가 맵게된 것은 젓갈에 들어 있는 지방의 산패를 고추의 매운 성분이 억제할 수 있기 때문이다.

② 젓갈의 향토성 : 젓갈은 어패류의 발효식품이다. 젓갈의 향토성은 크게 동해안의 것과 서해안의 것으로 구분 할 수 있다. 동해안의 젓갈로 대표적인 것은 가자미 식해·명태 식해와 같이 젓갈을 절일 때 조밥이나 쌀밥 등 전분성 식품을 첨가하여 발효를 촉진하는 점이다. 젓갈 가공법에 내재하는 상고시대로부터의 전통이 한 요인이지만, 기온이 높아서 발효가 더딤으로 발효미의 조절을 위하여 전분을 혼입하는 것이다.

〈尹瑞石〉

3) 주생활

(1) 주거의 계층적 특성

조선 중기에 이르러 士林 중심으로 사회체제가 정비되었다는 사실은 새로운 사회계층에 따라 주거 계층이 재편성되었음을 시사해 주고 있다. 봉건사회에 있어서 사회의 계층적 배타성은 계층에 따라 정치적·경제적·문화적 차별성을 수반함으로써 주거 계층을 한정하였음을 보아 왔다. 따라서 고려왕조의 문벌귀족사회로부터 조선 전기의 과도기를 거쳐 조선 중기에 이르러 사림 중심의 양반사회가 정착되었다는 것은 새로운 사회체제로부터 수반되는 주거 계층이 정착되었음을 의미하고 있는 것이다.

이러한 주거 계층의 재편 과정은 가사규제의 개정 과정에서 나타나고 있다. 조선 전기의 건축에 관한 규제가 태조 4년(1395)에 성립된 家垈制限으로부터 시작되었다면 그 이후 여러 차례의 개정과 보완을 거쳐 거의 1세기에 가까운 성종 9년(1478)에 와서야 비로소 완성을 보게 된다. 개국 초에 제정된 가사규제가 일관되게 지속되지 못하고 성종대에 이르기까지 계속적으로 개정되는 것은 일부 세력가들이 이를 위반하는 사례가 많았기 때문이라고 알려져 있다. 다시 말하면 조선 전기에는 아직 양반관료사회의 특성을 갖춘 주거 계층이 정착되지 못하고 있었다는 것을 시사해 주고 있다. 성종 9년에 개정된 가사규제의 내용이 조선 후기까지 지속되는 것으로 볼 때, 조선 중기에 이르러 비로소 새로운 주거 계층이 정착되었다는 것을 알 수 있다.

조선 중기 이전에 어떠한 주거 계층이 편성되어 있었고, 각 계층별 주거의 특성이 무엇이었는지를 정확히 알기는 어렵다. 고려시대의 주거 계층을 확인할 만한 실증적 유구나 문헌자료 등이 극히 희소하고, 특히 주거 계층을 직접적으로 반영하는 가사제도의 내용이 정확히 알려져 있지 않기 때문이다. 다만 고려의 사회구조를 참고할 때 소수의 문벌귀족들이 정치적 권력과 경제적 부를 독점하였고, 대다수 평민계층은 농노와 다름없는 생활을 영위하고 있었다고 보여지기에, 이에 따라 주거 계층도 양극화되어 있었다고 추측될 뿐이다.

이러한 주거 계층이 사림 중심의 양반사회가 정착되면서 보다 세분화되고, 계층별 성격도 변화하게 되었던 것으로 보여진다. 물론 조선 개국의 주도 세력이었던 신진 사대부들이 지배층으로서의 특권을 향유하고, 세습을 통하여 특권이 유지됨으로써 신분의 배타성이 강한 양반관료사회를 형성하였던 것은 익히 알려진 사실이다. 그러나 같은 양반 안에서도 관료계급이나 경제력에 따라 차별이 발생하고, 중인과 농민계층의 사회적 지위 및 경제력이 향상되었음을 상기할 때, 조선 중기 주거 계층은 보다 세분화되고 다양화되었음을 짐작할 수 있는 것이다.

조선 중기 주거 계층은 대략 4개의 계층으로 나누어 보는 것이 통설이었다. 그것은 상위 지배계층으로서 양반과 하위 지배계층으로서의 중인, 그리고 피지배 계층인 양인과 최하층 구성원인 천인이었다. 이들을 독특한 주거 계층으로 분류하는 것은 단지 양반관료사회 속에서 신분상의 우열 때문만은 아니었다. 물론 신분에 따라 사회적 권력이나 경제력의 우열이 가름되기도 하지만, 각 계층의 주거가 차별성을 가지게 되는 것은 무엇보다도 생활이념이나 생활방식의 차이가 큰 영향을 주었기 때문이라고 보여진다.

예를 들어 양반계층은 유학을 공부하여 관료로 입사하는 사대부 계층으로서 유교적인 생활이념과 방식을 가지고 있었고 이러한 생활을 구현하기 위한 주거 형태가 우선적으로 요구되었을 것이다. 반면에 생산계층이었던 양인들은 유교적인 생활방식보다는 생산성을 증진시키는데 효율적인 주거 형태에 더 많은 관심을 두었을 것이다. 물론 신분에 따라 가사제한이 차별적으로 적용되었고 경제력에도 차이가 있어, 주거 형태를 만드는데 제한적인 요소로 작용하였겠지만, 기본적으로 계층마다 주거에 대하여 요구하는 바가 달랐을 것이다. 따라서 각 계층이 가지고 있었던 사회적, 경제적 조건과 그들의 생활방식에서 비롯된 주거에 대한 요구를 종합해 보면 조선 중기 주거 계층은 다음과 같이 분류되고 각각의 특성을 가졌다고 보여진다.

조선시대의 양반은 기본적으로 유학을 공부하는 사대부 계층이었다. 양반사회가 정착됨에 따라 양반들은 관료로 등용될 수 있는 정치적 특권을 소유하여 지배계층을 이루게 되었다. 뿐만 아니라 이들은 科田을 통한 田租의 징수, 사유지의 竝作半收制 경영 등을 통하여 경제력을 축적할 수 있었다. 이러한 경제력을 바탕으로 양반들은 자신들의 유교적 생활방식을 유지, 발전시킬 수 있고, 지배계층으로서의 권위를 표현할 수 있는 주거를 건설할 수 있었다. 또한 사회적으로도 관료계급의 상위를 점할 수 있었기 때문에 가사규제에 따른 건축적 규제를 덜 받을 수 있었다. 이는 보다 규모가 크고 장식적인 주택을 만들 수 있는 여지를 마련하였던 것이다.

이들의 주거는 일반적으로 '양반 주거' 또는 班家라는 이름으로 불리워졌다. 조선 중기 반가가 그 이전 시기의 상류계층 주거와 크게 구별되는 것은 유교적 생활문화의 반영이라고 볼 수 있다. 고려말에 신흥사대부들을 통하여 도입된 성리학적 사회윤리는 사대부들의 일상생활에 있어서 가치 덕목으로 기능하였다. 사대부들에게 있어서 주거는 修身과 齊家를 이루기 위한 場이었기에, 그러한 주생활을 담을 수 있도록 건축되어야 했다. 제사를 지내고 손님을 치르기 위한 공간의 구성, 內外의 구별, 長幼의 구별, 학문 연구를 위한 공간 등은 조선 중기 반가에서 보여지는 일반적 특징이라고 볼 수 있다.

양반사회에서 중인들은 대부분 서얼 출신으로서 하위 지배 계층을 이루고 있었다. 그들은 잡과를 통해 등용되는 기술 관직이나 문관의 하급관리인 서리와 무관의 하급관리인 군교 등의 직을 세습하며 담당하였다. 그러나 문무양반과는 달리 승진의 한계가 있었다. 이들은 사회적으로나 경제적으로 중간계층에 속하기 때문에 가사 규제의 범주 안에서 양반 주택을 모방하는 주택의 성격을 취하였을 것으로 믿어지고 있다.

다만 직무의 성격으로 볼 때 대부분 행정기관이 위치하는 읍성 안에 거주하였음이 분명하고, 주로 비농업적 활동에 종사하였다고 추측된다. 따라서 인구가 밀집하여 대지의 제약을 받는 읍성 안에서 생산 공간이 약화된 주거가 만들어졌다면 이는 다분히 근대 도시 주거의 성격을 가지고 있었으리라 생각된다. 그러나 근대화 이후 급속한 도시화에 따라 실증적인 유구들이 많이 남아 있지 않고, 이와 관련한 연구도 적기 때문에 정확한 모습을 복원하기는 어려운 실정이다.

조선사회의 양인은 농·공·상업에 종사하는 기층 구성원을 일컫지만 절대 다수가 농민들이었다. 양인계층은 국가에 대하여 전조·공물·부역의 의무를 부담하고 있었으며, 신분적으로는 양반층의 지배를 받았다. 물론 고려 후기로부터 농업 생산력이 크게 발달하여 중소지주나 자영농민도 발생하였으나, 조선 중기까지 대다수의 농민은 타인의 토지를 경작하는 佃戶의 수준에 머무르고 있었다. 경제적으로는 물론 사회적으로도 가사규제에 의해 주거수준을 향상시킬 수 있는 범위가 한정되어 있었다. 따라서 이들에게는 권위의 표현이나 유교적 생활방식보다는 농업 생산성을 높일 수 있는 주택이 필요하였고, 지역의 자연환경에 경제적으로 적응할 수 있는 주거 형태와 건설방법이 요구되었던 것이다.

이들의 주거를 상류 계층의 주거인 '반가'와 대립되는 용어로써 '민가'라고 부르기도 한다. 조선 중기 이전의 농민계층 주거와 비교할 때 발전적으로 볼 수 있는 것은 농업 기술의 발달과 농업 생산력의 증대에 따라 주거 수준을 향상시킬 수 있는 여지가 마련되어 있었다는 점이다. 비교적 소수이기는 하지만 중소지주나 자영농들로 성장한 양인들은 가사규제의 범주 안에서 주거 수준을 높여갈 수 있었던 것이다. 그러나 이들의 주거는 권위적인 요소보다는 생산적인 요소를 발전시켜 주거 안에 생산과 관련한 부속 공간들이 분화되었다고 볼 수 있다. 또한 조선 중기 이후 사족에 의한 대농민 지배의 강화와 유교적 생활문화의 확산에 따라 제한적으로나마 유교적 생활에서 요구되는 공간들을 받아들일 수 있었다고 보여진다.

조선사회에 있어서 천민계층은 주로 노비계층을 일컫는다. 사노비 중에는 상전의 집에서 기거하며 농경과 가내 잡사에 사역되는 率居奴婢가 있었고, 상전의 집 밖에 거주하면서 身貢만을 바치는 外居奴婢가 있어 독특한 주거 계층을 형성하였다. 솔거노비는 양반주거내에 포함되어 일정한 생활 영역만을 가지고 있기 때문에 독립된 주거 계층으로 볼 수 없다. 그들의 생활 영역은 대부분 양반 주택의 전면 외곽에 위치하는 '행랑채'나 '대문채'에 부속되어 있었다. 또한 '사랑채'나 수장 공간을 경계로 하여 주인의 거처인 '안채'와 철저하게 격리되어 있었다. 이러한 배치는 주거 외부로부터 주인을 보호하고, 노비들에 대한 주인의 권위를 지키려는 의도에서 비롯된 것이었다.

한편 외거노비는 비록 독립된 주거를 소유하고는 있지만 경제적으로나 사회적으로 그들의 상전인 양반계층에 예속되기 때문에 최소한의 생활공간만으로 이루어진 주거에 거주할 수밖에 없었다. 조선 후기 반가의 인근에서 보여지는 이러한 주거를 '가랍집' 또는 '호지집'이라고 부르는데, 일반적으로 부엌과 하나의 침실로 구성된 단순한 주거 형태를 가지고 있었다. 이러한 주거의 모습은 그 신분적, 경제적 양태로 볼 때 조선 중기 이전 지배계층의 농장에 예속되어 있었던 전호의 주거 형태와 크게 다르지 않을 것이라고 생각된다.

(2) 유교적 생활문화의 확산과 주거 공간의 분화

가. 가묘 건립의 확산

고려 말에 신흥사대부들로 등장했던 유학자들이 조선시대의 양반계층을 이루면서 사회의 지배계층이 되었다는 사실은 이미 언급한 바 있다. 이들은 고려 후기로부터 수용되기 시작한 성리학에 자신의 학문적 이념이자 사상의 뿌리를 두고 있었다. 성리학은 본래 우주의 질서와 인간의 질서를 理氣論을 통하여 하나의 통일적 원리로 파악하는 철학적인 유학이었다. 성리학은 특히 人倫, 즉 인간의 사회적 관계에 있어서의 윤리를 중히 여기는 사상으로 사대부들은 이러한 사회윤리로 사회를 교화시켜야 항구적인 질서가 이루어질 수 있다고 믿었다.

나라를 다스리기에 앞서 자신과 가정을 다스려야 한다고 믿었던 사대부들의 생활이념과 규범은 가정생활에 있어서 새로운 생활문화를 이루어 갔다. 三綱五倫은 사회 속에서 지켜야 할 인간관계의 가치 덕목이었으며, 朱子家禮는 이러한 가치를 실현하기 위해 가정에서 이루어지는 의례의 기준이었다. 이러한 규범들을 실천하고 의례를 실행하기 위해서는 그에 따른 주거생활의 방식이 요구되며, 주생활의 변화는 주거 형태의 변화를 수반하게 마련이었다. 따라서 사대부 계층을 중심으로 새로운 유교적 생활문화와 그에 따르는 주거 형식이 정착되어 갔으며, 그들이 사회의 지배계층으로 성장하는 조선 중기 이후로부터 일반 민중에게로 확산되었던 것이다.

유교적 생활문화의 정착과 확산에 따라 주거 안에서 이루어진 변화 중에 첫번째는 家廟 건립의 확산이라고 할 수 있다. 가묘는 조상의 신주를 모시고 제사를 지낼 수 있게 주택안에 세워진 건물이라고 정의할 수 있다. 충효사상은 성리학에 있어서 가장 중심이 되는 가치덕목으로서 선조에 대한 제사는 이를 실현하는 중요한 실천적 규범이었다. 가정에 있어서 사대부들의 핵심적인 생활 행위가 '손님을 맞이하고 제사를 모시는 것(奉祭祀 接賓客)'이듯이 제례는 모든 가정의례의 중심을 이루었던 것이다. 가묘는 비단 제례뿐만 아니라 주자가례에 따른 4례(冠婚喪祭)가 모두 이루어지는 장소를 의미하고 있었다. 따라서 가묘의 설치는 가례를 실행하는 전제적 요건이었던 것이다.

주자가례에 따른 가묘의 건립은 이미 고려 말에 鄭夢周가 주장한 바 있었다. 이에 따라 조선시대에 들어서면서 일부 사대부들은 가묘를 세우기도 하고, 또 가묘 건립을 강력히 주장하여 법제화가 이루어지기도 하였다.[1] 그러나 조선 중기에 이르기까지는 사대부 계층에서조차 보편화되지 못하고 있었다.[2] 조선 전기까지는 불교와 무속신앙이 기층사회에 뿌리 박혀 있었기 때문에 새로운 유교윤리가 정착하는 데에는 일정한 시간이 요구되었던 것이다.

가묘 건립이 일반화된 것은 종법제·봉사제·상속제 등이 정착하기 시작한 16세기 이후로 알려져 있다. 지방의 사족들이 대거 중앙정계로 진출하고, 지방에서는 서원과 향약의 건립을 통한 사족의 농민 지배가 활성화되는 한편, 성리학적 실천 덕목인 《小學》과 가정의례의 기준인 《주자가례》가 대량으로 간행·반포되어 유교적 생활문화가 확산될 수 있었기 때문이다.[3]

이에 따라 16세기 이후 사대부 계층 특히 종조의 제사를 계승받는 종가에 있어서 주택 안에 별동으로 가묘를 설치하는 일은 의무적이고 필수적인 일이었던 것으로 보여진다. 가묘는 제례뿐만 아니라 모든 가정의례의 중심 장소로서 가장 신성한 영역에 배치되어야 했다. 家禮書에 '집을 지을 때 먼저 정침의 동쪽에 사당을 세우도록 한 것'을 보면[4], 주거 건축에 있어서 가묘의 배치가 우선시 되었고, 동쪽은 가묘가 자리할 방위로 인식되었다는 것을 알 수 있다. 현존하는 반가의 사당을 살펴보면 대부분 살림채의 좌측 후면[5]에 자리하고 있으며, 세 칸 홑집의 평면 구성을 갖는 사당을 대문과 담장으로 둘러싸는 폐쇄적인 영역을 구성하고 있다.

그러나 이러한 사당의 배치와 형태는 그만한 주거 면적과 건립 비용이 소요되는 일이었기에 서민 계층에서는 불가능한 일이었다. 사당의 건립이 사대부 계층만큼 절실하지도 않고 경제력도 미치지 못하기 때문이다. 태종대에는 집터가 좁아 따로 가묘를 세우기 어려운 사람은 神位를 보관하는 櫝을 만들어 정결한 방에다 안치하고 그 곳에서 제사를 모시는 편법을 허용한 바 있

1) 태조 7년(1398)의 《經濟六典》에는 위반자에 대한 벌칙조항까지 수록되어 법제화 되었다.

2) 예를 들어 세종대에 이르기까지 가묘제 시행의 부진과 가묘제의 규정변화가 왕조실록에 자주 등장하고 있다. 士大夫들이 家廟를 세우지 않으며, 심한 자는 神主도 만들지 않고 紙錢으로 대신하고 있으니 규찰하라고 禮曹와 司憲府에 傳旨하였다(《成宗實錄》 권 19, 성종 3년 6월 무인).

3) 이호열, 《조선전기 주택사 연구》(영남대 박사학위논문, 1991), 17쪽.

4) 홍승재·박언곤, 〈조선시대건축과 예제에 관한 연구〉(《대한건축학회논문집》 6-1, 1990), 160쪽.

5) 살림채가 남향을 하는 경우가 많으므로 좌측의 사당은 동쪽이 된다.

다.[6] 또한 세종대에는 집이 가난하고 노비가 없고 집이 10칸 이하인 자와 家基가 3, 4負 이하인 자는 1칸 크기의 가묘를 짓는 것을 허용하고, 이것도 할 수 없는 자와 본래 사족이 아닌 자에 대해서는 침실에서 제사지내도록 하였던 것이다.[7]

따라서 가묘의 건립이 기층사회에 확산된 조선 중기 이후에도 일반 민중들은 별동의 사당을 두는 것이 대단히 어려웠다는 것을 알 수 있다. 그러나 별동은 아니더라도 살림채내에 한 칸의 제실을 두는 경우, 제사를 모시기에 합당한 정결하고 신성한 공간이 요구되었을 것이다. 조선 후기 민가에서 흔히 발견되는 대청이라는 공간이 제례를 중심으로 하는 가정의례의 중심 장소로 사용되는 것을 볼 때, 대청은 제실의 용도로 설치되었다고 볼 수 있다.[8] 즉, 상류 주거의 대청이 서민 주거에 확산된 것은 유교적 생활문화의 보급에 따라 조선 중기 이후에 이루어졌다고 생각되는 것이다.

나. 남녀의 영역 구분

유교적 생활문화의 보급에 따라 이루어진 주생활의 변화 가운데 두번째는 內外法에 따른 남녀의 영역 구분이라고 할 수 있다. 내외는 성리학적 윤리관에 따라 남녀간에 지켜야 할 행동규범을 의미하고 있다. 성리학적 윤리관에 따르면 남자와 여자는 본래부터 주어진 역할이 다르며(夫婦有別), 서로간의 예의를 지키기 위하여 자리를 같이 하지 않는다든지(男女七歲不同席), 음식을 같이 먹지 않는다든지(男女不共食) 하는 규범을 가지고 있었다. 이는 남녀가 본래부터 주어진 역할이 다르며, 생활 속에서 서로 회피함으로써 예의를 지킬 수 있다는 인식을 배경으로 하고 있었다.

이러한 남녀 구별의 사회윤리는 주거 생활에 있어서도 엄격히 적용되었고, 성별에 따라 주거 영역을 구분하게 하는 배경이 되었다. 조선시대 사회윤리

---

6) 《太宗實錄》 권 2, 태종 원년 12월 을미.
7) 《世宗實錄》 권 55, 세종 14년 2월 신미.
8) 살림채의 중심에 위치하는 마루는 여러 연구에 의해 의례와 격식의 의미를 갖는 공간으로 알려져 있다. 마루가 북퉁구스족의 神聖空間인 'Malu', 'Maró'와 같은 기능을 가졌다는 점을 주장하는 학자로는 장보웅, 이병도, 三品彰英 등이 있다.

의 근간을 이루었던 《禮記》에는 "예는 부부간에 서로 삼가는 데서 시작된다. 집을 지을 때는 내외를 구분하여 남자는 바깥에 거처하고, 여자는 안쪽에 거처하며, 문단속을 철저히 한다. 남자는 내당에 들지 아니하고, 여자는 밖에 나가지 아니한다"[9]고 하여 내외의 행동규범을 지키기 위해서는 주거 영역의 분리가 필수적임을 적시하고 있다. 이에 따라 비록 부부라고 하더라도 별도의 침실을 가져야 한다는 것(夫婦別寢)이 선초부터 제도화되기도 하였다.

내외법에 따른 주거 영역의 구분 또한 성리학적 생활문화를 수용하고 전파하려 했던 사대부 계층에서부터 출발하였음은 당연한 일이다. 그러나 고려시대로부터 지속되어 오던 생활문화가 왕조가 바뀌었다고 해서 삽시간에 변화될 성질은 아니었다. 선초에 있었던 내외법의 여러 규정들이 위반시 치벌할 수 있는 강제적 조치였다는 것을 상기할 때 사회윤리로 일반화시키는데 어려움이 있었음을 반증하고 있다.

여하튼 조선 중기 이후 사대부 계층의 주거에서는 남녀의 영역 구분이 일반화되었다고 볼 수 있다. 이는 부부간의 침실 분리만을 의미하는 것은 아니었다. 내외란 남녀의 역할 분담 및 생활권의 구별이 전제되는 것이기에 이와 관련한 생활 영역 전체가 분리되어야 했다. 즉 주부는 가사운영을 통괄하여 취사, 육아, 가재 관리 등과 관련한 공간들이 일곽을 이루게 되고, 가장은 제사와 접객, 학문 연구, 노비 통솔 등의 역할을 수행하기 위한 공간으로 일곽을 이루기 마련이었다. 따라서 이러한 영역들은 독립된 건물과 외부 공간을 가지고 담장과 문으로 둘러싸는 것이 원칙이었다.

이러한 영역의 배치도 '남자는 바깥 일을 맡고 여자는 집안 일을 맡는다(男外女內)'는 역할 구분과 위치 설정에 따라 이루어졌다. 즉, 남자는 가족을 대표하여 외부와 접촉하는 일을 맡고 여자는 주거 내부에서 이루어지는 주생활을 담당한다고 인식됨으로써 그와 관련된 공간이나 건물들이 기능적으로 또한 상징적으로 상대적인 위치에 설정되었던 것이다. 주부의 주된 생활 영역을 흔히 '안채'라고 부르는데, 이는 주생활의 중심으로서의 의미와 내부로서의 의미를 동시에 가지고 있다. 주부는 집안의 안주인으로서 주거의 중심

9) 《禮記》 권 12, 內則 13.

이며, 내부에 위치하여 외부로부터 격리, 보호되어야 했기 때문이다. 반면 가장의 영역인 사랑채는 안채를 보호하고, 노비들을 감시하며, 외부와 접촉할 수 있는 위치에 배치되어야 했다. 이러한 영역 구분과 배치 방식은 조선 중기 이후 사대부 계층 주거의 전형으로 자리잡게 되었던 것이다.

다. 가족제도의 변화에 따른 거주 공간의 분리

조선 중기 이후에 이루어진 주생활의 변화 가운데 세번째는 가족 형태의 변화라고 볼 수 있다. 조선 개국 이후 사대부들은 유교적인 사회윤리를 생활규범으로 삼아 주자가례에 따른 親迎禮를 정착시키려고 노력하였다. 친영례란 남자 쪽의 집에서 혼례를 치르고 그 날부터 부부가 남자 쪽의 집에서 생활하는 제도를 의미하고 있었다. 그러나 이러한 노력마저 기존의 관습을 쉽게 변화시킬 수는 없었던 것으로 보인다. 《조선왕조실록》에 나타나고 있는 많은 기사들은 조선 중기 이전까지 婿留婦家制[10]가 일반화되어 있었음을 반증하고 있기 때문이다.

예를 들어 태종 14년(1414)의 기록을 보면 "문물제도는 모두 중국의 법식을 따르고 있으나, 오직 혼인의 예만은 오히려 옛 풍속을 그대로 따르기 때문에 남편이 처가에 가서 생활하고 자식이 外家에서 성장한 고로 本宗의 소중함을 모른다" 하였고,[11] 성종 18년(1487) 기록에도 "우리 나라의 풍속은 처가에서 처가살이를 하게 되면 아내의 부모 보기를 자기의 부모처럼 하고 아내의 부모도 역시 그 사위를 자기의 자식과 같이 본다"고 하였다.[12]

이렇게 서류부가에 따른 양변적 방계 가족의 형태는 조선 중기로부터 유교적인 생활문화의 정착과 아울러 서서히 변화하기 시작한 것으로 보인다. 친영제도에 의해 사위가 처가에 머무는 기간이 점차 짧아지면서 夫處制로 이행하게 되었던 것이다. 뿐만 아니라 17세기를 전후한 여러 가지의 가족·

10) 인류학자들은 신혼부부가 남자 쪽 집단에 거주하는 것을 父處制(patrilocal), 또는 夫處制(virilocal)라고 하며, 여자 쪽 집단에 거주하는 것을 母處制(matrilocal) 또는 婦處制(uxorilocal)라고 분류하고 있다. 조선 전기까지의 혼인거주규정으로 보면 고구려시대로부터 전래되어 온 장기간의 婿留婦家, 즉 결혼 이후 사위가 처가에 장기간 체류하는 제도가 관습화되어 있었다고 한다.

11) 《太宗實錄》 권 27, 태종 14년 정월 기묘.

12) 《成宗實錄》 권 241, 성종 21년 6월 무신.

친족제의 변화, 즉 혼인거주규칙·상속제·양자제·상제·족보 등의 변화와 더불어 조선 후기로 갈수록 장남과 장손 그리고 그들의 배우자로 형성되는 직계가족의 형태로 바뀌었다고 알려져 있다.[13]

이러한 가족 형태의 변화는 당연히 주거 형태의 변화를 수반하기 마련이었다. 서류부가제가 성행하던 조선 중기 이전까지는 처가에 사위 부부를 위한 별동의 건물이 건축되었던 것으로 나타난다. 《三國志》에는 "결혼이 성사되면 여자 쪽 집에서는 집 뒤에 작은 집을 짓고 이를 婿屋이라고 불렀다"고 하여 일찍부터 별동의 서옥이 존재하였음을 알려주고 있다.[14]

조선시대에도 이와 같은 형태의 주거 건축이 지속되었음을 여러 기록에서 찾아 볼 수 있다. 세종 때에는 "본국의 풍속이 아들·사위가 많은 사람은 저가살이로 나가서 家園 안에 집을 짓고 산다"라고 하였다.[15] 《淸江笑叢》에는 "그 집에 西房이 없어서 대청을 막아 길실을 만들었다"라는 기록이 있다. 또한 《太平閑話滑稽傳》에는 "풍속에 사위를 서방이라고 부르는데, 이는 서쪽의 방에 거처하기 때문이다. 어떤 재상에게 여러 사위가 있었는데 신혼의 사위는 서방에 거처하고 혼인한지 오래 된 사위는 舍廊에 거처한다"라고 하였다.

이러한 문헌들을 근거로 추측해 볼 때 부부를 단위로 생활영역이 분리되었을 것이라고 생각될 수 있다. 사위 부부를 포함하는 兩邊的 傍系家族 아래서는 단위 부부별로 별동의 건물, 또는 생활 공간이 요구되었음은 당연한 일이기 때문이다. 그러나 이러한 공간이나 건물이 어떠한 형태로 존재하였는지 정확하게 알려져 있지는 않다. 다만 사위 부부를 위한 건물이나 공간이 서쪽 방위에 위치하고 있었다는 것만이 알려질 뿐이다.

여하튼 조선 중기 이후 직계가족 형태로의 변화는 주거 계획에 있어서 새로운 요구를 첨가하였을 것으로 믿어진다. 이는 비단 가족 구성원만의 변화가 아니라 유교적 윤리에 따른 가족 관계의 변화도 포함하기 때문이다. 이미 언급한 바와 같이 내외법에 따라 남녀의 생활 영역 분리가 우선시 되었고,

---

13) 최재석, 〈조선시대의 가족·친족제〉(《전통사회의 가족과 촌락생활》, 한국정신문화연구원, 1991), 5쪽.

14) 《三國志》 권 30, 魏書 30, 烏丸鮮卑東夷傳 30, 高句麗.

15) 《世宗實錄》 권 88, 세종 22년 2월 병진.

〈그림 〉 반가에 있어서 영역의 분리 (정읍 김동수씨 댁).

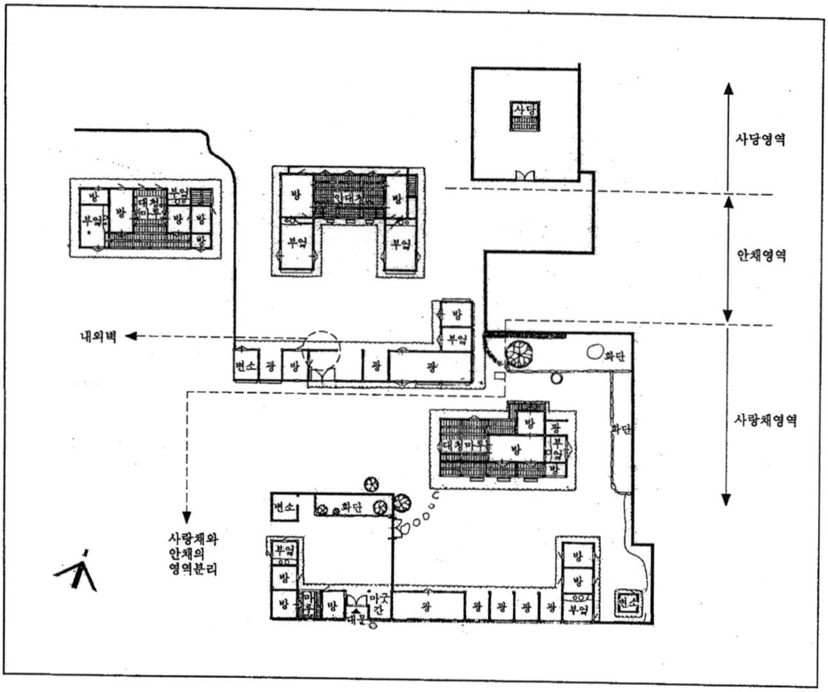

부부라고 할지라도 별도의 거주 공간을 가져야 했다. 따라서 남녀의 각 영역 내에서 세대에 따른 별도의 거주 공간이 요구되었을 것이라고 생각된다. 조선 후기 주택에서 흔히 보여지는 안방과 건넌방, 또는 윗방과 아랫방이 대청을 중심으로 고부간의 영역을 분리시키고 있으며, 남자들의 영역인 사랑채에서도 큰 사랑과 작은 사랑이 부자간의 영역을 분리하고 있는 것을 볼 때 이러한 공간의 분화는 직계가족의 형태가 정착되는 조선 중기 이후에 시작되었다고 보여진다.

〈姜榮煥〉

집 필 자

개 요 ………………………………………………………… 정만조

Ⅰ. 사족의 향촌지배체제

1. 16세기 사족의 향촌지배 ……………………………… 김현영
2. 향촌자치조직의 발달 …………………………………… 이해준

Ⅱ. 사족 중심 향촌지배체제의 재확립

1. 사족의 향촌지배조직 정비 …………………………… 정진영
2. 사족의 향촌지배와 서원의 발날 …………………… 정만조
3. 사족의 향권과 수령권 ………………………………… 김인걸
4. 사족지배체제하의 신분질서 ………………………… 이준구

Ⅲ. 예학의 발달과 유교적 예속의 보급

1. 예학의 발달
   1) 가례의 연구와 집성 ………………………………… 고영진
   2) 고전 예서의 연구 …………………………………… 이영춘
   3) 예학의 경향과 전례 논쟁 ………………………… 이영춘
2. 종법제의 보급과 가족제도의 변화 ………………… 이순구
3. 유교문화와 농민사회 ………………………………… 김무진
4. 순국·순절자의 포정 ………………………………… 박 주

Ⅳ. 학문과 종교

1. 성리학의 발달 ······ 허남진
2. 양명학의 전래와 연구 ······ 송석준
3. 서양문물의 전래와 반응 ······ 이원순
4. 실학의 태동 ······ 김준석
5. 국문 보급과 국어 연구 ······ 이병근
6. 역사학 ······ 정구복
7. 불교계의 동향 ······ 이봉춘
8. 도교와 민간신앙 ······ 차주환

Ⅴ. 문학과 예술

1. 문 학 ······ 장효현
2. 미 술
   1) 회 화 ······ 안휘준
   2) 서 예 ······ 이완우
   3) 조 각 ······ 문명대
   4) 공 예 ······ 윤용이
   5) 건 축 ······ 주남철
3. 음 악 ······ 황준연
4. 민 속 ······ 장철수
5. 무용·체육
   1) 무 용 ······ 송수남
   2) 체 육 ······ 임영무
6. 의식주 생활
   1) 의생활 ······ 고부자
   2) 식생활 ······ 윤서석
   3) 주생활 ······ 강영환

한국사 31
조선중기의 사회와 문화

편찬간행 **국사편찬위원회**

초판1쇄 2003년 11월 30일
2쇄 2013년 6월 4일

번각발행 **탐구당**

등록일 1950년 11월 1일
등록번호 서울 제 03-00993 호

주소 서울특별시 용산구 한강대로 62 나길 6
전화 (02) 3785-2211(대표)
팩스 (02) 3785-2272
홈페이지 www.tamgudang.co.kr
전자우편 tamgudang@paran.com

ISBN 978-89-8236-597-3
978-89-8236-566-9(세트)

값 25,000 원